SEGUROS DE VIDA
E FUNDOS DE PENSÕES
Uma perspectiva financeira e actuarial

ANA PAULA QUELHAS

SEGUROS DE VIDA E FUNDOS DE PENSÕES
Uma perspectiva financeira e actuarial

ALMEDINA

SEGUROS DE VIDA E FUNDOS DE PENSÕES
Uma perspectiva financeira e actuarial

AUTORA
ANA PAULA QUELHAS

EDITOR
EDIÇÕES ALMEDINA. SA
Av. Fernão Magalhães, n.º 584, 5.º Andar
3000-174 Coimbra
Tel.: 239 851 904
Fax: 239 851 901
www.almedina.net
editora@almedina.net

PRÉ-IMPRESSÃO | IMPRESSÃO | ACABAMENTO
G.C. GRÁFICA DE COIMBRA, LDA.
Palheira – Assafarge
3001-453 Coimbra
producao@graficadecoimbra.pt

Junho, 2010

DEPÓSITO LEGAL
310037/10

Os dados e as opiniões inseridos na presente publicação são da exclusiva responsabilidade do(s) seu(s) autor(es).

Toda a reprodução desta obra, por fotocópia ou outro qualquer processo, sem prévia autorização escrita do Editor, é ilícita e passível de procedimento judicial contra o infractor.

Biblioteca Nacional de Portugal – Catalogação na Publicação

QUELHAS, Ana Paula

Seguros de vida e fundos de pensões : uma perspectiva financeira e actuarial. - (Manuais universitários)
ISBN 978-972-40-4215-2

CDU 368
       336

PREÂMBULO

O texto que agora se publica segue de perto os cadernos teóricos elaborados para os alunos das duas primeiras edições do curso de Pós-Graduação em Gestão Bancária e Seguradora, ministrado pela ISCAC Business School, no âmbito dos módulos de Seguros e Gestão do Risco I, de Seguros e Gestão do Risco II e de Planos e Fundos de Pensões.

Não obstante o seu cunho pedagógico e didáctico, por pretender funcionar como base de apoio às unidades curriculares mencionadas, nele perpassa um fio condutor que determina a sua própria estrutura.

Desta sorte, perante o contínuo envelhecimento demográfico, a transformação significativa das relações laborais e a condução de políticas que intentam reformar os sistemas públicos de pensões, o nosso propósito é o de apresentar e discutir os aspectos financeiros e actuariais subjacentes aos denominados regimes complementares, tanto de iniciativa individual como de iniciativa colectiva.

Desde logo, importa referir que se reservou o Capítulo I para a exposição de alguns conceitos de carácter genérico, comuns aos restantes Capítulos e necessários à boa compreensão dos conteúdos propostos, particularmente os que decorrem da consideração de rendas de carácter probabilístico.

Na senda do objectivo enunciado, nos regimes complementares de iniciativa individual, englobam-se os seguros de capitalização, os seguros de vida e os planos de poupança-reforma, os quais serão alvo de apreço no Capítulo II, no Capítulo III e na primeira parte do Capítulo V. Refira-se, aliás, que o artigo 84.º da Lei de Bases da Segurança Social (Lei n.º 4/2007, de 16 de Janeiro) define que os regimes complementares de iniciativa individual assumem «a forma de planos de poupança-reforma, de seguros de vida, de seguros de capitalização e de modalidades mutualistas». Permitimo-nos, porém, excluir as modalidades mutualistas do presente texto, dadas as similitudes que se podem identificar relativamente às outras modalidades descritas. Enquanto isso, no contexto dos regimes complementares de iniciativa colectiva, examinam-se os planos e os fundos de pensões constituídos no âmbito de empresas, grupos de empresas ou sectores de actividade, surgindo os frutos dessa reflexão na segunda parte do Capítulo V.

Por sua vez, no Capítulo IV, procurou-se ir um pouco mais além daquilo que resulta da observação do princípio da equivalência actuarial e equacionar outros factores que eventualmente oneram os prémios a pagar, tanto nos seguros de capitalização como nos seguros de vida. Para além disso, avalia-se, ainda, neste Capítulo, uma questão fundamental para as entidades financeiras que colocam este tipo de produtos no mercado, ou seja, a constituição de um nível adequado de provisões que garanta o respectivo equilíbrio financeiro e a cobertura dos riscos assumidos.

No final de cada um dos Capítulos, surge uma secção de Casos Resolvidos, com o intuito de clarificar e de aprofundar os conceitos expostos, bem como um Formulário, no qual se sistematizam as expressões definidas no decurso do texto.

De atender que, ao longo dos cinco Capítulos, não nos moveram quaisquer pretensões de exaustão, acolhendo apenas os produtos financeiros mais comuns, colocados no mercado pelas empresas seguradoras e pelas sociedades gestoras de fundos de pensões, como complemento – ou mesmo como alternativa – às prestações providas pelo sistema público.

Porém, o sector segurador em Portugal é, ele próprio, um sector em mudança. Algumas das transformações que se operam decorrem de requisitos de natureza legislativa, enquanto outras são resultado da forte concorrência e do processo de inovação que cruzam o sector.

Entre as transformações de teor legislativo, permitimo-nos eleger as resultantes dos seguintes diplomas: *i*) Decreto-Lei n.º 144/2006, de 31 de Julho, que estabeleceu os requisitos de natureza administrativa, financeira e tecnológica para o exercício da actividade de mediador de seguros; *ii*) Decreto-Lei n.º 72/2008, de 16 de Abril, que definiu o Regime Jurídico do Contrato de Seguro; *iii*) Decreto-Lei n.º 2/2009, de 5 de Janeiro, que fixou as condições de acesso e de exercício no âmbito dos sectores segurador e ressegurador; *iv*) a Directiva 2009/138/CE, do Parlamento Europeu e do Conselho, de 25 de Novembro de 2009, também conhecida por Directiva Solvency II, que aguarda transposição para o ordenamento jurídico nacional e que vem estabelecer novas regras relativamente à avaliação dos elementos do activo e do passivo, das provisões técnicas, dos fundos próprios e dos montantes mínimos de capital para as entidades seguradoras e resseguradoras.

Ponderam, também, as transformações sobrevindas da emergência de novos riscos e da consequente proliferação de produtos e serviços financeiros que propendem a cobrir esses riscos.

De volta ao conteúdo do trabalho, incluem-se, ainda, vários anexos, que suportam e complementam o que se discutiu ao longo do texto. Assim, os Anexos I a VI integram as várias tábuas de mortalidade que sustentam os diversos

PROMISLAW, S. David (2006), *Fundamentals of Actuarial Mathematics*, West Sussex, John Wiley & Sons, Ltd.

QUELHAS, Ana Paula (2001), *A refundação do papel do Estado nas políticas sociais – a alternativa do movimento mutualista*, Coimbra, Livraria Almedina.

QUELHAS, Ana Paula e CORREIA, Fernando (2009), *Manual de Matemática Financeira*, Coimbra, Livraria Almedina, 2.ª edição.

QUELHAS, Ana Paula e RUIVO, Margarida (2005), *Statistical Measures on Pension Reform*, *paper* produzido no âmbito do Projecto RESORE – Employee's Resources and Social Rights in Europe, Deliverable 28, 12 pp.

QUELHAS, José Manuel Gonçalves Santos (1996), *Sobre a evolução recente do sistema financeiro – novos «produtos financeiros»*, Separata do Boletim de Ciências Económicas da Faculdade de Direito da Universidade de Coimbra, Coimbra, ed. Livraria Almedina.

RALEIGH, V. S. e KIRI, V. A. (1997), «Life expectancy in England: variations and trends by gender, health authority, and level of deprivation», *Journal of Epidemiology and Community Health*, Dezembro, n.º 51(6), pp. 649-658.

SILVA, Fabiana. L., CHAN, Betty L. e MARTINS, Gilberto A. (2006), *Previdência Complementar Frente ao Aumento da Expectativa de Vida*, *paper* apresentado ao XI Congresso Internacional de Contabilidade e Auditoria, Coimbra, Instituto Superior de Contabilidade e Administração de Coimbra, 16 a 18 de Novembro de 2006.

SILVEIRA, Miguel (2008), *A Qualidade de Serviço dos Seguros – Do modelo tradicional ao ambiente digital*, Estoril, Principia Editora, Lda.

SWEETING, Paul (2007), *DB or not DB-the Choice of Pension Plan Provision by Employers*, London, The Pensions Institute, Discussion Paper PI-0710, 35 pp.

TURNER, John A. (2009), *Longevity Insurance: Strengthening Social Security at Advanced Ages*, Londres, The Pensions Institute, Discussion Paper PI-0905, 32 pp.

TURNER, John A. e HUGHES, Gerard (2008), *Large Declines in Defined Benefit Plans Are Not Inevitable: The Experience of Canada, Ireland, the United Kingdom, and the United States*, Londres, The Pensions Institute, Discussion Paper PI-0821, 55 pp.

WINKLEWOSS, Howard E. (1993), *Pension Mathematics with Numerical Illustrations*, Wharton School of Pennsylvania, Pensions Research Council.

GILBERTO, Fernando (2008), *Manual Prático dos Seguros*, Lisboa, Lidel – Edições Técnicas, SA.

GRAVILOV, Leonid A. e GRAVILOVA, Natalia S. (2006), «Reliability Theory of Aging and Longevity», in Edward J. MASORO e Steven N. AUSTAD (eds.), *Handbook of the Biology of Aging*, San Diego, Academic Press, 6.ª ed., pp. 3-42.

KANERO, Ryuichi (2007), *Population prospects of the lowest fertility with the longest life: the new official population projections for Japan and their life course approaches*, paper apresentado na "Conference of European Statistics", Bucareste, 11-12 de Outubro, 16 pp.

LEE, Ronald e CARTER, Lawrence (1992), «Modelling and Forecasting U.S. Mortality», *Journal of the American Statistical Association*, vol. 87, n.º 419, pp. 659-675.

LEVI, Eugenio (1964), *Corso di Matematica Finanziaria e Attuariale*, Milano, Milano Giuffré Editore.

MAKEHAM, William M. (1867), «On the law of mortality and the construction of annuity tables», *Journal of the Institute of Actuaries*, 13, pp. 325-358.

MARKOWITZ, Harry (1952), «Portfolio Selection», *The Journal of Finance*, Vol. 7, No. 1 (Mar.), pp. 77-91.

MATH, Antoine (2004), «The Impact of Pension Reforms on Older People's Income: A Comparative View», pp. 105-138, in Gerard HUGHES e Jim STEWART (eds.), *Reforming Pensions in Europe – Evolution of Pensions Financing and Sources of Retirement Income*, Cheltenham, Edward Elgar Publishing Limited.

MILLER, David Philip (2004), «Benjamin Gompertz», *Oxford Dicionary of National Biography*, Oxford, Oxford University Press.

MORENO RUIZ, Rafael *et al.* (2005), *Matemática de los Seguros de Vida*, Madrid, Ediciones Pirámide.

MUMPAR-VICTORIA, Marie Redina, HERMOSILLA, Augusto Y. e MIRANDILLA, Ronnie M. (2005), *Makeham-Type Mortality Models*, paper apresentado no seminário "Living to 100: Survival at Advanced Ages Symposium", organizado pela Sociedade dos Actuários, Flórida, 22 pp.

MYLES, John (2003), «A New Social Contract for the Elderly?», pp. 130-172, in Gøsta ESPING-ANDERSEN (ed.), *Why We Need a New Welfare State*, Oxford, Oxford University Press.

NAZARETH, J. Manuel (1977), *Tábuas de Abreviadas Mortalidade Globais e Regionais, 1929-1932, 1939-1942 e 1949-1952*, Lisboa, Caderno n.º 5, Centro de Estudos Demográficos do Instituto Nacional de Estatística.

OBSERVATÓRIO PORTUGUÊS DOS SISTEMAS DE SAÚDE (2009), *Relatório de Primavera 2009*, 158 pp. (versão on-line consultada em 18 de Junho de 2009).

PASSEL, Jeffrey S. e COHN, D'Vera (2008), *U.S. Population Projections: 2005-2050*, Pew Research Center Report, Washington DC, 55 pp.

PELÁEZ FERMOSO, Francisco José e GARCÍA GONZÁLEZ, Ana (2004), *Los planes y fondos de pensiones – un análisis financiero-actuarial*, Valladolid, Universidad de Valladolid, Secretariado de Publicaciones e Intercambio Editorial.

REFERÊNCIAS

Autoridade de Supervisão de Seguros e de Fundos de Pensões (2009), *Relatório do Sector Segurador e Fundos de Pensões – 2008*, Lisboa, edição do Instituto de Seguros de Portugal.

Bellhouse, David R. e Genest, Christian (2007), «Maty's Biography of Abraham De Moivre, Translated, Annotated and Augmented», *Statistical Science*, Vol. 22, N.º 1, pp. 109--136.

Blake, David (2003), *Pension Schemes and Pension Funds in the United Kingdom*, Oxford, Oxford University Press, 2nd edition.

Blake, David (2006), *Pension Finance*, Chichester, John Wiley & Sons, Ltd.

Carrilho, Maria José e Patrício, Lurdes (2004), «Tábuas de Mortalidade em Portugal», *Revista de Estudos Demográficos*, n.º 36, pp. 41-70.

Coelho, Edviges (2001), *The Lee-Carter Method for Forecasting Mortality – The Portuguese Experience*, Lisboa, Instituto Nacional de Estatística, *working paper* do INE, 14 pp.

Departamento de Estatísticas Demográficas e Sociais (2007), *Tábuas Completas de Mortalidade para Portugal – Metodologia*, Lisboa, edição do INSTITUTO NACIONAL DE ESTATÍSTICA, 10 pp.

Dowd, Kevin, Blake, David e Cairns, A. J. G. (2007a), *Facing Up to the Uncertainty of Life: The Longevity Fan Charts*, London, The Pensions Institute, Discussion Paper PI-0703, 36 pp.

Dowd, Kevin, Blake, David e Cairns, A. J. G. (2007b), *The Myth of Methuselah and the Uncertainty of Death: The Mortality Fan Charts*, Londres, The Pensions Institute, Discussion Paper PI-0704, 16 pp.

Dowd, Kevin, Blake, David e Cairns, A. J. G. (2007c), *Longevity Risk and the Grim Reaper's Toxic Tail: The Survivor Fan Charts*, Londres, The Pensions Institute, Discussion Paper PI-0705, 6 pp.

Edmonds, Thomas Rowe (1832), *Life tables founded upon the discovery of a numerical law regulating the existence of every human being: Illustrated by a New Theory of the Causes Producing Health and Longevity*, Londres, James Duncan.

Gardner, M. J. e Donnan, S. P. (1977), «Life expectancy: variations among regional health authorities», *Population Trends*, 10, pp.10-12.

Giannakouris, Konstantinos (2008) «Ageing characterises the demographic perspectives of the European societies», EUROSTAT, *Statistics in focus – Population and social conditions*, n.º 72/2008, 12 pp.

TV 88-90   2%   r = 0,975 i = 4,61538%   (Cont.)

x	d_x	C_x	M_x	R_x
74	1.776	61,599	1.649,436	18.659,528
75	1.968	65,247	1.587,837	17.010,092
76	2.185	69,246	1.522,590	15.422,255
77	2.354	71,310	1.453,344	13.899,665
78	2.645	76,591	1.382,034	12.446,321
79	2.909	80,519	1.305,443	11.064,288
80	3.191	84,428	1.224,924	9.758,845
81	3.473	87,835	1.140,496	8.533,921
82	3.765	91,019	1.052,661	7.393,425
83	3.789	87,558	961,641	6.340,765
84	4.370	96,529	874,083	5.379,123
85	4.325	91,320	777,554	4.505,040
86	4.392	88,644	686,234	3.727,486
87	4.398	84,849	597,590	3.041,252
88	4.360	80,405	512,741	2.443,662
89	4.241	74,760	432,336	1.930,921
90	4.035	67,990	357,577	1.498,585
91	3.745	60,320	289,586	1.141,009
92	3.379	52,024	229,266	851,422
93	2.944	43,327	177,243	622,156
94	2.518	35,422	133,916	444,913
95	2.061	27,714	98,494	310,997
96	1.679	21,581	70,779	212,504
97	1.282	15,752	49,198	141,724
98	912	10,711	33,446	92,526
99	705	7,915	22,735	59,080
100	518	5,559	14,821	36,345
101	362	3,713	9,262	21,524
102	241	2,363	5,548	12,262
103	153	1,434	3,185	6,714
104	92	0,824	1,751	3,529
105	54	0,462	0,927	1,777
106	29	0,237	0,465	0,850
107	16	0,125	0,227	0,385
108	8	0,060	0,102	0,158
109	4	0,029	0,042	0,056
110	2	0,014	0,014	0,014

TV 88-90 2% r = 0,975 i = 4,61538% (Cont.)

x	d_x	C_x	M_x	R_x
37	98	18,047	2.849,949	106.558,712
38	105	18,483	2.831,903	103.708,762
39	114	19,181	2.813,420	100.876,860
40	121	19,461	2.794,239	98.063,439
41	131	20,140	2.774,778	95.269,200
42	144	21,162	2.754,638	92.494,422
43	157	22,054	2.733,476	89.739,784
44	171	22,961	2.711,422	87.006,308
45	188	24,130	2.688,461	84.294,886
46	198	24,293	2.664,331	81.606,425
47	206	24,159	2.640,038	78.942,095
48	223	24,999	2.615,879	76.302,057
49	243	26,039	2.590,880	73.686,178
50	264	27,041	2.564,841	71.095,298
51	286	28,002	2.537,799	68.530,457
52	310	29,013	2.509,797	65.992,657
53	332	29,701	2.480,784	63.482,860
54	345	29,503	2.451,082	61.002,077
55	367	29,999	2.421,580	58.550,994
56	401	31,333	2.391,580	56.129,414
57	433	32,340	2.360,248	53.737,834
58	469	33,484	2.327,907	51.377,587
59	495	33,781	2.294,424	49.049,679
60	527	34,378	2.260,643	46.755,256
61	569	35,480	2.226,265	44.494,613
62	611	36,418	2.190,784	42.268,349
63	456	25,981	2.154,366	40.077,564
64	909	49,505	2.128,386	37.923,198
65	752	39,148	2.078,880	35.794,813
66	817	40,655	2.039,732	33.715,932
67	896	42,620	1.999,077	31.676,200
68	991	45,059	1.956,457	29.677,124
69	1.082	47,026	1.911,398	27.720,666
70	1.189	49,397	1.864,372	25.809,268
71	1.315	52,221	1.814,976	23.944,896
72	1.452	55,118	1.762,755	22.129,920
73	1.604	58,201	1.707,637	20.367,165

TV 88-90   2%   r = 0,975 i = 4,61538%

x	d_x	C_x	M_x	R_x
0	648	633,545	4.068,910	223.499,868
1	58	54,204	3.435,365	219.430,958
2	33	29,480	3.381,161	215.995,592
3	25	21,348	3.351,681	212.614,431
4	22	17,957	3.330,333	209.262,750
5	20	15,605	3.312,376	205.932,417
6	17	12,679	3.296,771	202.620,041
7	16	11,407	3.284,092	199.323,270
8	16	10,903	3.272,686	196.039,177
9	16	10,422	3.261,783	192.766,491
10	17	10,585	3.251,360	189.504,709
11	16	9,523	3.240,775	186.253,348
12	15	8,534	3.231,252	183.012,573
13	19	10,333	3.222,718	179.781,321
14	21	10,917	3.212,386	176.558,603
15	23	11,429	3.201,469	173.346,217
16	29	13,774	3.190,040	170.144,748
17	34	15,437	3.176,266	166.954,707
18	42	18,228	3.160,829	163.778,441
19	44	18,253	3.142,602	160.617,612
20	46	18,241	3.124,348	157.475,010
21	45	17,057	3.106,107	154.350,662
22	44	15,942	3.089,050	151.244,555
23	45	15,585	3.073,108	148.155,505
24	49	16,222	3.057,522	145.082,397
25	50	15,823	3.041,300	142.024,875
26	53	16,032	3.025,477	138.983,574
27	55	15,903	3.009,445	135.958,097
28	54	14,925	2.993,542	132.948,652
29	57	15,059	2.978,617	129.955,110
30	61	15,405	2.963,557	126.976,493
31	63	15,208	2.948,152	124.012,935
32	65	14,999	2.932,944	121.064,783
33	71	15,661	2.917,945	118.131,839
34	80	16,867	2.902,285	115.213,894
35	89	17,937	2.885,417	112.311,610
36	91	17,531	2.867,480	109.426,192

TD 88-90   4%   r = 1,03 l = 0,97087%   (Cont.)

x	d_x	C_x	M_x	R_x
72	2.374	1.178,321	27.549,478	304.566,903
73	2.495	1.226,471	26.371,157	277.017,425
74	2.598	1.264,823	25.144,686	250.646,269
75	2.732	1.317,271	23.879,862	225.501,583
76	2.835	1.353,791	22.562,591	201.621,721
77	2.967	1.403,201	21.208,800	179.059,130
78	3.081	1.443,105	19.805,599	157.850,330
79	3.162	1.466,804	18.362,494	138.044,731
80	3.217	1.477,968	16.895,690	119.682,237
81	3.306	1.504,253	15.417,722	102.786,547
82	3.298	1.486,184	13.913,469	87.368,825
83	3.258	1.454,042	12.427,285	73.455,356
84	3.182	1.406,468	10.973,243	61.028,071
85	3.055	1.337,349	9.566,775	50.054,828
86	2.882	1.249,486	8.229,426	40.488,053
87	2.710	1.163,619	6.979,940	32.258,627
88	2.508	1.066,529	5.816,321	25.278,687
89	2.236	941,718	4.749,792	19.462,366
90	1.951	813,786	3.808,073	14.712,575
91	1.675	691,945	2.994,287	10.904,501
92	1.413	578,100	2.302,342	7.910,214
93	1.139	461,518	1.724,242	5.607,872
94	896	359,564	1.262,724	3.883,631
95	680	270,260	903,159	2.620,907
96	520	204,682	632,899	1.717,748
97	375	146,188	428,217	1.084,848
98	287	110,807	282,029	656,631
99	190	72,651	171,223	374,602
100	118	44,686	98,572	203,379
101	69	25,879	53,885	104,808
102	39	14,487	28,006	50,922
103	20	7,358	13,520	22,916
104	10	3,643	6,162	9,396
105	5	1,804	2,519	3,234
106	2	0,715	0,715	0,715

TD 88-90 4% r = 1,03 i = 0,97087% (Cont.)

x	d_x	C_x	M_x	R_x
36	213	153,056	46.918,517	1.764.987,455
37	226	160,935	46.765,460	1.718.068,938
38	240	169,366	46.604,525	1.671.303,478
39	251	175,533	46.435,159	1.624.698,953
40	270	187,120	46.259,625	1.578.263,794
41	294	201,919	46.072,505	1.532.004,169
42	314	213,713	45.870,586	1.485.931,664
43	353	238,093	45.656,874	1.440.061,077
44	382	255,333	45.418,781	1.394.404,203
45	406	268,931	45.163,448	1.348.985,422
46	432	283,576	44.894,518	1.303.821,974
47	462	300,538	44.610,942	1.258.927,456
48	501	322,973	44.310,404	1.214.316,515
49	554	353,924	43.987,431	1.170.006,111
50	607	384,291	43.633,507	1.126.018,680
51	660	414,082	43.249,216	1.082.385,174
52	720	447,658	42.835,134	1.039.135,958
53	780	480,596	42.387,475	996.300,824
54	846	499,670	41.906,879	953.913,349
55	924	540,491	41.407,210	912.006,470
56	985	570,633	40.866,718	870.599,260
57	1.045	599,571	40.296,086	829.732,542
58	1.128	640,969	39.696,515	789.436,456
59	1.199	674,763	39.055,545	749.739,941
60	1.282	714,536	38.380,782	710.684,396
61	1.359	750,170	37.666,246	672.303,614
62	1.436	785,052	36.916,077	634.637,367
63	1.512	818,652	36.131,025	597.721,291
64	1.575	844,563	35.312,373	561.590,266
65	1.645	873,618	34.467,809	526.277,893
66	1.709	898,880	33.594,191	491.810,084
67	1.807	941,286	32.695,312	458.215,893
68	1.904	982,278	31.754,026	425.520,581
69	2.006	1.024,949	30.771,748	393.766,555
70	2.106	1.065,696	29.746,800	362.994,806
71	2.258	1.131,626	28.681,104	333.248,007

TD 88-90   4%   r = 1,03 i = 0,97087%

x	d_x	C_x	M_x	R_x
0	871	866,802	50.559,523	3.522.372,574
1	72	71,008	49.692,720	3.471.813,051
2	47	45,935	49.621,713	3.422.120,331
3	33	31,962	49.575,778	3.372.498,618
4	29	27,835	49.543,816	3.322.922,840
5	27	25,682	49.515,981	3.273.379,024
6	24	22,623	49.490,300	3.223.863,042
7	21	19,616	49.467,677	3.174.372,743
8	21	19,440	49.448,061	3.124.905,065
9	20	18,347	49.428,621	3.075.457,004
10	21	19,091	49.410,274	3.026.028,383
11	21	18,919	49.391,182	2.976.618,110
12	22	19,642	49.372,263	2.927.226,928
13	26	23,004	49.352,621	2.877.854,665
14	33	28,934	49.329,617	2.828.502,043
15	45	39,101	49.300,683	2.779.172,426
16	61	52,526	49.261,582	2.729.871,744
17	86	73,386	49.209,056	2.680.610,162
18	114	96,403	49.135,670	2.631.401,106
19	129	108,106	49.039,267	2.582.265,436
20	140	116,267	48.931,161	2.533.226,169
21	150	123,450	48.814,894	2.484.295,008
22	157	128,048	48.691,443	2.435.480,115
23	153	123,662	48.563,395	2.386.788,671
24	153	122,548	48.439,734	2.338.225,276
25	151	119,857	48.317,186	2.289.785,542
26	151	118,778	48.197,329	2.241.468,356
27	152	118,488	48.078,551	2.193.271,028
28	154	118,966	47.960,063	2.145.192,477
29	157	120,191	47.841,098	2.097.232,414
30	162	122,902	47.720,907	2.049.391,316
31	168	126,306	47.598,005	2.001.670,410
32	174	129,639	47.471,699	1.954.072,405
33	184	135,855	47.342,060	1.906.600,706
34	193	141,217	47.206,205	1.859.258,647
35	202	146,471	47.064,988	1.812.052,442

TV 88-90   2%   r = 1,013   i = 0,691%   (Cont.)

x	l_x	D_x	N_x	S_x
74	78.880	47.386,922	591.039,017	4.978.898,202
75	77.104	46.002,121	543.652,095	4.387.859,185
76	75.136	44.520,329	497.649,974	3.844.207,090
77	72.951	42.929,012	453.129,645	3.346.557,117
78	70.597	41.258,671	410.200,633	2.893.427,472
79	67.952	39.440,333	368.941,962	2.483.226,839
80	65.043	37.492,832	329.501,629	2.114.284,877
81	61.852	35.408,764	292.008,797	1.784.783,248
82	58.379	33.191,205	256.600,033	1.492.774,451
83	54.614	30.837,538	223.408,828	1.236.174,418
84	50.825	28.501,154	192.571,289	1.012.765,590
85	46.455	25.871,814	164.070,135	820.194,301
86	42.130	23.302,108	138.198,321	656.124,166
87	37.738	20.729,651	114.896,213	517.925,845
88	33.340	18.188,130	94.166,563	403.029,632
89	28.980	15.701,103	75.978,433	308.863,069
90	24.739	13.311,386	60.277,330	232.884,636
91	20.704	11.063,811	46.965,944	172.607,306
92	16.959	9.000,364	35.902,133	125.641,363
93	13.580	7.157,625	26.901,769	89.739,230
94	10.636	5.567,457	19.744,144	62.837,461
95	8.118	4.220,238	14.176,687	43.093,317
96	6.057	3.127,194	9.956,449	28.916,630
97	4.378	2.244,824	6.829,256	18.960,181
98	3.096	1.576,583	4.584,431	12.130,925
99	2.184	1.104,531	3.007,848	7.546,494
100	1.479	742,853	1.903,317	4.538,646
101	961	479,366	1.160,465	2.635,328
102	599	296,743	681,098	1.474,864
103	358	176,135	384,356	793,765
104	205	100,167	208,221	409,409
105	113	54,835	108,053	201,189
106	59	28,434	53,218	93,135
107	30	14,359	24,784	39,917
108	14	6,655	10,425	15,133
109	6	2,833	3,770	4,708
110	2	0,938	0,938	0,938

TV 88-90 2% r = 1,013 i = 0,691% (Cont.)

x	l_x	D_x	N_x	S_x
37	97.851	75.842,226	2.951.841,802	68.633.316,341
38	97.753	75.246,316	2.875.999,576	65.681.474,539
39	97.648	74.649,662	2.800.753,260	62.805.474,963
40	97.534	74.050,820	2.726.103,598	60.004.721,702
41	97.413	73.451,404	2.652.052,778	57.278.618,104
42	97.282	72.849,239	2.578.601,373	54.626.565,327
43	97.138	72.242,212	2.505.752,134	52.047.963,953
44	96.981	71.630,483	2.433.509,922	49.542.211,819
45	96.810	71.013,479	2.361.879,439	47.108.701,897
46	96.622	70.389,185	2.290.865,960	44.746.822,459
47	96.424	69.762,881	2.220.476,775	42.455.956,499
48	96.218	69.136,109	2.150.713,894	40.235.479,724
49	95.995	68.502,523	2.081.577,785	38.084.765,830
50	95.752	67.860,203	2.013.075,262	36.003.188,045
51	95.488	67.208,692	1.945.215,060	33.990.112,782
52	95.202	66.547,549	1.878.006,368	32.044.897,723
53	94.892	65.875,654	1.811.458,819	30.166.891,355
54	94.560	65.194,678	1.745.583,166	28.355.432,536
55	94.215	64.511,046	1.680.388,487	26.609.849,370
56	93.848	63.818,765	1.615.877,442	24.929.460,883
57	93.447	63.109,986	1.552.058,676	23.313.583,441
58	93.014	62.386,466	1.488.948,690	21.761.524,765
59	92.545	61.645,925	1.426.562,224	20.272.576,074
60	92.050	60.895,409	1.364.916,299	18.846.013,851
61	91.523	60.131,267	1.304.020,890	17.481.097,552
62	90.954	59.347,339	1.243.889,623	16.177.076,662
63	90.343	58.544,123	1.184.542,284	14.933.187,038
64	89.887	57.848,890	1.125.998,161	13.748.644,754
65	88.978	56.870,904	1.068.149,271	12.622.646,593
66	88.226	56.003,275	1.011.278,368	11.554.497,322
67	87.409	55.103,899	955.275,093	10.543.218,955
68	86.513	54.164,769	900.171,193	9.587.943,862
69	85.522	53.176,864	846.006,424	8.687.772,669
70	84.440	52.143,772	792.829,560	7.841.766,245
71	83.251	51.056,733	740.685,788	7.048.936,685
72	81.936	49.905,415	689.629,055	6.308.250,897
73	80.484	48.684,623	639.723,640	5.618.621,842

TV 88-90 2% r = 1,013 i = 0,691%

x	l_x	D_x	N_x	S_x
0	100.000	100.000,000	6.192.425,729	236.737.318,097
1	99.352	98.670,189	6.092.425,729	230.544.892,368
2	99.294	97.935,850	5.993.755,540	224.452.466,638
3	99.261	97.231,432	5.895.819,690	218.458.711,098
4	99.236	96.539,853	5.798.588,257	212.562.891,408
5	99.214	95.856,085	5.702.048,404	206.764.303,151
6	99.194	95.179,075	5.606.192,319	201.062.254,747
7	99.177	94.509,701	5.511.013,244	195.456.062,428
8	99.161	93.845,978	5.416.503,543	189.945.049,184
9	99.145	93.186,914	5.322.657,565	184.528.545,641
10	99.129	92.532,476	5.229.470,650	179.205.888,076
11	99.112	91.881,705	5.136.938,174	173.976.417,426
12	99.096	91.236,429	5.045.056,469	168.839.479,252
13	99.081	90.596,596	4.953.820,040	163.794.422,783
14	99.062	89.957,616	4.863.223,445	158.840.602,743
15	99.041	89.321,335	4.773.265,829	153.977.379,298
16	99.018	88.687,760	4.683.944,494	149.204.113,469
17	98.989	88.053,337	4.595.256,734	144.520.168,975
18	98.955	87.419,027	4.507.203,397	139.924.912,241
19	98.913	86.782,258	4.419.784,370	135.417.708,844
20	98.869	86.148,369	4.333.002,111	130.997.924,474
21	98.823	85.517,363	4.246.853,742	126.664.922,363
22	98.778	84.891,819	4.161.336,379	122.418.068,621
23	98.734	84.271,687	4.076.444,560	118.256.732,241
24	98.689	83.655,221	3.992.172,873	114.180.287,681
25	98.640	83.039,880	3.908.517,652	110.188.114,809
26	98.590	82.428,209	3.825.477,772	106.279.597,157
27	98.537	81.818,531	3.743.049,563	102.454.119,385
28	98.482	81.211,690	3.661.231,032	98.711.069,823
29	98.428	80.610,143	3.580.019,342	95.049.838,791
30	98.371	80.010,589	3.499.409,199	91.469.819,449
31	98.310	79.412,235	3.419.398,610	87.970.410,250
32	98.247	78.816,722	3.339.986,375	84.551.011,640
33	98.182	78.224,049	3.261.169,652	81.211.025,266
34	98.111	77.631,051	3.182.945,603	77.949.855,613
35	98.031	77.035,436	3.105.314,552	74.766.910,010
36	97.942	76.437,315	3.028.279,117	71.661.595,457

Anexo VIII – Tábuas Auxiliares

TD 88-90   **4%**   r = 1,01 i = 2,97%   (Cont.)

x	l_x	D_x	N_x	S_x
72	61.285	7.450,456	70.322,176	505.948,130
73	58.911	6.955,276	62.871,719	435.625,955
74	56.416	6.468,589	55.916,443	372.754,236
75	53.818	5.992,722	49.447,854	316.837,792
76	51.086	5.524,433	43.455,133	267.389,938
77	48.251	5.067,356	37.930,700	223.934,805
78	45.284	4.618,588	32.863,343	186.004,105
79	42.203	4.180,200	28.244,756	153.140,762
80	39.041	3.755,467	24.064,556	124.896,006
81	35.824	3.346,620	20.309,089	100.831,450
82	32.518	2.950,159	16.962,470	80.522,360
83	29.220	2.574,489	14.012,311	63.559,890
84	25.962	2.221,459	11.437,822	49.547,579
85	22.780	1.892,967	9.216,363	38.109,757
86	19.725	1.591,826	7.323,396	28.893,394
87	16.843	1.320,041	5.731,569	21.569,998
88	14.133	1.075,701	4.411,528	15.838,429
89	11.625	859,290	3.335,827	11.426,900
90	9.389	673,993	2.476,538	8.091,073
91	7.438	518,539	1.802,545	5.614,535
92	5.763	390,178	1.284,006	3.811,990
93	4.350	286,018	893,828	2.527,984
94	3.211	205,038	607,810	1.634,156
95	2.315	143,560	402,773	1.026,346
96	1.635	98,467	259,213	623,574
97	1.115	65,213	160,746	364,361
98	740	42,032	95,533	203,615
99	453	24,988	53,501	108,082
100	263	14,089	28,512	54,582
101	145	7,544	14,423	26,069
102	76	3,840	6,879	11,646
103	37	1,816	3,039	4,767
104	17	0,810	1,224	1,728
105	7	0,324	0,414	0,504
106	2	0,090	0,090	0,090

TD 88-90 **4%** r = 1,01 $i' = 2,97\%$ (Cont.)

x	l_x	D_x	N_x	S_x
36	95.676	33.359,332	761.729,268	13.041.400,982
37	95.463	32.325,013	728.369,935	12.279.671,714
38	95.237	31.318,332	696.044,923	11.551.301,778
39	94.997	30.338,360	664.726,591	10.855.256,856
40	94.746	29.385,452	634.388,231	10.190.530,265
41	94.476	28.456,552	605.002,779	9.556.142,034
42	94.182	27.549,770	576.546,227	8.951.139,255
43	93.868	26.665,941	548.996,458	8.374.593,027
44	93.515	25.799,419	522.330,516	7.825.596,570
45	93.133	24.952,928	496.531,098	7.303.266,053
46	92.727	24.127,561	471.578,170	6.806.734,955
47	92.295	23.322,477	447.450,609	6.335.156,786
48	91.833	22.536,401	424.128,131	5.887.706,177
49	91.332	21.766,973	401.591,730	5.463.578,046
50	90.778	21.010,915	379.824,757	5.061.986,315
51	90.171	20.268,450	358.813,842	4.682.161,558
52	89.511	19.539,765	338.545,392	4.323.347,716
53	88.791	18.823,534	319.005,627	3.984.802,324
54	88.011	18.120,011	300.182,092	3.665.796,698
55	87.165	17.428,216	282.062,081	3.365.614,606
56	86.241	16.746,107	264.633,865	3.083.552,525
57	85.256	16.077,345	247.887,757	2.818.918,660
58	84.211	15.422,241	231.810,413	2.571.030,903
59	83.083	14.776,791	216.388,172	2.339.220,490
60	81.884	14.143,480	201.611,381	2.122.832,319
61	80.602	13.520,487	187.467,901	1.921.220,938
62	79.243	12.909,122	173.947,414	1.733.753,037
63	77.807	12.309,595	161.038,291	1.559.805,624
64	76.295	11.722,236	148.728,696	1.398.767,332
65	74.720	11.149,119	137.006,460	1.250.038,636
66	73.075	10.589,167	125.857,341	1.113.032,176
67	71.366	10.043,234	115.268,175	987.174,835
68	69.559	9.506,592	105.224,940	871.906,660
69	67.655	8.979,677	95.718,348	766.681,719
70	65.649	8.462,101	86.738,671	670.963,371
71	63.543	7.954,394	78.276,570	584.224,700

TD 88-90   4%   r = 1,01   *i* = 2,97%

x	l_x	D_x	N_x	S_x
0	100.000	100.000,000	2.983.256,821	74.472.047,831
1	99.129	96.269,787	2.883.256,821	71.488.791,011
2	99.057	93.425,137	2.786.987,033	68.605.534,190
3	99.010	90.687,394	2.693.561,896	65.818.547,157
4	98.977	88.042,311	2.602.874,502	63.124.985,261
5	98.948	85.477,824	2.514.832,191	60.522.110,759
6	98.921	82.989,705	2.429.354,367	58.007.278,568
7	98.897	80.576,450	2.346.364,662	55.577.924,202
8	98.876	78.235,739	2.265.788,212	53.231.559,540
9	98.855	75.963,021	2.187.552,473	50.965.771,328
10	98.835	73.757,067	2.111.589,453	48.778.218,855
11	98.814	71.614,447	2.037.832,385	46.666.629,402
12	98.793	69.534,065	1.966.217,939	44.628.797,017
13	98.771	67.513,432	1.896.683,874	42.662.579,078
14	98.745	65.548,859	1.829.170,442	40.765.895,204
15	98.712	63.636,936	1.763.621,583	38.936.724,762
16	98.667	61.773,260	1.699.984,647	37.173.103,179
17	98.606	59.954,423	1.638.211,387	35.473.118,532
18	98.520	58.174,355	1.578.256,965	33.834.907,145
19	98.406	56.431,038	1.520.082,610	32.256.650,181
20	98.277	54.731,536	1.463.651,572	30.736.567,571
21	98.137	53.077,176	1.408.920,036	29.272.915,998
22	97.987	51.467,465	1.355.842,860	27.863.995,962
23	97.830	49.902,886	1.304.375,395	26.508.153,102
24	97.677	48.387,725	1.254.472,509	25.203.777,707
25	97.524	46.918,453	1.206.084,784	23.949.305,198
26	97.373	45.494,618	1.159.166,330	22.743.220,415
27	97.222	44.113,885	1.113.671,713	21.584.054,084
28	97.070	42.774,513	1.069.557,828	20.470.382,372
29	96.916	41.474,849	1.026.783,315	19.400.824,544
30	96.759	40.213,325	985.308,466	18.374.041,230
31	96.597	38.988,053	945.095,140	17.388.732,764
32	96.429	37.797,655	906.107,088	16.443.637,623
33	96.255	36.641,208	868.309,433	15.537.530,536
34	96.071	35.516,330	831.668,225	14.669.221,103
35	95.878	34.422,628	796.151,896	13.837.552,877

TD 88-90 4% r = 1,025 *i* = 1,4634% (Cont.)

x	l_x	D_x	N_x	S_x
72	61.285	21.531,614	223.328,026	1.698.795,825
73	58.911	20.399,023	201.796,412	1.475.467,798
74	56.416	19.253,330	181.397,389	1.273.671,386
75	53.818	18.101,798	162.144,059	1.092.273,997
76	51.086	16.935,056	144.042,261	930.129,938
77	48.251	15.764,553	127.107,205	786.087,676
78	45.284	14.581,785	111.342,652	658.980,471
79	42.203	13.393,677	96.760,867	547.637,819
80	39.041	12.211,472	83.367,190	450.876,952
81	35.824	11.043,628	71.155,717	367.509,762
82	32.518	9.879,890	60.112,089	296.354,045
83	29.220	8.749,819	50.232,200	236.241,955
84	25.962	7.662,096	41.482,380	186.009,756
85	22.780	6.626,036	33.820,284	144.527,375
86	19.725	5.654,675	27.194,249	110.707,091
87	16.843	4.758,835	21.539,574	83.512,842
88	14.133	3.935,557	16.780,739	61.973,268
89	11.625	3.190,475	12.845,182	45.192,530
90	9.389	2.539,641	9.654,707	32.347,348
91	7.438	1.982,895	7.115,066	22.692,641
92	5.763	1.514,198	5.132,171	15.577,575
93	4.350	1.126,455	3.617,972	10.445,404
94	3.211	819,513	2.491,517	6.827,432
95	2.315	582,314	1.672,004	4.335,915
96	1.635	405,335	1.089,691	2.663,911
97	1.115	272,434	684,356	1.574,220
98	740	178,201	411,921	889,865
99	453	107,514	233,720	477,944
100	263	61,520	126,206	244,223
101	145	33,429	64,686	118,017
102	76	17,268	31,258	53,331
103	37	8,286	13,989	22,073
104	17	3,752	5,704	8,084
105	7	1,523	1,951	2,380
106	2	0,429	0,429	0,429

Anexo VIII – Tábuas Auxiliares

TD 88-90   4%   r = 1,025 i = 1,4634%   (Cont.)

x	l_x	D_x	N_x	S_x
36	95.676	56.710,595	1.672.025,638	32.791.350,775
37	95.463	55.768,230	1.615.315,043	31.119.325,137
38	95.237	54.833,766	1.559.546,813	29.504.010,094
39	94.997	53.906,713	1.504.713,046	27.944.463,281
40	94.746	52.988,843	1.450.806,333	26.439.750,235
41	94.476	52.075,762	1.397.817,491	24.988.943,901
42	94.182	51.164,960	1.345.741,729	23.591.126,411
43	93.868	50.258,889	1.294.576,769	22.245.384,682
44	93.515	49.347,730	1.244.317,881	20.950.807,913
45	93.133	48.437,318	1.194.970,150	19.706.490,032
46	92.727	47.530,599	1.146.532,832	18.511.519,882
47	92.295	46.626,825	1.099.002,233	17.364.987,050
48	91.833	45.724,296	1.052.375,408	16.265.984,817
49	91.332	44.818,964	1.006.651,112	15.213.609,409
50	90.778	43.904,602	961.832,147	14.206.958,297
51	90.171	42.982,029	917.927,545	13.245.126,149
52	89.511	42.052,036	874.945,516	12.327.198,604
53	88.791	41.112,146	832.893,481	11.452.253,088
54	88.011	40.163,241	791.781,334	10.619.359,607
55	87.165	39.203,470	751.618,094	9.827.578,273
56	86.241	38.228,456	712.414,623	9.075.960,179
57	85.256	37.246,761	674.186,168	8.363.545,556
58	84.211	36.259,597	636.939,407	7.689.359,388
59	83.083	35.257,938	600.679,810	7.052.419,981
60	81.884	34.247,934	565.421,872	6.451.740,171
61	80.602	33.225,516	531.173,939	5.886.318,298
62	79.243	32.194,183	497.948,423	5.355.144,359
63	77.807	31.154,857	465.754,240	4.857.195,936
64	76.295	30.108,821	434.599,383	4.391.441,696
65	74.720	29.061,975	404.490,562	3.956.842,313
66	73.075	28.012,230	375.428,586	3.552.351,752
67	71.366	26.962,540	347.416,356	3.176.923,165
68	69.559	25.900,811	320.453,817	2.829.506,809
69	67.655	24.828,502	294.553,006	2.509.052,992
70	65.649	23.744,844	269.724,503	2.214.499,987
71	63.543	22.651,633	245.979,659	1.944.775,484

TD 88-90   **4%**   r = 1,025 i = 1,4634%

x	l_x	D_x	N_x	S_x
0	100.000	100.000,000	4.446.097,343	139.704.549,407
1	99.129	97.699,269	4.346.097,343	135.258.452,064
2	99.057	96.220,221	4.248.398,074	130.912.354,721
3	99.010	94.787,447	4.152.177,854	126.663.956,646
4	98.977	93.389,197	4.057.390,407	122.511.778,793
5	98.948	92.015,283	3.964.001,210	118.454.388,386
6	98.921	90.663,406	3.871.985,927	114.490.387,176
7	98.897	89.334,094	3.781.322,521	110.618.401,249
8	98.876	88.026,939	3.691.988,427	106.837.078,728
9	98.855	86.738,906	3.603.961,488	103.145.090,301
10	98.835	85.470,581	3.517.222,582	99.541.128,813
11	98.814	84.219,945	3.431.752,002	96.023.906,231
12	98.793	82.987,606	3.347.532,056	92.592.154,229
13	98.771	81.772,468	3.264.544,450	89.244.622,172
14	98.745	80.571,854	3.182.771,982	85.980.077,722
15	98.712	79.383,233	3.102.200,128	82.797.305,740
16	98.667	78.202,627	3.022.816,895	79.695.105,612
17	98.606	77.027,065	2.944.614,268	76.672.288,717
18	98.520	75.849,898	2.867.587,203	73.727.674,449
19	98.406	74.669,418	2.791.737,305	70.860.087,245
20	98.277	73.495,994	2.717.067,887	68.068.349,940
21	98.137	72.332,777	2.643.571,894	65.351.282,053
22	97.987	71.180,562	2.571.239,117	62.707.710,159
23	97.830	70.041,525	2.500.058,554	60.136.471,042
24	97.677	68.923,360	2.430.017,029	57.636.412,488
25	97.524	67.822,879	2.361.093,669	55.206.395,459
26	97.373	66.741,176	2.293.270,790	52.845.301,790
27	97.222	65.676,567	2.226.529,613	50.552.031,000
28	97.070	64.628,119	2.160.853,046	48.325.501,387
29	96.916	63.594,939	2.096.224,927	46.164.648,341
30	96.759	62.576,178	2.032.629,988	44.068.423,414
31	96.597	61.570,388	1.970.053,810	42.035.793,426
32	96.429	60.576,824	1.908.483,422	40.065.739,616
33	96.255	59.595,398	1.847.906,598	38.157.256,194
34	96.071	58.623,579	1.788.311,200	36.309.349,596
35	95.878	57.661,983	1.729.687,621	34.521.038,396

TV 88-90   2%   com *improvements* (Cont.)

$x+t$	$l_{x,\text{base}}$	$q_{x,\text{base}}$	t	λ_{x+t}	q_{x+t}	l_{x+t}	d_{x+t}	D_x	N_x	S_x
87	37.738	0,11654036	37	0,015	0,0669026	53.500	3.579	9.553,062	75.313,896	478.379,180
88	33.340	0,13077385	38	0,015	0,0739559	49.921	3.692	8.739,155	65.760,834	403.065,284
89	28.980	0,14634231	39	0,015	0,0815282	46.229	3.769	7.934,159	57.021,679	337.304,451
90	24.739	0,16310279	40	0,015	0,0895127	42.460	3.801	7.144,413	49.087,520	280.282,772
91	20.704	0,18088292	41	0,015	0,0977927	38.659	3.781	6.377,351	41.943,106	231.195,252
92	16.959	0,19924524	42	0,015	0,1061164	34.879	3.701	5.640,875	35.565,756	189.252,146
93	13.580	0,2167894	43	0,015	0,1137413	31.178	3.546	4.943,417	29.924,881	153.686,390
94	10.636	0,23674314	44	0,015	0,122361	27.631	3.381	4.295,242	24.981,464	123.761,509
95	8.118	0,25388027	45	0,015	0,1292648	24.250	3.135	3.695,757	20.686,222	98.780,046
96	6.057	0,27719993	46	0,015	0,1390369	21.116	2.936	3.154,927	16.990,465	78.093,824
97	4.378	0,29282778	47	0,015	0,1446887	18.180	2.630	2.663,016	13.835,538	61.103,359
98	3.096	0,29457364	48	0,015	0,1433844	15.549	2.230	2.233,046	11.172,523	47.267,821
99	2.184	0,3228022	49	0,015	0,1547854	13.320	2.062	1.875,355	8.939,476	36.095,298
100	1.479	0,35023665	50	0,015	0,1654401	11.258	1.863	1.553,998	7.064,121	27.155,821
101	961	0,37669095	51	0,015	0,1752871	9.396	1.647	1.271,475	5.510,124	20.091,700
102	599	0,40233723	52	0,015	0,1844338	7.749	1.429	1.028,041	4.238,649	14.581,577
103	358	0,4273743	53	0,015	0,1929942	6.320	1.220	821,995	3.210,608	10.342,928
104	205	0,44878049	54	0,015	0,1996436	5.100	1.018	650,348	2.388,613	7.132,319
105	113	0,47787611	55	0,015	0,209422	4.082	855	510,304	1.738,265	4.743,707
106	59	0,49152542	56	0,015	0,2121967	3.227	685	395,525	1.227,961	3.005,442
107	30	0,53333333	57	0,015	0,2268177	2.542	577	305,486	832,436	1.777,481
108	14	0,57142857	58	0,015	0,2394009	1.966	471	231,565	526,950	945,045
109	6	0,66666667	59	0,015	0,2751428	1.495	411	172,675	295,385	418,095
110	2	1	60	0,015	0,4065697	1.084	1.084	122,710	122,710	122,710

TV 88-90   2%   com *improvements*

$x+t$	$l_{x,\text{base}}$	$q_{x,\text{base}}$	t	λ_{x+t}	q_{x+t}	l_{x+t}	d_{x+t}	D_x	N_x	S_x
50	95.752	0,00275712	0	0,025	0,0027571	95.752	264	35.574,538	928.627,708	16.640.472,678
51	95.488	0,00299514	1	0,025	0,0029212	95.488	279	34.780,838	893.053,170	15.711.844,970
52	95.202	0,00325623	2	0,025	0,0030974	95.209	295	33.999,251	858.272,332	14.818.791,800
53	94.892	0,00349871	3	0,025	0,0032459	94.914	308	33.229,354	824.273,081	13.960.519,468
54	94.560	0,00364848	4	0,025	0,0033013	94.606	312	32.472,053	791.043,727	13.136.246,387
55	94.215	0,00389535	5	0,025	0,0034376	94.294	324	31.730,249	758.571,674	12.345.202,660
56	93.848	0,00427287	6	0,025	0,0036777	93.970	346	31.001,149	726.841,425	11.586.630,986
57	93.447	0,00463364	7	0,025	0,0038897	93.624	364	30.281,507	695.840,275	10.859.789,561
58	93.014	0,00504225	8	0,025	0,0041282	93.260	385	29.572,274	665.558,769	10.163.949,286
59	92.545	0,00534875	9	0,025	0,0042711	92.875	397	28.872,737	635.986,495	9.498.390,517
60	92.050	0,00572515	10	0,025	0,0044588	92.478	412	28.185,706	607.113,758	8.862.404,022
61	91.523	0,00621702	11	0,025	0,0047223	92.066	435	27.509,836	578.928,052	8.255.290,264
62	90.954	0,00671768	12	0,025	0,0049766	91.631	456	26.843,066	551.418,216	7.676.362,213
63	90.343	0,00504743	13	0,025	0,0036469	91.175	333	26.185,764	524.575,150	7.124.943,997
64	89.887	0,0101127	14	0,025	0,0071263	90.843	647	25.578,693	498.389,386	6.600.368,847
65	88.978	0,00845153	15	0,025	0,0058086	90.195	524	24.898,443	472.810,693	6.101.979,462
66	88.226	0,00926031	16	0,025	0,0062074	89.671	557	24.268,448	447.912,250	5.629.168,769
67	87.409	0,01025066	17	0,025	0,0067016	89.115	597	23.644,906	423.643,802	5.181.256,519
68	86.513	0,01145493	18	0,025	0,007304	88.517	647	23.025,930	399.998,896	4.757.612,717
69	85.522	0,01265172	19	0,025	0,0078679	87.871	691	22.409,558	376.972,966	4.357.613,821
70	84.440	0,014081	20	0,025	0,0085406	87.180	745	21.797,295	354.563,409	3.980.640,855
71	83.251	0,01579561	21	0,025	0,009344	86.435	808	21.187,386	332.766,113	3.626.077,446
72	81.936	0,01772115	22	0,025	0,0102242	85.627	875	20.577,855	311.578,727	3.293.311,333
73	80.484	0,01992943	23	0,025	0,0112144	84.752	950	19.968,100	291.000,872	2.981.732,606
74	78.880	0,02251521	24	0,025	0,0123566	83.801	1.036	19.357,030	271.032,772	2.690.731,733
75	77.104	0,02552397	25	0,015	0,0175423	82.766	1.452	18.742,983	251.675,742	2.419.698,961
76	75.136	0,0290806	26	0,015	0,0196892	81.314	1.601	18.053,124	232.932,759	2.168.023,219
77	72.951	0,03226823	27	0,015	0,0215222	79.713	1.716	17.350,659	214.879,635	1.935.090,460
78	70.597	0,03746618	28	0,015	0,024617	77.997	1.920	16.644,349	197.528,975	1.720.210,826
79	67.952	0,04280963	29	0,015	0,0277092	76.077	2.108	15.916,288	180.884,627	1.522.681,850
80	65.043	0,04905985	30	0,015	0,0312819	73.969	2.314	15.171,825	164.968,338	1.341.797,224
81	61.852	0,05615016	31	0,015	0,0352699	71.655	2.527	14.409,040	149.796,514	1.176.828,885
82	58.379	0,06449237	32	0,015	0,0399068	69.128	2.759	13.628,269	135.387,474	1.027.032,372
83	54.614	0,06937782	33	0,015	0,0422907	66.369	2.807	12.827,852	121.759,204	891.644,898
84	50.825	0,08598131	34	0,015	0,0516314	63.563	3.282	12.044,463	108.931,353	769.885,693
85	46.455	0,09310085	35	0,015	0,0550743	60.281	3.320	11.198,619	96.886,889	660.954,341
86	42.130	0,10424875	36	0,015	0,0607508	56.961	3.460	10.374,375	85.688,271	564.067,451

TV 88-90 2%   r = 1,015 i = 0,4926%   (Cont.)

x	l_x	D_x	N_x	S_x
74	78.880	54.833,351	694.047,488	5.891.414,173
75	77.104	53.336,033	639.214,137	5.197.366,685
76	75.136	51.719,913	585.878,105	4.558.152,548
77	72.951	49.969,716	534.158,191	3.972.274,443
78	70.597	48.120,241	484.188,475	3.438.116,252
79	67.952	46.090,319	436.068,234	2.953.927,777
80	65.043	43.900,953	389.977,915	2.517.859,543
81	61.852	41.542,540	346.076,962	2.127.881,628
82	58.379	39.017,719	304.534,421	1.781.804,666
83	54.614	36.322,449	265.516,703	1.477.270,245
84	50.825	33.636,782	229.194,254	1.211.753,542
85	46.455	30.593,942	195.557,472	982.559,288
86	42.130	27.609,615	164.963,530	787.001,817
87	37.738	24.610,118	137.353,915	622.038,287
88	33.340	21.635,469	112.743,797	484.684,372
89	28.980	18.713,931	91.108,328	371.940,575
90	24.739	15.896,983	72.394,397	280.832,247
91	20.704	13.238,925	56.497,414	208.437,850
92	16.959	10.791,073	43.258,489	151.940,435
93	13.580	8.598,646	32.467,416	108.681,946
94	10.636	6.701,539	23.868,770	76.214,530
95	8.118	5.089,923	17.167,231	52.345,761
96	6.057	3.779,076	12.077,308	35.178,530
97	4.378	2.718,127	8.298,232	23.101,222
98	3.096	1.912,762	5.580,105	14.802,990
99	2.184	1.342,698	3.667,343	9.222,886
100	1.479	904,815	2.324,645	5.555,542
101	961	585,034	1.419,830	3.230,898
102	599	362,869	834,796	1.811,068
103	358	215,810	471,926	976,272
104	205	122,973	256,116	504,346
105	113	67,453	133,143	248,230
106	59	35,046	65,690	115,087
107	30	17,733	30,644	49,397
108	14	8,235	12,911	18,753
109	6	3,512	4,677	5,842
110	2	1,165	1,165	1,165

TV 88-90   2%   r = 1,015 i = 0,4926%   (Cont.)

x	l_x	D_x	N_x	S_x
37	97.851	81.583,852	3.319.181,881	78.612.440,414
38	97.753	81.102,633	3.237.598,029	75.293.258,533
39	97.648	80.618,391	3.156.495,396	72.055.660,504
40	97.534	80.129,555	3.075.877,004	68.899.165,109
41	97.413	79.637,850	2.995.747,450	65.823.288,104
42	97.282	79.140,906	2.916.109,599	62.827.540,655
43	97.138	78.636,396	2.836.968,693	59.911.431,055
44	96.981	78.124,458	2.758.332,297	57.074.462,362
45	96.810	77.604,428	2.680.207,839	54.316.130,065
46	96.622	77.074,057	2.602.603,411	51.635.922,226
47	96.424	76.539,084	2.525.529,354	49.033.318,815
48	96.218	76.001,184	2.448.990,271	46.507.789,461
49	95.995	75.453,356	2.372.989,087	44.058.799,190
50	95.752	74.893,430	2.297.535,731	41.685.810,103
51	95.488	74.320,835	2.222.642,301	39.388.274,373
52	95.202	73.735,015	2.148.321,466	37.165.632,072
53	94.892	73.134,655	2.074.586,451	35.017.310,606
54	94.560	72.521,537	2.001.451,796	32.942.724,155
55	94.215	71.902,751	1.928.930,259	30.941.272,360
56	93.848	71.271,581	1.857.027,508	29.012.342,101
57	93.447	70.619,177	1.785.755,927	27.155.314,593
58	93.014	69.947,392	1.715.136,750	25.369.558,666
59	92.545	69.253,557	1.645.189,358	23.654.421,916
60	92.050	68.545,482	1.575.935,802	22.009.232,558
61	91.523	67.818,972	1.507.390,320	20.433.296,756
62	90.954	67.066,969	1.439.571,348	18.925.906,436
63	90.343	66.289,890	1.372.504,379	17.486.335,088
64	89.887	65.631,993	1.306.214,489	16.113.830,708
65	88.978	64.649,812	1.240.582,496	14.807.616,219
66	88.226	63.789,197	1.175.932,684	13.567.033,724
67	87.409	62.888,699	1.112.143,487	12.391.101,040
68	86.513	61.938,937	1.049.254,788	11.278.957,553
69	85.522	60.929,294	987.315,851	10.229.702,765
70	84.440	59.863,546	926.386,557	9.242.386,914
71	83.251	58.731,297	866.523,011	8.316.000,357
72	81.936	57.520,255	807.791,714	7.449.477,346
73	80.484	56.223,971	750.271,459	6.641.685,632

Anexo VIII – Tábuas Auxiliares

TV 88-90   2%   r = 1,015 $i = 0{,}4926\%$

x	l_x	D_x	N_x	S_x
0	100.000	100.000,000	6.672.136,999	263.101.436,539
1	99.352	98.864,991	6.572.136,999	256.429.299,540
2	99.294	98.322,937	6.473.272,008	249.857.162,541
3	99.261	97.808,455	6.374.949,071	243.383.890,534
4	99.236	97.304,499	6.277.140,616	237.008.941,463
5	99.214	96.806,060	6.179.836,118	230.731.800,846
6	99.194	96.312,112	6.083.030,057	224.551.964,729
7	99.177	95.823,579	5.986.717,945	218.468.934,671
8	99.161	95.338,483	5.890.894,366	212.482.216,726
9	99.145	94.855,840	5.795.555,883	206.591.322,360
10	99.129	94.375,638	5.700.700,043	200.795.766,477
11	99.112	93.896,916	5.606.324,406	195.095.066,434
12	99.096	93.421,564	5.512.427,489	189.488.742,028
13	99.081	92.949,553	5.419.005,926	183.976.314,539
14	99.062	92.476,191	5.326.056,372	178.557.308,613
15	99.041	92.003,379	5.233.580,181	173.231.252,241
16	99.018	91.531,131	5.141.576,803	167.997.672,059
17	98.989	91.055,783	5.050.045,672	162.856.095,257
18	98.955	90.578,319	4.958.989,889	157.806.049,585
19	98.913	90.096,061	4.868.411,571	152.847.059,696
20	98.869	89.614,542	4.778.315,510	147.978.648,125
21	98.823	89.133,774	4.688.700,968	143.200.332,616
22	98.778	88.656,465	4.599.567,194	138.511.631,648
23	98.734	88.182,586	4.510.910,729	133.912.064,454
24	98.689	87.710,334	4.422.728,143	129.401.153,725
25	98.640	87.237,055	4.335.017,809	124.978.425,582
26	98.590	86.765,429	4.247.780,754	120.643.407,773
27	98.537	86.293,703	4.161.015,325	116.395.627,019
28	98.482	85.822,773	4.074.721,623	112.234.611,694
29	98.428	85.355,255	3.988.898,849	108.159.890,072
30	98.371	84.887,669	3.903.543,594	104.170.991,223
31	98.310	84.419,181	3.818.655,926	100.267.447,628
32	98.247	83.951,537	3.734.236,745	96.448.791,702
33	98.182	83.484,749	3.650.285,208	92.714.554,957
34	98.111	83.015,443	3.566.800,459	89.064.269,749
35	98.031	82.541,155	3.483.785,016	85.497.469,291
36	97.942	82.061,980	3.401.243,861	82.013.684,275

PF 94 3%   r = 1,02 i = 0,9804%   (Cont.)

x	l_x	D_x	N_x	S_x
72	78.793	39.031,694	497.785,375	4.427.426,270
73	77.353	37.946,335	458.753,682	3.929.640,895
74	75.835	36.840,480	420.807,347	3.470.887,214
75	73.628	35.421,056	383.966,867	3.050.079,867
76	70.923	33.788,469	348.545,811	2.666.113,000
77	68.051	32.105,456	314.757,342	2.317.567,189
78	65.013	30.374,382	282.651,887	2.002.809,847
79	61.587	28.494,379	252.277,505	1.720.157,960
80	58.098	26.619,154	223.783,126	1.467.880,455
81	54.139	24.564,403	197.163,972	1.244.097,330
82	50.039	22.483,686	172.599,569	1.046.933,358
83	46.030	20.481,548	150.115,883	874.333,789
84	42.248	18.616,193	129.634,335	724.217,906
85	37.955	16.562,147	111.018,142	594.583,572
86	36.848	15.922,984	94.455,995	483.565,430
87	32.500	13.907,748	78.533,011	389.109,435
88	28.184	11.943,703	64.625,262	310.576,425
89	24.023	10.081,532	52.681,559	245.951,162
90	20.152	8.374,914	42.600,027	193.269,603
91	16.863	6.940,008	34.225,113	150.669,576
92	14.056	5.728,617	27.285,106	116.444,463
93	11.547	4.660,367	21.556,489	89.159,357
94	9.567	3.823,751	16.896,122	67.602,869
95	7.637	3.022,731	13.072,371	50.706,747
96	6.052	2.372,131	10.049,639	37.634,376
97	4.749	1.843,337	7.677,509	27.584,737
98	3.772	1.449,897	5.834,172	19.907,228
99	2.979	1.133,963	4.384,274	14.073,057
100	2.187	824,404	3.250,311	9.688,782
101	1.833	684,253	2.425,907	6.438,471
102	1.553	574,101	1.741,654	4.012,564
103	1.355	496,043	1.167,553	2.270,909
104	970	351,653	671,510	1.103,356
105	579	207,866	319,857	431,847
106	315	111,990	111,990	111,990

PF 94 3%   r = 1,02 i = 0,9804%   (Cont.)

x	l_x	D_x	N_x	S_x
36	97.686	68.753,879	2.494.691,441	56.216.468,211
37	97.589	68.018,752	2.425.937,562	53.721.776,770
38	97.468	67.274,854	2.357.918,810	51.295.839,208
39	97.399	66.574,531	2.290.643,956	48.937.920,398
40	97.262	65.835,438	2.224.069,425	46.647.276,442
41	97.132	65.109,113	2.158.233,987	44.423.207,017
42	96.975	64.372,763	2.093.124,874	42.264.973,030
43	96.828	63.651,147	2.028.752,112	40.171.848,156
44	96.648	62.915,993	1.965.100,964	38.143.096,044
45	96.423	62.160,105	1.902.184,971	36.177.995,080
46	96.217	61.425,093	1.840.024,866	34.275.810,109
47	95.961	60.666,884	1.778.599,773	32.435.785,243
48	95.764	59.954,546	1.717.932,889	30.657.185,470
49	95.571	59.252,801	1.657.978,343	28.939.252,581
50	95.350	58.541,839	1.598.725,542	27.281.274,238
51	95.078	57.808,090	1.540.183,703	25.682.548,696
52	94.786	57.071,027	1.482.375,613	24.142.364,993
53	94.383	56.276,643	1.425.304,586	22.659.989,380
54	94.017	55.514,152	1.369.027,943	21.234.684,794
55	93.659	54.765,840	1.313.513,791	19.865.656,852
56	93.250	53.997,293	1.258.747,952	18.552.143,061
57	92.802	53.216,143	1.204.750,659	17.293.395,109
58	92.323	52.427,468	1.151.534,516	16.088.644,450
59	91.845	51.649,653	1.099.107,048	14.937.109,935
60	91.265	50.825,195	1.047.457,395	13.838.002,887
61	90.486	49.902,132	996.632,200	12.790.545,491
62	89.879	49.086,137	946.730,068	11.793.913,292
63	89.216	48.250,997	897.643,930	10.847.183,224
64	88.463	47.379,243	849.392,934	9.949.539,294
65	87.611	46.467,360	802.013,691	9.100.146,360
66	86.601	45.485,732	755.546,330	8.298.132,669
67	85.568	44.506,821	710.060,599	7.542.586,339
68	84.570	43.560,659	665.553,778	6.832.525,740
69	83.324	42.502,173	621.993,119	6.166.971,962
70	82.017	41.429,321	579.490,947	5.544.978,843
71	80.516	40.276,251	538.061,626	4.965.487,896

PF 94 3%   r = 1,02 $i = 0,9804\%$

x	l_x	D_x	N_x	S_x
0	100.000	100.000,000	5.507.812,050	198.462.266,822
1	99.311	98.346,808	5.407.812,050	192.954.454,772
2	99.266	97.347,847	5.309.465,242	187.546.642,722
3	99.230	96.367,753	5.212.117,395	182.237.177,480
4	99.175	95.379,241	5.115.749,643	177.025.060,085
5	99.140	94.419,888	5.020.370,402	171.909.310,443
6	99.098	93.463,571	4.925.950,513	166.888.940,041
7	99.055	92.515,989	4.832.486,943	161.962.989,528
8	99.039	91.602,970	4.739.970,954	157.130.502,585
9	99.022	90.698,042	4.648.367,984	152.390.531,631
10	98.991	89.789,354	4.557.669,942	147.742.163,647
11	98.962	88.891,556	4.467.880,588	143.184.493,706
12	98.952	88.019,630	4.378.989,032	138.716.613,118
13	98.943	87.157,135	4.290.969,402	134.337.624,086
14	98.921	86.291,752	4.203.812,267	130.046.654,684
15	98.886	85.423,726	4.117.520,515	125.842.842,417
16	98.862	84.573,831	4.032.096,789	121.725.321,902
17	98.838	83.732,388	3.947.522,958	117.693.225,113
18	98.816	82.900,989	3.863.790,570	113.745.702,155
19	98.777	82.063,717	3.780.889,582	109.881.911,585
20	98.732	81.229,953	3.698.825,865	106.101.022,003
21	98.686	80.403,828	3.617.595,912	102.402.196,138
22	98.653	79.596,577	3.537.192,084	98.784.600,227
23	98.582	78.767,059	3.457.595,507	95.247.408,143
24	98.532	77.962,762	3.378.828,448	91.789.812,636
25	98.475	77.161,173	3.300.865,686	88.410.984,188
26	98.416	76.366,248	3.223.704,512	85.110.118,503
27	98.356	75.578,717	3.147.338,264	81.886.413,991
28	98.293	74.796,997	3.071.759,546	78.739.075,727
29	98.228	74.021,825	2.996.962,549	75.667.316,180
30	98.166	73.256,893	2.922.940,724	72.670.353,631
31	98.100	72.496,881	2.849.683,831	69.747.412,907
32	98.034	71.744,721	2.777.186,951	66.897.729,076
33	97.965	70.998,158	2.705.442,230	64.120.542,126
34	97.892	70.256,459	2.634.444,072	61.415.099,896
35	97.782	69.496,172	2.564.187,613	58.780.655,824

TV 73-77 4,5% r = 1,025 i = 1,9512% (Cont.)

x	l_x	D_x	N_x	S_x
72	75.139	18.690,322	205.200,058	1.619.196,744
73	73.120	17.840,015	186.509,736	1.413.996,686
74	70.914	16.970,658	168.669,720	1.227.486,950
75	68.502	16.079,688	151.699,062	1.058.817,230
76	65.860	15.163,650	135.619,375	907.118,168
77	62.981	14.223,262	120.455,725	771.498,793
78	59.867	13.261,261	106.232,463	651.043,068
79	56.524	12.281,117	92.971,202	544.810,605
80	52.974	11.289,518	80.690,085	451.839,403
81	49.246	10.294,168	69.400,566	371.149,318
82	45.363	9.301,002	59.106,398	301.748,752
83	41.351	8.316,137	49.805,396	242.642,354
84	37.256	7.349,190	41.489,259	192.836,958
85	33.160	6.416,016	34.140,069	151.347,699
86	29.136	5.529,534	27.724,052	117.207,630
87	25.229	4.696,413	22.194,519	89.483,578
88	21.491	3.924,014	17.498,105	67.289,059
89	17.979	3.219,935	13.574,092	49.790,954
90	14.743	2.589,853	10.354,157	36.216,862
91	11.852	2.042,154	7.764,304	25.862,705
92	9.362	1.582,243	5.722,150	18.098,402
93	7.280	1.206,823	4.139,907	12.376,252
94	5.571	905,843	2.933,084	8.236,345
95	4.190	668,254	2.027,240	5.303,262
96	3.092	483,698	1.358,987	3.276,021
97	2.238	343,402	875,288	1.917,035
98	1.585	238,550	531,886	1.041,747
99	1.098	162,092	293,336	509,861
100	531	76,888	131,244	216,525
101	237	33,661	54,356	85,280
102	97	13,513	20,695	30,925
103	36	4,919	7,182	10,229
104	12	1,608	2,263	3,047
105	4	0,526	0,655	0,784
106	1	0,129	0,129	0,129

TV 73-77 4,5%   r = 1,025 i = 1,9512% (Cont.)

x	l_x	D_x	N_x	S_x
36	96.922	48.339,044	1.405.321,593	28.060.258,553
37	96.812	47.360,092	1.356.982,549	26.654.936,960
38	96.691	46.395,628	1.309.622,457	25.297.954,410
39	96.561	45.446,498	1.263.226,829	23.988.331,954
40	96.419	44.511,163	1.217.780,331	22.725.105,125
41	96.263	43.588,645	1.173.269,168	21.507.324,794
42	96.094	42.679,361	1.129.680,522	20.334.055,626
43	95.910	41.782,381	1.087.001,161	19.204.375,104
44	95.707	40.895,984	1.045.218,780	18.117.373,942
45	95.485	40.020,247	1.004.322,796	17.072.155,163
46	95.245	39.155,652	964.302,549	16.067.832,366
47	94.983	38.300,621	925.146,898	15.103.529,817
48	94.698	37.454,879	886.846,277	14.178.382,919
49	94.388	36.617,782	849.391,398	13.291.536,642
50	94.056	35.790,635	812.773,617	12.442.145,244
51	93.702	34.973,526	776.982,981	11.629.371,627
52	93.322	34.165,065	742.009,455	10.852.388,646
53	92.910	33.363,249	707.844,390	10.110.379,191
54	92.465	32.567,987	674.481,141	9.402.534,801
55	91.987	31.779,543	641.913,154	8.728.053,660
56	91.478	30.998,845	610.133,611	8.086.140,506
57	90.938	30.226,086	579.134,766	7.476.006,895
58	90.364	29.460,466	548.908,681	6.896.872,129
59	89.754	28.701,569	519.448,214	6.347.963,448
60	89.106	27.949,010	490.746,645	5.828.515,234
61	88.417	27.202,130	462.797,635	5.337.768,589
62	87.674	26.457,306	435.595,505	4.874.970,953
63	86.862	25.710,604	409.138,199	4.439.375,449
64	85.977	24.961,599	383.427,595	4.030.237,250
65	85.015	24.209,919	358.465,996	3.646.809,655
66	83.966	23.453,567	334.256,077	3.288.343,660
67	82.818	22.690,174	310.802,510	2.954.087,583
68	81.561	21.918,119	288.112,336	2.643.285,073
69	80.181	21.134,884	266.194,216	2.355.172,737
70	78.659	20.336,887	245.059,332	2.088.978,521
71	76.982	19.522,387	224.722,445	1.843.919,188

TV 73-77   **4,5%**   r = 1,025 i = 1,9512%

x	l_x	D_x	N_x	S_x
0	100.000	100.000,000	3.977.834,745	120.773.525,272
1	98.832	96.940,497	3.877.834,745	116.795.690,527
2	98.736	94.992,834	3.780.894,248	112.917.855,782
3	98.677	93.119,130	3.685.901,414	109.136.961,534
4	98.631	91.294,385	3.592.782,283	105.451.060,121
5	98.593	89.512,641	3.501.487,898	101.858.277,837
6	98.559	87.769,220	3.411.975,257	98.356.789,939
7	98.528	86.062,364	3.324.206,037	94.944.814,682
8	98.499	84.390,408	3.238.143,673	91.620.608,645
9	98.472	82.752,606	3.153.753,265	88.382.464,972
10	98.447	81.148,233	3.071.000,658	85.228.711,708
11	98.424	79.576,576	2.989.852,426	82.157.711,049
12	98.401	78.035,355	2.910.275,849	79.167.858,623
13	98.379	76.524,757	2.832.240,495	76.257.582,774
14	98.354	75.041,108	2.755.715,738	73.425.342,279
15	98.324	73.582,478	2.680.674,629	70.669.626,542
16	98.286	72.146,321	2.607.092,151	67.988.951,912
17	98.239	70.731,704	2.534.945,830	65.381.859,761
18	98.182	69.337,746	2.464.214,127	62.846.913,930
19	98.119	67.967,081	2.394.876,381	60.382.699,804
20	98.055	66.622,804	2.326.909,300	57.987.823,423
21	97.993	65.306,419	2.260.286,496	55.660.914,123
22	97.932	64.016,673	2.194.980,077	53.400.627,627
23	97.873	62.753,656	2.130.963,404	51.205.647,550
24	97.815	61.516,165	2.068.209,747	49.074.684,147
25	97.755	60.301,822	2.006.693,582	47.006.474,399
26	97.696	59.112,032	1.946.391,761	44.999.780,817
27	97.636	57.945,104	1.887.279,728	43.053.389,057
28	97.575	56.800,608	1.829.334,624	41.166.109,329
29	97.509	55.675,841	1.772.534,016	39.336.774,705
30	97.439	54.571,081	1.716.858,175	37.564.240,689
31	97.367	53.487,117	1.662.287,093	35.847.382,514
32	97.290	52.421,961	1.608.799,977	34.185.095,420
33	97.208	51.375,342	1.556.378,016	32.576.295,444
34	97.120	50.346,473	1.505.002,674	31.019.917,428
35	97.025	49.334,608	1.454.656,201	29.514.914,754

CONTÉM AS SEGUINTES TÁBUAS AUXILIARES:

- TV 73-77, com $i = 4.5\%$ e r = 1,025

    (Exemplos das secções 4.2.1, 4.2.2, 4.2.3 e 5.2.2 do Capítulo 2)

- PF 94, com $i = 3\%$ e r = 1,02

    (Exemplos da secções 5.2.1 e 6.2.2 do Capítulo 2 e caso resolvido n.º 15 do Capítulo 2)

- TV 88-90, com $i = 2\%$ e r = 1,015

    (Exemplo da secção 5.2.3 do Capítulo 2 e caso resolvido n.º 14 do Capítulo 2)

- TV 88-90, com *improvements*

    (Caso resolvido n.º 12 do Capítulo 2)

- TD 88-90, com $i = 4\%$, r = 1,025 e r = 1,01

    (Caso resolvido n.º 16 do Capítulo 2)

- TV 88-90, com $i = 2\%$ e r = 1,013

    (Caso resolvido n.º 4 do Capítulo 3)

- TD 88-90, com $i = 4\%$ e r = 1,03

    (Exemplos das secções 2.3.1, 2.3.2, 3.3.1 e 3.3.2 do Capítulo 3)

- TV 88-90, com $i = 2\%$ e r = 0,975

    (Caso resolvido n.º 12 do Capítulo 3)

ANEXO VIII

TÁBUAS AUXILIARES

Tábua Completa de Mortalidade para Portugal 2005-2007
(Mulheres) (Cont.)

x	q_x	l_x	d_x	e_x
70	0,012392	87.588	1.085	15,25
71	0,013437	86.503	1.162	14,44
72	0,015831	85.341	1.351	13,63
73	0,018832	83.990	1.582	12,84
74	0,020534	82.408	1.692	12,07
75	0,023049	80.716	1.861	11,32
76	0,026564	78.855	2.094	10,57
77	0,032257	76.761	2.476	9,85
78	0,034835	74.285	2.588	9,16
79	0,041708	71.697	2.990	8,47
80	0,047242	68.707	3.246	7,82
81	0,054859	65.461	3.591	7,18
82	0,062895	61.870	3.892	6,57
83	0,075098	57.978	4.354	5,98
84	0,090246	53.624	4.839	5,42
85	0,109855	48.785	5.359	4,91
86	0,128658	43.426	5.587	4,45
87	0,149477	37.839	5.656	4,04
88	0,171557	32.183	5.522	3,66
89	0,195541	26.661	5.213	3,31
90	0,223750	21.448	4.799	3,00
91	0,251618	16.649	4.189	2,72
92	0,281604	12.460	3.509	2,46
93	0,313658	8.951	2.807	2,23
94	0,347690	6.144	2.137	2,02
95	0,383573	4.007	1.537	1,83
96	0,421136	2.470	1.040	1,67
97	0,460168	1.430	658	1,51
98	0,500415	772	386	1,38
99	0,541580	386	209	1,25
100	0,583330	177	103	1,14

Tábua Completa de Mortalidade para Portugal 2005-2007
(Mulheres) (Cont.)

x	q_x	l_x	d_x	e_x
35	0,000638	98.847	63	47,33
36	0,000683	98.784	68	46,36
37	0,000907	98.716	89	45,39
38	0,000706	98.627	70	44,43
39	0,000977	98.557	96	43,46
40	0,000941	98.461	93	42,51
41	0,001037	98.368	102	41,55
42	0,001185	98.266	116	40,59
43	0,001319	98.150	130	39,64
44	0,001342	98.020	131	38,69
45	0,001605	97.889	158	37,74
46	0,001641	97.731	160	36,80
47	0,001759	97.571	171	35,86
48	0,001871	97.400	183	34,92
49	0,002059	97.217	200	33,99
50	0,002155	97.017	209	33,05
51	0,002353	96.808	228	32,12
52	0,002396	96.580	231	31,20
53	0,002655	96.349	256	30,27
54	0,002793	96.093	268	29,35
55	0,002722	95.825	261	28,43
56	0,003318	95.564	317	27,51
57	0,003720	95.247	355	26,60
58	0,003587	94.892	340	25,70
59	0,003921	94.552	371	24,79
60	0,004932	94.181	464	23,88
61	0,005131	93.717	481	23,00
62	0,005292	93.236	493	22,11
63	0,005878	92.743	546	21,23
64	0,006360	92.197	586	20,35
65	0,007734	91.611	709	19,48
66	0,008091	90.902	735	18,63
67	0,008462	90.167	763	17,78
68	0,009471	89.404	847	16,92
69	0,010941	88.557	969	16,08

Tábua Completa de Mortalidade para Portugal 2005-2007
(Mulheres)

x	q_x	l_x	d_x	e_x
0	0,002985	100.000	299	81,87
1	0,000351	99.701	35	80,81
2	0,000188	99.666	18	79,84
3	0,000120	99.648	12	78,86
4	0,000139	99.636	14	77,87
5	0,000140	99.622	14	76,88
6	0,000092	99.608	9	75,89
7	0,000122	99.599	12	74,89
8	0,000106	99.587	11	73,90
9	0,000124	99.576	12	72,91
10	0,000162	99.564	16	71,92
11	0,000115	99.548	12	70,93
12	0,000123	99.536	12	69,94
13	0,000138	99.524	14	68,95
14	0,000117	99.510	11	67,96
15	0,000203	99.499	21	66,97
16	0,000255	99.478	25	65,98
17	0,000218	99.453	22	65,00
18	0,000234	99.431	23	64,01
19	0,000236	99.408	23	63,02
20	0,000334	99.385	33	62,04
21	0,000217	99.352	22	61,06
22	0,000250	99.330	25	60,07
23	0,000323	99.305	32	59,09
24	0,000291	99.273	29	58,11
25	0,000322	99.244	32	57,12
26	0,000278	99.212	27	56,14
27	0,000301	99.185	30	55,16
28	0,000352	99.155	35	54,17
29	0,000338	99.120	33	53,19
30	0,000384	99.087	38	52,21
31	0,000427	99.049	43	51,23
32	0,000492	99.006	49	50,25
33	0,000602	98.957	59	49,28
34	0,000518	98.898	51	48,31

Tábua Completa de Mortalidade para Portugal 2005-2007
(Homens) (Cont.)

x	q_x	l_x	d_x	e_x
70	0,024421	73.359	1.792	12,47
71	0,028196	71.567	2.018	11,77
72	0,031545	69.549	2.194	11,10
73	0,035606	67.355	2.398	10,44
74	0,039852	64.957	2.589	9,81
75	0,043146	62.368	2.690	9,19
76	0,050001	59.678	2.984	8,59
77	0,055120	56.694	3.125	8,01
78	0,061098	53.569	3.273	7,45
79	0,068884	50.296	3.465	6,90
80	0,075791	46.831	3.549	6,38
81	0,084835	43.282	3.672	5,86
82	0,093728	39.610	3.713	5,35
83	0,109707	35.897	3.938	4,86
84	0,129011	31.959	4.123	4,39
85	0,154852	27.836	4.310	3,97
86	0,177692	23.526	4.181	3,61
87	0,202417	19.345	3.916	3,28
88	0,227633	15.429	3.512	2,98
89	0,254346	11.917	3.031	2,71
90	0,285187	8.886	2.534	2,47
91	0,314665	6.352	1.999	2,25
92	0,345798	4.353	1.505	2,05
93	0,378488	2.848	1.078	1,88
94	0,412610	1.770	730	1,72
95	0,448005	1.040	466	1,57
96	0,488488	574	278	1,44
97	0,521842	296	155	1,32
98	0,559825	141	79	1,21
99	0,598165	62	37	1,11
100	0,636571	25	16	1,03

Tábua Completa de Mortalidade para Portugal 2005-2007
(Homens) (Cont.)

x	q_x	l_x	d_x	e_x
35	0,001826	97.506	178	41,56
36	0,001873	97.328	182	40,64
37	0,002078	97.146	202	39,72
38	0,002377	96.944	230	38,80
39	0,002504	96.714	242	37,89
40	0,002600	96.472	251	36,98
41	0,002814	96.221	271	36,08
42	0,003032	95.950	291	35,18
43	0,003375	95.659	323	34,28
44	0,003686	95.336	351	33,40
45	0,003581	94.985	340	32,52
46	0,004132	94.645	391	31,63
47	0,004383	94.254	413	30,76
48	0,005243	93.841	492	29,90
49	0,005147	93.349	481	29,05
50	0,005384	92.868	500	28,20
51	0,005771	92.368	533	27,35
52	0,006443	91.835	592	26,51
53	0,006525	91.243	595	25,67
54	0,007014	90.648	636	24,84
55	0,007436	90.012	669	24,01
56	0,007660	89.343	685	23,19
57	0,008933	88.658	792	22,36
58	0,009397	87.866	825	21,56
59	0,009946	87.041	866	20,76
60	0,011191	86.175	964	19,96
61	0,010753	85.211	917	19,18
62	0,012437	84.294	1.048	18,39
63	0,012633	83.246	1.052	17,61
64	0,014315	82.194	1.176	16,83
65	0,016382	81.018	1.328	16,07
66	0,017742	79.690	1.413	15,33
67	0,019552	78.277	1.531	14,59
68	0,021082	76.746	1.618	13,88
69	0,023553	75.128	1.769	13,16

Tábua Completa de Mortalidade para Portugal 2005-2007
(Homens)

x	q_x	l_x	d_x	e_x
0	0,003551	100.000	355	75,18
1	0,000446	99.645	45	74,45
2	0,000212	99.600	21	73,48
3	0,000146	99.579	14	72,49
4	0,000181	99.565	18	71,50
5	0,000238	99.547	24	70,52
6	0,000185	99.523	18	69,53
7	0,000143	99.505	15	68,55
8	0,000157	99.490	15	67,56
9	0,000092	99.475	9	66,57
10	0,000127	99.466	13	65,57
11	0,000164	99.453	16	64,58
12	0,000154	99.437	15	63,59
13	0,000213	99.422	22	62,60
14	0,000276	99.400	27	61,61
15	0,000363	99.373	36	60,63
16	0,000438	99.337	44	59,65
17	0,000536	99.293	53	58,68
18	0,000752	99.240	75	57,51
19	0,000865	99.165	85	56,75
20	0,000743	99.080	74	55,80
21	0,000720	99.006	71	54,84
22	0,000958	98.935	95	53,88
23	0,000800	98.840	79	52,93
24	0,000974	98.761	96	51,98
25	0,000854	98.665	85	51,03
26	0,000789	98.580	77	50,07
27	0,000970	98.503	96	49,11
28	0,001002	98.407	99	48,16
29	0,001147	98.308	112	47,20
30	0,001163	98.196	115	46,26
31	0,001179	98.081	115	45,31
32	0,001382	97.966	136	44,36
33	0,001423	97.830	139	43,42
34	0,001890	97.691	185	42,49

Tábua Completa de Mortalidade para Portugal 2005-2007
(Ambos os sexos) (Cont.)

x	q_x	l_x	d_x	e_x
70	0,017769	80.533	1.431	14,10
71	0,019974	79.102	1.580	13,35
72	0,022712	77.522	1.761	12,61
73	0,026125	75.761	1.978	11,89
74	0,028912	73.783	2.134	11,20
75	0,031637	71.649	2.267	10,52
76	0,036381	69.382	2.524	9,84
77	0,041659	66.858	2.785	9,20
78	0,045411	64.073	2.910	8,57
79	0,052453	61.163	3.208	7,96
80	0,058448	57.955	3.387	7,37
81	0,066461	54.568	3.627	6,80
82	0,074672	50.941	3.804	6,24
83	0,086572	47.137	4.081	5,71
84	0,100821	43.056	4.341	5,20
85	0,119114	38.715	4.611	4,73
86	0,137521	34.104	4.690	4,30
87	0,158054	29.414	4.649	3,91
88	0,180148	24.765	4.462	3,55
89	0,204230	20.303	4.146	3,22
90	0,232307	16.157	3.753	2,91
91	0,260473	12.404	3.231	2,64
92	0,290693	9.173	2.667	2,40
93	0,322908	6.506	2.101	2,18
94	0,357021	4.405	1.572	1,97
95	0,392898	2.833	1.113	1,79
96	0,430366	1.720	740	1,63
97	0,469209	980	460	1,48
98	0,509175	520	265	1,35
99	0,549970	255	140	1,23
100	0,591265	115	68	1,13

Tábua Completa de Mortalidade para Portugal 2005-2007
(Ambos os sexos) (Cont.)

x	q_x	l_x	d_x	e_x
35	0,001233	98.166	121	44,58
36	0,001279	98.045	126	43,63
37	0,001492	97.919	146	42,69
38	0,001536	97.773	150	41,75
39	0,001732	97.623	169	40,82
40	0,001760	97.454	172	39,89
41	0,001913	97.282	186	38,95
42	0,002093	97.096	203	38,03
43	0,002330	96.893	226	37,00
44	0,002494	96.667	241	36,19
45	0,002577	96.426	248	35,28
46	0,002867	96.178	276	34,37
47	0,003046	95.902	292	33,47
48	0,003522	95.610	337	32,57
49	0,003569	95.273	340	31,68
50	0,003729	94.933	354	30.79
51	0,004015	94.579	380	29,91
52	0,004356	94.199	410	29,03
53	0,004517	93.789	424	28,15
54	0,004828	93.365	450	27,28
55	0.005003	92.915	465	26,41
56	0,005418	92.450	501	25,54
57	0,006225	91.949	572	24,67
58	0,006348	91.377	580	23,82
59	0,006756	90.797	614	22,97
60	0,007852	90.183	708	22,13
61	0,007740	89.475	692	21,30
62	0,008615	88.783	765	20,46
63	0,009026	88.018	795	19,63
64	0,010054	87.223	877	18,81
65	0,011735	86.346	1.013	17,99
66	0,012544	85.333	1.070	17,20
67	0,013553	84.263	1.142	16,41
68	0,014750	83.121	1.226	15,63
69	0,016625	81.895	1.362	14,86

Anexo VII – Tábua Completa de Mortalidade para Portugal

Tábua Completa de Mortalidade para Portugal 2005-2007
(Ambos os sexos)

x	q_x	l_x	d_x	e_x
0	0,003277	100.000	328	78,48
1	0,000400	99.672	40	77,73
2	0,000200	99.632	19	76,77
3	0,000134	99.613	14	75,78
4	0,000160	99.599	16	74,79
5	0,000190	99.583	19	73,80
6	0,000140	99.564	14	72,82
7	0,000132	99.550	13	71,83
8	0,000132	99.537	13	70,84
9	0,000108	99.524	11	69,85
10	0,000144	99.513	14	68,85
11	0,000140	99.499	14	67,86
12	0,000139	99.485	14	66,87
13	0,000176	99.471	17	65,88
14	0,000198	99.454	20	64,89
15	0,000285	99.434	28	63,91
16	0,000348	99.406	35	62,92
17	0,000381	99.371	38	61,95
18	0,000499	99.333	49	60,87
19	0,000557	99.284	56	60,00
20	0,000543	99.228	53	59,03
21	0,000474	99.175	47	58,06
22	0,000611	99.128	61	57,09
23	0,000565	99.067	56	56,13
24	0,000637	99.011	63	55,16
25	0,000591	98.948	59	54,19
26	0,000536	98.889	53	53,22
27	0,000640	98.836	63	52,25
28	0,000680	98.773	67	51,29
29	0,000746	98.706	74	50,32
30	0,000777	98.632	76	49,36
31	0,000806	98.556	80	48,40
32	0,000939	98.476	92	47,43
33	0,001013	98.384	100	46,48
34	0,001204	98.284	118	45,52

ANEXO VII

TÁBUA COMPLETA DE MORTALIDADE PARA PORTUGAL 2005-07

PM 94 1,75% (Cont.)

x	d_x	C_x	M_x	R_x
72	2.299	653,572	14.192,895	148.603,237
73	1.991	556,278	13.539,323	134.410,342
74	2.785	764,735	12.983,045	120.871,019
75	3.262	880,310	12.218,310	107.887,974
76	3.275	868,617	11.338,001	95.669,663
77	3.336	869,578	10.469,384	84.331,663
78	3.442	881,778	9.599,805	73.862,279
79	3.369	848,232	8.718,028	64.262,474
80	3.504	867,049	7.869,796	55.544,446
81	3.169	770,668	7.002,747	47.674,650
82	3.013	720,128	6.232,079	40.671,903
83	2.760	648,314	5.511,951	34.439,824
84	2.717	627,237	4.863,638	28.927,873
85	2.809	637,322	4.236,401	24.064,235
86	2.275	507,288	3.599,079	19.827,834
87	2.379	521,354	3.091,791	16.228,755
88	2.009	432,697	2.570,437	13.136,964
89	2.084	441,131	2.137,740	10.566,526
90	1.582	329,110	1.696,609	8.428,786
91	1.420	290,328	1.367,499	6.732,177
92	981	197,122	1.077,171	5.364,678
93	862	170,231	880,049	4.287,507
94	773	150,030	709,817	3.407,459
95	629	119,981	559,788	2.697,641
96	482	90,360	439,807	2.137,853
97	402	74,066	349,447	1.698,047
98	236	42,734	275,380	1.348,600
99	190	33,813	232,647	1.073,220
100	165	28,859	198,834	840,573
101	119	20,455	169,975	641,739
102	67	11,319	149,520	471,764
103	246	40,843	138,201	322,244
104	247	40,304	97,358	184,042
105	171	27,423	57,054	86,684
106	188	29,631	29,631	29,631

PM 94 **1,75%** (Cont.)

x	d_x	C_x	M_x	R_x
36	294	156,078	26.498,673	950.516,816
37	297	154,959	26.342,595	924.018,143
38	321	164,600	26.187,636	897.675,548
39	338	170,336	26.023,036	871.487,912
40	327	161,959	25.852,700	845.464,876
41	317	154,305	25.690,741	819.612,176
42	326	155,957	25.536,436	793.921,434
43	387	181,955	25.380,479	768.384,998
44	305	140,935	25.198,524	743.004,519
45	407	184,833	25.057,589	717.805,995
46	430	191,919	24.872,757	692.748,405
47	470	206,164	24.680,838	667.875,648
48	478	206,067	24.474,674	643.194,810
49	446	188,965	24.268,607	618.720,136
50	519	216,112	24.079,642	594.451,530
51	551	225,491	23.863,530	570.371,888
52	674	271,083	23.638,039	546.508,358
53	739	292,114	23.366,955	522.870,319
54	807	313,507	23.074,841	499.503,364
55	901	344,005	22.761,333	476.428,523
56	943	353,848	22.417,329	453.667,190
57	983	362,514	22.063,480	431.249,861
58	1.035	375,126	21.700,967	409.186,381
59	1.151	409,994	21.325,841	387.485,414
60	1.307	457,555	20.915,847	366.159,574
61	1.288	443,148	20.458,292	345.243,727
62	1.318	445,671	20.015,143	324.785,435
63	1.437	477,553	19.569,473	304.770,292
64	1.616	527,802	19.091,920	285.200,819
65	1.592	511,021	18.564,117	266.108,899
66	1.972	622,111	18.053,097	247.544,782
67	1.881	583,197	17.430,985	229.491,685
68	2.187	666,409	16.847,788	212.060,700
69	2.131	638,177	16.181,378	195.212,912
70	2.236	658,105	15.543,201	179.031,534
71	2.393	692,200	14.885,096	163.488,333

PM 94   1,75%

x	d_x	C_x	M_x	R_x
0	906	898,175	30.767,427	1.983.197,794
1	98	95,483	29.869,252	1.952.430,367
2	81	77,562	29.773,769	1.922.561,115
3	49	46,113	29.696,207	1.892.787,346
4	82	75,842	29.650,094	1.863.091,138
5	33	29,997	29.574,252	1.833.441,044
6	34	30,374	29.544,255	1.803.866,792
7	45	39,510	29.513,881	1.774.322,537
8	41	35,379	29.474,371	1.744.808,656
9	12	10,177	29.438,993	1.715.334,284
10	33	27,504	29.428,816	1.685.895,292
11	27	22,117	29.401,312	1.656.466,475
12	39	31,397	29.379,195	1.627.065,164
13	57	45,098	29.347,798	1.597.685,969
14	57	44,323	29.302,700	1.568.338,170
15	90	68,780	29.258,377	1.539.035,470
16	136	102,146	29.189,598	1.509.777,093
17	178	131,392	29.087,452	1.480.587,495
18	186	134,935	28.956,060	1.451.500,043
19	183	130,476	28.821,125	1.422.543,983
20	171	119,823	28.690,649	1.393.722,858
21	189	130,158	28.570,826	1.365.032,209
22	169	114,383	28.440,668	1.336.461,383
23	190	126,385	28.326,284	1.308.020,715
24	215	140,555	28.199,900	1.279.694,431
25	236	151,630	28.059,345	1.251.494,531
26	217	137,024	27.907,715	1.223.435,186
27	216	134,047	27.770,691	1.195.527,470
28	191	116,494	27.636,644	1.167.756,779
29	223	133,672	27.520,150	1.140.120,136
30	244	143,744	27.386,479	1.112.599,985
31	275	159,220	27.242,734	1.085.213,507
32	259	147,377	27.083,514	1.057.970,772
33	253	141,487	26.936,137	1.030.887,258
34	282	154,993	26.794,649	1.003.951,122
35	261	140,984	26.639,656	977.156,472

PF 94 **3%** (Cont.)

x	d_x	C_x	M_x	R_x
72	1.440	168,913	6.472,636	79.773,843
73	1.518	172,876	6.303,723	73.301,207
74	2.207	244,022	6.130,846	66.997,484
75	2.705	290,373	5.886,824	60.866,637
76	2.872	299,321	5.596,451	54.979,813
77	3.038	307,399	5.297,130	49.383,362
78	3.426	336,562	4.989,731	44.086,231
79	3.489	332,768	4.653,169	39.096,500
80	3.959	366,597	4.320,401	34.443,331
81	4.100	368,596	3.953,804	30.122,930
82	4.009	349,917	3.585,208	26.169,126
83	3.782	320,489	3.235,291	22.583,918
84	4.293	353,196	2.914,802	19.348,627
85	1.107	88,423	2.561,607	16.433,824
86	4.348	337,186	2.473,184	13.872,218
87	4.316	324,956	2.135,998	11.399,034
88	4.161	304,161	1.811,042	9.263,036
89	3.871	274,721	1.506,881	7.451,994
90	3.289	226,618	1.232,160	5.945,113
91	2.807	187,774	1.005,542	4.712,953
92	2.509	162,951	817,767	3.707,411
93	1.980	124,849	654,816	2.889,644
94	1.930	118,152	529,967	2.234,828
95	1.585	94,205	411,816	1.704,860
96	1.303	75,189	317,611	1.293,044
97	977	54,735	242,422	975,434
98	793	43,133	187,687	733,011
99	792	41,824	144,554	545,324
100	354	18,149	102,731	400,770
101	280	13,937	84,581	298,039
102	198	9,569	70,644	213,457
103	385	18,064	61,075	142,813
104	391	17,811	43,012	81,738
105	264	11,676	25,201	38,726
106	315	13,525	13,525	13,525

PF 94   **3%** (Cont.)

x	d_x	C_x	M_x	R_x
36	97	32,977	9.632,790	387.617,924
37	121	39,938	9.599,813	377.985,133
38	69	22,111	9.559,875	368.385,320
39	137	42,624	9.537,763	358.825,445
40	130	39,268	9.495,140	349.287,682
41	157	46,042	9.455,872	339.792,542
42	147	41,854	9.409,830	330.336,670
43	180	49,757	9.367,976	320.926,840
44	225	60,385	9.318,219	311.558,863
45	206	53,675	9.257,835	302.240,644
46	256	64,760	9.204,160	292.982,809
47	197	48,384	9.139,399	283.778,650
48	193	46,021	9.091,016	274.639,250
49	221	51,162	9.044,995	265.548,235
50	272	61,135	8.993,833	256.503,240
51	292	63,719	8.932,698	247.509,407
52	403	85,379	8.868,979	238.576,709
53	366	75,282	8.783,601	229.707,729
54	358	71,491	8.708,319	220.924,129
55	409	79,297	8.636,827	212.215,810
56	448	84,329	8.557,530	203.578,983
57	479	87,538	8.473,202	195.021,452
58	478	84,811	8.385,664	186.548,251
59	580	99,911	8.300,853	178.162,587
60	779	130,282	8.200,942	169.861,734
61	607	98,560	8.070,660	161.660,791
62	663	104,517	7.972,100	153.590,131
63	753	115,247	7.867,583	145.618,031
64	852	126,601	7.752,336	137.750,447
65	1.010	145,708	7.625,735	129.998,111
66	1.033	144,685	7.480,027	122.372,377
67	998	135,712	7.335,341	114.892,350
68	1.246	164,501	7.199,629	107.557,009
69	1.307	167,528	7.035,128	100.357,380
70	1.501	186,791	6.867,600	93.322,251
71	1.723	208,173	6.680,809	86.454,651

PF 94   **3%**

x	d_x	C_x	M_x	R_x
0	689	678,892	11.200,419	752.076,565
1	45	43,048	10.521,527	740.876,146
2	36	33,436	10.478,479	730.354,619
3	55	49,594	10.445,043	719.876,140
4	35	30,641	10.395,449	709.431,097
5	42	35,698	10.364,808	699.035,648
6	43	35,484	10.329,110	688.670,840
7	16	12,819	10.293,626	678.341,730
8	17	13,223	10.280,808	668.048,104
9	31	23,410	10.267,585	657.767,296
10	29	21,262	10.244,174	647.499,711
11	10	7,118	10.222,912	637.255,537
12	9	6,220	10.215,794	627.032,624
13	22	14,761	10.209,574	616.816,830
14	35	22,800	10.194,813	606.607,256
15	24	15,179	10.172,013	596.412,443
16	24	14,737	10.156,835	586.240,430
17	22	13,115	10.142,098	576.083,595
18	39	22,572	10.128,983	565.941,497
19	45	25,286	10.106,411	555.812,514
20	46	25,095	10.081,124	545.706,103
21	33	17,479	10.056,029	535.624,979
22	71	36,511	10.038,550	525.568,950
23	50	24,963	10.002,039	515.530,400
24	57	27,629	9.977,076	505.528,360
25	59	27,765	9.949,448	495.551,284
26	60	27,414	9.921,682	485.601,837
27	63	27,946	9.894,269	475.680,154
28	65	27,993	9.866,323	465.785,886
29	62	25,923	9.838,330	455.919,563
30	66	26,792	9.812,406	446.081,233
31	66	26,012	9.785,614	436.268,827
32	69	26,402	9.759,602	426.483,213
33	73	27,119	9.733,200	416.723,611
34	110	39,674	9.706,081	406.990,411
35	96	33,616	9.666,407	397.284,330

PM 94 1,75% (Cont.)

x	l_x	D_x	N_x	S_x
72	59.238	16.987,220	169.597,217	1.295.273,834
73	56.939	16.047,128	152.609,998	1.125.676,617
74	54.948	15.219,661	136.562,869	973.066,620
75	52.163	14.199,767	121.343,209	836.503,750
76	48.901	13.082,838	107.143,442	715.160,542
77	45.626	11.996,712	94.060,603	608.017,100
78	42.290	10.928,312	82.063,892	513.956,497
79	38.848	9.866,194	71.135,579	431.892,606
80	35.479	8.855,599	61.269,385	360.757,026
81	31.975	7.843,731	52.413,787	299.487,641
82	28.806	6.944,815	44.570,055	247.073,854
83	25.793	6.111,463	37.625,240	202.503,799
84	23.033	5.363,637	31.513,777	164.878,559
85	20.316	4.649,569	26.150,140	133.364,781
86	17.507	3.937,783	21.500,571	107.214,641
87	15.232	3.367,151	17.562,788	85.714,070
88	12.853	2.792,388	14.195,637	68.151,282
89	10.844	2.315,402	11.403,249	53.955,645
90	8.760	1.838,258	9.087,848	42.552,395
91	7.178	1.480,374	7.249,590	33.464,548
92	5.758	1.167,092	5.769,216	26.214,958
93	4.777	951,600	4.602,124	20.445,742
94	3.915	766,472	3.650,524	15.843,618
95	3.142	604,556	2.884,051	12.193,095
96	2.513	475,213	2.279,495	9.309,043
97	2.031	377,460	1.804,282	7.029,548
98	1.629	297,542	1.426,822	5.225,266
99	1.393	250,060	1.129,280	3.798,444
100	1.203	212,238	879,220	2.669,164
101	1.038	179,979	666,982	1.789,944
102	919	156,605	487,003	1.122,962
103	852	142,690	330,399	635,958
104	606	99,745	187,708	305,560
105	359	58,074	87,963	117,852
106	188	29,889	29,889	29,889

Anexo VI – Tábuas de Mortalidade e de Comutação

PM 94 **1,75%** (Cont.)

x	l_x	D_x	N_x	S_x
36	94.042	47.666,006	1.359.907,359	26.286.093,406
37	93.748	46.699,744	1.312.241,352	24.926.186,047
38	93.451	45.751,151	1.265.541,608	23.613.944,695
39	93.130	44.809,826	1.219.790,457	22.348.403,087
40	92.792	43.879,308	1.174.980,631	21.128.612,630
41	92.465	42.972,656	1.131.101,322	19.953.632,000
42	92.148	42.088,778	1.088.128,667	18.822.530,677
43	91.822	41.218,552	1.046.039,889	17.734.402,011
44	91.435	40.338,899	1.004.821,337	16.688.362,122
45	91.130	39.512,865	964.482,438	15.683.540,785
46	90.723	38.659,847	924.969,573	14.719.058,347
47	90.293	37.814,851	886.309,726	13.794.088,774
48	89.823	36.971,022	848.494,875	12.907.779,048
49	89.345	36.141,796	811.523,853	12.059.284,173
50	88.899	35.342,880	775.382,057	11.247.760,320
51	88.380	34.532,231	740.039,178	10.472.378,262
52	87.829	33.726,724	705.506,947	9.732.339,085
53	87.155	32.892,290	671.780,222	9.026.832,138
54	86.416	33.863,792	638.887,932	8.355.051,916
55	85.609	32.970,569	605.024,140	7.716.163,984
56	84.708	32.062,474	572.053,571	7.111.139,844
57	83.765	31.160,238	539.991,097	6.539.086,273
58	82.782	30.264,930	508.830,859	5.999.095,176
59	81.747	29.372,517	478.565,929	5.490.264,317
60	80.596	28.460,886	449.193,411	5.011.698,388
61	79.289	27.517,783	420.732,525	4.562.504,977
62	78.001	26.605,184	393.214,742	4.141.772,451
63	76.683	25.705,779	366.609,558	3.748.557,709
64	75.246	24.790,237	340.903,779	3.381.948,151
65	73.630	23.840,625	316.113,543	3.041.044,371
66	72.038	22.923,982	292.272,918	2.724.930,829
67	70.066	21.912,974	269.348,935	2.432.657,911
68	68.185	20.957,932	247.435,961	2.163.308,975
69	65.998	19.936,822	226.478,029	1.915.873,014
70	63.867	18.961,263	206.541,207	1.689.394,985
71	61.631	17.982,727	187.579,944	1.482.853,778

PM 94 **1,75%**

x	l_x	D_x	N_x	S_x
0	100.000	100.000,000	3.864.214,531	116.477.673,355
1	99.094	92.180,465	3.764.214,531	112.613.458,824
2	98.996	90.505,457	3.672.034,066	108.849.244,293
3	98.915	88.876,073	3.581.528,609	105.177.210,227
4	98.866	87.304,222	3.492.652,537	101.595.681,618
5	98.784	85.731,510	3.405.348,315	98.103.029,081
6	98.751	84.228,865	3.319.616,805	94.697.680,766
7	98.717	82.751,710	3.235.387,940	91.378.063,961
8	98.672	81.291,388	3.152.636,230	88.142.676,022
9	98.631	79.860,059	3.071.344,841	84.990.039,792
10	98.619	78.476,996	2.991.484,782	81.918.694,950
11	98.586	77.101,460	2.913.007,786	78.927.210,168
12	98.559	75.754,638	2.835.906,326	76.014.202,382
13	98.520	74.422,272	2.760.151,688	73.178.296,056
14	98.463	73.099,965	2.685.729,416	70.418.144,368
15	98.406	71.801,128	2.612.629,451	67.732.414,952
16	98.316	70.501,680	2.540.828,324	65.119.785,500
17	98.180	69.193,273	2.470.326,644	62.578.957,176
18	98.002	67.879,928	2.401.133,370	60.108.630,533
19	97.816	66.585,845	2.333.253,443	57.707.497,163
20	97.633	65.318,203	2.266.667,598	55.374.243,720
21	97.462	64.082,360	2.201.349,395	53.107.576,122
22	97.273	62.858,074	2.137.267,035	50.906.226,727
23	97.104	61.669,647	2.074.408,961	48.768.959,693
24	96.914	60.490,398	2.012.739,314	46.694.550,732
25	96.699	59.318,135	1.952.248,916	44.681.811,418
26	96.463	58.155,642	1.892.930,780	42.729.562,503
27	96.246	57.026,847	1.834.775,139	40.836.631,722
28	96.030	55.920,260	1.777.748,292	39.001.856,583
29	95.839	54.849,176	1.721.828,032	37.224.108,292
30	95.616	53.780,395	1.666.978,856	35.502.280,260
31	95.372	52.720,545	1.613.198,461	33.835.301,404
32	95.097	51.664,401	1.560.477,916	32.222.102,943
33	94.838	50.637,534	1.508.813,515	30.661.625,027
34	94.585	49.633,856	1.458.175,981	29.152.811,512
35	94.303	48.634,767	1.408.542,125	27.694.635,531

PF 94 3% (Cont.)

x	l_x	D_x	N_x	S_x
72	78.793	9.380,100	103.083,150	840.467,903
73	77.353	8.940,458	93.703,051	737.384,753
74	75.835	8.509,716	84.762,593	643.681,702
75	73.628	8.021,418	76.252,877	558.919,109
76	70.923	7.501,671	68.231,459	482.666,232
77	68.051	6.988,246	60.729,788	414.434,773
78	65.013	6.481,816	53.741,541	353.704,985
79	61.587	5.961,400	47.259,726	299.963,444
80	58.098	5.459,881	41.298,325	252.703,718
81	54.139	4.939,637	35.838,444	211.405,393
82	50.039	4.432,576	30.898,807	175.566,949
83	46.030	3.958,688	26.466,231	144.668,142
84	42.248	3.527,600	22.507,542	118.201,912
85	37.955	3.076,840	18.979,943	95.694,369
86	36.848	2.900,097	15.903,103	76.714,426
87	32.500	2.483,389	13.003,005	60.811,323
88	28.184	2.090,869	10.519,616	47.808,318
89	24.023	1.730,271	8.428,747	37.288,702
90	20.152	1.409,185	6.698,476	28.859,955
91	16.863	1.144,847	5.289,291	22.161,479
92	14.056	926,482	4.144,444	16.872,188
93	11.547	738,937	3.217,962	12.727,744
94	9.567	594,397	2.479,025	9.509,783
95	7.637	460,666	1.884,628	7.030,758
96	6.052	354,426	1.423,962	5.146,130
97	4.749	270,017	1.069,536	3.722,168
98	3.772	208,221	799,519	2.652,632
99	2.979	159,656	591,298	1.853,113
100	2.187	113,796	431,642	1.261,815
101	1.833	92,598	317,846	830,173
102	1.553	76,168	225,248	512,327
103	1.355	64,522	149,080	287,079
104	970	44,844	84,558	137,999
105	579	25,988	39,714	53,441
106	315	13,727	13,727	13,727

PF 94   **3%** (Cont.)

x	l_x	D_x	N_x	S_x
36	97.686	33.704,837	831.325,606	15.429.204,884
37	97.589	32.690,650	797.620,768	14.597.879,278
38	97.468	31.699,143	764.930,119	13.800.258,510
39	97.399	30.754,080	733.230,976	13.035.328,392
40	97.262	29.816,331	702.476,896	12.302.097,416
41	97.132	28.909,203	672.660,565	11.599.620,519
42	96.975	28.021,821	643.751,362	10.926.959,954
43	96.828	27.164,411	615.729,541	10.283.208,592
44	96.648	26.324,188	588.565,130	9.667.479,051
45	96.423	25.497,965	562.240,942	9.078.913,922
46	96.217	24.702,419	536.742,976	8.516.672,980
47	95.961	23.919,120	512.040,558	7.979.930,004
48	95.764	23.174,773	488.121,437	7.467.889,446
49	95.571	22.454,434	464.946,664	6.979.768,008
50	95.350	21.750,010	442.492,230	6.514.821,344
51	95.078	21.056,277	420.742,220	6.072.329,114
52	94.786	20.380,203	399.685,943	5.651.586,894
53	94.383	19.702,479	379.305,740	5.251.900,951
54	94.017	19.054,443	359.603,261	4.872.595,211
55	93.659	18.429,016	340.548,818	4.512.991,950
56	93.250	17.814,115	322.119,802	4.172.443,132
57	92.802	17.212,166	304.305,687	3.850.323,330
58	92.323	16.624,587	287.093,521	3.546.017,643
59	91.845	16.056,810	270.468,933	3.258.924,123
60	91.265	15.490,690	254.412,123	2.988.455,190
61	90.486	14.911,134	238.921,433	2.734.043,066
62	89.879	14.379,716	224.010,299	2.495.121,633
63	89.216	13.857,905	209.630,583	2.271.111,335
64	88.463	13.340,720	195.772,678	2.061.480,752
65	87.611	12.827,412	182.431,957	1.865.708,074
66	86.601	12.310,227	169.604,545	1.683.276,117
67	85.568	11.809,114	157.294,318	1.513.671,572
68	84.570	11.331,439	145.485,204	1.356.377,253
69	83.324	10.839,309	134.153,765	1.210.892,050
70	82.017	10.358,531	123.314,456	1.076.738,285
71	80.516	9.872,775	112.955,925	953.423,829

PF 94   **3%**

x	l_x	D_x	N_x	S_x
0	100.000	100.000,000	3.054.427,205	79.426.189,004
1	99.311	96.418,447	2.954.427,205	76.371.761,799
2	99.266	93.567,726	2.858.008,758	73.417.334,594
3	99.230	90.809,507	2.764.441,033	70.559.325,836
4	99.175	88.115,703	2.673.631,526	67.794.884,803
5	99.140	85.519,035	2.585.515,823	65.121.253,278
6	99.098	82.993,015	2.499.996,788	62.535.737,455
7	99.055	80.540,780	2.417.003,773	60.035.740,667
8	99.039	78.182,301	2.336.462,993	57.618.736,894
9	99.022	75.892,118	2.258.280,692	55.282.273,901
10	98.991	73.658,601	2.182.388,575	53.023.993,208
11	98.962	71.492,254	2.108.729,974	50.841.604,634
12	98.952	69.402,942	2.037.237,719	48.732.874,660
13	98.943	67.375,368	1.967.834,778	46.695.636,941
14	98.921	65.398,434	1.900.459,409	44.727.802,163
15	98.886	63.471,161	1.835.060,975	42.827.342,754
16	98.862	61.607,530	1.771.589,814	40.992.281,779
17	98.838	59.798,615	1.709.982,284	39.220.691,965
18	98.816	58.043,986	1.650.183,669	37.510.709,681
19	98.777	56.331,143	1.592.139,683	35.860.526,012
20	98.732	54.665,515	1.535.808,540	34.268.386,329
21	98.686	53.048,588	1.481.143,026	32.732.577,789
22	98.653	51.486,261	1.428.094,438	31.251.434,763
23	98.582	49.950,686	1.376.608,177	29.823.340,325
24	98.532	48.471,215	1.326.657,491	28.446.732,148
25	98.475	47.032,208	1.278.186,276	27.120.074,657
26	98.416	45.634,980	1.231.154,068	25.841.888,381
27	98.356	44.278,795	1.185.519,087	24.610.734,314
28	98.293	42.961,585	1.141.240,293	23.425.215,226
29	98.228	41.682,694	1.098.278,707	22.283.974,934
30	98.166	40.443,092	1.056.596,013	21.185.696,226
31	98.100	39.238,739	1.016.152,921	20.129.100,213
32	98.034	38.070,233	976.914,182	19.112.947,293
33	97.965	36.935,376	938.843,949	18.136.033,111
34	97.892	35.832,867	901.908,573	17.197.189,162
35	97.782	34.750,099	866.075,705	16.295.280,590

ANEXO VI

TÁBUAS DE MORTALIDADE E DE COMUTAÇÃO PF 94 e PM 94

PEM 90   4%   (Cont.)

x	d_x	C_x	M_x	R_x
72	24.718	1.439,117	25.593,160	254.838,084
73	26.118	1.462,142	24.154,042	229.244,924
74	27.488	1.479,651	22.691,901	205.090,882
75	28.802	1.490,752	21.212,249	182.398,981
76	30.033	1.494,680	19.721,497	161.186,732
77	31.148	1.490,549	18.226,817	141.465,235
78	32.109	1.477,439	16.736,267	123.238,418
79	32.881	1.454,771	15.258,828	106.502,151
80	33.424	1.421,918	13.804,057	91.243,323
81	33.700	1.378,519	12.382,139	77.439,266
82	33.674	1.324,476	11.003,620	65.057,127
83	33.313	1.259,882	9.679,144	54.053,506
84	32.596	1.185,351	8.419,262	44.374,363
85	31.507	1.101,683	7.233,910	35.955,101
86	30.049	1.010,290	6.132,227	28.721,191
87	28.236	912,822	5.121,937	22.588,963
88	26.102	811,378	4.209,115	17.467,026
89	23.695	708,228	3.397,737	13.257,911
90	21.087	606,035	2.689,510	9.860,173
91	18.355	507,229	2.083,475	7.170,664
92	15.596	414,409	1.576,246	5.087,189
93	12.899	329,563	1.161,837	3.510,942
94	10.358	254,463	832,274	2.349,105
95	8.050	190,157	577,810	1.516,832
96	6.037	137,121	387,654	939,021
97	4.349	94,981	250,533	551,368
98	3.000	63,000	155,551	300,835
99	1.972	39,819	92,552	145,284
100	2.716	52,733	52,733	52,733

PEM 90   **4%** (Cont.)

x	d_x	C_x	M_x	R_x
36	1.962	468,794	55.626,237	1.841.595,735
37	2.065	474,427	55.157,443	1.785.969,498
38	2.181	481,806	54.683,015	1.730.812,056
39	2.307	490,039	54.201,209	1.676.129,041
40	2.445	499,377	53.711,170	1.621.927,831
41	2.599	510,414	53.211,793	1.568.216,661
42	2.767	522,507	52.701,379	1.515.004,868
43	2.951	535,820	52.178,872	1.462.303,490
44	3.154	550,653	51.643,052	1.410.124,618
45	3.376	566,742	51.092,399	1.358.481,566
46	3.619	584,169	50.525,656	1.307.389,168
47	3.887	603,297	49.941,488	1.256.863,511
48	4.180	623,820	49.338,191	1.206.922,024
49	4.499	645,603	48.714,371	1.157.583,833
50	4.851	669,341	48.068,768	1.108.869,462
51	5.232	694,146	47.399,426	1.060.800,694
52	5.651	720,900	46.705,281	1.013.401,267
53	6.106	748,985	45.984,381	966.695,987
54	6.603	778,797	45.235,396	920.711,606
55	7.142	809,971	44.456,598	875.476,211
56	7.728	842,720	43.646,627	831.019,612
57	8.363	876,890	42.803,907	787.372,985
58	9.052	912,629	41.927,017	744.569,078
59	9.794	949,459	41.014,388	702.642,061
60	10.595	987,606	40.064,929	661.627,672
61	11.454	1.026,613	39.077,322	621.562,743
62	12.378	1.066,760	38.050,709	582.485,421
63	13.362	1.107,272	36.983,949	544.434,712
64	14.411	1.148,269	35.876,677	507.450,763
65	15.523	1.189,301	34.728,408	471.574,086
66	16.696	1.229,972	33.539,106	436.845,678
67	17.928	1.269,935	32.309,134	403.306,572
68	19.214	1.308,682	31.039,199	370.997,438
69	20.547	1.345,648	29.730,517	339.958,239
70	21.916	1.380,101	28.384,870	310.227,722
71	23.313	1.411,609	27.004,769	281.842,852

PEM 90   **4%**

x	d_x	C_x	M_x	R_x
0	8.510	8.344,742	80.786,755	4.175.471,495
1	697	657,178	72.442,013	4.094.684,740
2	544	493,191	71.784,836	4.022.242,727
3	454	395,767	71.291,644	3.950.457,891
4	390	326,900	70.895,878	3.879.166,247
5	341	274,834	70.568,978	3.808.270,370
6	301	233,265	70.294,143	3.737.701,392
7	267	198,958	70.060,878	3.667.407,248
8	454	325,291	69.861,920	3.597.346,370
9	672	462,970	69.536,629	3.527.484,450
10	889	588,914	69.073,659	3.457.947,820
11	1.034	658,623	68.484,746	3.388.874,161
12	1.043	638,804	67.826,122	3.320.389,415
13	1.052	619,535	67.187,318	3.252.563,293
14	1.063	601,935	66.567,784	3.185.375,975
15	1.074	584,773	65.965,848	3.118.808,191
16	1.087	569,088	65.381,075	3.052.842,343
17	1.102	554,751	64.811,987	2.987.461,268
18	1.118	541,159	64.257,236	2.922.649,281
19	1.135	528,258	63.716,077	2.858.392,045
20	1.155	516,890	63.187,819	2.794.675,968
21	1.177	506,477	62.670,929	2.731.488,149
22	1.200	496,514	62.164,452	2.668.817,220
23	1.228	488,557	61.667,938	2.606.652,768
24	1.256	480,477	61.179,382	2.544.984,830
25	1.289	474,136	60.698,904	2.483.805,449
26	1.324	468,279	60.224,769	2.423.106,544
27	1.364	463,871	59.756,490	2.362.881,776
28	1.407	460,091	59.292,618	2.303.125,286
29	1.455	457,488	58.832,527	2.243.832,668
30	1.509	456,218	58.375,039	2.185.000,140
31	1.567	455,532	57.918,821	2.126.625,101
32	1.631	455,901	57.463,290	2.068.706,280
33	1.702	457,449	57.007,389	2.011.242,990
34	1.780	460,013	56.549,940	1.954.235,601
35	1.866	463,690	56.089,927	1.897.685,662

PEF 90   **2%** (Cont.)

x	d_x	C_x	M_x	R_x
72	16.860	4.011,854	152.649,787	2.030.081,491
73	18.576	4.333,508	148.637,933	1.877.431,704
74	20.414	4.668,908	144.304,425	1.728.793,771
75	22.370	5.015,948	139.635,517	1.584.489,346
76	24.432	5.370,885	134.619,569	1.444.853,829
77	26.583	5.729,156	129.248,684	1.310.234,260
78	28.797	6.084,624	123.519,528	1.180.985,576
79	29.042	6.016,070	117.434,903	1.057.466,048
80	35.277	7.164,367	111.418,834	940.031,145
81	35.445	7.057,339	104.254,467	828.612,311
82	37.485	7.317,173	97.197,128	724.357,844
83	39.321	7.525,064	89.879,954	627.160,717
84	40.869	7.667,954	82.354,890	537.280,763
85	42.038	7.732,632	74.686,936	454.925,872
86	42.735	7.706,707	66.954,304	380.238,936
87	42.870	7.579,463	59.247,597	313.284,633
88	42.366	7.343,486	51.668,133	254.037,036
89	41.164	6.995,233	44.324,648	202.368,903
90	39.239	6.537,360	37.329,414	158.044,255
91	36.606	5.979,110	30.792,055	120.714,841
92	33.327	5.336,793	24.812,944	89.922,786
93	29.519	4.634,315	19.476,152	65.109,842
94	25.349	3.901,617	14.841,836	45.633,690
95	21.018	3.171,575	10.940,220	30.791,854
96	16.755	2.478,722	7.768,645	19.851,634
97	12.773	1.852,577	5.289,922	12.082,990
98	9.263	1.317,149	3.437,346	6.793,067
99	6.346	884,673	2.120,197	3.355,721
100	9.040	1.235,524	1.235,524	1.235,524

PEF 90   **2%**   (Cont.)

x	d_x	C_x	M_x	R_x
36	649	315,020	197.152,931	8.683.193,666
37	680	323,595	196.837,910	8.486.040,736
38	708	330,314	196.514,315	8.289.202,825
39	766	350,366	196.184,001	8.092.688,510
40	804	360,536	195.833,635	7.896.504,509
41	856	376,328	195.473,099	7.700.670,874
42	914	393,948	195.096,771	7.505.197,775
43	980	414,113	194.702,823	7.310.101,005
44	1.055	437,064	194.288,710	7.115.398,182
45	1.139	462,611	193.851,646	6.921.109,472
46	1.233	490,970	193.389,035	6.727.257,826
47	1.341	523,505	192.898,065	6.533.868,791
48	1.460	558,785	192.374,560	6.340.970,726
49	1.595	598,484	191.815,776	6.148.596,166
50	1.747	642,664	191.217,292	5.956.780,390
51	1.919	692,096	190.574,628	5.765.563,098
52	2.111	746,413	189.882,532	5.574.988,470
53	2.327	806,654	189.136,119	5.385.105,938
54	2.571	873,761	188.329,465	5.195.969,819
55	2.843	947,256	187.455,704	5.007.640,354
56	3.150	1.028,966	186.508,448	4.820.184,650
57	3.494	1.118,956	185.479,483	4.633.676,202
58	3.880	1.218,209	184.360,526	4.448.196,719
59	4.311	1.326,990	183.142,318	4.263.836,193
60	4.793	1.446,429	181.815,327	4.080.693,875
61	5.333	1.577,833	180.368,899	3.898.878,548
62	5.934	1.721,222	178.791,066	3.718.509,649
63	6.606	1.878,571	177.069,844	3.539.718,583
64	7.351	2.049,441	175.191,273	3.362.648,739
65	8.180	2.235,847	173.141,832	3.187.457,467
66	9.097	2.437,737	170.905,985	3.014.315,634
67	10.112	2.656,596	168.468,249	2.843.409,649
68	11.230	2.892,464	165.811,653	2.674.941,400
69	12.459	3.146,091	162.919,189	2.509.129,747
70	13.803	3.417,129	159.773,098	2.346.210,558
71	15.270	3.706,182	156.355,969	2.186.437,460

PEF 90 2%

x	d_x	C_x	M_x	R_x
0	7.070	7.000,343	213.856,939	15.973.912,826
1	571	554,288	206.856,596	15.760.055,887
2	434	413,037	206.302,308	15.553.199,290
3	353	329,362	205.889,271	15.346.896,982
4	296	270,764	205.559,908	15.141.007,712
5	253	226,892	205.289,144	14.935.447,804
6	216	189,912	205.062,252	14.730.158,660
7	186	160,329	204.872,340	14.525.096,408
8	129	109,015	204.712,011	14.320.224,068
9	73	60,481	204.602,995	14.115.512,057
10	15	12,184	204.542,514	13.910.909,062
11	413	328,888	204.530,330	13.706.366,547
12	413	322,439	204.201,442	13.501.836,217
13	416	318,413	203.879,003	13.297.634,775
14	417	312,920	203.560,590	13.093.755,772
15	420	308,992	203.247,670	12.890.195,183
16	421	303,654	202.938,678	12.686.947,513
17	425	300,529	202.635,024	12.484.008,835
18	427	296,022	202.334,495	12.281.373,812
19	432	293,616	202.038,473	12.079.039,316
20	435	289,858	201.744,856	11.877.000,844
21	440	287,441	201.454,998	11.675.255,988
22	444	284,367	201.167,557	11.473.800,990
23	451	283,186	200.883,190	11.272.633,433
24	457	281,327	200.600,003	11.071.750,244
25	465	280,639	200.318,676	10.871.150,240
26	473	279,870	200.038,037	10.670.831,564
27	483	280,183	199.758,166	10.470.793,528
28	493	280,377	199.477,983	10.271.035,362
29	506	282,128	199.197,606	10.071.557,379
30	519	283,702	198.915,479	9.872.359,772
31	535	286,714	198.631,777	9.673.444,294
32	553	290,549	198.345,063	9.474.812,517
33	572	294,639	198.054,514	9.276.467,454
34	595	300,477	197.759,875	9.078.412,940
35	619	306,468	197.459,398	8.880.653,064

PEM 90   **4%** (Cont.)

x	l_x	D_x	N_x	S_x
72	644.012	38.237,856	341.684,146	2.386.665,990
73	619.294	35.355,998	303.446,290	2.044.981,844
74	593.176	32.562,404	268.090,292	1.741.535,554
75	565.688	29.859,087	235.527,888	1.473.445,262
76	536.886	27.248,857	205.668,801	1.237.917,374
77	506.853	24.735,170	178.419,944	1.032.248,573
78	475.705	22.322,213	153.684,774	853.828,629
79	443.596	20.014,918	131.362,561	700.143,854
80	410.715	17.818,594	111.347,643	568.781,293
81	377.291	15.738,957	93.529,049	457.433,650
82	343.591	13.781,864	77.790,092	363.904,601
83	309.917	11.953,036	64.008,228	286.114,509
84	276.604	10.257,888	52.055,192	222.106,281
85	244.008	8.701,021	41.797,304	170.051,089
86	212.501	7.286,078	33.096,283	128.253,785
87	182.452	6.015,173	25.810,205	95.157,503
88	154.216	4.888,725	19.795,032	69.347,298
89	128.114	3.905,075	14.906,307	49.552,266
90	104.419	3.060,406	11.001,232	34.645,958
91	83.332	2.348,432	7.940,827	23.644,726
92	64.977	1.760,729	5.592,395	15.703,899
93	49.381	1.286,647	3.831,666	10.111,504
94	36.482	913,997	2.545,020	6.279,838
95	26.124	629,321	1.631,023	3.734,818
96	18.074	418,653	1.001,701	2.103,796
97	12.037	268,092	583,049	1.102,095
98	7.688	164,644	314,956	519,046
99	4.688	96,535	150,312	204,089
100	2.716	53,777	53,777	53,777

PEM 90 **4%** (Cont.)

x	l_x	D_x	N_x	S_x
36	953.863	232.426,578	4.624.894,700	73.295.599,258
37	951.901	223.027,404	4.392.468,122	68.670.704,559
38	949.836	213.984,212	4.169.440,718	64.278.236,437
39	947.655	205.281,601	3.955.456,506	60.108.795,719
40	945.348	196.905,632	3.750.174,905	56.153.339,213
41	942.903	188.842,659	3.553.269,273	52.403.164,308
42	940.304	181.078,977	3.364.426,614	48.849.895,035
43	937.537	173.602,041	3.183.347,637	45.485.468,421
44	934.586	166.399,624	3.009.745,596	42.302.120,784
45	931.432	159.459,679	2.843.345,972	39.292.375,188
46	928.056	152.770,878	2.683.886,292	36.449.029,216
47	924.437	146.322,251	2.531.115,414	33.765.142,924
48	920.550	140.102,891	2.384.793,164	31.234.027,510
49	916.370	134.102,612	2.244.690,273	28.849.234,346
50	911.871	128.311,753	2.110.587,661	26.604.544,073
51	907.020	122.720,343	1.982.275,908	24.493.956,412
52	901.788	117.319,663	1.859.555,565	22.511.680,504
53	896.137	112.100,468	1.742.235,902	20.652.124,939
54	890.031	107.054,471	1.630.135,433	18.909.889,038
55	883.428	102.173,318	1.523.080,962	17.279.753,604
56	876.286	97.449,333	1.420.907,644	15.756.672,642
57	868.558	92.874,927	1.323.458,310	14.335.764,998
58	860.195	88.442,953	1.230.583,384	13.012.306,688
59	851.143	84.146,395	1.142.140,431	11.781.723,304
60	841.349	79.978,973	1.057.994,036	10.639.582,874
61	830.754	75.934,431	978.015,063	9.581.588,838
62	819.300	72.007,199	902.080,631	8.603.573,775
63	806.922	68.191,647	830.073,432	7.701.493,144
64	793.560	64.483,122	761.881,785	6.871.419,712
65	779.149	60.877,031	697.398,664	6.109.537,927
66	763.626	57.369,401	636.521,633	5.412.139,263
67	746.930	53.956,798	579.152,232	4.775.617,631
68	729.002	50.636,263	525.195,434	4.196.465,399
69	709.788	47.405,446	474.559,171	3.671.269,965
70	689.241	44.262,644	427.153,724	3.196.710,794
71	667.325	41.206,934	382.891,080	2.769.557,070

PEM 90   4%

x	l_x	D_x	N_x	S_x
0	1.000.000	1.000.000,000	23.940.333,804	515.994.625,748
1	991.490	953.355,769	22.940.333,804	492.054.291,944
2	990.793	916.043,824	21.986.978,035	469.113.958,140
3	990.249	880.327,755	21.070.934,211	447.126.980,105
4	989.795	846.080,914	20.190.606,456	426.056.045,895
5	989.405	813.218,789	19.344.525,541	405.865.439,439
6	989.064	781.671,646	18.531.306,752	386.520.913,898
7	988.763	751.378,617	17.749.635,106	367.989.607,145
8	988.496	722.284,345	16.998.256,490	350.239.972,039
9	988.042	694.185,203	16.275.972,145	333.241.715,549
10	987.370	667.031,793	15.581.786,941	316.965.743,405
11	986.481	640.799,247	14.914.755,148	301.383.956,464
12	985.447	615.507,289	14.273.955,901	286.469.201,316
13	984.404	591.207,533	13.658.448,612	272.195.245,415
14	983.352	567.861,278	13.067.241,080	258.536.796,803
15	982.289	545.430,213	12.499.379,802	245.469.555,723
16	981.215	523.878,711	11.953.949,589	232.970.175,921
17	980.128	503.171,493	11.430.070,878	221.016.226,333
18	979.026	483.274,765	10.926.899,385	209.586.155,454
19	977.908	464.156,624	10.443.624,621	198.659.256,069
20	976.773	445.786,447	9.979.467,997	188.215.631,448
21	975.618	428.133,961	9.533.681,550	178.236.163,451
22	974.441	411.170,629	9.105.547,589	168.702.481,901
23	973.241	394.869,502	8.694.376,960	159.596.934,312
24	972.013	379.203,145	8.299.507,458	150.902.557,351
25	970.757	364.147,262	7.920.304,313	142.603.049,894
26	969.468	349.676,669	7.556.157,052	134.682.745,580
27	968.144	335.768,381	7.206.480,382	127.126.588,529
28	966.780	322.399,350	6.870.712,001	119.920.108,146
29	965.373	309.548,218	6.548.312,651	113.049.396,145
30	963.918	297.193,914	6.238.764,433	106.501.083,494
31	962.409	285.316,020	5.941.570,519	100.262.319,061
32	960.842	273.895,641	5.656.254,499	94.320.748,542
33	959.211	262.914,146	5.382.358,858	88.664.494,043
34	957.509	252.353,498	5.119.444,712	83.282.135,185
35	955.729	242.196,514	4.867.091,214	78.162.690,473

PEF 90 2% (Cont.)

x	l_x	D_x	N_x	S_x
72	825.879	198.474,198	2.413.747,729	20.587.043,943
73	809.019	190.610,220	2.215.273,531	18.173.296,214
74	790.443	182.581,953	2.024.663,311	15.958.022,683
75	770.029	174.379,007	1.842.081,358	13.933.359,373
76	747.659	165.993,282	1.667.702,351	12.091.278,015
77	723.227	157.420,543	1.501.709,069	10.423.575,664
78	696.644	148.661,155	1.344.288,527	8.921.866,594
79	667.847	139.721,555	1.195.627,371	7.577.578,068
80	638.805	131.025,120	1.055.905,816	6.381.950,696
81	603.528	121.362,220	924.880,696	5.326.044,880
82	568.083	111.994,761	803.518,477	4.401.164,184
83	530.598	102.553,704	691.523,715	3.597.645,707
84	491.277	93.091,924	588.970,011	2.906.121,992
85	450.408	83.674,186	495.878,087	2.317.151,981
86	408.370	74.377,069	412.203,901	1.821.273,893
87	365.635	65.287,918	337.826,833	1.409.069,992
88	322.765	56.502,976	272.538,915	1.071.243,159
89	280.399	48.123,940	216.035,939	798.704,244
90	239.235	40.254,020	167.912,000	582.668,305
91	199.996	32.991,775	127.657,980	414.756,305
92	163.390	26.424,676	94.666,205	287.098,325
93	130.063	20.622,333	68.241,529	192.432,121
94	100.544	15.629,317	47.619,196	124.190,592
95	75.195	11.459,684	31.989,878	76.571,396
96	54.177	8.094,657	20.530,194	44.581,517
97	37.422	5.481,638	12.435,537	24.051,323
98	24.649	3.539,831	6.953,899	11.615,786
99	15.386	2.166,251	3.414,069	4.661,887
100	9.040	1.247,818	1.247,818	1.247,818

PEF 90 2% (Cont.)

x	l_x	D_x	N_x	S_x
36	978.580	479.722,570	14.510.116,113	301.536.135,177
37	977.931	470.004,329	14.030.393,542	287.026.019,064
38	977.251	460.468,151	13.560.389,213	272.995.625,522
39	976.543	451.112,304	13.099.921,062	259.435.236,309
40	975.777	441.920,051	12.648.808,758	246.335.315,246
41	974.973	432.897,967	12.206.888,708	233.686.506,488
42	974.117	424.037,152	11.773.990,740	221.479.617,780
43	973.203	415.332,631	11.349.953,589	209.705.627,040
44	972.223	406.778,821	10.934.620,958	198.355.673,451
45	971.168	398.370,008	10.527.842,136	187.421.052,493
46	970.029	390.100,779	10.129.472,128	176.893.210,357
47	968.796	381.965,611	9.739.371,350	166.763.738,229
48	967.455	373.957,742	9.357.405,739	157.024.366,879
49	965.995	366.071,958	8.983.447,997	147.666.961,140
50	964.400	358.301,490	8.617.376,039	138.683.513,144
51	962.653	350.639,638	8.259.074,549	130.066.137,105
52	960.734	343.079,074	7.908.434,912	121.807.062,556
53	958.623	335.612,974	7.565.355,838	113.898.627,644
54	956.296	328.233,621	7.229.742,864	106.333.271,806
55	953.725	320.932,515	6.901.509,243	99.103.528,943
56	950.882	313.701,798	6.580.576,727	92.202.019,700
57	947.732	306.531,954	6.266.874,929	85.621.442,973
58	944.238	299.413,592	5.960.342,975	79.354.568,043
59	940.358	292.336,531	5.660.929,382	73.394.225,069
60	936.047	285.290,526	5.368.592,851	67.733.295,686
61	931.254	278.264,416	5.083.302,325	62.364.702,835
62	925.921	271.245,964	4.805.037,908	57.281.400,510
63	919.987	264.223,152	4.533.791,944	52.476.362,602
64	913.381	257.182,243	4.269.568,792	47.942.570,657
65	906.030	250.110,206	4.012.386,549	43.673.001,865
66	897.850	242.992,266	3.762.276,343	39.660.615,316
67	888.753	235.813,993	3.519.284,077	35.898.338,973
68	878.641	228.559,767	3.283.470,084	32.379.054,896
69	867.411	221.214,237	3.054.910,317	29.095.584,812
70	854.952	213.761,609	2.833.696,080	26.040.674,495
71	841.149	206.186,743	2.619.934,472	23.206.978,414

PEF 90   2%

x	l_x	D_x	N_x	S_x
0	1.000.000	1.000.000,000	40.200.753,918	1.243.595.392,453
1	992.930	973.460,784	39.200.753,918	1.203.394.638,535
2	992.359	953.824,491	38.227.293,134	1.164.193.884,617
3	991.925	934.713,082	37.273.468,643	1.125.966.591,483
4	991.572	916.059,257	36.338.755,561	1.088.693.122,840
5	991.276	897.829,214	35.422.696,304	1.052.354.367,279
6	991.023	880.000,063	34.524.867,090	1.016.931.670,975
7	990.807	862.557,119	33.644.867,027	982.406.803,885
8	990.621	845.485,485	32.782.309,908	948.761.936,857
9	990.492	828.799,397	31.936.824,423	915.979.626,949
10	990.419	812.488,543	31.108.025,026	884.042.802,526
11	990.404	796.545,331	30.295.536,484	852.934.777,500
12	989.991	780.601,147	29.498.991,153	822.639.241,016
13	989.578	764.975,980	28.718.390,005	793.140.249,863
14	989.162	749.661,175	27.953.414,025	764.421.859,858
15	988.745	734.652,099	27.203.752,850	736.468.445,833
16	988.325	719.941,209	26.469.100,751	709.264.692,983
17	987.904	705.524,052	25.749.159,542	682.795.592,232
18	987.479	691.392,679	25.043.635,490	657.046.432,690
19	987.052	677.542,854	24.352.242,810	632.002.797,200
20	986.620	663.966,977	23.674.699,956	607.650.554,389
21	986.185	650.661,014	23.010.732,980	583.975.854,433
22	985.745	637.618,346	22.360.071,966	560.965.121,454
23	985.301	624.834,460	21.722.453,620	538.605.049,488
24	984.850	612.302,407	21.097.619,160	516.882.595,868
25	984.393	600.017,922	20.485.316,753	495.784.976,708
26	983.928	587.974,991	19.885.298,831	475.299.659,955
27	983.455	576.168,956	19.297.323,840	455.414.361,124
28	982.972	564.594,103	18.721.154,884	436.117.037,284
29	982.479	553.246,016	18.156.560,781	417.395.882,401
30	981.973	542.118,707	17.603.314,765	399.239.321,620
31	981.454	531.208,022	17.061.196,057	381.636.006,856
32	980.919	520.508,289	16.529.988,036	364.574.810,798
33	980.366	510.014,558	16.009.479,746	348.044.822,763
34	979.794	499.722,537	15.499.465,188	332.035.343,016
35	979.199	489.626,539	14.999.742,652	316.535.877,828

ANEXO V

TÁBUAS DE MORTALIDADE
E DE COMUTAÇÃO
PEF 90 e PEM 90

TD 88-90   **4%** (Cont.)

x	d_x	C_x	M_x	R_x
72	2.374	138,218	2.442,590	24.181,514
73	2.495	139,675	2.304,372	21.738,924
74	2.598	139,848	2.164,697	19.434,551
75	2.732	141,405	2.024,849	17.269,854
76	2.835	141,092	1.883,445	15.245,005
77	2.967	141,982	1.742,353	13.361,560
78	3.081	141,767	1.600,370	11.619,207
79	3.162	139,898	1.458,604	10.018,837
80	3.217	136,857	1.318,706	8.560,233
81	3.306	135,234	1.181,849	7.241,528
82	3.298	129,718	1.046,615	6.059,679
83	3.258	123,216	916,897	5.013,064
84	3.182	115,713	793,681	4.096,167
85	3.055	106,822	677,967	3.302,487
86	2.882	96,897	571,145	2.624,519
87	2.710	87,610	474,249	2.053,374
88	2.508	77,961	386,639	1.579,125
89	2.236	66,833	308,678	1.192,487
90	1.951	56,071	241,845	883,809
91	1.675	46,288	185,774	641,963
92	1.413	37,546	139,487	456,189
93	1.139	29,101	101,941	316,703
94	896	22,012	72,840	214,762
95	680	16,063	50,828	141,921
96	520	11,811	34,765	91,093
97	375	8,190	22,954	56,328
98	287	6,027	14,764	33,374
99	190	3,837	8,737	18,609
100	118	2,291	4,901	9,872
101	69	1,288	2,610	4,971
102	39	0,700	1,322	2,361
103	20	0,345	0,622	1,039
104	10	0,166	0,276	0,418
105	5	0,080	0,110	0,141
106	2	0,031	0,031	0,031

TD 88-90 **4%** (Cont.)

x	d_x	C_x	M_x	R_x
36	213	50,894	5.855,122	185.923,763
37	226	51,923	5.804,228	180.068,641
38	240	53,019	5.752,305	174.264,413
39	251	53,316	5.699,287	168.512,108
40	270	55,146	5.645,971	162.812,821
41	294	57,738	5.590,825	157.166,850
42	314	59,294	5.533,087	151.576,026
43	353	64,095	5.473,792	146.042,939
44	382	66,693	5.409,697	140.569,147
45	406	68,157	5.343,004	135.159,449
46	432	69,732	5.274,848	129.816,445
47	462	71,706	5.205,115	124.541,597
48	501	74,769	5.133,409	119.336,482
49	554	79,499	5.058,640	114.203,073
50	607	83,754	4.979,141	109.144,433
51	660	87,564	4.895,388	104.165,292
52	720	91,851	4.807,823	99.269,904
53	780	95,678	4.715,973	94.462,081
54	846	99,782	4.620,295	89.746,108
55	924	104,790	4.520,513	85.125,814
56	985	107,412	4.415,722	80.605,301
57	1.045	109,572	4.308,310	76.189,579
58	1.128	113,726	4.198,738	71.881,269
59	1.199	116,235	4.085,013	67.682,530
60	1.282	119,501	3.968,778	63.597,518
61	1.359	121,806	3.849,277	59.628,740
62	1.436	123,757	3.727,471	55.779,463
63	1.512	125,295	3.603,714	52.051,992
64	1.575	125,496	3.478,418	48.448,278
65	1.645	126,032	3.352,922	44.969,860
66	1.709	125,900	3.226,890	41.616,937
67	1.807	127,999	3.100,990	38.390,048
68	1.904	129,683	2.972,991	35.289,057
69	2.006	131,375	2.843,308	32.316,067
70	2.106	132,620	2.711,932	29.472,759
71	2.258	136,723	2.579,313	26.760,826

TD 88-90 **4%**

x	d_x	C_x	M_x	R_x
0	871	854,086	8.115,230	428.017,527
1	72	67,886	7.261,144	419.902,297
2	47	42,610	7.193,258	412.641,153
3	33	28,767	7.150,647	405.447,896
4	29	24,308	7.121,880	398.297,248
5	27	21,761	7.097,572	391.175,368
6	24	18,599	7.075,811	384.077,796
7	21	15,648	7.057,212	377.001,984
8	21	15,047	7.041,564	369.944,772
9	20	13,779	7.026,517	362.903,208
10	21	13,911	7.012,738	355.876,691
11	21	13,376	6.998,827	348.863,953
12	22	13,474	6.985,451	341.865,126
13	26	15,312	6.971,976	334.879,675
14	33	18,687	6.956,665	327.907,699
15	45	24,502	6.937,978	320.951,034
16	61	31,936	6.913,476	314.013,056
17	86	43,293	6.881,540	307.099,580
18	114	55,181	6.838,248	300.218,039
19	129	60,040	6.783,067	293.379,792
20	140	62,653	6.723,027	286.596,725
21	150	64,547	6.660,374	279.873,698
22	157	64,961	6.595,827	273.213,324
23	153	60,871	6.530,866	266.617,497
24	153	58,529	6.469,996	260.086,631
25	151	55,543	6.411,466	253.616,635
26	151	53,406	6.355,924	247.205,169
27	152	51,692	6.302,517	240.849,245
28	154	50,358	6.250,825	234.546,728
29	157	49,365	6.200,467	228.295,903
30	162	48,978	6.151,102	222.095,437
31	168	48,838	6.102,124	215.944,335
32	174	48,637	6.053,286	209.842,211
33	184	49,454	6.004,649	203.788,925
34	193	49,878	5.955,195	197.784,275
35	202	50,196	5.905,317	191.829,080

TV 88-90   **2%**   (Cont.)

x	d_x	C_x	M_x	R_x
74	1.776	406,191	14.301,818	176.226,739
75	1.968	441,278	13.895,628	161.924,920
76	2.185	480,328	13.454,350	148.029,293
77	2.354	507,333	12.974,021	134.574,943
78	2.645	558,872	12.466,688	121.600,922
79	2.909	602,601	11.907,816	109.134,234
80	3.191	648,057	11.305,215	97.226,417
81	3.473	691,498	10.657,158	85.921,202
82	3.765	734,938	9.965,661	75.264,044
83	3.789	725,121	9.230,723	65.298,383
84	4.370	819,911	8.505,602	56.067,661
85	4.325	795,557	7.685,690	47.562,059
86	4.392	792,041	6.890,133	39.876,368
87	4.398	777,571	6.098,093	32.986,235
88	4.360	755,738	5.320,521	26.888,142
89	4.241	720,697	4.564,783	21.567,621
90	4.035	672,246	3.844,086	17.002,838
91	3.745	611,697	3.171,840	13.158,752
92	3.379	541,093	2.560,144	9.986,911
93	2.944	462,191	2.019,050	7.426,768
94	2.518	387,560	1.556,859	5.407,718
95	2.061	311,001	1.169,298	3.850,859
96	1.679	248,390	858,298	2.681,560
97	1.282	185,939	609,908	1.823,263
98	912	129,681	423,968	1.213,355
99	705	98,282	294,287	789,387
100	518	70,797	196,005	495,100
101	362	48,506	125,209	299,095
102	241	31,659	76,703	173,886
103	153	19,705	45,044	97,183
104	92	11,616	25,339	52,139
105	54	6,685	13,723	26,800
106	29	3,519	7,038	13,077
107	16	1,904	3,519	6,039
108	8	0,933	1,615	2,521
109	4	0,457	0,682	0,906
110	2	0,224	0,224	0,224

TV 88-90   **2%**   (Cont.)

x	d_x	C_x	M_x	R_x
37	98	46,636	19.815,870	843.202,942
38	105	48,987	19.769,234	823.387,073
39	114	52,143	19.720,246	803.617,839
40	121	54,260	19.668,103	783.897,593
41	131	57,592	19.613,843	764.229,489
42	144	62,066	19.556,251	744.615,646
43	157	66,343	19.494,185	725.059,395
44	171	70,842	19.427,842	705.565,210
45	188	76,357	19.357,001	686.137,367
46	198	78,842	19.280,644	666.780,367
47	206	80,419	19.201,802	647.499,723
48	223	85,349	19.121,383	628.297,921
49	243	91,180	19.036,034	609.176,539
50	264	97,117	18.944,854	590.140,505
51	286	103,147	18.847,737	571.195,651
52	310	109,611	18.744,590	552.347,913
53	332	115,088	18.634,980	533.603,323
54	345	117,249	18.519,892	514.968,344
55	367	122,280	18.402,643	496.448,452
56	401	130,989	18.280,362	478.045,809
57	433	138,669	18.149,373	459.765,447
58	469	147,253	18.010,705	441.616,073
59	495	152,368	17.863,452	423.605,368
60	527	159,038	17.711,084	405.741,916
61	569	168,346	17.552,046	388.030,832
62	611	177,227	17.383,701	370.478,786
63	456	129,674	17.206,473	353.095,085
64	909	253,427	17.076,799	335.888,612
65	752	205,545	16.823,372	318.811,813
66	817	218,933	16.617,827	301.988,441
67	896	235,395	16.398,895	285.370,614
68	991	255,248	16.163,500	268.971,719
69	1.082	273,222	15.908,252	252.808,219
70	1.189	294,354	15.635,030	236.899,967
71	1.315	319,164	15.340,677	221.264,936
72	1.452	345,505	15.021,513	205.924,260
73	1.604	374,190	14.676,008	190.902,747

TV 88-90   **2%**

x	d_x	C_x	M_x	R_x
0	648	641,616	21.420,609	1.597.975,402
1	58	56,303	20.778,993	1.576.554,793
2	33	31,406	20.722,691	1.555.775,800
3	25	23,326	20.691,285	1.535.053,109
4	22	20,124	20.667,959	1.514.361,824
5	20	17,936	20.647,834	1.493.693,865
6	17	14,947	20.629,898	1.473.046,031
7	16	13,792	20.614,952	1.452.416,133
8	16	13,521	20.601,160	1.431.801,181
9	16	13,256	20.587,638	1.411.200,021
10	17	13,809	20.574,382	1.390.612,383
11	16	12,741	20.560,574	1.370.038,000
12	15	11,711	20.547,832	1.349.477,427
13	19	14,543	20.536,121	1.328.929,594
14	21	15,759	20.521,579	1.308.393,473
15	23	16,921	20.505,820	1.287.871,894
16	29	20,917	20.488,899	1.267.366,074
17	34	24,042	20.467,982	1.246.877,175
18	42	29,117	20.443,940	1.226.409,193
19	44	29,905	20.414,823	1.205.965,253
20	46	30,652	20.384,918	1.185.550,430
21	45	29,397	20.354,266	1.165.165,512
22	44	28,181	20.324,869	1.144.811,246
23	45	28,256	20.296,688	1.124.486,378
24	49	30,164	20.268,432	1.104.189,690
25	50	30,176	20.238,268	1.083.921,258
26	53	31,360	20.208,092	1.063.682,990
27	55	31,905	20.176,732	1.043.474,898
28	54	30,711	20.144,827	1.023.298,166
29	57	31,781	20.114,116	1.003.153,339
30	61	33,345	20.082,335	983.039,222
31	63	33,763	20.048,991	962.956,887
32	65	34,151	20.015,228	942.907,896
33	71	36,572	19.981,077	922.892,668
34	80	40,400	19.944,505	902.911,591
35	89	44,064	19.904,104	882.967,087
36	91	44,171	19.860,040	863.062,982

TD 88-90   **4%** (Cont.)

x	l_x	D_x	N_x	S_x
72	61.285	3.638,763	32.333,761	224.167,738
73	58.911	3.363,277	28.694,998	191.833,977
74	56.416	3.096,957	25.331,721	163.138,979
75	53.818	2.840,711	22.234,764	137.807,257
76	51.086	2.592,795	19.394,053	115.572,493
77	48.251	2.354,720	16.801,258	96.178,440
78	45.284	2.124,928	14.446,539	79.377,182
79	42.203	1.904,187	12.321,610	64.930,643
80	39.041	1.693,767	10.417,424	52.609,033
81	35.824	1.494,423	8.723,656	42.191,609
82	32.518	1.304,338	7.229,233	33.467,953
83	29.220	1.126,972	5.924,895	26.238,720
84	25.962	962,803	4.797,924	20.313,824
85	22.780	812,306	3.835,120	15.515,901
86	19.725	676,316	3.022,814	11.680,781
87	16.843	555,289	2.346,497	8.657,967
88	14.133	448,023	1.791,209	6.311,469
89	11.625	354,345	1.343,185	4.520,261
90	9.389	275,181	988,841	3.177,075
91	7.438	209,615	713,660	2.188,234
92	5.763	156,164	504,045	1.474,575
93	4.350	113,341	347,881	970,530
94	3.211	80,446	234,539	622,649
95	2.315	55,768	154,093	388,110
96	1.635	37,872	98,325	234,018
97	1.115	24,834	60,453	135,693
98	740	15,848	35,619	75,240
99	453	9,328	19,772	39,620
100	263	5,207	10,443	19,849
101	145	2,761	5,236	9,405
102	76	1,391	2,475	4,169
103	37	0,651	1,084	1,694
104	17	0,288	0,433	0,609
105	7	0,114	0,145	0,177
106	2	0,031	0,031	0,031

TD 88-90 4% (Cont.)

x	l_x	D_x	N_x	S_x
36	95.676	23.313,249	456.867,568	7.138.412,303
37	95.463	22.366,680	433.554,320	6.681.544,735
38	95.237	21.455,509	411.187,640	6.247.990,415
39	94.997	20.578,308	389.732,131	5.836.802,776
40	94.746	19.734,554	369.153,823	5.447.070,645
41	94.476	18.921,457	349.419,269	5.077.916,821
42	94.182	18.137,092	330.497,812	4.728.497,552
43	93.868	17.381,369	312.360,720	4.397.999,740
44	93.515	16.650,004	294.979,351	4.085.639,020
45	93.133	15.944,222	278.329,347	3.790.659,669
46	92.727	15.264,149	262.385,125	3.512.330,322
47	92.295	14.608,688	247.120,976	3.249.945,197
48	91.833	13.976,502	232.512,288	3.002.824,221
49	91.332	13.365,627	218.535,786	2.770.311,933
50	90.778	12.773,610	205.170,159	2.551.776,148
51	90.171	12.200,190	192.396,549	2.346.605,989
52	89.511	11.645,088	180.196,359	2.154.209,440
53	88.791	11.107,133	168.551,271	1.974.013,081
54	88.011	10.586,116	157.444,139	1.805.461,810
55	87.165	10.081,113	146.858,023	1.648.017,672
56	86.241	9.590,622	136.776,910	1.501.159,649
57	85.256	9.116,426	127.186,288	1.364.382,739
58	84.211	8.658,350	118.069,862	1.237.196,451
59	83.083	8.213,819	109.411,512	1.119.126,589
60	81.884	7.783,926	101.197,692	1.009.715,077
61	80.602	7.367,364	93.413,766	908.517,385
62	79.243	6.964,563	86.046,403	815.103,618
63	77.807	6.575,341	79.081,840	729.057,216
64	76.295	6.199,581	72.506,498	649.975,376
65	74.720	5.838,077	66.306,917	577.468,878
66	73.075	5.489,951	60.468,840	511.161,961
67	71.366	5.155,344	54.978,890	450.693,121
68	69.559	4.831,548	49.823,546	395.714,231
69	67.655	4.518,554	44.991,998	345.890,685
70	65.649	4.215,939	40.473,444	300.898,687
71	63.543	3.923,744	36.257,505	260.425,243

TD 88-90   **4%**

x	l_x	D_x	N_x	S_x
0	100.000	100.000,000	2.393.101,422	51.308.288,364
1	99.129	95.316,346	2.293.101,422	48.915.186,941
2	99.057	91.583,765	2.197.785,076	46.622.085,519
3	99.010	88.019,529	2.106.201,312	44.424.300,442
4	98.977	84.605,954	2.018.181,782	42.318.099,131
5	98.948	81.328,043	1.933.575,828	40.299.917,349
6	98.921	78.178,703	1.852.247,784	38.366.341,521
7	98.897	75.153,592	1.774.069,081	36.514.093,737
8	98.876	72.247,725	1.698.915,489	34.740.024,656
9	98.855	69.454,212	1.626.667,764	33.041.109,166
10	98.835	66.769,385	1.557.213,553	31.414.441,402
11	98.814	64.187,690	1.490.444,168	29.857.227,849
12	98.793	61.705,816	1.426.256,478	28.366.783,681
13	98.771	59.319,303	1.364.550,662	26.940.527,203
14	98.745	57.022,777	1.305.231,358	25.575.976,542
15	98.712	54.811,270	1.248.208,581	24.270.745,183
16	98.667	52.679,118	1.193.397,312	23.022.536,602
17	98.606	50.621,682	1.140.718,194	21.829.139,290
18	98.520	48.632,242	1.090.096,512	20.688.421,096
19	98.406	46.707,662	1.041.464,269	19.598.324,585
20	98.277	44.852,340	994.756,607	18.556.860,316
21	98.137	43.065,813	949.904,267	17.562.103,709
22	97.987	41.346,142	906.838,454	16.612.199,442
23	97.830	39.692,207	865.492,311	15.705.360,988
24	97.677	38.105,895	825.800,104	14.839.868,677
25	97.524	36.582,891	787.694,209	14.014.068,573
26	97.373	35.121,393	751.111,318	13.226.374,365
27	97.222	33.718,201	715.989,925	12.475.263,047
28	97.070	32.370,658	682.271,724	11.759.273,122
29	96.916	31.076,253	649.901,066	11.077.001,398
30	96.759	29.832,606	618.824,814	10.427.100,331
31	96.597	28.637,172	588.992,208	9.808.275,517
32	96.429	27.487,852	560.355,036	9.219.283,310
33	96.255	26.382,935	532.867,184	8.658.928,273
34	96.071	25.319,713	506.484,250	8.126.061,089
35	95.878	24.296,969	481.164,537	7.619.576,840

TV 88-90   2% (Cont.)

x	l_x	D_x	N_x	S_x
74	78.880	18.220,244	207.026,021	1.659.312,988
75	77.104	17.460,796	188.805,777	1.452.286,967
76	75.136	16.681,497	171.344,982	1.263.481,190
77	72.951	15.878,813	154.663,485	1.092.136,208
78	70.597	15.065,129	138.784,672	937.472,723
79	67.952	14.216,369	123.719,543	798.688,051
80	65.043	13.340,952	109.503,175	674.968,508
81	61.852	12.437,693	96.162,223	565.465,333
82	58.379	11.509,132	83.724,530	469.303,110
83	54.614	10.555,765	72.215,398	385.578,580
84	50.825	9.630,813	61.659,632	313.363,182
85	46.455	8.630,140	52.028,819	251.703,550
86	42.130	7.673,203	43.398,679	199.674,731
87	37.738	6.738,511	35.725,476	156.276,052
88	33.340	5.836,473	28.986,965	120.550,576
89	28.980	4.973,740	23.150,492	91.563,611
90	24.739	4.162,619	18.176,752	68.413,119
91	20.704	3.415,377	14.014,133	50.236,367
92	16.959	2.742,739	10.598,756	36.222,235
93	13.580	2.153,197	7.856,017	25.623,479
94	10.636	1.653,340	5.702,820	17.767,462
95	8.118	1.237,180	4.049,480	12.064,642
96	6.057	904,984	2.812,300	8.015,163
97	4.378	641,297	1.907,316	5.202,862
98	3.096	444,615	1.266,019	3.295,546
99	2.184	307,493	821,404	2.029,527
100	1.479	204,151	513,911	1.208,123
101	961	130,049	309,760	694,213
102	599	79,471	179,711	384,453
103	358	46,566	100,240	204,741
104	205	26,142	53,675	104,501
105	113	14,127	27,533	50,827
106	59	7,232	13,405	23,294
107	30	3,605	6,174	9,889
108	14	1,649	2,569	3,715
109	6	0,693	0,919	1,146
110	2	0,226	0,226	0,226

TV 88-90 2% (Cont.)

x	l_x	D_x	N_x	S_x
37	97.851	47.028,260	1.397.788,914	28.707.573,238
38	97.753	46.059,961	1.350.760,654	27.309.784,324
39	97.648	45.108,320	1.304.700,693	25.959.023,670
40	97.534	44.172,214	1.259.592,373	24.654.322,977
41	97.413	43.252,367	1.215.420,159	23.394.730,604
42	97.282	42.347,256	1.172.167,792	22.179.310,445
43	97.138	41.455,463	1.129.820,536	21.007.142,653
44	96.981	40.576,922	1.088.365,073	19.877.322,117
45	96.810	39.711,152	1.047.788,151	18.788.957,044
46	96.622	38.856,898	1.008.076,998	17.741.168,893
47	96.424	38.016,932	969.220,101	16.733.091,894
48	96.218	37.191,876	931.203,169	15.763.871,793
49	95.995	36.378,115	894.011,293	14.832.668,625
50	95.752	35.574,538	857.633,177	13.938.657,332
51	95.488	34.780,838	822.058,640	13.081.024,155
52	95.202	33.996,730	787.277,802	12.258.965,515
53	94.892	33.221,596	753.281,073	11.471.687,713
54	94.560	32.456,239	720.059,476	10.718.406,640
55	94.215	31.703,748	687.603,238	9.998.347,164
56	93.848	30.961,030	655.899,490	9.310.743,927
57	93.447	30.224,253	624.938,459	8.654.844,437
58	93.014	29.494,318	594.714,207	8.029.905,978
59	92.545	28.770,196	565.219,889	7.435.191,771
60	92.050	28.055,208	536.449,692	6.869.971,882
61	91.523	27.347,635	508.394,485	6.333.522,190
62	90.954	26.644,720	481.046,850	5.825.127,705
63	90.343	25.946,793	454.402,130	5.344.080,856
64	89.887	25.309,636	428.455,337	4.889.678,725
65	88.978	24.562,438	403.145,702	4.461.223,388
66	88.226	23.877,302	378.583,263	4.058.077,686
67	87.409	23.192,344	354.705,961	3.679.494,423
68	86.513	22.504,517	331.513,617	3.324.788,461
69	85.522	21.810,519	309.009,101	2.993.274,844
70	84.440	21.112,332	287.198,582	2.684.265,743
71	83.251	20.406,911	266.086,250	2.397.067,161
72	81.936	19.690,756	245.679,339	2.130.980,911
73	80.484	18.962,562	225.988,583	1.885.301,572

TV 88-90 2%

x	l_x	D_x	N_x	S_x
0	100.000	100.000,000	4.018.312,272	124.240.123,551
1	99.352	97.403,922	3.918.312,272	120.221.811,279
2	99.294	95.438,293	3.820.908,350	116.303.499,007
3	99.261	93.535,857	3.725.470,057	112.482.590,657
4	99.236	91.678,725	3.631.934,200	108.757.120,600
5	99.214	89.861,177	3.540.255,475	105.125.186,400
6	99.194	88.081,433	3.450.394,299	101.584.930,924
7	99.177	86.339,547	3.362.312,865	98.134.536,626
8	99.161	84.632,959	3.275.973,319	94.772.223,760
9	99.145	82.960,101	3.191.340,360	91.496.250,441
10	99.129	81.320,307	3.108.380,259	88.304.910,081
11	99.112	79.712,118	3.027.059,952	85.196.529,822
12	99.096	78.136,520	2.947.347,834	82.169.469,870
13	99.081	76.592,836	2.869.211,314	79.222.122,036
14	99.062	75.076,616	2.792.618,479	76.352.910,721
15	99.041	73.588,922	2.717.541,863	73.560.292,242
16	99.018	72.129,248	2.643.952,941	70.842.750,379
17	98.989	70.694,238	2.571.823,694	68.198.797,438
18	98.955	69.284,271	2.501.129,456	65.626.973,744
19	98.913	67.896,926	2.431.845,185	63.125.844,289
20	98.869	66.536,003	2.363.948,259	60.693.999,104
21	98.823	65.201,026	2.297.412,256	58.330.050,845
22	98.778	63.893,466	2.232.211,231	56.032.638,588
23	98.734	62.612,750	2.168.317,765	53.800.427,358
24	98.689	61.357,072	2.105.705,014	51.632.109,593
25	98.640	60.124,125	2.044.347,942	49.526.404,579
26	98.590	58.915,342	1.984.223,817	47.482.056,637
27	98.537	57.729,088	1.925.308,475	45.497.832,820
28	98.482	56.565,555	1.867.579,387	43.572.524,344
29	98.428	55.426,018	1.811.013,833	41.704.944,957
30	98.371	54.307,765	1.755.587,814	39.893.931,124
31	98.310	53.209,891	1.701.280,049	38.138.343,310
32	98.247	52.133,130	1.648.070,158	36.437.063,261
33	98.182	51.077,097	1.595.937,028	34.788.993,103
34	98.111	50.039,373	1.544.859,930	33.193.056,076
35	98.031	49.018,207	1.494.820,557	31.648.196,145
36	97.942	48.013,436	1.445.802,350	30.153.375,588

ANEXO IV

TÁBUAS DE MORTALIDADE
E DE COMUTAÇÃO
TV 88-90 e TD 88-90

PEM 80   2,5%   (Cont.)

x	d_x	C_x	M_x	R_x
72	27.062	4.517,307	81.705,215	820.357,384
73	28.408	4.626,329	77.187,908	738.652,168
74	29.683	4.716,065	72.561,579	661.464,260
75	30.855	4.782,706	67.845,513	588.902,682
76	31.894	4.823,178	63.062,807	521.057,169
77	32.763	4.833,749	58.239,629	457.994,362
78	33.425	4.811,140	53.405,880	399.754,733
79	33.844	4.752,634	48.594,740	346.348,853
80	32.514	4.454,503	43.842,106	297.754,113
81	32.221	4.306,694	39.387,603	253.912,008
82	31.648	4.126,933	35.080,909	214.524,405
83	30.791	3.917,248	30.953,977	179.443,495
84	29.646	3.679,590	27.036,729	148.489,519
85	28.225	3.417,775	23.357,139	121.452,790
86	26.546	3.136,063	19.939,364	98.095,651
87	24.638	2.839,666	16.803,301	78.156,287
88	22.540	2.534,497	13.963,635	61.352,986
89	20.301	2.227,058	11.429,138	47.389,351
90	17.976	1.923,903	9.202,080	35.960,213
91	15.628	1.631,810	7.278,177	26.758,133
92	13.316	1.356,489	5.646,366	19.479,956
93	11.102	1.103,367	4.289,878	13.833,590
94	9.040	876,523	3.186,511	9.543,712
95	7.074	669,169	2.309,988	6.357,201
96	5.944	548,562	1.640,819	4.047,213
97	4.678	421,195	1.092,257	2.406,394
98	3.375	296,465	671,062	1.314,137
99	2.192	187,852	374,597	643,075
100	1.256	105,013	186,745	268,478
101	1.002	81,733	81,733	81,733
102	0	0,000	0,000	0,000

PEM 80 2,5% (Cont.)

x	d_x	C_x	M_x	R_x
36	1.692	687,036	157.156,920	5.584.318,607
37	1.800	713,062	156.469,884	5.427.161,687
38	1.921	742,435	155.756,822	5.270.691,803
39	2.054	774,476	155.014,387	5.114.934,981
40	2.201	809,662	154.239,911	4.959.920,595
41	2.366	849,130	153.430,249	4.805.680,684
42	2.548	892,144	152.581,119	4.652.250,434
43	2.750	939,387	151.688,975	4.499.669,315
44	2.974	991,126	150.749,588	4.347.980,340
45	3.222	1.047,586	149.758,462	4.197.230,753
46	3.497	1.109,266	148.710,876	4.047.472,291
47	3.801	1.176,290	147.601,609	3.898.761,415
48	4.137	1.249,045	146.425,320	3.751.159,806
49	4.508	1.327,861	145.176,275	3.604.734,486
50	5.118	1.470,771	143.848,414	3.459.558,212
51	5.583	1.565,267	142.377,643	3.315.709,798
52	6.087	1.664,947	140.812,375	3.173.332,155
53	6.635	1.770,574	139.147,428	3.032.519,780
54	7.229	1.882,034	137.376,854	2.893.372,352
55	7.871	1.999,196	135.494,820	2.755.995,497
56	8.565	2.122,408	133.495,624	2.620.500,677
57	9.314	2.251,718	131.373,215	2.487.005,054
58	10.118	2.386,429	129.121,497	2.355.631,838
59	10.982	2.527,036	126.735,068	2.226.510,341
60	11.908	2.673,283	124.208,032	2.099.775,273
61	12.894	2.824,034	121.534,749	1.975.567,240
62	13.943	2.979,303	118.710,715	1.854.032,491
63	15.054	3.138,242	115.731,412	1.735.321,777
64	16.227	3.300,266	112.593,170	1.619.590,365
65	17.458	3.464,027	109.292,904	1.506.997,195
66	18.742	3.628,097	105.828,877	1.397.704,291
67	20.074	3.791,168	102.200,780	1.291.875,414
68	21.445	3.951,312	98.409,612	1.189.674,634
69	22.844	4.106,421	94.458,300	1.091.265,022
70	24.259	4.254,420	90.351,879	996.806,722
71	25.671	4.392,244	86.097,459	906.454,843

PEM 80   2,5%

x	d_x	C_x	M_x	R_x
0	13.888	13.717,589	188.189,282	11.602.403,274
1	1.128	1.086,984	174.471,694	11.414.213,992
2	803	754,929	173.384,709	11.239.742,299
3	540	495,291	172.629,781	11.066.357,589
4	474	424,151	172.134,490	10.893.727,809
5	458	399,838	171.710,338	10.721.593,319
6	462	393,493	171.310,500	10.549.882,981
7	408	339,025	170.917,007	10.378.572,480
8	360	291,843	170.577,983	10.207.655,473
9	337	266,534	170.286,140	10.037.077,490
10	342	263,892	170.019,605	9.866.791,351
11	332	249,927	169.755,714	9.696.771,745
12	331	243,097	169.505,786	9.527.016,032
13	354	253,648	169.262,689	9.357.510,245
14	422	294,996	169.009,042	9.188.247,556
15	525	358,046	168.714,045	9.019.238,514
16	627	417,180	168.355,999	8.850.524,469
17	734	476,462	167.938,819	8.682.168,470
18	835	528,804	167.462,356	8.514.229,651
19	888	548,653	166.933,552	8.346.767,295
20	905	545,518	166.384,899	8.179.833,743
21	925	543,975	165.839,381	8.013.448,843
22	947	543,329	165.295,406	7.847.609,462
23	971	543,511	164.752,077	7.682.314,056
24	997	544,453	164.208,566	7.517.561,978
25	1.027	547,157	163.664,113	7.353.353,412
26	1.061	551,484	163.116,956	7.189.689,299
27	1.097	556,289	162.565,472	7.026.572,342
28	1.139	563,500	162.009,183	6.864.006,870
29	1.185	571,958	161.445,684	6.701.997,687
30	1.237	582,494	160.873,726	6.540.552,003
31	1.294	594,474	160.291,231	6.379.678,277
32	1.358	608,659	159.696,758	6.219.387,046
33	1.429	624,860	159.088,099	6.059.690,288
34	1.507	642,895	158.463,239	5.900.602,190
35	1.594	663,424	157.820,344	5.742.138,951

PEF 80   5%   (Cont.)

x	d_x	C_x	M_x	R_x
72	19.677	572,446	13.179,999	147.307,918
73	21.493	595,502	12.607,553	134.127,919
74	23.406	617,624	12.012,050	121.520,367
75	25.403	638,400	11.394,426	109.508,316
76	27.462	657,281	10.756,026	98.113,890
77	29.555	673,690	10.098,745	87.357,864
78	31.645	686,982	9.425,055	77.259,119
79	33.688	696,508	8.738,073	67.834,064
80	34.657	682,421	8.041,566	59.095,991
81	36.252	679,836	7.359,145	51.054,425
82	37.626	672,002	6.679,309	43.695,280
83	38.715	658,526	6.007,306	37.015,971
84	39.452	639,107	5.348,780	31.008,665
85	39.769	613,564	4.709,674	25.659,885
86	39.607	581,966	4.096,110	20.950,211
87	38.916	544,584	3.514,144	16.854,100
88	37.664	501,965	2.969,561	13.339,956
89	35.842	454,936	2.467,596	10.370,395
90	33.473	404,635	2.012,660	7.902,799
91	30.608	352,382	1.608,025	5.890,139
92	27.339	299,759	1.255,643	4.282,114
93	23.787	248,393	955,884	3.026,470
94	20.097	199,868	707,491	2.070,586
95	16.064	152,151	507,623	1.363,096
96	13.665	123,266	355,472	855,473
97	10.796	92,748	232,206	500,001
98	7.774	63,606	139,458	267,795
99	5.013	39,063	75,851	128,338
100	2.842	21,091	36,789	52,486
101	2.221	15,698	15,698	15,698
102	0	0,000	0,000	0,000

PEF 80   5%   (Cont.)

x	d_x	C_x	M_x	R_x
36	812	136,819	23.105,735	848.585,541
37	875	140,414	22.968,916	825.479,806
38	944	144,273	22.828,503	802.510,889
39	1.020	148,465	22.684,230	779.682,387
40	1.103	152,900	22.535,765	756.998,157
41	1.194	157,633	22.382,865	734.462,392
42	1.294	162,701	22.225,231	712.079,527
43	1.404	168,125	22.062,531	689.854,295
44	1.525	173,919	21.894,406	667.791,764
45	1.656	179,865	21.720,487	645.897,359
46	1.801	186,299	21.540,622	624.176,872
47	1.960	193,092	21.354,323	602.636,250
48	2.134	200,223	21.161,231	581.281,927
49	2.324	207,666	20.961,008	560.120,697
50	2.356	200,501	20.753,342	539.159,689
51	2.570	208,298	20.552,841	518.406,347
52	2.809	216,827	20.344,543	497.853,506
53	3.079	226,351	20.127,716	477.508,963
54	3.379	236,576	19.901,365	457.381,247
55	3.714	247,649	19.664,789	437.479,881
56	4.090	259,733	19.417,140	417.815,092
57	4.508	272,646	19.157,407	398.397,952
58	4.975	286,562	18.884,761	379.240,545
59	5.495	301,442	18.598,199	360.355,784
60	6.073	317,286	18.296,756	341.757,585
61	6.715	334,121	17.979,470	323.460,829
62	7.427	351,951	17.645,349	305.481,359
63	8.216	370,800	17.293,398	287.836,010
64	9.086	390,538	16.922,598	270.542,612
65	10.045	411,198	16.532,060	253.620,014
66	11.100	432,748	16.120,862	237.087,954
67	12.254	454,988	15.688,115	220.967,091
68	13.515	477,913	15.233,127	205.278,976
69	14.886	501,328	14.755,213	190.045,850
70	16.370	525,053	14.253,886	175.290,637
71	17.967	548,834	13.728,833	161.036,751

PEF 80 5%

x	d_x	C_x	M_x	R_x
0	10.478	10.225,481	39.650,786	1.779.959,983
1	1.002	931,287	29.425,305	1.740.309,197
2	633	560,313	28.494,017	1.710.883,892
3	400	337,208	27.933,704	1.682.389,875
4	326	261,737	27.596,497	1.654.456,171
5	333	254,626	27.334,759	1.626.859,674
6	319	232,306	27.080,133	1.599.524,915
7	281	194,889	26.847,827	1.572.444,782
8	249	164,471	26.652,939	1.545.596,955
9	236	148,461	26.488,467	1.518.944,016
10	248	148,581	26.340,006	1.492.455,549
11	250	142,647	26.191,424	1.466.115,543
12	236	128,247	26.048,777	1.439.924,119
13	222	114,894	25.920,531	1.413.875,341
14	244	120,267	25.805,637	1.387.954,811
15	280	131,439	25.685,370	1.362.149,174
16	306	136,804	25.553,931	1.336.463,804
17	311	132,418	25.417,128	1.310.909,872
18	311	126,113	25.284,709	1.285.492,745
19	323	124,742	25.158,597	1.260.208,035
20	317	116,595	25.033,855	1.235.049,439
21	331	115,947	24.917,261	1.210.015,583
22	346	115,430	24.801,314	1.185.098,323
23	363	115,334	24.685,884	1.160.297,009
24	381	115,289	24.570,550	1.135.611,124
25	402	115,851	24.455,261	1.111.040,574
26	424	116,372	24.339,411	1.086.585,313
27	449	117,366	24.223,038	1.062.245,902
28	475	118,249	24.105,673	1.038.022,864
29	505	119,731	23.987,424	1.013.917,191
30	537	121,255	23.867,692	989.929,767
31	573	123,223	23.746,437	966.062,075
32	613	125,548	23.623,214	942.315,638
33	655	127,761	23.497,667	918.692,424
34	703	130,594	23.369,905	895.194,757
35	755	133,576	23.239,311	871.824,852

PEM 80   2,5%   (Cont.)

x	l_x	D_x	N_x	S_x
72	619.587	104.708,994	984.259,733	7.132.707,089
73	592.525	97.693,238	879.550,739	6.148.447,355
74	564.117	90.740,914	781.857,501	5.268.896,616
75	534.434	83.869,523	691.116,587	4.487.039,116
76	503.579	77.099,905	607.247,064	3.795.922,529
77	471.685	70.455,424	530.147,159	3.188.675,465
78	438.922	63.962,562	459.691,735	2.658.528,306
79	405.497	57.650,394	395.729,174	2.198.836,571
80	371.653	51.549,969	338.078,780	1.803.107,398
81	339.139	45.892,809	286.528,810	1.465.028,618
82	306.918	40.519,623	240.636,001	1.178.499,808
83	275.270	35.455,046	200.116,378	937.863,806
84	244.479	30.721,107	164.661,332	737.747,428
85	214.833	26.337,372	133.940,225	573.086,096
86	186.608	22.319,159	107.602,853	439.145,871
87	160.062	18.677,208	85.283,693	331.543,019
88	135.424	15.416,844	66.606,486	246.259,325
89	112.884	12.537,426	51.189,641	179.652,840
90	92.583	10.031,904	38.652,216	128.463,198
91	74.607	7.886,927	28.620,312	89.810,982
92	58.979	6.082,776	20.733,385	61.190,671
93	45.663	4.594,571	14.650,609	40.457,286
94	34.561	3.392,680	10.056,038	25.806,677
95	25.521	2.444,165	6.663,358	15.750,638
96	18.447	1.723,593	4.219,193	9.087,280
97	12.503	1.139,723	2.495,600	4.868,087
98	7.825	695,898	1.355,877	2.372,487
99	4.450	386,098	659,980	1.016,609
100	2.258	191,134	273,882	356,630
101	1.002	82,748	82,748	82,748
102	0	0,000	0,000	0,000

PEM 80   **2,5%**   (Cont.)

x	l_x	D_x	N_x	S_x
36	957.079	393.449,170	9.767.045,769	174.301.209,153
37	955.387	383.174,243	9.373.596,600	164.534.163,383
38	953.587	373.124,217	8.990.422,357	155.160.566,784
39	951.666	363.290,301	8.617.298,140	146.170.144,427
40	949.612	353.664,589	8.254.007,839	137.552.846,287
41	947.411	344.238,897	7.900.343,250	129.298.838,448
42	945.045	335.004,115	7.556.104,352	121.398.495,198
43	942.497	325.952,086	7.221.100,237	113.842.390,846
44	939.747	317.074,175	6.895.148,151	106.621.290,609
45	936.773	308.361,694	6.578.073,976	99.726.142,458
46	933.551	299.805,945	6.269.712,283	93.148.068,482
47	930.054	291.397,950	5.969.906,338	86.878.356,199
48	926.253	283.128,826	5.678.508,388	80.908.449,862
49	922.116	274.989,527	5.395.379,562	75.229.941,473
50	917.608	266.970,898	5.120.390,035	69.834.561,912
51	912.490	259.006,688	4.853.419,137	64.714.171,877
52	906.907	251.143,391	4.594.412,449	59.860.752,739
53	900.820	243.373,425	4.343.269,058	55.266.340,290
54	894.185	235.688,639	4.099.895,633	50.923.071,232
55	886.956	228.081,195	3.864.206,994	46.823.175,598
56	879.085	220.543,574	3.636.125,799	42.958.968,604
57	870.520	213.068,097	3.415.582,225	39.322.842,805
58	861.206	205.647,225	3.202.514,129	35.907.260,580
59	851.088	198.274,293	2.996.866,904	32.704.746,451
60	840.106	190.942,306	2.798.592,611	29.707.879,547
61	828.198	183.644,696	2.607.650,305	26.909.286,936
62	815.304	176.376,174	2.424.005,610	24.301.636,631
63	801.361	169.131,571	2.247.629,435	21.877.631,021
64	786.307	161.906,676	2.078.497,864	19.630.001,586
65	770.080	154.697,963	1.916.591,188	17.551.503,722
66	752.622	147.503,319	1.761.893,225	15.634.912,534
67	733.880	140.322,099	1.614.389,906	13.873.019,309
68	713.806	133.154,960	1.474.067,808	12.258.629,402
69	692.361	126.004,450	1.340.912,848	10.784.561,595
70	669.517	118.875,137	1.214.908,398	9.443.648,747
71	645.258	111.773,527	1.096.033,260	8.228.740,349

PEM 80 2,5%

x	l_x	D_x	N_x	S_x
0	1.000.000	1.000.000,000	33.378.914,923	898.673.990,482
1	986.112	962.060,488	32.378.914,923	865.295.075,559
2	984.984	937.521,951	31.416.854,435	832.916.160,636
3	984.181	913.909,897	30.479.332,484	801.499.306,201
4	983.641	891.130,198	29.565.422,587	771.019.973,717
5	983.167	868.976,368	28.674.292,389	741.454.551,130
6	982.709	847.386,891	27.805.316,021	712.780.258,740
7	982.247	826.330,253	26.957.929,130	684.974.942,720
8	981.839	805.840,992	26.131.598,876	658.017.013,590
9	981.479	785.898,072	25.325.757,884	631.885.414,714
10	981.142	766.466,562	24.539.859,812	606.559.656,829
11	980.800	747.511,602	23.773.393,250	582.019.797,017
12	980.468	729.032,751	23.025.881,648	558.246.403,767
13	980.137	711.011,351	22.296.848,896	535.220.522,119
14	979.783	693.419,075	21.585.837,545	512.923.673,223
15	979.361	676.215,038	20.892.418,470	491.337.835,678
16	978.836	659.368,335	20.216.203,432	470.445.417,207
17	978.209	642.874,120	19.556.835,097	450.229.213,775
18	977.475	626.723,647	18.913.960,977	430.672.378,678
19	976.640	610.915,389	18.287.237,330	411.758.417,701
20	975.752	595.473,093	17.676.321,941	393.471.180,371
21	974.847	580.410,534	17.080.848,848	375.794.858,430
22	973.922	565.716,880	16.500.438,314	358.714.009,582
23	972.975	551.382,245	15.934.721,433	342.213.571,269
24	972.004	537.397,056	15.383.339,188	326.278.849,835
25	971.007	523.752,038	14.845.942,132	310.895.510,647
26	969.980	510.437,155	14.322.190,094	296.049.568,515
27	968.919	497.442,751	13.811.752,939	281.727.378,420
28	967.822	484.760,538	13.314.310,188	267.915.625,481
29	966.683	472.380,525	12.829.549,650	254.601.315,293
30	965.498	460.294,109	12.357.169,124	241.771.765,643
31	964.261	448.492,076	11.896.875,015	229.414.596,519
32	962.967	436.966,066	11.448.382,939	217.517.721,504
33	961.609	425.707,167	11.011.416,873	206.069.338,565
34	960.180	414.706,872	10.585.709,706	195.057.921,692
35	958.673	403.957,064	10.171.002,834	184.472.211,986

PEF 80   5%   (Cont.)

x	l_x	D_x	N_x	S_x
72	784.508	23.386,641	221.009,852	1.622.292,926
73	764.831	21.714,341	197.623,212	1.401.283,074
74	743.338	20.099,174	175.908,871	1.203.659,862
75	719.932	18.539,331	155.809,697	1.027.750,991
76	694.529	17.033,491	137.270,367	871.941,294
77	667.067	15.580,932	120.236,876	734.670,927
78	637.512	14.181,528	104.655,944	614.434,051
79	605.867	12.835,792	90.474,416	509.778,107
80	572.179	11.544,842	77.638,624	419.303,691
81	537.522	10.329,113	66.093,782	341.665,067
82	501.270	9.173,798	55.764,669	275.571,285
83	463.644	8.081,144	46.590,871	219.806,616
84	424.929	7.053,672	38.509,727	173.215,745
85	385.477	6.094,079	31.456,056	134.706,018
86	345.708	5.205,108	25.361,977	103.249,962
87	306.101	4.389,305	20.156,869	77.887,985
88	267.185	3.648,831	15.767,565	57.731,116
89	229.521	2.985,209	12.118,734	41.963,551
90	193.679	2.399,085	9.133,524	29.844,817
91	160.206	1.889,960	6.734,439	20.711,293
92	129.598	1.456,072	4.844,479	13.976,854
93	102.259	1.094,200	3.388,408	9.132,374
94	78.472	799,688	2.294,208	5.743,967
95	58.375	566,557	1.494,520	3.449,759
96	42.311	391,093	927,963	1.955,239
97	28.646	252,175	536,869	1.027,277
98	17.850	149,654	284,694	490,407
99	10.076	80,454	135,041	205,713
100	5.063	38,502	54,587	70,672
101	2.221	16,085	16,085	16,085
102	0	0,000	0,000	0,000

PEF 80   5%   (Cont.)

x	l_x	D_x	N_x	S_x
36	975.183	168.372,576	3.062.297,423	46.917.417,362
37	974.371	160.221,312	2.893.924,847	43.855.119,940
38	973.496	152.454,696	2.733.703,535	40.961.195,092
39	972.552	145.054,153	2.581.248,839	38.227.491,557
40	971.532	138.001,926	2.436.194,686	35.646.242,718
41	970.429	131.281,190	2.298.192,760	33.210.048,032
42	969.235	124.875,870	2.166.911,570	30.911.855,272
43	967.941	118.770,621	2.042.035,700	28.744.943,702
44	966.537	112.950,804	1.923.265,079	26.702.908,002
45	965.012	107.402,467	1.810.314,276	24.779.642,922
46	963.356	102.112,533	1.702.911,809	22.969.328,646
47	961.555	97.068,222	1.600.799,276	21.266.416,837
48	959.595	92.257,487	1.503.731,054	19.665.617,561
49	957.461	87.668,876	1.411.473,567	18.161.886,507
50	955.137	83.291,506	1.323.804,691	16.750.412,940
51	952.781	79.129,575	1.240.513,185	15.426.608,248
52	950.211	75.158,223	1.161.383,610	14.186.095,063
53	947.402	71.367,658	1.086.225,387	13.024.711,454
54	944.323	67.748,302	1.014.857,729	11.938.486,067
55	940.944	64.291,318	947.109,426	10.923.628,338
56	937.230	60.988,146	882.818,108	9.976.518,912
57	933.140	57.830,475	821.829,962	9.093.700,804
58	928.632	54.810,568	763.999,487	8.271.870,842
59	923.657	51.920,884	709.188,919	7.507.871,355
60	918.162	49.154,284	657.268,035	6.798.682,436
61	912.089	46.503,964	608.113,752	6.141.414,400
62	905.374	43.963,421	561.609,787	5.533.300,649
63	897.947	41.526,455	517.646,367	4.971.690,862
64	889.731	39.187,141	476.119,911	4.454.044,495
65	880.645	36.939,961	436.932,770	3.977.924,583
66	870.600	34.779,627	399.992,809	3.540.991,813
67	859.500	32.701,136	365.213,182	3.140.999,004
68	847.246	30.699,916	332.512,045	2.775.785,823
69	833.731	28.771,620	301.812,129	2.443.273,777
70	818.845	26.912,297	273.040,509	2.141.461,648
71	802.475	25.118,360	246.128,212	1.868.421,139

PEF 80   5%

x	l_x	D_x	N_x	S_x
0	1.000.000	1.000.000,000	20.187.400,706	387.457.090,202
1	989.522	942.401,905	19.187.400,706	367.269.689,497
2	988.520	896.616,780	18.244.998,801	348.082.288,791
3	987.887	853.373,934	17.348.382,021	329.837.289,990
4	987.487	812.407,999	16.495.008,087	312.488.907,970
5	987.161	773.466,474	15.682.600,088	295.993.899,883
6	986.828	736.386,247	14.909.133,614	280.311.299,794
7	986.509	701.093,528	14.172.747,367	265.402.166,180
8	986.228	667.517,930	13.471.653,839	251.229.418,813
9	985.979	635.570,855	12.804.135,908	237.757.764,975
10	985.743	605.160,692	12.168.565,054	224.953.629,066
11	985.495	576.198,516	11.563.404,361	212.785.064,013
12	985.245	548.621,282	10.987.205,845	201.221.659,651
13	985.009	522.371,303	10.438.584,563	190.234.453,806
14	984.787	497.384,354	9.916.213,260	179.795.869,243
15	984.543	473.582,017	9.418.828,906	169.879.655,983
16	984.263	450.902,221	8.945.246,889	160.460.827,077
17	983.957	429.297,180	8.494.344,668	151.515.580,188
18	983.646	408.725,230	8.065.047,488	143.021.235,520
19	983.335	389.139,051	7.656.322,258	134.956.188,032
20	983.012	370.486,884	7.267.183,207	127.299.865,774
21	982.695	352.730,867	6.896.696,323	120.032.682,566
22	982.364	335.821,007	6.543.965,456	113.135.986,243
23	982.018	319.716,883	6.208.144,449	106.592.020,787
24	981.655	304.379,714	5.888.427,567	100.383.876,338
25	981.274	289.772,932	5.584.047,852	94.495.448,771
26	980.872	275.861,162	5.294.274,920	88.911.400,919
27	980.448	262.611,349	5.018.413,758	83.617.125,999
28	979.999	249.991,509	4.755.802,409	78.598.712,240
29	979.524	237.971,752	4.505.810,900	73.842.909,831
30	979.019	226.522,918	4.267.839,148	69.337.098,931
31	978.482	215.617,780	4.041.316,230	65.069.259,783
32	977.909	205.230,013	3.825.698,450	61.027.943,553
33	977.296	195.334,633	3.620.468,437	57.202.245,104
34	976.641	185.908,302	3.425.133,803	53.581.776,667
35	975.938	176.928,079	3.239.225,501	50.156.642,864

ANEXO III

TÁBUAS DE MORTALIDADE E DE COMUTAÇÃO PEF 80 e PEM 80

TD 73-77   **5,5%** (Cont.)

x	d_x	C_x	M_x	R_x
72	2.827	58,280	709,150	5.735,600
73	2.928	57,216	650,869	5.026,451
74	3.015	55,844	593,654	4.375,581
75	3.074	53,969	537,809	3.781,928
76	3.110	51,754	483,840	3.244,118
77	3.128	49,340	432,086	2.760,278
78	3.119	46,633	382,746	2.328,192
79	3.077	43,607	336,112	1.945,446
80	3.013	40,474	292,505	1.609,334
81	2.927	37,269	252,031	1.316,828
82	2.822	34,059	214,762	1.064,797
83	2.686	30,727	180,704	850,035
84	2.518	27,304	149,976	669,331
85	2.335	23,999	122,672	519,355
86	2.125	20,702	98,673	396,682
87	1.884	17,398	77,971	298,010
88	1.647	14,416	60,573	220,039
89	1.421	11,790	46,157	159,466
90	1.196	9,406	34,367	113,309
91	971	7,238	24,962	78,942
92	760	5,370	17,724	53,981
93	578	3,871	12,354	36,257
94	433	2,749	8,483	23,904
95	320	1,925	5,734	15,421
96	231	1,317	3,808	9,687
97	164	0,887	2,491	5,878
98	115	0,589	1,604	3,387
99	115	0,559	1,015	1,783
100	57	0,262	0,457	0,768
101	27	0,118	0,194	0,311
102	12	0,050	0,076	0,117
103	4	0,016	0,027	0,041
104	2	0,007	0,011	0,014
105	1	0,004	0,004	0,004

TD 73-77   **5,5%** (Cont.)

x	d_x	C_x	M_x	R_x
36	217	30,743	2.560,596	68.752,232
37	240	32,229	2.529,853	66.191,636
38	266	33,858	2.497,624	63.661,783
39	294	35,471	2.463,766	61.164,159
40	324	37,053	2.428,295	58.700,393
41	356	38,590	2.391,242	56.272,097
42	396	40,688	2.352,653	53.880,855
43	444	43,242	2.311,965	51.528,203
44	493	45,511	2.268,723	49.216,238
45	537	46,988	2.223,212	46.947,515
46	575	47,690	2.176,224	44.724,302
47	619	48,663	2.128,534	42.548,078
48	669	49,852	2.079,871	40.419,544
49	723	51,067	2.030,019	38.339,672
50	775	51,886	1.978,952	36.309,653
51	827	52,481	1.927,066	34.330,701
52	885	53,234	1.874,585	32.403,635
53	955	54,450	1.821,351	30.529,050
54	1.029	55,610	1.766,901	28.707,699
55	1.097	56,195	1.711,290	26.940,798
56	1.158	56,227	1.655,096	25.229,508
57	1.219	56,103	1.598,869	23.574,412
58	1.289	56,232	1.542,766	21.975,543
59	1.374	56,815	1.486,534	20.432,778
60	1.476	57,851	1.429,718	18.946,244
61	1.590	59,071	1.371,867	17.516,526
62	1.699	59,829	1.312,797	16.144,659
63	1.799	60,048	1.252,967	14.831,862
64	1.906	60,303	1.192,919	13.578,895
65	2.026	60,758	1.132,616	12.385,976
66	2.149	61,087	1.071,858	11.253,360
67	2.272	61,216	1.010,771	10.181,502
68	2.382	60,834	949,555	9.170,731
69	2.492	60,326	888,720	8.221,176
70	2.612	59,934	828,395	7.332,456
71	2.727	59,311	768,461	6.504,061

TD 73-77   **5,5%**

x	d_x	C_x	M_x	R_x
0	1.529	1.488,611	5.395,503	186.433,981
1	111	102,434	3.906,892	181.038,478
2	79	69,103	3.804,458	177.131,586
3	61	50,576	3.735,355	173.327,128
4	53	41,652	3.684,779	169.591,773
5	47	35,011	3.643,126	165.906,994
6	44	31,068	3.608,115	162.263,867
7	41	27,440	3.577,047	158.655,752
8	38	24,107	3.549,607	155.078,705
9	36	21,647	3.525,500	151.529,098
10	34	19,379	3.503,853	148.003,598
11	35	18,909	3.484,474	144.499,746
12	37	18,947	3.465,565	141.015,272
13	41	19,901	3.446,618	137.549,707
14	53	24,385	3.426,717	134.103,089
15	70	30,527	3.402,332	130.676,372
16	97	40,096	3.371,805	127.274,040
17	134	52,503	3.331,709	123.902,235
18	170	63,136	3.279,205	120.570,526
19	185	65,125	3.216,069	117.291,320
20	184	61,396	3.150,944	114.075,251
21	176	55,665	3.089,548	110.924,307
22	169	50,665	3.033,882	107.834,760
23	157	44,614	2.983,218	104.800,877
24	149	40,133	2.938,604	101.817,660
25	143	36,509	2.898,471	98.879,056
26	139	33,638	2.861,962	95.980,584
27	139	31,884	2.828,325	93.118,622
28	142	30,874	2.796,441	90.290,298
29	148	30,501	2.765,567	87.493,857
30	153	29,888	2.735,066	84.728,290
31	155	28,700	2.705,178	81.993,225
32	159	27,906	2.676,478	79.288,047
33	171	28,447	2.648,573	76.611,568
34	187	29,487	2.620,125	73.962,996
35	201	30,042	2.590,638	71.342,870

TV 73-77   **4,5%**   (Cont.)

x	d_x	C_x	M_x	R_x
72	2.019	83,024	1.929,564	20.846,759
73	2.206	86,808	1.846,539	18.917,196
74	2.412	90,827	1.759,732	17.070,657
75	2.642	95,203	1.668,905	15.310,925
76	2.879	99,276	1.573,701	13.642,020
77	3.114	102,756	1.474,425	12.068,319
78	3.343	105,562	1.371,669	10.593,894
79	3.550	107,271	1.266,107	9.222,225
80	3.728	107,799	1.158,836	7.956,117
81	3.883	107,446	1.051,037	6.797,281
82	4.012	106,235	943,591	5.746,244
83	4.095	103,763	837,356	4.802,653
84	4.096	99,319	733,593	3.965,297
85	4.024	93,372	634,274	3.231,703
86	3.907	86,753	540,902	2.597,430
87	3.738	79,426	454,149	2.056,527
88	3.512	71,411	374,723	1.602,378
89	3.236	62,965	303,312	1.227,655
90	2.891	53,830	240,347	924,343
91	2.490	44,367	186,517	683,995
92	2.082	35,500	142,150	497,478
93	1.709	27,885	106,651	355,328
94	1.381	21,563	78,766	248,677
95	1.098	16,406	57,203	169,911
96	854	12,211	40,797	112,708
97	653	8,935	28,587	71,910
98	487	6,376	19,652	43,323
99	567	7,104	13,276	23,671
100	294	3,525	6,172	10,395
101	140	1,606	2,647	4,224
102	61	0,670	1,040	1,577
103	24	0,252	0,371	0,536
104	8	0,080	0,119	0,166
105	3	0,029	0,038	0,047
106	1	0,009	0,009	0,009

TV 73-77   **4,5%** (Cont.)

x	d_x	C_x	M_x	R_x
36	110	22,062	3.513,112	125.118,352
37	121	23,223	3.491,050	121.605,239
38	130	23,876	3.467,827	118.114,189
39	142	24,957	3.443,951	114.646,363
40	156	26,237	3.418,993	111.202,412
41	169	27,199	3.392,756	107.783,419
42	184	28,338	3.365,557	104.390,662
43	203	29,918	3.337,218	101.025,105
44	222	31,310	3.307,300	97.687,887
45	240	32,391	3.275,991	94.380,587
46	262	33,837	3.243,600	91.104,596
47	285	35,223	3.209,763	87.860,996
48	310	36,662	3.174,540	84.651,234
49	332	37,574	3.137,878	81.476,693
50	354	38,338	3.100,304	78.338,816
51	380	39,382	3.061,966	75.238,512
52	412	40,859	3.022,584	72.176,546
53	445	42,232	2.981,725	69.153,961
54	478	43,410	2.939,493	66.172,236
55	509	44,235	2.896,083	63.232,743
56	540	44,908	2.851,848	60.336,660
57	574	45,680	2.806,940	57.484,811
58	610	46,454	2.761,261	54.677,871
59	648	47,223	2.714,806	51.916,610
60	689	48,049	2.667,583	49.201,804
61	743	49,583	2.619,534	46.534,221
62	812	51,855	2.569,951	43.914,687
63	885	54,083	2.518,096	41.344,737
64	962	56,257	2.464,013	38.826,641
65	1.049	58,703	2.407,756	36.362,628
66	1.148	61,476	2.349,054	33.954,871
67	1.257	64,415	2.287,577	31.605,818
68	1.380	67,673	2.223,162	29.318,240
69	1.522	71,422	2.155,490	27.095,078
70	1.677	75,307	2.084,068	24.939,588
71	1.843	79,197	2.008,761	22.855,520

Anexo II – Tábuas de Mortalidade e de Comutação

TV 73-77   **4,5%**

x	d_x	C_x	M_x	R_x
0	1.168	1.142,575	5.494,876	266.595,895
1	96	89,866	4.352,301	261.101,019
2	59	52,852	4.262,435	256.748,717
3	46	39,432	4.209,583	252.486,282
4	38	31,172	4.170,151	248.276,700
5	34	26,689	4.138,979	244.106,549
6	31	23,287	4.112,290	239.967,570
7	29	20,846	4.089,003	235.855,280
8	27	18,573	4.068,157	231.766,277
9	25	16,456	4.049,584	227.698,120
10	23	14,488	4.033,128	223.648,536
11	23	13,864	4.018,640	219.615,408
12	22	12,690	4.004,776	215.596,768
13	25	13,800	3.992,086	211.591,992
14	30	15,847	3.978,286	207.599,907
15	38	19,208	3.962,439	203.621,621
16	47	22,734	3.943,231	199.659,182
17	57	26,384	3.920,497	195.715,950
18	63	27,905	3.894,113	191.795,453
19	64	27,128	3.866,208	187.901,340
20	62	25,148	3.839,080	184.035,132
21	61	23,677	3.813,932	180.196,052
22	59	21,915	3.790,255	176.382,120
23	58	20,616	3.768,340	172.591,866
24	60	20,408	3.747,724	168.823,526
25	59	19,204	3.727,316	165.075,801
26	60	18,688	3.708,113	161.348,485
27	61	18,182	3.689,424	157.640,372
28	66	18,825	3.671,243	153.950,948
29	70	19,106	3.652,418	150.279,705
30	72	18,806	3.633,312	146.627,287
31	77	19,245	3.614,507	142.993,975
32	82	19,613	3.595,261	139.379,469
33	88	20,141	3.575,649	135.784,208
34	95	20,807	3.555,507	132.208,559
35	103	21,588	3.534,700	128.653,052

TD 73-77   **5,5%** (Cont.)

x	l_x	D_x	N_x	S_x
72	52.642	1.114,693	8.138,379	48.995,839
73	49.815	999,840	7.023,686	40.857,460
74	46.887	892,011	6.023,845	33.833,774
75	43.872	791,139	5.131,834	27.809,929
76	40.798	697,352	4.340,695	22.678,095
77	37.688	610,610	3.643,343	18.337,400
78	34.560	530,740	3.032,733	14.694,058
79	31.441	457,670	2.501,993	11.661,325
80	28.364	391,355	2.044,323	9.159,331
81	25.351	331,548	1.652,969	7.115,008
82	22.424	277,979	1.321,421	5.462,039
83	19.602	230,328	1.043,442	4.140,618
84	16.916	188,404	813,115	3.097,176
85	14.398	152,000	624,710	2.284,061
86	12.063	120,710	472,710	1.659,351
87	9.938	94,262	352,000	1.186,640
88	8.054	72,409	257,739	834,640
89	6.407	54,599	185,329	576,902
90	4.986	40,275	130,730	391,572
91	3.790	29,018	90,456	260,842
92	2.819	20,458	61,438	170,387
93	2.059	14,164	40,979	108,949
94	1.481	9,657	26,816	67,970
95	1.048	6,477	17,159	41,154
96	728	4,265	10,682	23,995
97	497	2,760	6,417	13,313
98	333	1,753	3,658	6,896
99	218	1,088	1,905	3,238
100	103	0,487	0,817	1,333
101	46	0,206	0,330	0,516
102	19	0,081	0,124	0,186
103	7	0,028	0,043	0,062
104	3	0,011	0,015	0,019
105	1	0,004	0,004	0,004

TD 73-77 5,5% (Cont.)

x	l_x	D_x	N_x	S_x
36	94.533	89.604,739	1.536.608,230	14.772.831,983
37	94.316	89.399,052	1.447.003,490	13.236.223,754
38	94.076	89.171,564	1.357.604,438	11.789.220,263
39	93.810	88.919,431	1.268.432,874	10.431.615,825
40	93.516	88.640,758	1.179.513,443	9.163.182,951
41	93.192	88.333,649	1.090.872,685	7.983.669,508
42	92.836	87.996,209	1.002.539,035	6.892.796,823
43	92.440	87.620,853	914.542,827	5.890.257,788
44	91.996	87.200,000	826.921,974	4.975.714,961
45	91.503	86.732,701	739.721,974	4.148.792,987
46	90.966	86.223,697	652.989,272	3.409.071,014
47	90.391	85.678,673	566.765,576	2.756.081,741
48	89.772	85.091,943	481.086,903	2.189.316,166
49	89.103	84.457,820	395.994,960	1.708.229,263
50	88.380	83.772,512	311.537,140	1.312.234,304
51	87.605	83.037,915	227.764,628	1.000.697,164
52	86.778	82.254,028	144.726,713	772.932,536
53	85.893	5.030,109	62.472,685	628.205,823
54	84.938	4.714,864	57.442,575	565.733,138
55	83.909	4.414,924	52.727,711	508.290,563
56	82.812	4.130,052	48.312,787	455.562,852
57	81.654	3.860,000	44.182,735	407.250,065
58	80.435	3.604,146	40.322,735	363.067,331
59	79.146	3.361,506	36.718,589	322.744,596
60	77.772	3.130,947	33.357,083	286.026,007
61	76.296	2.911,399	30.226,136	252.668,924
62	74.706	2.702,110	27.314,737	222.442,788
63	73.007	2.502,992	24.612,627	195.128,051
64	71.208	2.314,043	22.109,635	170.515,424
65	69.302	2.134,695	19.795,592	148.405,789
66	67.276	1.964,255	17.660,897	128.610,197
67	65.127	1.802,380	15.696,642	110.949,300
68	62.855	1.648,817	13.894,262	95.252,658
69	60.473	1.503,633	12.245,445	81.358,395
70	57.981	1.366,512	10.741,812	69.112,951
71	55.369	1.236,921	9.375,300	58.371,138

TD 73-77   **5,5%**

x	l_x	D_x	N_x	S_x
0	100.000	100.000,000	4.855.226,239	130.974.465,692
1	98.471	93.337,441	4.755.226,239	126.119.239,453
2	98.360	93.232,227	4.661.888,798	121.364.013,213
3	98.281	93.157,346	4.568.656,571	116.702.124,415
4	98.220	93.099,526	4.475.499,225	112.133.467,844
5	98.167	93.049,289	4.382.399,699	107.657.968,619
6	98.120	93.004,739	4.289.350,410	103.275.568,920
7	98.076	92.963,033	4.196.345,670	98.986.218,511
8	98.035	92.924,171	4.103.382,637	94.789.872,840
9	97.997	92.888,152	4.010.458,467	90.686.490,203
10	97.961	92.854,028	3.917.570,315	86.676.031,736
11	97.927	92.821,801	3.824.716,287	82.758.461,421
12	97.892	92.788,626	3.731.894,486	78.933.745,135
13	97.855	92.753,555	3.639.105,860	75.201.850,649
14	97.814	92.714,692	3.546.352,305	71.562.744,789
15	97.761	92.664,455	3.453.637,614	68.016.392,484
16	97.691	92.598,104	3.360.973,159	64.562.754,870
17	97.594	92.506,161	3.268.375,054	61.201.781,712
18	97.460	92.379,147	3.175.868,893	57.933.406,657
19	97.290	92.218,009	3.083.489,746	54.757.537,764
20	97.105	92.042,654	2.991.271,737	51.674.048,018
21	96.921	91.868,246	2.899.229,083	48.682.776,281
22	96.745	91.701,422	2.807.360,836	45.783.547,198
23	96.576	91.541,232	2.715.659,414	42.976.186,362
24	96.419	91.392,417	2.624.118,182	40.260.526,948
25	96.270	91.251,185	2.532.725,765	37.636.408,765
26	96.127	91.115,640	2.441.474,580	35.103.683,000
27	95.988	90.983,886	2.350.358,941	32.662.208,420
28	95.849	90.852,133	2.259.375,054	30.311.849,479
29	95.707	90.717,536	2.168.522,922	28.052.474,425
30	95.559	90.577,251	2.077.805,386	25.883.951,503
31	95.406	90.432,227	1.987.228,135	23.806.146,117
32	95.251	90.285,308	1.896.795,907	21.818.917,982
33	95.092	90.134,597	1.806.510,599	19.922.122,075
34	94.921	89.972,512	1.716.376,002	18.115.611,476
35	94.734	89.795,261	1.626.403,490	16.399.235,474

TV 73-77   **4,5%**   (Cont.)

x	l_x	D_x	N_x	S_x
72	75.139	3.158,584	29.515,996	211.857,018
73	73.120	2.941,352	26.357,412	182.341,022
74	70.914	2.729,773	23.416,060	155.983,610
75	68.502	2.523,373	20.686,287	132.567,550
76	65.860	2.321,580	18.162,914	111.881,263
77	62.981	2.124,492	15.841,334	93.718,349
78	59.867	1.932,488	13.716,842	77.877,015
79	56.524	1.746,007	11.784,353	64.160,174
80	52.974	1.565,884	10.038,347	52.375,820
81	49.246	1.393,001	8.472,463	42.337,474
82	45.363	1.227,908	7.079,462	33.865,011
83	41.351	1.071,110	5.851,553	26.785,549
84	37.256	923,481	4.780,444	20.933,996
85	33.160	786,556	3.856,963	16.153,552
86	29.136	661,346	3.070,407	12.296,589
87	25.229	548,003	2.409,060	9.226,182
88	21.491	446,707	1.861,058	6.817,121
89	17.979	357,615	1.414,350	4.956,064
90	14.743	280,621	1.056,735	3.541,713
91	11.852	215,878	776,115	2.484,978
92	9.362	163,181	560,236	1.708,863
93	7.280	121,427	397,055	1.148,627
94	5.571	88,920	275,628	751,572
95	4.190	63,998	186,707	475,944
96	3.092	45,193	122,709	289,236
97	2.238	31,303	77,516	166,527
98	1.585	21,215	46,213	89,011
99	1.098	14,063	24,999	42,798
100	531	6,508	10,935	17,799
101	237	2,780	4,427	6,864
102	97	1,089	1,647	2,436
103	36	0,387	0,559	0,789
104	12	0,123	0,172	0,230
105	4	0,039	0,049	0,058
106	1	0,009	0,009	0,009

TV 73-77 4,5% (Cont.)

x	l_x	D_x	N_x	S_x
36	96.922	19.871,741	381.659,588	6.020.705,167
37	96.812	18.994,438	361.787,848	5.639.045,579
38	96.691	18.153,778	342.793,410	5.277.257,731
39	96.561	17.348,680	324.639,632	4.934.464,321
40	96.419	16.577,193	307.290,952	4.609.824,689
41	96.263	15.837,677	290.713,759	4.302.533,737
42	96.094	15.129,064	274.876,082	4.011.819,978
43	95.910	14.449,852	259.747,017	3.736.943,896
44	95.707	13.798,343	245.297,165	3.477.196,879
45	95.485	13.173,527	231.498,823	3.231.899,713
46	95.245	12.574,561	218.325,295	3.000.400,891
47	94.983	11.999,972	205.750,734	2.782.075,595
48	94.698	11.448,771	193.750,762	2.576.324,861
49	94.388	10.919,897	182.301,992	2.382.574,099
50	94.056	10.412,907	171.382,094	2.200.272,107
51	93.702	9.927,001	160.969,187	2.028.890,013
52	93.322	9.460,998	151.042,187	1.867.920,825
53	92.910	9.013,616	141.581,189	1.716.878,639
54	92.465	8.584,158	132.567,573	1.575.297,449
55	91.987	8.172,040	123.983,415	1.442.729,877
56	91.478	7.776,862	115.811,375	1.318.746,461
57	90.938	7.398,043	108.034,513	1.202.935,086
58	90.364	7.034,781	100.636,470	1.094.900,573
59	89.754	6.686,405	93.601,689	994.264,103
60	89.106	6.352,278	86.915,284	900.662,414
61	88.417	6.031,732	80.563,006	813.747,130
62	87.674	5.723,488	74.531,273	733.184,124
63	86.862	5.426,297	68.807,785	658.652,851
64	85.977	5.139,723	63.381,488	589.845,066
65	85.015	4.863,363	58.241,765	526.463,578
66	83.966	4.596,511	53.378,403	468.221,812
67	82.818	4.338,437	48.781,892	414.843,410
68	81.561	4.088,602	44.443,455	366.061,518
69	80.181	3.846,338	40.354,853	321.618,063
70	78.659	3.610,839	36.508,515	281.263,210
71	76.982	3.381,680	32.897,677	244.754,695

TV 73-77   **4,5%**

x	l_x	D_x	N_x	S_x
0	100.000	100.000,000	2.197.396,657	44.972.249,098
1	98.832	94.576,077	2.097.396,657	42.774.852,441
2	98.736	90.415,512	2.002.820,581	40.677.455,784
3	98.677	86.470,320	1.912.405,068	38.674.635,203
4	98.631	82.708,144	1.825.934,748	36.762.230,135
5	98.593	79.116,056	1.743.226,604	34.936.295,387
6	98.559	75.683,036	1.664.110,548	33.193.068,783
7	98.528	72.401,178	1.588.427,512	31.528.958,235
8	98.499	69.263,032	1.516.026,334	29.940.530,723
9	98.472	66.262,245	1.446.763,302	28.424.504,389
10	98.447	63.392,749	1.380.501,057	26.977.741,087
11	98.424	60.648,745	1.317.108,309	25.597.240,030
12	98.401	58.023,514	1.256.459,564	24.280.131,721
13	98.379	55.512,480	1.198.436,050	23.023.672,157
14	98.354	53.108,491	1.142.923,570	21.825.236,107
15	98.324	50.806,021	1.089.815,079	20.682.312,537
16	98.286	48.599,412	1.039.009,059	19.592.497,457
17	98.239	46.484,375	990.409,647	18.553.488,399
18	98.182	44.456,846	943.925,272	17.563.078,752
19	98.119	42.515,138	899.468,426	16.619.153,480
20	98.055	40.657,806	856.953,288	15.719.685,054
21	97.993	38.882,390	816.295,482	14.862.731,766
22	97.932	37.184,867	777.413,092	14.046.436,284
23	97.873	35.562,167	740.228,225	13.269.023,192
24	97.815	34.010,615	704.666,058	12.528.794,967
25	97.755	32.526,079	670.655,442	11.824.128,909
26	97.696	31.106,649	638.129,363	11.153.473,467
27	97.636	29.748,847	607.022,714	10.515.344,104
28	97.575	28.450,010	577.273,867	9.908.321,390
29	97.509	27.206,475	548.823,857	9.331.047,523
30	97.439	26.016,215	521.617,381	8.782.223,667
31	97.367	24.877,503	495.601,167	8.260.606,285
32	97.290	23.787,396	470.723,664	7.765.005,119
33	97.208	22.743,873	446.936,268	7.294.281,455
34	97.120	21.744,769	424.192,395	6.847.345,187
35	97.025	20.788,037	402.447,626	6.423.152,792

ANEXO II

TÁBUAS DE MORTALIDADE
E DE COMUTAÇÃO
TV 73-77 e TD 73-77

PM 60/64   **4%** (Cont.)

x	d_x	C_x	M_x	R_x
72	292.687	17.040,657	211.872,019	1.711.869,034
73	299.889	16.788,431	194.831,362	1.499.997,015
74	305.467	16.442,980	178.042,932	1.305.165,653
75	309.145	16.000,926	161.599,952	1.127.122,721
76	310.670	15.461,402	145.599,026	965.522,769
77	309.798	14.825,004	130.137,625	819.923,743
78	306.337	14.095,560	115.312,621	689.786,118
79	300.129	13.278,759	101.217,061	574.473,497
80	291.092	12.383,587	87.938,302	473.256,436
81	279.231	11.422,114	75.554,715	385.318,134
82	264.640	10.408,904	64.132,602	309.763,418
83	247.524	9.361,242	53.723,698	245.630,817
84	228.200	8.298,478	44.362,456	191.907,119
85	207.095	7.241,343	36.063,977	147.544,663
86	184.732	6.210,954	28.822,634	111.480,686
87	161.711	5.227,841	22.611,681	82.658,051
88	138.674	4.310,667	17.383,840	60.046,370
89	116.275	3.475,381	13.073,172	42.662,530
90	95.126	2.733,896	9.597,791	29.589,358
91	75.763	2.093,662	6.863,895	19.991,567
92	58.594	1.556,931	4.770,233	13.127,672
93	43.888	1.121,317	3.213,302	8.357,440
94	31.740	779,752	2.091,985	5.144,138
95	22.092	521,857	1.312,233	3.052,153
96	14.748	334,978	790,376	1.739,920
97	9.405	205,404	455,399	949,544
98	5.706	119,825	249,995	494,146
99	3.279	66,210	130,170	244,151
100	1.774	34,443	63,960	113,981
101	900	16,802	29,516	50,021
102	425	7,629	12,715	20,505
103	186	3,210	5,086	7,790
104	75	1,245	1,875	2,705
105	27	0,431	0,630	0,830
106	13	0,199	0,199	0,199

PM 60/64   **4%**   (Cont.)

x	d_x	C_x	M_x	R_x
36	26.615	6.359,304	650.751,390	18.836.173,947
37	28.682	6.589,602	644.392,086	18.185.422,557
38	30.926	6.831,879	637.802,484	17.541.030,472
39	33.360	7.086,130	630.970,604	16.903.227,988
40	36.008	7.354,426	623.884,474	16.272.257,384
41	38.881	7.635,788	616.530,048	15.648.372,910
42	41.992	7.929,570	608.894,261	15.031.842,862
43	45.361	8.236,304	600.964,690	14.422.948,601
44	49.006	8.555,899	592.728,387	13.821.983,911
45	52.950	8.888,921	584.172,487	13.229.255,524
46	57.209	9.234,515	575.283,567	12.645.083,037
47	61.813	9.593,922	566.049,052	12.069.799,470
48	66.768	9.964,406	556.455,130	11.503.750,418
49	72.100	10.346,298	546.490,724	10.947.295,288
50	77.836	10.739,817	536.144,426	10.400.804,564
51	83.979	11.141,758	525.404,609	9.864.660,138
52	90.567	11.553,662	514.262,851	9.339.255,529
53	97.610	11.973,212	502.709,189	8.824.992,678
54	105.120	12.398,478	490.735,977	8.322.283,489
55	113.102	12.826,848	478.337,500	7.831.547,512
56	121.581	13.258,123	465.510,651	7.353.210,012
57	130.543	13.687,892	452.252,529	6.887.699,361
58	139.997	14.114,594	438.564,636	6.435.446,832
59	149.915	14.533,205	424.450,043	5.996.882,196
60	160.293	14.941,615	409.916,838	5.572.432,153
61	171.098	15.335,381	394.975,223	5.162.515,316
62	182.272	15.708,556	379.639,842	4.767.540,093
63	193.775	16.057,602	363.931,287	4.387.900,251
64	205.513	16.375,287	347.873,684	4.023.968,964
65	217.410	16.656,962	331.498,397	3.676.095,280
66	229.347	16.895,693	314.841,435	3.344.596,883
67	241.187	17.084,548	297.945,743	3.029.755,447
68	252.775	17.216,718	280.861,195	2.731.809,704
69	263.933	17.285,288	263.644,476	2.450.948,510
70	274.460	17.283,378	246.359,189	2.187.304,033
71	284.124	17.203,791	229.075,810	1.940.944,844

PM 60/64   **4%**

x	d_x	C_x	M_x	R_x
0	242.800	238.084,988	1.074.679,758	45.918.365,129
1	22.198	20.929,740	836.594,770	44.843.685,371
2	11.000	9.972,622	815.665,030	44.007.090,601
3	7.497	6.535,380	805.692,408	43.191.425,571
4	6.102	5.114,724	799.157,029	42.385.733,163
5	5.302	4.273,231	794.042,305	41.586.576,134
6	4.698	3.640,796	789.769,074	40.792.533,830
7	4.403	3.280,943	786.128,278	40.002.764,756
8	4.102	2.939,086	782.847,336	39.216.636,477
9	3.896	2.684,122	779.908,250	38.433.789,142
10	3.798	2.515,967	777.224,128	37.653.880,892
11	3.796	2.417,925	774.708,161	36.876.656,764
12	3.901	2.389,237	772.290,236	36.101.948,603
13	4.297	2.530,552	769.900,999	35.329.658,366
14	5.097	2.886,232	767.370,447	34.559.757,367
15	6.496	3.536,953	764.484,216	33.792.386,920
16	7.999	4.187,797	760.947,263	33.027.902,704
17	9.701	4.883,521	756.759,466	32.266.955,441
18	11.099	5.372,384	751.875,945	31.510.195,975
19	12.203	5.679,584	746.503,561	30.758.320,030
20	12.997	5.816,472	740.823,977	30.011.816,470
21	13.699	5.894,841	735.007,505	29.270.992,493
22	14.197	5.874,169	729.112,664	28.535.984,988
23	14.703	5.849,550	723.238,495	27.806.872,324
24	14.901	5.700,312	717.388,945	27.083.633,829
25	15.298	5.627,098	711.688,633	26.366.244,884
26	15.597	5.516,423	706.061,535	25.654.556,251
27	15.800	5.373,290	700.545,111	24.948.494,717
28	16.060	5.251,645	695.171,822	24.247.949,605
29	16.458	5.174,800	689.920,176	23.552.777,784
30	17.292	5.227,913	684.745,377	22.862.857,607
31	18.537	5.388,765	679.517,463	22.178.112,231
32	19.887	5.558,860	674.128,698	21.498.594,767
33	21.361	5.741,227	668.569,838	20.824.466,069
34	22.965	5.934,939	662.828,611	20.155.896,231
35	24.718	6.142,282	656.893,672	19.493.067,620

PF 60/64   6%   (Cont.)

x	d_x	C_x	M_x	R_x
72	240.179	3.514,470	57.448,834	547.166,919
73	256.476	3.540,508	53.934,365	489.718,085
74	272.803	3.552,730	50.393,856	435.783,720
75	288.913	3.549,558	46.841,126	385.389,864
76	304.486	3.529,138	43.291,569	338.548,738
77	319.156	3.489,783	39.762,431	295.257,169
78	332.503	3.429,929	36.272,647	255.494,738
79	344.079	3.348,435	32.842,718	219.222,091
80	353.389	3.244,374	29.494,283	186.379,373
81	359.920	3.117,295	26.249,909	156.885,090
82	363.175	2.967,441	23.132,614	130.635,180
83	362.685	2.795,695	20.165,173	107.502,566
84	358.046	2.603,714	17.369,478	87.337,393
85	348.973	2.394,089	14.765,764	69.967,915
86	335.329	2.170,270	12.371,675	55.202,151
87	317.171	1.936,557	10.201,405	42.830,476
88	294.777	1.697,949	8.264,848	32.629,071
89	268.684	1.460,047	6.566,900	24.364,222
90	239.658	1.228,602	5.106,853	17.797,323
91	208.696	1.009,317	3.878,251	12.690,470
92	176.953	807,357	2.868,934	8.812,219
93	145.662	626,972	2.061,578	5.943,285
94	116.031	471,161	1.434,606	3.881,708
95	89.117	341,390	963,444	2.447,102
96	65.732	237,553	622,055	1.483,658
97	46.355	158,043	384,502	861,603
98	31.101	100,034	226,459	477,101
99	19.744	59,910	126,425	250,643
100	11.789	33,747	66,515	124,218
101	6.576	17,759	32,767	57,703
102	3.402	8,667	15,009	24,935
103	1.618	3,889	6,341	9,927
104	702	1,592	2,452	3,586
105	275	0,588	0,861	1,133
106	135	0,272	0,272	0,272

PF 60/64   6%   (Cont.)

x	d_x	C_x	M_x	R_x
36	13.461	1.604,772	141.693,611	4.400.874,387
37	14.293	1.607,509	140.088,840	4.259.180,775
38	15.209	1.613,708	138.481,330	4.119.091,936
39	16.233	1.624,864	136.867,623	3.980.610,605
40	17.358	1.639,125	135.242,758	3.843.742,982
41	18.609	1.657,790	133.603,633	3.708.500,224
42	19.986	1.679,680	131.945,843	3.574.896,591
43	21.516	1.705,911	130.266,163	3.442.950,748
44	23.213	1.736,282	128.560,251	3.312.684,585
45	25.088	1.770,309	126.823,969	3.184.124,334
46	27.134	1.806,305	125.053,660	3.057.300,364
47	29.457	1.849,950	123.247,355	2.932.246,704
48	31.958	1.893,412	121.397,405	2.808.999,349
49	34.745	1.942,012	119.503,993	2.687.601,944
50	37.813	1.993,861	117.561,981	2.568.097,950
51	41.196	2.049,288	115.568,120	2.450.535,969
52	44.929	2.108,477	113.518,832	2.334.967,850
53	49.027	2.170,559	111.410,355	2.221.449,018
54	53.533	2.235,898	109.239,796	2.110.038,663
55	58.473	2.303,986	107.003,899	2.000.798,866
56	63.893	2.375,045	104.699,913	1.893.794,968
57	69.827	2.448,703	102.324,867	1.789.095,055
58	76.321	2.524,939	99.876,164	1.686.770,188
59	83.395	2.602,801	97.351,225	1.586.894,024
60	91.105	2.682,485	94.748,424	1.489.542,799
61	99.486	2.763,448	92.065,938	1.394.794,375
62	108.564	2.844,915	89.302,490	1.302.728,437
63	118.378	2.926,500	86.457,576	1.213.425,946
64	128.957	3.007,576	83.531,076	1.126.968,371
65	140.311	3.087,149	80.523,500	1.043.437,295
66	152.451	3.164,392	77.436,351	962.913,796
67	165.376	3.238,371	74.271,959	885.477,445
68	179.066	3.307,968	71.033,588	811.205,486
69	193.468	3.371,720	67.725,620	740.171,897
70	208.526	3.428,441	64.353,900	672.446,278
71	224.144	3.476,624	60.925,459	608.092,378

PF 60/64 6%

x	d_x	C_x	M_x	R_x
0	184.900	179.590,756	408.031,281	10.859.576,290
1	19.895	18.229,936	228.440,525	10.451.545,009
2	9.100	7.866,413	210.210,589	10.223.104,484
3	6.097	4.972,167	202.344,176	10.012.893,895
4	4.802	3.694,416	197.372,010	9.810.549,718
5	3.998	2.901,754	193.677,594	9.613.177,708
6	3.400	2.328,042	190.775,841	9.419.500,114
7	2.999	1.937,236	188.447,799	9.228.724,273
8	2.705	1.648,418	186.510,563	9.040.276,475
9	2.499	1.436,682	184.862,145	8.853.765,912
10	2.401	1.302,209	183.425,463	8.668.903,767
11	2.400	1.227,987	182.123,254	8.485.478,304
12	2.497	1.205,300	180.895,267	8.303.355,050
13	2.702	1.230,428	179.689,967	8.122.459,782
14	3.100	1.331,762	178.459,539	7.942.769,815
15	3.596	1.457,400	177.127,777	7.764.310,276
16	4.102	1.568,371	175.670,377	7.587.182,498
17	4.704	1.696,738	174.102,006	7.411.512,121
18	5.198	1.768,796	172.405,268	7.237.410,115
19	5.701	1.830,150	170.636,472	7.065.004,847
20	5.999	1.816,806	168.806,322	6.894.368,375
21	6.200	1.771,396	166.989,516	6.725.562,052
22	6.497	1.751,180	165.218,120	6.558.572,536
23	6.812	1.732,155	163.466,940	6.393.354,416
24	7.176	1.721,427	161.734,785	6.229.887,476
25	7.569	1.712,927	160.013,357	6.068.152,691
26	7.988	1.705,425	158.300,430	5.908.139,334
27	8.437	1.699,326	156.595,005	5.749.838,904
28	8.912	1.693,394	154.895,679	5.593.243,899
29	9.416	1.687,887	153.202,285	5.438.348,220
30	9.948	1.682,313	151.514,397	5.285.145,936
31	10.390	1.657,604	149.832,084	5.133.631,538
32	10.879	1.637,376	148.174,480	4.983.799,454
33	11.435	1.623,640	146.537,104	4.835.624,974
34	12.045	1.613,446	144.913,465	4.689.087,870
35	12.712	1.606,407	143.300,019	4.544.174,405

PM 60/64   **4%** (Cont.)

x	l_x	D_x	N_x	S_x
72	4.917.037	291.946,348	2.188.907,243	23.686.333,776
73	4.624.350	264.007,903	1.896.960,896	21.789.372,880
74	4.324.461	237.391,343	1.632.952,992	20.156.419,888
75	4.018.994	212.137,238	1.395.561,650	18.760.858,238
76	3.709.849	188.287,915	1.183.424,412	17.577.433,827
77	3.399.179	165.884,921	995.136,497	16.582.297,330
78	3.089.381	144.967,619	829.251,576	15.753.045,754
79	2.783.044	125.570,108	684.283,957	15.068.761,797
80	2.482.915	107.719,594	558.713,849	14.510.047,948
81	2.191.823	91.433,427	450.994,255	14.059.053,694
82	1.912.592	76.716,453	359.560,828	13.699.492,866
83	1.647.952	63.559,050	282.844,376	13.416.648,490
84	1.400.428	51.935,018	219.285,326	13.197.363,164
85	1.172.228	41.800,189	167.350,308	13.030.012,856
86	965.133	33.091,769	125.550,118	12.904.462,738
87	780.401	25.728,668	92.458,349	12.812.004,389
88	618.690	19.612,784	66.729,682	12.745.274,707
89	480.016	14.631,489	47.116,898	12.698.157,809
90	363.741	10.660,847	32.485,409	12.665.672,400
91	268.615	7.570,009	21.824,562	12.643.847,838
92	192.852	5.225,850	14.254,553	12.629.593,285
93	134.258	3.498,160	9.028,703	12.620.564,581
94	90.370	2.264,073	5.530,544	12.615.034,037
95	58.630	1.412,384	3.266,471	12.611.767,567
96	36.538	846,339	1.854,087	12.609.913,479
97	21.790	485,315	1.007,749	12.608.905,731
98	12.385	265,234	522,434	12.608.383,296
99	6.679	137,534	257,200	12.608.126,096
100	3.400	67,320	119,666	12.608.006,430
101	1.626	30,957	52,346	12.607.954,084
102	726	13,290	21,389	12.607.932,695
103	301	5,298	8,099	12.607.924,596
104	115	1,946	2,801	12.607.921,795
105	40	0,651	0,854	12.607.920,940
106	13	0,203	0,203	12.607.920,737

PM 60/64   **4%** (Cont.)

x	l_x	D_x	N_x	S_x
36	9.345.145	2.277.119,538	42.614.137,801	627.737.490,236
37	9.318.530	2.183.302,206	40.337.018,264	585.123.352,434
38	9.289.848	2.092.867,408	38.153.716,057	544.786.334,171
39	9.258.922	2.005.673,299	36.060.848,649	506.632.618,114
40	9.225.562	1.921.583,495	34.055.175,351	470.571.769,464
41	9.189.554	1.840.464,830	32.133.591,855	436.516.594,114
42	9.150.673	1.762.190,216	30.293.127,025	404.383.002,259
43	9.108.681	1.686.638,086	28.530.936,809	374.089.875,234
44	9.063.320	1.613.691,030	26.844.298,723	345.558.938,425
45	9.014.314	1.543.236,241	25.230.607,694	318.714.639,702
46	8.961.364	1.475.164,697	23.687.371,453	293.484.032,008
47	8.904.155	1.409.372,406	22.212.206,756	269.796.660,555
48	8.842.342	1.345.758,160	20.802.834,350	247.584.453,799
49	8.775.574	1.284.227,327	19.457.076,189	226.781.619,449
50	8.703.474	1.224.688,589	18.172.848,862	207.324.543,260
51	8.625.638	1.167.053,925	16.948.160,273	189.151.694,398
52	8.541.659	1.111.241,843	15.781.106,348	172.203.534,125
53	8.451.092	1.057.172,474	14.669.864,505	156.422.427,777
54	8.353.482	1.004.771,294	13.612.692,031	141.752.563,272
55	8.248.362	953.968,537	12.607.920,737	128.139.871,241
56	8.135.260	904.699,680	11.653.952,200	116.485.919,041
57	8.013.679	856.902,879	10.749.252,520	105.736.666,521
58	7.883.136	810.522,994	9.892.349,641	95.844.316,880
59	7.743.139	765.508,534	9.081.826,647	86.762.490,233
60	7.593.224	721.814,918	8.316.318,113	78.446.172,120
61	7.432.931	679.401,348	7.594.503,194	70.851.668,925
62	7.261.833	638.232,949	6.915.101,847	63.936.567,079
63	7.079.561	598.282,021	6.276.868,898	57.659.698,181
64	6.885.786	559.525,400	5.678.586,877	51.981.111,304
65	6.680.273	521.947,902	5.119.061,477	46.862.049,827
66	6.462.863	485.539,488	4.597.113,575	42.264.936,252
67	6.233.516	450.297,303	4.111.574,087	38.153.362,166
68	5.992.329	416.225,398	3.661.276,784	34.492.085,382
69	5.739.554	383.334,348	3.245.051,386	31.247.033,996
70	5.475.621	351.641,100	2.861.717,038	28.385.316,958
71	5.201.161	321.168,695	2.510.075,939	25.875.241,019

PM 60/64   4%

x	l_x	D_x	N_x	S_x
0	10.000.000	10.000.000,000	232.600.934,716	4.876.931.103,488
1	9.757.200	9.381.923,077	222.600.934,716	4.644.330.168,773
2	9.735.002	9.000.556,583	213.219.011,639	4.421.729.234,057
3	9.724.002	8.644.602,370	204.218.455,056	4.208.510.222,418
4	9.716.505	8.305.709,196	195.573.852,686	4.004.291.767,363
5	9.710.403	7.981.243,443	187.268.143,490	3.808.717.914,676
6	9.705.101	7.670.082,294	179.286.900,047	3.621.449.771,186
7	9.700.403	7.371.509,035	171.616.817,753	3.442.162.871,140
8	9.696.000	7.084.772,228	164.245.308,718	3.270.546.053,387
9	9.691.898	6.809.398,977	157.160.536,490	3.106.300.744,669
10	9.688.002	6.544.867,019	150.351.137,513	2.949.140.208,179
11	9.684.204	6.290.674,256	143.806.270,494	2.798.789.070,666
12	9.680.408	6.046.354,276	137.515.596,238	2.654.982.800,172
13	9.676.507	5.811.459,349	131.469.241,963	2.517.467.203,934
14	9.672.210	5.585.460,271	125.657.782,614	2.385.997.961,972
15	9.667.113	5.367.804,693	120.072.322,343	2.260.340.179,357
16	9.660.617	5.157.882,398	114.704.517,651	2.140.267.857,014
17	9.652.618	4.955.395,834	109.546.635,252	2.025.563.339,363
18	9.642.917	4.760.015,000	104.591.239,419	1.916.016.704,111
19	9.631.818	4.571.669,444	99.831.224,419	1.811.425.464,692
20	9.619.615	4.390.266,713	95.259.554,975	1.711.594.240,273
21	9.606.618	4.215.706,781	90.869.288,262	1.616.334.685,298
22	9.592.919	4.047.783,846	86.653.581,481	1.525.465.397,036
23	9.578.722	3.886.339,755	82.605.797,635	1.438.811.815,556
24	9.564.019	3.731.129,193	78.719.457,880	1.356.206.017,920
25	9.549.118	3.582.034,609	74.988.328,687	1.277.486.560,040
26	9.533.820	3.438.746,223	71.406.294,079	1.202.498.231,353
27	9.518.223	3.301.077,455	67.967.547,856	1.131.091.937,275
28	9.502.423	3.168.843,993	64.666.470,401	1.063.124.389,419
29	9.486.363	3.041.815,716	61.497.626,408	998.457.919,017
30	9.469.905	2.919.748,495	58.455.810,692	936.960.292,609
31	9.452.613	2.802.324,086	55.536.062,197	878.504.481,917
32	9.434.076	2.689.258,271	52.733.738,111	822.968.419,721
33	9.414.189	2.580.374,350	50.044.479,840	770.234.681,610
34	9.392.828	2.475.499,446	47.464.105,490	720.190.201,770
35	9.369.863	2.374.468,243	44.988.606,044	672.726.096,280

PF 60/64 6% (Cont.)

x	l_x	D_x	N_x	S_x
72	6.884.290	103.713,874	846.491,861	5.565.642,494
73	6.644.111	94.429,723	742.777,986	4.719.150,633
74	6.387.635	85.645,798	648.348,264	3.976.372,647
75	6.114.832	77.347,207	562.702,465	3.328.024,383
76	5.825.919	69.521,428	485.355,258	2.765.321,918
77	5.521.433	62.158,451	415.833,831	2.279.966,660
78	5.202.277	55.250,471	353.675,380	1.864.132,829
79	4.869.774	48.791,644	298.424,909	1.510.457,449
80	4.525.695	42.777,565	249.633,265	1.212.032,540
81	4.172.306	37.204,979	206.855,700	962.399,275
82	3.812.386	32.071,252	169.650,721	755.543,575
83	3.449.211	27.373,665	137.579,469	585.892,854
84	3.086.526	23.108,793	110.205,804	448.313,384
85	2.728.480	19.271,798	87.097,011	338.107,580
86	2.379.507	15.855,596	67.825,214	251.010,569
87	2.044.178	12.850,157	51.969,618	183.185,355
88	1.727.007	10.241,839	39.119,461	131.215,737
89	1.432.230	8.012,919	28.877,622	92.096,277
90	1.163.546	6.141,235	20.864,702	63.218,655
91	923.888	4.600,294	14.723,468	42.353,953
92	715.192	3.359,565	10.123,174	27.630,485
93	538.239	2.385,227	6.763,609	17.507,311
94	392.577	1.641,245	4.378,382	10.743,702
95	276.546	1.090,712	2.737,137	6.365,320
96	187.429	697,387	1.646,424	3.628,183
97	121.697	427,180	949,038	1.981,759
98	75.342	249,495	521,858	1.032,721
99	44.241	138,212	272,362	510,863
100	24.497	72,198	134,151	238,501
101	12.708	35,333	61,953	104,350
102	6.132	16,084	26,619	42,397
103	2.730	6,756	10,535	15,778
104	1.112	2,596	3,779	5,243
105	410	0,903	1,183	1,464
106	135	0,280	0,280	0,280

PF 60/64   6%   (Cont.)

x	l_x	D_x	N_x	S_x
36	9.580.789	1.175.953,438	18.343.802,382	248.557.550,440
37	9.567.328	1.107.831,344	17.167.848,944	230.213.748,058
38	9.553.035	1.043.562,558	16.060.017,600	213.045.899,115
39	9.537.826	982.925,608	15.016.455,041	196.985.881,515
40	9.521.593	925.710,102	14.033.529,433	181.969.426,474
41	9.504.235	871.719,358	13.107.819,331	167.935.897,041
42	9.485.626	820.766,564	12.236.099,973	154.828.077,710
43	9.465.640	772.676,630	11.415.333,409	142.591.977,737
44	9.444.124	727.283,289	10.642.656,779	131.176.644,328
45	9.420.911	684.429,885	9.915.373,490	120.533.987,548
46	9.395.823	643.969,094	9.230.943,605	110.618.614,058
47	9.368.689	605.763,575	8.586.974,511	101.387.670,453
48	9.339.232	569.678,240	7.981.210,937	92.800.695,942
49	9.307.274	535.593,258	7.411.532,696	84.819.485,005
50	9.272.529	503.390,409	6.875.939,439	77.407.952,308
51	9.234.716	472.960,003	6.372.549,029	70.532.012,870
52	9.193.520	444.198,238	5.899.589,026	64.159.463,841
53	9.148.591	417.007,008	5.455.390,788	58.259.874,815
54	9.099.564	391.294,605	5.038.383,780	52.804.484,027
55	9.046.031	366.974,158	4.647.089,176	47.766.100,246
56	8.987.558	343.964,206	4.280.115,018	43.119.011,071
57	8.923.665	322.187,686	3.936.150,812	38.838.896,052
58	8.853.838	301.572,257	3.613.963,126	34.902.745,241
59	8.777.517	282.049,691	3.312.390,869	31.288.782,115
60	8.694.122	263.556,550	3.030.341,178	27.976.391,246
61	8.603.017	246.032,795	2.766.784,627	24.946.050,069
62	8.503.531	229.422,312	2.520.751,833	22.179.265,441
63	8.394.967	213.672,918	2.291.329,520	19.658.513,609
64	8.276.589	198.735,757	2.077.656,602	17.367.184,089
65	8.147.632	184.565,347	1.878.920,845	15.289.527,487
66	8.007.321	171.119,748	1.694.355,498	13.410.606,642
67	7.854.870	158.360,195	1.523.235,751	11.716.251,143
68	7.689.494	146.251,027	1.364.875,555	10.193.015,393
69	7.510.428	134.759,684	1.218.624,528	8.828.139,837
70	7.316.960	123.856,873	1.083.864,844	7.609.515,309
71	7.108.434	113.516,110	960.007,971	6.525.650,465

PF 60/64   6%

x	l_x	D_x	N_x	S_x
0	10.000.000	10.000.000,000	169.665.101,405	2.811.073.156,524
1	9.815.100	9.259.528,302	159.665.101,405	2.641.408.055,120
2	9.795.205	8.717.697,579	150.405.573,103	2.481.742.953,715
3	9.786.105	8.216.602,464	141.687.875,523	2.331.337.380,613
4	9.780.008	7.746.682,363	133.471.273,060	2.189.649.505,089
5	9.775.206	7.304.602,575	125.724.590,696	2.056.178.232,030
6	9.771.208	6.888.316,072	118.419.988,121	1.930.453.641,333
7	9.767.808	6.496.150,195	111.531.672,049	1.812.033.653,212
8	9.764.809	6.126.561,970	105.035.521,854	1.700.501.981,163
9	9.762.104	5.778.174,358	98.908.959,884	1.595.466.459,308
10	9.759.605	5.449.712,457	93.130.785,525	1.496.557.499,425
11	9.757.204	5.139.973,350	87.681.073,069	1.403.426.713,899
12	9.754.804	4.847.838,736	82.541.099,719	1.315.745.640,831
13	9.752.307	4.572.262,078	77.693.260,983	1.233.204.541,112
14	9.749.605	4.312.259,694	73.120.998,904	1.155.511.280,129
15	9.746.505	4.066.876,001	68.808.739,211	1.082.390.281,225
16	9.742.909	3.835.259,920	64.741.863,210	1.013.581.542,014
17	9.738.807	3.616.646,399	60.906.603,289	948.839.678,804
18	9.734.103	3.410.282,548	57.289.956,890	887.933.075,515
19	9.728.905	3.215.529,680	53.879.674,342	830.643.118,625
20	9.723.204	3.031.740,968	50.664.144,661	776.763.444,283
21	9.717.205	2.858.368,350	47.632.403,694	726.099.299,621
22	9.711.005	2.694.853,384	44.774.035,344	678.466.895,928
23	9.704.508	2.540.613,616	42.079.181,960	633.692.860,584
24	9.697.696	2.395.122,880	39.538.568,344	591.613.678,624
25	9.690.520	2.257.877,889	37.143.445,464	552.075.110,280
26	9.682.951	2.128.409,738	34.885.567,575	514.931.664,816
27	9.674.963	2.006.277,260	32.757.157,837	480.046.097,241
28	9.666.526	1.891.063,865	30.750.880,577	447.288.939,404
29	9.657.614	1.782.377,744	28.859.816,712	416.538.058,827
30	9.648.198	1.679.849,017	27.077.438,968	387.678.242,115
31	9.638.250	1.583.129,216	25.397.589,952	360.600.803,147
32	9.627.860	1.491.908,121	23.814.460,735	335.203.213,195
33	9.616.981	1.405.870,132	22.322.552,614	311.388.752,460
34	9.605.546	1.324.715,559	20.916.682,482	289.066.199,846
35	9.593.501	1.248.164,542	19.591.966,923	268.149.517,363

ANEXO I

TÁBUAS DE MORTALIDADE
E DE COMUTAÇÃO
PF 60/64 e PM 60/64

[**V.84**] $\quad NC_{x+1} = NC_x + \Delta B_{a+1,j} \times \ddot{a}_j^{(m)} \times \dfrac{D_j^{(T)}}{N_{x+1}^{(T)} - N_j^{(T)}}$

[**V.85**] $\quad AL_x = B_{x,j} \times \ddot{a}_j^{(m)} \times {}_{j-x}E_x^{(T)} - NC_a \times \ddot{a}_{x:\overline{j-x}\neg}^{(m)}$

[**V.86a**] $\quad AL_{x+1} = \left[B_{x,j} + \Delta B_{x+1,j} \right] \times \ddot{a}_j^{(m)} \times {}_{j-x-1}E_{x+1}^{(T)}$

$$- B_x \times \ddot{a}_j^{(m)} \times \left(\dfrac{D_j^{(T)}}{N_x^{(T)} - N_j^{(T)}} \right) \left(\dfrac{N_{x+1}^{(T)} - N_j^{(T)}}{D_{x+1}^{(T)}} \right)$$

$$+ \Delta B_{a+1,j} \times \ddot{a}_j^{(m)} \times \left(\dfrac{D_j^{(T)}}{N_{x+1}^{(T)} - N_j^{(T)}} \right) \left(\dfrac{N_{x+1}^{(T)} - N_j^{(T)}}{D_{x+1}^{(T)}} \right)$$

[**V.86b**] $\quad AL_{x+1} = NC_x \times \dfrac{1}{{}_1E_x^{(T)}} = NC_x \times \dfrac{D_x^{(T)}}{D_{x+1}^{(T)}}$

[**V.87**] $\quad AL_{t+1} = \left[AL_t + NC_t \right](1+i) - \sum_R AL_{x+1}$

$$- \left[\sum_T AL_{x+1} \sum_{A_t} q_x^{(T)} AL_{x+1} \right]$$

[**V.88**] $\quad UAL_{t+1} = UAL_t (1+i) - \left[C + I_C - NC_t \times (1+i) \right] - \left[I_{t+1} - \tilde{I}_{t+1} \right]$

$$- \left[\sum_S AL_{x+1} - \sum_{A_t} q_x^{(T)} \times AL_{x+1} \right] - \left[\sum_R AL_{x+1} - (P + I_P) \right]$$

[V.76] $$AL_{t+1} = [AL_t + NC_t](1+i) + \sum_{A_t} q_x^{(T)} \times \hat{A}L_{x+1} +$$

$$+ \sum_{A_{t+1}} \Delta B_{x+1,j} \times \ddot{a}_j^{(m)} \times {}_{j-x-1}E_{x+1}^{(T)}$$

$$- \sum_{A_t} \Delta B_{x+1,j} \times \ddot{a}_j^{(m)} \times {}_{j-e}E_e^{(T)} \left(\frac{{}^sD_e^{(T)}\varepsilon_{x+1}}{{}^sN_e^{(T)} - {}^sN_j^{(T)}} \right) \left(\frac{{}^sN_{x+1}^{(T)} - {}^sN_j^{(T)}}{{}^sD_{x+1}^{(T)}\varepsilon_e} \right)$$

[V.77] $$UAL_{t+1} = UAL_t(1+i) - [C + I_C - NC_t(1+i)] - [I_{t+1} - \tilde{I}_t]$$

$$- \left[\sum_S \hat{A}L_{x+1} - \sum_{A_t} q_x^{(T)} \times \hat{A}L_{x+1} \right] - \left[\sum_R \hat{A}L_{t+1} - (P + I_P) \right]$$

$$+ \sum_{A_{t+1}} \Delta B_{x+1,j} \times \ddot{a}_j^{(m)} \times \left(\frac{D_j^{(T)}}{D_{x+1}^{(T)}} \right) - \sum_{A_{t+1}} \Delta B_{x+1,j} \times \ddot{a}_j^{(m)} \times {}_{j-e}E_e^{(T)} \left(\frac{D_j^{(T)}}{D_e^{(T)}} \right)$$

$$\times \left(\frac{{}^sD_e^{(T)}\varepsilon_{x+1}}{{}^sN_e^{(T)} - {}^sN_j^{(T)}} \right) \left(\frac{{}^sN_{x+1}^{(T)} - {}^sN_j^{(T)}}{{}^sD_{x+1}^{(T)}\varepsilon_e} \right)$$

[V.78a] $$NC_a \times \ddot{a}_{a:\overline{j-a}|} = B_j \times \ddot{a}_j^{(m)} \times {}_{j-a}E_a^{(T)}$$

[V.78b] $$NC_a = B_j \times \ddot{a}_j^{(m)} \times \frac{D_j^{(T)}}{N_a^{(T)} - N_j^{(T)}}$$

[V.79] $$AL_x = B_{x,j} \times \ddot{a}_j^{(m)} \times {}_{j-x}E_x^{(T)} - NC_x \times \ddot{a}_{x:\overline{j-x}|}^{(T)}$$

[V.80] $$UAL_a = B_a \times \ddot{a}_j^{(m)} \times {}_{j-a}E_a^{(T)}$$

[V.81] $$UAL_0 = \sum_{A_0} B_a \times \ddot{a}_j^{(m)} \times {}_{j-a}E_a^{(T)}$$

[V.82a] $$NC_a \times \ddot{a}_{a:\overline{j-a}|} = B_{a,j} \times \ddot{a}_j^{(m)} \times {}_{j-a}E_a^{(T)}$$

[V.82b] $$NC_a = B_{a,j} \times \ddot{a}_j^{(m)} \times \frac{D_j^{(T)}}{N_a^{(T)} - N_j^{(T)}}$$

[V.83] $$\Delta NC_{x+1} = \Delta B_{a+1,j} \times \ddot{a}_j^{(m)} \times \frac{D_j^{(T)}}{N_{x+1}^{(T)} - N_j^{(T)}}$$

$$\times \left(\frac{N_e^{(T)} - N_{x+1}^{(T)}}{N_e^{(T)} - N_j^{(T)}}\right) - \left[\sum_S \hat{A}L_{x+1} - \sum_{A_t} q_x^{(T)} \times \hat{A}L_{x+1}\right]$$

$$- \left[\sum_R \hat{A}L_{x+1} - (P + I_P)\right]$$

[**V.69**] $\quad NC_x = k \times S_x$

[**V.70a**] $\quad NC_e \times {}^s\ddot{a}_{e:\overline{j-e}|}^{(T)} = B_j \times \ddot{a}_j^{(m)} \times {}_{j-x}E_x^{(T)}$

[**V.70b**] $\quad NC_e \times {}^s\ddot{a}_{e:\overline{j-e}|}^{(T)} = k \times S_e \times {}^s\ddot{a}_{e:\overline{j-e}|}^{(T)}$

[**V.71a**] $\quad NC_x = B_j \times \ddot{a}_j^{(m)} \times {}_{j-e}E_e^{(T)} \times \left(\dfrac{{}^sD_e^{(T)}}{{}^sN_e^{(T)} - {}^sN_j^{(T)}}\right) \times \dfrac{\varepsilon_x}{\varepsilon_e}$

[**V.71b**] $\quad NC_x = NC_e \times \dfrac{\varepsilon_x}{\varepsilon_e}$

[**V.72**] $\quad NC_t = \sum_{A_t} NC_x = \sum_{A_t} B_j \times \ddot{a}_j^{(m)} \times \dfrac{D_j^{(T)}}{D_e^{(T)}} \times \left(\dfrac{{}^sD_e^{(T)}}{{}^sN_e^{(T)} - {}^sN_j^{(T)}}\right) \times \dfrac{\varepsilon_x}{\varepsilon_e}$

[**V.73**] $\quad AL_x = B_{x,j} \times \ddot{a}_j^{(m)} \times {}_{j-x}E_x^{(T)} \times \left(\dfrac{{}^sN_e^{(T)} - {}^sN_x^{(T)}}{{}^sN_e^{(T)} - {}^sN_j^{(T)}}\right)$

[**V.74**] $\quad AL_t = \sum_{A_t} B_{x,j} \times \ddot{a}_j^{(m)} \times {}_{j-x}E_x^{(T)} \times \left(\dfrac{{}^sN_e^{(T)} - {}^sN_x^{(T)}}{{}^sN_e^{(T)} - {}^sN_j^{(T)}}\right)$

[**V.75**] $\quad AL_{x+1} = [AL_x + NC_x](1+i) + q_x^{(T)} \times \hat{A}L_{x+1} +$

$\quad\quad\quad\quad + \Delta B_{x+1,j} \times \ddot{a}_j^{(m)} \times {}_{j-x-1}E_{x+1}^{(T)}$

$\quad\quad\quad\quad - \Delta B_{x+1,j} \times \ddot{a}_j^{(m)} \times {}_{j-x-1}E_e^{(T)} \left(\dfrac{{}^sD_e^{(T)}\varepsilon_{x+1}}{{}^sN_e^{(T)} - {}^sN_j^{(T)}}\right)\left(\dfrac{{}^sN_{x+1}^{(T)} - {}^sN_j^{(T)}}{{}^sD_{x+1}^{(T)}\varepsilon_e}\right)$

[V.63c] $NC_t = \sum_{A_t} B_j \times \ddot{a}_j^{(m)} \times \dfrac{D_j^{(T)}}{N_e^{(T)} - N_j^{(T)}}$

[V.64a] $AL_x = B_j \times \ddot{a}_j^{(m)} \times {}_{j-x}E_x^{(T)} - NC_x \times \ddot{a}_{x:\overline{j-x}|}^{(m)}$

[V.64b] $AL_x = B_j \times \ddot{a}_j^{(m)} \times {}_{j-x}E_x^{(T)} \left(\dfrac{N_e^{(T)} - N_x^{(T)}}{N_e^{(T)} - N_j^{(T)}} \right)$

[V.65] $AL_t = \sum_{A_t} B_{x,j} \times \ddot{a}_j^{(m)} \times {}_{j-x}E_x^{(T)} \left(\dfrac{N_e^{(T)} - N_x^{(T)}}{N_e^{(T)} - N_j^{(T)}} \right)$

[V.66a] $AL_{x+1} = B_{x+,j} \times \ddot{a}_j^{(m)} \times {}_{j-x-1}E_{x+1}^{(T)} \left(\dfrac{N_e^{(T)} - N_{x+1}^{(T)}}{N_e^{(T)} - N_j^{(T)}} \right)$

[V.66b] $AL_{x+1} = B_{x,j} \times \ddot{a}_j^{(m)} \times {}_{j-x-1}E_{x+1}^{(T)} \left(\dfrac{N_e^{(T)} - N_{x+1}^{(T)}}{N_e^{(T)} - N_j^{(T)}} \right) +$

$+ \Delta B_{x+1,j} \times \ddot{a}_j^{(m)} \times {}_{j-x-1}E_{x+1}^{(T)} \left(\dfrac{N_e^{(T)} - N_{x+1}^{(T)}}{N_e^{(T)} - N_j^{(T)}} \right)$

[V.67a] $AL_{t+1} = \sum_{A_t} AL_{x+1} - \sum_{S+R} AL_{x+1}$

[V.67b] $AL_{t+1} = [AL_t + NC_t](1+i) + \sum_{A_{t+1}} \Delta B_{x+1,j} \times \ddot{a}_j^{(m)} \times {}_{j-x-1}E_{x+1}^{(T)} \times$

$\times \left(\dfrac{N_e^{(T)} - N_{x+1}^{(T)}}{N_e^{(T)} - N_j^{(T)}} \right) + \sum_{A_t} q_x^{(T)} \times \hat{AL}_{x+1} - \sum_{S+R} \hat{AL}_{x+1}$

[V.68] $UAL_{t+1} = UAL_t (1+i) - [C + I_C - NC_t \times (1+i)]$

$- [I_{t+1} - i \times F_t - I_C + I_P] + \sum_{A_{t+1}} \Delta B_{x+1,j} \times \ddot{a}_j^{(m)} \times \dfrac{D_j^{(T)}}{D_{x+1}^{(T)}}$

[**V.57c**] $$AL_{t+1} = \sum_{A_t} B_{x+1} \times \left[{}_{j-x}E_x^{(T)}(1+i) + q_x^{(T)} \times {}_{j-x-1}E_{x+1}^{(T)} \right] \times \ddot{a}_j^{(m)}$$

$$- \sum_{S+R} B_{x+1} \times {}_{j-x-1}E_{x+1}^{(T)} \times \ddot{a}_j^{(m)}$$

[**V.57d**] $$AL_{t+1} = [AL_t + NC_t](1+i) + \sum_{A_t} B_{x+1} \times {}_{j-x-1}E_{x+1}^{(T)} \times \ddot{a}_j^{(m)}$$

$$- \left[\sum_S B_{x+1} \times {}_{j-x-1}E_{x+1}^{(T)} \times \ddot{a}_j^{(m)} + \sum_R B_{x+1} \times {}_{j-x-1}E_{x+1}^{(T)} \times \ddot{a}_j^{(m)} \right]$$

[**V.58**] $F_{t+1} = F_t + I_{t+1} + C - P$

[**V.59**] $UAL_{t+1} = UAL_t(1+i) - [C + I_C - NC_t(1+i)]$

$$- [I_{t+1} - i \times F_t - I_C + I_P] - \left[\sum_S AL_{x+1} - \sum_{A_t} q_x^{(T)} \times AL_{x+1} \right]$$

$$- \left[\sum_R B_{x+1} \times {}_{j-x-1}E_{x+1}^{(T)} \times \ddot{a}_j^{(m)} - (P + I_P) \right]$$

[**V.60**] $U\tilde{A}L_{t+1} = [UAL_t + NC_t](1+i) - (C + I_C)$

[**V.61a**] $NC_e \times \ddot{a}_{e:\overline{j-e}|} = B_j \times \ddot{a}_j^{(m)} \times {}_{j-e}E_x^{(T)}$

[**V.61b**] $NC_e = B_j \times \ddot{a}_j^{(m)} \times \dfrac{D_j^{(T)}}{N_e^{(T)} - N_j^{(T)}}$

[**V.62**] $b_e = \dfrac{NC_e}{\ddot{a}_j^{(m)} \times {}_{j-e}E_e^{(T)}}$

[**V.63a**] $NC_t = \sum\limits_{A_t} NC_e$

[**V.63b**] $NC_t = \sum\limits_{A_t} \dfrac{B_j \times \ddot{a}_j^{(m)} \times {}_{j-e}E_e^{(T)}}{\ddot{a}_{e:\overline{j-e}|}}$

[V.41] $SC_t = \sum_{A_t} SC_x$

[V.42] $C_x = NC_x + SC_x$

[V.43] $C_t = NC_t + SC_t = \sum_{A_t} C_x$

[V.44] $AL_t = \sum_{A_t} AL_x$

[V.45] $AL_x = VABF_x - VANCF_x$

[V.46] $AL_t = \sum_{A_t} VABF_x - \sum_{A_t} VANCF_x$

[V.47] $AL_x = \sum_{t=e}^{x-1} NC_t \times \dfrac{1}{{}_{x-t}E_t^{(T)}}$

[V.48] $UAL_t = AL_t - F_t$

[V.49] $G_{t+1} = U\tilde{A}L_{t+1} - UAL_{t+1}$

[V.50] $A_{t+1} = A_t - R - S + N$

[V.51] $A_{t+1} = A_t - R - S$

[V.52] $P_{t+1} = P_t + R - F$

[V.53] $NC_x = b_x \times {}_{j-x}E_x^{(T)} \times \ddot{a}_j^{(m)}$

[V.54] $NC_t = \sum_{A_t} b_x \times {}_{j-x}E_x^{(T)} \times \ddot{a}_j^{(m)}$

[V.55] $AL_x = B_x \times {}_{j-x}E_x^{(T)} \times \ddot{a}_j^{(m)}$

[V.56] $AL_t = \sum_{A_t} B_x \times {}_{j-x}E_x^{(T)} \times \ddot{a}_j^{(m)}$

[V.57a] $AL_{t+1} = \sum_{A_{t+1}} AL_{x+1} = \sum_{A_{t+1}} B_{x+1} \times {}_{j-x-1}E_{x+1}^{(T)} \times \ddot{a}_j^{(m)}$

[V.57b] $AL_{t+1} = \sum_{A_t} B_{x+1} \times {}_{j-x-1}E_{x+1}^{(T)} \times \ddot{a}_j^{(m)} - \sum_{S+R} B_{x+1} \times {}_{j-x-1}E_{x+1}^{(T)} \times \ddot{a}_j^{(m)}$

[**V.31**] $\quad S_j = S_e \dfrac{\varepsilon_j}{\varepsilon_e} \displaystyle\prod_{t=e}^{j-1}(1 + f_t + g_t)$

[**V.32**] $\quad B_x = \displaystyle\sum_{t=e}^{x-1} b_t$

[**V.33a**] $\quad B_x = \overline{b}\,(x - e)$
[**V.33b**] $\quad B_j = \overline{b}\,(j - e)$

[**V.34a**] $\quad \overline{b} = \dfrac{B_x}{x - e}$

[**V.34b**] $\quad \overline{b} = \dfrac{B_j}{j - e}$

[**V.35a**] $\quad B_x = \dfrac{x - e}{j - e} \times B_j$

[**V.35b**] $\quad B_j = \dfrac{j - e}{x - e} \times B_x$

[**V.36**] $\quad b_x = k \times S_x$

[**V.37**] $\quad B_x = \displaystyle\sum_{t=e}^{x-1} k \times S_t = k \sum_{t=e}^{x-1} S_t$

[**V.38a**] $\quad {}_nS_t = \dfrac{1}{n}\,(S_{j-n} + S_{j-n+1} + \ldots + S_{j-1})$

[**V.38b**] $\quad B_j = k \times (j - e) \times {}_nS_j$

[**V.38c**] $\quad B_j = k \times (j - e) \times \dfrac{W_j - W_{j-n}}{n}$

[**V.39a**] $\quad {}_{j-e}S_j = \dfrac{1}{j - e}\left(S_e + S_{e+1} + \ldots + S_{j-1}\right)$

[**V.39b**] $\quad B_x = k \times W_x$
[**V.39c**] $\quad B_j = k \times W_j$

[**V.40**] $\quad NC_t = \displaystyle\sum_{A_t} NC_x$

[V.21] $_np_x^{(T)} = \prod_{t=0}^{n-1} p_{x+t}^{(T)}$

[V.22] $d_x^{(T)} = l_x^{(T)} \times q_x^{(T)}$

[V.23a] $(q_x^1) = q_x^1 \left[1 - \frac{1}{2} q_x^2\right]$

[V.23b] $(q_x^1) = q_x^1 \left[1 - \frac{1}{2}(q_x^2 + q_x^3) + \frac{1}{3} q_x^2 q_x^3\right]$

[V.23c] $(q_x^1) = q_x^1 \left[1 - \frac{1}{2}(q_x^2 + q_x^3 + q_x^4) + \frac{1}{3}(q_x^2 q_x^3 + q_x^2 q_x^4 + q_x^3 q_x^4) - \frac{1}{4}(q_x^2 q_x^3 q_x^4)\right]$

[V.24a] $q_x^k = \dfrac{(q_x^k)}{1 - \frac{1}{2}\left[(q_x^T) - (q_x^k)\right]}$

[V.24b] $q_x^k \cong 1 - \left[1 - (q_x^T)\right]^{(q_x^k)/(q_x^T)}$

[V.25] $S_x = S_e \prod_{t=e}^{j-1} (1 + s_t)$

[V.26] $S_x = S_e (1 + \bar{s})^{x-e}$

[V.27] $W_x = \sum_{t=e}^{x-1} S_t$

[V.28] $W_j = \sum_{t=e}^{j-1} S_t$

[V.29] $S_x = S_e \dfrac{\varepsilon_x}{\varepsilon_e} \prod_{t=e}^{x-1} (1 + f_t + g_t)$

[V.30] $S_x = S_e \dfrac{\varepsilon_x}{\varepsilon_e} (1 + \bar{f} + \bar{g})^{x-e}$

[V.9] $$F_j = \left[\left(Q_{e+1} + \frac{r_a}{i}\right)\left(\frac{(1+i)^{j-e-1}-1}{i}\right) - \frac{(j-e-1)\times r_a}{i}\right] \times (1+i)$$

[V.10] $$F_j = Q_{e+1} \times \frac{(1+i)^{j-e-1}-(1+s)^{j-e-1}}{i-s} \times (1+i)$$

[V.11] $$F_j = Q \times \frac{(1+i_m)^{m\times(j-e)}-1}{i_m} \times (1+i_m)$$

[V.12] $$F_j = Q \times \frac{(1+i_m)^{m\times(j-e)-1}-1}{i_m} \times (1+i_m)$$

[V.13] $$F_j = \left[\left(Q_e + \frac{r_{am}}{i_m}\right)\left(\frac{(1+i_m)^{m(j-e)}-1}{i_m}\right) - \frac{m(j-e)\times r_{am}}{i_m}\right] \times (1+i_m)$$

[V.14] $$F_j = Q_e \times \frac{(1+i_m)^{m(j-e)}-(1+s_m)^{m(j-e)}}{i_m - s_m} \times (1+i_m)$$

[V.15] $$F_j = \left[\left(Q_{e+\frac{1}{m}} + \frac{r_{am}}{i_m}\right)\left(\frac{(1+i_m)^{[m(j-e)-1]}-1}{i_m}\right) - \frac{[m(j-e)-1]\times r_{am}}{i_m}\right]$$
$$\times (1+i_m)$$

[V.16] $$F_j = Q_{e+\frac{1}{m}} \times \frac{(1+i_m)^{[m(j-e)-1]}-(1+s_m)^{[m(j-e)-1]}}{i_m - s_m} \times (1+i_m)$$

[V.17] $$F_j = m \times Q_e^{(m)} \times \frac{i}{i^{(m)}} \times (1+i)^{1/m} \times \frac{(1+i)^{j-e}-(1+s)^{j-e}}{i-s}$$

[V.18] $$F_j = m \times Q_e^{(m)} \times \frac{i}{i^{(m)}} \times \frac{(1+i)^{j-e}-(1+s)^{j-e}}{i-s} - Q_{j-1}^{(m)}$$

[V.19] $$p_x^{(T)} = \left(1-q_x^d\right)\left(1-q_x^i\right)\left(1-q_x^c\right)\left(1-q_x^j\right)$$

[V.20] $$p_x^{(T)} = p_x^d \times p_x^i \times p_x^a \times p_x^j$$

Por último, determinamos o custo normal do plano em 2010, ou seja, NC_{2010}, atendendo a que

$$NC_{t+1} = NC_t + \sum \Delta NC_{t+1} \Leftrightarrow NC_{2009+1} = NC_{2009} + \sum \Delta NC_{2009+1}$$

Obtém-se, então, que

$$NC_{2010} = NC_{2009} + \Delta NC_{43} + \Delta NC_{48} + \Delta NC_{52}$$
$$NC_{2010} = 1.096,58 \text{ €} + 5,61 \text{ €} + 6,55 \text{ €} + 8,18 \text{ €}$$
$$NC_{2010} = 1.116,92 \text{ €}$$

Este será o novo custo normal associado ao plano em apreço e que resultou do acréscimo observado ao nível dos salários.

FORMULÁRIO (V):

[V.1] $\quad F_t = F_{t-1} \times (1 + i_t) + Q_t$

[V.2] $\quad F_t = \sum_{k=0}^{t-1} Q_k \times \prod_{h=k}^{t-1} \times (1 + i_t)$

[V.3] $\quad F_j = Q \times \dfrac{(1+i)^{j-e} - 1}{i} \times (1 + i)$

[V.4] $\quad F_j = Q \times (1 + i) \times s_{\overline{j-e}|}$

[V.5] $\quad F_j = Q \times \dfrac{(1+i)^{j-e-1} - 1}{i} \times (1 + i)$

[V.6] $\quad F_j = Q \times (1 + i) \times s_{\overline{j-e-1}|}$

[V.7] $\quad F_j = \left[\left(Q_e + \dfrac{r_a}{i} \right) \left(\dfrac{(1+i)^{j-e} - 1}{i} \right) - \dfrac{(j-e) \times r_a}{i} \right] \times (1 + i)$

[V.8] $\quad F_j = Q_e \times \dfrac{(1+i)^{j-e} - (1+s)^{j-e}}{i - s} \times (1 + i)$

Para $x = 47 \Rightarrow \Delta B_{47+1,65} = \Delta B_{48,65} = 2\% \times \left[726,08 \, € \times \dfrac{(1+2,5\%)^{22}-1}{2,5\%} \right] +$

$+ 2\% \times 1.250 \, € \, (1 + 4\%) + 2\% \times \left[1.300 \, € \times \dfrac{(1+2,5\%)^{17}-1}{2,5\%} \right] - B_{65} =$

$= 987,61 \, € - 978,79 \, € = 8,82 \, €$

Para $x = 51 \Rightarrow \Delta B_{51+1,65} = \Delta B_{52,65} \, 2\% \times \left[789,35 \, € \times \dfrac{(1+2,5\%)^{26}-1}{2,5\%} \right] +$

$+ 2\% \times 1.500 \, € \, (1 + 4\%) + 2\% \times \left[1.560 \, € \times \dfrac{(1+2,5\%)^{13}-1}{2,5\%} \right] - B_{65} =$

$= 1.072,10 \, € - 1.064,08 \, € = 8,02 \, €$

Estes são os acréscimos ao nível da prestação projectada, os quais se repercutirão, necessariamente, no custo normal. Assim sendo, vem que

$\Delta NC_{43} = \Delta B_{43,65} \times \ddot{a}_{65}^{(12)} \times \dfrac{D_{65}}{N_{43} - N_{65}} = 10,41 \, € \times 15,955 \times$

$\times \dfrac{24.562,438}{1.129.820,536 - 403.145,702} = 5,61 \, €$

$\Delta NC_{48} = \Delta B_{48,65} \times \ddot{a}_{65}^{(12)} \times \dfrac{D_{65}}{N_{48} - N_{65}} = 8,82 \, € \times 15,955 \times$

$\times \dfrac{24.562,438}{931.203,169 - 403.145,702} = 6,55 \, €$

$\Delta NC_{52} = \Delta B_{48,65} \times \ddot{a}_{65}^{(12)} \times \dfrac{D_{65}}{N_{52} - N_{65}} = 8,02 \, € \times 15,955 \times$

$\times \dfrac{24.562,438}{787.277,802 - 403.145,702} = 8,18 \, €$

	NC_t	AL_t	UAL_t
Método do crédito unitário tradicional	114.136,63	2.123.856,99	– 26.143,01
Método da idade normal de entrada	118.182	2.473.459,17	323.459,17
Método do prémio constante individual	203.153,64	1.931.141,39	– 218.858,61

11 – Reconsidere os elementos referentes ao exemplo discutido no ponto 6.2.3. Pressupondo que no ano de 2009 os salários cresceram, extraordinariamente, a uma taxa de 4% – e não a uma taxa de 2,5% como seria expectável – calcule o custo normal do plano em 1.1.2010.

Resolução:

O crescimento dos salários a uma taxa maior que a inicialmente prevista implica, necessariamente, um acréscimo na prestação projectada. Recorde-se que, de acordo com [V.83],

$$\Delta NC_{x+1} = \Delta NC_{x+1,j} \times \ddot{a}_j^{(m)} \times \frac{D_j^{(T)}}{N_{x+1}^{(T)} - N_j^{(T)}}$$

Calculamos o incremento observado ao nível da prestação projectada de cada participante, pressupondo que apenas no ano em apreço se observará o crescimento salarial à taxa de 4%. Tanto no período de tempo anterior como no posterior, esse crescimento ocorrerá à taxa inicialmente prevista de 2,5%.

Para $x = 42 \Rightarrow \Delta B_{42+1,65} = \Delta B_{43,65} = 2\% \times \left[722,91\, \text{€} \times \frac{(1+2,5\%)^{17} - 1}{2,5\%} \right] +$

$+ 2\% \times 1.100\, \text{€}\, (1 + 4\%) + 2\% \times \left[1.144\, \text{€} \times \frac{(1+2,5\%)^{22} - 1}{2,5\%} \right] - B_{65} =$

$= 984,93\, \text{€} - 974,52\, \text{€} = 10,41\, \text{€}$

Por sua vez, a **provisão matemática** obtém-se através de

$$AL_x = B_{x,j} \times {}_{j-x}E_x^{(T)} \times \ddot{a}_j^{(m)} - NC_a \times \ddot{a}_{x:\overline{j-x}|}^{(m)}$$

Mais uma vez, colocamos numa tabela os valores necessários à determinação de AL_x.

Idade x	N.º de part.	$\dfrac{D_j}{D_x}$	N_a	$\ddot{a}_{x:\overline{j-x}|}^{(m)}$ (*)	AL_x (1)	AL_x (2)
27	10	$\dfrac{12.827,412}{44.278,795}$	4.727,28	22,328	6.412,56	64.125,60
35	5	$\dfrac{12.827,412}{34.750,099}$	4.727,28	19,384	51.030,70	255.153,50
42	3	$\dfrac{12.827,412}{28.021,821}$	6.240,04	16,214	75.743,20	227.229,60
58	7	$\dfrac{12.827,412}{16.624,587}$	16.217,76	6,191	197.804,67	1.384.632,69
				$AL_t = \sum_{A_t} AL_x =$		1.931.141,39

(*) Obtido de acordo com a expressão definida em [II.24a].

Por fim, obtemos a **provisão matemática não constituída**, tomando, de novo,

$$UAL_t = AL_t - F_t$$

Para os valores em presença, vem que

$UAL_t = 1.931.141,39 \text{ €} - 2.150.000,00 \text{ €} = \mathbf{-\ 218.858,61\ €}$

Mais uma vez, uma provisão matemática não constituída negativa indica excedente de recursos comparativamente às responsabilidades assumidas pelo plano de pensões.

Numa última tabela, sintetizamos os valores obtidos, no âmbito dos métodos em foco, para cada um dos parâmetros solicitados.

donde

$UAL_t = 2.473.459{,}17\ \text{€} - 2.150.000{,}00\ \text{€} = \mathbf{323.459{,}17\ \text{€}}$

Tal significa que, de acordo com este método de valorização, o montante existente no fundo não é suficiente para suprir as responsabilidades decorrentes do plano.

iii) Método do prémio individual constante

Recordamos que, neste método, o **custo normal** é calculado de acordo com o processo proposto no método da idade normal de entrada, sendo esta entendida como a idade alcançada por cada participante na data da constituição do plano[51], ou seja, tomando a expressão definida em [V.78b],

$$NC_a = B_j \times \ddot{a}_j^{(m)} \times \frac{D_j}{N_a - N_j}$$

Consultamos na PF 94 os valores correspondentes a N_{32} e N_{48} – dado que os restantes já foram anteriormente aplicados –, os quais apontamos no quadro seguinte e que surgem na expressão referente a $\dfrac{D_j}{N_a - N_j}$.

Idade x	N.º de part.	a	$\dfrac{D_j}{N_a - N_j}$	$NC_x(1)$	$NC_x(2)$
27	10	26	$\dfrac{12.827{,}412}{1.231.154{,}068 - 182.431{,}957}$	4.727,28	47.272,80
35	5	26	$\dfrac{12.827{,}412}{1.231.154{,}068 - 182.431{,}957}$	4.727,28	23.636,40
42	3	32	$\dfrac{12.827{,}412}{976.914{,}182 - 182.431{,}957}$	6.240,04	18.720,12
58	7	48	$\dfrac{12.827{,}412}{488.121{,}437 - 182.431{,}957}$	16.217,76	113.524,32
				$NC_t = \sum\limits_{A_t} NC_x =$	203.153,64

---

[51] Esta idade corresponderá, no mínimo, à idade normal de entrada no plano.

Tal como é característica do próprio método da idade normal de entrada, o custo normal manter-se-á constante, ao longo do tempo, para cada um dos 25 participantes no plano. Para o colectivo, vem que

$$NC_t = 25 \times 4.727,28 \text{ €} = 118.182 \text{ €}$$

Este é, então, o custo que a entidade promotora deve suportar em cada ano decorrido, relativamente a este grupo de participantes.

Detemo-nos, agora, sobre o cálculo da **provisão matemática**. Recordamos que, no método da idade normal de entrada,

$$AL_x = B_{x,j} \times \ddot{a}_j^{(m)} \times {}_{j-x}E_e^{(T)} \left(\frac{N_e^{(T)} - N_x^{(T)}}{N_e^{(T)} - N_j^{(T)}} \right)$$

com $B_{x,j}$ a equivaler a B_{65} caso não se tenha observado qualquer modificação das prestações projectadas. Numa tabela, inscrevemos os valores relativos a $\frac{D_j}{D_x}$ e a $\frac{N_e - N_x}{N_e - N_j}$, o que facilitará a determinação de AL_x e, consequentemente, de AL_t. Lembramos que $B_{65} = 28.080$ € e que $\ddot{a}_{65}^{(12)} = 13,7637$.

Idade x	N.º de part.	$\frac{D_j}{D_x}$	$\frac{N_e - N_x}{N_e - N_j}$	AL_x (1)	AL_x(2)
27	10	$\frac{12.827,412}{44.278,795}$	$\frac{1.231.154,068 - 1.185.519,087}{1.231.154,068 - 182.431,957}$	4.872,06	48.720,60
35	5	$\frac{12.827,412}{34.750,099}$	$\frac{1.231.154,068 - 866.075,705}{1.231.154,068 - 182.431,957}$	49.663,92	248.319,60
42	3	$\frac{12.827,412}{28.021,821}$	$\frac{1.231.154,068 - 643.751,362}{1.231.154,068 - 182.431,957}$	99.094,72	297.284,16
58	7	$\frac{12.827,412}{16.624,587}$	$\frac{1.231.154,068 - 287.093,521}{1.231.154,068 - 182.431,957}$	268.447,83	1.879.134,81
				$AL_t = \sum_{A_t} AL_x =$	2.473.459,17

No que se reporta à **provisão matemática não constituída**, teremos, mais uma vez, que

$$UAL_t = AL_t - F_t$$

Por último, a **provisão matemática não constituída** obtém-se através da expressão

$$UAL_t = AL_t - F_t$$

logo

$$UAL_t = 2.123.856,99\ \text{€} - 2.150.000,00\ \text{€} = -\ \mathbf{26.143,01\ \text{€}}$$

Como a provisão matemática não constituída é negativa, significa que o valor dos activos existentes no fundo de pensões destinado ao financiamento do plano supera o valor actual das responsabilidades futuras associadas a esse plano.

ii) <u>Método da idade normal de entrada</u>

Neste caso, todos os participantes entraram no colectivo com a mesma idade efectiva, ou seja, 26 anos. Assim, a idade normal de entrada será de 26 anos, pelo que, até atingirem a idade de 65 anos, irão cumprir 39 anos de serviço. Assim,

$$B_{65} = 39 \times 12 \times 60\ \text{€} = 28.080\ \text{€}$$

Porém, de acordo com [V.61b], o **custo normal** obtém-se através da expressão

$$NC_e = B_j \times \ddot{a}_j^{(m)} \times \frac{D_j^{(T)}}{N_e^{(T)} - N_j^{(T)}}$$

Atendendo aos dados do problema, virá que

$$NC_{26} = B_{65} \times \ddot{a}_{65}^{(12)} \times \frac{D_{65}}{N_{26} - N_{65}}$$

B_{65}, $\ddot{a}_{65}^{(12)}$, D_{65} e N_{65} já são conhecidos; enquanto isso, retiramos da PF 94 o valor que corresponde a N_{26}.

$$NC_{26} = 28.080\ \text{€} \times 13{,}7637 \times \frac{12.827{,}412}{1.231.154{,}068 - 182.431{,}957} = 4.727{,}28\ \text{€}$$

Idade x	N.º de participantes	$\bar{b}$	D_j/D_x	$\ddot{a}_{65}^{(12)}$	NC_x (1)	NC_x(2)
27	10	720 €	$\dfrac{12.827,412}{44.278,795}$	13,7637	2.870,85 €	28.708,50 €
35	5	720 €	$\dfrac{12.827,412}{34.750,099}$	13,7637	3.658,06 €	18.290,30 €
42	3	720 €	$\dfrac{12.827,412}{28.021,821}$	13,7637	4.536,39 €	13.609,17 €
58	7	720 €	$\dfrac{12.827,412}{16.624,587}$	13,7637	7.646,38 €	53.524,66 €
					$NC_t = \sum_{A_t} NC_x =$	**114.132,63 €**

Observe-se que enquanto o custo normal apontado na penúltima coluna se refere em termos individuais, o custo normal que consta da última coluna reporta-se a todos os participantes de uma certa idade x.

Seguimos o mesmo método para o cálculo da **provisão matemática**. Contamos o número de anos de serviço para cada participante e calculamos a respectiva prestação acumulada, pois sabemos que

$$AL_x = B_x \times {}_{j-x}E_x^{(T)} \times \ddot{a}_j^{(m)}$$

Se recuperarmos os valores relativos a $\dfrac{D_j}{D_x}$ e a $\ddot{a}_{65}^{(12)}$ que contemplámos na tabela anterior, vem que

Idade x	N.º de participantes	$\bar{b}$	Anos de serviço	B_x	AL_x (1)	AL_x(2)
27	10	720 €	1	720 €	2.870,85 €	28.708,50 €
35	5	720 €	9	6.480 €	32.922,53 €	164.612,65 €
42	3	720 €	16	11.520 €	72.582,24 €	217.746,72 €
58	7	720 €	32	23.040 €	244.684,16 €	1.712.789,12 €
					$AL_t = \sum_{A_t} AL_x =$	**2.123.856,99 €**

Também aqui a penúltima coluna se refere à provisão matemática considerada individualmente, sendo que na última coluna se aponta a provisão matemática relativa a todos os participantes que contam uma certa idade x.

tabela inicial com os símbolos de comutação retirados da tábua em apreço. Por conseguinte, vem que

Idade x	N.º de participantes	D_x	N_x
27	10	44.278,795	1.185.519,087
35	5	34.750,099	866.075,705
42	3	28.021,821	643.751,362
58	7	16.624,587	287.093,521
65	0	12.827,412	182.431,957

Calculamos, outrossim, $\ddot{a}_{65}^{(12)}$, aplicando, para o efeito, a expressão formalizada no Capítulo II por meio de [II.21a]. Surge, então, que

$$\ddot{a}_{65}^{(12)} = \ddot{a}_{65} - \frac{12-1}{2 \times 12} = \frac{N_{65}}{D_{65}} - \frac{11}{24} = \frac{182.431,957}{12.827,412} - \frac{11}{24} = 13,7637$$

Por seu turno, para efeitos de determinação dos parâmetros solicitados, atendemos, de seguida, às particularidades de cada um dos métodos em estudo.

i) **Método do crédito unitário tradicional**

Desde logo, $b_x = \bar{b} = 12$ meses $\times$ 60 € = 720 €. Recorde-se, porém, que, tal como definido em [V.53],

$$NC_x = b_x \times {}_{j-x}E_x^{(T)} \times \ddot{a}_j^{(m)}$$

o que, no caso em apreço, é o mesmo que ter

$$NC_x = \bar{b} \times \frac{D_j}{D_x} \times \ddot{a}_j^{(m)}$$

Por razões de operacionalidade, inscrevemos os valores em questão numa nova tabela, procedimento este que facilitará o cálculo do **custo normal** associado a cada idade x.

A contribuição a realizar ascenderia a 3.887,15 €, sendo este um valor bastante superior ao obtido aquando do cálculo do custo normal; tal fica a dever-se a dois aspectos, a saber: *i*) em 1.1.2008, a provisão matemática não constituída era positiva, o que indicava insuficiência de recursos quando comparados com as responsabilidades assumidas; *ii*) por outro lado, a rendibilidade real observada neste ano é menor que a taxa de juro técnica utilizada na valorização do plano.

10 – Considere os seguintes elementos relativos a um plano de pensões promovido por uma empresa em benefício dos seus colaboradores:

- Data de constituição do plano: 1.1.2000;
- A prestação cumulativa corresponde a 60 € mensais, pelo tempo de serviço efectivo na empresa;
- O falecimento constitui a única causa de saída possível, sendo que o actuário responsável recorre aos símbolos de comutação previstos na PF 94, com uma taxa de juro de 3%;
- O conjunto de participantes distribui-se da forma indicada no quadro, sendo que todos eles foram contratados pela empresa quando tinham 26 anos:

Idade x	N.º de participantes
27	10
35	5
42	3
58	7
65	0

- Em 1.1.2010, o montante do fundo destinado ao financiamento deste plano ascende a 2.150.000 €.

Calcule o custo normal, a provisão matemática e a provisão matemática não constituída, recorrendo a cada um dos seguintes métodos de distribuição de custos: *i*) método do crédito unitário tradicional; *ii*) método da idade normal de entrada; *iii*) método do prémio constante individual.

Resolução:

Uma vez que a mortalidade, enquanto causa de saída do colectivo de participantes, se baseia na PF 94 e a taxa de juro é de 3%, completamos a que seria necessário realizar no início de 2008, de modo a que o fundo pudesse estar em equilíbrio financeiro em 1.1.2009?

Resolução:

O fundo estaria em equilíbrio se a provisão matemática não constituída fosse nula em $t + 1$, isto é, caso o saldo do fundo venha a igualar o montante das responsabilidades atinentes à pensão de reforma do único participante. Atendemos, desde já, à expressão proposta para UAL_{t+1}, estabelecida em [V.59],

$$UAL_{t+1} = UAL_t (1 + i) - [C + I_C - NC_t (1 + i)] - [I_{t+1} - i \times F_t - I_C + I_P]$$

$$- \left[\sum_S AL_{x+1} - \sum_{A_t} q_x^{(T)} \times AL_{x+1} \right] - \left[\sum_R B_{x+1} \times_{j-x-1} E_{x+1}^{(T)} \times \ddot{a}_j^{(m)} - (P + I_P) \right]$$

Calculamos UAL_t, tomando o valor anteriormente obtido para AL_t e, bem assim, o valor que nos é indicado para F_t, logo

$UAL_t = 10.349,40 \text{ €} - 8.500 \text{ €} = 1.849,40 \text{ €}$

C corresponde à nossa incógnita, ao mesmo tempo que $I_C = 0,0325 \; C$; por sua vez, $NC_t = 2.069,88$ € (tal como obtido no exemplo), sendo ainda que $i = 4\%$. Sucede que o único participante deste plano terá atingido os 63 anos em $t + 1$, pelo que P e I_P serão nulos. As expressões $\sum_S AL_{x+1} - \sum_{A_t} q_x^{(T)} \times AL_{x+1}$ e $\sum_R B_{x+1} \times_{j-x-1} E_{x+1}^{(T)}$ serão também iguais a zero, uma vez que não se observarão quaisquer saídas de participantes. Assim, a expressão inicial surge simplificada do seguinte modo:

$$UAL_{t+1} = UAL_t (1 + i) - [C + I_C - NC_t (1 + i)] - [I_{t+1} - i \times F_t]$$

Substituímos pelos valores respectivos e resolvemos em ordem a C.

$1.849,40 \text{ €} (1 + 4\%) - [C + 0,0325 \; C - 2.069,88 \text{ €} (1 + 4\%)]$

$- [0,0325 (8.500 \text{ €} + C) - 4\% \times 8.500 \text{ €}] = 0$

$1.923,38 \text{ €} - C - 0,0325 \; C + 2.152,68 \text{ €} - 276,25 \text{ €} - 0,0325 \; C + 340 \text{ €} = 0$

$4.139,81 \text{ €} - 1,065 \; C = 0 \Leftrightarrow C = 3.887,15 \text{ €}$

b) No cálculo da provisão matemática em 1.1.2009, recorremos à prestação acumulada de cada um dos participantes até essa data. Desde logo,

$$AL_t = \sum_{A_t} AL_x$$

sendo ainda que

$$AL_x = B_x \times {}_{j-x}E_x^{(T)} \times ä_j^{(m)}$$

Determina-se, então, a prestação acumulada referente a cada idade alcançada, considerando que $B_x = \bar{b}\,(x - e)$. Logo,

$B_{30} = (30 - 25) \times 600\,€ = 3.000\,€$

$B_{40} = (40 - 25) \times 600\,€ = 9.000\,€$

$B_{50} = (50 - 25) \times 600\,€ = 15.000\,€$

$B_{60} = (60 - 25) \times 600\,€ = 21.000\,€$

Por sua vez, no cálculo da provisão matemática, tomamos os valores já calculados anteriormente relativos a $\dfrac{D_j}{D_x}$, donde resulta que

$AL_{30} = 3.000\,€ \times 0,1347178 \times 10,6985 = 4.323,84\,€$

$AL_{40} = 9.000\,€ \times 0,170736 \times 10,6985 = 16.439,57\,€$

$AL_{50} = 15.000\,€ \times 0,270407 \times 10,6985 = 43.394,24\,€$

$AL_{60} = 21.000\,€ \times 0,623426 \times 10,6985 = 140.064,18\,€$

Multiplica-se a provisão matemática para cada idade alcançada pelo número de participantes respectivos, donde

$AL_{2009} = 8 \times 4.323,84\,€ + 5 \times 16.439,57\,€ + 3 \times 43.394,24\,€ + 7 \times 140.064,18\,€ =$
$= 1.227.420,55\,€$

9 – Reconsidere os elementos refrentes ao exemplo discutido em 6.1.1. O montante acumulado no fundo em 1.1.2008 era de 8.500 €, sendo ainda que, ao longo do ano, a rendibilidade real das aplicações do fundo se situou aquém da taxa de juro técnica, tendo atingido apenas os 3,25%. No pressuposto de que o único participante envolvido permanece no plano, qual o montante de contribuições

Considerando o método do crédito unitário tradicional, pretende-se que calcule:

a) o custo normal em 1.1.2009;
b) a provisão matemática do plano em 1.1.2009.

Resolução:

a) O custo normal associado ao plano corresponde ao somatório dos custos normais referentes a cada participante, ou seja,

$$NC_t = \sum_{A_t} NC_x$$

No entanto,

$$NC_x = b_x \times {}_{j-x}E_x^{(T)} \times \ddot{a}_j^{(m)}$$

com b_x a corresponder à prestação cumulativa anual, que, no caso presente é constante e igual a $12 \times 50\ € = 600\ €$, e com ${}_{j-x}E_x^{(T)} = \dfrac{D_j}{D_x}$. Tomando os valores apontados na tabela, calculamos $\dfrac{D_{65}}{D_{30}} = \dfrac{47.583}{353.205} = 0,1347178$, $\dfrac{D_{65}}{D_{40}} = \dfrac{47.583}{278.693} =$

$= 0,170736$, $\dfrac{D_{65}}{D_{50}} = \dfrac{47.583}{175.968} = 0,270407$ e $\dfrac{D_{65}}{D_{60}} = \dfrac{47.583}{76.325} = 0,623426$.

O custo normal é igual para os participantes com a mesma idade alcançada, pelo que se multiplica esse custo normal pelo número de participantes que fazem parte de cada escalão etário. Logo, estabelece-se que

$$NC_t = 8 \times NC_{30} + 5 \times NC_{40} + 3 \times NC_{50} + 7 \times NC_{60} =$$

$= 8 \times (600\ € \times 0,1347178 \times 10,6985) + 5 \times (600\ € \times 0,170736 \times 10,6985) +$

$+ 3 \times (600\ € \times 0,270407 \times 10,6985) + 7 \times (600\ € \times 0,623426 \times 10,6985) =$

$= 6.918,14\ € + 5.479,86\ € + 5.207,31\ € + 28.012,84\ € = 45.618,15\ €$

Relativamente a S_{64}, vem que

$$S_{64} = S_{25} \times \frac{\varepsilon_{64}}{\varepsilon_{25}} \times (1 + 2,5\% + 0,5)^{64-25}$$

$$S_{64} = 1.000 \text{ €} \times \frac{2,45}{1,50} \times (1 + 3\%)^{39}$$

$$S_{64} = 5.172,81 \text{ €}$$

Substituindo os valores respectivos em $_3S_{65}$, vem

$$_3S_{65} = \frac{4.676,86\text{€} + 4.919,65\text{€} + 5.172,81\text{€}}{3}$$

$$_3S_{65} = 4.923,11 \text{ €}$$

O salário de referência é, assim, de 4.923,11 €.

8 – Relativamente a um plano de pensões de benefícios definidos são conhecidos os seguintes elementos, relativos a 1.1.2009:

Idade x	N.º de participantes	D_x
30	8	353.205
40	5	278.693
50	3	175.968
60	7	76.325
65	0	47.583

Para além disso, conhece-se que:

– Todos os participantes entraram no plano com a idade de 25 anos;
– Idade de reforma: 65 anos;
– Taxa de juro técnica: 2,5%;
– Valor actuarial da renda vitalícia $\ddot{a}_{65}^{(12)} = 10,6985$;
– O falecimento é a única causa de saída possível;
– Prestação cumulativa: 50 € mensais por cada ano de trabalho (12 meses em cada ano).

Entre as idades alcançadas de 40 e de 62 anos decorrem 22 anos, pelo que calculamos a taxa média de crescimento salarial observada nesse período através da expressão:

$$S_{62} = S_{40} (1 + \bar{s})^{22}$$

na qual $\bar{s}$ designa, justamente, a taxa de crescimento médio dos salários no período considerado e para a qual concorreram vários factores, tais como o crescimento nominal dos salários, o crescimento real dos salários e os aspectos relacionados com a idade e o mérito do participante.

Retomando a expressão, vem que

$4.676,86 \; € = 1.973,43 \; € \; (1 + \bar{s})^{22}$

$2,36991431 = (1 + \bar{s})^{22}$

$\bar{s} = (2,36991431)^{1/22} - 1$

$\bar{s} = 0,0399999 \cong 4\%$

No período em apreço, o nível de salários registou uma taxa de crescimento anual de cerca de 4%.

c) Sendo o salário de referência o que corresponde à média dos salários projectados para os 3 últimos anos de vida activa, aplicamos [V.38a] para efeitos da sua determinação. Assim sendo, vem que

$$_3S_{65} = \frac{1}{3} (S_{65-3} + S_{65-3+1} + S_{65-1})$$

$$_3S_{65} = \frac{S_{62} + S_{63} + S_{64}}{3}$$

S_{62} já foi calculado anteriormente. Determinamos S_{63} e S_{64} adoptando o mesmo tipo de procedimento.

$$S_{63} = S_{25} \times \frac{\varepsilon_{63}}{\varepsilon_{25}} \times (1 + 2,5\% + 0,5)^{63-25}$$

$$S_{63} = 1.000 \; € \times \frac{2,45}{1,50} \times (1 + 3\%)^{38}$$

$S_{63} = 4.919,65 \; €$

Idade	25	...	30	...	40	50	...	62	63	64	65
Coef. salarial	1,50	...	1,60		1,90	2,00		2,35	2,40	2,45	2,50

Para além disso, o salário mensal para um indivíduo de 25 anos é de 1.000 €, estimando-se que a taxa de inflação anual corresponda a 2,5% e que a produtividade cresça, em termos médios, 0,5% em cada ano.

Pretende-se que calcule:

a) O salário mensal projectado aos 40 anos de idade.

b) A taxa média de crescimento dos salários no período de tempo que decorre desde os 40 aos 62 anos do trabalhador.

c) O salário de referência para atribuição da pensão, sabendo que este corresponde à média dos salários projectados para os 3 últimos anos.

Resolução:

a) Temos que $S_{25} = 1.000$ €, $f_t = 2,5\%$, $g_t = 0,5\%$, $\varepsilon_{25} = 1,50$ e $\varepsilon_{40} = 1,90$. Como a taxa de inflação e a taxa de produtividade são constantes, o salário projectado para a idade alcançada de 40 anos – S_{40} – obtém-se por intermédio de [V.30], sendo $\bar{f} = 2,5\%$ e $\bar{g} = 0,5\%$. Assim sendo, vem

$$S_{40} = S_{25} \times \frac{\varepsilon_{40}}{\varepsilon_{25}} \times (1 + 2,5\% + 0,5\%)^{40-25}$$

$$S_{40} = 1.000 \text{ €} \times \frac{1,90}{1,50} \times (1 + 3\%)^{15}$$

$$S_{40} = 1.973,43 \text{ €}$$

b) O salário projectado para os 40 anos é já nosso conhecido. Recorrendo ao mesmo tipo de expediente, determinamos o salário projectado para a idade alcançada de 62 anos. Logo,

$$S_{62} = S_{25} \times \frac{\varepsilon_{62}}{\varepsilon_{25}} \times (1 + 2,5\% + 0,5\%)^{62-25}$$

$$S_{62} = 1.000 \text{ €} \times \frac{2,35}{1,50} \times (1 + 3\%)^{37}$$

$$S_{62} = 4.676,86 \text{ €}$$

Recorrendo à expressão proposta para S_x, determinam-se os salários auferidos nas idades de 62, 63 e 64 anos. Logo,

$S_{62} = S_{30} (1 + 3\%)^{62-30} \Leftrightarrow S_{62} = 18.000 \text{ €} (1 + 3\%)^{32} \Leftrightarrow S_{62} = 46.351,49 \text{ €}$

$S_{63} = S_{30} (1 + 3\%)^{63-30} \Leftrightarrow S_{63} = 18.000 \text{ €} (1 + 3\%)^{33} \Leftrightarrow S_{63} = 47.742,03 \text{ €}$

$S_{64} = S_{30} (1 + 3\%)^{64-30} \Leftrightarrow S_{64} = 18.000 \text{ €} (1 + 3\%)^{34} \Leftrightarrow S_{64} = 49.174,30 \text{ €}$

Voltando a $_3S_{65}$, vem que

$$_3S_{65} = \frac{46.351,49 \text{ €} + 47.742,03 \text{ €} + 49.174,30 \text{ €}}{3} = 47.755,94 \text{ €}$$

Por último, temos que $B_j = k \times (j - e) \times {}_nS_j$, pelo que tomando os dados do problema, vem

$B_{65} = 0,02 \times (65 - 30) \times {}_3S_{65}$

$B_{65} = 0,02 \times 35 \times 47.755,94 \text{ €}$

$B_{65} = 33.429,16 \text{ €}$

b) Para que a prestação de reforma não perca poder de compra B_{65} deverá ser igual ao último salário capitalizado por um período à taxa de 3%. Assim, a prestação cumulativa anual é a taxa k que satisfaz a condição

$49.174,30 \text{ €} \times 1,03 = k \times 35 \times 47.755,94 \text{ €}$

$50.649,53 \text{ €} = k \times 1.671.457,90 \text{ €}$

$k = \dfrac{50.649,53 \text{ €}}{1.671.457,90 \text{ €}}$

$k = 3,03\%$

A prestação cumulativa deveria ascender a 3,03% por cada ano de trabalho.

7 – Tenha em conta a seguinte tabela de coeficientes salariais relativa aos participantes que integram um determinado fundo de pensões (idade de reforma igual a 65 anos):

Substituindo, agora, na expressão relativa a $_{2|2}q^1_{45}$, vem que

$_{2|2}q^1_{45} = (1 - 0,010256)(1 - 0,001546) \times \{0,018135 + [(1 - 0,018135) \times 0,02083]\}$

$_{2|2}q^1_{45} = 0,989744 \times 0,98454 \times (0,018135 + 0,020455)$

$_{2|2}q^1_{45} = 0,0376037383 \cong 3,76\%$

6 – Considere as seguintes informações:

– A prestação de reforma de um indivíduo que entrou num plano aos 30 anos corresponde a 2% por ano de trabalho, tendo como referência o salário médio dos últimos 3 anos.
– A taxa estimada de crescimento salarial é de 3% ao ano;
– O salário anual à data de entrada é de 18.000 euros por ano.

Pretende-se que:

a) Determine a prestação anual de reforma que poderá obter aos 65 anos.

b) Supondo que a taxa de variação salarial corresponde, efectivamente, ao nível da inflação, de quanto deverá ser a prestação cumulativa anual de modo a que o indivíduo possa manter o seu poder de compra quando atingir 65 anos e se tornar pensionista?

Resolução:

a) Pretendemos conhecer B_{65}, isto é, a prestação acumulada aos 65 anos de idade, pelo que $j = 65$; para além disso, $e = 30$. A taxa de crescimento dos salários é constante, pelo que estamos em presença de uma escala salarial simples, ou seja, cada um dos salários anuais obter-se-á de cordo com a expressão

$S_x = S_e (1 + \bar{s})^{x-e}$

Por seu turno, o salário de referência corresponde ao salário médio auferido nos últimos 3 anos de actividade, que representamos por $_3S_{65}$ e calculamos através da expressão

$_3S_{65} = \frac{1}{3}(S_{65-3} + S_{65-3+1} + S_{65-1})$

$_3S_{65} = \frac{S_{62} + S_{63} + S_{64}}{3}$

d) Embora não definido em texto, interpretamos $_{2|2}q^1_{45}$ recorrendo aos conceitos desenvolvidos no Capítulo I. Assim, representa a probabilidade de um indivíduo de 45 anos permanecer no fundo até aos 47 anos (45 + 2), deixando, porém, o colectivo de participantes entre os 47 e os 49 anos (47 + 2), sendo que opera apenas a primeira causa de saída, ou seja, o falecimento. Do exposto, resulta que

$$_{2|2}q^1_{45} = {}_2p^1_{45} \times {}_2q^1_{47}$$

Se desenvolvermos a expressão anterior, vem que

$$_{2|2}q^1_{45} = p^1_{45} \times p^1_{46} \times \left[q^1_{47} + \left(p^1_{47} \times q^1_{48}\right)\right]$$

$$_{2|2}q^1_{45} = \left(1-q^1_{45}\right)\left(1-q^1_{46}\right) \times \left\{q^1_{47} + \left[\left(1-q^1_{47}\right) \times q^1_{48}\right]\right\}$$

Observamos, assim, que a resolução do problema implica o conhecimento de q^1_{45}, q^1_{46}, q^1_{47} e q^1_{48} – ou seja, das probabilidades independentes associadas à 1.ª causa de saída – cujos valores passamos a calcular através da aplicação de [V.24a]. Logo

$$q^1_{45} = \frac{\left(q^1_{45}\right)}{1-\frac{1}{2}\left[\left(q^T_{45}\right)-\left(q^1_{45}\right)\right]} = \frac{0,01}{1-\frac{1}{2}(0,01+0,05-0,01)} = 1,0256\%$$

$$q^1_{46} = \frac{\left(q^1_{46}\right)}{1-\frac{1}{2}\left[\left(q^T_{46}\right)-\left(q^1_{46}\right)\right]} = \frac{0,015}{1-\frac{1}{2}(0,015+0,06-0,015)} = 1,546\%$$

$$q^1_{47} = \frac{\left(q^1_{47}\right)}{1-\frac{1}{2}\left[\left(q^T_{47}\right)-\left(q^1_{47}\right)\right]} = \frac{0,0175}{1-\frac{1}{2}(0,0175+0,07-0,0175)} = 1,8135\%$$

$$q^1_{48} = \frac{\left(q^1_{48}\right)}{1-\frac{1}{2}\left[\left(q^T_{48}\right)-\left(q^1_{48}\right)\right]} = \frac{0,02}{1-\frac{1}{2}(0,02+0,08-0,02)} = 2,0833\%$$

Resolução:

a) $\left(p_{48}^T\right)$ representa a probabilidade de saída do fundo entre os 48 e os 49 anos, quando as duas causas de saída possíveis operam em simultâneo. Esta probabilidade resultará da soma das probabilidades dependentes de saída para essa período, donde,

$$\left(p_{48}^T\right) = \left(q_{48}^1\right) + \left(q_{48}^2\right) = 0{,}02 + 0{,}08 = 0{,}1 = 10\%$$

b) Em termos genéricos, q_x^k traduz a probabilidade de saída única associada a cada uma das k causas consideradas, também denominada por probabilidade independente ou taxa de saída. Assim, q_{46}^1 representa a probabilidade de saída do fundo para um indivíduo de 46 anos, durante o próximo ano, considerando que a causa de saída 1 – o falecimento – actua de modo isolado. Definimos em texto, por intermédio de [V.24a], que

$$q_x^k = \frac{\left(q_x^k\right)}{1 - \frac{1}{2}\left[\left(q_x^T\right) - \left(q_x^k\right)\right]}$$

Para os valores em presença, vem que

$$q_{46}^1 = \frac{\left(q_{46}^1\right)}{1 - \frac{1}{2}\left[\left(q_{46}^T\right) - \left(q_{46}^1\right)\right]} = \frac{0{,}015}{1 - \frac{1}{2}(0{,}015 + 0{,}06 - 0{,}015)} = 0{,}01546 = 1{,}546\%$$

c) Empregamos, agora, um raciocínioidêntico ao da alínea anterior, sendo que, no caso presente, temos a probabilidade de saída associada à segunda causa, entre os 47 e os 48 anos. Vem, então, que

$$q_{47}^2 = \frac{\left(q_{47}^2\right)}{1 - \frac{1}{2}\left[\left(q_{47}^T\right) - \left(q_{47}^2\right)\right]} = \frac{0{,}07}{1 - \frac{1}{2}(0{,}0175 + 0{,}07 - 0{,}07)} = 0{,}0706179$$

Nota: atenda-se a que, em ambos os casos, as probabilidades independentes são maiores que as probabilidades dependentes.

$$\left(q_{61}^1\right) = q_{61}^1 \left[1 - \frac{1}{2}\left(q_{61}^2 + q_{61}^3\right) + \frac{1}{3} q_{61}^2 q_{61}^3\right]$$

$$\left(q_{61}^1\right) = 0,07 \left[1 - \frac{1}{2}(0,022 + 0,010) + \frac{1}{3} \times 0,022 \times 0,010\right]$$

$$\left(q_{61}^1\right) = 0,068885$$

Na expressão anterior, identificámos a invalidez como a causa de saída 1, sendo as restantes designadas por 2 e 3. Note-se, sobretudo, o facto de se ter obtido um valor menor que o da probabilidade independente, o que facilmente se entende, uma vez que todas as causas de saída operaram em simultâneo.

O número de possíveis indivíduos que deixam o fundo por se tornarem inválidos será dado por

$$l_{61} \times \left(q_{61}^1\right) = 9.236 \times 0,068885 = 636 \text{ participantes}$$

5 – Considere a seguinte tabela, onde constam valores atinentes às probabilidades associadas às várias causas de saída que ponderam sobre o colectivo de participantes de um fundo de pensões. A primeira causa de saída é o falecimento, enquanto a segunda é a invalidez.

Idade	$\left(q_x^1\right)$	$\left(q_x^2\right)$
45	0,01	0,05
46	0,015	0,06
47	0,0175	0,07
48	0,02	0,08
49	0,023	0,09

Atendendo aos elementos propostos, calcule e interprete os seguintes valores:

a) $\left(p_{48}^T\right)$

b) q_{46}^1

c) q_{47}^2

d) $_{2|2}q_{45}^1$

colectivo de participantes. Assim, tomaremos as expressões formalizadas de [V.19] a [V.22], de modo o obtermos o resultado pretendido.

O nosso objectivo é o de determinar l_{63}; porém, primeiramente, calculamos l_{61} e l_{62}, sendo que

$$l_{61} = l_{60} \times p_{60}^{(T)}$$

donde decorre, também, se aplicarmos [V.19], que

$$l_{61} = l_{60} \times p_{60}^{(T)} = l_{60} \times (1-q_{60}^1)(1-q_{60}^2)(1-q_{60}^3)$$

$$l_{61} = 10.000 \times (1 - 0,018)(1 - 0,010)(1 - 0,05)$$

$$l_{61} = 10.000 \times 0,982 \times 0,99 \times 0,95 = 9.236 \text{ participantes}$$

Por sua vez, estes participantes estarão sujeitos às causas de saída que se observarão ao longo do ano, donde

$$l_{62} = l_{61} \times p_{61}^{(T)} = l_{61} \times (1-q_{61}^1)(1-q_{61}^2)(1-q_{61}^3)$$

$$l_{62} = 9.236 \times (1 - 0,022)(1 - 0,010)(1 - 0,07)$$

$$l_{62} = 9.236 \times 0,978 \times 0,99 \times 0,93 = 8.317 \text{ participantes}$$

Por último, atingirá a idade de 63 anos o seguinte número de participantes:

$$l_{63} = l_{62} \times p_{62}^{(T)} = l_{62} \times (1-q_{62}^1)(1-q_{62}^2)(1-q_{62}^3)$$

$$l_{62} = 8.317 \times (1 - 0,027)(1 - 0,010)(1 - 0,09)$$

$$l_{62} = 8.317 \times 0,973 \times 0,99 \times 0,91 = 7.290 \text{ participantes}$$

b) O valor solicitado resulta da multiplicação do número de participantes que permanecem no fundo à idade de 61 anos (que já determinámos na alínea anterior) pela probabilidade dependente associada à invalidez. Assim, como temos, no global, três causas de saída, recorremos a [V.23b], donde

Por sua vez, $Q_{j-1}^{(m)} = Q_e^{(m)} \times (1+s)^{j-e-1}$, logo $Q_{65-1}^{(12)} = Q_{30}^{(12)} \times (1+2,15\%)^{65-30-1}$, resultando que $Q_{64}^{(12)} = 240 \text{ €} \times (1+2,15\%)^{34} = 494,67 \text{ €}$. Da substituição na expressão geral decorre que

$$F_{65} = 12 \times 240 \text{ €} \times \frac{3,3\%}{3,252\%} \times \frac{(1+3,3\%)^{65-30} - (1+2,15\%)^{65-30}}{3,3\% - 2,15\%} - 494,67 \text{ €}$$

$$F_{65} = 256.162,90 \text{ €}$$

Quando Joaquim completar 65 anos, estarão acumulados no fundo 256.162,90 €.

4 – Considere um colectivo de participantes de um plano de pensões de benefícios definidos, sendo que as probabilidades independentes associadas às diversas causas de saída são as que se reportam na tabela seguinte:

Idade	q^1	q^2	q^3
60	0,018	0,010	0,05
61	0,022	0,010	0,07
62	0,027	0,010	0,09
63	0,030	0,010	0,11
64	0,036	0,010	0,13

Sabendo que as causas de saída 1, 2 e 3 se referem, respectivamente, a falecimento, cessação e invalidez, $l_{60} = 10.000$ e que $j = 65$, determine:

a) Número de participantes sobreviventes à idade de 63 anos, atendendo a qualquer uma das causas de saída possíveis;

b) Número de participantes que se podem tornar inválidos entre os 61 e os 62 anos, quando sobre o colectivo operam, conjuntamente, todas as causas de saída possíveis.

Resolução:

a) Se atendermos a qualquer uma das causas de saída possíveis, tal equivale a considerar que essas mesmas causas de saída operam isoladamente sobre o

O montante a receber por Pedro ao completar 65 anos será igual a

$$F_{65} = F(1) + F(2) = 75.810,72 \text{ €} + 9.288,43 \text{ €} = 85.099,15 \text{ €}$$

3 – Aos 30 anos, o Joaquim foi contratado por uma empresa no âmbito da qual se encontra constituído um plano de pensões de contribuição definida, com as seguintes características:
– Idade de reforma: 65 anos;
– Contribuições mensais, correspondentes a 20% do salário auferido.

Pressupondo que:
– Ao longo da vida activa do Joaquim, a taxa média de crescimento anual dos salários é de 2,15%;
– A rendibilidade média efectiva anual é de 3,3%;
– No 1.º ano, o salário mensal ascende a 1.200 €.

De acordo com os elementos apresentados, calcule o montante acumulado aos 65 anos.

Resolução:

As entregas realizadas a favor do fundo associado ao plano são entregas variáveis, uma vez que evoluem de acordo com o nível salarial. Ora se essa variação é, em média, de 2,15% em cada ano, isto significa que as entregas variarão exactamente na mesma medida. No primeiro ano, essas entregas, com periodicidade mensal, serão no montante de $0,2 \times 1.200 \text{ €} = 240 \text{ €}$, uma vez que 1.200 € é o salário auferido; logo, $Q_{30}^{(12)} = 240$. Para além, disso, estamos em presença de entregas postecipadas, já que a primeira contribuição ocorrerá no final do primeiro mês de trabalho.

A determinação do montante acumulado aos 65 anos decorre da aplicação da expressão formalizada em [V.18], pelo que

$$F_{65} = 12 \times Q_{30}^{(12)} \times \frac{i}{i^{(12)}} \times \frac{(1+i)^{65-30} - (1+s)^{65-30}}{i-s} - Q_{65-1}^{(12)}$$

Recorde-se que $i^{(12)}$ é a taxa anual nominal com capitalização mensal que permitiria obter uma rendibilidade efectiva anual igual a i, donde resulta que

$$i^{(12)} = 12 \times [(1 + 3,3\%)^{1/12} - 1] = 12 \times 0,271\% = 3,252\%$$

sendo 0,271% a rendibilidade efectiva mensal.

2 – Pedro, de 55 anos, recebeu uma herança composta, entre outros bens, por uma quantia de 50.000 €, quantia esta que pretende aplicar até atingir a idade de 65 anos. Após uma consulta ao mercado, Pedro concluiu que a melhor alternativa é a subscrição de um plano de pensões de contribuição definida, que, nos últimos anos, tem apresentado uma rendibilidade média anual de 4,25%. Este investimento inicial será reforçado através da realização de entregas anuais para a mesma aplicação, sendo a primeira delas no montante de 1.000 €, a ocorrer daqui por um ano. Pedro prevê, porém, que as suas despesas de saúde aumentem com os anos, pelo que sugeriu à entidade financeira que gere o fundo correspondente que cada uma das entregas anuais seja 5% menor que a anterior. Calcule o montante de que Pedro poderá usufruir ao celebrar 65 anos.

Resolução:

O montante a obter por Pedro provirá da aplicação dos 50.000 € iniciais acrescidos do montante que resulta da renda postecipada de termos variáveis em progressão geométrica. Sublinhe-se que estamos em presença de uma progressão de razão inferior à unidade, uma vez que os termos são decrescentes. Comecemos por determinar o montante que resulta da aplicação dos 50.000 € e que designamos, mais uma vez, por F(1). Tratando-se de uma entrega única, vem que

$F(1) = 50.000 € (1 + 4,25\%)^{10}$

$F(1) = 75.810,72 €$

Por sua vez, tomamos [V.10] para efeitos do cálculo da renda, que designamos por F(2), sendo que o primeiro termo corresponde a 1.000 €. Assim sendo, vem que

$$F(2) = 1.000 € \times \frac{(1+4,25\%)^{65-55-1} - [1+(-5\%)]^{65-55-1}}{4,25\% - (-5\%)} \times (1 + 4,25\%)$$

$$F(2) = 1.000 € \times \frac{(1+4,25\%)^9 - (0,95)^9}{4,25\% + 5\%} \times (1 + 4,25\%)$$

$$F(2) = 1.000 € \times \frac{1,4544 - 0,630249}{0,0925} \times 1,0425$$

$F(2) = 9.288,43 €$

período de 5 anos e das entregas efectuadas dos 45 aos 65 anos. Atenda-se, porém, a que estamos perante dois tipos de entregas: enquanto as primeiras são anuais, constantes e postecipadas, já as segundas, embora constantes, são fraccionadas (mensais) e antecipadas. Designemos os valores acumulados correspondentes, respectivamente, por F(1) e por F(2).

Comecemos por determinar F(1). Trata-se do valor acumulado quando António tinha 40 anos e pode ser facilmente obtido através da adaptação de [V.5], contemplando, desta sorte, que $j = 40$. De reter, no entanto, que o valor acumulado aos 40 anos não fica "parado", isto é, continuará a vencer juros pelo período de tempo que decorre dos 40 aos 65 anos, ou seja, por 25 anos. Considerando, então, uma rendibilidade média anual de 3%, vem que

$$F(1) = 1.000 \text{ €} \times \frac{(1+3\%)^{40-35-1} - 1}{3\%} \times (1 + 3\%) \times (1 + 3\%)^{25}$$

$$F(1) = 1.000 \text{ €} \times \frac{(1+3\%)^{4} - 1}{3\%} \times (1 + 3\%)^{26}$$

$$F(1) = 9.022{,}37 \text{ €}$$

F(2), por seu turno, pode ser calculado por intermédio de [V.11], sendo $m = 12$, $j = 65$ e $e = 45$. Para o efeito, determinamos, ainda, a rendibilidade referente à e-mésima parte do ano, logo

$$i_{12} = (1 + 3\%)^{1/12} - 1 = 0{,}00246626977 \cong 0{,}247\%$$

Substituindo em [V.11], vem

$$F_{65} = 50 \text{ €} \times \frac{(1+0{,}247\%)^{12\times(65-45)} - 1}{0{,}247\%} \times (1 + 0{,}247\%)$$

$$F_{65} = 16.391{,}09 \text{ €}$$

Por fim, o montante que António poderá receber aos 65 anos resulta da adição das duas parcelas, logo

$$F_{65} = F(1) + F(2) = 9.022{,}37 \text{ €} + 16.391{,}09 \text{ €} = 25.413{,}46 \text{ €}$$

Detemo-nos, agora, no cálculo de AL_t, sendo que a provisão associada a cada participante se calcula de acordo com

$$AL_x = B_{x,j} \times \ddot{a}_j^{(m)} \times {}_{j-x}E_x^{(T)} - NC_a \times \ddot{a}_{x:\overline{j-x}|}^{(m)}$$

Recorremos, mais uma vez, a uma tabela, onde sistematizamos os dados necessários aos cálculos.

Idade x	B_{65}	$\dfrac{D_j}{D_x}$	NC_a	$\ddot{a}_{x:\overline{j-x}|}^{(m)}$(*)	AL_x
42	974,52	$\dfrac{24.562,438}{42.347,256}$	282,38	31,1164	231,84
47	978,79	$\dfrac{24.562,438}{38.016,932}$	351,37	22,8841	2.048,97
51	1.064,08	$\dfrac{24.562,438}{34.780,838}$	462,54	16,9204	4.163,18
				$AL_t = \sum_{A_t} AL_x =$	**6.443,99**

(*) Calculamos $\ddot{a}_{x:\overline{j-x}|}^{(m)}$ de acordo com [II.24a].

CASOS RESOLVIDOS:

1 – António, quando tinha 35 anos, constituiu um plano de pensões, tendo decidido contribuir para o respectivo fundo com entregas anuais postecipadas no montante de 1.000 €. António realizou contribuições desse montante durante cinco anos, período após o qual cessou as contribuições, essencialmente devido a dificuldades orçamentais. António tem hoje 45 anos e pretende retomar as entregas a favor do fundo. Sabendo que, doravante, as entregas serão mensais antecipadas no montante de 50 € e considerando que o fundo em questão apresenta uma rendibilidade média de 3% ao ano, determine:

a) O valor acumulado no fundo quando António tiver 65 anos.

b) O valor acumulado no fundo quando daqui por 3 anos.

Resolução:

a) O montante acumulado pelo fundo quando António atingir a idade de 65 anos resultará da capitalização das entregas efectuadas durante o primeiro

- O participante que nasceu em 1962, tem 47 anos, aufere 1.250 €, tendo sido contratado há 22 anos, donde

$$S_{inicial} = 1.250 \text{ €} (1 + 2,5\%)^{-22} = 726,08 \text{ €}$$

Assim, $B_{65} = 2\% \times \left[726,08 \text{ €} \times \dfrac{(1+2,5\%)^{40} - 1}{2,5\%} \right] = 978,79 \text{ €}$

- O participante mais velho nasceu em 1958, tendo, por issso, 51 anos, aufere um salário de 1.500 € e foi contratado há 26 anos. Do exposto decorre que

$$S_{inicial} = 1.500 \text{ €} (1 + 2,5\%)^{-26} = 789,35 \text{ €}$$

Por conseguinte, $B_{65} = 2\% \times \left[789,35 \text{ €} \times \dfrac{(1+2,5\%)^{40} - 1}{2,5\%} \right] = 1.064,08 \text{ €}$

Retiramos da TV 88-90 os valores relativos a $\dfrac{D_j}{N_a - N_j}$, ao mesmo tempo que calculamos $\ddot{a}_j^{(m)}$, sendo, no caso presente, que

$$\ddot{a}_{65}^{(12)} = \dfrac{N_{65}}{D_{65}} - \dfrac{12-1}{2 \times 12} = \dfrac{403.145,702}{24.562,438} - \dfrac{11}{24} \cong 15,955$$

Idade x	a	B_{65}	$\dfrac{D_j}{N_a - N_j}$	NC_x
Nascido em 1967 $\Rightarrow x = \mathbf{42}$	30	974,52	$\dfrac{24.562,438}{1.755.587,814 - 403.145,702}$	282,38
Nascido em 1962 $\Rightarrow x = \mathbf{47}$	35	978,79	$\dfrac{24.562,438}{1.494.820,557 - 403.145,702}$	351,37
Nascido em 1958 $\Rightarrow x = \mathbf{51}$	39	1.064,08	$\dfrac{24.562,438}{1.304.700,693 - 403.145,702}$	462,54
			$NC_t = \sum\limits_{A_t} NC_x =$	**1.096,29**

A prestação cumulativa corresponde a 2% da remuneração mensal, por cada ano de serviço efectivo. Na base técnica do plano, definiu-se que os salários variam a uma taxa anual de 2,5%. O trabalhador mais jovem aufere um salário mensal de 1.100 €; enquanto isso, o trabalhador mais antigo recebe 1.500 € mensais e o outro trabalhador recebe 1.250 € mensais.

Sabendo que a valorização do plano ocorre de acordo com os símbolos de comutação contidos na TV 88-90 e que o método escolhido é o método do prémio constante individual, determine o **custo normal** e a **provisão matemática** em 1.1.2009.

Devemos, atender, previamente, à idade dos participantes, tanto no momento de valorização como no momento de constituição do plano (já que o custo normal é determinado em função do método da idade normal de entrada). Assim, apuramos x e a para cada um deles e colocamos os valores respectivos numa tabela, a qual nos auxiliará na sistematização dos elementos necessários ao cálculo de NC_t e de AL_t.

Por sua vez, a expressão que permite calcular o custo normal é a que se definiu em [V.82a], logo

$$NC_a = B_{a,j} \times \ddot{a}_j^{(m)} \times \frac{D_j^{(T)}}{N_a^{(T)} - N_j^{(T)}}$$

B_{65} variará consoante os casos, pois nem todos os participantes auferem o mesmo salário; porém, quando atingirem a idade de 65 anos, todos terão prestado 40 anos de serviço. Como determinar, então, B_{65}?

Conhecendo os salários actuais e sabendo, ainda, que estes cresceram a uma taxa de 2,5% ao ano, podemos calcular o salário mensal auferido no início da carreira. Por sua vez, a prestação projectada corresponderá a 2% da soma desses salários mensais, equivalendo esta última ao valor de uma renda de acumulação com 40 termos, com uma taxa igual à taxa de crescimento dos salários e sendo o primeiro termo o salário auferido no início da carreira.

- O participante mais novo nasceu em 1967, tem 42 anos, aufere 1.100 € e foi contratado há 17 anos, logo

$$S_{inicial} = 1.100 \text{ €} (1 + 2,5\%)^{-17} = 722,91 \text{ €}$$

Por sua vez, $B_{65} = 2\% \times \left[722,91 \text{ €} \times \frac{(1 + 2,5\%)^{40} - 1}{2,5\%} \right] = 974,52 \text{ €}$

$$- B_x \times \ddot{a}_j^{(m)} \times \left(\frac{D_j^{(T)}}{N_x^{(T)} - N_j^{(T)}} \right) \left(\frac{N_{x+1}^{(T)} - N_j^{(T)}}{D_{x+1}^{(T)}} \right)$$

$$+ \Delta B_x \times \ddot{a}_j^{(m)} \times \left(\frac{D_j^{(T)}}{N_{x+1}^{(T)} - N_j^{(T)}} \right) \left(\frac{N_{x+1}^{(T)} - N_j^{(T)}}{D_{x+1}^{(T)}} \right) \qquad [\ \textbf{V.86a}\ ]$$

Efectuando os necessários desenvolvimentos, esta expressão equivale a ter:

$$AL_{x+1} = NC_x \times \frac{1}{{}_1E_x^{(T)}} = NC_x \times \frac{D_x^{(T)}}{D_{x+1}^{(T)}} \qquad [\ \textbf{V.86b}\ ]$$

Tomando, agora, o total de participantes no plano de pensões, vem que

$$AL_{t+1} = [AL_t + NC_t](1+i) - \sum_R AL_{t+1} - \left[\sum_T AL_{x+1} \sum_{A_t} q_x^{(T)} AL_{x+1} \right] \qquad [\ \textbf{V.87}\ ]$$

A **provisão matemática não constituída** relativa ao final do período de valorização decorre de procedimentos idênticos aos já apontados nos métodos anteriores, pelo que

$$UAL_{t+1} = UAL_t\,(1+i) - [C + I_C - NC_t \times (1+i)] - [I_{t+1} - \tilde{I}_{t+1}]$$

$$- \left[\sum_S AL_{x+1} - \sum_{A_t} q_x^{(T)} \times AL_{x+1} \right] - \left[\sum_R AL_{x+1} - (P + I_P) \right] \qquad [\ \textbf{V.88}\ ]$$

Mais uma vez, o **ganho actuarial** resulta da aplicação da fórmula definida para os métodos anteriores, ou seja, $G_{t+1} = [UAL_t + NC_t](1+i) - (C + I_C) - UAL_{t+1}$, divergindo, porém, no que concerne ao cálculo da provisão matemática não constituída e do custo normal.

EXEMPLO: Uma empresa criou um plano de pensões em benefício dos seus funcionários em 1.1.1997. Esse plano envolve três participantes, nascidos, respectivamente, em 1958, 1962 e 1967, muito embora todos tenham sido contratados pela empresa com a idade de 25 anos. Por sua vez, a idade de reforma é de 65 anos, sendo o falecimento a única causa de saída possível.

Recordemos que $\Delta B_{x+1,j}$ identifica o acréscimo da prestação projectada, após a idade $x+1$, que resulta da alteração dos níveis salariais inicialmente previstos. Este acréscimo, uma vez observado, repercute-se, necessariamente, ao nível do custo normal, originando um ***custo normal suplementar***. Se convencionarmos que ΔNC_{x+1} representa o nível adicional de financiamento originado pelo aumento das prestações, tomando a equação que permite estabelecer o equilíbrio actuarial entre o valor das prestações futuras e os custos respectivos, teremos que

$$\Delta NC_{x+1} \times \ddot{a}^{(T)}_{x+1:\overline{j-x-1}|} = \Delta B_{x+1,j} \times \ddot{a}^{(m)}_j \times {}_{j-a}E^{(T)}_{x+1}$$

Individualizamos, de novo, ΔNC_{x+1}, donde

$$\Delta NC_{x+1} = \frac{\Delta B_{x+1,j} \times \ddot{a}^{(m)}_j \times {}_{j-x-1}E^{(T)}_{x+1}}{\ddot{a}^{(T)}_{x+1:\overline{j-x-1}|}}$$

e ainda

$$\Delta NC_{x+1} = \Delta B_{x+1,j} \times \ddot{a}^{(m)}_j \times \frac{D^{(T)}_j}{N^{(T)}_{x+1} - N^{(T)}_j} \qquad [\ \mathbf{V.83}\ ]$$

Por último, podemos determinar NC_{x+1}, sendo que

$$NC_{x+1} = NC_x + \Delta NC_{x+1} = NC_x + \Delta B_{x+1,j} \times \ddot{a}^{(m)}_j \times \frac{D^{(T)}_j}{N^{(T)}_{x+1} - N^{(T)}_j} \qquad [\ \mathbf{V.84}\ ]$$

Detemo-nos, de seguida, no cálculo da **provisão matemática**. Para cada idade alcançada x, posterior à data de entrada em funcionamento do plano, a provisão matemática corresponde à diferença entre o valor actuarial das prestações projectadas e o valor actuarial do custo normal, donde

$$AL_x = B_{x,j} \times \ddot{a}^{(m)}_j \times {}_{j-a}E^{(T)}_x - NC_a \times \ddot{a}^{(m)}_{x:\overline{j-x}|} \qquad [\ \mathbf{V.85}\ ]$$

Por sua vez, no final do período de valorização vem que:

$$AL_{x+1} = \left[B_{x,j} + \Delta B_{x+1,j}\right] \times \ddot{a}^{(m)}_j \times {}_{j-x-1}E^{(T)}_{x+1}$$

6.2.3. Método do prémio constante individual

Neste método, não são reconhecidas quaisquer prestações anteriores à data de criação do plano[50]; assim, o **custo normal** é calculado atendendo aos procedimentos descritos para o *método da idade normal de entrada*, assumindo, no presente contexto, que a idade normal de entrada corresponde à idade atingida, nesse momento, pelo participante. Deste modo, retomamos a expressão formalizada em [V.78a], sendo que $B_{a,j}$ indica o montante da pensão de reforma projectado para o momento j e para cada participante, à data de constituição do plano.

$$NC_a \times \ddot{a}_{a:\overline{j-a}|} = B_{a,j} \times \ddot{a}_j^{(m)} \times {}_{j-a}E_a^{(T)} \qquad [\ \mathbf{V.82a}\ ]$$

Da expressão anterior, resulta, ainda, que

$$NC_a = B_{a,j} \times \ddot{a}_j^{(m)} \times \frac{D_j^{(T)}}{N_a^{(T)} - N_j^{(T)}} \qquad [\ \mathbf{V.82b}\ ]$$

O custo normal assim obtido, determinado para a idade alcançada por cada participante no momento da criação do plano de pensões, ***permanecerá constante ao longo do tempo***, excepto se forem revistas as condições iniciais, estabelecidas pelo actuário aquando da definição da base técnica.

Caso se tenha observado, por exemplo, uma revalorização das prestações projectadas, o custo normal correspondente ao período que decorre de t a $t+1$ será dado pelo custo normal previsto aquando da constituição do plano **acrescido dos custos que decorrem dessa revalorização**, atinentes a cada um dos períodos volvidos. Vejamos o esquema seguinte:

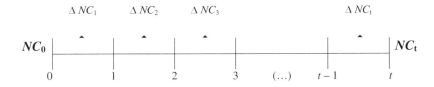

Podemos, assim, formalizar que

$$NC_t = NC_0 + \Delta NC_1 + \Delta NC_2 + \Delta NC_3 + \ldots\ldots + \Delta NC_t$$

---

[50] O que significa que $F_0 = AL_0 = 0$ e, concomitantemente, $UAL_0 = 0$.

Individualizando, ainda, NC_a no braço esquerdo da expressão e considerando os desenvolvimentos de $\ddot{a}_{a:\overline{j-a}|}$ e de $_{j-x}E_a^{(T)}$, vem que

$$NC_a = B_j \times \ddot{a}_j^{(m)} \times \frac{D_j^{(T)}}{N_a^{(T)} - N_j^{(T)}} \qquad [\ \textbf{V.78b}\ ]$$

Ambas as expressões são em tudo semelhantes às definidas em [V.61a] e em [V.61b], no contexto do método da idade normal de entrada sem crescimento salarial, muito embora o método da idade normal de entrada conduza a um custo normal inferior, isto para iguais níveis de prestação projectada[49].

Também a **provisão matemática** se obtém de modo análogo ao referido para o método da idade normal de entrada, ou seja,

$$AL_x = B_j \times \ddot{a}_j^{(m)} \times {}_{j-x}E_x^{(T)} - NC_x \times \ddot{a}_{x:\overline{j-x}|}^{(T)} \qquad [\ \textbf{V.79}\ ]$$

Porém, uma das características que singulariza este método é o facto de a **provisão matemática não constituída** ser calculada de acordo com os procedimentos definidos pelo método do crédito unitário tradicional. Assim, no momento de criação do plano, para um participante com idade alcançada a, vem que

$$UAL_a = B_a \times \ddot{a}_j^{(m)} \times {}_{j-a}E_a^{(T)} \qquad [\ \textbf{V.80}\ ]$$

Por seu turno, para o total de participantes, obtém-se que

$$UAL_0 = \sum_{A_0} B_a \times \ddot{a}_j^{(m)} \times {}_{j-a}E_a^{(T)} \qquad [\ \textbf{V.81}\ ]$$

O método em apreço não é, contudo, muito utilizado em termos práticos, o que certamente se justifica pelo facto de, em regra, as entidades promotoras não validarem direitos prévios ao surgimento dos planos de pensões. Assim sendo, escusamo-nos de apresentar quaisquer exemplos ilustrativos.

---

[49] Imagine-se o caso de um indivíduo que inicia funções numa entidade quando atinge a idade e, sendo que essa entidade constituiu um plano de pensões a favor dos seus colaboradores. Se esse indivíduo for imediatamente integrado no plano de pensões, os benefícios correspondentes a B_j serão financiados durante um período de $(j - e)$ anos. Porém, se apenas for integrado no plano de pensões ao atingir a idade a (necessariamente posterior a e) e a entidade promotora lhe reconhecer os benefícios relativos ao período decorrido entre as idades a e e, significa que o mesmo nível de benefícios B_j será financiado durante um período menor, ou seja, $(j - a)$ anos. Por conseguinte, para o segundo caso, surge um custo normal superior.

Tomamos, de novo, os valores surgidos na tabela, donde

$$k_{35} \times 28.000 \, € \times \left(\frac{275.000 - 182.500}{10.800}\right) = 0,015 \times (65 - 35) \times 28.000 \, € \times$$

$$\times 10,75 \times \frac{9.100}{10.400} \Leftrightarrow k_{35} \times 239.814,8148 = 118.518,75 \Leftrightarrow k_{35} = 0,4942$$

Atendendo a que $NC_e = k_e \times S_e$, vem

$NC_{35} = 0,04942 \times 28.000 \, € = 13.837,60 \, €$

Substituímos, de seguida, os custos normais de cada participante na expressão que permite determinar o custo normal total, logo

$NC_0 = NC_{30} + NC_{40} + NC_{35}$

$NC_0 = 1.813,22 \, € + 3.532,71 \, € + 13.837,60 \, €$

$NC_0 = 19.183,53 \, €$

O custo normal para o conjunto de participantes é de 19.183,53 €.

6.2.2. Método da idade normal alcançada

Este método aplica-se, de modo particular, nos casos em que o participante ingressou na empresa promotora do plano de pensões em data anterior à constituição desse plano e aquela empresa pretende reconhecer ao trabalhador benefícios relativos ao lapso de tempo não coberto.

O método da idade normal alcançada percorre procedimentos muito semelhantes aos descritos para o método da idade normal de entrada, substituindo a idade normal de entrada *e* pela idade alcançada *a*.

Principiamos, assim, por determinar o **custo normal** associado ao plano, atendendo, de novo, à equação que estabelece a equivalência actuarial entre os custos e o valor das prestações. Sendo *a* a idade alcançada pelo participante no momento da criação do plano, surge que

$$NC_a \times \ddot{a}_{a:\overline{j-a}|} = B_j \times \ddot{a}_j^{(m)} \times {}_{j-x}E_a^{(T)} \qquad [\ \mathbf{V.78a}\ ]$$

Por sua vez, $NC_e = k_e \times S_e$, logo

$NC_{30} = 0,10793 \times 16.800\ € = 1.813,22\ €$

Repetimos os procedimentos descritos para os restantes participantes, atendendo às respectivas idades de entrada no plano.

Para o participante B, temos que $e = 40$ e $x = 45$; logo resulta que

$$NC_{40} \times {}^s\ddot{a}^{(T)}_{40:\overline{65-40}|} = k_{40} \times S_{40} \times {}^s\ddot{a}^{(T)}_{40:\overline{65-40}|} = B_{65} \times \ddot{a}^{(12)}_{65} \times {}_{65-40}E^{(T)}_{40}$$

$$k_{40} \times S_{40} \times \left(\frac{{}^s N^{(T)}_{40} - {}^s N^{(T)}_{65}}{{}^s D^{(T)}_{40}} \right) = B_{65} \times \ddot{a}^{(12)}_{65} \times \frac{D_{65}}{D_{40}}$$

$$k_{40} \times 21.000\ € \times \left(\frac{420.000 - 182.500}{22.000} \right) = 0,015 \times (65 - 40) \times 21.000\ € \times$$

$$\times 10,75 \times \frac{9.100}{20.200} \Leftrightarrow k_{40} \times 226.704,5455 = 38.137,2215 \Leftrightarrow$$

$$\Leftrightarrow k_{40} = 0,1682243356$$

Daqui decorre que

$NC_{40} = 0,1682243356 \times 21.000\ € = 3.532,71\ €$

Para o participante C, temos que $e = 35$ e $x = 60$; vem, assim, que

$$NC_{35} \times {}^s\ddot{a}^{(T)}_{35:\overline{65-35}|} = k_{35} \times S_{35} \times {}^s\ddot{a}^{(T)}_{35:\overline{65-35}|} = B_{65} \times \ddot{a}^{(12)}_{65} \times {}_{65-35}E^{(T)}_{35}$$

que é o mesmo que ter

$$k_{35} \times S_{35} \times \left(\frac{{}^s N^{(T)}_{35} - {}^s N^{(T)}_{65}}{{}^s D^{(T)}_{35}} \right) = B_{65} \times \ddot{a}^{(12)}_{65} \times \frac{D_{65}}{D_{35}}$$

- O falecimento é a única causa de saída possível;
- A prestação de reforma vai corresponder a 1,5% do salário final por cada ano de serviço efectivo.

Determine o **custo normal** do plano em 1.1.2009, bem como a respectiva **provisão matemática**.

O **custo normal** do plano em 1.1.2009 é igual ao somatório do custo normal dos vários participantes na mesma data, pelo que

$$NC_0 = NC_A + NC_B + NC_C$$

Assim, principiamos por determinar o custo normal associado a cada um dos participantes. A expressão anterior pode também ser definida em função das idades de entrada no plano de cada um dos participantes, donde

$$NC_0 = NC_{30} + NC_{40} + NC_{35}$$

Desde logo, o valor da prestação será, em termos genéricos, dado por

$$B_j = k \times (j - e) \times S_x \times \frac{\varepsilon_{64}}{\varepsilon_x}$$

Para o participante A, temos que $e = 35$ e $x = 30$; vem que

$$NC_{30} \times {}^s\ddot{a}^{(T)}_{30:\overline{65-30}|} = k_{30} \times S_{30} \times {}^s\ddot{a}^{(T)}_{30:\overline{65-30}|} = B_{65} \times \ddot{a}^{(12)}_{65} \times {}_{65-30}E^{(T)}_{30}$$

expressão que, ao desenvolvermos, dará lugar a

$$k_{30} \times S_{30} \times \left(\frac{{}^s N^{(T)}_e - {}^s N^{(T)}_j}{{}^s D^{(T)}_e} \right) = B_{65} \times \ddot{a}^{(12)}_{65} \times \frac{D_{65}}{D_{30}}$$

Substituímos pelos valores recolhidos na tabela, sendo que

$$k_{30} \times 16.800 \text{ €} \times \left(\frac{720.000 - 182.500}{34.000} \right) = 0,015 \times (65 - 30) \times 16.800 \text{ €} \times$$

$$\times 10,75 \times \frac{9.100}{30.100} \Leftrightarrow k_{30} \times 265.588,2353 = 28.665 \Leftrightarrow k_{30} = 0,10793$$

A **provisão matemática não constituída** compara os recursos detidos pelo fundo com o nível de recursos que permite assegurar a sua sustentabilidade financeira.

$$UAL_{t+1} = UAL_t (1 + i) - [C + I_C - NC_t (1 + i)] - [I_{t+1} - \tilde{I}_t]$$

$$- \left[\sum_S \hat{A}L_{x+1} - \sum_{A_t} q_x^{(T)} \times \hat{A}L_{x+1} \right] - \left[\sum_R \hat{A}L_{t+1} - (P + I_P) \right]$$

$$+ \sum_{A_{t+1}} \Delta B_{x+1,j} \times \ddot{a}_j^{(m)} \times \left(\frac{D_j^{(T)}}{D_{x+1}^{(T)}} \right)$$

$$- \sum_{A_{t+1}} \Delta B_{x+1,j} \times \ddot{a}_j^{(m)} \times {}_{j-e}E_e^{(T)} \left(\frac{D_j^{(T)}}{D_e^{(T)}} \right) \left(\frac{{}^sD_e^{(T)}\varepsilon_{x+1}}{{}^sN_e^{(T)} - {}^sN_j^{(T)}} \right) \left(\frac{{}^sN_{x+1}^{(T)} - {}^sN_j^{(T)}}{{}^sD_{x+1}^{(T)}\varepsilon_e} \right) \quad [\text{ V.77 }]$$

Mais uma vez, e à semelhança do método anterior, o **ganho actuarial** é obtido de modo idêntico ao estabelecido para o método do crédito unitário tradicional, cuja expressão apontamos de novo:

$$G_{t+1} = [UAL_t + NC_t] (1 + i) - (C + I_C) - UAL_{t+1}$$

EXEMPLO: Considere um plano de pensões com três participantes (A, B e C), relativamente aos quais são conhecidos os seguintes elementos, que se reportam a 1.1.2009:

Participante	e	x	Salário Anual	$\varepsilon_{64}/\varepsilon_x$	D_e	${}^sD_e$	N_e	${}^sN_e$
A	30	35	16.800 €	1,583	30.100	34.000	650.000	720.000
B	40	45	21.000 €	1,231	20.200	22.000	396.000	420.000
C	35	60	28.000 €	1,014	10.400	10.800	187.000	275.000
		65		1	9.100	9.500	170.000	182.500

Para além disso, devemos atender às seguintes informações:

– Idade normal de reforma: 65 anos;
– $\ddot{a}_{65}^{(12)} = 10,75$;

o que é o mesmo que ter

$$AL_x = B_{x,j} \times \ddot{a}_j^{(m)} \times {}_{j-x}E_x^{(T)} \times \left(\frac{{}^s N_e^{(T)} - {}^s N_x^{(T)}}{{}^s N_e^{(T)} - {}^s N_j^{(T)}} \right) \qquad [\text{ V.73 }]$$

Consequentemente, para a totalidade dos participantes no plano, vem que

$$AL_t = \sum_{A_t} B_{x,j} \times \ddot{a}_j^{(m)} \times {}_{j-x}E_x^{(T)} \times \left(\frac{{}^s N_e^{(T)} - {}^s N_x^{(T)}}{{}^s N_e^{(T)} - {}^s N_j^{(T)}} \right) \qquad [\text{ V.74 }]$$

Por sua vez, no final do período de valorização, a provisão matemática para cada participante vem dada por

$$AL_{x+1} = [AL_x + NC_x](1+i) + q_x^{(T)} \times \hat{A}L_{x+1} + \Delta B_{x+1,j} \times \ddot{a}_j^{(m)} \times {}_{j-x-1}E_{x+1}^{(T)}$$

$$- \Delta B_{x+1,j} \times \ddot{a}_j^{(m)} \times {}_{j-x-1}E_e^{(T)} \left(\frac{{}^s D_e^{(T)} \varepsilon_{x+1}}{{}^s N_e^{(T)} - {}^s N_j^{(T)}} \right) \left(\frac{{}^s N_{x+1}^{(T)} - {}^s N_j^{(T)}}{{}^s D_{x+1}^{(T)} \varepsilon_e} \right) \qquad [\text{ V.75 }]$$

No mesmo momento, a provisão matemática para o conjunto de participantes resulta da soma das provisões individuais, donde

$$AL_{t+1} = [AL_t + NC_t](1+i) + \sum_{A_t} q_x^{(T)} \times \hat{A}L_{x+1} + \sum_{A_{t+1}} \Delta B_{x+1,j} \times \ddot{a}_j^{(m)} \times {}_{j-x-1}E_{x+1}^{(T)}$$

$$- \sum_{A_t} \Delta B_{x+1,j} \times \ddot{a}_j^{(m)} \times {}_{j-x-1}E_e^{(T)} \left(\frac{{}^s D_e^{(T)} \varepsilon_{x+1}}{{}^s N_e^{(T)} - {}^s N_j^{(T)}} \right) \left(\frac{{}^s N_{x+1}^{(T)} - {}^s N_j^{(T)}}{{}^s D_{x+1}^{(T)} \varepsilon_e} \right) \qquad [\text{ V.76 }]$$

Convém precisar que os terceiro e quarto termos do braço direito da expressão anterior representam os efeitos decorrentes de uma eventual revalorização do valor da pensão projectada, respectivamente, ao nível do valor actuarial das prestações futuras e ao nível do valor actuarial dos custos normais futuros. Sublinhe-se, ainda, que esses termos serão iguais a zero caso não ocorra nenhuma revalorização.

De acordo com as expressões anteriores, podemos, ainda, estabelecer que

$$NC_e \times {}^s\ddot{a}_{e:\overline{j-e}|}^{(T)} = k \times S_e \times {}^s\ddot{a}_{e:\overline{j-e}|}^{(T)} \qquad [\ \mathbf{V.70b}\ ]$$

Retomando a expressão que permite calcular o custo normal à idade x e atendendo ao desenvolvimento de $k \times S_e$, vem que

$$NC_x = B_j \times \ddot{a}_j^{(m)} \times {}_{j-x}E_e^{(T)} \times \left(\frac{{}^sD_e^{(T)}}{{}^sN_e^{(T)} - {}^sN_j^{(T)}} \right) \times \frac{\varepsilon_x}{\varepsilon_e} \qquad [\ \mathbf{V.71a}\ ]$$

Os símbolos ${}^sD$ e ${}^sN$ referem-se às funções de comutação construídas no pressuposto do crescimento dos salários. Acresce que a expressão anterior equivale a ter

$$NC_x = NC_e \times \frac{\varepsilon_x}{\varepsilon_e} \qquad [\ \mathbf{V.71b}\ ]$$

Tal corrobora o que anteriormente se afirmou, no que tange ao facto de o custo normal depender da taxa de crescimento dos salários e, bem assim, da idade x alcançada por cada participante; enquanto isso, no caso anterior, o custo normal permanecia constante ao longo de toda a vida activa de cada indivíduo.

O custo normal total no início de cada período de valorização t é dado pelo somatório dos custos normais associados a cada participante, donde

$$NC_t = \sum_{A_t} NC_x = \sum_{A_t} B_j \times \ddot{a}_j^{(m)} \times \frac{D_j^{(T)}}{D_e^{(T)}} \times \left(\frac{{}^sD_e^{(T)}}{{}^sN_e^{(T)} - {}^sN_j^{(T)}} \right) \times \frac{\varepsilon_x}{\varepsilon_e} \qquad [\ \mathbf{V.72}\ ]$$

Já no que se reporta à **provisão matemática**, defini-la-emos como sendo a diferença entre o valor actual das prestações projectadas e os custos normais futuros, no início de cada período de valorização do plano, pelo que

$$AL_x = B_{x,j} \times \ddot{a}_j^{(m)} \times {}_{j-x}E_x^{(T)} - NC_x \times \left(\frac{{}^sN_x^{(T)} - {}^sN_j^{(T)}}{{}^sD_x^{(T)}} \right)$$

$$= 17.600\ \text{€} \times 13{,}764166 \times \frac{12.827}{18.429} \times \frac{1.278.186 - 340.549}{1.278.186 - 182.432} = 144.280{,}48\ \text{€}$$

Para $x = 58 \Rightarrow AL_{58} = B_{58,65} \times \ddot{a}_{65}^{(12)} \times {}_{65-58}E_{58} = \left(\dfrac{N_{25} - N_{58}}{N_{25} - N_{65}}\right)$

$$= (25.000\ \text{€} \times 2\% \times 40) \times 13{,}764166 \times \frac{D_{65}}{D_{58}} \times \frac{N_{25} - N_{58}}{N_{25} - N_{65}} =$$

$$= 20.000\ \text{€} \times 13{,}764166 \times \frac{12.827}{16.625} \times \frac{1.278.186 - 287.094}{1.278.186 - 182.432} = 192.107{,}47\ \text{€}$$

Retomando a expressão definida para AL_0, vem que

$AL_0 = 12 \times 25.012{,}08\ \text{€} + 10 \times 36.088{,}89\ \text{€} + 8 \times 144.280{,}48\ \text{€} + 5 \times 192.107{,}47\ \text{€}$
$= 2.775.815{,}05\ \text{€}$

A **provisão matemática** referente ao início de 2009 é de 2.775.815,05 €.

ii) Método EAN com variação salarial

Nesta modalidade, teremos que o custo normal variará em função do salário auferido, logo, *grosso modo*, em função da idade do participante. Em consequência, o custo normal será crescente e dependerá da idade atingida pelo participante à data de valorização do plano. Este ponto distingue, justamente, o método em apreço quando comparado com o método da idade normal de entrada sem variação salarial, já que, neste último, o custo normal se mantém imutável durante a permanência do participante no plano. Desde logo, define-se que

$$NC_x = k \times S_x \qquad\qquad [\ \text{V.69}\ ]$$

Mais uma vez, o valor actual das prestações projectadas deve corresponder ao valor actual das contribuições a realizar, donde

$$NC_e \times {}^s\ddot{a}_{e:\overline{j-e}|}^{(T)} = B_j \times \ddot{a}_j^{(m)} \times {}_{j-x}E_x^{(T)} \qquad\qquad [\ \text{V.70a}\ ]$$

com ${}^s\ddot{a}_{e:\overline{j-e}|}^{(T)}$ a notar o valor actual por cada unidade monetária de salário futuro a auferir pelo participante, até atingir a idade de reforma.

ou seja,

$$AL_0 = \sum_{A_0} AL_x = 12 \times AL_{37} + 10 \times AL_{40} + 8 \times AL_{55} + 5 \times AL_{58}$$

Calculamos cada um dos AL_x atendendo a [V.64b], logo a

$$AL_x = B_{x,j} \times \ddot{a}_j^{(m)} \times {}_{j-x}E_e^{(T)} \left(\frac{N_e^{(T)} - N_x^{(T)}}{N_e^{(T)} - N_j^{(T)}} \right)$$

que poderemos simplificar para $AL_x = B_{x,j} \times \ddot{a}_j^{(m)} \times {}_{j-x}E_x \left(\dfrac{N_e - N_x}{N_e - N_j} \right)$, uma vez que o falecimento é a única causa de saída possível.

Para $x = 37 \Rightarrow AL_{37} = B_{37,65} \times \ddot{a}_{65}^{(12)} \times {}_{65-37}E_{37} \times \left(\dfrac{N_{25} - N_{37}}{N_{25} - N_{65}} \right) =$

$= (13.200\ \text{€} \times 2\% \times 40) \times 13,764166 \times \dfrac{D_{65}}{D_{37}} \times \dfrac{N_{25} - N_{37}}{N_{25} - N_{65}} =$

$= 10.560\ \text{€} \times 13,764166 \times \dfrac{12.827}{32.691} \times \dfrac{1.278.186 - 797.621}{1.278.186 - 182.432} = 25.012,08\ \text{€}$

Para $x = 40 \Rightarrow AL_{40} = B_{40,65} \times \ddot{a}_{65}^{(12)} \times {}_{65-40}E_{40} \left(\dfrac{N_{25} - N_{40}}{N_{25} - N_{65}} \right) =$

$= (14.500\ \text{€} \times 2\% \times 40) \times 13,764166 \times \dfrac{D_{65}}{D_{40}} \times \dfrac{N_{25} - N_{40}}{N_{25} - N_{65}} =$

$= 11.600\ \text{€} \times 13,764166 \times \dfrac{12.827}{29.816} \times \dfrac{1.278.186 - 702.477}{1.278.186 - 182.432} = 36.088,89\ \text{€}$

Para $x = 55 \Rightarrow AL_{55} = B_{55,65} \times \ddot{a}_{65}^{(12)} \times {}_{65-55}E_{55} \left(\dfrac{N_{25} - N_{55}}{N_{25} - N_{65}} \right) =$

$= (22.000\ \text{€} \times 2\% \times 40) \times 13,764166 \times \dfrac{D_{65}}{D_{55}} \times \dfrac{N_{25} - N_{55}}{N_{25} - N_{65}} =$

Calculamos, desde logo, $\sum_{A_0} B_{65}$ e $\ddot{a}_{65}^{(12)}$, donde

$$\sum_{A_0} B_{65} = (12 \times 13.200 \text{ €} \times 2\% \times 40) + (10 \times 14.500 \text{ €} \times 2\% \times 40) +$$

$$+ (8 \times 22.000 \text{ €} \times 2\% \times 40) + (5 \times 25.000 \text{ €} \times 2\% \times 40) = 483.520 \text{ €}$$

Já no que se refere a $\ddot{a}_{65}^{(12)}$, recordamos a expressão formalizada em [II,21a], segundo a qual $\ddot{a}_x^{(m)} = \ddot{a}_x - \dfrac{m-1}{2m}$, logo

$$\ddot{a}_{65}^{(12)} = \ddot{a}_{65} - \frac{12-1}{2 \times 12} = \frac{N_{65}}{D_{65}} - \frac{12-1}{2 \times 12}$$

Retiramos os símbolos de comutação da tabela que nos é facultada, os quais, sublinhe-se, reportam todas as causas de saída possíveis e que, no caso presente, se limitam ao falecimento. Vem, assim, que

$$\ddot{a}_{65}^{(12)} = \frac{182.432}{12.827} - \frac{11}{24} = 13,764166$$

Por fim, vem que

$$NC_0 = 483.520 \text{ €} \times 13,764166 \times \frac{12.827}{1.278.186 - 182.432}$$

$$NC_0 = 77.906,98 \text{ €}$$

O **custo normal** associado ao plano de pensões, no início de 2009, era de 77.906,98 €.

Determinamos, de seguida, a **provisão matemática** relativa à mesma data. Como vimos anteriormente,

$$AL_t = \sum_{A_t} AL_x$$

Idade x	N.º de participantes	Salário anual (em euros)	D_x	N_x
25	0	–	47.032	1.278.186
37	12	13.200	32.691	797.621
40	10	14.500	29.816	702.477
55	8	22.000	18.429	340.549
58	5	25.000	16.625	287.094
65	0	27.500	12.827	182.432

Pretende-se que calcule o **custo normal** e a **provisão matemática** do plano em 1.1.2009.

Como sabemos, no início de cada período de valorização, o custo normal associado a um plano de pensões é igual ao somatório dos custos normais atinentes a cada um dos participantes, isto é,

$$NC_t = \sum_{A_t} NC_e$$

ou, ainda,

$$NC_0 = \sum_{A_0} NC_e$$

Por sua vez, por intermédio de [V.63c], estabelecemos que

$$NC_0 = \sum_{A_t} B_j \times \ddot{a}_j^{(m)} \times \frac{D_j^{(T)}}{N_e^{(T)} - N_j^{(T)}}$$

expressão esta que, uma vez aplicada ao caso em apreço, permite escrever que

$$NC_0 = \sum_{A_0} B_{65} \times \ddot{a}_{65}^{(12)} \times \frac{D_{65}}{N_{25} - N_{65}}$$

Tal como definimos para os métodos de prestações acumuladas, a **provisão matemática não constituída** traduz a diferença existente, num dado momento, entre a provisão matemática constituída e o valor acumulado no fundo que financia o plano em apreço. Assim sendo, para $t + 1$, vem que $UAL_{t+1} = AL_{t+1} - F_{t+1}$, ou, desenvolvendo a expressão,

$$UAL_{t+1} = UAL_t\,(1+i) - [C + I_C - NC_t \times (1+i)] - [I_{t+1} - i \times F_t - I_C + I_P] +$$

$$+ \sum_{A_{t+1}} \Delta B_{x+1,j} \times \ddot{a}_j^{(m)} \times \frac{D_j^{(T)}}{D_{x+1}^{(T)}} \times \left(\frac{N_e^{(T)} - N_{x+1}^{(T)}}{N_e^{(T)} - N_j^{(T)}} \right)$$

$$- \left[\sum_S \hat{A}L_{x+1} - \sum_{A_t} q_x^{(T)} \times \hat{A}L_{x+1} \right] - \left[\sum_R \hat{A}L_{x+1} - (P + I_P) \right] \qquad [\ \mathbf{V.68}\ ]$$

Por sua vez, o **ganho actuarial** reflecte os desvios observados durante o período de valorização relativamente às hipóteses inicialmente apontadas, sendo que

$$G_{t+1} = [UAL_t + NC_t]\,(1 + i) - (C + I_C) - UAL_{t+1}$$

A expressão anterior, embora coincidente com a que definimos para o método do crédito unitário tradicional, conduzirá necessariamente a resultados diferentes, por serem distintas as hipóteses de partida e, bem assim, os valores envolvidos.

EXEMPLO: São conhecidos os seguintes elementos relativos a um plano de pensões promovido por uma organização a favor dos seus colaboradores, valorizado através do método da idade normal de entrada:

– A prestação cumulativa anual corresponde a 2% do salário auferido;
– Não se prevê qualquer crescimento dos salários;
– Todos os participantes entraram no plano com a idade de 25 anos;
– Idade normal de reforma: 65 anos;
– A única causa de saída possível é o falecimento;
– Dados relativos ao colectivo de participantes em 1/1/2009 e respectivos símbolos de comutação:

logo

$$AL_t = \sum_{A_t} B_{x,j} \times \ddot{a}_j^{(m)} \times {}_{j-x}E_x^{(T)} \left(\frac{N_e^{(T)} - N_x^{(T)}}{N_e^{(T)} - N_j^{(T)}} \right)$$ [V.65]

Por sua vez, a provisão matemática para um participante à idade $x + 1$, por analogia com [V.64b], é dada por

$$AL_{x+1} = B_{x+1,j} \times \ddot{a}_j^{(m)} \times {}_{j-x-1}E_{x+1}^{(T)} \left(\frac{N_e^{(T)} - N_{x+1}^{(T)}}{N_e^{(T)} - N_j^{(T)}} \right)$$ [V.66a]

$B_{x+1,j}$ será igual a $B_{x,j}$ se não houver alteração do valor da prestação projectada. Porém, se $B_{x+1,j}$ for alvo de qualquer incremento, teremos que $\Delta B_{x+1,j} = B_{x+1,j} - B_{x,j}$ pelo que podemos reescrever [V.66a] do seguinte modo:

$$AL_{x+1} = B_{x,j} \times \ddot{a}_j^{(m)} \times {}_{j-x-1}E_{x+1}^{(T)} \left(\frac{N_e^{(T)} - N_{x+1}^{(T)}}{N_e^{(T)} - N_j^{(T)}} \right) +$$

$$+ \Delta B_{x+1,j} \times \ddot{a}_j^{(m)} \times {}_{j-x-1}E_{x+1}^{(T)} \left(\frac{N_e^{(T)} - N_{x+1}^{(T)}}{N_e^{(T)} - N_j^{(T)}} \right)$$ [V.66b]

No que concerne à provisão matemática relativa ao momento $t + 1$, recordamos que, tomando o conjunto de participantes no plano como um conjunto fechado, vem que $A_{t+1} = A_t - (S + R)$. Tal implica que, no final do período de valorização do plano, as pensões projectadas para os participantes correspondentes a S e a R não devam ser consideradas para efeitos do cálculo da provisão matemática, uma vez que esses participantes já não estão integrados no plano. Daí resulta que

$$AL_{t+1} = \sum_{A_t} + AL_{x+1} - \sum_{S+R} AL_{x+1}$$ [V.67a]

Desenvolvendo a expressão anterior, vem que

$$AL_{t+1} = [AL_t + NC_t](1+i) + \sum_{A_{t+1}} \Delta B_{x+1,j} \times \ddot{a}_j^{(m)} \times {}_{j-x-1}E_{x+1}^{(T)} \times \left(\frac{N_e^{(T)} - N_{x+1}^{(T)}}{N_e^{(T)} - N_j^{(T)}} \right)$$

$$+ \sum_{A_t} q_x^{(T)} \times \hat{AL}_{x+1} - \sum_{S+R} \hat{AL}_{x+1}$$ [V.67b]

Assim, no primeiro caso, a provisão matemática traduz-se pela diferença entre o valor actuarial dos benefícios e dos custos normais futuros relativamente a essa idade x. Logo formalizamos que

$$AL_x = B_{x,j} \times \ddot{a}_j^{(m)} \times {}_{j-e}E_e^{(T)} - NC_x \times \ddot{a}_{x:\overline{j-x}|}^{(m)} \qquad [\text{ V.64a }]$$

ou ainda

$$AL_x = B_{x,j} \times \ddot{a}_j^{(m)} \times {}_{j-x}E_x^{(T)} \left(\frac{N_e^{(T)} - N_x^{(T)}}{N_e^{(T)} - N_j^{(T)}} \right) \qquad [\text{ V.64b }]$$

em cuja expressão $B_{x,j}$ representa a prestação de reforma projectada para o participante desde a idade x até à idade j e que é igual a B_j caso os pressupostos de partida se mantenham constantes, isto é, caso não se observem quaisquer revalorizações do montante das pensões.

Já aplicando o método retrospectivo, a provisão matemática irá equivaler ao valor actuarial dos custos normais observados até ao momento, donde

$$AL_x = NC_e \times \ddot{s}_{e:\overline{x-e}|}^{(T)}$$

com a $\ddot{s}_{e:\overline{x-e}|}^{(T)}$ corresponder ao factor de capitalização dos custos normais que se reportam ao período de tempo entre o momento de entrada no plano e o momento x. De outro modo,

$$AL_x = B_{x,j} \times \ddot{a}_j^{(m)} \times {}_{j-x}E_x^{(T)} \left(\frac{N_e^{(T)} - N_x^{(T)}}{N_e^{(T)} - N_j^{(T)}} \right)$$

que é exactamente a mesma formalização que a proposta em [V.64b].

Se pretendermos calcular a provisão matemática para a idade de entrada no plano, assumindo ambas as expressões anteriores como expressões genéricas, teremos que $x = e$, pelo que o valor da provisão é nulo, para ambos os métodos, sendo nulo, também, nesse momento, o valor do fundo associado ao plano de pensões.

A provisão matemática para o total de participantes do plano é dada por

$$AL_t = \sum_{A_t} AL_x$$

$$NC_t = \sum_{A_t} NC_e \qquad [\ \textbf{V.63a}\ ]$$

o que, atendendo a [V.61b] equivale a ter

$$NC_t = \sum_{A_t} \frac{B_j \times \ddot{a}_j^{(m)} \times {}_{j-e}E_e^{(T)}}{\ddot{a}_{e:\overline{j-e}|}} \qquad [\ \textbf{V.63b}\ ]$$

e, bem assim,

$$NC_t = \sum_{A_t} B_j \times \ddot{a}_j^{(m)} \times \frac{D_j^{(T)}}{N_e^{(T)} - N_j^{(T)}} \qquad [\ \textbf{V.63c}\ ]$$

Convém precisar que, neste método, *o custo normal se mantém constante* para qualquer idade x, isto é, para qualquer momento em que se proceda à avaliação do plano, desde a idade de entrada e até à idade de jubilação j, caso se mantenham as hipóteses de partida e não haja revalorização das pensões. Esta particularidade pode ser justamente apontada como uma das vantagens intrínsecas a este método de repartição de custos, donde resulta um encargo constante para a entidade promotora, ao longo do tempo, por cada participante no plano.

Nas secções anteriores, concluiu-se que, nos métodos actuariais de prestações acumuladas, os custos normais aumentam em função da idade do participante, implicando, desta feita, um encargo crescente para a entidade promotora. Sucede, porém, que muitas empresas/entidades poderão privilegiar uma lógica de curto prazo e transferir para o futuro o pagamento de quantias mais elevadas, elegendo, assim, os métodos de prestações acumuladas para a repartição dos custos associados aos respectivos planos de pensões, em detrimento dos métodos de prestações projectadas.

Recorde-se, ainda, que a NCRF 28 remete para a IAS 19 e aponta o *método do crédito unitário projectado* como o expediente a reter na contabilização dos benefícios associados aos planos de pensões de benefício definido.

Vejamos, agora, o que sucede relativamente à constituição da **provisão matemática** para uma idade x posterior à idade de entrada no plano. Tal como se discutiu em tempo oportuno, esta pode ser obtida através do método *prospectivo* ou do método *retrospectivo*, os quais conduzem, necessariamente, ao mesmo resultado.

i) Método EAN sem variação salarial

Principiamos por determinar o **custo normal** para a idade normal de entrada *e* relativo a cada participante. Este custo normal é o que satisfaz, nesse momento, a equação de equivalência actuarial entre os custos normais futuros e o montante da pensão projectada para a idade *j*, uma vez verificadas as hipóteses de partida. Deste modo, vem que

$$NC_e \times \ddot{a}_{e:\overline{j-e}|} = B_j \times \ddot{a}_j^{(m)} \times {}_{j-e}E_e^{(T)} \qquad [\text{ V.61a }]$$

Da expressão anterior decorre que

$$NC_e = \frac{B_j \times \ddot{a}_j^{(m)} \times {}_{j-e}E_e^{(T)}}{\ddot{a}_{e:\overline{j-e}|}}$$

No entanto, ${}_{j-e}E_e^{(T)} = \dfrac{D_j}{D_e}$; enquanto isso, $\ddot{a}_{e:\overline{j-e}|}$ corresponde ao valor actual de uma renda imediata, temporária, com $(j - e)$ termos antecipados, constantes e iguais à unidade, pelo que $\ddot{a}_{e:\overline{j-e}|} = \dfrac{N_e - N_j}{D_e}$. Substituindo ${}_{j-e}E_e^{(T)}$ e $\ddot{a}_{e:\overline{j-e}|}$ na expressão correspondente a NC_e, vem que

$$NC_e = B_j \times \ddot{a}_j^{(m)} \times \frac{D_j^{(T)}}{N_e^{(T)} - N_j^{(T)}} \qquad [\text{ V.61b }]$$

Por sua vez, de acordo com a formalização de custo normal anteriormente proposta, teremos que $NC_e = b_e \times \ddot{a}_j^{(m)} \times {}_{j-e}E_e^{(T)}$. Esta expressão permite conhecer b_e, ou seja, a prestação cumulativa reconhecida a favor do beneficiário, por cada ano de trabalho do participante, a partir da idade de entrada no plano de pensões. Retira-se, então, que

$$b_e = \frac{NC_e}{\ddot{a}_j^{(m)} \times {}_{j-e}E_e^{(T)}} \qquad [\text{ V.62 }]$$

Tal como nos casos anteriores, o custo normal do plano de pensões resulta da soma dos custos normais atinentes aos vários participantes, donde

Por último, no que se reporta à **provisão matemática**, teremos que

$$AL_{62} = B_{62} \times {}_{65-62}E_{62}^{(T)} \times \ddot{a}_{65}^{(12)} = 6.095,23 \text{ €} \times 0,7340 \times 11,75 = 52.568,31 \text{ €}$$

Também aqui o valor obtido é maior que no caso anterior, pelas razões já avançadas.

6.2. Métodos actuariais de prestações projectadas

Ao invés do que sucedia nos métodos actuariais de prestações acumuladas, nos métodos actuariais de prestações projectadas recorre-se a *níveis de benefício projectado* em vez de a níveis de benefício acumulado.

Entre estes métodos, discutiremos: *i)* o **método da idade normal de entrada** no plano ou *Entry Age Normal*, donde resulta a abreviatura EAN; *ii)* o **método da idade normal alcançada** ou *Attained Age Normal* e, por isso mesmo, identificado pela sigla AAN; *iii)* por último, o **método do prémio individual constante** ou *Individual Level Premium*, conhecido, ainda, pelas iniciais ILP.

6.2.1. Método da idade normal de entrada

Neste método de distribuição de custos, o equilíbrio financeiro-actuarial entre os benefícios previstos e as contribuições a realizar para o fundo de pensões é estabelecido para a *idade normal de entrada*, ou seja, para a **idade efectiva de adesão** de cada participante ao plano de pensões. Por conseguinte, a idade normal de entrada não corresponde a nenhum requisito legalmente estabelecido ou pré-definido no contexto do próprio plano, antes variando entre o conjunto de participantes. Para além disso, não são reconhecidos quaisquer benefícios decorrentes de serviço prestado pelo participante em período prévio à data de criação do plano, ao invés do que sucede no método da idade normal alcançada, tal como oportunamente elucidaremos.

Na discussão deste método, atendemos às possibilidades de as prestações serem projectadas *i)* **sem** e *ii)* **com** variação salarial. Tomamos, inicialmente, o caso mais simples, ou seja, aquele em que, para cada nível etário considerado, o salário permanece constante ao longo de todo o período de participação no plano[48].

---

[48] Tal implica que a prestação projectada para cada nível etário permaneça também constante. Nada obsta, porém, que todos os participantes do plano aufiram salários idênticos, independentemente da idade respectiva, o que conduzirá, necessariamente, a prestações projectadas também iguais. Esta hipótese revela-se, porém, bastante redutora da realidade.

também constante e, concomitantemente, a aplicação de uma escala salarial simples. Determinamos, primeiramente, o nível de salário aos 62 anos, sendo que

$$S_{62} = S_{42}(1 + 2,5\% + 0,8\%)^{62-42}$$
$$S_{62} = 10.000 \text{ €} \times (1 + 3,3\%)^{20}$$
$$S_{62} = 19.142,84 \text{ €}$$

Consequentemente, de acordo com [V.36],

$$b_{62} = k \times S_{62} = 0,022 \times 19.142,84 \text{ €} = 421,14 \text{ €}$$

Logo, para o custo normal, vem que

$$NC_{62} = b_{62} \times {}_{65-62}E_{62}^{(T)} \times \ddot{a}_{65}^{(12)}$$
$$NC_{62} = 421,14 \text{ €} \times 0,7340 \times 11,75$$
$$NC_{62} = 3.632,12 \text{ €}$$

O custo normal assim obtido é maior do que o que resultou do exemplo anterior, uma vez que, no caso presente, se considera que a prestação cumulativa é função do nível de salário auferido.

Observemos, agora, o que sucede para a prestação acumulada. B_{62} resulta da aplicação da taxa de 2,2% ao salário acumulado à idade de 62 anos, ou seja, à soma dos salários auferidos entre os 42 e os 61 anos. Recorde-se, porém, que o salário auferido aos 42 anos era de 10.000 €; aos 43 anos, seria de 10.000 € × × (1 + 3,3%); aos 44 anos, corresponderia a 10.000 € × (1 + 3,3%)²; e assim por diante, até que aos 61 anos será de 10.000 € × (1 + 3,3%)²⁰⁻¹. Pelo exposto, concluímos facilmente que o salário acumulado aos 62 anos pode ser obtido através de uma renda de acumulação, com 20 termos constantes e postecipados, no montante de 10.000 € cada, e com uma taxa de 3,3%. Designando por W_{62} esse salário acumulado, vem que

$$W_{62} = 10.000 \text{ €} \times \frac{(1+3,3\%)^{20} - 1}{3,3\%} = 277.055,84 \text{ €}$$

Tomando, de seguida, [V.39b], surge que

$$B_{62} = k \times W_{62} = 2,2\% \times 277.055,84 \text{ €} = 6.095,23 \text{ €}$$

Por último, atendemos à expressão que permite determinar a provisão matemática, definida em [V.55], sendo que

$$AL_x = B_x \times {}_{j-x}E_x^{(T)} \times \ddot{a}_j^{(m)}$$

Vem, então, que

$$AL_{62} = B_{62} \times {}_{65-62}E_{62}^{(T)} \times \ddot{a}_{62}^{(T)} = 4.800 \text{ €} \times 0,7340 \times 11,75 = 41.397,60 \text{ €}$$

Este montante indica o valor que deverá estar acumulado no fundo, de modo a garantir o pagamento das responsabilidades futuras, associadas à pensão de reforma deste indivíduo.

6.1.2. Método de crédito unitário projectado

O método de crédito unitário projectado diferencia-se do método de crédito unitário tradicional no que se reporta à definição de b_x (e também de B_x), uma vez que a prestação cumulativa constitui agora uma percentagem do salário auferido, obedecendo este a uma certa escala salarial. Há, assim, que atender ao modo de variação do salário e ainda às remunerações de referência que sustentam o cálculo das prestações futuras.

Uma vez determinada a prestação cumulativa, obtém-se, facilmente, a prestação acumulada, o que permite, ainda, calcular, respectivamente, o custo normal e a provisão matemática constituída.

Os restantes parâmetros surgem recorrendo a expedientes de cálculo idênticos aos descritos na secção anterior a propósito do método de crédito unitário tradicional. Assim sendo, excusamo-nos de repetir as fórmulas oportunamente propostas, optando por apresentar e discutir o exemplo seguinte.

EXEMPLO: Reconsidere o exemplo da secção anterior. Calcule, de novo, o **custo normal** e a **provisão matemática** concernentes ao mesmo participante, na eventualidade de a prestação cumulativa corresponder a 2,2% do salário anual. Considere, ainda, que o salário à data em que o indivíduo entrou no plano equivalia a 10.000 €/ano, que $\bar{f} = 2,5\%$ e que $\bar{g} = 0,8\%$.

Principiamos por determinar o **custo normal**, sendo que, agora, b_x depende do nível de salário projectado para a idade x. A taxa de inflação e a taxa de produtividade são constantes, donde resultará uma taxa de crescimento salarial

Entre a data de nascimento do indivíduo (1946) e a data de avaliação do plano, decorreram 62 anos, os quais correspondem, assim, à idade deste participante. Para além disso, tendo sido contratado em 1988 (tinha, nesse momento, 42 anos), conta com 20 anos de participação no plano.

No que concerne ao custo normal, aplicaremos a expressão formalizada em [V.53], ou seja,

$$NC_x = b_x \times {}_{j-x}E_x^{(T)} \times \ddot{a}_j^{(m)}$$

Atendendo aos dados do problema, vem que

$$NC_{62} = b_{62} \times {}_{65-62}E_{62}^{(T)} \times \ddot{a}_{65}^{(12)}$$

sendo, no caso, $b_{62} = 20 \text{ €} \times 12 = 240 \text{ €}$. Resulta, então, que

$$NC_{62} = 240 \text{ €} \times {}_3E_{62}^{(T)} \times 11{,}75 = 240 \text{ €} \times \frac{D_{65}}{D_{62}} \times 11{,}75$$

Calculamos $\frac{D_{65}}{D_{62}}$ atendendo às probabilidades que constam na tábua de serviço, bem como à taxa de juro técnica. Assim sendo,

$$\frac{D_{65}}{D_{62}} = (1 + 4\%)^{-3} \times p_{62}^T \times p_{63}^T \times p_{64}^T = (1 + 4\%)^{-3} \times$$

$$\times \left(1 - q_{62}^T\right) \times \left(1 - q_{63}^T\right) \times \left(1 - q_{64}^T\right) =$$

$$= (1 + 4\%)^{-3} \times (1 - 0{,}07) \times (1 - 0{,}08) \times (1 - 0{,}035) = 0{,}7340$$

Logo, $NC_{62} = 240 \text{ €} \times 0{,}7340 \times 11{,}75 = 2.069{,}88 \text{ €}$

Esta quantia corresponde ao montante do investimento que, nesse ano, deve ser realizado a favor do fundo de pensões, de modo a assegurar a sustentabilidade financeira do plano, no que concerne a este indivíduo em particular.

Por sua vez, como o indivíduo se encontra ao serviço da empresa há 20 anos, vem que

$$B_{62} = (20 \text{ €} \times 12) \times 20 = 4.800 \text{ €}$$

$$G_{t+1} = U\tilde{A}L_{t+1} - UAL_{t+1}$$

Formalizamos, ainda que

$$U\tilde{A}L_{t+1} = [UAL_t + NC_t](1+i) - (C + I_C) \qquad [\text{ V.60 }]$$

Observando a expressão anterior, verifica-se que a provisão matemática não constituída esperada para o momento $t+1$ resulta da soma da provisão matemática não constituída para o momento t e do custo normal para esse período, capitalizada por um período de tempo à taxa de juro técnica, à qual se deduzem as contribuições entretanto realizadas, bem como os juros respectivos.

Se a provisão matemática não constituída esperada exceder a provisão matemática não constituída efectivamente observada para o período em apreço, tal significa que $G_{t+1} > 0$; o que se pode dever a um acréscimo relativo das contribuições ou à melhoria efectiva da política de investimentos do respectivo fundo. Assim, o ganho actuarial constitui um bom indicador no que concerne à avaliação destes parâmetros.

EXEMPLO: Um plano de pensões de benefícios definidos, criado por uma empresa a favor dos seus trabalhadores, encontra-se a ser valorizado através do método do crédito unitário tradicional. Relativamente a esse plano, conhecem--se as seguintes informações:

- Prestação cumulativa: 20 € por mês por cada ano de trabalho;
- Taxa de juro técnica: 4% ao ano;
- Possíveis causas de saída: falecimento e abandono;
- Idade normal de reforma: 65 anos;
- $\ddot{a}_{65}^{(12)} = 11{,}75$;
- Dados referentes a 1 participante: Data de nascimento: 1.1.1946; data de contratação: 1.1.1988;
- Tábua de serviço:

Idade	q_x^T	q_x^c
62	0,070	0,021
63	0,080	0,023
64	0,035	0,025
65	1	0,000

Calcular o **custo normal** e a **provisão matemática** do plano em 1.1.2008.

Por último, a provisão matemática relativa ao momento $t+1$ pode ser igualmente definida como

$$AL_{t+1} = [AL_t + NC_t](1+i) + \sum_{A_t} B_{x+1} \times {}_{j-x-1}E_{x+1}^{(T)} \times \ddot{a}_j^{(m)}$$

$$- \left[\sum_S B_{x+1} \times {}_{j-x-1}E_{x+1}^{(T)} \times \ddot{a}_j^{(m)} + \sum_R B_{x+1} \times {}_{j-x-1}E_{x+1}^{(T)} \times \ddot{a}_j^{(m)} \right] \qquad [\text{ V.57d }]$$

Mais uma vez, numa perspectiva de avaliação dinâmica do plano de pensões, importa conhecer a **provisão matemática não constituída** no final do período de valorização e comparar o valor obtido com o que se determinou para o início desse período.

Por sua vez, o saldo do fundo no momento $t+1$ é dado por

$$F_{t+1} = F_t + I_{t+1} + C - P \qquad [\text{ V.58 }]$$

I_{t+1} identifica a rendibilidade registada no momento $t+1$ pelos activos que compõem o fundo; enquanto isso, C e P notam, respectivamente, o montante de contribuições realizadas a favor do fundo e o montante das pensões pagas pelo fundo, entre os momentos t e $t+1$. Tal como se apontou anteriormente, UAL_{t+1} resultará do confronto entre AL_{t+1} e F_{t+1}; daí que, atendendo às correspondentes formalizações, possamos estabelecer que

$$UAL_{t+1} = UAL_t (1+i) - [C + I_C - NC_t(1+i)] - [I_{t+1} - i \times F_t - I_C + I_P]$$

$$- \left[\sum_S AL_{x+1} - \sum_{A_t} q_x^{(T)} \times AL_{x+1} \right] -$$

$$- \left[\sum_R B_{x+1} \times {}_{j-x-1}E_{x+1}^{(T)} \times \ddot{a}_j^{(m)} - (P + I_P) \right] \qquad [\text{ V.59 }]$$

com I_C e I_P a indicar, respectivamente, os juros produzidos pelas contribuições realizadas durante o período de valorização e o montante de juros que deixam de ser produzidos pelas pensões entretanto pagas, ambos calculados à taxa de juro i.

Por último, afere-se o **ganho actuarial**, sendo que este corresponde à diferença entre a provisão matemática não constituída esperada e a provisão matemática não constituída real, ambas reportadas ao momento $t+1$. Repetimos a expressão que definimos em [V.49] por razões de exposição, sendo que

à idade de acesso à reforma j deduzida do somatório das prestações cumulativas anuais de cada participante, que ocorrerão entre as idades x e j. Consequentemente, a expressão anterior poderá ser simplificada, surgindo que

$$AL_x = B_x \times {}_{j-x}E_x^{(T)} \times \ddot{a}_j^{(m)} \qquad [\ \mathbf{V.55}\ ]$$

Por seu turno, esta expressão permite obter a provisão matemática para o conjunto de participantes no plano, no momento de valorização t, donde

$$AL_t = \sum_{A_t} B_x \times {}_{j-x}E_x^{(T)} \times \ddot{a}_j^{(m)} \qquad [\ \mathbf{V.56}\ ]$$

A provisão matemática não permanece, porém, constante ao longo do tempo, indo variar em função da estrutura etária do colectivo de participantes. Considerando, de modo particular, a valorização dinâmica do plano de pensões, revela-se oportuno o cálculo da provisão matemática atinente ao final do período de valorização, isto é, ao momento $t + 1$. Tendo [V.56] como referência, estabelecemos que

$$AL_{t+1} = \sum_{A_{t+1}} AL_{x+1} = \sum_{A_{t+1}} B_{x+1} \times {}_{j-x}E_{x+1}^{(T)} \times \ddot{a}_j^{(m)} \qquad [\ \mathbf{V.57a}\ ]$$

Recorde-se, contudo, que, assumindo o colectivo de participantes como um conjunto fechado, $A_{t+1} = A_t - S - R$, pelo que a expressão anterior poderá ser desdobrada do seguinte modo:

$$AL_{t+1} = \sum_{A_t} B_{x+1} \times {}_{j-x-1}E_{x+1}^{(T)} \times \ddot{a}_j^{(m)} - \sum_{S+R} B_{x+1} \times {}_{j-x}E_{x+1}^{(T)} \times \ddot{a}_j^{(m)} \qquad [\ \mathbf{V.57b}\ ]$$

Sucede, ainda, que ${}_{j-x-1}E_{x+1}^{(T)} = {}_{j-x}E_x^{(T)}(1+i) + q_x^{(T)} \times {}_{j-x-1}E_{x+1}^{(T)}$, com $q_x^{(T)}$ a identificar a probabilidade de saída do plano de um indivíduo de idade x antes de completar a idade $x + 1$, considerando todas as causas de saída possíveis. Ao substituirmos na expressão anterior, vem que

$$AL_{t+1} = \sum_{A_t} B_{x+1} \times \left[{}_{j-x}E_x^{(T)}(1+i) + q_x^{(T)} \times {}_{j-x-1}E_{x+1}^{(T)} \right] \times \ddot{a}_j^{(m)}$$

$$- \sum_{S+R} B_{x+1} \times {}_{j-x-1}E_{x+1}^{(T)} \times \ddot{a}_j^{(m)} \qquad [\ \mathbf{V.57c}\ ]$$

No presente método, o **custo normal** associado a cada participante obtém-se através de

$$NC_x = b_x \times {}_{j-x}E_x^{(T)} \times \ddot{a}_j^{(m)} \qquad [\ V.53\ ]$$

Na expressão anterior, ${}_{j-x}E_x^{(T)}$ corresponde a $\dfrac{D_j^{(T)}}{D_x^{(T)}}$, que traduz o valor actuarial de um capital unitário a pagar, no momento j, a um indivíduo de idade x, no pressuposto de que este permanece no plano de pensões, considerando todas as causas de saída possíveis. De outro modo ${}_{j-x}E_x^{(T)}$, permite reportar, em termos actuariais, as contribuições vertidas a favor do fundo para o momento de acesso à pensão de reforma. Enquanto isso, $\ddot{a}_j^{(m)}$ indica o valor actual de uma renda imediata, antecipada, fraccionária, de capital unitário, constituída à idade j; este factor representa, assim, a actualização das pensões futuras para o momento da idade de acesso à reforma. Em termos conjuntos, ${}_{j-x}E_x^{(T)}$ e $\ddot{a}_j^{(m)}$ cobrem o período de tempo que se interpõe entre o momento de realização das contribuições – e, bem assim, da avaliação do plano – e o momento de recebimento da pensão.

Tomando o conjunto de participantes no plano, definimos que

$$NC_t = \sum_{A_t} b_x \times {}_{j-x}E_x^{(T)} \times \ddot{a}_j^{(m)} \qquad [\ V.54\ ]$$

Para além disso, com base em B_x, determina-se a **provisão matemática constituída**, sendo, ainda, de apurar a **provisão matemática não constituída**.

Atendendo aos significados de $VABF_x$ e de $VANCF_x$ e substituindo na expressão genérica formalizada em [V.45], vem que

$$AL_x = B_j \times {}_{j-x}E_x^{(T)} \times \ddot{a}_j^{(m)} - \sum_{t=x}^{j-1}\left[b_t \times {}_{j-t}E_t^{(T)} \ddot{a}_j^{(m)}\right] \times {}_{t-x}E_x =$$

$$= B_j \times {}_{j-x}E_x^{(T)} \times \ddot{a}_j^{(m)} - \left(\sum_{y=x}^{j-1} b_y\right) \times {}_{t-x}E_x^{(T)} \times \ddot{a}_j^{(m)}$$

Observe-se, porém, a que $B_x = B_j - \sum_{t=x}^{j-1} b_t$, no sentido em que a prestação acumulada a uma certa idade alcançada x corresponde à prestação acumulada

6.1. Métodos actuariais de prestações acumuladas

Entre os métodos de custos baseados nas prestações acumuladas, analisaremos *i)* o **método do crédito unitário tradicional** (normalmente conhecido por TUC, abreviatura anglo-saxónica para *Traditional Unit Credit*), ou ainda por *método do crédito unitário não projectado* e *ii)* o **método do crédito unitário projectado** (designado pela sigla PUC, correspondente a *Projected Unit Credit*). Nestes métodos, os custos atinentes ao plano de pensões resultam dos benefícios acumulados por cada período de tempo decorrido até ao momento de realização da avaliação.

Os dois métodos percorrem o mesmo tipo de procedimentos, partindo ambos, para efeitos da determinação do custo normal, do montante da prestação garantida por cada ano de serviço prestado. A única diferença evidente concerne ao modo de cálculo de b_x e, consequentemente, de B_x: o primeiro método considera um nível constante de salários ao longo da vida activa do participante no plano; enquanto isso, o segundo recorre a uma escala de variação salarial para efeitos da determinação da prestação cumulativa.

6.1.1. Método do crédito unitário tradicional

Tratando-se de planos de benefício definido, o montante da pensão a auferir uma vez atingida a idade de reforma é estabelecido no momento de constituição do plano.

De acordo com o método do crédito unitário tradicional, por cada ano de trabalho decorrido é garantida uma **certa quantia** em termos de pensão de reforma, que, tal como vimos anteriormente, se designa por prestação cumulativa. No caso em apreço, b_x assume um valor **constante**, logo **sem depender de qualquer escala salarial**[47]. A partir da data acordada, o trabalhador receberá o correspondente a esse montante, com periodicidade mensal ou anual, no pressuposto de que sobrevive.

Assim, o primeiro procedimento a tomar é o de definir b_x, seguindo-se o cálculo da prestação acumulada, atendendo às expressões já estabelecidas.

Uma vez conhecido o valor da prestação cumulativa, procede-se ao cômputo do custo normal associado ao plano. Convém sublinhar que o cálculo das grandezas apontadas nas secções do ponto anterior assume contornos específicos no contexto de cada um dos métodos de valorização considerados.

---

[47] Para cada momento de valorização do plano, toma-se, normalmente, o nível de salários do ano corrente.

- **x**: idade de cada participante no início de cada período de valorização do fundo (de t a $t+1$);
- **j**: idade de reforma de cada participante no fundo (por norma, j coincide com a idade legal de acesso à reforma, o que, no caso nacional, corresponde aos 65 anos);
- **e**: idade com que o participante entra no mercado de trabalho;
- **a**: momento a partir do qual se começam a realizar contribuições para o fundo, podendo este equivaler ou ser posterior ao momento e;
- **A_t**: identifica o colectivo de participantes no fundo em cada período de valorização t.

Atenda-se a que A_t pode ser entendido como um conjunto *aberto* ou *fechado*, consoante esteja ou não prevista a entrada de novos participantes. Assim, se entendermos o colectivo de participantes no plano como um **conjunto aberto**, teremos que:

$$A_{t+1} = A_t - R - S + N \qquad [\ \text{V.50}\ ]$$

com R a representar o número de participantes que saem do fundo por se terem tornado pensionistas, S a corresponder ao número de participantes que saem do fundo devido a outro tipo de motivos (despedimento, mudança de emprego, falecimento ou outras) e N a notar os novos participantes que entram no fundo.

Sendo A_t um **conjunto fechado**, virá que

$$A_{t+1} = A_t - R - S \qquad [\ \text{V.51}\ ]$$

com as siglas a assumirem os mesmos significados que no caso anterior.

Por sua vez, P_t indica o número de pensionistas em cada momento t. Neste caso,

$$P_{t+1} = P_t + R - F \qquad [\ \text{V.52}\ ]$$

sendo F o número de pensionistas falecidos durante o período em apreço[46].

---

[46] Não recorremos a índice para as siglas R, S, N e F, uma vez que estas se reportam a todo o período de tempo e não especificamente aos momentos t ou $t+1$.

5.6. Ganho actuarial

O **ganho actuarial** corresponde à diferença entre a *provisão matemática não constituída esperada*, referente a um dado plano, no momento $t + 1$, e a *provisão matemática não constituída real*, observada no mesmo momento.

Designando por G_{t+1} esse *ganho actuarial*, por $U\tilde{A}L_{t+1}$ a *provisão matemática não constituída esperada* e por UAL_{t+1} a *provisão matemática não constituída real*, teremos que

$$G_{t+1} = U\tilde{A}L_{t+1} - UAL_{t+1} \qquad [\text{ V.49 }]$$

O ganho actuarial entre t e $t+1$ constitui um **bom indicador de gestão do plano**, pois permite aferir o que sucedeu entre esses dois momentos. Deste modo, o valor obtido para o ganho actuarial relativo ao período de tempo decorrente entre os momentos t e $t + 1$ sustenta e legitima a tomada de decisões para os períodos subsequentes, nomeadamente no que concerne à recolha de contribuições e à estratégia de investimento.

6. Métodos de valorização de planos de pensões de benefício definido

Os **métodos de valorização de planos pensões de benefício definido** são compostos por um conjunto de procedimentos matemáticos, de carácter actuarial, que visam a avaliação e a distribuição dos custos associados a esses planos, ao longo do respectivo período de funcionamento, sendo, por isso mesmo, também designados por **métodos de custos**.

Os métodos de custos são utilizados no âmbito dos fundos de pensões de benefício definido, particularmente dos que são constituídos por empresas e destinados à protecção da velhice dos respectivos trabalhadores, quer sejam ou não de natureza contributiva. Desde logo, um dos objectivos destes métodos é o de determinar qual o nível de contribuições a realizar, susceptível de garantir o pagamento dos benefícios previamente definidos. São, assim, *métodos de custeio dos benefícios* futuros.

No presente contexto, tendo em conta a variável de partida para efeitos de determinação do custo do plano, consideraremos dois tipos de métodos:

– os métodos actuariais baseados nos **custos das prestações acumuladas**;
– e os métodos actuariais baseados nos **custos das prestações projectadas**.

Para tanto, apontamos algumas das notações utilizadas e recordamos o significado de outras já nossas conhecidas:

De acordo com o ***método prospectivo***, a provisão matemática associada a cada participante de idade x pode ser obtida através da diferença entre o valor actual dos benefícios futuros – que identificamos por $VABF_x$ – e o valor dos custos normais futuros ainda não realizados, ou seja, das contribuições a efectivar entre o momento x e o momento j – que notamos por $VANCF_x$. Estabelecemos, assim, que

$$AL_x = VABF_x - VANCF_x \qquad [\ \mathbf{V.45}\ ]$$

Tomando o total de participantes, vem que

$$AL_t = \sum_{A_t} VABF_x - \sum_{A_t} VANCF_x \qquad [\ \mathbf{V.46}\ ]$$

Já se atendermos ao ***método retrospectivo***, a provisão matemática corresponde ao valor acumulado dos custos normais associados às prestações desde o momento da entrada no plano (e) até ao momento da valorização (x), logo

$$AL_x = \sum_{t=e}^{x-1} NC_t \times \frac{1}{{}_{x-t}E_t^{(T)}} \qquad [\ \mathbf{V.47}\ ]$$

O cálculo da provisão matemática é de extrema importância no contexto da valorização dinâmica do plano de pensões. Assim, em cada momento t, a provisão matemática constituída deve ser comparada com a quantia acumulada no fundo de pensões respectivo, tendo em vista a aferição da sua sustentabilidade financeira. Essa comparação conduz-nos ao conceito de ***provisão matemática não constituída*** (UAL_t), sendo que

$$UAL_t = AL_t - F_t \qquad [\ \mathbf{V.48}\ ]$$

De facto, correspondendo a provisão matemática constituída ao valor actuarial das responsabilidades futuras, se $AL_t > F_t$, tal significa que ***essas responsabilidades excedem o montante acumulado no fundo, o que consubstancia um défice de financiamento***.

O inverso é, também, verdadeiro, ou seja, se $AL_t < F_t$, daí decorre que, nesse momento, ***o montante acumulado no fundo supera o valor das responsabilidades futuras***; por sua vez, se $AL_t = F_t$, tal configura uma situação de equilíbrio, a qual se revela pouco plausível sob o ponto de vista prático.

Se designarmos por SC_x o custo suplementar associado a um participante de idade alcançada x (*supplementary cost*), obteremos o custo suplementar global, referente a um certo momento t, através da expressão

$$SC_t = \sum_{A_t} SC_x \qquad \text{[V.41]}$$

5.4.3. Custo anual

Por último, consideramos o **custo anual** para cada participante de idade alcançada x (C_x), o qual resulta da soma do custo normal e do custo suplementar, logo

$$C_x = NC_x + SC_x \qquad \text{[V.42]}$$

Necessariamente, o custo anual total decorrente do plano de pensões, para um dado período t, resulta do somatório do custo anual de todos os participantes, donde

$$C_t = NC_t + SC_t = \sum_{A_t} C_x \qquad \text{[V.43]}$$

5.5. Provisões matemáticas

A **provisão matemática** corresponde ao montante que, para cada momento t, deverá estar disponível no fundo, de modo a que possam ser garantidos os compromissos estabelecidos a favor dos participantes/beneficiários do plano. De outro modo, a provisão matemática corresponde ao ***valor actuarial das responsabilidades futuras*** associadas ao plano.

A provisão total constituída para cada período (que designamos por AL_t) resulta do somatório das provisões atinentes a cada um dos participantes de idade alcançada x (AL_x), logo

$$AL_t = \sum_{A_t} AL_x \qquad \text{[V.44]}$$

À semelhança do que sucedeu no Capítulo IV, a provisão matemática pode ser obtida através do *método prospectivo* ou através do *método retrospectivo*.

5.4. Custos associados aos planos de benefício definido

5.4.1. Custo normal

O **custo normal** corresponde ao montante de financiamento requerido pelo plano, por cada participante, no início de cada período de valorização.

Designamos por NC_x o custo normal por participante de idade alcançada x (*normal cost*). Por sua vez, a sigla A_t refere-se ao número total de participantes no plano em cada período t, pelo que, se identificarmos por NC_t o custo normal total decorrente do plano para cada período t, poderemos estabelecer que

$$NC_t = \sum_{A_t} NC_x \qquad [\ \mathbf{V.40}\ ]$$

O custo normal varia consoante o método de valorização utilizado. Porém, *o custo normal é, por regra, maior para os participantes de idades mais avançadas e menor para os participantes de idades mais jovens*. Tal resulta da conjugação do *efeito financeiro* e do *efeito demográfico*, ambos contemplados na determinação do custo normal através de $_{j-x}E_x^{(T)}$.

O cálculo do custo normal revela-se de extrema importância no presente contexto, pois corresponde à quantia que o promotor do plano deve investir, em cada ano, no fundo respectivo, no pressuposto de que se mantêm válidas as hipóteses de partida, isto independentemente do método de valorização considerado. Assim, *o custo normal traduz o nível adequado de financiamento por participante*, em cada período t.

O conceito de custo normal permite, ainda, estabelecer o de provisão matemática constituída, que desenvolveremos adiante.

5.4.2. Custo suplementar

As hipóteses subjacentes ao estabelecimento da base técnica do plano nem sempre se verificam, sendo antes susceptíveis à ocorrência de desvios. Consequentemente, para além do conceito de custo normal, devemos atender ao conceito de **custo suplementar**, que se define como a quantia que o promotor do plano deve investir no respectivo fundo, no início de cada ano, no intuito de amortizar as denominadas provisões matemáticas não constituídas. Estas provisões, para além do afastamento das hipóteses consideradas no momento da constituição do plano, resultam, ainda, do eventual reconhecimento de serviços prestados pelos participantes, prévios à data de entrada no plano.

Se o salário de referência se obtiver através da **média dos salários projectados para os últimos n anos de serviço** do participante, virá que

$$_nS_t = \frac{1}{n}\left(S_{j-n} + S_{j-n+1} + ... + S_{j-1}\right)$$ [V.38a]

Como o montante do benefício a receber a título de pensão de reforma se define atendendo ao valor médio dos salários projectados para os últimos n anos de vida activa do participante no plano, decorre que

$$B_j = k \times (j - e) \times {_nS_j}$$ [V.38b]

Atendendo, ainda, ao significado e à composição de $_nS_j$, virá que

$$B_j = k \times (j - e) \times \frac{W_j - W_{j-n}}{n}$$ [V.38c]

Por sua vez, se a base de referência se alargar a **toda a vida activa** do participante, surge que

$$_{j-e}S_j = \frac{1}{j-e}\left(S_e + S_{e+1} + ... + S_{j-1}\right)$$ [V.39a]

De outro modo,

$$B_x = k \times W_x$$ [V.39b]

uma vez que o montante da prestação alcançada à idade x resulta, assim, da aplicação da percentagem k ao salário acumulado nessa mesma idade. Raciocínio idêntico pode ser conduzido para a idade j, donde

$$B_j = k \times W_j$$ [V.39c]

De assinalar que cada um dos S_t contemplados nas expressões anteriores pode ser obtido por intermédio de [V.25] ou de [V.29], consoante se esteja em presença, respectivamente, de uma escala salarial simples ou de uma escala salarial complexa.

ii) Sendo crescente, vem que

$$b_x = k \times S_x \qquad [\ V.36\ ]$$

com k a corresponder à percentagem do salário traduzida em termos de direito formado no respectivo período de tempo, o que equivale a dizer que b_x traduz o montante da prestação cumulativa.

Destarte, como $B_x = \sum_{t=e}^{x-1} b_t$, podemos também estabelecer a expressão

$$B_x = \sum_{t=e}^{x-1} k \times S_t = k \sum_{t=e}^{x-1} S_t \qquad [\ V.37\ ]$$

a qual permite, por seu turno, conhecer o valor da prestação acumulada.

No entanto, a questão fulcral que se coloca é a de saber qual o *salário de referência* que deve ser considerado para efeitos de determinação de b_x. As situações mais comuns são aquelas em que o salário de referência equivale ao rendimento médio de um certo número de anos, por norma a média dos salários recebidos nos últimos anos de trabalho, ou, então, à média dos salários recebidos ao longo de toda a vida activa[45].

---

[45] Para além destas opções, poder-se-á tomar o salário final como salário de referência para efeitos de definição do direito à prestação de reforma, sendo que

$$B_j = k \times (j - e) \times S_{j-1}$$

Neste caso, por cada um dos (*j* – *e*) anos que constituem o período activo do participante forma-se um direito correspondente à percentagem k, a aplicar ao montante projectado de salário final.

Trata-se, porém, de uma hipótese pouco plausível, uma vez que nela se definiria o direito a um nível de pensão muito elevado, cuja sustentabilidade implicaria a realização de contribuições adequadas.

Não obstante, se o *salário de referência corresponder ao do último período* em que o participante se manteve no activo, tomamos as expressões formalizadas no texto através de [V.23] e de [V.27], conforme se trate, respectivamente, de uma escala salarial simples ou de uma escala salarial complexa. No caso vertente, a idade alcançada é a idade *j*, pelo que, introduzindo as necessárias adaptações nas expressões apontadas, vem

$$S_j = S_e \prod_{t=e}^{j-1} (1 + s_t)$$

e ainda

$$S_j = S_e \frac{\varepsilon_j}{\varepsilon_e} \prod_{t=e}^{j-1} (1 + f_t + g_t)$$

i) Sendo constante, teremos que $b_x = \bar{b}$, donde, para qualquer idade alcançada x, vem que

$$B_x = \bar{b}\,(x - e) \qquad\qquad [\ \mathbf{V.33a}\ ]$$

Por seu turno, a prestação alcançada à idade de reforma obtém-se através de

$$B_j = \bar{b}\,(j - e) \qquad\qquad [\ \mathbf{V.33b}\ ]$$

Tomando as expressões anteriores, de modo imediato, estabelece-se, respectivamente, que

$$\bar{b} = \frac{B_x}{x - e} \qquad\qquad [\ \mathbf{V.34a}\ ]$$

ou ainda que

$$\bar{b} = \frac{B_j}{j - e} \qquad\qquad [\ \mathbf{V.34b}\ ]$$

As expressões formalizadas através de [V.34.a] e de [V.34.b] têm o mesmo significado, uma vez que a parcela de direito constituído em cada ano resulta da razão existente entre a prestação acumulada a uma certa idade e o número de anos decorridos desde a entrada no plano.

Igualando ambas as razões, poderemos formalizar a prestação alcançada a uma certa idade x em função da prestação alcançada à idade de reforma e vice-versa, donde resulta que

$$B_x = \frac{x - e}{j - e} \times B_j \qquad\qquad [\ \mathbf{V.35a}\ ]$$

Concomitantemente,

$$B_j = \frac{j - e}{x - e} \times B_x \qquad\qquad [\ \mathbf{V.35b}\ ]$$

Atenda-se a que, nesta possibilidade, a prestação cumulativa anual funciona como uma variável independente, pois sendo constante não resulta de qualquer nível de salário auferido pelo participante.

O recurso a diferentes taxas de desconto prende-se, sobretudo, com o tipo de coberturas previstas nos planos e com a maturidade das responsabilidades envolvidas.

5.3. Prestações previstas

Em muitos planos de pensões, prevê-se a existência de outro tipo de benefícios para além da atribuição de uma pensão de reforma[44].

Esses benefícios designam-se por **prestações complementares** e incluem as *prestações de invalidez*, as *prestações de sobrevivência* (viuvez e orfandade) e as *prestações de rotação*.

No âmbito do presente texto, sobretudo por razões de simplificação, tomaremos a pensão de reforma como única prestação contemplada nos planos de benefício definido. Discutimos, de imediato, alguns conceitos essenciais à determinação do valor das pensões.

A **prestação cumulativa anual** é a quantia que o plano reconhece a favor do beneficiário, em termos de direito à pensão, por cada ano de trabalho decorrido, e que notamos por b_x.

Por sua vez, a **prestação acumulada** (B_x) define-se em função de b_x e traduz o montante de pensão que se encontra garantido para cada momento. Logo, poderemos estabelecer que

$$B_x = \sum_{t=e}^{x-1} b_t \qquad [\ \mathbf{V.32}\ ]$$

A prestação acumulada designa-se, também, por **prestação alcançada à idade x** e traduz o modo como, ao longo do tempo, se vai formando o direito à pensão de reforma. Quer isto dizer que, por cada ano de trabalho do participante, se constitui um direito correspondente a b_x.

B_x *é, assim, crescente*, podendo esse crescimento produzir-se *i)* de modo *constante* ou *ii)* de modo *crescente*.

---

[44] Tal sucede, principalmente, nos casos em que os planos de pensões privados funcionam como uma alternativa exclusiva ao sistema público, integrando, por isso, o mesmo tipo de prestações que as contempladas neste último.

Também aqui se observa o paradoxo a que aludimos no Capítulo anterior e que a literatura económica designa por *risco de selecção adversa*. A assunção de comportamentos menos cautelosos pode tornar os planos mais atractivos aos olhos dos eventuais aderentes. Porém, se a rendibilidade efectiva do fundo se fixar abaixo da taxa técnica, tal impõe sérios constrangimentos à sustentabilidade financeira do plano, bem como ao seu promotor.

O estabelecimento da taxa técnica decorre do somatório de três parcelas independentes, a saber:

– a **taxa de juro sem risco**, que se define como a taxa de juro subjacente a uma operação financeira, onde não ponderam factores exógenos. De outro modo, esta taxa designa-se também por *taxa pura* e apenas reflecte o prémio de diferimento no uso do capital. Entre nós, a taxa real dos Bilhetes do Tesouro a 180 dias afigura-se como sendo um bom exemplo desta componente;

– o **prémio de risco**, destinado a compensar o risco intrínseco a qualquer operação financeira. Este prémio de risco é susceptível de mensuração, tendo por base a observação de séries cronológicas referentes à taxa de juro;

– o **índice geral de preços**, através do qual se repercutem as alterações do valor nominal dos capitais.

Tomamos, mais uma vez, os elementos contidos no *Relatório do Sector Segurador e Fundos de Pensões – 2008*, os quais permitiram construir a seguinte tabela:

TABELA 7 – Taxas de desconto utilizadas pelos fundos nacionais – 2008

Período de tempo	Intervalo de variação (*)	Percentagem do número de fundos
Período activo	Entre 5% e 5,5%	29%
	Entre mais de 5,5%	35%
Período de reforma	Entre 5% e 5,5%	24%
	Mais de 5,5%	31%

(*) – Consideram-se apenas os intervalos com maior expressão.

Fonte: AUTORIDADE DE SUPERVISÃO DE SEGUROS E DE FUNDOS DE PENSÕES (2009), *Relatório do Sector Segurador e Fundos de Pensões – 2008*, p. 165.

obstáculos contornam-se através da observação de séries cronológicas e do posterior estabelecimento de uma taxa constante, capaz de incorporar, em termos médios, a tendência de longo prazo patente nas séries analisadas.

Em 2008, perto de metade dos fundos de pensões nacionais recorreram a taxas de crescimento salarial que oscilaram entre os 2,5% e os 3%; enquanto isso, cerca de 15% dos fundos aplicaram taxas que se situam entre os 3% e os 3,5%[41-42].

No que tange aos efeitos resultantes dos ganhos de produtividade, estes não se repartem de modo homogéneo ao nível dos vários sectores de actividade. Para além disso, à semelhança do que sucede para a taxa de inflação, a produtividade tem assumido, em termos históricos, um peso diverso, alternando períodos de forte crescimento económico com outros de relativo abrandamento. Também aqui se mostra adequada a definição de um valor médio, que reflicta a tendência de longo prazo e que permita estimar o valor dos benefícios futuros.

5.2.3. Condicionantes financeiras

Entre as condicionantes financeiras associadas a um plano de pensões, assume particular relevo a *taxa de juro técnica*, ou, muito simplesmente, *taxa técnica*[43].

A *taxa técnica* pode ser definida como a rendidibilidade média anual que se espera vir a obter com o investimento das quantias associadas ao respectivo fundo de pensões.

A taxa técnica é de importância fulcral no âmbito da valorização do plano de pensões e, bem assim, na determinação do respectivo custo. Nestes termos, a consideração de uma taxa técnica muito elevada pressupõe a observação de uma forte rendibilidade; consequentemente, serão requeridos baixos níveis de contribuições. Ao invés, a consideração de uma taxa técnica mais baixa aumenta o custo de cada participante e logo o montante de contribuições a verter para o respectivo fundo.

---

[41] Cfr. AUTORIDADE DE SUPERVISÃO DE SEGUROS E DE FUNDOS DE PENSÕES (2009), *Relatório do Sector Segurador e Fundos de Pensões – 2008*, p. 166.

[42] Em Portugal, a maioria dos fundos não prevê o crescimento do valor das pensões. Nesses casos, o índice de revalorização a aplicar é decidido causiticamente, em função dos excedentes financeiros de cada fundo.

Ainda assim, em 2008, em mais de 30% dos fundos nacionais observou-se um aumento do valor das pensões na ordem de 1%. Para além disso, em idêntico número de fundos ocorreram acréscimos entre os 1,5% e os 2%.

[43] Pode, ainda, ser denominada por *taxa de desconto*, uma vez que se destina a actualizar o valor das pensões previstas.

TABELA 6 – Escala salarial em função do mérito

x	Coeficiente salarial	x	Coeficiente salarial	x	Coeficiente salarial
20	1,000	35	1,749	50	2,460
21	1,045	36	1,802	51	2,497
22	1,091	37	1,854	52	2,532
23	1,138	38	1,906	53	2,565
24	1,186	39	1,958	54	2,596
25	1,234	40	2,008	55	2,624
26	1,284	41	2,059	56	2,651
27	1,334	42	2,108	57	2,674
28	1,384	43	2,157	58	2,696
29	1,436	44	2,204	59	2,715
30	1,487	45	2,250	60	2,731
31	1,539	46	2,295	61	2,745
32	1,592	47	2,339	62	2,756
33	1,644	48	2,381	63	2,764
34	1,697	49	2,422	64	2,769

Fonte: Adaptado de H. E. WINKLEWOSS, *Pension Mathematics with Numerical Illustrations*, p. 27

Em contraponto, acresce referir que em algumas profissões existem escalas de progressão salarial bem definidas (por exemplo, níveis, escalões ou categorias), sendo essa progressão mais acentuada no final da carreira.

Entre os factores apontados susceptíveis de afectar o montante futuro dos salários, a taxa de inflação é o que assume maior peso explicativo, tanto mais que incide, de igual modo, sobre os vários sectores de actividade e sobre todos os participantes, independentemente da idade alcançada e do mérito respectivo. A taxa de inflação não tem tido, porém, uma expressão constante ao longo do tempo, o que coloca dificuldades no cálculo do valor dos benefícios futuros, principalmente se atendermos a que no caso dos planos de pensões pode estar envolvido um número de anos muito significativo. Em termos práticos, tais

$$S_x = S_e \frac{\varepsilon_x}{\varepsilon_e}\left(1 + \overline{f} + \overline{g}\right)^{x-e} \qquad [\text{ V.30 }]$$

Para além disso, o nível de salário projectado para a idade de reforma é dado por

$$S_j = S_e \frac{\varepsilon_j}{\varepsilon_e} \prod_{t=e}^{j-1}(1 + f_t + g_t) \qquad [\text{ V.31 }]$$

se considerarmos, neste caso, f_t e g_t variáveis.

O impacto dos coeficientes salariais ao nível do custo de um plano de pensões depende da composição e da estrutura da população laboral por idades, uma vez que os trabalhadores mais jovens auferem, por norma, rendimentos mais baixos, enquanto os trabalhadores mais idosos auferem rendimentos mais elevados. No entanto, se ao longo do tempo, os trabalhadores se distribuírem de um modo estável pelos diferentes níveis etários, este factor não terá um efeito significativo sobre o custo associado aos planos de pensões. Na verdade, se os trabalhadores que atingem a idade de reforma forem sucessivamente substituídos por trabalhadores jovens, a estrutura da população de efectivos manter-se-á estável, dada a própria natureza dinâmica do envelhecimento.

Porém, o entendimento no que tange ao modo como os efeitos salariais operam e se relacionam com a idade dos participantes não é consensual. Alguns autores[40] sustentam que o acréscimo salarial resultante do mérito é mais evidente nas idades jovens, reduzindo à medida que a idade dos indivíduos avança. Apresenta-se, de seguida, uma tabela onde tal acontece, ou seja, na qual os coeficientes salariais crescem, mas a uma taxa decrescente.

---

[40] Cfr., por todos, H. E. WINKLEWOSS, *Pension Mathematics with Numerical Illustrations*, p. 26.

$$W_x = \sum_{t=e}^{x-1} S_t \qquad [\ \mathbf{V.27}\ ]$$

Enquanto isso, para o momento j, virá que

$$W_j = \sum_{t=e}^{j-1} S_t \qquad [\ \mathbf{V.28}\ ]$$

W_j representa, então, o nível total de rendimentos auferidos ao longo da vida activa do participante.

Por sua vez, se recorrermos a uma *escala salarial complexa*, pressupomos que o ritmo crescimento do salário difere em função da idade do participante no plano de pensões. Compete, então, ao actuário responsável pelo respectivo fundo definir quais são os coeficientes de correcção salarial que traduzam as vicissitudes desta natureza.

O nível de salário projectado para uma certa idade x é dado por

$$S_x = S_e \frac{\varepsilon_x}{\varepsilon_e} \prod_{t=e}^{x-1} (1 + f_t + g_t) \qquad [\ \mathbf{V.29}\ ]$$

em cuja expressão os símbolos assumem os significados seguintes:

- $\dfrac{\varepsilon_x}{\varepsilon_e}$ é a *ratio* entre os coeficientes salariais relativos a uma idade x e à idade de entrada no plano, equivalendo ao crescimento salarial decorrente da antiguidade na empresa e do mérito do participante[39];
- f_t identifica a taxa de inflação observada em cada período t, o que indica o crescimento nominal dos salários;
- g_t denota a taxa de produtividade relativa a cada período t, traduzindo, assim, o acréscimo dos salários em termos reais.

Se retivermos a possibilidade de f_t e g_t se manterem constantes ao longo de todo o período em apreço, o salário referente à idade alcançada x obtém--se por intermédio de

---

[39] Por norma, considera-se que o coeficiente salarial relativo à data de entrada no plano corresponde à unidade ou a um índice igual a 100.

salarial; *ii*) a taxa de inflação, no sentido em o nível de salários tende a acompanhar o nível geral de preços; *iii*) a antiguidade na função, uma vez que em determinadas profissões existem subidas de escalão de carácter automático, isto é, independentes da prestação profissional do participante; *iv*) o mérito e a competência profissional do participante, os quais lhe poderão valer progressões na carreira e, consequentemente, acréscimos no vencimento auferido.

Uma vez na posse dos elementos acima referidos, compete ao actuário responsável o estabelecimento de uma *escala salarial*, que permitirá projectar o nível de salário a auferir no futuro por cada participante. No contexto do nosso estudo, consideraremos escalas salariais de dois tipos – escalas salariais *simples* e escalas salariais *complexas*.

Numa *escala salarial simples*, a idade do participante não é considerada relevante para efeitos de projecção do salário futuro, ao mesmo tempo que a taxa de crescimento do nível salarial é tida como constante para todo o período considerado.

Tomemos a seguinte simbologia:

- S_e representa o salário anual auferido pelo participante no momento da sua entrada no plano de pensões;
- S_x corresponde ao salário anual calculado para cada participante quando este atinge a idade x, sendo que $e \leq x \leq j - 1$;
- S_{j-1} identifica o salário anual auferido pelo participante no período de tempo imediatamente anterior ao da entrada na reforma;
- s_t indica a taxa de crescimento salarial considerada para cada período de tempo t.

Assim sendo, podemos estabelecer, para o caso genérico, que

$$S_x = S_e \prod_{t=e}^{x-1} (1 + s_t) \qquad [\ \mathbf{V.25}\ ]$$

No entanto, como numa escala salarial simples s_t é constante, substitui-se por $\bar{s}$, sendo ainda que a expressão anterior dará lugar à seguinte:

$$S_x = S_e (1 + \bar{s})^{x-e} \qquad [\ \mathbf{V.26}\ ]$$

Notando, agora, por W_x o montante de salário acumulado pelo participante no momento correspondente a cada idade x, ou seja, o montante total de salários recebidos até essa data, vem que

TABELA 5.b – Tábuas de mortalidade/beneficiários

TV 73/77	38,3%
TV 88/90	32,3%
TV 73/77 (mod.) e TV 88/90	5,7%
TV 73/77 / TV 88/90	5,3%
Outras	18,3%
TOTAL	100

Fonte: AUTORIDADE DE SUPERVISÃO DE SEGUROS E DE FUNDOS DE PENSÕES (2009), *Relatório do Sector Segurador e Fundos de Pensões*, p. 164.

As percentagens que se apresentam foram calculadas tendo por base o número de planos efectivos, sem atender ao número de participantes ou ao peso relativo dos investimentos associados.

Os planos que se sustentam, em simultâneo, na TV 73/77 e na TV 88/90, aplicam, por norma, a primeira à população masculina e a segunda à população feminina. As «outras» tábuas referidas nas tabelas são, geralmente, *tábuas dinâmicas*, as quais são sucessivamente corrigidas através de modelos matemáticos, de modo a contemplar e prever atempadamente os efeitos decorrentes do acréscimo de longevidade.

5.2.2. Condicionantes económicas

Entre as condicionantes económicas assumem particular relevo os *aspectos de índole salarial*, na medida em que o montante da pensão a receber no futuro é, por norma, no caso dos planos de benefício definido, determinado em função do nível de salários auferidos por cada um dos participantes no plano. O montante das pensões a pagar condiciona, por sua vez, de modo decisivo, as responsabilidades futuras do plano e, necessariamente, o seu equilíbrio financeiro-actuarial, pelo que se revela de primordial importância a adequada estimativa desse nível salarial.

Desde logo, devemos identificar quais são os factores susceptíveis de influenciar as remunerações futuras. De modo genérico, apontamos: *i)* a produtividade, que em termos globais, se correlaciona positivamente com o nível

Concomitantemente, podemos expressar cada uma das probabilidades independentes em função das respectivas probabilidades dependentes. Demonstra-se para cada causa de saída k, que

$$q_x^j = \frac{\left(q_x^k\right)}{1 - \frac{1}{2}\left[\left(q_x^T\right) - \left(q_x^k\right)\right]}$$ [V.24a]

e ainda que

$$q_x^k \cong 1 - \left[1 - \left(q_x^T\right)\right]^{\left(q_x^k\right)/\left(q_x^T\right)}$$ [V.24b]

Entre nós, de acordo com os elementos produzidos pela Autoridade de Supervisão de Seguros e Fundos de Pensões, as opções dos actuários responsáveis pelos planos de pensões de benefícios definidos ou mistos, operativos no final de 2008, no que concerne aos pressupostos de natureza demográfica, repartiram-se do seguinte modo:

TABELA 5.a – Tábuas de mortalidade/participantes

TV 73/77	35,0%
TV 88/90	32,3%
TV 73/77 (mod.) e TV 88/90	5,7%
TV 73/77 / TV 88/90	5%
Outras	22,0%
TOTAL	100

Fonte: AUTORIDADE DE SUPERVISÃO DE SEGUROS E DE FUNDOS DE PENSÕES (2009), *Relatório do Sector Segurador e Fundos de Pensões*, p. 164.

O conceito de probabilidade independente decorre da consideração isolada dos efeitos de cada uma das causas de saída *per se*; enquanto isso, a formalização da probabilidade dependente assenta na impossibilidade de algumas causas de saída se observarem simultaneamente, isto é, de ocorrerem e de afectarem *ao mesmo tempo* o colectivo de participantes no fundo.

Considerando, em termos genéricos, k causas de saída, designaremos por $\left(q_x^k\right)$ a **probabilidade dependente** associada a cada uma delas. Recorde-se que notámos por q_x^k a **probabilidade independente** associada a cada uma das causas de saída aqui contempladas, a saber, morte, invalidez, cessação e jubilação. As probabilidades dependentes podem ser obtidas tendo por base as probabilidades independentes que constam das tábuas respectivas, sendo, porém, de menor expressão.

Acresce, ainda, referir que, num colectivo sujeito a apenas uma causa de saída, probabilidade independente e probabilidade dependente coincidirão. É, aliás, o que sucede nos colectivos de pensionistas para os quais a única causa de saída possível é o falecimento.

Assim, considerando **duas causas de saída**, a probabilidade dependente de cada uma delas pode ser obtida através da expressão seguinte, sendo q_x^2 a probabilidade independente da outra causa. Vem que

$$\left(q_x^1\right) = q_x^1\left[1 - \frac{1}{2}q_x^2\right] \qquad\qquad [\text{ V.23a }]$$

Para **três causas de saída**, vem que

$$\left(q_x^1\right) = q_x^1\left[1 - \frac{1}{2}\left(q_x^2 + q_x^3\right) + \frac{1}{3}q_x^2 q_x^3\right] \qquad\qquad [\text{ V.23b }]$$

Por sua vez, para **quatro causas de saída**[38], virá

$$\left(q_x^1\right) = q_x^1\left[1 - \frac{1}{2}\left(q_x^2 + q_x^3 + q_x^4\right) + \frac{1}{3}\left(q_x^2 q_x^3 + q_x^2 q_x^4 + q_x^3 q_x^4\right)\right.$$
$$\left. - \frac{1}{4}\left(q_x^2 q_x^3 q_x^4\right)\right] \qquad\qquad [\text{ V.23c }]$$

---

[38] Será possível, sob o ponto de vista matemático, a consideração de mais factores; no entanto, no presente contexto, considerámos, apenas, a existência de quatro possíveis causas de saída.

Por outro lado, o efeito gerado pelas diversas causas de saída ao nível dos custos do plano encontra-se condicionado pelo tipo de coberturas nele previstas. Por exemplo, um acréscimo da mortalidade entre os participantes activos pode desencadear um efeito ambíguo, uma vez que será menor o número de participantes a atingir a idade de reforma, mas poderão, eventualmente, ser atribuídos outros benefícios aos seus descendentes. O mesmo tipo de raciocínio pode ser conduzido para o caso das saídas motivadas por invalidez.

As probabilidades associadas às diversas causas de saída permitem construir a denominada *função de sobrevivência composta* – composite survival function – que identificaremos por $p_e^{(T)}$ e que corresponde à probabilidade de um indivíduo com idade x, uma vez sujeito às diversas causas de saída, se manter participante activo do plano ao atingir a idade $x + 1$. Assim sendo, vem que

$$p_x^{(T)} = \left(1-q_x^d\right)\left(1-q_x^i\right)\left(1-q_x^c\right)\left(1-q_x^j\right) \qquad [\text{ V.19 }]$$

ou, de outro modo,

$$p_x^{(T)} = p_x^d \times p_x^i \times p_x^c \times p_x^j \qquad [\text{ V.20 }]$$

Podemos, ainda, calcular a probabilidade de um participante activo de x anos se manter ao serviço passados n anos, logo

$$_n p_x^{(T)} = \prod_{t=0}^{n-1} p_{x+t}^{(T)} \qquad [\text{ V.21 }]$$

Se designarmos por $l_x^{(T)}$ o número de participantes activos no plano de idade x e atendendo ao significado de $p_x^{(T)}$, calcula-se, ainda, o número de participantes activos que abandonam o serviço antes de completarem $x + 1$ anos, logo

$$d_x^{(T)} = l_x^{(T)} \times q_x^{(T)} \qquad [\text{ V.22 }]$$

Alguns autores[37] sustentam que devemos distinguir entre *taxa de decréscimo* do número de participantes num fundo associada a uma certa causa de saída – que corresponde ao conceito de **probabilidade independente** – e probabilidade de decréscimo do número de participantes no fundo relativa a essa causa de saída – a coincidir com o conceito de **probabilidade dependente**.

---

[37] Cfr., entre todos, H. E. WINKLEVOSS, *Pension Mathematics with Numerical Illustrations*, p. 13-14.

Também q_x^c é de difícil determinação, pelo que nos limitamos a identificar algumas das causas que lhe estão subjacentes. A cessação de funções será tanto maior quanto mais incentivada for a mobilidade profissional e melhores forem as perspectivas de emprego, no seio do sector de actividade respectivo e da economia em geral. O clima económico pode, inclusivamente, provocar efeitos de sinal contrário ao nível da probabilidade de cessação de funções. É expectável que a rotação profissional reduza em períodos de crise económica. No entanto, se dessa crise resultar um incremento de despedimentos, tal redundará, *a contrario*, no aumento do número de saídas do colectivo.

Ainda no que concerne à idade dos participantes, é lícito esperar que o avanço da idade dos participantes limite a probabilidade de cessação de funções.

Por fim, a hipótese de **antecipação do acesso à pensão**, antes da idade legal estabelecida, será outra das possíveis causas de saída do colectivo, caso essa possibilidade se encontre expressamente prevista no plano. A probabilidade de um trabalhador com a idade x se reformar antes de completar a idade $x+1$ representa-se por q_x^j. Este parâmetro será, necessariamente, nulo, caso o plano estabeleça uma idade obrigatória para o acesso aos benefícios dele decorrentes.

Tal como referimos para o caso da mortalidade, também as restantes causas de saída descritas têm associadas probabilidades de permanência no colectivo de participantes, designadas, respectivamente, por p_x^i, p_x^c e p_x^j, sendo, em conjunto com q_x^i, q_x^c e q_x^j, necessariamente alíquotas da unidade.

Compete ao actuário responsável pelo fundo a que o plano de pensões se encontra associado identificar quais são as causas de saída relevantes em cada caso. Esse reconhecimento permite construir as denominadas **tábuas de serviço**, resultantes da conjugação das tábuas associadas às diversas causas de saída e que constituem um instrumento fundamental na determinação, em cada momento, do número de participantes no plano.

Note-se que as diversas causas de saída afectam de modo dissemelhante os participantes activos – os que exercem funções laborais – e os participantes passivos – os que se encontram a receber uma pensão de reforma, sendo a mortalidade a única causa de saída possível para estes últimos.

---

d) Comissões de transferência interna – têm lugar caso o montante associado a um certo plano de pensões seja transferido para um outro plano de pensões, comercializado pela mesma entidade gestora.

e) Comissões de reembolso – aplicadas aquando do resgate dos valores investidos, acrescidos, necessariamente, da rendibilidade obtida. Neste contexto, importa, porém, proceder à distinção entre comissões de reembolso caso o resgate ocorra dentro das condições contratuais ou fora delas. No primeiro caso, não há, normalmente, lugar à cobrança de qualquer tipo de comissão; enquanto isso, se o resgate ocorrer para além das condições legalmente definidas, cerca de 12% das entidades gestoras a operar em território nacional prevê a existência deste tipo de encargos.

Outra das causas de saída é a que decorre da possível *invalidez* do participante antes de ter atingido a idade de reforma[34]. Identificamos por q_x^i a probabilidade de o participante ficar inválido entre as idades x e $x + 1$. Mais uma vez, trata-se de um indicador fortemente dependente dos riscos inerentes à profissão exercida e que coloca sérios constrangimentos ao seu adequado conhecimento.

A *cessação* de funções, de modo voluntário ou involuntário, corresponde a outro dos eventuais motivos de saída do colectivo de participantes. A probabilidade daí decorrente nota-se por q_x^c, procurando, justamente, quantificar a possibilidade de um indivíduo com a idade x vir a sair desse colectivo antes de completar $x + 1$ anos, por razões de índole profissional, isto é, mudança de emprego, despedimento, ou outras. Por norma, os planos consagram, porém, certos direitos aos trabalhadores, ainda que se afastem da empresa, no sentido em que, uma vez atingida a idade de reforma, irão receber em função do período de tempo em que participaram no plano[35-36].

---

[34] Atenda-se, porém, a que a invalidez é, na maioria dos casos, uma das contingências cobertas pelo plano de pensões.

[35] Evoca-se aqui uma questão nodal no contexto da problemática dos fundos de pensões, que é a da *transferência dos direitos constituídos* por um trabalhador no âmbito de um plano para um outro plano de pensões. A literatura financeira sugere que a portabilidade de direitos surge mais facilitada no âmbito dos planos de contribuição definida, por ser menos onerosa, que nos planos de benefício definido. Neste sentido, cfr., por todos, J. TURNER e G. HUGHES, *Large Declines in Defined Benefit Plans Are Not Inevitable: The Experience of Canada, Ireland, the United Kingdom, and the United States*, p. 4. Já relativamente aos encargos que recaem sobre os planos de pensões, cfr. a nota seguinte.

Entre nós, a portabilidade de direitos encontra-se limitada ao valor das contribuições realizadas pelos participantes. Após alguma indefenição neste domínio, o artigo 9.º, número 2, do Decreto-Lei n.º 12/2006, de 20 de Janeiro, vem esclarecer que «Nos planos contributivos, relativamente às contribuições próprias, e nos planos de direitos adquiridos, é facultada aos participantes que cessem o vínculo com o associado a possibilidade de transferirem o valor a que têm direito para outro fundo de pensões».

[36] No que concerne aos custos de subscrição, detenção e resgate associados aos planos de pensões, podemos atender às seguintes categorias:

a) Comissões de aquisição – as que são aplicadas no momento da realização de cada investimento, correspondendo a uma percentagem do valor aplicado. Estas comissões englobam tanto as que vertem a favor da entidade gestora como as que são pagas aos respectivos mediadores.

b) Comissões de gestão financeira – destinam-se a cobrir os gastos implícitos na gestão corrente dos fundos e equivalem, por norma a uma percentagem da rendibilidade auferida em cada período de tempo.

c) Comissões de transferência externa – são cobradas aquando da transferência de um plano de pensões para uma outra entidade gestora. Entre os vários tipos de comissões aqui apontadas, são estas as que assumem valores mais elevados.

– Estabelecimento das fórmulas de determinação do custo normal do plano, das provisões e dos eventuais desvios.
– Indicação do destino dos excedentes oriundos dos desvios positivos e do modo de financiamento dos desvios negativos.

5.2. Estabelecimento de hipóteses

A elaboração da base técnica pressupõe, assim, o estabelecimento de hipóteses concernentes às variáveis e parâmetros presentes no plano de pensões. Entre elas ponderam factores de natureza demográfica, económica e financeira, os quais passamos a descrever de modo mais circunstanciado.

5.2.1. Condicionantes demográficas

No momento de constituir um plano de pensões, o respectivo actuário ou responsável financeiro deve identificar quais os condicionalismos de natureza demográfica susceptíveis de influenciar o número e a composição do conjunto de participantes nesse plano, tanto ao nível dos membros activos como dos que irão auferir uma pensão de reforma.

Desde logo, em presença das eventualidades cobertas, devem ser equacionadas as diversas *possíveis causas de saída* do plano: a reforma propriamente dita, o falecimento, a invalidez, o desemprego, a mudança de emprego, entre outras. Cada uma destas causas de saída traduz-se numericamente através de uma taxa – a *taxa de saída* –, a qual permite, posteriormente, construir as denominadas *funções biométricas* que trataremos adiante.

Consideremos quatro possíveis causas de saída. Um dos factores que afectará, certamente, o número de participantes num plano de pensões é a *mortalidade* observada entre os trabalhadores que se encontram no activo. Assim sendo, notaremos por q_x^d a probabilidade de um indivíduo com a idade x, no caso participante no fundo de pensões, vir a falecer antes de atingir a idade $x + 1$; concomitantemente, p_x^d representa a probabilidade de o participante alcançar com vida a idade $x + 1$.

Este parâmetro depende, entre outras, das condições laborais que os participantes enfrentam, variando de sector para sector de actividade, no caso dos planos de empresa, sendo prudente o recurso a informação específica para cada situação em concreto. Sucede, porém, que tal informação nem sempre se encontra disponível ou tratada, pelo que, na sua maioria, os actuários sustentam o seu trabalho em tábuas de mortalidade de carácter genérico.

pelos contribuintes, tendo em atenção os benefícios a financiar e os participantes e beneficiários abrangidos...».

Tal tarefa exige, porém, a identificação prévia e a quantificação das variáveis susceptíveis de influenciar a valorização do plano de pensões, bem como a eventual assunção de hipóteses relativas ao andamento de certos parâmetros. O propósito dos pontos seguintes é, assim, o de apresentar e discutir os aspectos e as funções relevantes a reter nesse processo.

Por sua vez, os métodos de valorização de planos de pensões de benefício definido, que discutiremos no ponto 6 do presente Capítulo, aplicam, de modo sistemático, os conceitos que de seguida se expõem. Assim sendo, reservamos para esse momento a apresentação de exemplos ilustrativos, onde tais conceitos serão tratados numa perspectiva integrada e global.

5.1. *Base técnica*

A *base técnica* de um plano de pensões de benefício definido ou misto deve ser estabelecida no momento de constituição desse plano e assenta na discriminação de todas as variáveis e parâmetros passíveis de condicionar a sua valorização. Se a sustentabilidade de um plano de pensões depende, em grande medida, da definição de uma base técnica adequada, certo é também, que essa base técnica decorre, outrossim, das responsabilidades futuras e do tipo de prestações previstas no respectivo contrato constitutivo[33].

De um modo genérico, a base técnica deve compreender as seguintes vertentes:

– Informação geral sobre o modo de determinação dos benefícios futuros, bem como das respectivas quantias de referência, nomeadamente os salários futuros e o número de anos de quotização.

– Elaboração das tábuas demográficas susceptíveis de influenciar o número de indivíduos envolvidos no plano.

– Definição da taxa de juro futura (ou taxa de juro técnica) utilizada na valorização dos activos que compõem o fundo respectivo.

---

[33] O *contrato constitutivo* de um plano de pensões deve distiguir-se do *contrato de gestão* respectivo. O primeiro é celebrado entre a entidade gestora e os associados fundadores e menciona todos os elementos relevantes para a definição do plano, bem como as condições gerais de funcionamento do fundo; enquanto isso, o segundo é celebrado entre a entidade gestora e os associados e deve incluir os elementos relativos à política de gestão do fundo correspondente, tanto em termos actuariais como no que concerne às aplicações financeiras em geral.

– essas entregas crescem, em cada ano, à taxa média prevista para a inflação, ou seja, 3,2%;
– a rendibilidade efectiva anual associada ao investimento é de 5,4%?

A resolução do problema decorre da aplicação de [V.18], pelo que principiamos por calcular os parâmetros envolvidos na expressão. $\dfrac{Q_{e+\frac{1}{m}}}{12} = \dfrac{600\ €}{12} = 50\ €$.

Por sua vez, $i^{(12)} = 12 \times [(1 + 5,4\%)^{1/12} - 1] = 12 \times 0,439\% = 5,268\%$ que é a taxa nominal anual com capitalização mensal que proporciona uma rendibilidade efectiva anual de 5,4%.

Calculamos, ainda, $Q_{60-1}^{(12)} = Q_{50}^{(12)} \times (1 + 3,2\%)^{60-50-1} = 50\ € \times 1,32775 = 66,39\ €$.
Substituindo em [V.18], vem

$$F_{60} = 12 \times 50\ € \times \dfrac{5,4\%}{5,268\%} \times \dfrac{(1+5,4\%)^{60-50} - (1+3,2\%)^{60-50}}{5,4\% - 3,2\%} - 66,39\ €$$

$$F_{60} = 600\ € \times 1,0250569 \times 14,626425 - 66,39\ €$$

$$F_{60} = 8.929,36\ €$$

5. Planos de pensões de benefício definido

No momento de constituir um plano de pensões de benefício definido a favor de um determinado número de indivíduos, o actuário responsável[32] ou o gestor do plano deve estimar o custo anual associado a esse plano, o qual, uma vez comparado com o nível de responsabilidades futuras, permite concluir acerca da sua viabilidade financeira. De outro modo, deve atender ao *plano técnico-actuarial*, na acepção que lhe é conferida pelo artigo 75.º, número 1, do Decreto-Lei n.º 12/2006, de 20 de Janeiro: «No caso de planos de pensões de benefício definido ou mistos deve ser elaborado um plano técnico-actuarial que sirva de base para o cálculo das contribuições a fazer pelos associados e

---

[32] Entre nós, o artigo 55.º, números 2 e 3, do Decreto-Lei n.º 12/2006, de 20 de Janeiro, define quais são as funções do actuário responsável, no contexto de cada plano de pensões de benefício definido ou misto, sendo uma dessas competências a elaboração de um *relatório anual*. Por seu turno, o artigo 50.º, da Norma Regulamentar n.º 7/2007-R, de 17 de Maio, estabelece quais os requisitos a que esse relatório deve atender e que tipo de informação deve veicular.

O esquema anterior ilustra a possibilidade de as contribuições serem postecipadas. Temos agora que

$$Q_{e+\frac{1}{m}} = Q_{e+\frac{2}{m}} = \ldots = Q_{e+1}$$

$$Q_{e+1+\frac{1}{m}} = Q_{e+1+\frac{2}{m}} = \ldots = Q_{e+2} = Q_{e+\frac{1}{m}} \times r_g$$

e assim sucessivamente, até que se obtenha

$$Q_{j-1+\frac{1}{m}} = Q_{j-1+\frac{2}{m}} = \ldots = Q_{j-\frac{1}{m}} = Q_{j-1} \times r_g^{j-e-1}$$

Retendo o mesmo procedimento que o considerado para o caso das entregas antecipadas, da capitalização dos vários termos resulta que

$$F_j = Q_e \left[(1+i)^{j-e-\frac{1}{m}} + \ldots + (1+i)^{j-e-1} \right] +$$

$$+ Q_e \left[r_g (1+i)^{j-e-1-\frac{1}{m}} + \ldots + r_g (1+i)^{j-e-2} \right] + \ldots$$

$$\ldots + Q_e \left[r_g^{j-e-1} (1+i)^{\frac{m-1}{m}} + \ldots + r_g^{j-e-1} (1+i)^{\frac{1}{m}} \right]$$

A partir desta expressão, obtém-se que

$$F_j = m \times Q_e^{(m)} \times \frac{i}{i^{(m)}} \times \frac{(1+i)^{j-e} - (1+s)^{j-e}}{i-s} - Q_{j-1}^{(m)} \qquad [\ V.18\ ]$$

com $Q_{j-1}^{(m)} = Q_e^{(m)} \times (1+s)^{j-e-1}$, assumindo as restantes variáveis o mesmo significado que no caso anterior.

EXEMPLO: Quanto deverá receber um indivíduo quando atingir a idade de 60 anos, que, desde os 50, efectua entregas mensais postecipadas para um plano de contribuições definidas e sabendo que esse investimento tem as seguintes características:

– as entregas no 1.º ano perfizeram a quantia de 600 €;

em que $Q_e^{(m)}$ corresponde à entrega proporcional para o período m, isto é, $Q_e^{(m)} = \dfrac{Q_e}{m}$, sendo $i^{(m)}$ a taxa anual nominal que, para um período de capitalização m, permite obter uma taxa efectiva anual igual a i. Tomemos um pequeno exemplo que ilustra a situação descrita.

EXEMPLO: No início de cada trimestre, um indivíduo de 40 anos realiza entregas para um plano de contribuição definida. No 1.º ano, essas entregas assumem o montante global de 3.200 €, sendo que acrescerão, nos anos seguintes, a uma taxa de 3%, que corresponde à estimativa de variação dos salários. Considerando uma rendibilidade média anual de 3,8%, determine o montante acumulado no respectivo fundo quando o indivíduo atingir a idade de 62 anos.

Transformamos a expressão formalizada em [V.17], uma vez que t = 62, donde

$$F_t = m \times Q_e^{(m)} \times \frac{i}{i^{(m)}} \times (1+i)^{1/m} \times \frac{(1+i)^{t-e} - (1+s)^{t-e}}{i-s}$$

$Q_{40} = 3.200$ €, logo como as entregas são trimestrais, $\dfrac{Q_e}{4} = 3.200$ € / 4 = 800 €. Por sua vez, $i^{(4)} = 4 \times [(1 + 3,8\%)^{1/4} - 1] = 4 \times 0,936755\% = 3,747\%$, que é a taxa nominal anual com capitalização trimestral que proporciona uma rendibilidade efectiva anual de 3,8%. Substituindo na fórmula, vem

$$F_{62} = 4 \times 800\ \text{€} \times \frac{3,8\%}{3,747\%} \times (1 + 3,8\%)^{1/4} \times \frac{(1+3,8\%)^{62-40} - (1+3\%)^{62-40}}{3,8\% - 3\%}$$

$$F_{62} = 3.200\ \text{€} \times 1,014144649 \times 1,00936755 \times \frac{(1,038)^{22} - (1,03)^{22}}{0,038 - 0,03}$$

$$F_{62} = 145.582,12\ \text{€}$$

ii) Postecipadas

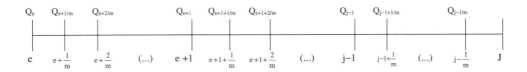

$$F_j = Q_e (1+i)^{j-e} + Q_{e+\frac{1}{m}} (1+i)^{j-e-1/m} + \ldots + Q_{e+1} (1+i)^{j-e-1} +$$

$$+ Q_{e+1+\frac{1}{m}} (1+i)^{j-e-1-1/m} + \ldots + Q_{j+1} (1+i) + Q_{e+1+\frac{1}{m}} (1+i)^{1-1/m} + \ldots +$$

$$+ Q_{j-\frac{1}{m}} (1+i)^{1/m}$$

No entanto, temos que

$$Q_e = Q_{e+\frac{1}{m}} = Q_{e+\frac{2}{m}} = \ldots = Q_{e+\frac{m-1}{m}}$$

$$Q_{e+1} = Q_{e+1+\frac{1}{m}} = Q_{e+1+\frac{2}{m}} = \ldots = Q_{e+1+\frac{m-1}{m}} = Q_e \times r_g$$

e assim por diante, sendo

$$Q_{j-1} = Q_{j-1+\frac{m-1}{m}} = Q_{j-1+\frac{2}{m}} = \ldots = Q_{j-\frac{1}{m}} = Q_e \times r_g^{j-e-1}$$

Embora os termos referentes a cada ano sejam iguais, cada um deles capitalizará por período de tempo diferente, já que as entregas se reportam também a diferentes momentos do tempo. Se reagruparmos as diversas entregas atendendo ao ano em que são realizadas e expressarmos cada termo em função do primeiro, vem que

$$F_j = Q_e \left[(1+i)^{j-e} + (1+i)^{j-e-\frac{1}{m}} + \ldots (1+i)^{j-e-\frac{m-1}{m}} \right] +$$

$$+ Q_e \left[r_g (1+i)^{j-e-1} + r_g (1+i)^{j-e-1-\frac{1}{m}} + \ldots + r_g (1+i)^{j-e-1-\frac{m-1}{m}} \right] + \ldots$$

$$\ldots + Q_e \left[r_g^{j-e-1}(1+i) + r_g^{j-e-1}(1+i)^{\frac{m-1}{m}} + \ldots + r_g^{j-e-1}(1+i)^{\frac{1}{m}} \right]$$

O desenvolvimento e a consequente transformação da expressão permite estabelecer que[31]

$$F_j = m \times Q_e^{(m)} \times \frac{i}{i^{(m)}} \times (1+i)^{1/m} \times \frac{(1+i)^{j-e} - (1+s)^{j-e}}{i-s} \qquad [\ \mathbf{V.17}\ ]$$

---

[31] Cuja demonstração, pela complexidade envolvida, nos escusamos de apresentar.

Também aqui i_m ou seja, a rendibilidade efectiva mensal, será de 0,39146%, uma vez que $i = 4,8\%$. Retomando os cálculos, vem que

$F_{65} = (530,91 \text{ €} \times 66,224571822 - 30.143,57 \text{ €}) \times (1 + 0,39146\%)$

$F_{65} = 5.035,35 \text{ €}$

II) Estamos em presença do mesmo problema que no caso anterior, sendo agora que as entregas crescem 0,2% em cada mês. Assim sendo, de acordo com [V.16], vem que

$$F_{65} = Q_{e+\frac{1}{12}} \times \frac{(1+i_{12})^{[12(65-60)-1]} - (1+s_{12})^{[12(65-60)-1]}}{i_{12} - s_{12}} \times (1 + i_{12})$$

$$F_{65} = 20 \text{ €} \times \frac{(1+0,39146\%)^{[12(65-60)-1]} - (1+0,2\%)^{[12(65-60)-1]}}{0,39146\% - 0,2\%} \times (1 + 0,39146\%)$$

$$F_{65} = 20 \text{ €} \times \frac{(1+0,39146\%)^{59} - (1+0,2\%)^{59}}{0,39146\% - 0,2\%} \times (1 + 0,39146\%)$$

$F_{65} = 20 \text{ €} \times 71,2718464 \times (1 + 0,39146\%)$

$F_{65} = 1.406,63 \text{ €}$

Sucede, porém, que, em termos práticos e na maioria das vezes, o montante das entregas permanece constante ao longo de cada ano, indo modificar-se no ano seguinte. Retomemos o esquema inicialmente proposto para o caso das entregas antecipadas e vejamos como se determina, nestas circunstâncias, o valor acumulado pelo fundo no momento j. Contemplaremos, apenas, a hipótese de as contribuições vertidas em cada ano variarem em progressão geométrica.

i) Antecipadas

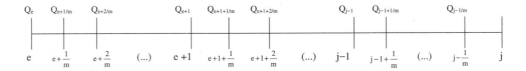

Da observação do esquema decorre que o valor acumulado pelo fundo no momento j se obtém através de

O próximo esquema refere-se à possibilidade de as contribuições serem postecipadas, $[m \times (j - e) - 1]$ no total.

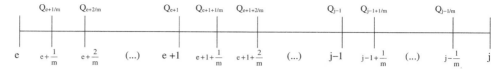

As expressões que permitem calcular F_j na condição de as entregas evoluírem em progressão aritmética e em progressão geométrica são as que se indicam, respectivamente, através de [V.15] e [V.16].

$$F_j = \left[\left(Q_{e+\frac{1}{m}} + \frac{r_{am}}{i_m}\right)\left(\frac{(1+i_m)^{[m(j-e)-1]} - 1}{i_m}\right) - \frac{[m(j-e)-1] \times r_{am}}{i_m}\right]$$
$$\times (1 + i_m) \qquad [\ V.15\ ]$$

$$F_j = + Q_{e+\frac{1}{m}} \times \frac{(1+i_m)^{[m(j-e)-1]} - (1+s_m)^{[m(j-e)-1]}}{i_m - s_m} \times (1+ i_m) \qquad [\ V.16\ ]$$

EXEMPLO: Reconsidere os exemplos (I) e (II), apresentados no início da presente secção, relativos à eventualidade de as entregas serem antecipadas e variáveis, respectivamente, em progressão aritmética e em progressão geométrica. Refaça os cálculos, no pressuposto de que as entregas são, agora, postecipadas.

I) De acordo com os dados do problema, as entregas ocorrerão mensalmente, entre os 60 e os 65 anos, sendo a primeira delas no montante de 20 € e aumentado 2 € em cada um dos meses seguintes. Pretendendo conhecer o montante acumulado no fundo quando o detentor do plano tiver 65 anos, aplica-se, de modo directo, a expressão formalizada em [V.15], donde

$$F_j = \left[\left(Q_{e+\frac{1}{m}} + \frac{r_{am}}{i_m}\right)\left(\frac{(1+i_m)^{[m(j-e)-1]} - 1}{i_m}\right) - \frac{[m(j-e)-1] \times r_{am}}{i_m}\right] \times (1 + i_m)$$

$$F_{65} = \left[\left(20\ € + \frac{2\ €}{0{,}39146\%}\right)\left(\frac{(1+0{,}39146\%)^{12(65-60)-1} - 1}{0{,}39146\%}\right) - \frac{[12 \times (65-60) - 1] \times 2\ €}{0{,}39146\%}\right]$$
$$\times (1 + 0{,}39146\%)$$

– essas entregas aumentam 2 € em cada mês decorrido;
– a taxa de rendibilidade anual associada a este investimento é de 4,8%.

Pretende-se saber quanto estará acumulado no respectivo fundo quando o indivíduo completar 65 anos.

Uma vez que o montante das entregas cresce 2 € em cada mês, teremos que $r_{am} = 2$; por sua vez, calculamos $i_m = (1 + 4,8\%)^{1/12} - 1 = 0,39146\%$, sendo, ainda, que $Q_{60} = 20$ €. No período em questão, ocorrem $12 \times (65 - 60)$ entregas. Substituindo estes valores na expressão indicada em [V.13], vem

$$F_{65} = \left[\left(20\ € + \frac{2\ €}{0,39146\%}\right)\left(\frac{(1+0,39146\%)^{12(65-60)}-1}{0,39146\%}\right) - \frac{12(65-60)\times 2\ €}{0,39146\%}\right] \times$$

$\times (1 + 0,39146\%) = (530,91\ € \times 67,48381453 - 30.645,47\ €) \times$

$\times (1 + 0,39146\%) = 5.202,65\ €$

A quantia acumulada no fundo à idade de 65 anos será de 5.202,65 €.

EXEMPLO (II): Retome os dados do problema anterior. Calcule o valor acumulado quando o indivíduo atingir os 65 anos, na eventualidade de o montante das contribuições aumentar 0,2% em cada mês.

As contribuições vão crescer em progressão geométrica de razão igual a 1,002; como as contribuições são mensais – 60 no seu todo, tal como no caso anterior – assumimos que $s_m = 0,2\%$, mantendo-se $i_m = 0,39146\%$. Substituindo em [V.14], vem

$$F_{65} = 20\ € \times \frac{(1+0,39146\%)^{12(65-60)} - (1+0,2\%)^{12(65-60)}}{0,39146\% - 0,2\%} \times (1 + 0,39146\%) =$$

$= 1.434,72\ €$

O valor obtido para a idade de 65 anos é muito menor nesta possibilidade do que quando as contribuições variam em progressão aritmética de razão igual a 2 €. Na verdade, no caso anterior, as entregas atingem valores muito ele-vados comparativamente com a base (a última entrega vai corresponder a 20 € + 59 × 2 € = 138 €), o que não sucede quando estas crescem à taxa mensal de 0,2%, sendo a última no montante de 20 € $(1 + 0,2\%)^{59} \times = 22,50$ €.

Por sua vez, se as entregas variarem em progressão geométrica, surge

$$Q_{e+k+\frac{t+1}{m}} = Q_{e+k+\frac{t}{m}} \times r_{gm}$$

Mais uma vez, recorrendo ao mecanismo de simplificação adoptado na secção anterior, poderemos obter as expressões que nos permitem calcular o valor acumulado no momento *j*, para entregas antecipadas ou postecipadas, variáveis em progressão aritmética ou em progressão geométrica, através da adaptação das expressões que estabelecemos de [V.7] a [V.10] e **no pressuposto de que nenhuma entrega é igual a qualquer outra**.

O esquema seguinte patenteia a possibilidade de as contribuições serem antecipadas, logo concluímos que se irão realizar m × (*j* – *e*) entregas.

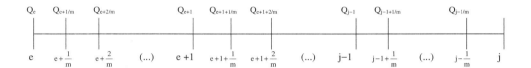

As expressões formalizadas em [V.13] e [V.14] permitem calcular o valor acumulado no fundo no momento *j*, no caso de as entregas variarem, respectivamente, em progressão aritmética e em progressão geométrica[30].

$$F_j = \left[\left(Q_e + \frac{r_{am}}{i_m} \right) \left(\frac{(1+i_m)^{m(j-e)} - 1}{i_m} \right) - \frac{m(j-e) \times r_{am}}{i_m} \right] \times (1 + i_m) \quad [\ \mathbf{V.13}\ ]$$

$$F_j = Q_e \times \frac{(1+i_m)^{m(j-e)} - (1+s_m)^{m(j-e)}}{i_m - s_m} \times (1 + i_m) \quad [\ \mathbf{V.14}\ ]$$

Os exemplos seguintes permitem aplicar as expressões propostas.

EXEMPLO (I): Entre os 60 e os 65 anos, um indivíduo efectuou entregas mensais para um plano de pensões de contribuição definida, nas seguintes condições:

– a primeira entrega foi antecipada e no montante de 20 €;

---

[30] Nestas expressões, bem como nas que se estabelecerão através de [V.17] e [V.18], tanto a rendibilidade i_m como os parâmetros r_{am} e s_m se reportam ao período m.

$$F_j = Q \times \frac{(1+i_m)^{m\times(j-e)-1}-1}{i_m} \times (1+i_m) \qquad [\ \textbf{V.12}\ ]$$

EXEMPLO: Reconsidere os elementos apresentados no exemplo anterior. Refaça os cálculos no pressuposto de que as entregas ocorrem, agora, no final de cada mês.

Temos, então, 179 entregas, uma vez que $[m \times (j-e) - 1] = 12 \times (65-50) - 1 = 179$. Todos os restantes elementos são idênticos aos considerados no exemplo anterior, pelo que

$$F_{65} = 50\ € \times \frac{(1+0,36748\%)^{12\times(65-50)-1}-1}{0,36748\%} \times (1+0,36748\%)$$

$$F_{65} = 50\ € \times \frac{(1+0,36748\%)^{179}-1}{0,36748\%} \times (1+0,36748\%)$$

$$F_{65} = 12.675,58\ €$$

O montante acumulado é, agora, de 12.675,58 €, necessariamente menor que no exemplo anterior[29].

4.4. Entregas fraccionadas de termos variáveis

Caso as entregas sejam variáveis poder-se-á seguir idêntico raciocínio ao proposto para o caso das entregas anuais variáveis – tanto em progressão aritmética como em progressão geométrica – na eventualidade de essa variação ocorrer entrega a entrega, isto é, de a razão ser aplicada a todos os termos, período a período, de modo sucessivo. Em termos genéricos, sendo as entregas variáveis em progressão aritmética, tem-se que

$$Q_{e+k+\frac{t+1}{m}} = Q_{e+k+\frac{t}{m}} + r_{am}$$

---

[29] Veja-se que a diferença existente entre este montante e o encontrado no exemplo anterior é de 96,76 €, que é igual ao montante que resulta da capitalização da quantia de 50 €, durante 180 períodos de tempo, à taxa mensal considerada. Em termos genéricos, podemos estabelecer que a diferença entre os valores acumulados por uma renda antecipada e por uma renda postecipada, sendo idênticos os restantes parâmetros, corresponde a $Q\ (1+i_m)^{m(j-e)}$.

que a rendibilidade média anual do fundo ronde os 4,5%, determine o montante que será possível acumular.

Começamos por repartir proporcionalmente o investimento anual, isto é,

$$Q = \frac{600€}{12} = 50 €$$

Do mesmo modo, tomando a rendibilidade anual esperada para o fundo, calculamos a rendibilidade que lhe equivale para o período das entregas, donde

$$i_{mensal} = (1 + 4,5\%)^{1/12} - 1 = 0,36748\%$$

Temos, ainda, que $m \times (j - e) = 12 \times (65 - 50) = 180$, donde se conclui que irão ocorrer, no período previsto, 180 entregas. Tomando a expressão formalizada em [V.11] e substituindo os valores correspondentes, obtém-se

$$F_{65} = 50 € \times \frac{(1+0,36748\%)^{12\times(65-50)} - 1}{0,36748\%} \times (1 + 0,36748\%)$$

$$F_{65} = 50 € \times \frac{(1+0,36748\%)^{180} - 1}{0,36748\%} \times (1 + 0,36748\%)$$

$$F_{65} = 12.772,34 €$$

Poder-se-á obter um montante acumulado de 12.772,34 €.

ii) Postecipadas

Existe uma forte semelhança entre o caso descrito no ponto anterior e aquilo que sucede na eventualidade de as contribuições ocorrerem no final do período – entregas *postecipadas*.

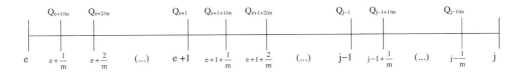

De acordo com o esquema anterior, estaremos em presença de um número de entregas igual a $[m \times (j - e) - 1]$, pelo que a fórmula proposta em [V.11] dará agora lugar a

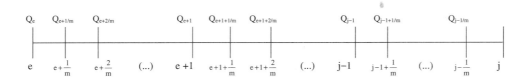

O valor acumulado pelo fundo no momento j será obtido através da expressão

$$F_j = Q_e (1 + i)^{j-e} + Q_{e+\frac{1}{m}} (1 + i)^{j-e-1/m} + \ldots + Q_{e+1} (1 + i)^{j-e-1} +$$

$$+ Q_{e+1+\frac{1}{m}} (1 + i)^{j-e-1-1/m} + \ldots + Q_{j-1} (1 + i) + Q_{j-1+\frac{1}{m}} (1 + i)^{1-1/m} + \ldots +$$

$$+ Q_{j-\frac{1}{m}} (1 + i)^{1/m}$$

ou, atendendo a que as entregas são constantes,

$$F_j = Q (1 + i)^{j-e} + Q (1 + i)^{j-e-1/m} + \ldots + Q (1 + i)^{j-e-1} + Q (1 + i)^{j-e-1-1/m} +$$

$$\ldots + Q (1 + i) + Q (1 + i)^{1-1/m} + \ldots + Q (1 + i)^{1/m}$$

Da análise da expressão anterior, concluímos que, ao longo do período em apreço, foram realizadas $m \times (j - e)$ entregas a favor do fundo. Quer isto dizer que a expressão que permite determinar F_j pode ser obtida, de modo simplificado, por analogia com a expressão estabelecida por intermédio de [V.5], considerando, agora, a taxa de juro efectiva para o período m que é equivalente à rendibilidade anual do fundo[28]. Contempladas as necessárias adaptações, vem que

$$F_j = Q \times \frac{(1 + i_m)^{m \times (j-e)} - 1}{i_m} \times (1 + i_m) \qquad [\text{ V.11 }]$$

com i_m a notar a rendibilidade efectiva do fundo reportada à e-mésima parte do ano. Ilustramos esta simplificação através de um exemplo.

EXEMPLO: João, de 50 anos, pretende realizar, no início de cada mês, entregas para um fundo de pensões, até que atinja a idade da reforma (65 anos). Considerando que, em cada ano, João poderá dispor de 600 € e que se estima

---

[28] Este procedimento é válido para qualquer renda, de amortização ou de acumulação, de termos certos e fraccionados.

Se as entregas variarem em função da taxa de crescimento dos salários, estaremos perante uma progressão geométrica de razão $(1 + s)$. Ajustamos [V.10] para $t = 60$, donde

$$F_{60} = 750 \text{ €} \times \frac{(1+2{,}75\%)^{60-40-1} - (1+3\%)^{60-40-1}}{2{,}75\% - 3\%} \times (1 + 2{,}75\%)$$

$$F_{60} = 750 \text{ €} \times \frac{(1+2{,}75\%)^{19} - (1+3\%)^{19}}{2{,}75\% - 3\%} \times (1 + 2{,}75\%)$$

$$F_{60} = 750 \text{ €} \times 31{,}64926 \times 1{,}0275$$

$$F_{60} = 24.389{,}71 \text{ €}$$

Comparamos o valor assim obtido com o que decorre do exemplo anterior – 24.057 € –, o que nos permite concluir que a entrega de quantias indexadas ao ritmo de crescimento dos salários, para os valores em apreço, permite ter acumulado um montante superior à idade de 60 anos.

4.3. *Entregas fraccionadas de termos constantes*

As contribuições efectuadas a favor de um plano de pensões cuja periodicidade não coincide com o ano designam-se por *entregas fraccionadas*. Em termos genéricos, poder-se-á afirmar que estamos em presença de uma renda fraccionária[27] sempre que a periodicidade das entregas não coincidir com o período a que se reporta a rendibilidade do fundo. Porém, a rendibilidade associada aos vários produtos financeiros é, por norma, divulgada para cada ano civil; por isso, consideramos que o fraccionamento se reportará sempre a parcelas do ano.

i) Antecipadas

O esquema seguinte ilustra a possibilidade de essas entregas se reportarem ao início de cada período de tempo, consequentemente, de serem *antecipadas*. Em cada ano, irão ocorrer m entregas, correspondendo, cada uma delas, à e-ésima parte do ano.

---

[27] Recorde-se a terminologia utilizada no Capítulo II, a propósito das rendas sem periodicidade anual. Propusemos a designação de *rendas fraccionárias* ou de *rendas de termos fraccionados*. Por analogia, também aqui recorreremos às denominações de *renda fraccionária* e de *entregas fraccionadas*.

contribuinte conta hoje com 40 anos; *ii*) a primeira entrega será no montante de 750 € e ocorrerá daqui por um ano; *iii*) de modo a compensar os eventuais efeitos da inflação, o contribuinte acrescerá, em cada ano, a quantia de 25 € à sua contribuição anual; *iv*) prevê-se que a taxa média de rendibilidade associada ao fundo, para o período de tempo considerado, atinja os 2,75%?

Estamos, inequivocamente, em presença de um caso de entregas postecipadas – pelo facto de a primeira entrega ocorrer daqui por um ano – e variáveis em progressão aritmética – já que se observam acréscimos anuais de 25 €. O problema resolve-se, assim, facilmente através da aplicação da fórmula estabelecida em [V.9], adaptada para t = 60. Para o efeito, consideramos, ainda, $e = 40$, donde resulta que

$$F_{60} = \left[\left(750\ \text{€} + \frac{25\ \text{€}}{2,75\%}\right)\left(\frac{(1+2,75\%)^{60-40-1}-1}{2,75\%}\right) - \frac{(60-40-1)\times 25\ \text{€}}{2,75\%}\right] \times$$

$$\times (1 + 2,75\%)$$

Efectuando os cálculos, obtém-se

$$F_{60} = (1.659{,}09\ \text{€} \times 24{,}523 - 17.272{,}73\ \text{€}) \times 1{,}0275$$

$$F_{60} = 24.057\ \text{€}$$

Esta será, então, a quantia acumulada à idade de 60 anos.

Se, de outro modo, as contribuições variarem em **progressão geométrica de razão** r_g, o esquema das entregas será idêntico ao anteriormente proposto, pelo que nos escusamos de o repetir. No que concerne à dedução da fórmula, adoptamos o mesmo tipo de procedimento, assumindo simplesmente que, na eventualidade de as contribuições serem postecipadas, podemos estabelecer

$$F_j = Q_{e+1} \times \frac{(1+i)^{j-e-1} - (1+s)^{j-e-1}}{i-s} \times (1+i) \qquad [\ \text{V.10}\ ]$$

Mais uma vez, para efeitos ilustrativos, recorremos a um exemplo.

EXEMPLO: Retomemos os elementos apresentados no exemplo anterior. Qual das situações permite obter maior valor acumulado à idade de 60 anos: considerar as entregas efectuadas nas condições descritas ou indexar essa variação à taxa de crescimento dos salários, estimando-se que esta se venha a situar nos 3% ao ano?

Neste caso, a taxa de inflação surge equiparada ao ritmo de crescimento dos salários; logo, ao aplicarmos a expressão anterior, vem que

$$F_{65} = 500 \text{ €} \times \frac{(1+2\%)^{65-37} - (1+1,5\%)^{65-37}}{2\% - 1,5\%} \times (1 + 2\%)$$

$$F_{65} = 500 \text{ €} \times 44,7604 \times 1,02$$

$$F_{65} = 22.827,81 \text{ €}$$

De acordo com as condições definidas, deverão estar acumulados no fundo 22.827,81 €.

ii) Postecipadas

Se considerarmos, agora, que as entregas a favor do fundo são postecipadas, em termos esquemáticos, virá que

Tal como referimos anteriormente para o caso das entregas constantes, a primeira entrega ocorre no momento $e + 1$, enquanto a última se reporta ao momento $j - 1$; são, assim, realizadas $j - e - 1$ contribuições a favor do fundo.

Se essas contribuições variarem em progressão aritmética de razão r_a, dada a similitude existente entre o caso proposto e o anteriormente apresentado para a eventualidade de as entregas serem antecipadas, assumiremos, simplesmente, que

$$F_j = \left[\left(Q_{e+1} + \frac{r_a}{i}\right)\left(\frac{(1+i)^{j-e-1} - 1}{i}\right) - \frac{(j-e-1) \times r_a}{i}\right] \times (1 + i) \qquad [\ \mathbf{V.9}\ ]$$

Esta expressão permite calcular o **valor acumulado no fundo no momento j, resultante da capitalização das $j - e - 1$ entregas variáveis em progressão aritmética de razão r_a**, reportando-se a primeira dessas entregas ao momento $e + 1$. Ilustremos a situação proposta recorrendo a um exemplo.

EXEMPLO: Quanto deverá estar acumulado num fundo de pensões quando o respectivo contribuinte atingir a idade de 60 anos, sabendo que: *i*) esse

Tomemos agora a hipótese de o montante das entregas variar em *progressão geométrica de razão* r_g. Assim sendo, cada uma das entregas assumirá os valores seguintes:

Q_e

$Q_{e+1} = Q_e \times r_g$

$Q_{e+2} = Q_{e+1} \times r_g = Q_e \times r_g^2$

....

$Q_{j-1} = Q_{j-2} \times r_g = Q_e \times r_g^{j-e-1}$

Se estabelecermos que o montante das entregas depende da evolução dos salários, considerando *s* a taxa média de crescimento dos salários, teremos que

$Q_{e+1} = Q_e (1 + s)$

$Q_{e+2} = Q_{e+1} (1 + s) = Q_e (1 + s)^2$

....

$Q_{j-1} = Q_{j-2} (1 + s) = Q_e (1 + s)^{j-e-1}$

Donde decorre que o valor acumulado pelo fundo no momento *j*, pressupondo que o montante das entregas evolui de acordo com o crescimento médio dos salários[26], vai corresponder a

$$F_j = Q_e \times \frac{(1+i)^{j-e} - (1+s)^{j-e}}{i-s} \times (1+i) \qquad [\ \text{V.8}\ ]$$

EXEMPLO: Quanto deverá estar acumulado num fundo de pensões quando o subscritor atingir a idade de 65 anos, atendendo às seguintes condições:

- a primeira entrega ascendeu a 500 € e foi efectuada quando o subscritor tinha 37 anos,
- as entregas seguintes evoluíram de acordo com a inflação observada, à taxa média anual de 1,5%,
- a rendibilidade média anual rondou os 2%?

---

[26] Para um valor genérico de r_g virá que $F_j = Q_e \times \dfrac{(1+i)^{j-e} - r_g^{j-e}}{1+i-r_g} \times (1+i)$.

Q_e

$Q_{e+1} = Q_e + r_a$

$Q_{e+2} = Q_{e+1} + r_a = Q_e + 2 \times r_a$

....

$Q_{j-1} = Q_{j-2} + r_a = Q_e + (j - e - 1) \times r_a$

Cada uma das entregas será, assim, função da anterior. Substituindo o valor respectivo na expressão que nos permite obter o montante acumulado pelo fundo no momento j, virá que

$F_j = Q_e (1 + i)^{j-e} + (Q_e + r_a)(1 + i)^{j-e-1} + (Q_e + 2 \times r_a)(1 + i)^{j-e-2} + \ldots +$
$+ [Q_e + (j - e - 1) \times r_a](1 + i)$

A expressão anterior corresponde ao valor acumulado de uma renda de $j - e$ termos anuais, antecipados e variáveis em progressão aritmética de razão r_a. Recordando a formalização das rendas de termos variáveis, estabelecemos que o montante acumulado pelo fundo no momento j será dado por

$$F_j = \left[\left(Q_e + \frac{r_a}{i}\right)\left(\frac{(1+i)^{j-e} - 1}{i}\right) - \frac{(j-e) \times r_a}{i}\right] \times (1 + i) \qquad [\ \textbf{V.7}\ ]$$

EXEMPLO: Aos 50 anos, certo indivíduo efectuou uma entrega para um plano de pensões no montante de 1.000 €, tendo, nos anos seguintes e até atingir a idade de reforma, acrescido a sua contribuição em 100 € por ano. Considerando que a rendibilidade média anual associada ao respectivo fundo ronda os 2,85%, qual o montante de que este indivíduo poderá dispor ao atingir a idade de 65 anos?

Temos que o montante da primeira entrega realizada é de 1.000 €, aumentando 100 € em cada ano; consequentemente, $Q_e = 1.000$ € e $r_a = 100$ €. Sucede, ainda, que $e = 50$ e $j = 65$. Logo, atendendo à expressão anterior, vem que

$$F_{65} = \left[\left(1.000€ + \frac{100€}{2,85\%}\right)\left(\frac{(1+2,85\%)^{65-50} - 1}{2,85\%}\right) - \frac{(65-50) \times 100€}{2,85\%}\right] \times (1+2,85\%)$$

$F_{65} = (4.508,77 € \times 18,39575119 - 52.631,58 €) \times 1,0285$

$F_{65} = 31.174,48 €$

O montante de que o indivíduo poderá dispor ascende a 31.174,48 €.

4.2. Entregas anuais de termos variáveis[24]

É pouco provável que o montante das contribuições vertidas a favor do fundo de pensões se mantenha constante, particularmente se atendermos à significativa amplitude de tempo que, por norma, se associa a aplicações desta natureza[25]. A introdução de um parâmetro de variação do montante das contribuições configura, necessariamente, maior aderência à realidade.

i) Antecipadas

Retomemos o esquema proposto de início, contemplando, agora, a possibilidade de as entregas anuais assumirem valores variáveis.

Tal como sucedia para a hipótese de contribuições constantes, o valor do fundo no momento j é dado pelo valor capitalizado das entregas efectuadas, donde

$$F_j = Q_e (1 + i)^{j-e} + Q_{e+1} (1 + i)^{j-e-1} + Q_{e+2} (1 + i)^{j-e-2} + \ldots + Q_{j-1} (1 + i)$$

Comecemos por avaliar a possibilidade de o montante anual das entregas variar em **progressão aritmética de razão r_a**. Consequentemente, em cada momento, essas quantias corresponderão a

---

[24] Também aqui se recomenda a consulta de A. P. QUELHAS e F. CORREIA, *Manual de Matemática Financeira*, pp. 290-291 e pp. 294-295, no que concerne à dedução das expressões que permitem calcular, respectivamente, o valor acumulado das rendas de termos variáveis em progressão aritmética e o valor acumulado das rendas de termos variáveis em progressão geométrica.

[25] Esta observação ganha particular acuidade se atendermos aos planos de pensões constituídos com base nas poupanças individuais de carácter voluntário, nos quais não é exigida a entrega regular de contribuições, como é, entre nós, o caso dos PPR.

Na verdade, neste tipo de planos, da não obrigatoriedade de realização das entregas resulta que as mesmas se encontrem à mercê das poupanças individuais e familiares, tendo, muitas vezes, como único propósito a obtenção de benefícios fiscais.

Na secção de Casos Resolvidos do presente Capítulo, consideraremos um exemplo no qual as entregas assumem não só um valor variável como foram suprimidas durante um determinado período de tempo.

Pondo $(1 + i)$ em evidência, vem

$$F_j = Q \times (1 + i) \times [(1 + i)^{j-e-2} + (1 + i)^{j-e-3} + \ldots + 1]$$

A expressão colocada entre parêntesis rectos corresponde à soma dos $j - e - 1$ primeiros termos de uma progressão geométrica de razão $(1 + i)^{-1}$, logo

$$F_j = Q \times \frac{(1+i)^{j-e-1} - 1}{i} \times (1 + i) \qquad [\ V.5\ ]$$

De outro modo,

$$F_j = Q \times (1 + i) \times s_{\overline{j-e-1}\rceil} \qquad [\ V.6\ ]$$

EXEMPLO: Quanto poderá ter acumulado num fundo de pensões um indivíduo de 55 anos que, desde a idade de 35 anos, efectua, para esse fundo, entregas anuais, constantes e postecipadas, no montante de 1.000 €, considerando uma taxa de rendibilidade correspondente a 2,5% ao ano?

Pretendemos conhecer o montante acumulado num certo momento $t = 55$, pelo que adaptamos a expressão formalizada por intermédio de [V.5]; atendendo aos dados do problema, virá que

$$F_{55} = 1.000\ € \times \frac{(1 + 2,5\%)^{55-35-1} - 1}{2,5\%} \times (1 + 2,5\%)$$

$$F_{55} = 1.000\ € \times \frac{(1 + 2,5\%)^{19} - 1}{2,5\%} \times (1 + 2,5\%)$$

$$F_{55} = 24.544,66\ €$$

Aos 55 anos, o detentor do fundo terá acumulado a quantia de 24.544,66 €.

$$F_{65} = 5.000 \, € \times \frac{(1+3,75\%)^{65-50}-1}{3,75\%} \times (1+3,75\%)$$

$$F_{65} = 5.000 \, € \times \frac{(1+3,75\%)^{15}-1}{3,75\%} \times (1+3,75\%)$$

$$F_{65} = 101.963,71 \, €$$

Ao atingir os 65 anos[22], o indivíduo poderá receber a quantia de 101.963,71 €.

ii) Postecipadas

Nesta possibilidade, as entregas, sendo postecipadas, reportam-se ao final de cada período, tal como decorre do esquema apresentado[23].

O montante acumulado em j vai corresponder a

$$F_j = Q_{e+1}(1+i)^{j-e-1} + Q_{e+2}(1+i)^{j-e-2} + \ldots + Q_{j-1}(1+i)$$

ou ainda, uma vez que as entregas são constantes e iguais a Q,

$$F_j = Q\,[(1+i)^{j-e-1} + (1+i)^{j-e-2} + \ldots + (1+i)]$$

---

[22] Recorde-se que, salvo condições extraordinárias legalmente previstas, o montante acumulado num fundo de pensões apenas poderá ser recebido uma vez atingida a idade legal de acesso à reforma, 65 anos no caso português. Para idades inferiores a 65 anos, falamos de «montante acumulado no fundo num certo momento t»; neste caso as expressões formalizadas por intermédio de [V.3] e de [V.4] podem ser adaptadas, dando lugar, respectivamente, a $F_t = Q \times \frac{(1+i)^{t-e}-1}{i} \times (1+i)$ e a $F_t = Q \times (1+i) \times s_{\overline{t-e}|}$. Raciocínio idêntico pode ser aplicado às expressões que deduziremos ao longo deste ponto.

[23] Refira-se que, embora se trate de uma renda de termos postecipados, não se efectua qualquer entrega no momento j, uma vez que este pode marcar o início da sucessão de recebimentos. Deste modo, a renda em apreço compreenderá $j-e-1$ termos.

Sendo *i* a taxa de rendibilidade anual associada ao fundo, que, por questões de simplificação, pressupomos constante, e F_j o valor acumulado no momento *j*, teremos:

$$F_j = Q_e (1 + i)^{j-e} + Q_{e+1} (1 + i)^{j-e-1} + Q_{e+2} (1 + i)^{j-e-2} + \ldots + Q_{j-1} (1 + i)$$

Como o valor das entregas é constante, vem que

$$Q_e = Q_{e+1} = Q_{e+2} = \ldots = Q_{j-1}$$

cujo termo notamos genericamente por Q. Assim sendo, podemos traduzir F_j do seguinte modo:

$$F_j = Q [(1 + i)^{j-e} + (1 + i)^{j-e-1} + (1 + i)^{j-e-2} + \ldots + (1 + i)]$$

Atendendo ao esquema proposto e às expressões formalizadas, estamos em presença de uma renda de acumulação, composta por (*j* – *e*) entregas constantes e antecipadas. Consequentemente[21],

$$F_j = Q \times \frac{(1+i)^{j-e} - 1}{i} \times (1 + i) \qquad [\ V.3\ ]$$

ou ainda

$$F_j = Q \times (1 + i) \times s_{\overline{j-e}\,\neg} \qquad [\ V.4\ ]$$

EXEMPLO: Qual o capital que poderá receber um indivíduo de 65 anos, sendo que, desde os 50 anos, efectuou entregas anuais, constantes e antecipadas, no montante de 5.000 €, para um fundo de pensões, sabendo que a respectiva taxa média de rendibilidade é de 3,75% ao ano?

Pretendemos calcular o montante acumulado à idade de 65 anos, logo F_{65}. Atendendo à expressão formalizada em [V.3], temos, no caso presente, que *e* = 50, *j* = 65 e ainda que Q = 5.000 €. Substituindo, obtém-se

---

[21] Mais uma vez atendemos à formalização proposta por A. P. QUELHAS e F. CORREIA, *Manual de Matemática Financeira*, pp. 278 e 279.

o caso de uma *renda certa, temporária e de termos constantes*, ou **variáveis**, donde decorre uma renda *certa, temporária e de termos variáveis*.

Da capitalização dessas contribuições resultará um determinado montante, a receber num momento específico do tempo, por norma a corresponder à idade legal de acesso à reforma[19].

Consequentemente, a quantia acumulada no fundo não depende de quaisquer contingências biométricas – ao contrário do que sucede nos planos de benefício definido, como teremos ocasião de discutir adiante – sendo antes unicamente condicionado por factores de natureza financeira, ou seja, pelo montante das entregas (Q_k), pelo número de entregas (n) e pela rendibilidade das aplicações financeiras afectas ao respectivo fundo (i).

Sendo que as prestações futuras não se encontram garantidas, neste tipo de planos não se afigura necessária a constituição de provisões, nem o estabelecimento de quaisquer bases técnicas.

Contemplamos, de seguida, as várias possibilidades no que concerne à periodicidade e ao valor das entregas a efectuar para o fundo.

4.1. *Entregas anuais de termos constantes*

i) Antecipadas

Começamos por estabelecer que *e* designa a idade de acesso ao mercado de trabalho, sendo esta coincidente com o início de realização das entregas; por sua vez, *j* corresponde à idade de acesso à pensão de reforma ou complemento de pensão[20]. O plano de entregas, caso estas sejam antecipadas, surge ilustrado no esquema seguinte.

---

[19] Blake refere-se à existência de duas fases no âmbito dos planos de pensões de contribuição definida: uma *fase de acumulação*, até que seja atingida a idade de reforma, e uma *fase de distribuição*, sendo a duração desta última condicionada pelas probabilidades de vida e de morte do beneficiário do plano. Cfr. D. BLAKE, *Pension Finance*, Capítulos 4 e 5.

[20] Recorremos a estas notações de modo a serem idênticas às utilizadas no ponto 5 do presente Capítulo, para o caso dos planos de pensões de benefício definido.

com i_t a notar a rendibilidade registada, nesse período t, pelo portefólio associado ao fundo e Q_t a identificar o montante das contribuições realizadas. Logo o montante acumulado no fundo, no final de cada período, vai corresponder ao montante acumulado no período anterior, capitalizado à taxa média de rendibilidade observada, acrescido do montante das contribuições efectuadas.

Em determinados casos, principalmente nos fundos colectivos, o montante anual das contribuições a realizar a favor do fundo pode corresponder a uma certa percentagem do salário auferido. Sendo S_t o salário recebido em cada período t e w a percentagem desse salário destinada ao fundo, resulta que

$$Q_t = w \times S_t$$

Além disso, tomando a expressão estabelecida em [V.1] e substituindo, vem que

$$F_t = F_{t-1} \times (1 + i_t) + w \times S_t$$

Tomando vários períodos de tempo e seguindo a formalização proposta por Peláez Fermoso e Garcia Conzález[17], o valor de um fundo de pensões associado a um plano de contribuição definida, em cada momento t, é dado por

$$F_t = \sum_{k=0}^{t-1} Q_k \times \prod_{h=k}^{t-1} (1 + i_h) \qquad [\ V.2\ ]$$

tendo Q_k e i_h significados idênticos aos já mencionados.

Desta feita, no presente contexto, devemos, sobretudo, reter o que se conhece relativamente às rendas de acumulação certas e temporárias[18], cuja formalização genérica corresponde a

$$R(n) = T \times \frac{(1+i)^n - 1}{i}$$

As contribuições realizadas a favor do fundo assumem papel idêntico ao dos termos da renda de acumulação; estas podem ser **constantes**, o que configura

---

[17] Cfr. F. J. PELÁEZ HERMOSO e A. GARCIA GONZÁLEZ, *Los planos y fondos de pensiones – un análisis financiero-actuarial*, p. 39.

[18] Para maior aprofundamento relativamente às rendas, recomenda-se, de novo, a consulta de A. P. QUELHAS e F. CORREIA, *Manual de Matemática Financeira*, essencialmente Capítulo V.

No que concerne ao caso nacional, os fundos de pensões profissionais assumem um peso significativo, correspondendo a 95,1% do montante total (20.282 milhões de euros, em 2008). Uma análise sectorial revela, ainda, que o sector bancário e o das comunicações e transportes são responsáveis por cerca de 85% dos fundos actualmente existentes. A relevância que os fundos de pensões têm nestes sectores explica-se pelo facto de os respectivos trabalhadores não se encontrarem abrangidos por qualquer sistema público de Segurança Social. Estes fundos são maioritariamente fundos fechados, que correspondem a planos de benefício definido.

A forte concentração não se observa apenas ao nível dos sectores de actividade, já que os 20 maiores fundos de pensões profissionais correspondem a 90% do valor total da sua categoria e a 85,65% do valor total dos fundos.

Também em Portugal se verifica a tendência de transição de planos de benefício definido para planos de contribuição definida; no ano de 2008, os planos de contribuição definida cresceram 28%, contra o decréscimo de 9% registado ao nível dos planos de benefício definido[15]. Convém, no entanto, precisar que, no nosso país, os planos de contribuição definida decorrem, maioritariamente, de iniciativas individuais de poupança voluntária, entre os quais se colocam os bem conhecidos planos poupança-reforma (vulgo PPR)[16].

4. Planos de pensões de contribuição definida

Designando por F_t o montante acumulado, em cada momento t, por um fundo de pensões de contribuição definida, teremos que

$$F_t = F_{t-1} \times (1 + i_t) + Q_t \qquad [\ \text{V.1}\ ]$$

---

movimentos sindicais e o peso relativo dos vários sectores de produção; *ii*) os custos associados à subscrição, gestão e resgate nos dois tipos de planos, destacando, porém, que o custo associado à eventualidade de saída da empresa promotora é, por norma, mais elevado no caso dos planos de benefícios definidos, o que coloca a questão dos direitos de portabilidade de um plano para outro; *iii*) as políticas de regulação, que podem promover, por via fiscal ou outra, o desenvolvimento de um determinado tipo de plano.

[15] Elementos retirados de AUTORIDADE DE SUPERVISÃO DE SEGUROS E DE FUNDOS DE PENSÕES (2009), *Relatório do Sector Segurador e Fundos de Pensões – 2008*, p. 159 e segs. Recomenda-se, aliás, a consulta deste documento, uma vez que nele se reporta informação pormenorizada relativamente ao funcionamento do mercado nacional de fundos de pensões, em 2008.

[16] O Decreto-Lei n.º 205/89, de 27 de Junho, definiu a constituição e a gestão dos planos individuais de reforma (planos poupança-reforma ou PPR).

Os riscos inerentes aos planos desta natueza são, assim, suportados pelos respectivos membros e resultam da eventual observação dos seguintes factores: *i)* nível e/ou número insuficiente de contribuições vertidas a favor do fundo correspondente; *ii)* más decisões de investimento por parte do gestor do fundo, das quais procedem baixos índices de retorno; *iii)* perda de valor dos activos que compõem o fundo; *iv)* taxas de inflação elevadas, com a consequente quebra do poder de compra relativo aos montantes a receber no futuro.

Ainda assim, e sem prejuízo do que anteriormente se afirmou, os planos de contribuições definidos podem ser desenhados tendo em vista o alcance de um certo nível de pensão (*benchmark pension*). Recorrendo ao *método de Monte Carlo*, podem ser simulados vários cenários, no sentido de conhecer em que medida os valores reais se afastam do *benchmark pension*, tendo por base diferentes alternativas no que se reporta aos parâmetros indutores de risco[12].

Nos **planos de benefícios definidos**, o montante de pensão a auferir no futuro encontra-se indexado a um determinado valor de referência, por norma, o nível salarial que se prevê que o beneficiário venha a receber no momento de acesso à reforma. Neste tipo de planos, o trabalho do actuário revela-se de particular importância, uma vez que deverá conhecer, em cada momento, o valor actual dos activos que permite o pagamento das responsabilidades futuras, ou seja, dos benefícios que a entidade gestora se comprometeu a atribuir. Tal implica o reconhecimento das variáveis passíveis de influenciar a valorização do plano, o estabelecimento da correspondente *base técnica*[13] e a constituição de provisões.

Em termos internacionais, tem-se observado, nos últimos anos, uma mudança significativa de planos de benefícios definidos para planos de contribuições definidas, principalmente entre aqueles que são promovidos por empresas[14].

---

[12] Cfr. D. BLAKE, *Pension Finance*, pp. 102 e segs.

[13] Desenvolveremos o conceito de *base técnica* no ponto 5 deste Capítulo.

[14] A este título, cfr., P. SWEETING, *DB or not DB: the Choice of Pension Plan Provision by Employers*, 35 pp. Cfr., ainda, o interessante trabalho conduzido por J. TURNER e G. HUGHES, *Large Declines in Defined Benefit Plans Are Not Inevitable: The Experience of Canada, Ireland, the United Kingdom, and the United States*, 55 pp. Tomando como referência os países apontados no título, Turner e Hughes sustentam que essa tendência, normalmente reconhecida pela literatura, não pode ser generalizada, nem em termos espaciais nem em termos sectoriais. Esse decréscimo foi relativamente maior no Reino Unido e nos Estados Unidos que no Canadá e na Irlanda. Para além disso, foi mais notório nos planos constituídos a favor dos funcionários do sector público – onde predomina a prestação de serviços – do que nos planos constituídos a favor dos trabalhadores de empresas privadas.

Não obstante, Turner e Hughes discorrem uma sequência de argumentos explicativos para o eventual acréscimo dos planos de pensões de contribuições definidas relativamente aos fundos de benefícios definidos, a saber: *i)* a estrutura e dinâmica do mercado de trabalho, onde sublinham a crescente feminização do emprego, o aumento da mobilidade laboral, a redução da expressão dos

No que se refere à *forma de financiamento*, os planos de pensões repartem-se entre **planos contributivos**, quando existem contribuições realizadas pelos participantes, e **planos não contributivos**, quando as contribuições ficam unicamente a cargo do associado[10].

Por sua vez, no que concerne ao *tipo de garantias*, os planos de pensões podem ser classificados como **planos de contribuições definidas, planos de benefícios definidos** ou, ainda, **planos mistos**.

Nos planos de contribuições definidas, o montante das entregas a realizar encontra-se antecipadamente estabelecido, dependendo os benefícios futuros do montante dessas entregas e do rendimento que as mesmas possam vir a proporcionar. Enquanto isso, estaremos em presença de um plano de benefícios definidos quando o montante de benefícios a auferir no futuro se encontra previamente estabelecido, devendo as contribuições ser calculadas de forma a garantir o pagamento desses benefícios. Por último, os planos mistos resultam da combinação das duas fórmulas anteriormente descritas.

A distinção entre planos de pensões de contribuições definidas e planos de pensões de benefícios definidos assume um carácter estrutural no contexto do presente Capítulo, tanto mais que lhes dedicaremos, respectivamente, os pontos 4 e 5. Antes, porém, aprofundamos as diferenças entre ambas as modalidades, as quais decorrem dos conceitos já apresentados.

Como se referiu, nos *planos de contribuições definidas*, estabelece-se *a priori* o montante das entregas a realizar em cada período. Nesse sentido, os planos de pensões de contribuições definidas são operações de carácter estritamente financeiro, na medida em que o montante acumulado no momento de auferir a pensão de reforma (ou o complemento de pensão) dependerá das condições de mercado observadas até então e das decisões de investimento tomadas pelo gestor do respectivo fundo[11].

---

[10] Os planos não contributivos são muito comuns nos países anglo-saxónicos, em que o associado é a própria entidade patronal, que realiza as entregas em nome e a favor dos seus trabalhadores.

[11] Na literatura são apontadas diferenças ao nível da estratégia seguida pelos gestores associados a planos de contribuições definidas e a planos de benefícios definidos, no sentido em que gestores associados a planos de contribuições definidas se encontram sujeitos a menores pressões que os gestores de planos de benefícios definidos, por não terem, necessariamente, que atingir níveis de rendibilidade estabelecidos em momento prévio. Para além disso, os gestores associados a planos de contribuições definidas são, na maioria dos casos, alvo de uma monitorização deficiente por parte dos investidores. A este propósito, cfr. D. BLAKE, *Pension Schemes and Pension Funds in the United Kingdom*, pp. 472-473.

b) Os ***participantes*** são as pessoas singulares relativamente às quais se estabelecem os direitos estabelecidos no plano de pensões, independentemente de terem ou não contribuído para o seu financiamento;

c) Os ***contribuintes*** são as pessoas singulares ou colectivas que realizam contribuições em nome e em favor do participante;

d) Os ***beneficiários*** são as pessoas singulares a favor de quem são estabelecidos os direitos considerados no plano de pensões, quer tenham sido ou não participantes;

e) Os ***aderentes*** são as pessoas singulares ou colectivas que aderem a um fundo de pensões aberto[9].

Trata-se, desde logo, de uma classificação generalizante, daí resultando, para o caso nacional, que algumas destas categorias possam surgir sobrepostas no mesmo indivíduo ou na mesma entidade.

3. Critérios de classificação dos fundos e dos planos de pensões

Tal como sucede no âmbito de outros produtos financeiros, também os fundos e os planos de pensões podem ser classificados atendendo a um certo conjunto de critérios, os quais passamos a descrever.

De acordo com a legislação em vigor, e tendo essencialmente em atenção o ***tipo de vínculo*** que se estabelece entre os vários aderentes, os fundos de pensões distinguem-se entre **fundos fechados** e **fundos abertos**.

Os fundos de pensões são **fundos fechados** quando respeitarem apenas a um associado; no caso de vários associados, deverá existir, entre eles, uma relação de natureza profissional, associativa, empresarial ou social, sendo, ainda, que a adesão de novos associados ocorre em função do consentimento dos primeiros. Os fundos de pensões fechados são, assim, na sua maioria, fundos promovidos no âmbito de uma empresa ou organização. Enquanto isso, os fundos de pensões são **fundos abertos** quando não for exigida a existência de qualquer tipo de vínculo entre os aderentes, ao mesmo tempo que a adesão depende unicamente da decisão da entidade gestora.

Tendo, ainda, em consideração, o disposto pelo Decreto-Lei n.º 12/2006, os planos de pensões podem ser classificados, essencialmente, tendo em consideração dois critérios: *i)* quanto à ***forma de financiamento*** e *ii)* quanto ao ***tipo de garantias*** que lhes estão associadas.

---

[9] Sobre o conceito de fundo de pensões aberto, cfr. ponto 3 do presente Capítulo.

exercer funções similares às até então desempenhadas, quase em exclusivo, pelas instituições bancárias[7]. Mais recentemente, foram sendo introduzidas mudanças significativas ao nível do sistema de Segurança Social, susceptíveis de reduzir o nível de pensões a atribuir pelo sistema público. Entre essas alterações, sublinhamos as que decorrem do Decreto-Lei n.º 35/2002, de 19 de Fevereiro, onde se definiu um novo método de cálculo para o valor das pensões, tomando toda a carreira contributiva do indivíduo, ao invés dos melhores dez dos últimos quinze anos, anteriormente em vigor.

Refira-se, todavia, o desfasamento temporal entre a adopção de medidas de carácter reformador e a explosão observada no sector dos fundos e dos planos de pensões. Essas medidas foram levadas a efeito sobretudo após o virar do milénio, na senda da Lei de Bases da Segurança Social de 2000 (Lei n.º 17/2000, de 8 de Agosto)[8], logo mais tardias que o acréscimo expressivo das quantias geridas pelas entidades gestoras.

Uma das explicações apontadas, de modo quase recorrente, ao longo do tempo, tem-se estribado nos fortes benefícios fiscais decorrentes da subscrição de planos de pensões, até ao ano de 2004. Embora abolidos para o ano de 2005, a lei orçamental para 2006 reintroduziu esse tipo de regalias.

Por seu turno, a nova Lei de Bases da Segurança Social – Lei n.º 4/2007, de 16 de Janeiro – deixa antever novo impulso no âmbito do sector dos fundos de pensões, ao compreender no sistema complementar de Segurança Social os regimes complementares de iniciativa individual e de iniciativa colectiva. Entre os regimes complementares de iniciativa individual encontram-se, de acordo com o texto da lei, os planos de poupança-reforma, os seguros de vida, os seguros de capitalização e as modalidades mutualistas.

No presente, a constituição e o funcionamento dos fundos de pensões e das sociedades gestoras de fundos de pensões são regulados através do Decreto-Lei n.º 12/2006, de 20 de Janeiro. Este diploma transpôs para o ordenamento jurídico nacional os princípios decorrentes da Directiva n.º 2003/41/CE, do Parlamento Europeu e do Conselho, de 3 de Junho, relativa à actividade e à supervisão das instituições encarregues da gestão de fundos de pensões profissionais.

No artigo 2.º deste diploma, prevê-se a existência dos seguintes intervenientes no âmbito do funcionamento dos fundos e dos planos de pensões:

a) Os **associados** são as pessoas colectivas cujos planos de pensões são financiados por intermédio de um fundo de pensões;

---

[7] Cfr. J. M. G. S. QUELHAS, *Sobre a evolução recente do sistema financeiro – novos «produtos financeiros»*, pp. 32 e segs.

[8] À qual se seguiu a Lei n.º 32/2002, de 20 de Dezembro. De notar que, no curto espaço de sete anos, vigoraram, entre nós, três diferentes Leis de Bases da Segurança Social.

TABELA 3 – Evolução do número de fundos de pensões por tipo de entidade

	1987		1993		1998		2002		2006		2008	
	N.º	%	N.º	%	N.º	%	N.º	%	N.º	%	N.º	%
Seguradoras do ramo «vida»	42	67,7	87	39,7	86	36,9	86	36,4	58	25,6	46	20,0
Soc. gestoras de fundos de pensões	20	32,3	132	60,3	147	63,1	150	63,6	169	74,4	184	80,0
TOTAL	62	100	219	100	233	100	236	100	227	100	230	100

Fonte: INSTITUTO DE SEGUROS DE PORTUGAL, publicações várias.

TABELA 4 – Evolução dos montantes geridos por tipo de entidade gestora

(em milhares de euros e em percentagem)

	1987	1993	1998	2002	2006	2008
Seguradoras do ramo «vida»	69.587 [83%]	392.629 [10%]	385.685 [3,3%]	521.520 [3,4%]	549.626 [2,6%]	393.962 [1,9%]
Soc. gestoras de fundos de pensões	14.291 [17%]	3.544.338 [90%]	11.192.137 [96,7%]	15.268.196 [96,6%]	20.621.363 [97,4%]	19.887.960 [98,1%]
TOTAL	83.878 [100%]	3.936.967 [100%]	11.577.822 [100%]	15.789.716 [100%]	21.170.989 [100%]	20.281.922 [100%]

Fonte: INSTITUTO DE SEGUROS DE PORTUGAL, publicações várias.

Estes valores evidenciam sobretudo a forte explosão que se verificou em Portugal ao nível dos fundos de pensões, tanto no que se refere ao número de fundos, ao número de entidades gestoras e, muito principalmente, no que concerne aos montantes geridos.

A discussão das causas subjacentes a tão significativo desenvolvimento não se encontra entre os objectivos do presente trabalho. Podemos, no entanto, avançar que o surgimento das sociedades gestoras de fundos de pensões ocorreu num contexto marcado por fortes transformações operadas ao nível dos sistemas financeiros. Recorrendo à expressão proposta por Boissieu, foi na década de oitenta do século XX que, por força dos processos de desintermediação e desregulamentação, também em Portugal, proliferaram os denominados «sósias no domínio financeiro», ou seja, entidades que passaram a

2. Fundos e planos de pensões em Portugal

Os fundos de pensões foram introduzidos em Portugal por intermédio do Decreto-Lei n.º 323/85, de 6 de Agosto[5]. Contudo, só no ano seguinte, através do Decreto-Lei n.º 396/86, de 25 de Novembro, foram criadas as denominadas sociedades gestoras de fundos de pensões, entidades a quem compete, por excelência, a dinamização deste tipo de mercado.

No hiato de tempo que decorreu entre a regulamentação dos fundos de pensões e o surgimento das respectivas sociedades gestoras, a gestão dos fundos foi confiada às empresas seguradoras do ramo «Vida»[6]. A gestão de fundos de pensões continuou, todavia, a ser uma das actividades permitidas às seguradoras do ramo «Vida», mesmo após a publicação do Decreto-Lei n.º 396/86. Sublinhe--se que, embora em número muito semelhante, as sociedades gestoras de fundos de pensões têm clara vantagem neste segmento no que concerne aos montantes geridos, tal como corroboram os elementos contidos nos quadros seguintes.

TABELA 2 – Evolução das entidades gestoras de fundos de pensões

	1987	1993	1998	2002	2006	2008
Seguradoras do ramo «vida»	10	11	17	15	14	15
Sociedades gestoras de fundos de pensões	5	15	16	13	13	13
TOTAL	15	26	33	28	27	28

Fonte: INSTITUTO DE SEGUROS DE PORTUGAL, publicações várias.

---

[5] Sem prejuízo do facto de a primeira referência aos fundos de pensões ter ocorrido, entre nós, por intermédio da Lei n.º 2/71, de 12 de Abril. Porém, à época, observava-se um franco desenvolvimento das coberturas previstas pelos sistemas públicos de Segurança Social, o que, certamente, concorre para explicar o reduzido impacto que teve o sector da previdência privada até meados dos anos oitenta do século XX. De notar, ainda, que a Lei n.º 2/71 nunca foi regulamentada.

[6] O elenco das entidades gestoras de fundos de pensões e das seguradoras do ramo «Vida» que, ao momento, procedem à gestão de fundos de pensões pode ser consultado no *site* do Instituto de Seguros de Portugal (www.isp.pt).

No contexto das reformas levadas a efeito, incluímos o incentivo – através da concessão de benefícios fiscais – à subscrição, individual ou colectiva, de planos de pensões geridos por entidades privadas, assentes em esquemas de capitalização e tendo por base a poupança voluntária[3].

Ressalve-se, contudo, que, em alguns países, por força de condicionalismos históricos e da reduzida intervenção dos Estados na esfera das políticas sociais, as pensões privadas assumem, desde sempre, um papel primordial enquanto mecanismo de protecção na velhice, principalmente as que resultam de um modo de organização colectivo – empresa, grupo de empresas ou sector de actividade.

Assim, tendo em atenção a relevância crescente que os esquemas privados de pensões vêm assumindo no contexto dos mercados financeiros, o presente Capítulo é dedicado ao estudo dos fundamentos matemáticos associados aos diversos tipos de fundo.

Desde logo, importa estabelecer a distinção entre dois conceitos basilares, aos quais recorreremos amiúde ao longo do Capítulo e que surgem, algumas vezes, empregues de forma pouco nítida: o conceito de *fundo de pensões* e o conceito de *plano de pensões*. Destarte, um fundo de pensões é um património autónomo, composto por vários activos financeiros e afecto à realização de um ou mais planos de pensões[4], sendo essa composição, por norma, legalmente regulamentada; por seu turno, um plano de pensões consubstancia-se num conjunto de regras relativas às condições de acesso a um fundo de pensões, bem como aos resultados decorrentes da gestão desse fundo, ou seja, ao modo como se constitui o direito ao recebimento de uma pensão a título de reforma.

---

[3] Entre alguns académicos permanece a dúvida se as medidas atinentes à promoção dos esquemas privados de pensões devem ser consideradas como meio de reforma dos sistemas públicos. Neste domínio, Myles esclarece que «qualquer compromisso com a gestão da afectação dos custos com o envelhecimento da população envolve não apenas a redefinição dos benefícios provenientes do sector público, mas também o compromisso correspondente à regulação do sector privado de pensões. Os regimes fiscais favoráveis aos instrumentos de poupança reforma relativos ao segundo e terceiro pilares determinam claramente que aos mesmos devam ser atribuídos objectivos sociais». Cfr. J. MYLES, «A New Social Contract for the Elderly?», p. 136.

[4] Acresce que, de acordo com a legislação em vigor, os fundos de pensões podem também estar afectos à realização de planos de benefícios de saúde. No presente contexto, porém, privilegiaremos o estudo dos fundos exclusivamente destinados ao financiamento de encargos com pensões de reforma.

Capítulo V

FUNDOS DE PENSÕES

1. Fundos e planos de pensões

O envelhecimento demográfico que se tem verificado nos países da Europa Ocidental, nos Estados Unidos e no Japão, desde as duas últimas décadas do século XX, colocou sérios desafios à sustentabilidade financeira dos sistemas públicos de pensões[1]. De um modo genérico, os vários países encetaram reformas, tendo em vista toldar ou retardar os efeitos desse processo.

Todavia, as medidas em apreço foram, na maioria dos casos, guiadas unicamente por objectivos de índole financeira, desatendendo ou subestimando os respectivos efeitos no rendimento dos pensionistas e dos idosos em geral[2].

---

[1] Para uma perspectiva mais aprofundada da situação demográfica que, até 1995, se observava nos então 15 Estados-membros da União Europeia, cfr. A. P. QUELHAS, *A refundação do papel do Estado nas políticas sociais – a alternativa do movimento mutualista*, pp. 72 a 90.

Por seu turno, para uma visão prospectiva, até 2060, dos actuais 27 países da União Europeia, Noruega e Suíça, cfr. K. GIANNAKOURIS, «Ageing characterises the demographic perspectives of the European societies», onde, *grosso modo*, se apontam as seguintes previsões: *i*) a população total aumentará até 2040, mas cairá até 2060; *ii*) o número de pessoas com 65 ou mais anos, que em 2008 correspondia a 17,1% da população total, passará a equivaler a 30% dessa população; *iii*) o número de pessoas com 80 ou mais anos aumentará de 21,8 milhões, em 2008, para 61,4 milhões, em 2060; *iv*) a idade média da população europeia será de 47,9 anos, em 2060, sendo que, em 2008, essa média era de 40,4 anos. Estes indicadores escondem, porém, diferentes realidades e ritmos de evolução, dada a amplitude da amostra. Em concreto, os valores projectados para Portugal corroboram as previsões avançadas para o agregado da Europa dos 27, Noruega e Suíça.

Acresce que, sem prejuízo das peculiaridades inerentes a cada um dos países, as projecções conhecidas para os Estados Unidos e para o Japão confirmam, outrossim, as tendências apontadas para os países europeus. A este título, cfr., respectivamente, J. S. PASSEL e D. COHN, *U.S. Population Projections: 2005-2050*, e R. KANERO, *Population prospects of the lowest fertility with the longest life: the new official population projections for Japan and their life course approaches*.

[2] Para o caso europeu, cfr., a este título, A. MATH, «The Impact of Pension Reforms on Older People's Income: A Comparative View», pp. 105 e segs.

[IV.6b] $\quad {}_tV^1_{x:n\rceil} = \dfrac{P^1_{x:n\rceil}(N_x - N_{x+t}) - (M_x - M_{x+t})}{D_{x+t}}$

[IV.7a] $\quad {}_tV'_x = A_{x+t} - P_x \ddot{a}_{x+t}$

[IV.7b] $\quad {}_tV'_x = A_{x+t} - {}_mP_x \times \ddot{a}_{x+t:m-t\rceil} + g\left(\ddot{a}_{x+t} - \dfrac{\ddot{a}_x}{\ddot{a}_{x:m\rceil}} \times \ddot{a}_{x+t:m-t\rceil}\right)$

[IV.7c] $\quad {}_tV'_x = A_{x+t} + g\,\ddot{a}_{x+t}$

[IV.8a] $\quad {}_tV''_x = A_{x+t} - P_x \times \ddot{a}_{x+t} - \dfrac{\alpha P''_x}{\ddot{a}_x} \times \ddot{a}_{x+t}$

[IV.8b] $\quad {}_tV''_x = A_{x+t} - {}_mP_x \times \ddot{a}_{x+t:m-t\rceil} + g\left(\ddot{a}_{x+t} - \dfrac{\ddot{a}_x}{\ddot{a}_{x:m\rceil}} \times \ddot{a}_{x+t:m-t\rceil}\right)$

$\quad\qquad -\dfrac{\alpha\,{}_mP''_x}{\ddot{a}_{x:m\rceil}}\,\ddot{a}_{x+t:m-t\rceil}$

[IV.8c] $\quad {}_tV''_x = A_{x+t} + g\,\ddot{a}_{x+t}$

[IV.9a] $\quad {}_tV^Z_x = A_{x+t} - P_x\,\ddot{a}_{x+t} - \dfrac{\alpha P''_x}{\ddot{a}_x} \times \ddot{a}_{x+t}$

[IV.9b] $\quad {}_tV^Z_x = A_{x+t} - {}_mP_x\,\ddot{a}_{x+t:m-t\rceil} - \dfrac{\alpha\,{}_mP''_x}{\ddot{a}_{x:m\rceil}} \times \ddot{a}_{x+t:m-t\rceil}$

[IV.9c] $\quad {}_tV^Z_x = A_{x+t}$

[IV.2a] $E(VARC) + E(VACI) = E(VAPI)$

[IV.2b] $A_x + g \times \ddot{a}_x = \Pi'_x$

[IV.2c] $P'_x = \dfrac{A_x}{\ddot{a}_x} + g$

[IV.2d] $_mP'_x = \dfrac{A_x}{\ddot{a}_{x:m\rceil}} + g \dfrac{\ddot{a}_x}{\ddot{a}_{x:m\rceil}}$

[IV.3a] $E(VARC) + E(VACI) + E(VACE) = E(VAPC)$

[IV.3b] $\Pi''_x = \dfrac{A_x + g \times \ddot{a}_x}{1-\alpha}$

[IV.3c] $P''_x = \dfrac{A_x + g \times \ddot{a}_x}{\ddot{a}_x(1-\beta)-\alpha}$

[IV.3d] $_mP''_x = \dfrac{A_x + g \times \ddot{a}_x}{\ddot{a}_{x:m\rceil}(1-\beta)-\alpha}$

[IV.4a] $E(VARC) + VAGP = E(VAPZ)$

[IV.4b] $P_x^Z = \dfrac{A_x + \alpha P''_x}{\ddot{a}_x}$

[IV.4c] $_mP_x^Z = \dfrac{A_x + \alpha\ _mP''_x}{\ddot{a}_{x:m\rceil}}$

[IV.5a] $_tV_x = \dfrac{M_{x+t} - P_x \times N_{x+t}}{D_{x+t}}$

[IV.5b] $_tV^1_{x:n\rceil} = \dfrac{M_{x+t} - M_{x+n} - _nP^1_x(N_{x+t} - N_{x+n})}{D_{x+t}}$

[IV.5c] $_tV_{x:n\rceil} = \dfrac{M_{x+t} - M_{x+n} + D_{x+n} - P_{x:n\rceil}(N_{x+t} - N_{x+n})}{D_{x+t}}$

[IV.6a] $_tV_x = \dfrac{P_x(N_x - N_{x+t}) - (M_x - M_{x+t})}{D_{x+t}}$

b) Quando o beneficiário completar 70 anos, os prémios já foram pagos na íntegra, pelo que não são considerados para efeitos do cálculo da reserva. Esta decorrerá apenas dos montantes atinentes à cobertura dos benefícios previstos e dos gastos de gestão interna. Quer isto dizer que a entidade gestora da renda deverá ter acumulada a quantia que lhe permita acorrer ao pagamento dos benefícios previstos, bem como suportar os encargos de gestão interna inerentes ao contrato. Por sua vez, nesta data, a sucessão de pagamentos já teve início, configurando, assim, o caso de uma renda de vida inteira, antecipada, de termos constantes e fraccionados. O respectivo valor actual resulta, agora, da aplicação de [II,21b]. Como o prazo de tempo que decorre entre a contratação da renda e o cálculo da reserva é de 19 anos, estabelecemos que

$$_{19}V'_{51} = 3.300\, \ddot{a}_{70}^{(12)} + 0,005 \times 18.620,12 \times \ddot{a}_{70}$$

$$_{19}V'_{51} = 3.300\,€ \times \left[\ddot{a}_{70} - \frac{12-1}{2 \times 12} \right] + 0,005 \times 18.620,12\,€ \times \ddot{a}_{70}$$

$$_{19}V'_{51} = 3.300\,€ \times \left[\frac{N_{70}}{D_{70}} - \frac{11}{24} \right] + 0,005 \times 18.620,12\,€ \times \frac{N_{70}}{D_{70}}$$

$$_{19}V'_{51} = 3.300\,€ \times \left[\frac{36.508,515}{3.610,839} - \frac{11}{24} \right] + 0,005 \times 18.620,12\,€ \times \frac{36.508,515}{3.610,839}$$

$$_{19}V'_{51} = 31.853,18\,€ + 941,32\,€$$

$$_{19}V'_{51} = 32.794,50\,€$$

FORMULÁRIO (IV):

[**IV.1a**] $E(VARC) = E(VAPP)$

[**IV.1b**] $E(VARC) = A_x = E(VAPP) = \Pi_x$

[**IV.1c**] $E(VARC) = A_x = E(VAPP) = P_x\, \ddot{a}_x$

[**IV.1d**] $E(VARC) = A_x = E(VAPP) = {_m}P_x\, \ddot{a}_{\overline{x:m}|}$

relativas a seguros de vida; porém, atendendo, precisamente, ao que aí se referiu e dado que se trata de uma renda apólice, podemos definir que o montante da reserva resultará do valor actual dos benefícios, acrescidos dos gastos de gestão interna reportados até ao fim do contrato, deduzidos dos prémios que ainda não se encontram a pagamento.

O momento para o qual se calcula a reserva antecede em 10 anos o início do pagamento dos benefícios. Assim, calculamos o valor actual desses benefícios, na data em questão, considerando um diferimento de 10 anos. Do exposto, decorre que

$$_4V'_{51} = 3.300 \,_{10|}\ddot{a}^{(12)}_{55} + 0,005 \times 3.300 \,_{14|}\ddot{a}^{(12)}_{51} \ddot{a}_{55} - _{14}P'_{51} \ddot{a}_{55:\overline{10}|}$$

$$_4V'_{51} = 3.300 \, € \left[_{10|}\ddot{a}_{55} - _{10}E_{55} \times \frac{12-1}{2 \times 12} \right] + 0,005 \times 18.620,12 \, € \times \frac{N_{55}}{D_{55}}$$

$$- 1.945,23 \, € \times \frac{N_{55} - N_{65}}{D_{55}}$$

$$_4V'_{51} = 3.300 \, € \left[\frac{N_{55+10}}{D_{55}} - \frac{D_{55+10}}{D_{55}} \times \frac{12-1}{2 \times 12} \right] + 0,005 \times 18.620,12 \, € \times \frac{N_{55}}{D_{55}}$$

$$- 1.945,23 \, € \times \frac{N_{55} - N_{65}}{D_{55}}$$

$$_4V'_{51} = 3.300 \, € \times \left[\frac{N_{65}}{D_{55}} - \frac{D_{65}}{D_{55}} \times \frac{12-1}{2 \times 12} \right] + 0,005 \times 18.620,12 \, € \times \frac{N_{55}}{D_{55}}$$

$$- 1.945,23 \, € \times \frac{N_{55} - N_{65}}{D_{55}}$$

$$_4V'_{51} = 3.300 \, € \times \left[\frac{58.241,765}{8.172,040} - \frac{4.863,363}{8.172,040} \times \frac{12-1}{2 \times 12} \right] + 0,005 \times 18.620,12 \, € \times$$

$$\times \frac{123.983,415}{8.172,040} - 1.945,23 \, € \times \frac{123.983,415 - 58.241,765}{8.172,040}$$

$$_4V'_{51} = 22.618,83 \, € + 1.412,49 \, € - 15.648,80 \, € = 8.382,52 \, €$$

O montante da reserva com prémio de inventário a constituir quando o beneficiário atingir a idade de 55 anos é de 8.382,52 €.

$$3.300 \,_{14|}\ddot{a}_{51}^{(12)} = 3.300 \,\text{€} \times \left[\,_{14|}\ddot{a}_{51} - \,_{14}E_{51} \times \frac{12-1}{2\times 12} \right]$$

$$3.300 \,_{14|}\ddot{a}_{51}^{(12)} = 3.300 \,\text{€} \times \left[\frac{N_{51+14}}{D_{51}} - \frac{D_{51+14}}{D_{51}} \times \frac{11}{24} \right]$$

$$3.300 \,_{14|}\ddot{a}_{51}^{(12)} = 3.300 \,\text{€} \times \left[\frac{N_{65}}{D_{51}} - \frac{D_{65}}{D_{51}} \times \frac{11}{24} \right]$$

$$3.300 \,_{14|}\ddot{a}_{51}^{(12)} = 3.300 \,\text{€} \times \left[\frac{58.241,765}{9.927,001} - \frac{4.863,363}{9.927,001} \times \frac{11}{24} \right]$$

$$3.300 \,_{14|}\ddot{a}_{51}^{(12)} = 18.620,12 \,\text{€}$$

O valor actual dos recebimentos futuros é de 18.620,12 €. Este equivale ao valor actual dos prémios a pagar, os quais formam uma renda periódica e correspondem a um prémio de inventário. Procedemos ao respectivo cálculo, donde resulta que

$$_{14}P'_{51}\, \ddot{a}_{51:\overline{14}|} = 3.300 \,_{14|}\ddot{a}_{51}^{(12)} + 0{,}005 \times 3.300 \,_{14|}\ddot{a}_{51}^{(12)} \times \ddot{a}_{51}$$

$$_{14}P'_{51}\, \frac{N_{51}-N_{51+14}}{D_{51}} = 3.300 \,_{14|}\ddot{a}_{51}^{(12)} + 0{,}005 \times 3.300 \,_{14|}\ddot{a}_{51}^{(12)} \times \frac{N_{51}}{D_{51}}$$

$$_{14}P'_{51}\, \frac{N_{51}-N_{65}}{D_{51}} = 18.620{,}12 \,\text{€} + 0{,}005 \times 18.620{,}12 \,\text{€} \times \frac{N_{51}}{D_{51}}$$

$$_{14}P'_{51}\, \frac{160.969{,}187 - 58.241{,}765}{9.927{,}001} = 18.620{,}12 \,\text{€} + 0{,}005 \times 18.620{,}12 \,\text{€} \times \frac{160.969{,}187}{9.927{,}001}$$

$$_{14}P'_{51} = 1.945{,}23 \,\text{€}$$

O prémio periódico de inventário é de 1.945,23 €.

Estes resultados são de carácter genérico, no sentido em que importam para a resolução de ambas as alíneas. Vejamos cada uma delas em particular.

a) Pretendemos conhecer a reserva com prémio de inventário, a constituir no contexto de uma renda de vida inteira quando o beneficiário atingir a idade de 55 anos. Recordamos que em texto foram deduzidas apenas expressões

$$_7V^Z_{43} = 68.254,67 - 6.062,60 \times \frac{205.170,159 - 168.551,271}{12.773,610}$$

$$- \frac{0,60 \times 6.915,04€}{\underset{17.381,369}{312.360,720 - 168.551,271}} \times \frac{205.170,159 - 168.551,271}{12.773,610}$$

$$_7V^Z_{43} = 68.254,67 € - 17.380,03 € - 1.437,59 €$$

$$_7V^Z_{43} = 49.437,05 €$$

A reserva com prémio Zillmer corresponde a 49.437,05 €.

15 – Considere uma renda de vida inteira com as seguintes características:

– O beneficiário tem 51 anos à data de celebração do contrato;
– Pretende realizar entregas anuais antecipadas, que lhe permitam receber, a partir dos 65 anos e no início de cada mês, a quantia mensal de 275 €/mês;
– Os prémios anuais incluem uma parcela de 0,5% sobre o valor actual dos benefícios, correspondente a gastos de gestão interna e que se reporta a todo o contrato;
– O pagamento dos prémios cessa aquando do início do recebimento dos benefícios.

De acordo com a TV 73-77, calcule a reserva a constituir nos seguintes momentos:

a) Quando o beneficiário tiver 55 anos;
b) Quando o beneficiário tiver 70 anos.

Resolução:

Estamos em presença de uma renda apólice, na qual a parte que se reporta aos benefícios corresponde a uma renda de vida inteira, antecipada e de termos fraccionados, com um diferimento de 14 anos relativamente ao momento da respectiva contratação (desde os 51 até aos 65 anos).

Começamos, justamente, por determinar o valor actual destes benefícios, tendo por base a expressão definida no Capítulo II, por intermédio de [II.22d], o qual permitirá calcular, posteriormente, o montante dos prémios anuais. Assim sendo vem que

Mais uma vez, M'$_{53}$ resulta da TD 88-90 modificada e que consta do Anexo VIII, enquanto D$_{50}$ decorre da consulta da TD 88-90 inicial.

$$_{3|}(VA \div \div)_{50} = \frac{100.000\,€}{(1,03)^{53+1/2}} \times \frac{42.387,475}{12.773,610}$$

$$_{3|}(VA \div \div)_{50} = 68.254,67\,€$$

Atendendo, de novo, à expressão concernente a $_7V$, verificamos que $_{10}P''_{43}$ também é já nosso conhecido e igual a 6.915,04 €. Calculamos, de seguida, $_{10}P_{43}$, que corresponde ao prémio puro, de carácter temporário, associado a este seguro. Como o valor actual do capital garantido, sem mais encargos, é de 50.160,52 €, vem que

$$_{10}P_{43} \frac{N_{43} - N_{53}}{D_{43}} = 50.160,52\,€$$

$$_{10}P_{43} \frac{312.360,720 - 168.551,271}{17.381,369} = 50.160,52\,€$$

$$_{10}P_{43} = 6.062,60\,€$$

Por último, substituímos os valores obtidos na expressão inicialmente formlizada para $_7V^Z_{43}$, donde

$$_7V^Z_{43} = {_{3|}}(VA \div \div)_{43+7} - {_{10}}P_{43}\,\ddot{a}_{43+7:10-7\rceil} - \frac{\alpha\,_{10}P''_{43}}{\ddot{a}_{43:10\rceil}} \times \ddot{a}_{43+7:10-7\rceil}$$

$$_7V^Z_{43} = 68.254,67\,€ - 6.062,60\,€ \times \frac{N_{43+7} - N_{43+7+10-7}}{D_{43+7}} - \frac{0,60 \times 6.915,04\,€}{\frac{N_{43} - N_{43+10}}{D_{43}}} \times$$

$$\times \frac{N_{43+7} - N_{43+7+10-7}}{D_{43+7}}$$

$$_7V^Z_{43} = 68.254,67\,€ - 6.062,60\,€ \times \frac{N_{50} - N_{53}}{D_{50}} - \frac{0,60 \times 6.915,04\,€}{\frac{N_{43} - N_{53}}{D_{43}}} \times \frac{N_{50} - N_{53}}{D_{50}}$$

14 – Reconsidere o seguro discutido no Caso n.º 5 da presente secção de Casos Resolvidos. Calcule o montante da reserva com prémio Zillmer a constituir quando o segurado atingir a idade de 50 anos.

Resolução:

O seguro discutido no Caso n.º 5 trata-se de um seguro de vida inteira, de capital variável em progressão geométrica, com um efeito diferido correspondente a 10 anos, igual ao período de pagamento dos prémios. Para além disso, o contrato é estabelecido quando o segurado tem 43 anos, pelo que a reserva a constituir se reporta a 7 anos depois, logo aquém do limite de pagamento dos prémios.

Assim sendo, calculamos a reserva através da expressão estabelecida em [IV.9b], uma vez contemplados os ajustamentos necessários. Em termos genéricos, formalizamos a seguinte expressão:

$$_t V^Z_x = {}_{d|}(VA \div \div)_{x+t} - {}_m P_x \, \ddot{a}_{\overline{x+t:m-t}|} - \frac{\alpha \, {}_m P''_x}{\ddot{a}_{\overline{x:m}|}} \times \ddot{a}_{\overline{x+t:m-t}|}$$

No caso em apreço, o seguro produzirá efeitos dentro de 3 anos (ou seja, consideraremos um diferimento de 3 anos), sendo também de 3 o número de prémios que se encontram por pagar. Consequentemente, tomando os dados do problema, vem que

$$_7 V^Z_{43} = {}_{3|}(VA \div \div)_{43+7} - {}_{10} P_{43} \, \ddot{a}_{\overline{43+7:10-7}|} - \frac{\alpha \, {}_{10} P''_{43}}{\ddot{a}_{\overline{43:10}|}} \times \ddot{a}_{\overline{43+7:10-7}|}$$

$$_7 V^Z_{43} = {}_{3|}(VA \div \div)_{50} - {}_{10} P_{43} \, \ddot{a}_{\overline{50:3}|} - \frac{\alpha \, {}_{10} P''_{43}}{\ddot{a}_{\overline{43:10}|}} \times \ddot{a}_{\overline{50:3}|}$$

Seguimos um raciocínio idêntico ao conduzido no caso anterior, isto é, começamos por determinar ${}_{3|}(VA \div \div)_{43+7}$.

$$_{3|}(VA \div \div)_{50} = \frac{100.000 \, €}{(1,03)^{50+3+1/2}} \times \frac{M'_{50+3}}{D_{50}}$$

$$_{3|}(VA \div \div)_{50} = \frac{100.000 \, €}{(1,03)^{53+1/2}} \times \frac{M'_{53}}{D_{50}}$$

Recordamos que P''_{47} já foi calculado no Caso n.º 4 e é igual a 2.580,65 €; necesitamos, contudo, de determinar P_{47}, para cujo efeito tomamos a expressão definida em [III.8]. Deste modo, surge que

$$P_{47} = 100.000 \text{ €} \times \frac{M_{47}}{N_{47}} + 500 \text{ €} \times \frac{R_{47+1}}{N_{47}}$$

$$P_{47} = 100.000 \text{ €} \times \frac{M_{47}}{N_{47}} + 500 \text{ €} \times \frac{R_{48}}{N_{47}}$$

$$P_{47} = 100.000 \text{ €} \times \frac{49.941,488}{2.531.115,414} + 500 \text{ €} \times \frac{1.206.922,024}{2.531.115,414}$$

$$P_{47} = 2.211,52 \text{ €}$$

Retomamos, agora, a expressão inicialmente proposta e substituímos os valores respectivos. Recorde-se, antes disso, que $\alpha = 0,60$, tal como decorre do enunciado do Caso n.º 4. Logo, vem que

$$_{12}V''_{47} = 52.673,11 \text{ €} - 2.211,52 \text{ €} \times \ddot{a}_{59} - \frac{0,60 \times 2.580,65 \text{ €}}{\ddot{a}_{47}} \times \ddot{a}_{59}$$

Atendemos, por fim, às formalizações correspondentes a $\ddot{a}_{47}$ e $\ddot{a}_{59}$, bem como aos valores dos símbolos de comutação envolvidos.

$$_{12}V''_{47} = 52.673,11 \text{ €} - 2.211,52 \text{ €} \times \frac{N_{59}}{D_{59}} - \frac{0,60 \times 2.580,65 \text{ €}}{\frac{N_{47}}{D_{47}}} \times \frac{N_{59}}{D_{59}}$$

$$_{12}V''_{47} = 52.673,11 \text{ €} - 2.211,52 \text{ €} \times \frac{1.142.140,431}{84.146,395} - \frac{0,60 \times 2.580,65 \text{€}}{\frac{2.531.115,414}{146.322,251}} \times$$

$$\times \frac{1.142.140,431}{84.146,395}$$

$$_{12}V''_{47} = 52.673,11 \text{ €} - 30.017,52 \text{ €} - 1.214,96 \text{ €}$$

$$_{12}V''_{47} = 21.440,63 \text{ €}$$

A reserva com prémio comercial é de 21.440,63 €.

13 – Atenda ao contrato de seguro descrito no Caso n.º 4 da presente secção de Casos Resolvidos. Calcule a reserva com prémio comercial a constituir, uma vez decorridos 12 anos após a celebração do contrato.

Resolução:

Recordamos que se trata de um seguro de vida inteira, com efeito imediato, com capital garantido de 100.000 €, crescente em progressão aritmética de razão igual a 500 €, constituído por um indivíduo de 47 anos e com prémios pagos ao longo da vigência da apólice.

As expressões estabelecidas em 3.2 referem-se ao caso de um seguro de vida inteira, com efeito imediato, mas de capital constante. Como os prémios são pagos periodicamente, sustentamo-nos na fórmula definida em [IV.8a] e adaptamo-la ao seguro em apreço, diferindo apenas no que concerne ao valor actual do capital no momento $x + t$. Assim sendo, vem que

$$_t V''_x = (VA \div)_{x+t} - P_x \times \ddot{a}_{x+t} - \frac{\alpha P''_x}{\ddot{a}_x} \times \ddot{a}_{x+t}$$

Como $t = 12$, resulta que

$$_{12} V''_{47} = (VA \div)_{47+12} - P_{47} \times \ddot{a}_{47+12} - \frac{\alpha P''_{47}}{\ddot{a}_{47}} \times \ddot{a}_{47+12}$$

$$_{12} V''_{47} = (VA \div)_{59} - P_{47} \times \ddot{a}_{59} - \frac{\alpha P''_{47}}{\ddot{a}_{47}} \times \ddot{a}_{59}$$

Principiamos por calcular $(VA \div)_{59}$, através da aplicação de [III.7].

$$(VA \div)_{59} = 100.000 \ € \times \frac{M_{59}}{D_{59}} + 500 \ € \times \frac{R_{59+1}}{D_{59}}$$

$$(VA \div)_{59} = 100.000 \ € \times \frac{M_{59}}{D_{59}} + 500 \ € \times \frac{R_{60}}{D_{59}}$$

$$(VA \div)_{59} = 100.000 \ € \times \frac{41.014{,}388}{84.146{,}395} + 500 \ € \times \frac{661.627{,}672}{84.146{,}395}$$

$$(VA \div)_{59} = 52.673{,}11 \ €$$

Substituímos M_{47} e N_{47} pelos valores respectivos que constam da PEF 80, donde resulta

$$P_{47} = \frac{21.354,323}{1.600.799,276} = 0,013339788$$

Tratando-se de um seguro de vida inteira, a expressão que permite calcular o montante da reserva a constituir no momento $x + t$, através do método retrospectivo, é a que formalizámos anteriormente por meio de [IV.6a]. Observando os dados do problema, concluiremos que $x + t = 55$, uma vez que o contrato foi estabelecido há 8 anos (já foram, portanto, pagos 8 prémios). Desta feita, define-se que

$$_8V_{47} = \frac{P_{47}(N_{47} - N_{47+8}) - (M_{47} - M_{47+8})}{D_{47+8}}$$

$$_8V_{47} = \frac{P_{47}(N_{47} - N_{55}) - (M_{47} - M_{55})}{D_{55}}$$

P_{47} é já nosso conhecido; logo consultamos na PEF 80 os restantes valores e substituímo-los na expressão anterior, donde vem

$$_8V_{47} = \frac{0,013339788(1.600.799,276 - 947.109,426) - (21.354,323 - 19.664,789)}{64.291,318}$$

$$_8V_{47} = 0,1093545792$$

O valor assim obtido concerne à quantia de reserva a constituir para uma unidade monetária de capital garantido. Por último, generalizamos para um valor nominal de 75.000 €, donde se obtém

$$75.000 \, _8V_{47} = 75.000 \, € \times \frac{P_{47}(N_{47} - N_{55}) - (M_{47} - M_{55})}{D_{55}}$$

$$75.000 \, _8V_{47} = 75.000 \, € \times 0,1093545792 = 8.201,59 \, €$$

vida inteira, com efeito diferido e pagamento de prémio único. A expressão mencionada dá, assim, lugar a

$$_t^d V_x = \frac{M_{x+d+t}}{D_{x+t}}$$

ou ainda

$$Z \,_t^d V_x = Z \frac{M_{x+d+t}}{D_{x+t}}$$

$$50.000 \,_4^4 V_{52} = 50.000 \times \frac{M_{52+4+4}}{D_{52+4}}$$

$$50.000 \,_4^4 V_{52} = 50.000 \times \frac{M_{60}}{D_{56}}$$

Substituindo pelos símbolos de comutação respectivos, obtém-se

$$50.000 \,_4^4 V_{52} = 50.000 \text{ €} \times \frac{2.667,583}{7.776,862}$$

$$50.000 \,_4^4 V_{52} = 17.150,77 \text{ €}$$

O montante da reserva a constituir quando o segurado atingir a idade de 56 anos é de 17.150,77 €.

12 – De acordo com o método retrospectivo, recorrendo às fórmulas, calcular a reserva a constituir no âmbito de um seguro de vida inteira, cujo capital garantido é de 75.000 €, sendo que o mesmo foi contratado há 8 anos, por um indivíduo que, nessa data, tinha 47 anos de idade, com prémios pagos periodicamente ao longo da vigência da apólice. Para o efeito, considere a PEF 80.

Resolução:

Como o prémio é pago periodicamente, começamos por determinar o respectivo valor para uma unidade monetária de capital garantido.

$$P_x = \frac{M_x}{N_x} \Leftrightarrow P_{47} = \frac{M_{47}}{N_{47}}$$

Para um valor nominal igual a 250.000 €, vem que

$$250.000 \,_{10}V_{48:\overline{30}|} = 250.000 \,€ \times \frac{M_{58} - M_{78} + D_{78} - P_{48:\overline{30}|}(N_{58} - N_{78})}{D_{58}}$$

$$250.000 \,_{10}V_{48:\overline{30}|} = 250.000 \,€ \times 0,2750471802$$

$$250.000 \,_{10}V_{48:\overline{30}|} = 68.761,80 \,€$$

b) Sendo o prémio de seguro integralmente pago na data de celebração do contrato, ao aplicarmos o método prospectivo no cálculo da reserva, verificamos que esta resulta apenas do valor actual do capital garantido; desta sorte, o montante pago a título de prémio não é relevante para a determinação da reserva a constituir.

Em concomitância, a quantia correspondente à reserva, quando o segurado atingir a idade de $x + t$ anos, equivale ao valor actual do capital garantido nessa mesma data.

11 – Considere um seguro de vida inteira, para um capital garantido de 50.000 € e com pagamento de prémio único, contratado por um indivíduo de 52 anos, mas com um efeito diferido de 8 anos. Tendo por base a TV 73-77, cal-cule o montante de reservas a constituir no momento em que o indivíduo atingir a idade de 56 anos.

Resolução:

Tal como sucedia no caso anterior, também aqui, se tomarmos o método prospectivo para efeitos de determinação da reserva, o montante do prémio único não será relevante para os cálculos.

Trata-se, porém, de um seguro de vida inteira com efeito diferido, ou seja, de acordo com os dados do problema, apenas haverá lugar ao reembolso de capital se o segurado falecer após ter atingido os 60 anos de idade.

Todavia, a reserva a constituir reporta-se à idade de 56 anos, isto é, a um momento anterior ao da produção de efeitos. Assim sendo, como a reserva equivale ao valor actual do capital garantido nessa idade, consideraremos um diferimento de 4 anos, que é o período de tempo que irá decorrer até o segurado atingir os 60 anos de idade.

Adaptamos, mais uma vez, a expressão estabelecida em [IV.5a]; designamos por $_t^d V_x$ o montante da reserva a constituir, à idade $x + t$, para um seguro de

Capítulo IV – Prémios, Reservas e Gestão do Risco

Resolução:

a) Começamos por calcular o prémio periódico associado a este seguro temporário com dote puro. Os cálculos iniciais reportam-se a um capital garantido de apenas uma unidade monetária; no final, faremos a necessária adaptação para os 250.000 € previstos na apólice.

Assim, tomamos a expressão definida em [III.38a], sendo que $x = 48$ e $n = 30$. Logo, vem que

$$P_{48:\overline{30}|} = \frac{M_{48} - M_{48+30} + D_{48+30}}{N_{48} - N_{48+30}} = \frac{M_{48} - M_{78} + D_{78}}{N_{48} - N_{78}}$$

Retiramos da TV 88-90 os valores em apreço, donde

$$P_{48:\overline{30}|} = \frac{19.121,383 - 12.466,688 + 15.065,129}{931.203,169 - 138.784,672} = 0,027409537 \text{ u.m.}$$

Adicionalmente, a expressão que permite determinar a reserva a constituir, para o caso de um seguro dotal e aplicando o método prospectivo, é a que se definiu por intermédio de [IV.5c]. Ora $t = 10$, pelo que se obtém

$$_{10}V_{48:\overline{30}|} = \frac{M_{48+10} - M_{48+30} + D_{48+30} - P_{48:\overline{30}|}(N_{48+10} - N_{48+30})}{D_{48+10}}$$

$$_{10}V_{48:\overline{30}|} = \frac{M_{58} - M_{78} + D_{78} - P_{48:\overline{30}|}(N_{58} - N_{78})}{D_{58}}$$

Retiramos da TV 88-90 os valores correspondentes a M_{58}, N_{58} e D_{58}, pois os restantes foram empregues anteriormente, por ocasião do cálculo do prémio. Surge, então, que

$$_{10}V_{48:\overline{30}|} = \frac{18.010,705 - 12.466,688 + 15.065,129}{29.494,318}$$

$$- \frac{0,027409536(594.714,207 - 138.784,672)}{29.494,318} = 0,2750471802 \text{ u.m.}$$

Trata-se de um seguro de vida inteira, com prémios pagos nos primeiros 10 anos de vigência do contrato; ora sucede que o segurado tinha 37 anos no momento da celebração do contrato e que no momento actual tem 55 anos, ou seja, $t = 55 - 37 = 18$. Deste modo, $t > m$, o que significa que os prémios já se encontram pagos na sua totalidade.

Podemos, então, concluir que, se optarmos pelo método prospectivo, esses prémios não serão relevantes para o cálculo da reserva. Enquanto isso, a expressão formalizada por intermédio de [IV.5a] pode ser simplificada, dando lugar a

$_tV_x = \dfrac{M_{x+t}}{D_{x+t}}$ ou, para Z unidades monetárias, a $Z \ _tV_x = Z \times \dfrac{M_{x+t}}{D_{x+t}}$. Atendendo

aos dados do problema, vem

$$150.000 \ _{18}V_{37} = 150.000 \ € \times \dfrac{M_{37+18}}{D_{37+18}}$$

$$150.000 \ _{18}V_{37} = 150.000 \ € \times \dfrac{M_{55}}{D_{55}}$$

$$150.000 \ _{18}V_{37} = 150.000 \ € \times \dfrac{44.456,598}{102.173,318}$$

$$150.000 \ _{18}V_{37} = 65.266,45 \ €$$

O montante da reserva a constituir é de 65.266,45 €, coincidindo com o valor actual do capital garantido.

10 – Considere um seguro de temporário a 30 anos, com dote puro, sendo o capital garantido de 250.000 €, no qual o segurado tinha 48 anos à data de celebração do contrato.

a) Tendo por base a TV 88-90 e de acordo com o método prospectivo, calcule o montante da reserva a constituir 10 anos após a contratação do seguro, sendo que o prémio é pago ao longo da vigência da apólice.

b) Sem recorrer a cálculos adicionais, descreva o modo como calcularia a reserva a que se refere a alínea anterior, caso o prémio de seguro fosse integralmente pago na data de celebração do contrato. Justifique, devidamente, a sua resposta.

$$3.000 \; {}_{15}P'_{35} \frac{N_{35} - N_{35+15}}{D_{35}} = 3.000 \,€ \times \frac{N_{35+25+1} - N_{35+25+20+1}}{D_{35}} +$$

$$+ \, 0,03 \times 3.000 \; {}_{15}P'_{35} \frac{N_{35} - N_{35+46}}{D_{35}}$$

$$3.000 \; {}_{15}P'_{35} \frac{N_{35} - N_{50}}{D_{35}} = 3.000 \,€ \times \frac{N_{61} - N_{81}}{D_{35}} + 0,03 \times$$

$$\times 3.000 \,€ \; {}_{15}P'_{35} \frac{N_{35} - N_{81}}{D_{35}}$$

$$3.000 \; {}_{15}P'_{35} \frac{1.494.820,577 - 857.633,177}{49.018,207} = 3.000 \,€ \times \frac{508.394,485 - 96.162,223}{49.018,207} +$$

$$+ \, 0,03 \times 3.000 \,€ \; {}_{15}P'_{35} \frac{1.494.820,577 - 96.162,223}{49.018,207}$$

$$12,99899 \times 3.000 \; {}_{15}P'_{35} = 25.229,34 + 0,856 \times 3.000 \; {}_{15}P'_{35}$$

Resolvemos, por fim, em ordem a $3.000 \; {}_{15}P'_{35}$, donde

$$12,14299 \times 3.000 \; {}_{15}P'_{35} = 25.229,34 \,€$$

$$3.000 \; {}_{15}P'_{35} = 2.077,69 \,€$$

O montante da entrega anual será de 2.077,69 €.

9 – Quando tinha 37 anos, certo indivíduo celebrou um seguro de vida inteira, com um capital garantido de 150.000 € e prémios pagos durante os 10 primeiros anos de vigência do contrato. Calcule a reserva a constituir no momento do tempo em que o segurado atingir 55 anos, de acordo com os elementos apontados na PEM 90.

Resolução:

Ao interpretarmos o enunciado, verificaremos que não é dada qualquer indicação quanto ao método a utilizar para efeitos de cálculo da reserva. Assim, deveremos optar por aquele que se revele mais adequado às especificidades do problema.

Nota: Na realidade, $_7P''_{58}$ corresponde a 2.400 $_7P''_{58}$, por ser o prémio comercial periódico a pagar por uma renda de vida inteira cujo termo anual é de 2.400 €. Por razões de simplificação, omitimos essa referência na formalização anterior.

8 – Um indivíduo de 35 anos irá investir, no início de cada ano e até à idade de 50, uma quantia que lhe permitirá receber, no pressuposto de que sobrevive, entre os 60 e os 80 anos, no final de cada ano, a importância de 3.000 €. Para além da cobertura dos riscos envolvidos, cada uma das entregas anuais integrará uma parcela destinada a colmatar os gastos de gestão interna e que corresponde a 2% do valor dessas entregas, aplicáveis a cada ano de vigência do contrato.

Tendo por base a TV 88-90, calcule o montante das entregas.

Resolução:

Mais uma vez, estamos em presença de uma renda, desta feita de uma renda temporária.

As entregas a realizar – ou os prémios a pagar – englobam uma percentagem a título de gastos de gestão interna, tratando-se, por isso mesmo, de um prémio de inventário.

Não estabelecemos em texto, tal como já referimos no caso anterior, as expressões alusivas às rendas; porém, da interpretação do enunciado concluímos que:

- O conjunto das entregas configura o caso de uma renda antecipada, imediata e temporária, uma vez que os prémios de inventário são pagos entre os 35 e os 50 anos;
- Por sua vez, os recebimentos constituem uma renda postecipada, temporária (entre os 60 e os 80 anos) e com um diferimento de 25 anos (dos 35 aos 60 anos);
- Os encargos de gestão interna, embora sejam pagos juntamente com os prémios, reportam-se a todo o contrato.

Atendendo ao exposto, podemos formalizar

$$3.000 \ _{15}P'_{35} \ \ddot{a}_{35:\overline{15}|} = 3.000 \ _{25|}a_{35:\overline{20}|} + 0{,}03 \ _{15}P'_{35} \ \ddot{a}_{35:\overline{46}|}$$

Substituímos pelos símbolos de comutação correspondentes e, bem assim, pelos respectivos valores retirados da TV 88-90.

Resolução:

Estamos em presença de uma renda apólice, na qual os prémios comerciais são pagos antecipadamente, ao longo de 7 anos, e a sucessão de recebimentos tem início uma vez terminado esse período.

Em texto, discutimos a aplicação dos vários tipos de prémios apenas ao caso dos seguros. No entanto, adaptamos o que então se referiu às rendas de vida inteira, salvaguardando que o valor actual dos prémios comerciais equivale ao valor actual das prestações previstas, acrescido dos vários encargos, tanto internos como externos. A expressão seguinte observa este princípio, ao mesmo tempo que nela recorremos a uma simbologia idêntica à anteriormente proposta para o caso dos seguros. Definimos, assim, que

$$_7P''_{58}\, \ddot{a}_{58:\overline{7}|} = 2.400\, \ddot{a}_{65} + 0{,}02\, _7P''_{58}\, \ddot{a}_{58} + 0{,}70\, _7P''_{58} + 0{,}03\, _7P''_{58}\, \ddot{a}_{58:\overline{7}|}$$

Traduzimos a expressão por meio de símbolos de comutação; de seguida, substituímos esses símbolos pelos valores respectivos, recolhidos na PEF 90, e resolvemos em ordem a $_7P''_{58}$.

$$_7P''_{58}\, \frac{N_{58}-N_{65}}{D_{58}} = 2.400\, \frac{N_{65}}{D_{65}} + 0{,}02\, _7P''_{58}\, \frac{N_{58}}{D_{58}} + 0{,}70\, _7P''_{58} +$$

$$+ 0{,}03\, _7P''_{58}\, \frac{N_{58}-N_{65}}{D_{58}}$$

$$_7P''_{58}\, \frac{5.960.342{,}975 - 4.012.386{,}549}{299.413{,}592} = 2.400\, € \times \frac{4.012.386{,}549}{250.110{,}206} + 0{,}02\, _7P''_{58} \times$$

$$\times \frac{5.960.342{,}975}{299.413{,}592} + 0{,}70\, _7P''_{58} + 0{,}03\, _7P''_{58} \times \frac{5.960.342{,}975 - 4.012.386{,}549}{299.413{,}592}$$

$6{,}50591\, _7P''_{58} = 38.501{,}94\, € + 0{,}398134\, _7P''_{58} + 0{,}7\, _7P''_{58} + 0{,}195177\, _7P''_{58}$

$6{,}50591\, _7P''_{58} - 0{,}398134\, _7P''_{58} - 0{,}7\, _7P''_{58} - 0{,}195177\, _7P''_{58} = 38.501{,}94\, €$

$5{,}212599\, _7P''_{58} = 38.501{,}94\, €$

$_7P''_{58} = 7.386{,}32\, €$

O prémio comercial a pagar em cada um dos 7 anos é de 7.386,32 €.

O numerador da razão anterior é idêntico ao da que foi utilizada na alínea anterior para efeitos do cálculo do prémio único comercial. Uma vez que resulta da soma do valor actual do capital garantido e do valor actual dos gastos de gestão interna, este montante corresponderá ao *prémio único de inventário*. Vem, assim, que

$$_{35}P''_{35} = \frac{41.970{,}52\ €}{\dfrac{N_{35} - N_{35+35}}{D_{35}}(1 - 0{,}03) - 0{,}50}$$

$$_{35}P''_{35} = \frac{41.970{,}52\ €}{\dfrac{N_{35} - N_{70}}{D_{35}}(1 - 0{,}03) - 0{,}50}$$

$$_{35}P''_{35} = \frac{41.970{,}52\ €}{\dfrac{866.075{,}705 - 123.314{,}456}{34.750{,}099}(1 - 0{,}03) - 0{,}50}$$

$$_{35}P''_{35} = 2.074{,}35\ €$$

O prémio comercial a pagar ao longo dos 35 anos de vigência do contrato é de 2.074,35 €.

7 – Aos 58 anos, certo indivíduo contratou uma renda de vida inteira nas seguintes condições:

- o primeiro recebimento ocorrerá quando o indivíduo atingir a idade de 65 anos;
- esses recebimentos serão constantes, no montante de 2.400 € em cada ano;
- até essa idade, pagará prémios comerciais antecipados, os quais permitirão auferir a sucessão de recebimentos pretendida;
- os gastos de gestão interna correspondem a 2% de cada prémio comercial, imputados a cada ano de vigência da apólice;
- os gastos de gestão externa resultam da aplicação de uma percentagem de 70% ao primeiro prémio comercial, a título de gastos de produção, e de 3% a cada prémio comercial, a título de comissões de cobrança.

Com base na PEF 90, determine o prémio comercial, sabendo que este tem periodicidade anual e valor constante.

nida para o caso de um seguro de vida inteira com efeito imediato, sendo, agora que

$$_{d|}\Pi''_{x:n\rceil} = \frac{_{d|}A_{x:n\rceil} + g \times \ddot{a}_{x:d+n\rceil}}{1-\alpha}$$

Substituindo pelos valores em questão, nomeadamente tendo em atenção o valor do capital garantido, vem que

$$_{10|}\Pi''_{35:25\rceil} = \frac{300.000\ \text{€} \times_{10|}A_{35:25\rceil} + 0,003 \times 300.000\ \text{€} \times \ddot{a}_{35:10+25\rceil}}{1-0,05}$$

$$_{10|}\Pi''_{35:25\rceil} = \frac{300.000\ \text{€} \times \dfrac{M_{35+10} - M_{35+10+25}}{D_{35}} + 900\ \text{€} \times \dfrac{N_{35} - N_{35+10+25}}{D_{35}}}{0,95}$$

$$_{10|}\Pi''_{35:25\rceil} = \frac{300.000\ \text{€} \times \dfrac{M_{45} - M_{70}}{D_{35}} + 900\ \text{€} \times \dfrac{N_{35} - N_{70}}{D_{35}}}{0,95}$$

Por fim, retiramos da PF 94 os valores referentes aos símbolos de comutação apontados, donde

$$_{10|}\Pi''_{35:25\rceil} = \frac{300.000\ \text{€} \times \dfrac{9.257,835 - 6.867,600}{34.750,099} + 900\ \text{€} \times \dfrac{866.075,705 - 123.314,456}{34.750,099}}{0,95}$$

$$_{10|}\Pi''_{35:25\rceil} = \frac{39.872\ \text{€}}{0,95} = 41.970,52\ \text{€}$$

O prémio único comercial é de 41.970,52 €.

b) Estamos em presença do mesmo seguro que na alínea anterior, mas com prémios pagos ao longo da vigência da apólice, ou seja, são pagos d + n = 35 prémios comerciais. Com base m [IV.3d], definimos, então, que

$$_{35}P''_{35} = \frac{_{10|}A_{35:25\rceil} + g \times \ddot{a}_{35:10+25\rceil}}{\ddot{a}_{35:35\rceil}(1-\beta) - \alpha}$$

Por último, substituímos os valores obtidos na expressão inicialmente estabelecida referente a $_{10}P_{43}^Z$. Logo,

$$_{10}P_{43}^Z = \frac{50.160,52\ € + 0,60 \times 6.915,04\ €}{\dfrac{312.360,720 - 168.551,271}{17.381,369}}$$

$$_{10}P_{43}^Z = 6.564,06\ €$$

O prémio Zillmer relativo aos 10 primeiros anos da apólice é de 6.564,06 €.

6 – Um indivíduo de 35 anos celebrou um contrato de seguro, cujo capital garantido é de 300.000 €. Este seguro produzirá efeitos apenas daqui por 10 anos e extinguir-se-á quando o segurado atingir a idade de 70 anos. A entidade seguradora com a qual se celebrou o contrato sustenta os seus cálculos na PF 94 e repercute nos prémios a pagar uma comissão de 0,3%, que incide sobre os capitais garantidos e que se reporta a todo o período de vigência da apólice.
Determine:

a) O prémio único comercial, considerando que os gastos de gestão externa correspondem a 5% desse prémio único comercial;

b) O prémio comercial anual, sabendo que estes serão pagos ao longo da vigência do contrato e que os gastos de gestão externa são os seguintes: 3%, por cada prémio comercial, a título de comissão de cobrança e 50% do primeiro prémio comercial, a título de gastos de produção.

Resolução:

Antes de apresentarmos a resolução do caso proposto, tecemos, apenas, uma breve nota: embora em ambas as alíneas seja solicitada a determinação do prémio comercial, tendo por base o mesmo seguro, verificamos que, num caso e noutro, as taxas a aplicar não são as mesmas, dada a diferente periodicidade de pagamento dos prémios. Assim, no caso de pagamento de prémio único, os encargos de gestão externa são integralmente suportados "à cabeça" e incidem sobre a totalidade do prémio comercial, logo a taxa a aplicar terá que ser necessariamente muito inferior à que se pratica no caso de os prémios serem pagos periodicamente.

a) O prémio único comercial refere-se a um seguro temporário e de efeito diferido, o qual notaremos por $_{d|}\Pi''_{x:\overline{n}|}$. Adaptamos a expressão defi-

D_{43} decorre da consulta da TD 88-90, sendo igual a 17.381,369; por sua vez, M'_{53} consta da tábua incluída no Anexo VIII, elaborada com base no coeficiente de actualização auxiliar $i' = \dfrac{1+4\%}{1+3\%} - 1 = 0{,}97087\%$.

$$_{10|}(VA \div \div)_{43} = \dfrac{100.000\ €}{(1{,}03)^{53+1/2}} \times \dfrac{42.387{,}475}{17.381{,}369}$$

$$_{10|}(VA \div \div)_{43} = 50.160{,}52\ €$$

Por sua vez, calculamos $_{10}P''_{43}$, tendo por base [IV.3d] e atendendo às particularidades inerentes a um seguro de vida inteira, com efeito diferido e de capital variável em progressão geométrica.

$$_{10}P''_{43} = \dfrac{_{10|}(VA \div \div)_{43} + g \times {}_{10|}(VA \div \div)_{43} \times \ddot{a}_{43}}{\ddot{a}_{43:\overline{10}|}(1-\beta) - \alpha}$$

$$_{10}P''_{43} = \dfrac{50.160{,}52\ € + 0{,}001 \times 50.160{,}52\ € \times \dfrac{N_{43}}{D_{43}}}{\dfrac{N_{43} - N_{43+10}}{D_{43}}(1 - 0{,}035) - 0{,}60}$$

N_{43} e N_{53} resultam da consulta da TD 88-90 na sua formulação inicial, isto é, com $i = 4\%$, sendo que $N_{43} = 312.360{,}720$ e $N_{53} = 168.551{,}271$. Logo

$$_{10}P''_{43} = \dfrac{50.160{,}52\ € + 0{,}001 \times 50.160{,}52\ € \times \dfrac{312.360{,}720}{17.381{,}369}}{\dfrac{312.360{,}720 - 168.551{,}271}{17.381{,}369}(1 - 0{,}035) - 0{,}60}$$

$$_{10}P''_{43} = \dfrac{51.061{,}96\ €}{7{,}384188}$$

$$_{10}P''_{43} = 6.915{,}04\ €$$

5 – Determine o prémio Zillmer relativo aos 10 primeiros anos de vigência da apólice, associado ao seguinte contrato de seguro:

– o segurado tem 43 anos e pretende subscrever um seguro de vida inteira, que produza efeitos uma vez decorrido um período de 10 anos;
– o capital garantido é de 100.000 € no primeiro ano, aumentando 3% em cada ano;
– os gastos de gestão interna, calculados a uma taxa de 0,1% sobre o valor actual do capital garantido, são pagos com os prémios e reportados ao período de vigência da apólice;
– é cobrada uma comissão de 60% sobre o primeiro prémio comercial a título de gastos de gestão;
– para além disso, inclui-se, em cada prémio comercial uma comissão de cobrança que corresponde a 3,5% desse prémio.

Sustente os seus cálculos na TD 88-90.

Resolução:

Estamos em presença de um seguro de vida inteira, de capital variável em progressão geométrica, mas com um efeito diferido correspondente a 10 anos, isto é, idêntico ao período de pagamento dos prémios. Verificamos, no entanto, que o seguro proposto é o mesmo que foi utilizado no exemplo da secção 2.3.2. do Capítulo anterior. Atendendo ao conceito de prémio Zillmer, discutido em 1.4, adaptamos a expressão estabelecida em [IV.4c] e formalizamos, para o seguro em questão, que

$$_m P^Z_x = \frac{_{d|}(VA \div \div)_x + \alpha \; _m P''_x}{\ddot{a}_{x:m\rceil}} \Leftrightarrow \; _{10} P^Z_{43} = \frac{_{10|}(VA \div \div)_{43} + \alpha \; _{10} P''_{43}}{\ddot{a}_{43:10\rceil}}$$

Começamos por calcular $_{d|}(VA \div \div)_x$, atendendo a [III.16]; de seguida, determinamos $_{10}P''_{43}$.

$$_{10|}(VA \div \div)_{43} = \frac{100.000 \, €}{(1,03)^{43+10+1/2}} \times \frac{M'_{43+10}}{D_{43}}$$

$$_{10|}(VA \div \div)_{43} = \frac{100.000 \, €}{(1,03)^{53+1/2}} \times \frac{M'_{53}}{D_{43}}$$

Atenda-se a que os gastos de gestão interna são calculados sobre o valor actual do capital garantido, por uma questão de facilitação, já que esse capital garantido não é constante. Começamos, justamente, por calcular $(VA\div)_{47}$, de acordo com a expressão formalizada em [III.7]. Vem que

$$(VA\div)_{47} = 100.000\ \text{€} \times \frac{M_{47}}{D_{47}} + 500\ \text{€} \times \frac{R_{47+1}}{D_{47}}$$

Consultamos na PEM 90 e substituímos na expressão os valores correspondentes a M_{47}, D_{47} e R_{48}, logo

$$(VA\div)_{47} = 100.000\ \text{€} \times \frac{49.941,488}{146.322,251} + 500\ \text{€} \times \frac{1.206.922,024}{146.322,251}$$

$$(VA\div)_{47} = 38.255,36\ \text{€}$$

Retomamos a expressão inicial, que formalizamos em função dos símbolos de comutação respectivos, ao mesmo tempo que substituímos os restantes valores decorrentes do enunciado.

$$P''_{47} \frac{N_{47}}{D_{47}} = 38.255,36\ \text{€} + 0,005 \times 38.255,36\ \text{€} \times \frac{N_{47}}{D_{47}} + 0,50 \times P''_{47} +$$

$$+\ 0,04 \times P''_{47} \times \frac{N_{47}}{D_{47}}$$

$$P''_{47} \times \frac{2.531.115,414}{146.322,251} = 38.255,36\ \text{€} + 0,005 \times 38.255,36\ \text{€} \times \frac{2.531.115,414}{146.322,251} +$$

$$+\ 0,50 \times P''_{47} + 0,04 \times P''_{47} \times \frac{2.531.115,414}{146.322,251}$$

Resolvemos em ordem a P''_{47}, donde

$17,298\ P''_{47} - 0,50 \times P''_{47} - 0,691929\ P''_{47} = 38.255,36\ \text{€} + 3.308,75\ \text{€}$

$16,106071\ P''_{47} = 41.564,11\ \text{€}$

$P''_{47} = 2.580,65\ \text{€}$

O prémio comercial é de 2.580,65 €.

Para o caso em apreço, vem que

$$200.000 \,_{10}P''_{39} = \frac{200.000 A_{39:\overline{20}|} + 60 \ddot{a}_{39:\overline{20}|}}{\ddot{a}_{39:\overline{10}|}(1-0,025)-0,50}$$

A expressão que consta no numerador corresponde a $\Pi'_{39:\overline{20}|}$, logo ao prémio único de inventário igual a 13.669,82 €, ao mesmo tempo que $\ddot{a}_{39:\overline{10}|} =$

$$= \frac{N_{39} - N_{49}}{D_{39}} = \frac{3.955.456,506 - 2.244.690,273}{205.281,601} = 8,33375. \text{ Então,}$$

$$200.000 \,_{10}P''_{39} = \frac{13.669,82€}{8,33375(1-0,025)-0,50} = 1.792,67 \text{ €}$$

4 – Considere-se um seguro de vida inteira, subscrito por um indivíduo de 47 anos, com efeito imediato, sendo o capital garantido de 100.000 €, o qual acresce 500 € em cada ano decorrido. Os prémios são constantes, anuais e pagos durante a vida da apólice. Ao prémio puro acrescem os seguintes encargos:

– 0,5% sobre o valor actual do capital garantido, a título de gastos de gestão interna;
– 50% sobre o primeiro prémio comercial, a título de gastos de produção;
– 4% sobre cada um dos prémios comerciais a título de comissões de cobrança.

Tomando como referência a PEM 90, calcule esse prémio comercial.

Resolução:

Estamos em presença de um seguro de vida inteira, de capital variável em progressão aritmética de razão igual a 500 €, sendo o primeiro capital garantido no montante de 100.000 €. Os dados do problema são idênticos aos que constam do exemplo da secção 2.2.1 do Capítulo anterior.

Não dispomos, também aqui, da expressão que nos permitiria calcular, de modo directo, o prémio em apreço. Porém, tendo em consideração os elementos do enunciado e as expressões formalizadas para outros tipos de seguros, podemos estabelecer

$$P''_{47} \, \ddot{a}_{47} = (VA \div)_{47} + g \, (VA \div)_{47} \, \ddot{a}_{47} + \alpha \times P''_{47} + \beta \times P''_{47} \times \ddot{a}_{47}$$

$$_{10}P'_{39} = 200.000 \text{ €} \times \frac{54.201,209 - 41.014,388}{3.955.456,506 - 2.244.690,273} + 60 \text{ €} \times$$

$$\times \frac{3.955.456,506 - 1.142.140,431}{3.955.456,506 - 2.244.690,273} = 1.541,63 \text{ €} + 98,67 \text{ €} = 1.640,30 \text{ €}$$

O prémio periódico de inventário é de 1.640,30 €; para a formação desta quantia concorrem os 1.541,63 € referentes ao prémio periódico puro e os 98,67 € que representam os custos internos de gestão imputados à apólice nos 10 anos de pagamento dos prémios.

3 – Reconsidere a alínea b) do caso resolvido n.º 2. Para além dos encargos aí apontados, o segurado incorrerá, ainda, num custo adicional de 2,5% por cada prémio periódico pago, além de uma comissão, relativa a gastos de produção, correspondente a 50% do primeiro prémio comercial. Calcule esse prémio comercial.

Resolução:

Estabelecemos anteriormente que

$$A_x + g\,\ddot{a}_x + \alpha \times {_n}P''_x + \beta \times {_n}P''_x \times \ddot{a}_{x:\overline{n}|} = {_n}P''_x \times \ddot{a}_{x:\overline{n}|}$$

para o caso de um seguro de vida inteira, com ${_n}P''_x$ a notar, em termos genéricos, o prémio comercial periódico pago durante n anos. Por analogia, definimos a expressão a aplicar no caso de um seguro temporário a n anos com prémios pagos durante os m primeiros anos de vigência do contrato de seguro. Vem que

$$A_{x:\overline{n}|} + g\,\ddot{a}_{x:\overline{n}|} + \alpha \times {_m}P''_x + \beta \times {_m}P''_x \times \ddot{a}_{x:\overline{m}|} = {_m}P''_x \times \ddot{a}_{x:\overline{m}|}$$

Resolvendo em ordem a ${_m}P''_x$, obtém-se

$${_m}P''_x \ddot{a}_{x:\overline{m}|} - \alpha\, {_m}P''_x - \beta\, {_m}P''_x \ddot{a}_{x:\overline{m}|} = A_{x:\overline{n}|} + g\,\ddot{a}_{x:\overline{n}|}$$

$${_m}P''_x \left[\ddot{a}_{x:\overline{m}|}(1-\beta) - \alpha\right] = A_{x:\overline{n}|} + g\,\ddot{a}_{x:\overline{n}|}$$

$${_m}P''_x = \frac{A_{x:\overline{n}|} + g\ddot{a}_{x:\overline{n}|}}{\ddot{a}_{x:\overline{m}|}(1-\beta) - \alpha}$$

$$\Pi'_{39:\overline{20}|} = 200.000 \, \text{€} \times \frac{54.201,209 - 41.014,388}{205.281,601} + 60 \, \text{€} \times$$

$$\times \frac{3.955.456,506 - 1.142.140,431}{205.281,601}$$

$$\Pi'_{39:\overline{20}|} = 12.847,54 \, \text{€} + 822,28 \, \text{€}$$

$$\Pi'_{39:\overline{20}|} = 13.669,82 \, \text{€}$$

O prémio único de inventário é de 13.669,82 €, sendo que 12.847,54 € representa o prémio único puro e 822,28 € representa o valor actual dos gastos de gestão imputados à apólice.

b) Mais uma vez, introduzimos os ajustamentos necessários nas expressões estabelecidas para o caso dos seguros de vida inteira. Temos, agora, que

$$A_{x:\overline{n}|} + g \times \ddot{a}_{x:\overline{n}|} = {}_m P'_x \, \ddot{a}_{x:\overline{m}|}$$

De acordo com os elementos propostos, $x = 39$, $n = 20$ e $m = 10$, sendo, ainda, que o montante de capital garantido é de 200.000 €. Logo,

$${}_m P'_x = 200.000 \, \frac{A_{x:\overline{n}|}}{\ddot{a}_{x:\overline{m}|}} + 60 \, \frac{\ddot{a}_{x:\overline{n}|}}{\ddot{a}_{x:\overline{m}|}}$$

$${}_{10}P'_{39} = 200.000 \, \text{€} \times \frac{(M_{39} - M_{39+20})/D_{39}}{(N_{39} - N_{39+10})/D_{39}} + 60 \, \text{€} \times \frac{(N_{39} - N_{39+20})/D_{39}}{(N_{39} - N_{39+10})/D_{39}}$$

$${}_{10}P'_{39} = 200.000 \, \text{€} \times \frac{M_{39} - M_{39+20}}{N_{39} - N_{39+10}} + 60 \, \text{€} \times \frac{N_{39} - N_{39+20}}{N_{39} - N_{39+10}}$$

$${}_{10}P'_{39} = 200.000 \, \text{€} \times \frac{M_{39} - M_{59}}{N_{39} - N_{49}} + 60 \, \text{€} \times \frac{N_{39} - N_{59}}{N_{39} - N_{49}}$$

Obtemos na PEM 90 o valor referente a N_{49}, uma vez que os que correspondem aos restantes símbolos de comutação já foram aplicados na alínea anterior. Vem, assim, que

O prémio puro periódico é de 1.534,96 €.

Nota: este valor é igual ao que teria sido obtido no Capítulo anterior, uma vez que se trata de um prémio puro.

2 – Considere um seguro temporário a 20 anos, com efeito imediato, subscrito por um indivíduo de 39 anos, cujo capital garantido é de 200.000 €. Sabendo que os gastos de gestão interna imputados à apólice são de 0,03% do capital garantido por cada ano de vigência do contrato, com base na PEM 90, calcule:

a) o prémio de inventário único;
b) o prémio de inventário a liquidar em cada um dos primeiros 10 anos de vigência do contrato.

Resolução:

a) Para o caso de um seguro de vida inteira, estabelecemos que

$$A_x + g \times \ddot{a}_x = \Pi'_x$$

representando Π'_x o prémio único de inventário. Porém, estamos em presença de um seguro temporário, pelo que, tendo em conta os ajustamentos necessários, a expressão anterior pode ser convertida em

$$A_{x:\overline{n}|} + g \times \ddot{a}_{x:\overline{n}|} = \Pi'_{x:\overline{n}|}$$

com $\Pi'_{x:\overline{n}|}$ a designar agora o prémio único de inventário para um seguro temporário a n anos. De acordo com os dados do problema, temos que

$$\Pi'_{39:\overline{20}|} = 200.000 \; A_{39:\overline{20}|} + 0,0003 \times 200.000 \times \ddot{a}_{39:\overline{20}|}$$

$$\Pi'_{39:\overline{20}|} = 200.000 \; € \times \frac{M_{39} - M_{59}}{D_{39}} + 0,0003 \times 200.000 \; € \times \frac{N_{39} - N_{59}}{D_{39}}$$

Uma vez consultada a PEM 90, substituímos na expressão anterior os valores respectivos, donde resulta

Teremos que

$$E(VARC) = {}_{d|}A_{x:\overline{n}|} = \frac{M_{x+d} - M_{x+d+n}}{D_x}$$

Enquanto isso,

$$E(VAPP) = P^1_{x:\overline{d+n}|}\, \ddot{a}_{x:\overline{d+n}|} = P^1_{x:\overline{d+n}|}\, \frac{N_x - N_{x+d+n}}{D_x}$$

Ora procedendo à igualdade entre ambas as expressões, vem que

$${}_{d|}A_{x:\overline{n}|} = P^1_{x:\overline{d+n}|}\, \ddot{a}_{x:\overline{d+n}|}$$

$$\frac{M_{x+d} - M_{x+d+n}}{D_x} = P^1_{x:\overline{d+n}|}\, \frac{N_x - N_{x+d+n}}{D_x}$$

Substituímos agora pelos, dados do problema ($x = 45$, $d = 5$ e $n = 10$) e resolvemos em ordem a $P^1_{x:\overline{d+n}|}$.

$$\frac{M_{45+5} - M_{45+5+10}}{D_{45}} = P^1_{45:\overline{5+10}|}\, \frac{N_{45} - N_{45+5+10}}{D_{45}}$$

$$P^1_{45:\overline{15}|} = \frac{M_{50} - M_{60}}{N_{45} - N_{60}}$$

Note-se, porém, que o capital garantido é de 250.000 €, donde

$$250.000\, P^1_{45:\overline{15}|} = 250.000\, € \times \frac{M_{50} - M_{60}}{N_{45} - N_{60}}$$

Da PM 94 retiram-se os valores relativos a M_{50}, M_{60}, N_{45} e N_{60}. Logo

$$250.000\, P^1_{45:\overline{15}|} = 250.000\, € \times \frac{24.079{,}642 - 20.915{,}847}{964.482{,}438 - 449.193{,}411}$$

$$250.000\, P^1_{45:\overline{15}|} = 1.534{,}96\, €$$

seco ao próprio mercado. Por norma, este tipo de risco relaciona-se inversamente com a profundidade do mercado, no sentido em que mercados mais profundos têm associado um risco sistemático menor.

Por fim, o ***risco político*** dimana da possibilidade do governo de um determinado país, no exercício do seu poder soberano, adoptar medidas adversas ao curso dos investimentos. No que tange, em concreto, aos produtos financeiros do ramo «Vida», este risco revela-se, essencialmente, em dois domínios: por um lado, a extensão das coberturas propostas ao nível dos sistemas públicos de pensões poderá reduzir a propensão ao investimento em esquemas de previdência promovidos por entidades privadas[16]; por outro lado, o grau de generosidade da política fiscal adoptada, nomeadamente no que se refere à concessão de deduções/isenções no âmbito da subscrição destes produtos, constitui um importante incentivo ao desenvolvimento deste tipo de mercado.

CASOS RESOLVIDOS:

1 – Um indivíduo de 45 anos pretende celebrar um contrato de seguro que cubra a eventualidade de falecer entre os 50 e os 60 anos. Para um capital garantido de 250.000 € e tendo por base a PM 94, calcule o prémio periódico puro.

Resolução:

Estabelecemos anteriormente, para o caso de um seguro de vida inteira, com prémios pagos periodicamente, ao longo da vigência do contrato, que

$$E(VARC) = A_x = E(VAPP) = P_x \ddot{a}_x$$

Estamos, agora, em presença de um seguro temporário com efeito diferido, com prémios pagos periodicamente, pelo que adaptamos a expressão anterior e contemplamos as necessárias alterações.

---

[16] De notar, porém, que, no passado recente, temos sido antes confrontados com medidas que restringem a esfera de acção dos regimes públicos de pensões. Veja-se, a este propósito, o entendimento de Math: «O objectivo das reformas (conduzidas) tem sido, de modo mais ou menos explícito, o de limitar os encargos futuros dos sistemas de pensões que se baseiam numa lógica de repartição». Mais adiante, sustenta que as entidades promotoras de tais reformas têm negligenciado ou subavaliado o respectivo impacto em termos sociais. Cfr. A. MATH, «The Impact of Pension Reforms on Older People's Income: A Comparative View», p. 105.

tornar-se pouco competitiva, mormente no caso das rendas vitalícias, relativamente às suas concorrentes que prossigam práticas de gestão menos rigorosas.

Esta particularidade amplifica o denominado risco de *«selecção adversa»*; à semelhança do que sucede em outros mercados[13], o risco de «selecção adversa» resulta da assimetria de informação entre o lado da oferta e o lado da procura.

No contexto dos produtos financeiros do ramo «Vida», o tomador contrato tem um conhecimento mais profundo dos riscos em que incorre do que a entidade seguradora, pois esta última não poderá monitorizar o comportamento de todos os seus clientes. Sucede que são, normalmente, os portadores de maiores riscos aqueles que recorrem a mecanismos que provejam a respectiva cobertura. Acresce que estes indivíduos estão, ainda, dispostos a pagar prémios elevados, vantajosos para as entidades gestoras, mas susceptíveis de não cobrirem a totalidade dos riscos envolvidos. No limite, poderão permanecer no mercado apenas os clientes com piores riscos.

Outro dos riscos a atender no contexto dos produtos financeiros do ramo «Vida» é o de **risco moral** (*moral hazard*); este tipo de risco decorre da existência de mecanismos, promovidos pelas entidades reguladoras, que visam salvaguardar os interesses dos denominados *investidores não qualificados*[14]. Porém, na senda desse objectivo, esses mecanismos de protecção podem estender-se a entidades financeiras que promovam práticas de gestão menos adequadas, nomeadamente no que concerne ao investimento em activos de elevado risco, à garantia de capitais de montante mais elevado que a média do mercado, ou à provisão insuficiente. Em casos extremos, a actuação das entidades reguladoras poderá conduzir à protecção das organizações menos eficientes, daí resultando consequências gravosas para a generalidade dos agentes económicos.

Para além disso, devemos atender ao conceito de **risco sistemático** ou de **risco de mercado**, no sentido em que foi estabelecido por Markowitz, em 1952[15]. Enquanto o risco específico é susceptível de ser removido através da diversificação dos títulos que compõem as carteiras, o risco sistemático é intrín-

---

[13] Desde cedo que os economistas reconheceram a influência da selecção adversa no modo de funcionamento dos mercados. Mais recentemente, o problema foi formalizado por George Akerlof, num trabalho de 1970, com o sugestivo título «The Market for Lemons» (publicado no *Quarterly Journal of Ecomomics*, 84 (3), August, pp. 488-500).

[14] Em Portugal, o artigo 30.º do Código dos Valores Mobiliários identifica quais os investidores que devem ser entendidos como «investidores qualificados». Destarte, são «investidores não qualificados» aqueles que não se encontrem cobertos pelas disposições do referido artigo. Em versão anterior, no então Código do Mercado dos Valores Mobiliários, os «investidores qualificados» surgiam designados por «investidores institucionais».

[15] Cfr. H. MARKOWITZ, «Portfolio Selection», p. 77 e segs.

4. Riscos associados aos produtos financeiros do ramo «Vida»

Neste ponto do texto, o nosso propósito é o de identificar e discutir os vários tipos de risco que ponderam sobre os produtos financeiros do ramo «Vida».

Um dos riscos mais óbvios que, neste contexto, se coloca às entidades gestoras é o denominado *risco de longevidade*, ou *risco de sobrevivência*, a que já aludimos anteriormente e que resulta dos sucessivos acréscimos de esperança de vida dos indivíduos, principalmente nas idades mais avançadas. Dowd, Blake e Cairns sustentam este conceito no sentido em que «Tornou-se cada vez mais claro, nos últimos anos, que a esperança de vida não tem aumentado apenas, mas que esse aumento tem ocorrido a uma taxa muito mais acentuada daquela que tinha sido inicialmente prevista. A esperança de vida futura é, por consequência, incerta»[12].

A questão do envelhecimento demográfico foi, nos finais da década de 80 e durante a década de 90 do século XX, a pedra basilar de muitas campanhas publicitárias conduzidas pelo sistema financeiro, que denunciavam a quebra eminente da sustentabilidade financeira dos sistemas públicos de pensões e alvitravam a adesão a esquemas de previdência facultados pelo mercado. Paradoxalmente, observa-se, hoje, que nem as entidades financeiras escapam aos constrangimentos de natureza demográfica, obrigando-as a repercutir nos prémios pagos pelos clientes o risco decorrente desses constrangimentos.

O risco de longevidade tem, no entanto, implicações de sinal contrário, ao nível das rendas vitalícias e dos contratos de seguro. No caso das rendas vitalícias, o aumento da probabilidade de sobrevivência dilata o período de tempo correspondente aos recebimentos, acrescendo, assim, as responsabilidades da seguradora. Enquanto isso, no caso dos seguros, a probabilidade de morte, sendo complementar da probabilidade de sobrevivência, diminui, diferindo no tempo a eventualidade de a entidade seguradora ter que desembolsar o montante correspondente ao valor nominal da apólice. De modo a toldarem os efeitos decorrentes do risco de longevidade, as entidades seguradoras desencadeiam esforços no sentido de efectuarem previsões adequadas e de determinarem, com a maior exactidão possível, quais os ajustamentos a introduzir nas tábuas de mortalidade conhecidas.

Porém, uma entidade seguradora que prossiga uma gestão cautelosa, que incorpore devidamente o risco de longevidade nos prémios cobrados, pode

---

[12] Cfr. K. Dowd, D. Blake e A. Cairns, *Facing Up to Uncertain Life Expectancy: The Longevity Fan Charts*, p. 2.

Por sua vez, de acordo com [IV.3c],

$$100.000 \ P''_{38} = \frac{100.000 A_{38} + 30 \ddot{a}_{38}}{\ddot{a}_{38}(1-0,005) - 0,40}$$

$$100.000 \ P''_{38} = \frac{100.000 \text{€} \times \dfrac{M_{38}}{D_{38}} + 30\text{€} \times \dfrac{N_{38}}{D_{38}}}{\dfrac{N_{38}}{D_{38}}(1-0,005) - 0,40}$$

$$100.000 \ P''_{38} = \frac{100.000\text{€} \times \dfrac{19.769,234}{46.059,961} + 30\text{€} \times \dfrac{1.350.760,654}{46.059,961}}{\dfrac{1.350.760,654}{46.059,961}(1-0,005) - 0,40}$$

$$100.000 \ P''_{38} = 1.521,93 \ \text{€}$$

Tornando a $_{15}V^Z_{38}$, vem

$$_{15}V^Z_{38} = 100.000 \ \text{€} \times \frac{M_{53}}{D_{53}} - 1.463,56 \ \text{€} \times \frac{N_{53}}{D_{53}} - \frac{0,40 \times 1.521,93\text{€}}{\dfrac{N_{38}}{D_{38}}} \times \frac{N_{53}}{D_{53}}$$

$$_{15}V^Z_{38} = 100.000 \ \text{€} \times \frac{18.634,980}{33.221,596} - 1.463,56 \ \text{€} \times \frac{753.281,073}{33.221,596}$$

$$- \frac{0,40 \times 1.521,93\text{€}}{\dfrac{1.350.760,654}{46.059,961}} \times \frac{753.281,073}{33.221,596}$$

$$_{15}V^Z_{38} = 56.092,97 \ \text{€} - 33.185,40 \ \text{€} - 470,69 \ \text{€} = 22.436,88 \ \text{€}$$

O montante da reserva com prémio Zillmer, sendo esses prémios pagos ao longo da vigência do contrato, é de 22.436,88 €.

Porém, tal como formalizámos anteriormente, $_m P_x^Z = \dfrac{A_x + \alpha \; _m P''_x}{\ddot{a}_{x:m\rceil}}$, logo

$$_t V_x^Z = A_{x+t} - \left(\dfrac{A_x + \alpha \; _m P''_x}{\ddot{a}_{x:m\rceil}} \right) \times \ddot{a}_{x+t:m-t\rceil}$$

Rearranjando a expressão, vem, ainda, que

$$_t V_x^Z = A_{x+t} - {_m P_x} \; \ddot{a}_{x+t:m-t\rceil} - \dfrac{\alpha \; _m P''_x}{\ddot{a}_{x:m\rceil}} \times \ddot{a}_{x+t:m-t\rceil} \qquad [\text{ IV.9b }]$$

ii) Se t > m, tal significa que os prémios Zillmer já se encontram pagos na sua totalidade, não sendo, por isso mesmo, relevantes para a determinação do montante da reserva. Logo surge apenas que

$$_t V_x^Z = A_{x+t} \qquad [\text{ IV.9c }]$$

EXEMPLO: Retome os elementos que constam dos exemplos apresentados em 3.1 e 3.2. Refaça o problema, calculando a reserva matemática com prémio Zillmer, mas pressupondo que os prémios são pagos durante a vigência do contrato.

A reserva pretendida obtém-se através de [IV.9a], uma vez que os prémios são pagos ao longo da vigência do contrato. Consequentemente, resulta que

$$_{15} V_{38}^Z = A_{38+15} - P_{38} \, \ddot{a}_{38+15} - \dfrac{0{,}40 \, P''_{38}}{\ddot{a}_{38}} \times \ddot{a}_{38+15}$$

$$_{15} V_{38}^Z = A_{53} - P_{38} \, \ddot{a}_{53} - \dfrac{0{,}40 \, P''_{38}}{\ddot{a}_{38}} \times \ddot{a}_{53}$$

Calculamos, previamente, P_{38} e P''_{38}, sem esquecer, que o valor nominal da apólice é de 100.000 €.

$$100.000 \, P_{38} = 100.000 \, € \times \dfrac{M_{38}}{N_{38}} = 100.000 \, € \times \dfrac{19.769{,}234}{1.350.760{,}654} = 1.463{,}56 \, €$$

$$_{15}V''_{38} = 76.208,33\ \euro - \frac{0,40 \times 3.502,10\ \euro}{46.059,961} \times \frac{1.350.760,654 - 753.281,073}{}\times$$

$$\times \frac{753.281,073 - 454.402,130}{33.221,596}$$

$$_{15}V''_{38} = 76.208,33\ \euro - 971,55\ \euro$$

$$_{15}V''_{38} = 75.236,78\ \euro$$

3.3. Constituição de reservas com prémio Zillmer

Designamos, agora, por $_tV_x^Z$ a reserva a constituir no momento $x + t$, associada a um seguro de vida inteira, de efeito imediato e de capital unitário *com prémios constantes a pagar durante a vigência da apólice*.

$$_tV_x^Z = A_{x+t} - P_x^Z\ \ddot{a}_{x+t}$$

No entanto, atendendo a [IV.4b], $P_x^Z = \dfrac{A_x + \alpha P''_x}{\ddot{a}_x}$, donde

$$_tV_x^Z = A_{x+t} - \left(\frac{A_x + \alpha P''_x}{\ddot{a}_x}\right)\ddot{a}_{x+t}$$

ou, de outro modo,

$$_tV_x^Z = A_{x+t} - P_x\ \ddot{a}_{x+t} - \frac{\alpha P''_x}{\ddot{a}_x} \times \ddot{a}_{x+t} \qquad [\text{ IV.9a }]$$

Na eventualidade de *os prémios serem pagos apenas nos m primeiros períodos de vigência do contrato*, atendemos, outrossim, às seguintes hipóteses:

i) Se $t < m$, podemos determinar a reserva a constituir no momento $x + t$ através da expressão

$$_tV_x^Z = A_{x+t} - {_m}P_x^Z\ \ddot{a}_{x+t:\overline{m-t}|}$$

$$_{15}V''_{38} = 100.000\, A_{53} - 100.000\, {_{15}P_{38}} \times \ddot{a}_{53:\overline{10}|} + 30\, €\times \left(\ddot{a}_{53} - \frac{\ddot{a}_{38}}{\ddot{a}_{38:\overline{15}|}} \times \ddot{a}_{53:\overline{10}|} \right)$$

$$- \frac{0,40\, {_{15}P''_{38}}}{\ddot{a}_{38:\overline{15}|}}\, \ddot{a}_{53:\overline{10}|}$$

Ao observarmos a expressão, concluímos que

$$100.000\, A_{53} - 100.000\, {_{15}P_{38}} \times \ddot{a}_{53:\overline{10}|} + 30\, € \times \left(\ddot{a}_{53} - \frac{\ddot{a}_{38}}{\ddot{a}_{38:\overline{15}|}} \times \ddot{a}_{53:\overline{10}|} \right) = {_{15}V'_{38}}$$

a cujo cálculo já procedemos no exemplo anterior ($_{15}V'_{38} = 76.208,33\ €$). Assim,

$$_{15}V''_{38} = {_{15}V'_{38}} - \frac{0,40\, {_{15}P''_{38}}}{\ddot{a}_{38:\overline{15}|}}\, \ddot{a}_{53:\overline{10}|}$$

Determinamos $_{15}P''_{38}$ por intermédio de [IV.3d], pelo que

$$_{15}P''_{38} = \frac{100.000\,€ \times \dfrac{M_{38}}{D_{38}} + 30\,€ \times \dfrac{N_{38}}{D_{38}}}{\dfrac{N_{38}-N_{53}}{D_{38}}(1-0,005) - 0,40}$$

$$_{15}P''_{38} = \frac{100.000\,€ \times \dfrac{19.769,234}{46.059,961} + 30\,€ \times \dfrac{1.350.760,654}{46.059,961}}{\dfrac{1.350.760,654 - 753.281,073}{46.059,961}(1-0,005) - 0,40}$$

$$_{15}P''_{38} = 3.502,10\ €$$

Voltando à expressão relativa a $_{15}V''_{38}$, vem que

$$_{15}V''_{38} = 76.208,33\ € - \frac{0,40 \times 3.502,10\,€}{\dfrac{N_{38}-N_{53}}{D_{38}}} \times \frac{N_{53}-N_{63}}{D_{53}}$$

Atenda-se a que $\dfrac{\alpha\,_m P''_x}{\ddot{a}_{x:\overline{m}|}} \ddot{a}_{x+t:\overline{m-t}|}$ se reporta aos gastos de gestão externos que ainda serão alvo de cobrança, logo ponderam sobre o valor da reserva com sinal negativo; já, por seu turno, $g\left(\ddot{a}_{x+t} - \dfrac{\ddot{a}_x}{\ddot{a}_{x:\overline{m}|}} \times \ddot{a}_{x+t:\overline{m-t}|}\right)$ corresponde aos encargos de gestão interna que a entidade seguradora suportará para além do momento $x + m$, isto é, após o termo de pagamento dos prémios.

ii) Caso $t > m$, no momento de constituição da reserva, o montante dos prémios já foi entregue, na sua totalidade, à entidade seguradora, não indo, assim, constar da expressão relativa ao cálculo das provisões. Desta feita, vem que

$$_tV''_x = A_{x+t} + g\,\ddot{a}_{x+t} \qquad [\text{ IV.8c }]$$

ou ainda

$$_tV''_x = {_tV_x} + {_tV_g}$$

Tal significa que a **reserva a constituir com prémio comercial equivale à reserva a constituir com prémio de inventário**, isto na eventualidade de o momento em que as reservas são constituídas se situar além do limite de pagamento dos prémios.

EXEMPLO: Reconsiderando o exemplo apresentado em 3.1, calculamos, agora a reserva com prémio comercial, sabendo que são aplicados, a título de gastos de gestão externa, 40% sobre o primeiro prémio comercial e 0,5% com os restantes prémios a título de comissão de cobrança.

A reserva com prémio comercial obtém-se através de [IV.8b], pois, tal como vimos no exemplo da secção anterior, $t = 15$ e $m = 25$. Ao aplicarmos a fórmula aos dados do problema, vem que

$$_{15}V''_{38} = 100.000 A_{38+15} - 100.000\,_{15}P_{38} \times \ddot{a}_{38+15:\overline{25-15}|} + 30\,€ \times$$

$$\left(\ddot{a}_{38+15} - \dfrac{\ddot{a}_{38}}{\ddot{a}_{38:\overline{15}|}} \times \ddot{a}_{38+15:\overline{25-15}|}\right) - \dfrac{0{,}40\,_{15}P''_{38}}{\ddot{a}_{38:\overline{15}|}} \ddot{a}_{38+15:\overline{25-15}|}$$

Mais uma vez, substituímos em ${}_tV"_x$, donde se obtém

$${}_tV"_x = A_{x+t} + g\,ä_{x+t} + \beta\left({}_mP_x + g\,\frac{ä_x}{ä_{x:\overline{m}|}} + \frac{\alpha\,{}_mP"_x}{ä_{x:\overline{m}|}} + \beta\,{}_mP"_x\right)ä_{x+t:\overline{m-t}|}$$

$$-\left({}_mP_x + g\,\frac{ä_x}{ä_{x:\overline{m}|}} + \frac{\alpha\,{}_mP"_x}{ä_{x:\overline{m}|}} + \beta\,{}_mP"_x\right)ä_{x+t:\overline{m-t}|}$$

o que equivale a ter

$${}_tV"_x = A_{x+t} + g\,ä_{x+t} + (\beta-1)\left({}_mP_x + g\,\frac{ä_x}{ä_{x:\overline{m}|}} + \frac{\alpha\,{}_mP"_x}{ä_{x:\overline{m}|}} + \beta\,{}_mP"_x\right)ä_{x+t:\overline{m-t}|}$$

ou ainda

$${}_tV"_x = A_{x+t} - {}_mP_x \times ä_{x+t:\overline{m-t}|} + g\left(ä_{x+t} - \frac{ä_x}{ä_{x:\overline{m}|}} \times ä_{x+t:\overline{m-t}|}\right)$$

$$-\frac{\alpha\,{}_mP"_x}{ä_{x:\overline{m}|}}\,ä_{x+t:\overline{m-t}|} \qquad\qquad [\text{ IV.8b }]$$

Examinando a expressão anterior, verificaremos que

$$A_{x+t} - {}_mP_x \times ä_{x+t:\overline{m-t}|} = {}_tV_x$$

$$g\left(ä_{x+t} - \frac{ä_x}{ä_{x:\overline{m}|}} \times ä_{x+t:\overline{m-t}|}\right) = {}_tV_g$$

$$\frac{\alpha\,{}_mP"_x}{ä_{x:\overline{m}|}}\,ä_{x+t:\overline{m-t}|} = {}_tV_p$$

De outro modo,

$${}_tV"_x = {}_tV_x + {}_tV_g - {}_tV_p$$

Rearranjando, de novo, os termos, vem que

$$_tV''_x = A_{x+t} - P_x \times \ddot{a}_{x+t} - \frac{\alpha P''_x}{\ddot{a}_x} \times \ddot{a}_{x+t} + \beta \left(P_x + g + \frac{\alpha P''_x}{\ddot{a}_x} + \beta P''_x \right) \times \ddot{a}_{x+t}$$
$$- \beta P''_x \times \ddot{a}_{x+t}$$

Resulta, então, que

$$_tV''_x = A_{x+t} - P_x \times \ddot{a}_{x+t} - \frac{\alpha P''_x}{\ddot{a}_x} \times \ddot{a}_{x+t} \qquad [\text{ IV.8a }]$$

Nesta expressão, $A_{x+t} - P_x \times \ddot{a}_{x+t}$ corresponde a $_tV_x$; enquanto isso, $\frac{\alpha P''_x}{\ddot{a}_x} \times \ddot{a}_{x+t}$ representa o valor actuarial das comissões a cobrar aos segurados aquando do pagamento dos prémios e que identificamos por $_tV_p$. Como as reservas a constituir resultam do confronto entre as responsabilidades futuras da entidade seguradora e do segurado, a parcela correspondente a tais encargos assume, por isso mesmo, **sinal negativo**. Definimos, assim, em termos genéricos, que

$$_tV''_x = {}_tV_x - {}_tV_p$$

À semelhança do ponto anterior, observamos agora, a possibilidade de *os prémios serem pagos apenas ao longo dos m primeiros períodos de vigência do contrato* e, mais uma vez, ao facto de o momento $x + t$ se situar, respectivamente, aquém ou além do término de pagamento dos prémios.

i) Se $t < m$, atendendo à expressão inicialmente proposta para o cálculo de $_tV''_x$, vem que

$$_tV''_x = A_{x+t} + g\,\ddot{a}_{x+t} + \beta\,{}_mP''_x\,\ddot{a}_{x+t:\overline{m-t}|} - {}_mP''_x\,\ddot{a}_{x+t:\overline{m-t}|}$$

O prémio comercial será, por sua vez, igual a

$$_mP''_x = {}_mP_x + g\,\frac{\ddot{a}_x}{\ddot{a}_{x:\overline{m}|}} + \frac{\alpha\,{}_mP''_x}{\ddot{a}_{x:\overline{m}|}} + \beta\,{}_mP''_x$$

A reserva com prémio de inventário, a constituir 15 anos após a celebração do contrato, é de 76.208,33 €.

3.2. Constituição de reservas com prémio comercial

Começamos por definir que $_tV''_x$ designa o montante da reserva a constituir no momento $x + t$, para um seguro de vida inteira, com efeito imediato, de capital constante e **prémios pagos ao longo da vida da apólice**. Podemos estabelecer que

$$_tV''_x = A_{x+t} + g\,\ddot{a}_{x+t} + \beta\,P''_x\,\ddot{a}_{x+t} - P''_x\,\ddot{a}_{x+t}$$

Recordamos, no entanto, que

$$P''_x = P_x + g + \frac{\alpha P''_x}{\ddot{a}_x} + \beta\,P''_x$$

Ao substituirmos em $_tV''_x$ e desenvolvendo a expressão, vem que

$$_tV''_x = A_{x+t} + g\,\ddot{a}_{x+t} + \beta\left(P_x + g + \frac{\alpha P''_x}{\ddot{a}_x} + \beta P''_x\right) \times \ddot{a}_{x+t}$$

$$-\left(P_x + g + \frac{\alpha P''_x}{\ddot{a}_x} + \beta P''_x\right) \times \ddot{a}_{x+t}$$

$$_tV''_x = A_{x+t} + g\,\ddot{a}_{x+t} + (\beta - 1)\left(P_x + g + \frac{\alpha P''_x}{\ddot{a}_x} + \beta P''_x\right) \times \ddot{a}_{x+t}$$

$$_tV''_x = A_{x+t} + g\,\ddot{a}_{x+t} + \beta \times P_x \times \ddot{a}_{x+t} + \beta \times g \times \ddot{a}_{x+t} + \beta \times \frac{\alpha P''_x}{\ddot{a}_x} \times \ddot{a}_{x+t} + \beta^2 P''_x \times \ddot{a}_{x+t}$$

$$- P_x \times \ddot{a}_{x+t} - g \times \ddot{a}_{x+t} - \frac{\alpha P''_x}{\ddot{a}_x} \times \ddot{a}_{x+t} - \beta\,P''_x \times \ddot{a}_{x+t}$$

Começamos por determinar $100.000\,_{25}P_{38}$ de acordo com a expressão formalizada no Capítulo anterior por intermédio de [III.3b], donde

$$100.000\,_{25}P_{38} = 100.000\ \text{€} \times \frac{M_{38}}{N_{38} - N_{63}}$$

Retiramos da TV 88-90 os valores correspondentes aos símbolos de comutação, sendo que

$$100.000\,_{25}P_{38} = 100.000\ \text{€} \times \frac{19.769,234}{1.350.760,654 - 454.402,130}$$

$$100.000\,_{25}P_{38} = 2.205,51\ \text{€}$$

Retomamos a expressão atinente a $_{15}V'_{38}$ e formalizamo-la em função dos símbolos de comutação respectivos.

$$_{15}V'_{38} = 100.000\ \text{€} \times \frac{M_{53}}{D_{53}} - 2.205,51\ \text{€} \times \frac{N_{53} - N_{63}}{D_{53}} \neg + 30\ \text{€} \times$$

$$\times \left(\frac{N_{53}}{D_{53}} - \frac{\dfrac{N_{38}}{D_{38}}}{\dfrac{N_{38} - N_{63}}{D_{38}}} \times \frac{N_{53} - N_{63}}{D_{53}} \right)$$

$$_{15}V'_{38} = 100.000\ \text{€} \times \frac{M_{53}}{D_{53}} - 2.205,51\ \text{€} \times \frac{N_{53} - N_{63}}{D_{53}} \neg + 30\ \text{€} \times$$

$$\times \left(\frac{N_{53}}{D_{53}} - \frac{N_{38}}{N_{38} - N_{63}} \times \frac{N_{53} - N_{63}}{D_{53}} \right)$$

$$_{15}V'_{38} = 100.000\ \text{€} \times \frac{18.634,980}{33.221,596} - 2.205,51\ \text{€} \times \frac{753.281,073 - 454.402,130}{33.221,596} \neg + 30\ \text{€} \times$$

$$\times \left(\frac{753.281,073}{33.221,596} - \frac{1.350.760,654}{1.350.760,654 - 454.402,130} \times \frac{753.281,073 - 454.402,130}{33.221,596} \right)$$

$$_{15}V'_{38} = 56.092,97\ \text{€} + 19.841,84\ \text{€} + 273,52\ \text{€} = 76.208,33\ \text{€}$$

Enquanto $_tV_x$ designa a reserva a constituir, no momento $x + t$, no que concerne aos riscos cobertos pelo contrato de seguro, $_tV_g$ corresponde à provisão relativa aos gastos de gestão interna imputados à apólice, mas que se reportam aos períodos posteriores a $x + m$, ou seja, aos períodos de tempo que se situam para além do limite de pagamento desses prémios.

ii) Sendo $t > m$, facilmente se conclui que, no momento em que a reserva é calculada, o montante dos prémios já foi integralmente recebido pela entidade seguradora, pelo que, ao aplicarmos o método prospectivo, aquele não será relevante para a determinação da provisão matemática. Logo, obtém-se que

$$_tV'_x = A_{x+t} + g\,\ddot{a}_{x+t} \qquad [\text{ IV.7c }]$$

ou ainda

$$_tV'_x = {}_tV_x + {}_tV_g$$

com $_tV_x$ e $_tV_g$ a assumirem significados idênticos aos descritos na alínea anterior.

No entanto, $_tV_x$ resulta exclusivamente das responsabilidades da entidade seguradora; por sua vez, $_tV_g$ refere-se à cobertura dos gastos de gestão interna que essa entidade seguradora suportará para além do momento $x + t$, uma vez que, doravante e até ao termo do contrato, não receberá quaisquer prémios.

EXEMPLO: Quando tinha 38 anos, um indivíduo contratou um seguro de vida inteira, de feito imediato, com um valor nominal de 100.000 € e com prémios pagos durante os primeiros 25 anos de vigência do contrato. De acordo com a TV 88-90, determine a reserva com prémio de inventário, a constituir 15 anos após a constituição da apólice, sabendo que é aplicada uma taxa de 0,03% a título de gastos de gestão interna.

Aquando do cálculo das reservas ($x + t = 53$ anos), os prémios ainda se encontram a pagamento, pois só cessam quando o indivíduo atingir os 63 anos; deste modo, o valor solicitado obtém-se por intermédio da aplicação de [IV.7b]. Ao tomarmos em consideração os dados do problema, vem que

$$_{15}V'_{38} = 100.000\,A_{38+15} - 100.000\,{}_{15}P_{38} \times \ddot{a}_{38+15:25-15\rceil} + (0{,}03\% \times 100.000\,\text{€}) \times$$

$$\times \left(\ddot{a}_{38+15} - \frac{\ddot{a}_{38}}{\ddot{a}_{38:25\rceil}} \times \ddot{a}_{38+15:25-15\rceil} \right)$$

$$_{15}V'_{38} = 100.000\,A_{53} - 100.000\,{}_{25}P_{38} \times \ddot{a}_{53:10\rceil} + 30\,\text{€} \times \left(\ddot{a}_{53} - \frac{\ddot{a}_{38}}{\ddot{a}_{38:25\rceil}} \times \ddot{a}_{53:10\rceil} \right)$$

vigência da apólice, a reserva a constituir no momento $x + t$ coincide com a reserva matemática com prémio puro, uma vez que o prémio recebido anualmente cobre a parcela de gastos de gestão interna imputados à apólice.

Para o mesmo seguro de vida inteira, avaliamos, agora, a circunstância de ***os prémios de inventário serem pagos apenas durante os m primeiros períodos de vigência do contrato***. Discutem-se duas possibilidades: *i*) t ≤ m, ou seja, o momento do tempo para o qual se calcula a reserva situa-se aquém da cessação de pagamento dos prémios; *ii*) t ≥ m, o que significa que o momento para o qual se calcula a reserva se situa para além do período de pagamento dos prémios.

i) Para t < m, partimos da expressão genérica que formalizámos para ${}_tV'_x$, adaptando-a para o caso de os prémios serem pagos nos m primeiros períodos de vigência do contrato. Assim serão relevantes para o cálculo da reserva os m – t prémios pagos entre os momentos $x + t$ e $x + m$. Vem, assim, que

$${}_tV'_x = A_{x+t} + g\,\ddot{a}_{x+t} - {}_mP'_x \times \ddot{a}_{x+t:\overline{m-t}|}$$

Ora, tal como anteriormente tínhamos que $P'_x = P_x + g$, vem agora que ${}_mP'_x = {}_mP_x + g\,\dfrac{\ddot{a}_x}{\ddot{a}_{x:\overline{m}|}}$. Substituímos ${}_mP'_x$ na expressão relativa a ${}_tV'_x$, logo

$${}_tV'_x = A_{x+t} + g\,\ddot{a}_{x+t} - \left({}_mP_x + g\,\dfrac{\ddot{a}_x}{\ddot{a}_{x:\overline{m}|}}\right) \times \ddot{a}_{x+t:\overline{m-t}|}$$

$${}_tV'_x = A_{x+t} - {}_mP_x \times \ddot{a}_{x+t:\overline{m-t}|} + g\left(\ddot{a}_{x+t} - \dfrac{\ddot{a}_x}{\ddot{a}_{x:\overline{m}|}} \times \ddot{a}_{x+t:\overline{m-t}|}\right) \quad [\ \mathbf{IV.7b}\ ]$$

Decompondo a expressão anterior, vem que

$${}_tV_x = A_{x+t} - {}_mP_x \times \ddot{a}_{x+t:\overline{m-t}|}$$

e ainda que

$${}_tV_g = g\left(\ddot{a}_{x+t} - \dfrac{\ddot{a}_x}{\ddot{a}_{x:\overline{m}|}} \times \ddot{a}_{x+t:\overline{m-t}|}\right)$$

Por seu turno,

$${}_tV'_x = {}_tV_x + {}_tV_g$$

actuarial. De outro modo, as expressões formalizadas e os exemplos apresentados reflectem a *consideração do conceito de prémio puro*, no que tange ao cálculo das provisões adequadas à carteira de contratos detidos pela entidade seguradora.

Porém, o elenco de custos que pondera sobre as entidades seguradoras é mais vasto que o que resulta da cobertura do risco de longevidade e do risco financeiro. O reconhecimento de outro tipo de encargos repercutir-se-á, necessariamente, no montante das provisões a estabelecer.

Assim, nas secções seguintes, discutiremos a constituição de reservas na eventualidade de o prémio de seguro assumir outra extensão, nomeadamente de se tratar de um prémio de inventário, de um prémio comercial e de um prémio Zillmer.

Por motivos de simplificação, atenderemos, de novo, ao caso de um seguro de vida inteira, de efeito imediato e com capital constante.

3.1. Constituição de reservas com prémio de inventário

Recorrendo a uma simbologia idêntica à utilizada nas secções anteriores, definimos que $_tV'_x$ denota a reserva a constituir no momento $x + t$, para um seguro de vida inteira com prémio de inventário, estabelecido à idade x, com efeito imediato e capital constante.

Para prémios pagos ao longo da vigência da apólice, de acordo com o método prospectivo, vem que

$$_tV'_x = A_{x+t} + g\, ä_{x+t} - P'_x\, ä_{x+t}$$

No entanto, das expressões desenvolvidas em 1.2 decorre que $P'_x = P_x + g$, donde

$$_tV'_x = A_{x+t} + g\, ä_{x+t} - (P_x + g)\, ä_{x+t}$$
$$_tV'_x = A_{x+t} + g\, ä_{x+t} - P_x\, ä_{x+t} - g\, ä_{x+t}$$

que é o mesmo que ter

$$_tV'_x = A_{x+t} - P_x\, ä_{x+t} \qquad\qquad [\text{ IV.7a }]$$

A expressão assim obtida equivale a $_tV_x$, ou seja, $_tV'_x = {_tV_x}$. Tal significa que, num *seguro de vida inteira com prémio de inventário pago ao longo da*

Somos, desde logo, confrontados com um resultado atípico, o qual não constitui, porém, qualquer entrave à resolução do problema: o prémio natural é, por norma, crescente, pois corresponde ao risco de morte associado a cada ano. Tal não se observa no presente caso, uma vez que a mortalidade é mais elevada entre os 57 e os 58 anos do que entre os 58 e os 59 anos. O mesmo sucede entre os 60 e os 61 anos se compararmos com o número de mortes ocorridas entre os 61 anos e os 62 anos.

④ Por sua vez, a soma dos prémios periódicos pagos até ao momento $x+t$ corresponde a uma renda de acumulação de 5 termos antecipados, já que esses prémios são pagos no início de cada ano. Logo

$$0,0881 \times \frac{(1+3\%)^5 - 1}{3\%} \times (1+3\%) = 0,48176691 \text{ unidades monetárias}$$

⑤ Procede-se à diferença entre os valores obtidos em ④ e ③, donde

$$_5V^1_{57:\overline{10}|} = 0,48176691 - 0,0341675 = 0,44759941 \text{ unidades monetárias}$$

Resolvemos o mesmo problema recorrendo a três possibilidades diferentes: *i*) aplicação das expressões definidas para o método prospectivo; *ii*) aplicação das expressões definidas para o método retrospectivo; *iii*) aplicação do método retrospectivo, mediante a construção de uma tabela e comparação entre o valor acumulado dos prémios pagos e do valor acumulado dos prémios naturais. Pudemos observar que enquanto o valor obtido nas duas primeiras hipótese é praticamente igual, o resultado obtido da terceira hipótese difere ligeiramente do anterior. Tal fica a dever-se ao facto de os prémios naturais terem sido calculados no pressuposto de que o capital garantido é entregue aos beneficiários imediatamente após a morte do segurado, pelo que os valores em apreço se encontram reportados a meio do ano.

Em termos práticos, por se tratar de um processo mais expedito, o cálculo das reservas ocorre por via da aplicação das expressões, muito principalmente daquelas que se definiram no contexto do método prospectivo.

3. Constituição de reservas com outros encargos

No ponto anterior, atinente ao estudo da constituição de reservas, tomámos somente em apreço os aspectos que decorrem do princípio de equivalência

Tendo em vista a melhor compreensão da metodologia ora proposta, consideramos, de novo, o exemplo já resolvido na presente secção e na anterior, através das fórmulas estabelecidas para ambos os processos.

EXEMPLO: Recordemos que se trata de um seguro temporário a 10 anos com dote puro, de valor unitário, sendo que o mesmo foi constituído há 5 anos, por um indivíduo que, nessa data, tinha 57 anos de idade, com prémios pagos periodicamente. O nosso objectivo é agora o de calcular a reserva a constituir, sem atender às expressões anteriormente propostas. Sustentamo-nos, mais uma vez, na PF 94.

Aplicamos a metodologia descrita ao exemplo corrente, resultando assim que:

① Já obtivemos o montante do prémio periódico nas ilustrações anteriores, donde $P^1_{57:\overline{10}|} = 0,0881$ unidades monetárias.

② Calculamos, para cada ano, o montante de prémio natural, de acordo com a expressão estabelecida no Capítulo anterior, o qual surge na 2.ª coluna da tabela, tal como assinalado.

③ Procede-se à capitalização desses prémios naturais, em que o expoente k traduz o número de anos que decorrem até ao momento $x + t$. Calcula-se, ainda, a soma destes valores, a qual se inscreve a negrito.

Idade do segurado	Prémio natural	Valor de k	Prémio natural × $(1+i)^k$
57	0,0050858	5	0,0058958
58	0,0051015	4	0,0057418
59	0,0062223	3	0,0067993
60	0,0084103	2	0,0089225
61	0,0066098	1	0,0068081
			Σ = **0,0341675**

assim, à expressão estabelecida em [IV.6b], sendo que $x = 57$, $n = 10$ e $t = 5$. Da substituição, resulta que

$$_5V_{57:\overline{10}|} = \frac{P_{57:\overline{10}|}(N_{57} - N_{57+5}) - (M_{57} - M_{57+5})}{D_{57+5}}$$

$$_5V_{57:\overline{10}|} = \frac{P_{57:\overline{10}|}(N_{57} - N_{62}) - (M_{57} - M_{62})}{D_{62}}$$

$P_{57:\overline{10}|}$ é constante ao longo dos 10 anos de vigência do contrato e independente do momento de cálculo das reservas. Este montante já foi calculado no exemplo anterior, sendo $P_{57:\overline{10}|} = 0,0881$ unidades monetárias.

Retomando a expressão e considerando os valores que constam da PF 94, vem que

$$_5V_{57:\overline{10}|} = \frac{0,0881(304.305,687 - 224.010,299) - (8.473,202 - 7.972,100)}{14.379,716}$$

$_5V_{57:\overline{10}|} = 0,457$ unidades monetárias

O valor assim obtido é praticamente coincidente com o resultou da aplicação do método prospectivo, o que nos permite concluir acerca da *equivalência de ambos os processos*.

Em alternativa às expressões apontadas, o método retrospectivo pode ser aplicado mediante a *construção de uma tabela*, associada a outros procedimentos complementares, os quais descrevemos de seguida.

① Calcula-se o montante de prémio periódico, de acordo com as expressões conhecidas;
② Determina-se o valor do prémio natural para cada um dos anos;
③ Apura-se a soma dos prémios naturais capitalizados para o momento $x + t$;
④ Calcula-se o valor capitalizado do total dos prémios periódicos pagos;
⑤ Obtém-se o montante da reserva a constituir através da comparação entre os resultados obtidos em ③ e em ④.

ou ainda

$$_tV_x = \frac{P_x(N_x - N_{x+t}) - (M_x - M_{x+t})}{D_{x+t}} \qquad [\text{ IV.6a }]$$

Para o caso de um **seguro temporário**, de capital constante e unitário, com pagamento periódico dos prémios, ao longo do contrato, vem que

$$_tV^1_{x:n\rceil} = (P^1_{x:n\rceil} \times \ddot{a}_{x:t\rceil} - A_{x:t\rceil}) \times \frac{1}{_tE_x}$$

Seguindo os mesmos procedimentos que no caso anterior, estabelece-se que

$$_tV^1_{x:n\rceil} = \frac{P^1_{x:n\rceil}(N_x - N_{x+t}) - (M_x - M_{x+t})}{D_{x+t}} \qquad [\text{ IV.6b }]$$

Como estamos em presença do método retrospectivo, baseado nos pagamentos realizados e nas responsabilidades assumidas até ao momento $x + t$, as expressões formalizadas para $_tV_x$ e para $_tV^1_{x:n\rceil}$ são idênticas, apenas diferindo no que concerne ao cálculo dos prémios.

A expressão a aplicar no caso de um **seguro dotal** ou **misto a n anos** coincide com a definida em [IV.6b], uma vez que a eventualidade de pagamento do dote puro se reporta ao termo do contrato, logo para além do momento $x + t$.

EXEMPLO: Reconsideramos o exemplo apresentado na secção anterior, ou seja, o de um seguro temporário a 10 anos com dote puro, de valor unitário, sendo que o mesmo foi constituído há 5 anos, por um indivíduo que, nessa data, tinha 57 anos de idade, com prémios pagos periodicamente. Calculamos a reserva a constituir, aplicando, agora, o método retrospectivo e comparamos este resultado com o previamente obtido aquando da aplicação do método prospectivo. Obs.: PF 94.

Tal como já sublinhámos, o dote puro não é relevante para a resolução do problema em apreço, excepto para o apuramento do prémio anual. Recorremos,

2.2. Método retrospectivo

No **método retrospectivo**, o cálculo das *reservas* ou *provisões matemáticas* a constituir baseia-se em valores históricos, observados desde o momento de celebração do contrato até ao momento $x + t$. Assim sendo, nesta possibilidade, o montante de reservas a constituir em cada momento, obtém-se através da diferença entre as obrigações já vencidas do segurado e as obrigações já vencidas da entidade seguradora.

De outro modo, o montante de reservas a constituir resulta da comparação entre os valores acumulados, no momento $x + t$, relativos aos prémios pagos pelos segurados e aos benefícios já proporcionados aos segurados, desde o momento x até esse momento em concreto.

Ao invés do que sucedia no método anterior, existe interesse em empregar o método retrospectivo quando houver diferimento de benefícios e t for inferior a esse diferimento. Neste caso, a reserva resultará apenas do montante acumulado dos prémios.

Discutem-se, de seguida, as expressões a aplicar para algumas das modalidades de seguro nossas conhecidas, no caso de se recorrer ao método retrospectivo para cálculo das reservas.

Sendo um *seguro de vida inteira*, de capital constante e unitário, com pagamento periódico dos prémios, ao longo do contrato, vem que

$$_tV_x = (P_x \times \ddot{a}_{x:t\rceil} - A_{x:t\rceil}) \times \frac{1}{_tE_x}$$

A expressão colocada entre parêntesis curvos corresponde ao valor actual da diferença entre os prémios pagos e as responsabilidades da seguradora. Por sua vez, ao multiplicarmos por $\frac{1}{_tE_x}$, reportamos essa diferença para o momento $x + t$, já que $\frac{1}{_tE_x}$ representa o inverso da actualização em termos actuariais. Se traduzirmos em símbolos de comutação, vem que

$$_tV_x = \frac{P_x(N_x - N_{x+t}) - (M_x - M_{x+t})}{D_x} \times \frac{1}{\frac{D_{x+t}}{D_x}}$$

Começamos pelo cálculo de $P_{57:\overline{10}|}$. Contemplamos na expressão o valor correspondente ao dote puro, uma vez que o prémio anual se destina, também, a cobrir esse montante. Logo, teremos que

$$P_{57:\overline{10}|} = \frac{M_{57} - M_{67} + D_{67}}{N_{57} - N_{67}}$$

$$P_{57:\overline{10}|} = \frac{8.473,202 - 7.335,341 + 11.809,114}{304.305,687 - 157.294,318}$$

$P_{57:\overline{10}|} = 0,0881$ unidades monetárias

Dada a sua extensão, desdobramos a expressão referente a $_5V_{57:\overline{10}|}$, onde cada símbolo de comutação surge substituído pelo respectivo valor.

$$_5V_{57:\overline{10}|} = \frac{7.972,100 - 7.335,341 + 11.809,114}{14.379,716}$$

$$- \frac{0,0881(224.010,299 - 157.294,318)}{14.379,716} = 0,456769 \text{ unidades monetárias}$$

O método prospectivo é particularmente indicado para o cálculo das reservas no caso de os prémios serem pagos periodicamente por um lapso de tempo inferior a t, ou seja, m ≤ t. Nesta possibilidade, uma vez decorridos os m períodos durante os quais o segurado procedeu ao pagamento dos prémios, o montante da reserva resultará apenas do valor que os pagamentos a realizar aos segurados assumem nesse momento x + t, uma vez que os prémios já foram recebidos na sua totalidade e, consequentemente, não são determinantes para o montante da reserva.

As expressões apresentadas cobrem, todavia, apenas um reduzido leque de possibilidades no que concerne aos tipos de contrato de seguro. A metodologia descrita pode, então, ser aplicada às restantes modalidades, como, mais uma vez, teremos ocasião de observar na secção de Casos Resolvidos do presente Capítulo.

Para além disso, é de referir que essas expressões foram definidas tendo por base um contrato de seguro cujo valor nominal é de 1 unidade monetária. Obtêm-se, com toda a facilidade, expressões similares relativas a apólices que garantem o pagamento de Z unidades monetárias.

Tratando-se de um *seguro temporário a n anos*, o valor da reserva a constituir no momento $x + t$, que identificamos por ${}_tV^1_{x:n|}$[11], obtém-se através da expressão

$${}_tV^1_{x:n|} = A^1_{x+t:n-t|} - P^1_{x:n|}\ddot{a}_{x+t:n-t|}$$

ou, atendendo, às funções de comutação respectivas,

$${}_tV^1_{x:n|} = \frac{M_{x+t} - M_{x+n} - P^1_{x:n|}(N_{x+t} - N_{x+n})}{D_{x+t}} \qquad [\ \text{IV.5b}\ ]$$

Por sua vez, para um *seguro dotal* ou *misto a n anos*, ou seja, um seguro que associa um seguro temporário a n anos e um dote puro, designamos a reserva a constituir por ${}_tV_{x:n|}$, sendo que

$${}_tV_{x:n|} = A_{x+t:n-t|} + {}_{n-t}E_{x+t} - P_{x:n|}\ddot{a}_{x+t:n-t|}$$

Em símbolos de comutação, vem que

$${}_tV_{x:n|} = \frac{M_{x+t} - M_{x+n} + D_{x+n} - P_{x:n|}(N_{x+t} - N_{x+n})}{D_{x+t}} \qquad [\ \text{IV.5c}\ ]$$

EXEMPLO: Calcular a reserva a constituir no âmbito de um seguro temporário a 10 anos com dote puro, de valor unitário, sendo que o mesmo foi constituído há 5 anos, por um indivíduo que, nessa data, tinha 57 anos de idade, com prémios pagos periodicamente. Para o efeito, considere a PF 94.

Da aplicação da expressão, resulta que

$${}_5V_{57:10|} = \frac{M_{57+5} - M_{57+10} + D_{57+10} - P_{57:10|}(N_{57+5} - N_{57+10})}{D_{57+5}}$$

$${}_5V_{57:10|} = \frac{M_{62} - M_{67} + D_{67} - P_{57:10|}(N_{62} - N_{67})}{D_{62}}$$

---

[11] Sendo, necessariamente, t < n.

$$_tV_x = \frac{M_{x+t} - P_x \times N_{x+t}}{D_{x+t}} \qquad [\text{ IV.5a }]$$

EXEMPLO: Calcular a reserva matemática a constituir associada a um seguro de vida inteira, de capital constante e unitário, subscrito há 10 anos, por um indivíduo que então tinha 40 anos de idade, sabendo que os prémios são pagos anualmente. Obs.: TV 88-90.

De acordo com os dados do problema, pretendemos conhecer $_{10}V_{40}$, ou seja, a reserva a constituir no momento em que o segurado atinge a idade de 50 anos. Vem, assim, que

$$_{10}V_{40} = \frac{M_{40+10} - P_{40} \times N_{40+10}}{D_{40+10}}$$

$$_{10}V_{40} = \frac{M_{50} - P_{40} \times N_{50}}{D_{50}}$$

A aplicação da fórmula implica, no entanto, o conhecimento prévio de P_{40}, isto é, do prémio periódico a pagar durante a vigência do contrato. Sabemos que

$P_{40} = \dfrac{M_{40}}{N_{40}}$, logo

$$_{10}V_{40} = \frac{M_{50} - \dfrac{M_{40}}{N_{40}} \times N_{50}}{D_{50}}$$

Resta consultar os valores em questão na TV 88-90 e substituir, donde vem

$$_{10}V_{40} = \frac{18.944,854 - \dfrac{19.668,103}{1.259.592,373} \times 857.633,177}{35.574,538}$$

$$_{10}V_{40} = 0{,}1561 \text{ unidades monetárias}$$

Discutimos, outrossim, o processo de constituição de reservas no contexto das rendas vitalícias. Desde logo, sustentamos que, também aqui, o montante da provisão resulta da diferença entre o valor actual das prestações garantidas e o valor actual dos prémios cujo pagamento se encontre pendente. No entanto, tal acepção é válida apenas no caso das rendas apólice; nas restantes possibilidades, essa reserva resultará apenas do valor actual dos benefícios previstos, uma vez que o montante do investimento é recebido, na íntegra, logo no momento inicial.

Acresce que o propósito das rendas vitalícias não é o de cobrir um risco em cada período do tempo, mas sim o de acumular uma certa quantia que o respectivo beneficiário receberá no futuro, de uma só vez ou periodicamente, no pressuposto de que sobrevive à data prevista. De outro modo, diremos que os prémios puros (únicos ou periódicos) são integralmente investidos pelas entidades financeiras, de modo a acumularem a quantia necessária à data de início de pagamento dos benefícios.

De volta ao caso dos seguros, observaremos, de seguida, os vários métodos que permitem determinar o montante das reservas a constituir, bem como a sua aplicação aos vários tipos de contrato.

2.1. Método prospectivo

De acordo com o **método prospectivo**, a *reserva* ou *provisão matemática* define-se como sendo a diferença entre o valor actual das responsabilidades futuras da entidade seguradora – ou seja, do valor nominal contemplado na apólice – e o valor actual das responsabilidades do segurado – ou seja, dos prémios a pagar e que ainda não venceram.

Designamos por $_tV_x$ o montante da reserva a constituir em cada ano $x + t$ e **a sua expressão variará de acordo com a modalidade de seguro constituída**.

Se considerarmos um **seguro de vida inteira**, com início na idade x e com prémios pagos periodicamente, a reserva a estabelecer no momento $x + t$ será dada por

$$_tV_x = A_{x+t} - P_x \times \ddot{a}_{x+t}$$

com A_{x+t} a corresponder ao valor actual do capital garantido, no momento t, e $P_x \times \ddot{a}_{x+t}$ a representar o valor presente dos prémios a pagar, desde o momento $x + t$ até ao final do contrato.

Por sua vez, se tomarmos as funções de comutação firmadas no Capítulo anterior, vem que

nesse período. Ora de acordo com o pressuposto que temos vindo a reter, os prémios periódicos assumem um valor constante; enquanto isso, verifica-se que o risco coberto é crescente, uma vez que a probabilidade de falecimento do segurado aumentará com a idade respectiva[8].

A questão fundamental que se coloca é a de saber como devem as entidades seguradoras lidar com a crescente exposição ao risco, decorrente do agravamento da probabilidade de morte dos segurados durante a vigência das respectivas apólices. Se é certo que o risco de falecimento aumenta com o tempo, concomitantemente esse risco é relativamente menor nos primeiros períodos de existência do contrato de seguro, nos quais o segurado pagará um prémio que excede o correspondente ao risco coberto. Esses excedentes são canalizados para o mercado financeiro sob a forma de investimento. Tal investimento, acrescido dos resultados obtidos, permitirá compensar os défices com os quais as entidades seguradoras se confrontarão a partir do momento em que o prémio recebido em cada período não será suficiente para colmatar o risco de morte então observado.

Foge a estes argumentos o caso do **prémio natural** que desenvolvemos no Capítulo anterior, uma vez que, sendo este estabelecido para cada ano, o respectivo valor decorre exclusivamente da probabilidade de morte do segurado atinente ao ano em apreço.

No presente contexto e na sequência do exposto, assume particular interesse o conceito de **reserva** ou **provisão matemática**.

As **reservas** ou **provisões matemáticas** correspondem aos valores que as seguradoras devem constituir, em cada momento, de modo a poderem garantir os compromissos assumidos para o futuro, tendo em conta o princípio da equivalência actuarial. Deste modo, é fundamental para a entidade seguradora conhecer, em cada ano t, qual o montante de reservas a constituir, de modo a poder garantir os compromissos assumidos perante os seus segurados[9].

A constituição de reservas resulta do investimento realizado por via da aplicação dos prémios arrecadados[10], sendo ainda que o nível de reservas se aproximará de zero à medida que o contrato de seguro se aproxima do seu termo.

---

[8] A consideração de prémios periódicos crescentes, hipótese que não contemplamos no âmbito do presente texto, permite uma gestão do risco mais eficaz, muito principalmente se esse crescimento ocorrer de modo similar ao da evolução da probabilidade de morte do segurado.

[9] No nosso país, compete ao Instituto de Seguros de Portugal verificar se as entidades seguradoras que operam em território nacional cumprem as normas prudenciais concernentes ao cálculo de um nível adequado de reservas matemáticas.

[10] As políticas de investimento adoptadas pelas entidades seguradoras devem, no mínimo, permitir obter uma rendibilidade igual ao diferencial entre o montante dos prémios arrecadados e o montante de capital garantido. Essas políticas devem ser monitorizadas de modo permanente, sobretudo através do recurso a indicadores de avaliação da *performance*.

b) A expressão aplicada na alínea anterior pode ser desdobrada do seguinte modo

$$_{15}P^Z_{42} = \frac{A_{42} + 0{,}30 \times {}_{15}P''_{42}}{\ddot{a}_{42:\overline{15}|}} = \frac{A_{42}}{\ddot{a}_{42:\overline{15}|}} + \frac{0{,}30 \times {}_{15}P''_{42}}{\ddot{a}_{42:\overline{15}|}}$$

$\dfrac{A_{42}}{\ddot{a}_{42:\overline{15}|}}$ corresponde à parcela do prémio pago durante os primeiros 15 anos que se destina à cobertura dos riscos previstos, ou seja, ao prémio puro anual. Deste modo, $\dfrac{A_{42}}{\ddot{a}_{42:\overline{15}|}} = \dfrac{250.000€ \times \dfrac{M_{42}}{D_{42}}}{\dfrac{N_{42} - N_{57}}{D_{42}}} = \dfrac{55.614{,}10€}{11{,}0278844} = 5.043{,}04$ €.

Por sua vez, $\dfrac{0{,}30 \times {}_{15}P''_{42}}{\ddot{a}_{42:\overline{15}|}}$ representa a parcela anual, a pagar durante os primeiros 15 anos de vigência do contrato, correspondente aos gastos de gestão da apólice. Donde $\dfrac{0{,}30 \times {}_{15}P''_{42}}{\ddot{a}_{42:\overline{15}|}} = \dfrac{1.584{,}21€}{11{,}0278844} = 143{,}65$ €

Note-se que 5.043,04 € + 143,65 € ≅ 5.186,70 €

2. Reservas ou provisões matemáticas

Dando sequência ao que foi referido logo no início da secção anterior, o princípio da equivalência actuarial permite calcular o prémio puro associado a cada contrato de seguro.

Porém, o equilíbrio inicial que se observa entre as responsabilidades do segurado – o valor actual dos prémios a pagar – e as responsabilidades da entidade seguradora – o valor actual do capital garantido – não volta a ocorrer em mais nenhum outro momento do tempo. Na verdade, decorrido cada período, o valor actual do montante a receber torna-se maior que o valor actual dos prémios a pagar; caso contrário, a subscrição do contrato de seguro tornar-se-ia um desinvestimento para o segurado.

Em cada período de vencimento, o montante de prémio a pagar (caso se trate de um prémio periódico) não equivale, necessariamente, ao risco coberto

a) Recordamos, desde já, que $x = 42$ anos, que o valor nominal da apólice é de 250.000 € e que $\alpha = 0,30$. Para além disso, como os prémios são pagos apenas nos 15 primeiros anos de vigência do contrato, determinamos o prémio Zillmer através da aplicação da expressão formalizada em [IV.4c]. Sendo m = 15, vem que

$$_{15}P^Z_{42} = \frac{A_{42} + 0,30 \times {}_{15}P''_{42}}{\ddot{a}_{42:\overline{15}|}}$$

Por sua vez, calculamos ${}_{15}P''_{42}$ atendendo a [IV.3d] e substituímos o valor obtido na expressão anterior. Para um capital de 250.000 €, vem, assim, que

$$_{15}P''_{42} = \frac{250.000 A_{42} + (0,0001 \times 250.000) \times \ddot{a}_{42}}{\ddot{a}_{42:\overline{28}|}(1-0,01) - 0,30} = \frac{250.000€ \times \frac{M_{42}}{D_{42}} + 25€ \times \frac{N_{42}}{D_{42}}}{\frac{N_{42} - N_{57}}{D_{42}} \times 0,99 - 0,30} =$$

$$= \frac{250.000€ \frac{3.365,557}{15.129,064} + 25€ \times \frac{274.876,082}{15.129,064}}{\frac{274.876,082 - 108.034,513}{15.129,064} \times 0,99 - 0,30} = \frac{56.068,32€}{10,6176} = 5.280,70 €$$

Substituímos, agora, na expressão referente a ${}_{15}P^Z_{42}$, donde

$$_{15}P^Z_{42} = \frac{A_{42} + 0,30 \times {}_{15}P''_{42}}{\ddot{a}_{42:\overline{15}|}} = \frac{250.000€ \times \frac{M_{42}}{D_{42}} + 0,30 \times 5.280,70€}{\frac{N_{42} - N_{57}}{D_{42}}} =$$

$$= \frac{250.000€ \times \frac{3.365,557}{15.129,064} + 0,30 \times 5.280,70€}{\frac{274.876,082 - 108.034,513}{15.129,064}} = \frac{55.614,10€ + 1.584,21€}{11,0278844} =$$

$$= 5.186,70 €$$

Se atendermos ao significado, em termos actuariais, das siglas apontadas, vem

$$A_x + \alpha P''_x = P_x^Z \ddot{a}_x$$

Se colocarmos em ordem a P_x^Z, vem que

$$P_x^Z = \frac{A_x + \alpha P''_x}{\ddot{a}_x} \qquad [\text{ IV.4b }]$$

Ao desdobrarmos a expressão assim obtida, vem que

$$P_x^Z = \frac{A_x}{\ddot{a}_x} + \frac{\alpha P''_x}{\ddot{a}_x}$$

Em rigor, $\dfrac{A_x}{\ddot{a}_x}$ traduz o montante anual de riscos cobertos, ou seja, o prémio puro anual; enquanto isso, $\dfrac{\alpha P''_x}{\ddot{a}_x}$ denota o montante de gastos de produção imputados a cada prémio anual.

Por seu turno, se *os prémios forem pagos nos m primeiros anos de vigência do contrato*, as expressões anteriores darão lugar a

$$A_x + \alpha \,_m P''_x = \,_m P_x^Z \, \ddot{a}_{x:m\rceil}$$

e ainda a

$$_m P_x^Z = \frac{A_x + \alpha \,_m P''_x}{\ddot{a}_{x:m\rceil}} \qquad [\text{ IV.4c }]$$

EXEMPLO: a) Tendo em conta os elementos apresentados no exemplo da secção anterior, calcular o montante do prémio Zillmer (anual), na eventualidade de os prémios serem pagos apenas nos primeiros 15 anos de vigência do contrato; b) De acordo com o resultado obtido em a), qual a parcela correspondente ao prémio puro anual e qual a parcela destinada à cobertura de encargos?

Da aplicação directa da expressão formalizada em [IV.3d], vem que

$$_{28}P"_{42} = \frac{250.000 A_{42} + (0,0001 \times 250.000) \times \ddot{a}_{42}}{\ddot{a}_{42:\overline{28}|}(1-0,01) - 0,30} = \frac{250.000€ \times \dfrac{M_{42}}{D_{42}} + 25€ \times \dfrac{N_{42}}{D_{42}}}{\dfrac{N_{42} - N_{70}}{D_{42}} \times 0,99 - 0,30}$$

Já aplicámos os valores relativos aos símbolos de comutação apontados – tanto em 1.1 como em 1.2 –, pelo que

$$_{28}P"_{42} = \frac{250.000€ \times \dfrac{3.365,557}{15.129,064} + 25€ \times \dfrac{274.876,082}{15.129,064}}{\dfrac{274.876,082 - 36.508,515}{15.129,064} \times 0,99 - 0,30} = \frac{56.068,32€}{15,298} = 3.665,08 \text{ €}$$

1.4. Prémio Zillmer

Estamos em presença de uma modalidade híbrida de prémio, que conjuga os elementos do prémio puro e aspectos característicos do prémio comercial. Desta sorte, o prémio Zillmer[7] destina-se a cobrir os riscos previstos na apólice, bem como os encargos de gestão associados à respectiva produção.

Desde logo, em termos de formalização, fixaremos que P_x^Z representa o **prémio Zillmer, de periodicidade anual e de valor constante, relativo a um seguro de vida inteira**, de efeito imediato e de capital unitário. Para além disso, sustentaremos, mais uma vez, que *VARC* representa o valor actual dos riscos cobertos, enquanto *VAGP* designa o valor actual dos gastos de produção associados à apólice, quantia esta que é previamente conhecida. Por seu turno, *VAPZ* indica o valor actual dos prémios Zillmer. Assim, podemos estabelecer que

$$E(VARC) + VAGP = E(VAPZ) \qquad \text{[IV.4a]}$$

---

[7] Esta modalidade deve a respectiva designação a Augusto Zillmer (1831-1893), actuário alemão, fundador do Institute of Actuarial Science de Berlim, em 1868, e que exerceu funções de director de várias empresas seguradoras. Para além disso, publicou avultado trabalho científico, no âmbito do qual sobressai *The Mathematical Theory of Life Insurance and Annuities* (*Die mathematischen Rechnungen bei Lebens und Rentenversicherungen* no original), obra apontada como sendo a primeira em língua alemã na área da matemática actuarial.

nos, consideramos $\alpha\, P''_x$, que é, assim, uma percentagem α do primeiro prémio comercial e que se destina a colmatar os gastos de produção associados à apólice; por sua vez, representa a fracção desse encargo que é imputada a cada prémio anual. Para além disso, às parcelas já apontadas acrescem outros encargos periódicos, nomeadamente os que decorrem dos custos administrativos associados à cobrança dos respectivos prémios, e que traduzimos, no presente caso, por $\beta\, P''_x\, \ddot{a}_x$.

Assim, no caso de *o prémio periódico ser pago ao longo da vigência do contrato*, temos que

$$A_x + g \times \ddot{a}_x + \alpha\, P''_x + \beta\, P''_x\, \ddot{a}_x = P''_x\, \ddot{a}_x$$

Resolvendo em ordem a P''_x, surge

$$P''_x\, \ddot{a}_x - \alpha\, P''_x - \beta\, P''_x\, \ddot{a}_x = A_x + g \times \ddot{a}_x$$

donde se obtém, por fim, que

$$P''_x = \frac{A_x + g \times \ddot{a}_x}{\ddot{a}_x(1-\beta) - \alpha} \qquad\qquad [\ \mathbf{IV.3c}\ ]$$

Designamos, agora, por $_m P''_x$ o *prémio comercial a pagar durante os m primeiros períodos de vigência do contrato*.

Podemos formalizar que

$$A_x + g \times \ddot{a}_x + \alpha\, _m P''_x + \beta\, _m P''_x\, \ddot{a}_{x:m\rceil} = {_m P''_x}\, \ddot{a}_{x:m\rceil}$$

Tal como no caso anterior, resolvemos em ordem a $_m P''_x$, procedimento este que nos conduz a

$$_m P''_x = \frac{A_x + g \times \ddot{a}_x}{\ddot{a}_{x:m\rceil}(1-\beta) - \alpha} \qquad\qquad [\ \mathbf{IV.3d}\ ]$$

EXEMPLO: Refaça o exemplo apresentado na secção 1.2, considerando que, para além dos gastos aí previstos, são cobrados, no momento do contrato, 30% do primeiro prémio comercial e 1% em cada ano de vigência do contrato.

Neste tipo de prémio, a sigla *VAPC* nota o *valor actual do prémio comercial*, enquanto que *VACE* identifica o *valor actual dos custos externos* associados à apólice. Resulta, então, que

$$E(VARC) + E(VACI) + E(VACE) = E(VAPC) \qquad [\text{ IV.3a }]$$

o que significa que o valor actual do prémio comercial equivale à soma do valor actual dos riscos cobertos, do valor actual dos custos internos e do valor actual dos custos externos inerentes à apólice.

Identificando por Π''_x o **prémio único comercial**, define-se que

$$E(VAPC) = \Pi''_x$$

Além disso, o valor actual dos custos externos – em caso de prémio único – *limita-se* a uma certa percentagem α desse prémio único comercial, ou seja,

$$E(VACE) = \alpha \times \Pi'_x$$

Sintetizando o exposto numa só expressão, vem que

$$E(VARC) + E(VACI) + E(VACE) = A_x + g \times \ddot{a}_x + \alpha \times \Pi''_x = E(VAPC) = \Pi''_x$$

Simplificando, obtém-se

$$A_x + g \times \ddot{a}_x + \alpha \times \Pi''_x = \Pi''_x$$

donde resulta, ainda, que

$$\Pi''_x = \frac{A_x + g \times \ddot{a}_x}{1 - \alpha} \qquad [\text{ IV.3b }]$$

Vejamos, agora, o que sucede no caso de os prémios comerciais serem pagos periodicamente.

Recorrendo a simbologia idêntica à anteriormente utilizada, principiamos por designar por P''_x o prémio periódico comercial. A título de gastos exter-

---

consequentemente, do prémio a pagar pelos segurados. Para maior aprofundamento relativamente a este tópico, cfr. M. SILVEIRA, *A Qualidade do Serviço dos Seguros – Do modelo tradicional ao ambiente digital*.

Em **alternativa**, podemos determinar o prémio único de inventário. Como decorre de [IV.2b],

$$\Pi'_x = 250.000\ A_x + 25\ \ddot{a}_x = 250.000\ \text{€} \times \frac{M_x}{D_x} + 25\ \text{€} \times \frac{N_x}{D_x} = 250.000\ \text{€} \times \frac{M_{42}}{D_{42}} +$$

$$+ 25\ \text{€} \times \frac{N_{42}}{D_{42}} = 250.000\ \text{€} \times \frac{3.365,557}{15.129,064} + 25\ \text{€} \times \frac{274.876,082}{15.129,064} = 56.068,32\ \text{€}$$

Este prémio único de inventário equivale ao valor actual dos prémios periódicos de inventário, sendo que

$$P'_{42}\ \ddot{a}_{42} = \Pi'_{42}$$

$$P'_{42}\ \ddot{a}_{42} = 56.068,32\ \text{€}$$

$$P'_{42} = \frac{56.068,32\ \text{€}}{N_{42}/D_{42}}$$

$$P'_{42} = \frac{56.068,32\ \text{€}}{274.876,082/15.129,064}$$

$$P'_{42} = 3.085,98\ \text{€}$$

conduzindo, necessariamente, o mesmo resultado que no processo anterior.

1.3. Prémio comercial

O prémio comercial engloba os custos decorrentes dos riscos cobertos pela apólice, os custos internos que lhe sejam imputados e, ainda, os custos externos, nomeadamente os resultantes da aquisição e da administração do contrato, bem como os encargos de gestão e de cobrança. Assim, as importâncias que, entre outras, procedem do estabelecimento de campanhas de publicidade, da criação de canais de distribuição adequados ou da definição de estratégias de relacionamento com o cliente[6] incluem-se neste tipo de prémio.

---

[6] Apontamos, a este título, o recurso crescente à venda de seguros por via digital, em alternativa aos modos tradicionais de comercialização, tendo em vista a redução dos custos operacionais e,

seguro. $\dfrac{A_x}{\ddot{a}_x}$ representa o prémio puro anual, sendo g o montante de custos internos imputados ao contrato e incluídos no prémio anual.

Na eventualidade de esse **prémio de inventário ser pago apenas nos m primeiros períodos da apólice**, vem

$$E(VARC) + E(VACI) = A_x + g \times \ddot{a}_x = E(VAPI) = {}_m P'_x \, \ddot{a}_{x:m\rceil}$$

Simplificando a expressão, surge que

$$_m P'_x = \frac{A_x}{\ddot{a}_{x:m\rceil}} + g \frac{\ddot{a}_x}{\ddot{a}_{x:m\rceil}} \qquad [\text{ IV.2d }]$$

Também aqui $\dfrac{A_x}{\ddot{a}_{x:m\rceil}}$ e $g \dfrac{\ddot{a}_x}{\ddot{a}_{x:m\rceil}}$ assumem significados idênticos aos já apontados para [IV.2c], ou seja, $\dfrac{A_x}{\ddot{a}_{x:m\rceil}}$ simboliza o prémio periódico puro e $g \dfrac{\ddot{a}_x}{\ddot{a}_{x:m\rceil}}$ a quantia paga, em cada um dos m prémios anuais, a título de gastos internos de gestão.

EXEMPLO: Refazemos a alínea *a)* do exemplo apresentado na secção anterior, no pressuposto de que é cobrada uma carga de 0,1 por mil, a título de gastos de gestão interna, por cada 1.000 € de capital garantido.

Pretendemos conhecer o prémio periódico de inventário, ou seja, P'_x. Podemos aplicar, directamente, a expressão formalizada através de [IV.2c], sendo que

$$P'_x = \frac{A_x}{\ddot{a}_x} + g$$

Ora como o valor nominal da apólice é de 250.000 €, $g = 0{,}0001 \times 250.000\ € = 25\ €$, pelo que

$$250.000\ P'_{42} = 250.000\ € \times \frac{A_{42}}{\ddot{a}_{42}} + g = 3.060{,}98\ € + 25\ € = 3.085{,}98\ €$$

Identificando por Π'_x o ***prémio único de inventário***, vem que

$$E(VAPI) = \Pi'_x$$

Por sua vez, o valor anual dos custos internos associados à apólice corresponderá a uma certa percentagem g do capital garantido. Como $\ddot{a}_x$ representa o valor actual dos prémios pagos, podemos estabelecer que

$$E(VACI) = g \times \ddot{a}_x$$

Consequentemente, vem que

$$E(VARC) + E(VACI) = A_x + g \times \ddot{a}_x = E(VAPI) = \Pi'_x$$

ou, de modo mais simples,

$$A_x + g \times \ddot{a}_x = \Pi'_x \qquad\qquad \textbf{[IV.2b]}$$

Na expressão anterior, A_x designa o prémio único puro; enquanto isso, $g \times \ddot{a}_x$ traduz o montante total de encargos de gestão interna reportados à apólice.

Se tomarmos a hipótese de pagamento de prémios periódicos, designamos por P'_x o prémio periódico de inventário a pagar durante a vigência do contrato de seguro e por $_m P'_x$ o prémio periódico de inventário a pagar apenas nos m primeiros períodos de vigência desse contrato.

Temos, então, que

$$E(VARC) + E(VACI) = A_x + g \times \ddot{a}_x = E(VAPI) = P'_x \ddot{a}_x$$

ou apenas

$$A_x + g \times \ddot{a}_x = P'_x \ddot{a}_x$$

Resulta, ainda, que

$$P'_x = \frac{A_x}{\ddot{a}_x} + g \qquad\qquad \textbf{[IV.2c]}$$

A expressão assim definida permite calcular o ***prémio periódico de inventário a pagar no início de cada um dos períodos de vigência do contrato*** de

donde

$$Z\,_mP_x = Z\,\frac{M_x}{N_x - N_{x+m}}$$

Atendendo aos valores em presença, vem que

$$250.000\,_{28}P_{42} = 250.000\,€ \times \frac{M_{42}}{N_{42} - N_{42+28}}$$

$$250.000\,_{28}P_{42} = 250.000\,€ \times \frac{M_{42}}{N_{42} - N_{70}}$$

$$250.000\,_{28}P_{42} = 250.000\,€ \times \frac{3.365,557}{274.876,082 - 36.508,515}$$

$$250.000\,_{28}P_{42} = 3.529,80\,€$$

Ambos os prémios são prémios *puros*, na medida em que não incluem quaisquer outros encargos para além dos que decorrem da equivalência actuarial. Para além disso, o valor obtido em b) é necessariamente maior que o apurado em a), uma vez que os prémios pagos apenas durante 28 anos equivalem ao mesmo valor que o correspondente aos prémios pagos durante todo o contrato.

1.2. Prémio de inventário

O *prémio de inventário* destina-se a cobrir os encargos decorrentes das prestações garantidas na apólice e ainda os custos internos imputados a essa apólice.

Entre esses custos internos incluem-se os inerentes ao normal funcionamento da entidade seguradora, mormente, os custos com instalações, encargos com o pessoal, etc., e que, genericamente, podem ser designados por gastos de gestão interna.

Designando por *VAPI* o *valor actual dos prémios de inventário* e por *VACI* o *valor actual dos custos internos* que podem ser imputados à apólice ao longo da sua duração, estabelecemos que

$$E(VARC) + E(VACI) = E(VAPI) \qquad [\text{ IV.2a }]$$

Se o **prémio for pago ao longo da vigência do contrato** – prémio periódico – surge que

$$E(VARC) = A_x = E(VAPP) = P_x \ddot{a}_x \qquad [\text{ IV.1c }]$$

Tratando-se de um **prémio periódico, mas pago apenas durante os m primeiros anos de vigência da apólice**, vem, por sua vez, que

$$E(VARC) = A_x = E(VAPP) = {}_m P_x \ddot{a}_{x:\overline{m}|} \qquad [\text{ IV.1d }]$$

Atenda-se à semelhança existente entre as expressões agora propostas e as formalizadas no Capítulo anterior, o que se justifica pelo facto de o prémio puro ter sido o conceito de prémio de seguro que tomámos no momento.

EXEMPLO: a) Determinar o montante de prémio puro anual a pagar por um indivíduo de 42 anos, sabendo que pretende subscrever um seguro de vida inteira, para um capital garantido de 250.000 €; b) Determinar o montante do prémio puro anual, para o mesmo seguro de vida inteira, sendo que agora o prémio é pago apenas até ao momento em que o segurado atingir a idade de 70 anos. Obs: TV 73-77.

Na hipótese referida em a), pretendemos conhecer P_x, ou seja, o prémio periódico puro associado a este seguro. Temos que

$$Z\, P_x = Z\, \frac{M_x}{N_x}$$

donde vem também que

$$250.000\, P_{42} = 250.000\, € \times \frac{M_{42}}{N_{42}} = 250.000\, € \times \frac{3.365{,}557}{274.876{,}082} = 3.060{,}98\, €$$

Por seu turno, em *b)* teremos que

$$Z\, {}_m P_x\, \ddot{a}_{x:\overline{m}|} = Z\, A_x$$

Tal significa que o montante do prémio puro decorre, exclusivamente, do *princípio de equivalência actuarial* entre as obrigações das partes envolvidas. Tal significa que, à data de subscrição da renda vitalícia ou do seguro de vida, o valor actual dos prémios a pagar à entidade seguradora é igual ao valor actual dos benefícios previstos no respectivo contrato.

Todavia, tendo em vista apenas a ilustração do modo de formação dos vários tipos de prémios, no contexto da actividade seguradora, as expressões que formalizaremos doravante cobrem, unicamente, o caso de um seguro de vida inteira, de efeito imediato e de capital constante e unitário. Estas podem, contudo, ser adaptadas e aplicadas a um leque diverso de possibilidades, com teremos ocasião de observar na secção de Casos Resolvidos do presente Capítulo.

Recorrendo a uma sistematização idêntica à proposta por Moreno Ruiz *et al.*[5] e considerando que *VARC* representa o *valor actual dos riscos cobertos* e *VAPP* designa o *valor actual dos prémios puros*, em termos genéricos, podemos estabelecer que

$$E(VARC) = E(VAPP) \qquad [\ \mathbf{IV.1a}\ ]$$

Para o caso de um seguro de vida inteira, imediato, de capital constante e unitário, se recordarmos as expressões estabelecidas no Capítulo anterior, virá que

$$E(VARC) = A_x$$

sendo A_x o valor actual do capital garantido.

Se atendermos à periodicidade de pagamento dos prémios, tratando-se de um *prémio único*, vem que

$$E(VAPP) = \Pi_x$$

com Π_x a notar o valor do prémio único a pagar e a corresponder a A_x.

Consequentemente, define-se que

$$E(VARC) = A_x = E(VAPP) = \Pi_x \qquad [\ \mathbf{IV.1b}\ ]$$

---

[5] Cfr. R. Moreno Luiz *et al.*, *Matemática de los seguros de vida*, pp. 190 e segs.

Sucede, porém, que as entidades seguradoras repercutem estes custos no preço[2] a pagar pelos investidores ao subscreverem produtos financeiros do ramo «Vida»[3].

Assim sendo, um dos objectivos do presente Capítulo é o de identificar quais os factores susceptíveis de influir na determinação do preço a pagar na subscrição de produtos financeiros com as características descritas e, bem assim, discutir como esses factores se repercutem na formação do prémio.

Necessariamente, a concretização do propósito anterior, implica a tipificação prévia dos prémios relevantes no âmbito da actividade seguradora.

1.1. Prémio puro[4]

O *prémio puro* destina-se a compensar unicamente os riscos cobertos pelos produtos em apreço, ou sejam, o *prémio de risco* e o *prémio de aforro*.

O *prémio de risco*, no caso das rendas vitalícias, decorre da probabilidade de sobrevivência do beneficiário; enquanto isso, nos contratos de seguro, o risco coberto é, precisamente, o falecimento do segurado. Assim, para o mesmo indivíduo, ambos os riscos são *complementares*, uma vez que as probabilidades de vida e de morte são alíquotas da unidade.

Por seu turno, o *prémio de aforro* procede da valorização temporal dos capitais envolvidos; salvaguardando a particularidade de o valor nominal das apólices de seguro vencer no momento da morte do segurado, os procedimentos de cálculo atinentes à valorização dos capitais assumem contornos idênticos, tanto nas rendas vitalícias como nos seguros.

---

[2] O preço a pagar pelos investidores assume uma importância crucial e uma perspectiva ambivalente no âmbito dos produtos financeiros do «ramo Vida»: sob o ponto de vista comercial, preços mais baixos são tendencialmente mais atractivos para os investidores; sob o ponto de vista financeiro, os montantes recebidos devem equivaler aos riscos cobertos, acrescidos de todos os outros encargos que devam ser imputados aos contratos. Observa-se, assim, a existência de um *trade-off* entre as duas vertentes assinaladas.

Este assunto será retomado no ponto 4 do presente Capítulo, a propósito da discussão do risco de «selecção adversa».

[3] Doravante, por razões de simplificação, designaremos os montantes pagos no âmbito dos produtos financeiros do ramo «Vida», genericamente, por *prémios*, isto tanto no que se reporta às rendas vitalícias como no que tange aos seguros de vida.

[4] Para contratos de seguro com uma duração inferior a um ano, o prémio puro assume a designação de *prémio natural*, tal como decorre do explanado no ponto 5 do Capítulo anterior.

Capítulo IV

PRÉMIOS, RESERVAS E GESTÃO DO RISCO

1. Prémios

Nos capítulos anteriores, considerámos que o montante do investimento a realizar, no caso das rendas vitalícias, e o montante dos prémios a pagar, no caso dos seguros, decorriam apenas da equivalência actuarial entre as importâncias a entregar e a receber.

Ao longo do texto, apontámos algumas possibilidades no que concerne à frequência de vencimento desses montantes.

Para as *rendas de vida inteira*, apontámos a eventualidade de o montante a investir ser entregue à entidade financeira de uma só vez, ou de ser repartido ao longo de n períodos, assumindo, nesta última circunstância, a configuração de uma renda apólice.

Por sua vez, para os *seguros de vida,* apontámos a condição de o prémio ser pago de uma só vez, no início do contrato – *prémio único* –, bem como a hipótese de o montante a pagar ser repartido ao longo do tempo – *prémio periódico* –, coincidindo ou não com a duração do contrato.

Sucede, porém, que, para além da periodicidade de vencimento, outros critérios podem ser aduzidos no que concerne à classificação dos montantes pagos às entidades seguradoras[1]. Desde logo, no contexto da respectiva actividade, estas entidades suportam todo um conjunto de encargos que não se esgotam dos que resultam da observação do princípio da equivalência actuarial. Os custos de gestão interna, nomeadamente com pessoal, energia, edifícios, etc., correspondem ao tipo de encargos que acabámos de apontar.

---

[1] Falamos, genericamente, de entidades seguradoras, tanto para as rendas vitalícias como para os seguros de vida, uma vez que a estas compete, por norma, a gestão dos produtos financeiros do ramo «Vida».

[**III.42c**] $\quad {}_mP^1_{x:\overline{n}|} = C_0 \times \dfrac{M_x - M_{x+n}}{N_x - N_{x+m}} - \overline{M} \times$

$$\times \dfrac{R_{x+1} - R_{x+n} - (n-1) \times M_{x+n}}{N_x - N_{x+m}}$$

[**III.42d**] $\quad P^{(12)}_{x:\overline{n}|} = C_0 \times \dfrac{M_x - M_{x+n}}{N_x - N_{x+n} + \left(\dfrac{12-1}{2 \times 12}\right)(D_x - D_{x+n})}$

$$-\overline{M} \times \dfrac{R_{x+1} - R_{x+n} - (n-1) \times M_{x+n}}{N_x - N_{x+n} + \left(\dfrac{12-1}{2 \times 12}\right)(D_x - D_{x+n})}$$

[**III.43**] $\quad D_p = P^{(12)}_{x+p+\overline{1}|} = D_p \times \dfrac{M_{x+p} - M_{x+p+1}}{N_{x+p} - N_{x+p+1} + \left(\dfrac{12-1}{2 \times 12}\right)(D_{x+p} - D_{x+p+1})}$

[III.38b] $\quad Z\,P_{x:n\rceil} = Z\,\dfrac{M_x - M_{x+n} + D_{x+n}}{N_x - N_{x+n}}$

[III.39a] $\quad {}_mP_{x:n\rceil} = \dfrac{M_x - M_{x+n} + D_{x+n}}{N_x - N_{x+m}}$

[III.39b] $\quad Z\,{}_mP_{x:n\rceil} = Z\,\dfrac{M_x - M_{x+n} + D_{x+n}}{N_x - N_{x+m}}$

[III.40a] $\quad P^1_{x:1\rceil} = \dfrac{M_x - M_{x+1}}{D_x}$

[III.40b] $\quad Z\,P^1_{x:1\rceil} = Z\,\dfrac{M_x - M_{x+1}}{D_x}$

[III.41a] $\quad C_0\,A_{x:n\rceil} = C_0\,\dfrac{M_x - M_{x+n}}{D_x}$

[III.41b] $\quad C_0\,P^1_{x:n\rceil} = C_0 \times \dfrac{M_x - M_{x+n}}{N_x - N_{x+n}}$

[III.41c] $\quad C_0\,{}_mP^1_{x:n\rceil} = C_0 \times \dfrac{M_x - M_{x+n}}{N_x - N_{x+m}}$

[III.41d] $\quad C_0\,P^{(12)}_{x:n\rceil} = C_0\,\dfrac{M_x - M_{x+n}}{N_x - N_{x+n} + \left(\dfrac{12-1}{2\times 12}\right)(D_x - D_{x+n})}$

[III.42a] $\quad (VA \div)^1_{x:n\rceil} = C_0 \times \dfrac{M_x - M_{x+n}}{D_x} - \overline{M} \times$

$\quad\quad\quad\quad\quad \times \dfrac{R_{x+1} - R_{x+n} - (n-1)\times M_{x+n}}{D_x}$

[III.42b] $\quad P^1_{x:n\rceil} = C_0 \times \dfrac{M_x - M_{x+n}}{N_x - N_{x+n}} - \overline{M} \times$

$\quad\quad\quad\quad\quad \times \dfrac{R_{x+1} - R_{x+n} - (n-1)\times M_{x+n}}{N_x - N_{x+n}}$

[III.29] $\quad P^1_{x:d+n\rceil} = C \times \dfrac{M_{x+d} - M_{x+d+n}}{N_x - N_{x+d+n}} +$

$\quad\quad\quad\quad + h \times \dfrac{R_{x+d+1} - R_{x+d+n} - (n-1) \times M_{x+d+n}}{N_x - N_{x+d+n}}$

[III.30] $\quad {}_m P^1_{x:d+n\rceil} = C \times \dfrac{M_{x+d} - M_{x+d+n}}{N_x - N_{x+m}} +$

$\quad\quad\quad\quad + h \times \dfrac{R_{x+d+1} - R_{x+d+n} - (n-1) \times M_{x+d+n}}{N_x - N_{x+m}}$

[III.31] $\quad (VA \div \div)_{x:n\rceil} = \dfrac{C}{r^{x+1/2}} \times \dfrac{M'_x - M'_{x+n}}{D_x}$

[III.32] $\quad P^1_{x:n\rceil} = \dfrac{C}{r^{x+1/2}} \times \dfrac{M'_x - M'_{x+n}}{N_x - N_{x+n}}$

[III.33] $\quad {}_m P^1_{x:n\rceil} = \dfrac{C}{r^{x+1/2}} \times \dfrac{M'_x - M'_{x+n}}{N_x - N_{x+m}}$

[III.34] $\quad {}_{d|}(VA \div \div)_{x:n\rceil} = \dfrac{C}{r^{x+d+1/2}} \times \dfrac{M'_{x+d} - M'_{x+d+n}}{D_x}$

[III.35] $\quad P^1_{x:d+n\rceil} = \dfrac{C}{r^{x+d+1/2}} \times \dfrac{M'_{x+d} - M'_{x+d+n}}{N_x - N_{x+d+n}}$

[III.36] $\quad {}_m P^1_{x:d+n\rceil} = \dfrac{C}{r^{x+d+1/2}} \times \dfrac{M'_{x+d} - M'_{x+d+n}}{N_x - N_{x+m}}$

[III.37a] $\quad A_{x:n\rceil} = \dfrac{M_x - M_{x+n} + D_{x+n}}{D_x}$

[III.37b] $\quad Z A_{x:n\rceil} = Z \times \dfrac{M_x - M_{x+n} + D_{x+n}}{D_x}$

[III.38a] $\quad P_{x:n\rceil} = \dfrac{M_x - M_{x+n} + D_{x+n}}{N_x - N_{x+n}}$

[III.21a] $\quad {}_mP^1_{x:n\rceil} = \dfrac{M_x - M_{x+n}}{N_x - N_{x+m}}$

[III.21b] $\quad Z\,{}_mP^1_{x:n\rceil} = Z \times \dfrac{M_x - M_{x+n}}{N_x - N_{x+m}}$

[III.22a] $\quad {}_{d|}A_{x:n\rceil} = \dfrac{M_{x+d} - M_{x+d+n}}{D_x}$

[III.22b] $\quad Z\,{}_{d|}A_{x:n\rceil} = Z \times \dfrac{M_{x+d} - M_{x+d+n}}{D_x}$

[III.23a] $\quad P^1_{x:d+n\rceil} = \dfrac{M_{x+d} - M_{x+d+n}}{N_x - N_{x+d+n}}$

[III.23b] $\quad Z \times P^1_{x:d+n\rceil} = Z\,\dfrac{M_{x+d} - M_{x+d+n}}{N_x - N_{x+d+n}}$

[III.24a] $\quad {}_mP^1_{x:d+n\rceil} = \dfrac{M_{x+d} - M_{x+d+n}}{N_x - N_{x+m}}$

[III.24b] $\quad Z\,{}_mP^1_{x:d+n\rceil} = Z \times \dfrac{M_{x+d} - M_{x+d+n}}{N_x - N_{x+m}}$

[III.25] $\quad (VA\div)_{x:n\rceil} = C \times \dfrac{M_x - M_{x+n}}{D_x} + h \times \dfrac{R_{x+1} - R_{x+n} - (n-1)\times M_{x+n}}{D_x}$

[III.26] $\quad P^1_{x:n\rceil} = C \times \dfrac{M_x - M_{x+n}}{N_x - N_{x+n}} + h \times \dfrac{R_{x+1} - R_{x+n} - (n-1)\times M_{x+n}}{N_x - N_{x+n}}$

[III.27] $\quad {}_mP^1_{x:n\rceil} = C \times \dfrac{M_x - M_{x+n}}{N_x - N_{x+m}} + h \times \dfrac{R_{x+1} - R_{x+n} - (n-1)\times M_{x+n}}{N_x - N_{x+m}}$

[III.28] $\quad {}_{d|}(VA\div)_{x:n\rceil} = C \times \dfrac{M_{x+d} - M_{x+d+n}}{D_x} +$

$\qquad\qquad + h \times \dfrac{R_{x+d+1} - R_{x+d+n} - (n-1)\times M_{x+d+n}}{D_x}$

[III.10] $_{d|}(VA \div)_x = C \times \dfrac{M_{x+d}}{D_x} + h \times \dfrac{R_{x+d+1}}{D_x}$

[III.11] $P_x = C \times \dfrac{M_{x+d}}{N_x} + h \times \dfrac{R_{x+d+1}}{N_x}$

[III.12] $_mP_x = C \times \dfrac{M_{x+d}}{N_x - N_{x+m}} + h \times \dfrac{R_{x+d+1}}{N_x - N_{x+m}}$

[III.13a] $(VA \div \div)_x = \dfrac{C}{r^{1/2}} \dfrac{M'_x}{D_x}$

[III.13b] $(VA \div \div)_x = \dfrac{C}{r^{x+1/2}} \dfrac{M'_x}{D_x}$

[III.14] $P_x = \dfrac{C}{r^{x+1/2}} \times \dfrac{M'_x}{N_x}$

[III.15] $_mP_x = \dfrac{C}{r^{x+1/2}} \times \dfrac{M'_x}{N_x - N_{x+m}}$

[III.16] $_{d|}(VA \div \div)_x = \dfrac{C}{r^{x+d+1/2}} \times \dfrac{M'_{x+d}}{D_x}$

[III.17] $P_x = \dfrac{C}{r^{x+d+1/2}} \times \dfrac{M'_{x+d}}{N_x}$

[III.18] $_mP_x = \dfrac{C}{r^{x+d+1/2}} \times \dfrac{M'_{x+d}}{N_x - N_{x+m}}$

[III.19a] $A_{x:\overline{n}|} = \dfrac{M_x - M_{x+n}}{D_x}$

[III.19b] $Z\,A_{x:\overline{n}|} = Z \dfrac{M_x - M_{x+n}}{D_x}$

[III.20a] $P^1_{x:\overline{n}|} = \dfrac{M_x - M_{x+n}}{N_x - N_{x+n}}$

[III.20b] $Z\,P^1_{x:\overline{n}|} = Z \times \dfrac{M_x - M_{x+n}}{N_x - N_{x+n}}$

FORMULÁRIO (III)

[III.1a] $\quad A_x = \dfrac{M_x}{D_x}$

[III.1b] $\quad Z\,A_x = Z\,\dfrac{M_x}{D_x}$

[III.2a] $\quad P_x = \dfrac{M_x}{N_x}$

[III.2b] $\quad Z\,P_x = Z\,\dfrac{M_x}{N_x}$

[III.3a] $\quad {}_mP_x = \dfrac{M_x}{N_x - N_{x+m}}$

[III.3b] $\quad Z\,{}_mP_x = Z\,\dfrac{M_x}{N_x - N_{x+m}}$

[III.4a] $\quad {}_{d|}A_x = \dfrac{M_{x+d}}{D_x}$

[III.4b] $\quad Z\,{}_{d|}A_x = Z \times \dfrac{M_{x+d}}{D_x}$

[III.5a] $\quad P_x = \dfrac{M_{x+d}}{N_x}$

[III.5b] $\quad Z\,P_x = Z \times \dfrac{M_{x+d}}{N_x}$

[III.6a] $\quad {}_mP_x = \dfrac{M_{x+d}}{N_x - N_{x+m}}$

[III.6b] $\quad Z\,{}_mP_x = Z \times \dfrac{M_{x+d}}{N_x - N_{x+m}}$

[III.7] $\quad (VA\div)_x = C \times \dfrac{M_x}{D_x} + h \times \dfrac{R_{x+1}}{D_x}$

[III.8] $\quad P_x = C \times \dfrac{M_x}{N_x} + h \times \dfrac{R_{x+1}}{N_x}$

[III.9] $\quad {}_mP_x = C \times \dfrac{M_x}{N_x - N_{x+m}} + h \times \dfrac{R_{x+1}}{N_x - N_{x+m}}$

Atenda-se a que, ao longo dos 30 anos, irão ser pagas 120 trimestralidades, donde

$$200.000 \text{ €} = \overline{C} \times \frac{1-(1+0,9246\%)^{-120}}{0,9246\%} \Leftrightarrow = 2.765,79 \text{ €}$$

No 18.º ano de vigência do empréstimo, já terão sido pagas as trimestralidades correspondentes a 17 anos, num total de 68. Encontram-se, assim, por liquidar 52. Calculamos o capital em dívida no início do 18.º ano de amortização do empréstimo, uma vez que este montante funcionará como montante de referência para efeito de cálculo dos prémios. Assim, de acordo com a simbologia anteriormente proposta, vem que

$$D_{17} = 2.765,79 \text{ €} \times \frac{1-(1+0,9246\%)^{-52}}{0,9246\%} = 113.772,24 \text{ €}$$

Por sua vez, para calcularmos o montante a incluir em cada trimestralidade, a título de prémio de seguro, tomamos e adaptamos a expressão estabelecida em [III.43]. Logo

$$D_{17} \, P^{(4)}_{27+17:\overline{1}|} = D_{17} \times \frac{M_{27+17} - M_{27+17+1}}{N_{27+17} - N_{27+17+1} + \left(\frac{4-1}{2\times 4}\right)\left(D_{27+17} - D_{27+17+1}\right)}$$

$$113.772,24 \, P^{(4)}_{44:\overline{1}|} = 113.772,24 \text{ €} \times \frac{M_{44} - M_{45}}{N_{44} - N_{45} + \frac{3}{8}\times\left(D_{44} - D_{45}\right)}$$

Ao colocar o valor dos símbolos de comutação, vem

$$113.772,24 \, P^{(4)}_{44:\overline{1}|} =$$

$$= 113.772,24 \text{ €} \times \frac{9.318,219 - 9.257,835}{588.565,130 - 562.240,942 + \frac{3}{8}\times(26.324,188 - 25.497,965)}$$

$$113.772,24 \, P^{(4)}_{44:\overline{1}|} = 257,94 \text{ €}$$

Os encargos com o seguro de vida serão de 257,94 €.

Atendendo aos dados do problema, surge

$$P^1_{36:\overline{25}|} = \frac{250.000\, \text{€} \times (M_{36} - M_{36+25}) + 2.500\, \text{€} \times N_{36+25+1}}{N_{36} - N_{36+25}}$$

$$P^1_{36:\overline{25}|} = \frac{250.000\, \text{€} \times (M_{36} - M_{61}) + 2.500\, \text{€} \times N_{62}}{N_{36} - N_{61}}$$

$$P^1_{36:\overline{25}|} = \frac{250.000\, \text{€} \times (9.632{,}790 - 8.070{,}660) + 2.500\, \text{€} \times 224.010{,}299}{831.325{,}606 - 238.921{,}433}$$

$$P^1_{36:\overline{25}|} = 1.604{,}58\, \text{€}$$

O prémio anual será no montante de 1.604,58 €.

14 – Um empréstimo no montante de 200.000 € foi contratado por um indivíduo de 27 anos e vai ser amortizado através de trimestralidades constantes de capital e juros, ao longo dos 30 anos seguintes, sendo considerada uma taxa efectiva anual de 3,75%. Quanto deverá ser pago em cada uma das prestações, a título de encargos com o seguro de vida associado ao empréstimo, no 18.º ano de amortização do mesmo? Para o efeito, considere a PF 94.

Resolução:

Começamos por calcular o montante das trimestralidades constantes, considerando a taxa efectiva trimestral, a qual se obtém tendo por base a relação de equivalência entre taxas.

$$(1 + i_{\text{ef. anual}}) = (1 + i_{\text{ef. trim.}})^4$$

$$i_{\text{ef. trim.}} = (1 + 3{,}75\%)^{1/4} - 1$$

$$i_{\text{ef. trim.}} = 0{,}9246\%$$

Tomando, de seguida, a expressão que permite conhecer o montante das prestações constantes relativas a um dado empréstimo, teremos que

$$C_0 = \overline{C} \times \frac{1 - (1+i)^{-n}}{i}$$

Se o segurado falecer com a idade de 77 anos, os beneficiários receberão a quantia de 90.593,07 €.

13 – Um indivíduo de 36 anos pretende garantir a continuação dos estudos dos seus filhos, na eventualidade de vir a falecer, e, ao mesmo tempo, assegurar algum rendimento adicional, caso venha a atingir uma idade mais avançada.

Assim, optou pela subscrição de um produto financeiro que reúne as seguintes características:

- se falecer nos próximos 25 anos, os respectivos beneficiários receberão, de imediato, a quantia de 250.000 €;
- caso sobreviva a esse período, receberá, ele próprio, no final de cada ano, a quantia de 2.500 €.

De acordo com a PF 94, calcule o montante de prémio a pagar nesses 25 anos iniciais do contrato.

Resolução:

O caso proposto corresponde a um seguro dotal; porém, a parte correspondente ao dote puro, em vez de ser um capital único, configurará o caso de uma renda de vida inteira, de termos postecipados e com um efeito diferido igual à duração da apólice. Sublinhe-se que, também aqui, as probabilidades de vida e de morte são complementares, pelo que ocorrerá apenas uma das possibilidades: ou os beneficiários recebem o valor da apólice na sequência do falecimento do segurado, ou o próprio segurado recebe uma renda até que sobreviva. Os prémios, por sua vez, são pagos ao longo da vigência do contrato de seguro. Podemos, então, formalizar que

$$P^1_{x:n\rceil} \times \frac{N_x - N_{x+n}}{D_x} = Z_1 \times \frac{M_x - M_{x+n}}{D_x} + Z_2 \times {_{n|}a_x}$$

Z_1 representa o capital garantido pela apólice, ou seja, 250.000 €; por sua vez, Z_2 reporta-se ao termo anual da renda, isto é, aos 2.500 €. Desenvolvendo a expressão, vem

$$P^1_{x:n\rceil} \times \frac{N_x - N_{x+n}}{D_x} = Z_1 \times \frac{M_x - M_{x+n}}{D_x} + Z_2 \times \frac{N_{x+n+1}}{D_x}$$

$$P^1_{x:n\rceil} = \frac{Z_1(M_x - M_{x+n}) + Z_2 \times N_{x+n+1}}{N_x - N_{x+n}}$$

12 – Um indivíduo de 30 anos começa a pagar hoje prémios anuais de 1.000 €, no âmbito de um seguro de vida inteira, cujo capital garantido aumenta 500 € em cada ano, sendo, ainda, que os benefícios previstos apenas se tornam efectivos daqui por 20 anos. Quanto poderá receber o respectivo beneficiário, na eventualidade de o segurado falecer com a idade de 77 anos?
Nota: TV 88-90.

Resolução:

Uma vez examinados os dados do problema, verificamos que se trata de um seguro de vida inteira, de efeito diferido, com capital variável em progressão aritmética e prémios pagos ao longo da vigência da apólice. Assim, tomamos a expressão estabelecida em [III.11] de modo a determinarmos o capital garantido no 1.º ano, uma vez que são conhecidos a idade do segurado à data de celebração do contrato (30 anos), o número de anos que o seguro demora a tornar-se efectivo (20 anos), a medida da variação do capital garantido (500 € / ano) e o montante dos prémios anuais (1.000 €).

$$P_{30} = C \times \frac{M_{30+20}}{N_{30}} + 500\ € \times \frac{R_{30+20+1}}{N_{30}}$$

Igualamos a expressão a 1.000 €, substituímos os valores atinentes aos símbolos de comutação e resolvemos em ordem a C.

$$C \times \frac{M_{50}}{N_{30}} + 500\ € \times \frac{R_{51}}{N_{30}} = 1.000\ €$$

$$C \times \frac{18.944,854}{1.755.587,814} + 500\ € \times \frac{571.195,651}{1.755.587,814} = 1.000\ €$$

$$0{,}01079117\ C = 1.000\ € - 162{,}68\ €$$

$$C = 77.593{,}07\ €$$

Temos, assim, o capital garantido no 1.º ano, ou seja, quando o indivíduo atingir os 50 anos. Logo

$$C_{77} = C_{50} + 26 \times 500\ €$$

$$C_{77} = 77.593{,}07\ € + 26 \times 500\ €$$

$$C_{77} = 90.593{,}07\ €$$

por determinar o valor actual deste capital garantido, que designamos por C_x. Podemos, então, estabelecer que

$$C_x = Z \,_{d|}A_{x:\overline{n}|} + \,_{d|}(VA \div \div)_x$$

Quer isto dizer que o valor actual do capital garantido resultará da soma do valor actual de um seguro temporário, de capital constante e com efeito diferido e de um seguro de vida inteira, de capital decrescente e também de efeito diferido. No entanto, o diferimento do primeiro seguro é de 18 anos (50 – 32) e o diferimento do segundo é de 38 anos (70 – 32). Atendendo aos restantes dados do problema, vem que

$$C_{32} = 100.000 \text{ €} \times \frac{M_{32+18} - M_{32+18+20}}{D_{32}} + \frac{100.000 \text{ €}}{(1-2,5\%)^{32+38+1/2}} \times \frac{M'_{32+38}}{D_{32}}$$

$$C_{32} = 100.000 \text{ €} \times \frac{M_{50} - M_{70}}{D_{32}} + \frac{100.000 \text{ €}}{(1-2,5\%)^{70+1/2}} \times \frac{M'_{70}}{D_{32}}$$

M_{50}, M_{70} e D_{32} constam da TV 88-90; por sua vez, M'_{70} será calculado tendo por base a taxa de juro $i' = \frac{1+i}{r} - 1 \Leftrightarrow i' = \frac{1+2\%}{0,975} - 1 \Leftrightarrow i' = 4,61538\%$. Note-se que a razão é menor que a unidade, uma vez que os termos são decrescentes. M'_{70} figura, assim, na tábua auxiliar que construímos atendendo a $i' = 4,61538\%$ e a qual se inclui no Anexo VIII.

$$C_{32} = 100.000 \text{ €} \times \frac{18.944,854 - 15.635,030}{52.133,130} + \frac{100.000 \text{ €}}{(1-2,5\%)^{70+1/2}} \times \frac{1.864,372}{52.133,130}$$

$$C_{32} = 27.659,27 \text{ €}$$

Os prémios são pagos ao longo de todo o contrato, pelo que

$$P_{32} \frac{N_{32}}{D_{32}} = C_{32}$$

$$P_{32} \times \frac{1.648.070,158}{52.133,130} = 27.659,27 \text{ €}$$

$$P_{32} = 874,94 \text{ €}$$

O prémio anual a pagar é de 874,94 €.

Para $x = 80$ **anos**, vem que

$$10.000\ \text{\euro}\ P^1_{80:\overline{1}|} = 10.000\ \text{\euro} \times \frac{M_{80} - M_{81}}{D_{80}}$$

$$10.000\ \text{\euro}\ P^1_{80:\overline{1}|} = 10.000\ \text{\euro} \times \frac{11.305{,}215 - 10.657{,}158}{13.340{,}952}$$

$$10.000\ \text{\euro}\ P^1_{80:\overline{1}|} = \mathbf{485{,}77\ \text{\euro}}$$

Para $x = 90$ **anos**, vem que

$$10.000\ \text{\euro}\ P^1_{90:\overline{1}|} = 10.000\ \text{\euro} \times \frac{M_{90} - M_{91}}{D_{90}}$$

$$10.000\ \text{\euro}\ P^1_{90:\overline{1}|} = 10.000\ \text{\euro} \times \frac{3.844{,}086 - 3.171{,}840}{4.162{,}619}$$

$$10.000\ \text{\euro}\ P^1_{90:\overline{1}|} = \mathbf{1.614{,}96\ \text{\euro}}$$

Observamos que o prémio natural cresce à medida que aumenta também a idade do segurado. Trata-se de um resultado perfeitamente plausível, pois sendo o prémio natural o montante a pagar por um seguro temporário a um ano, esse montante acrescerá, necessariamente, com o incremento do risco de morte do segurado.

11 – António tem 32 anos e pretende subscrever hoje um seguro de vida nas seguintes condições: se António falecer entre os 50 e os 70 anos, o capital garantido será de 100.000 €; caso venha a falecer a partir dos 70 anos, o capital garantido será, em cada ano, 2,5% menor que no ano anterior. De acordo com a TV 88-90, qual o montante do prémio anual a pagar ao longo da vigência da apólice?

Resolução:

Neste seguro de vida inteira, com efeito diferido, o capital garantido vai variar ao longo do tempo, mantendo-se constante entre os 50 e os 70 anos e sendo descrescente para além desta idade. Por razões de simplificação, começamos

Capítulo III – Seguros de Vida

Retomando a expressão, vem que

$$P^1_{44:\overline{10}|} = 265.000\ \text{€} \times \frac{51.643,052 - 45.235,396}{3.009.745,596 - 1.630.135,433} - 26.500\ \text{€} \times$$

$$\times \frac{1.358.481,566 - 920.711,606 - 9 \times 45.235,396}{3.009.745,596 - 1.630.135,433}$$

$$P^1_{44:\overline{10}|} = 1.230,80\ \text{€} - 588,76\ \text{€}$$

$$P^1_{44:\overline{10}|} = 642,04\ \text{€}$$

O prémio anual a pagar será necessariamente maior que o obtido na alínea anterior, uma vez que cobre também o montante dos juros.

10 – Calcule os prémios naturais correspondentes a cada uma das idades de 70, 80 e 90 anos, para um capital garantido de 10.000 €, e teça os comentários que os resultados lhe sugerem. Obs.: TV 88-90.

Resolução:

Para o cálculo do prémio natural relativo a um seguro cujo capital garantido é de Z unidades monetárias, tomamos a expressão definida em [III.40b], de acordo com a qual

$$Z\,P^1_{x:\overline{1}|} = Z\,\frac{M_x - M_{x+1}}{D_x}$$

No caso em apreço, Z = 10.000 €; formalizamos as expressões para as várias idades pretendidas e, de acordo com o procedimento habitual, retiramos da TV 88-90 os valores correspondentes aos símbolos de comutação respectivos.

Para *x* = **70 anos**, vem que

$$10.000\ \text{€}\ P^1_{70:\overline{1}|} = 10.000\ \text{€} \times \frac{M_{70} - M_{71}}{D_{70}}$$

$$10.000\ \text{€}\ P^1_{70:\overline{1}|} = 10.000\ \text{€} \times \frac{15.635,030 - 15.340,667}{21.112,332}$$

$$10.000\ \text{€}\ P^1_{70:\overline{1}|} = \mathbf{139{,}43\ \text{€}}$$

o período de vigência do contrato. Por sua vez, por intermédio de [III.42b], particularizámos para o caso de o contrato de seguro surgir com o propósito de cobrir o risco decorrente de uma operação de crédito, no âmbito da qual o capital em dívida diminui de modo linear. Trata-se, pois, da situação em apreço, com $C_0 = 250.000$ € e $\overline{M} = 25.000$ €. Em termos genéricos, a expressão surge

$$P^1_{x:n\rceil} = C_0 \times \frac{M_x - M_{x+n}}{N_x - N_{x+n}} - \overline{M} \times \frac{R_{x+1} - R_{x+n} - (n-1) \times M_{x+n}}{N_x - N_{x+n}}$$

Aplicando aos dados do problema, vem que

$$P^1_{44:10\rceil} = 250.000 \text{ €} \times \frac{M_{44} - M_{44+10}}{N_{44} - N_{44+10}} - 25.000 \text{ €} \times$$

$$\times \frac{R_{44+1} - R_{44+10} - (10-1) \times M_{44+10}}{N_{44} - N_{44+10}}$$

$$P^1_{44:10\rceil} = 250.000 \text{ €} \times \frac{M_{44} - M_{54}}{N_{44} - N_{54}} - 25.000 \text{ €} \times \frac{R_{45} - R_{54} - 9 \times M_{54}}{N_{44} - N_{54}}$$

Consultam-se na PEM 90 os valores em questão, donde resulta

$$P^1_{44:10\rceil} = 250.000 \text{ €} \times \frac{51.643,052 - 45.235,396}{3.009.745,596 - 1.630.135,433} - 25.000 \text{ €} \times$$

$$\times \frac{1.358.481,566 - 920.711,606 - 9 \times 45.235,396}{3.009.745,596 - 1.630.135,433}$$

$$P^1_{44:10\rceil} = 1.161,14 \text{ €} - 555.44 \text{ €}$$

$$P^1_{44:10\rceil} = 605,70 \text{ €}$$

b) A formalização será idêntica à da alínea anterior, na eventualidade de, para além do capital em dívida, se encontrar também coberto o montante dos juros referentes a cada ano. Como vimos no início, os juros são decrescentes, sendo esse decréscimo de 1.500 € em cada ano. Por sua vez, $J_1 = 250.000$ € × 6% = 15.000 €. Assim sendo, vem que o primeiro capital garantido é de $C = 250.000$ € + 15.000 €, o qual decrescerá em função do efeito conjugado da redução do capital em dívida e do decréscimo dos juros, isto é, $-h = -(25.000$ € + 1.500 €) em cada ano.

$$_7P^1_{51:\overline{16}|} = 50.000 \ \text{€} \times \frac{1.598,869 - 1.010,771}{227.764,628 - 40.322,735} + 1.000 \ \text{€} \times$$

$$\times \frac{21.975,543 - 10.181,502 - 9 \times 1.010,771}{227.764,628 - 40.322,735} = 171,26 \ \text{€}$$

O prémio anual a pagar é de 171,26 €.

9 – Um indivíduo de 44 anos contrai hoje um empréstimo no montante de 250.000 €, o qual liquidará nos próximos 10 anos, através de amortizações constantes de capital. As prestações incluem juros calculados à taxa efectiva anual de 6%. A instituição bancária que concedeu o empréstimo exige, porém, a subscrição de um seguro de vida, destinado a garantir o pagamento do montante em dívida no caso de falecimento do seu cliente. Tomando como referência a PEM 90, determine:

a) O montante de prémio anual a pagar (constante), sabendo que na apólice se encontra contemplado apenas o valor referente ao capital em dívida.

b) O montante de prémio anual a pagar (constante), sabendo que na apólice, para além do montante de capital em dívida, se encontra também coberta a quantia a pagar, em cada ano, a título de juros.

Resolução:

Estamos em presença de um empréstimo em que $C_0 = 250.000$ €. Dado o processo de amortização proposto, teremos que $\overline{M} = \frac{C_0}{n} = 25.000$ €. Assim sendo, temos que o capital em dívida vai decrescer 25.000 € em cada ano. Por sua vez, os juros serão também decrescentes, correspondendo esse decréscimo a 25.000 € × 6% = 1.500 €; esta quantia representa o juro proporcional à redução do capital em dívida.

O contrato de seguro a celebrar em cada um dos casos configura o caso de um seguro temporário, com prémios anuais constantes, mas cujo capital garantido será decrescente.

a) A expressão estabelecida em [III.26] permite determinar o prémio anual constante a pagar no caso de um seguro temporário, com capital garantido crescente em progressão aritmética, coincidindo o pagamento dos prémios com

Resolução:

Estamos em presença de um seguro temporário, com efeito diferido, de capital variável em progressão aritmética. Tomando a expressão que permite determinar o valor actual do capital garantido por um seguro com as características apresentadas, vem

$$_{d|}(VA \div)^1_{x:n\rceil} = C \times \frac{M_{x+d} - M_{x+d+n}}{D_x} + h \times \frac{R_{x+d+1} - R_{x+d+n} - (n-1) \times M_{x+d+n}}{D_x}$$

Atendendo aos dados do problema, surge

$$_{6|}(VA \div)^1_{51:10\rceil} = 50.000 \text{ €} \times \frac{M_{51+6} - M_{51+6+10}}{D_{51}} + 1.000 \text{ €} \times$$

$$\times \frac{R_{51+6+1} - R_{51+6+10} - (10-1) \times M_{51+6+10}}{D_{51}}$$

Por sua vez, os prémios vão ser pagos até ao momento em que o contrato de seguro começa a produzir efeitos, logo o momento em que o segurado completa 57 anos. Como os prémios são pagos antecipadamente, deduzimos, assim, ocorrem 7 pagamentos. O valor actual dos prémios iguala, como é sabido, o valor actual do capital garantido, pelo que se estabelece

$$_7P^1_{51:6+10\rceil} \frac{N_{51} - N_{51+7}}{D_{51}} = 50.000 \text{ €} \times \frac{M_{51+6} - M_{51+6+10}}{D_{51}} + 1.000 \text{ €} \times$$

$$\times \frac{R_{51+6+1} - R_{51+6+10} - (10-1) \times M_{51+6+10}}{D_{51}}$$

donde, simplificando, resulta

$$_7P^1_{51:16\rceil} = 50.000 \text{ €} \times \frac{M_{57} - M_{67}}{N_{51} - N_{58}} + 1.000 \text{ €} \times \frac{R_{58} - R_{67} - 9 \times M_{67}}{N_{51} - N_{58}}$$

Consultamos os valores apontados na TD 73-77 e substituímo-los na expressão anterior.

Z $A_{35:20\rceil}$ = 1.531,53 € + 64.677,49 €

Z $A_{35:20\rceil}$ = 66.209,02 €

O prémio único a pagar por um seguro dotal com as características apontadas é de 66.209,02 €.

7 – Demonstre que $_{d|}A_x = {}_dE_x \times A_{x+d}$.

Resolução:

Começamos por considerar a expressão correspondente a $_{d|}A_x$. De acordo com [III.4a],

$$_{d|}A_x = \frac{M_{x+d}}{D_x}$$

Desdobrando esta expressão, podemos estabelecer que

$$_{d|}A_x = \frac{D_{x+d}}{D_x} \times \frac{M_{x+d}}{D_{x+d}}$$

Verificamos, então, que $\frac{D_{x+d}}{D_x}$ corresponde à formalização de $_dE_x$ e que $\frac{M_{x+d}}{D_{x+d}}$ corresponde a A_{x+d}. Logo, vem que

$$_{d|}A_x = {}_dE_x \times A_{x+d}$$

tal como pretendíamos demonstrar.

8 – Considere-se um seguro temporário a 10 anos, mas com um efeito diferido de 6 anos, constituído por um indivíduo de 51 anos, cujo capital inicialmente garantido é de 50.000 €, mas que aumenta 1.000 € em cada ano. De acordo com a TD 73-77, calcule o prémio constante anual a pagar também ele periódico, sabendo que o pagamento do último desses prémios coincide com o início dos efeitos do contrato.

$$50.000\, P_{48} = 50.000\, € \times \frac{192.374{,}560}{9.357.405{,}739} \times (1+2\%)^{-1/2}$$

$$50.000\, P_{48} = 1.017{,}80\, €$$

Nestas circunstâncias, deverá ser pago um prémio anual de 1.017,80 €. Note-se que, para efeitos da actualização por meio ano, considerou-se a mesma taxa de juro que a subjacente à construção da PEF 90, ou seja, 2%.

6 – Calcule o prémio único a pagar por um seguro dotal a 20 anos, sendo que o segurado tem hoje 35 anos, o capital garantido em caso de morte é de 50.000 € e o dote puro é de 100.000 €. Obs.: TV 88-90.

Resolução:

Como referimos em texto, um seguro dotal é, necessariamente, um seguro temporário. No caso presente, o valor associado a esse seguro temporário difere do valor associado ao dote puro, pelo que adaptamos a expressão proposta em [III.37.b], sendo agora que

$$Z\, A_{x:n\rceil} = Z_1 \times \frac{M_x - M_{x+n}}{D_x} + Z_2 \times \frac{D_{x+n}}{D_x}$$

Substituindo pelos valores respectivos, resulta que

$$Z\, A_{35:20\rceil} = 50.000\, € \times \frac{M_{35} - M_{35+20}}{D_{35}} + 100.000\, € \times \frac{D_{35+20}}{D_{35}}$$

$$Z\, A_{35:20\rceil} = 50.000\, € \times \frac{M_{35} - M_{55}}{D_{35}} + 100.000\, € \times \frac{D_{55}}{D_{35}}$$

Retiramos da TV 88-90 os valores correspondentes a M_{35}, M_{55}, D_{35} e D_{55}, que substituímos na expressão em apreço. Surge, então, que

$$Z\, A_{35:20\rceil} = 50.000\, € \times \frac{19.904{,}104 - 18.402{,}643}{49.018{,}207} + 100.000\, € \times \frac{31.703{,}748}{49.018{,}207}$$

Resolução:

Estamos em presença de um seguro de vida inteira, de efeito imediato, de capital constante e prémios pagos anualmente, pelo que o valor dos parâmetros envolvidos decorre da aplicação de [III.2a] e de [III.2b]. Porém, como já frisámos anteriormente, os símbolos de comutação deduzidos pressupõem que o beneficiário recebe o capital garantido imediatamente após a morte do segurado. Como, no caso em apreço, esse capital é recebido apenas no final do ano, teremos que

$$A'_x = v^{\frac{1}{2}} \times A_x$$

com A'_x a notar o valor actual desse capital garantido. Consequentemente, podemos estabelecer que

$$P_x \ddot{a}_x = A'_x$$

logo

$$P_x \frac{N_x}{D_x} = A_x (1+i)^{-1/2}$$

$$P_x \frac{N_x}{D_x} = \frac{M_x}{D_x} (1+i)^{-1/2}$$

Expressando em função de P_x, vem que

$$P_x = \frac{M_x}{D_x} (1+i)^{-1/2}$$

ou ainda, para Z unidades monetárias

$$Z P_x = Z \frac{M_x}{D_x} (1+i)^{-1/2}$$

Tendo, por fim, em consideração os dados do problema e os elementos contidos na PEF 90, vem que

$$50.000 \, P_{48} = 50.000 \, € \times \frac{M_{48}}{N_{48}} \times (1+i)^{-1/2}$$

($V\ddot{a}::$)$_x$ e em que Z representa o montante do primeiro pagamento. Atenda-se que pressupomos que os prémios começam a ser pagos imediatamente após a celebração do contrato, por se considerar que é esta a possibilidade mais atractiva para a entidade seguradora. Sucede que

$$(V\ddot{a}::)_x = Z \frac{N'_x}{D'_x} \Leftrightarrow (V\ddot{a}::)_{36} = Z \frac{N'_{36}}{D'_{36}}$$

com N'_{36} e D'_{36} a notar os símbolos de comutação construídos a partir de um factor de actualização auxiliar, sendo que $i' = \frac{1+i}{r} - 1$, logo $i' = \frac{1+0,02}{1,013} - 1 = 0,691\%$. Assim sendo, construímos a tábua de comutação que tem por base a TV 88-90 – mas com uma taxa de 0,691% – e que se inclui no Anexo VIII. Resulta que $N'_{36} = 3.028.279,117$ e $D'_{36} = 76.437,315$. Sendo que ($V\ddot{a}::$)$_{36}$ = 38.073,43 €, vem

$$38.073,43 \text{ €} = Z \times \frac{3.028.279,117}{76.437,315}$$

$$Z = 961,02 \text{ €}$$

O valor de Z corresponde ao montante do primeiro prémio a pagar. Por sua vez, os montantes referentes ao 9.º e ao 26.º anos de vigência do contrato correspondem, respectivamente, a Z_9 e a Z_{26}. Estes valores obtêm-se partindo do caso geral, sendo que $Z_{k+1} = Z \times r^k$, com k = 0, 1, 2, …, ω – x. Consequentemente,

$$Z_9 = Z \times r^8 = 961,02 \text{ €} \times (1,013)^8 = 1.065,63 \text{ €}$$

e também

$$Z_{26} = Z \times r^{25} = 961,02 \text{ €} \times (1,013)^{25} = 1.327,30 \text{ €}$$

5 – Um indivíduo de 48 anos contrata hoje um seguro de vida inteira, com efeito imediato, com um capital garantido de 50.000 € e com prémios anuais pagos ao longo da vigência do contrato. Qual o valor desse prémio anual, sabendo que o beneficiário só receberá o valor constante na apólice no final do ano da morte do segurado?
Nota: PEF 90.

O prémio anual de 9,293,47 € pago durante 5 anos permite obter o mesmo capital garantido – 180.444,59 € – que o prémio anual de 5.000 € pago durante 10 anos.

4 – Considere um seguro de vida inteira com as seguintes características:

- Idade do segurado: 36 anos;
- Efeito diferido: 20 anos;
- Capital garantido: 100.000 €;
- Prémios anuais crescentes a uma taxa média anual de 1,3%;
- Tábua de comutação: TV 88-90.

Calcule o prémio anual a pagar, no 1.º, no 9.º e no 26.º anos de vigência do contrato de seguro.

Resolução:

Estamos em presença de um seguro de vida inteira, de capital constante e com efeito diferido. O montante dos prémios a pagar é, porém, variável em progressão geométrica de razão igual a 1,013.

Esse montante depende, desde logo, do valor actual do capital garantido. Assim sendo, começamos por determinar $Z_{d|}A_x$, que, no caso presente, corresponde a

$$100.000 \,_{20|}A_{36} = 100.000 \, € \times \frac{M_{36+20}}{D_{36}}$$

$$100.000 \,_{20|}A_{36} = 100.000 \, € \times \frac{M_{56}}{D_{36}}$$

Ao substituirmos pelos valores referenciados na tábua de comutação, vem que

$$100.000 \,_{20|}A_{36} = 100.000 \, € \times \frac{18.280,362}{48.013,436}$$

$$100.000 \,_{20|}A_{36} = 38.073,43 \, €$$

De acordo com o princípio da equivalência actuarial, o valor actual dos prémios a pagar será também igual a 38.073,43 €.

A sucessão de prémios a pagar configura o caso de uma renda de vida inteira, de termos antecipados e imediatos, cujo valor actual designamos por

3 – Um indivíduo de 30 anos adquire um seguro de vida inteira pagando um prémio anual de 5.000 €, durante os próximos 10 anos. Tomando como referência a PF 94 a 3%, determine a quantia anual a pagar durante 5 anos que permite garantir o mesmo valor nominal.

Resolução:

Trata-se de um seguro de vida inteira, muito embora o prémio anual a pagar seja de carácter temporário. Pretendemos determinar o montante de prémio periódico a pagar durante 5 anos que seja equivalente ao prémio periódico a pagar durante 10 anos. Ora a equivalência entre ambos os prémios far-se-á, justamente, através do capital garantido na apólice, ou seja, através das Z unidades monetárias que correspondem ao valor nominal. Assim sendo, começamos por determinar Z, partindo do valor do prémio de 5.000 € pago durante 10 anos. Aplicando [III.3b], vem que

$$Z \,_{10}P_{30} = Z \, \frac{M_{30}}{N_{30} - N_{30+10}} \Leftrightarrow Z \,_{10}P_{30} = Z \, \frac{M_{30}}{N_{30} - N_{40}}$$

No entanto, sabemos que $Z \,_{10}P_{30} = 5.000$ €. Da consulta da PF 94, resulta, ainda, que $M_{30} = 9.812,406$, $N_{30} = 1.056.596,013$ e $N_{40} = 702.476,896$. Logo, surge

$$5.000 \, € = Z \times \frac{9.812,406}{1.056.596,013 - 702.476,896} \Leftrightarrow Z = 180.444,59 \, €$$

Este é o valor que corresponde ao capital garantido. Vejamos, agora, qual o montante de prémio a pagar durante apenas 5 anos, para que o valor contemplado na apólice seja o mesmo. Pretendemos, assim, conhecer $Z \,_{5}P_{30}$, ou, de outro modo, $180.444,59 \,_{5}P_{30}$. Tomando, de novo, [III.3b], temos, agora, que

$$180.444,59 \,_{5}P_{30} = 180.444,59 \, € \times \frac{M_{30}}{N_{30} - N_{30+5}} = 180.444,59 \, € \times \frac{M_{30}}{N_{30} - N_{35}}$$

Consultamos na PF 94 o valor correspondente a N_{35} e substituímos na expressão assim obtida.

$$180.444,59 \,_{5}P_{30} = 180.444,59 \, € \times \frac{9.812,406}{1.056.596,013 - 866.075,705}$$

$$180.444,59 \,_{5}P_{30} = 9.293,47 \, €$$

a) Para o cálculo do prémio único a pagar, repete-se a expressão proposta em 1 – a), donde

$$50.000\ A_{60} = 50.000\ € \times \frac{M_{60}}{D_{60}}$$

No entanto, o valor referente a M_{60} encontra-se na tabela anterior; por sua vez, D_{60} consta da tábua auxiliar já construída e que se inclui no Anexo VIII. Surge, assim, que

$$50.000\ A_{60} = 50.000\ € \times \frac{16.444,165}{28.185,706}$$

$$50.000\ A_{60} = 29.171,11\ €$$

b) Para um prémio pago anualmente ao longo da vigência da apólice, vem, de novo, que

$$50.000\ P_{60} = 50.000\ € \times \frac{M_{60}}{N_{60}}$$

Mais uma vez, M_{60} decorre da tabela anterior, enquanto N_{60} consta da tábua auxiliar incluída no Anexo VIII.

$$50.000\ P_{60} = 50.000\ € \times \frac{16.444,165}{607.113,758}$$

$$50.000\ P_{60} = 1.354,29\ €$$

Ambos os resultados são menores que os obtidos em 1-a) e em 1-b), o que se explica pelo facto de a probabilidade de morte dos indivíduos ser inferior aquando da consideração de *improvements*. A contigência de a entidade seguradora ter que pagar ao beneficiário (ou beneficiários) os 50.000 € relativos ao valor nominal da apólice é menor, daí requerer, em compensação do risco assumido, prémios de valor inferior.

A contrario, se recordarmos o caso resolvido n.º 12 do Capítulo anterior, observaremos que o argumento a reter no caso das rendas vitalícias é exactamente o oposto, uma vez que os aumentos de longevidade se traduzem num agravamento do risco tomado pelas entidades financeiras.

Compare com os resultados obtidos em 1) e teça os comentários que entender por convenientes.

Resolução:

Desde logo, necessitamos de construir a tábua auxiliar decorrente da consideração dos factores de melhoria. Recorde-se, no entanto, que os *improvements* apontados são os que estiveram na base da elaboração da tábua auxiliar atinente ao caso resolvido n.º 12 do Capítulo anterior e que se disponibiliza no Anexo VIII; logo já são conhecidos os novos valores, no que concerne aos símbolos das rendas vitalícias. Por isso mesmo, limitamo-nos à determinação dos valores referentes a M_x, considerando a taxa $i = 2\%$ e os novos d_{x+t}. Calculamos C_x e M_x, de acordo com os procedimentos anteriormente descritos e apenas a partir dos 60 anos por ser essa a idade do segurado.

x+t	d_{x+t}	C_x	M_x	x+t	d_{x+t}	C_x	M_x	x+t	d_{x+t}	C_x	M_x
60	412	124,333	16.444,165	77	1.716	369,832	13.268,482	94	3.381	520,390	3.843,605
61	435	128,700	16.319,832	78	1.920	405,684	12.898,650	95	3.135	473,065	3.323,215
62	456	132,268	16.191,132	79	2.108	436,674	12.492,966	96	2.936	434,350	2.850,149
63	333	94,696	16.058,864	80	2.314	469,948	12.056,293	97	2.630	381,451	2.415,800
64	647	180,382	15.964,167	81	2.527	503,143	11.586,345	98	2.230	317,094	2.034,349
65	524	143,225	15.783,785	82	2.759	538,564	11.083,202	99	2.062	287,456	1.717,255
66	557	149,260	15.640,560	83	2.807	537,190	10.544,638	100	1.863	254,622	1.429,799
67	597	156,842	15.491,300	84	3.282	615,778	10.007,448	101	1.647	220,687	1.175,177
68	647	166,645	15.334,458	85	3.320	610,694	9.391,670	102	1.429	187,722	954,490
69	691	174,488	15.167,813	86	3.460	623,966	8.780,976	103	1.220	157,124	766,768
70	745	184,435	14.993,325	87	3.579	632,771	8.157,010	104	1.018	128,537	609,644
71	808	196,110	14.808,889	88	3.692	639,951	7.524,239	105	855	105,840	481,107
72	875	208,207	14.612,779	89	3.769	640,488	6.884,288	106	685	83,133	375,267
73	950	221,621	14.404,572	90	3.801	633,260	6.243,801	107	577	68,653	292,135
74	1.036	236,945	14.182,951	91	3.781	617,577	5.610,540	108	471	54,942	223,482
75	1.452	325,577	13.946,007	92	3.701	592,657	4.992,963	109	411	47,003	168,540
76	1.601	351,948	13.620,430	93	3.546	556,702	4.400,307	110	1.084	121,538	121,538

Resolução:

a) O prémio único a pagar num seguro de vida inteira obtém-se através da aplicação de [III.1b], sendo, no caso presente, $x = 60$ e $Z = 50.000$ €. Logo, vem que

$$50.000 \, A_{60} = 50.000 \, € \times \frac{M_{60}}{D_{60}}$$

Retiramos da TV 88-90 e substituímos na expressão anterior os valores correspondentes a M_{60} e D_{60}, donde resulta

$$50.000 \, A_{60} = 50.000 \, € \times \frac{17.711,084}{28.055,208}$$

$$50.000 \, A_{60} = 31.564,70 \, €$$

O prémio único a pagar no momento da contratação do seguro é de 31.564,70 €.

b) O prémio anual a pagar ao longo da vigência da apólice decorre da aplicação de [III.2b], pelo que

$$50.000 \, P_{60} = 50.000 \, € \times \frac{M_{60}}{N_{60}}$$

$$50.000 \, P_{60} = 50.000 \, € \times \frac{17.711,084}{536.449,692}$$

$$50.000 \, P_{60} = 1.650,77 \, €$$

O montante do prémio anual é de 1.650,77 €.

2 – Atenda, de novo, aos dados do problema anterior. Refaça ambas as alíneas, no pressuposto de que se observam os seguintes *improvements* relativamente às condições de mortalidade apontadas na TV 88-90:

$$\begin{cases} \lambda_{x+t} = 0,025000, \text{ para } 50 \leq x + t < 75 \\ \lambda_{x+t} = 0,015000, \text{ para } x + t \geq 75 \end{cases}$$

Sendo o capital mutuado igual a 250.000 €, vem que

$$250.000 \text{ €} = \overline{C} \times \frac{1-(1+0,47094\%)^{-360}}{0,47094\%} \Leftrightarrow \overline{C} = 1.443,29 \text{ €}$$

Após o pagamento da 192.ª prestação, encontram-se por liquidar 168, pelo que apuramos o montante do capital em dívida nesse momento.

$$\text{Cap. Div.} = 1.443,29 \text{ €} \times \frac{1-(1+0,47094\%)^{-168}}{0,47094\%} = 167.285,88 \text{ €}$$

Após o pagamento da 192.ª prestação, terão decorrido 16 anos desde a contratação do empréstimo, tendo o mutuário 42 anos de idade; por sua vez, o montante que obtivémos anteriormente corresponde ao capital garantido no início do 17.º ano de vigência do contrato de empréstimo, logo $D_{16} = 167.285,88$ €. Como os prémios são pagos mensalmente, aplicamos [III.43] para a sua obtenção.

$$D_{16} \, P^{(12)}_{26+16:\overline{1}|} = 167.285,88 \text{ €} \times \frac{M_{26+16} - M_{26+16+1}}{N_{26+16} - N_{26+16+1} + \left(\frac{12-1}{2 \times 12}\right)(D_{26+16} - D_{26+16+1})}$$

$$D_{16} \, P^{(12)}_{26+16:\overline{1}|} = 167.285,88 \text{ €} \times \frac{M_{42} - M_{43}}{N_{42} - N_{43} + \left(\frac{11}{24}\right)(D_{42} - D_{43})}$$

$$D_{16} \, P^{(12)}_{26+16:\overline{1}|} = 167.285,88 \text{ €} \times$$

$$\times \frac{195.096,771 - 194.702,823}{11.773.990,740 - 11.394.953,589 + \left(\frac{11}{24}\right)(424.037,152 - 415.332,631)}$$

$$D_{16} \, P^{(12)}_{26+16:\overline{1}|} = 172,06 \text{ €}$$

CASOS RESOLVIDOS:

1 – De acordo com os elementos contidos na TV 88-90, para um contrato de seguro de vida inteira, celebrado por um indivíduo de 60 anos e com um capital garantido de 50.000 €, calcule:

a) o prémio único a pagar;
b) o prémio anual a pagar ao longo da vigência da apólice.

No que concerne aos prémios de seguro, teremos, em cada ano, 12 prémios mensais antecipados[19], reportando-se o primeiro ao momento $x + p$. Se identificarmos por $D_p P_{x+p:\overline{1}|}^{(12)}$ essa sucessão de prémios, vem que

$$D_p P_{x+p:\overline{1}|}^{(12)} \ddot{a}_{x+p:\overline{1}|}^{(12)} = D_p P_{x+p:\overline{1}|}^{(12)} \left[\ddot{a}_{x+p:\overline{1}|} + \frac{12-1}{2 \times 12} \times \left(1 - E_{x+p}\right) \right]$$

Atendendo a desenvolvimentos anteriores e fazendo equivaler ao capital garantido, obtém-se

$$D_p P_{x+p:\overline{1}|}^{(12)} \frac{N_{x+p} - N_{x+p+1} + \left(\frac{m-1}{2m}\right)\left(D_{x+p} - D_{x+p+1}\right)}{D_{x+p}} = D_p \frac{M_{x+p} - M_{x+p+1}}{D_{x+p}}$$

o que permite, por fim, estabelecer, que

$$D_p P_{x+p:\overline{1}|}^{(12)} = D_p \times \frac{M_{x+p} - M_{x+p+1}}{N_{x+p} - N_{x+p+1} + \left(\frac{12-1}{2 \times 12}\right)\left(D_{x+p} - D_{x+p+1}\right)} \quad [\ \text{III.43}\ ]$$

EXEMPLO: Um empréstimo no montante de 250.000 € vai ser contraído por um indivíduo de 26 anos de idade, prevendo-se a sua amortização ao longo dos próximos 30 anos, através de prestações mensais constantes. Para o efeito, deve considerar-se uma taxa efectiva anual de 5,8%. Tomando por base a PEF 90, calcule o montante do prémio de seguro mensal, a pagar no ano imediatamente posterior à 192.ª amortização.

Começamos por calcular o montante das prestações mensais, sabendo que, ao todo, teremos $12 \times 30 = 360$ prestações. Para além disso, calculamos a taxa efectiva mensal através da expressão

$(1 + i_{\text{ef. anual}}) = (1 + i_{\text{ef. mensal}})^{19}$

$i_{\text{ef. mensal}} = (1 + 5,8\%)^{1/12}$

$i_{\text{ef. mensal}} = 0,47094\%$

---

[19] A consideração de prémios mensais é apenas uma possibilidade, uma vez que, por norma, o pagamento desses prémios coincide com o pagamento das prestações. Assim, outras possibilidades podem ser contempladas, tanto no que se concerne aos prémios como prestações, nomeadamente o pagamento de um prémio único anual.

Sublinhe-se, porém, que o capital em dívida diminui ao longo do ano se houver pagamentos intermédios, tal como é uso acontecer. Deste modo, o montante dos prémios obtido de acordo com o processo descrito é ligeiramente superior ao necessário para garantir o capital em dívida.

Após o pagamento da prestação p + 1, o montante de capital em dívida será dado por

$$D_{p+1} = \overline{C} \times \frac{1-(1+i)^{-(w-1)}}{i} = \overline{C} \times \frac{1-(1+i)^{-w+1}}{i}$$

Se estabelecermos a *ratio* entre ambos os montantes, vem que

$$R = \frac{D_p}{D_{p+1}} = \frac{\overline{C} \times \dfrac{1-(1+i)^{-w}}{i}}{\overline{C} \times \dfrac{1-(1+i)^{-w+1}}{i}} = \frac{1-(1+i)^{-w}}{1-(1+i)^{-w+1}}$$

Como $(1 + i)^{-w+1} > (1 + i)^{-w}$, vem que $1 - (1 + i)^{-w} > 1 - (1 + i)^{-w+1}$, logo R é positiva. No entanto, o seu valor é variável ao longo do empréstimo, sendo mais elevada para valores reduzidos de m, ou seja, quando o empréstimo se aproxima do seu termo, o que corrobora o facto de a amortização ocorrer a um ritmo mais acentuado na fase final da operação.

Daqui resulta a impossibilidade de, num seguro de amortização de empréstimos por meio de prestações constantes, recorrermos às expressões até agora estabelecidas para outras possibilidades, tendo em vista a determinação do valor actual do capital garantido.

Um modo de contornar a questão consiste na obtenção do capital garantido de forma casuística, isto é, no cálculo do capital em dívida no início de cada período e na consequente determinação do prémio mensal respectivo. Destarte, os prémios correspondentes a cada ano são decrescentes, por ser também decrescente o montante do capital em dívida.

Tomemos um empréstimo amortizável através de n prestações constantes, contraído por um certo indivíduo aos x anos de idade. Atendendo a que n = p + w, significa que o montante em dívida quando o mutuário atingir a idade de $x + p$ anos será igual a $D_p = \overline{C} \times \dfrac{1-(1+i)^{-w}}{i}$. Assim sendo, constitui-se um seguro temporário a um ano, em que o capital garantido corresponde a D_p. Para cada ano, definiremos que

$$D_p\, A^1_{x+p:\overline{1}|} = D_p\, \frac{M_{x+p} - M_{x+p+1}}{D_{x+p}}$$

e também

$$_mP^1_{x:\overline{n}|} = C_0 \times \frac{M_x - M_{x+n}}{N_x - N_{x+m}} - \overline{M} \times$$

$$\times \frac{R_{x+1} - R_{x+n} - (n-1) \times M_{x+n}}{N_x - N_{x+m}} \qquad [\text{ III.42c }]$$

aplicáveis, respectivamente, quando os prémios são pagos durante todo o empréstimo ou apenas durante os m primeiros períodos desse empréstimo.

Se atendermos, ainda, à possibilidade de pagamentos mensais, tal como é uso suceder na prática bancária, vem que

$$P^{(12)}_{x:\overline{n}|} = C_0 \times \frac{M_x - M_{x+n}}{N_x - N_{x+n} + \left(\frac{12-1}{2 \times 12}\right)(D_x - D_{x+n})}$$

$$- \overline{M} \times \frac{R_{x+1} - R_{x+n} - (n-1) \times M_{x+n}}{N_x - N_{x+n} + \left(\frac{12-1}{2 \times 12}\right)(D_x - D_{x+n})} \qquad [\text{ III.42d }]$$

6.3. *Amortização periódica através de prestações constantes*

Num sistema de amortização com prestações constantes, vem que $\overline{C} = J_k + M_k$. Como já referimos anteriormente, J_k decresce com o tempo, o que implica que a parcela destinada à amortização de capital seja crescente. Em consequência, o capital em dívida irá também diminuir, mas de uma forma crescente, ao invés do modo linear como decrescia no sistema de amortizações constantes.

Temos que $C_0 = \overline{C} \times \frac{1-(1+i)^{-n}}{i}$. Sendo n = p + w, definimos D_p como o montante de capital em dívida imediatamente após o pagamento da prestação de ordem p, ou, de outro modo, o montante de capital em dívida quando se encontram por liquidar w prestações. Decorre, então, que

$$D_p = \overline{C} \times \frac{1-(1+i)^{-w}}{i}$$

Por seu turno, se designarmos por D_k o capital em dívida no início de cada período k, vem que

$$D_k = C_0 - (k-1) \times \overline{M}$$

De acordo com a expressão anterior, o capital em dívida reduz-se, em cada momento, numa quantia igual a $\overline{M}$; de outro modo, poder-se-á afirmar que o capital em dívida diminui em progressão aritmética de razão igual a $-\overline{M}$ ou a $-\dfrac{C_0}{n}$. Trata-se, assim, de uma razão negativa.

Na eventualidade de se pretender contratar um seguro destinado a cobrir o montante de capital em dívida, este será um seguro temporário, de efeito imediato, de termos variáveis em progressão aritmética, neste caso de razão negativa igual a $-\overline{M}$. Recordando a expressão que permite determinar o valor actual do capital garantido por um seguro com estas características e contemplando a particularidade de a razão ser negativa, vem que

$$(VA\div)_{x:n\rceil} = C_0 \times \frac{M_x - M_{x+n}}{D_x} - \overline{M} \times$$

$$\times \frac{R_{x+1} - R_{x+n} - (n-1) \times M_{x+n}}{D_x} \qquad [\text{ III.42a }]$$

uma vez que C_0 é o capital garantido no primeiro período do empréstimo e $h = -\overline{M}$.

A expressão anterior permite determinar o montante correspondente ao valor actual do capital e, bem assim, obter o montante do prémio único a pagar. Os prémios podem, porém, ser pagos de forma periódica, tal como apontado em situações anteriores. Estabelece-se que

$$P^1_{x:n\rceil} = C_0 \times \frac{M_x - M_{x+n}}{N_x - N_{x+n}} - \overline{M} \times$$

$$\times \frac{R_{x+1} - R_{x+n} - (n-1) \times M_{x+n}}{N_x - N_{x+n}} \qquad [\text{ III.42b }]$$

$$C_0 P_{x:n}^{(12)}\overline{}\left[\ddot{a}_{x:n}\overline{}+\frac{m-1}{2m}\times(1-{}_nE_x)\right]=C_0\frac{M_x-M_{x+n}}{D_x}$$

No entanto, se desenvolvermos a expressão que se encontra dentro do parêntesis recto, obteremos

$$\ddot{a}_{x:n}\overline{}=\frac{m-1}{2m}\times(1-{}_nE_x)=\frac{N_x-N_{x+n}}{D_x}+\frac{m-1}{2m}\times\left(1-\frac{D_{x+n}}{D_x}\right)=$$

$$=\frac{N_x-N_{x+n}}{D_x}+\frac{m-1}{2m}\times\left(\frac{D_x-D_{x+n}}{D_x}\right)=\frac{N_x-N_{x+n}+\left(\frac{m-1}{2m}\right)(D_x-D_{x+n})}{D_x}$$

Consequentemente, teremos, por fim, que

$$C_0 P_{x:n}^{(12)}\overline{}=C_0\frac{M_x-M_{x+n}}{N_x-N_{x+n}+\left(\frac{m-1}{2m}\right)(D_x-D_{x+n})}$$

ou ainda

$$C_0 P_{x:n}^{(12)}\overline{}=C_0\frac{M_x-M_{x+n}}{N_x-N_{x+n}+\left(\frac{12-1}{2\times 12}\right)(D_x-D_{x+n})} \qquad [\ \text{III.41d}\ ]$$

6.2. *Amortização periódica através de quotas constantes de capital*

Nos sistemas de amortização periódica de empréstimos, cada uma das prestações liquidadas (C_k) integra uma quota de juro (J_k), destinada a remunerar a cedência do capital, e uma quota de capital (M_k), destinada a amortizar o capital em dívida. Assim sendo, podemos estabelecer que $C_k = J_k + M_k$. O juro periódico, ou seja, J_k, é necessariamente decrescente, uma vez que o montante de capital em dívida se reduz.

Neste método de amortização, também conhecido por método das quotas constantes, linear ou italiano, M_k é constante pelo que podemos estabelecer que

$$M_k = \overline{M} = \frac{C_0}{n}$$

com x a representar a idade do mutuário à data de concessão do empréstimo e n a indicar a respectiva maturidade.

$C_0 \, A_{x:\overline{n}|}$ será, assim, o prémio único a pagar no momento da contratação do empréstimo. Porém, à semelhança do sucedido para outros exemplos apresentados, podemos considerar a possibilidade de os prémios serem pagos ao longo dos n períodos de vigência do contrato ou apenas durante os m primeiros desses períodos. O montante do prémio periódico pode ser obtido, respectivamente, através das expressões

$$C_0 \, P^1_{x:\overline{n}|} = C_0 \times \frac{M_x - M_{x+n}}{N_x - N_{x+n}} \qquad [\text{ III.41b }]$$

e ainda

$$C_0 \,_m P^1_{x:\overline{n}|} = C_0 \times \frac{M_x - M_{x+n}}{N_x - N_{x+m}} \qquad [\text{ III.41c }]$$

Na prática bancária são, no entanto, admitidas outras modalidades, na medida em que muitas instituições definem o pagamento de prémios mensais ao longo da vigência do empréstimo.

Neste método de amortização, o capital garantido mantém-se constante, sendo o respectivo valor actual dado por $C_0 \dfrac{M_x - M_{x+n}}{D_x}$. Ao introduzirmos a possibilidade de pagamento de prémios mensais, sublinhamos, desde logo, que estes correspondem a uma renda temporária, de termos fraccionados e antecipados. Assim sendo, se rememorarmos a expressão proposta no Capítulo anterior por intermédio de [II.24b], teremos que

$$Z \, \ddot{a}^{(m)}_{x:\overline{n}|} = Z \left[\ddot{a}_{x:\overline{n}|} + \frac{m-1}{2m} \times \left(1 - {}_n E_x \right) \right] \,^{17}$$

Designando por $C_0 \, P^{(12)}_{x:\overline{n}|}$ o prémio mensal[18], podemos estabelecer a seguinte igualdade:

---

[17] Pressupomos que os prémios são pagos ao longo de todo o empréstimo.

[18] Sublinhe-se que as expressões propostas podem ser adaptadas a qualquer periodicidade pretendida, igualando **m** ao número de pagamentos ocorridos em cada ano.

6. Um aprofundamento: seguro para amortização de empréstimos

Dedicamos uma secção do nosso trabalho ao estudo dos seguros que surgem no âmbito de uma operação de crédito, por representarem uma modalidade recorrente em termos de prática bancária e financeira, nomeadamente os que decorrem de operações de crédito à habitação e de operações de crédito pessoal.

Trata-se, *grosso modo*, de um tipo de seguro que visa garantir o pagamento de um capital mutuado decorrente de um empréstimo, em que o segurado é o mutuário. Por sua vez, o beneficiário do seguro será a instituição bancária que concedeu o empréstimo.

Assim sendo, na circunstância da morte do segurado, a entidade seguradora procede à liquidação do capital que se encontra em dívida nessa data. Pelo exposto, resulta que o seguro em apreço seja necessariamente um seguro temporário, com duração correspondente à do empréstimo. Por sua vez, o capital garantido dependerá do montante de capital em dívida, pelo que o tipo de seguro contratado variará em função do processo de amortização do empréstimo.

Discutem-se, de seguida, três possibilidades no que concerne ao método de amortização: amortização única de capital, amortização periódica através de quotas constantes de capital e amortização periódica através de prestações constantes[15].

6.1. *Amortização única de capital*

Havendo uma única amortização de capital, tal significa que o montante do capital em dívida se mantém constante ao longo do prazo do empréstimo[16], pelo que o seguro em apreço configurará o caso de um seguro temporário de capital constante, com efeito imediato.

O valor actual do capital garantido resulta da adaptação da expressão formalizada em [III.19b], na qual pressupusemos o pagamento de um prémio único.

Designando por C_0 o montante de capital mutuado, logo o correspondente a Z na expressão referida, vem que

$$C_0 \, A^1_{x:\overline{n}|} = C_0 \, \frac{M_x - M_{x+n}}{D_x} \qquad [\ \text{III.41a}\ ]$$

---

[15] Para maiores desenvolvimentos no que concerne aos métodos de amortização de empréstimos, cfr. A. P. Quelhas e F. Correia, *Manual de Matemática Financeira*, Capítulo VI.

[16] Presumimos que os juros são pagos aquando do respectivo vencimento.

Da consulta da TV 73–77, conclui-se que $M_{45} = 3.275{,}991$, $M_{46} = 3.243{,}600$ e $D_{45} = 13.173{,}527$. Resulta, então, que

$$10.000\ \overline{P}^{1}_{45:\overline{1}|} = 10.000\ €\ \times\ \frac{3.275{,}991 - 3.243{,}600}{13.173{,}527}\ \times (1 + 4{,}5\%)^{-1/2}$$

$$10.000\ \overline{P}^{1}_{45:\overline{1}|} = 24{,}05\ €$$

Um indivíduo de 45 anos deve pagar um prémio de 24,05 €.

iii) No caso de o segurado ter 60 anos, vem

$$10.000\ \overline{P}^{1}_{60:\overline{1}|} = 10.000\ P^{1}_{60:\overline{1}|} \times (1+i)^{-1/2}$$

$$10.000\ \overline{P}^{1}_{60:\overline{1}|} = 10.000\ €\ \times\ \frac{M_{60} - M_{60+1}}{D_{60}}\ \times (1 + 4{,}5\%)^{-1/2}$$

$$10.000\ \overline{P}^{1}_{60:\overline{1}|} = 10.000\ €\ \times\ \frac{M_{60} - M_{61}}{D_{60}}\ \times (1 + 4{,}5\%)^{-1/2}$$

$M_{60} = 2.667{,}583$, $M_{61} = 2.619{,}534$ e $D_{60} = 6.352{,}278$, pelo que se obtém

$$10.000\ \overline{P}^{1}_{60:\overline{1}|} = 10.000\ €\ \times\ \frac{2.667{,}583 - 2.619{,}534}{6.352{,}278}\ \times (1 + 4{,}5\%)^{-1/2}$$

$$10.000\ \overline{P}^{1}_{60:\overline{1}|} = 73{,}99\ €$$

A um indivíduo de 60 anos corresponde um prémio natural de 73,99 €.

De acordo com o exemplo proposto, podemos concluir que o prémio natural acresce, de modo significativo, à medida que consideramos idades mais avançadas, o que facilmente se explica pelo facto de a probabilidade de morte aumentar, em termos genéricos, com a idade dos indivíduos.

Para além disso, referiremos que o conceito de prémio natural se revestirá de particular importância no que concerne aos métodos de cálculo das reservas matemáticas associadas aos seguros de vida, que discutiremos no Capítulo seguinte.

EXEMPLO: Tomando como referência a TV 73-77, qual o prémio natural para uma apólice de 10.000 €, em cada uma das seguintes hipóteses: *i*) o segurado tem 30 anos; *ii*) o segurado tem 45 anos; *iii*) o segurado tem 60 anos. Admita, ainda, que o prémio natural vence exactamente um ano após o respectivo pagamento.

No caso em apreço, o prémio natural vence no final do ano, pelo que, estando todos os símbolos de comutação referenciados nas tábuas reportados a meio do ano, deveremos multiplicar o resultado obtido por $v^{1/2}$, o que equivale a actualizar o valor em questão por um período de meio ano. Logo, atendendo à expressão estabelecida em [III.40b], e considerando que o valor actualizado de um prémio natural com vencimento no final do ano se designa por $Z\,\overline{P}^{\,1}_{30:\overline{1}|}$, virá, para cada uma das hipóteses:

i) $10.000\,\overline{P}^{\,1}_{30:\overline{1}|} = 10.000\,P_{30:\overline{1}|} \times (1+i)^{-1/2}$

$10.000\,\overline{P}^{\,1}_{30:\overline{1}|} = 10.000\,€ \times \dfrac{M_{30}-M_{30+1}}{D_{30}} \times (1+4,5\%)^{-1/2}$

$10.000\,\overline{P}^{\,1}_{30:\overline{1}|} = 10.000\,€ \times \dfrac{M_{30}-M_{31}}{D_{30}} \times (1+4,5\%)^{-1/2}$

Considerámos $i = 4,5\%$ por ser a taxa subjacente à construção da TV 73-77. Retiramos da tábua que $M_{30} = 3.633,312$, $M_{31} = 3.614,507$ e $D_{30} = 26.016,215$. Substituindo na expressão, obtém-se

$10.000\,\overline{P}^{\,1}_{30:\overline{1}|} = 10.000\,€ \times \dfrac{3.633,312 - 3.614,507}{26.016,215} \times (1+4,5\%)^{-1/2}$

$10.000\,\overline{P}^{\,1}_{30:\overline{1}|} = 7,07\,€$

Significa que o prémio natural corresponde a cerca de 7 €.

ii) Seguimos um raciocínio análogo ao sugerido para a hipótese contemplada em *i*), pelo que

$10.000\,\overline{P}^{\,1}_{45:\overline{1}|} = 10.000\,P_{45:\overline{1}|} \times (1+i)^{-1/2}$

$10.000\,\overline{P}^{\,1}_{45:\overline{1}|} = 10.000\,€ \times \dfrac{M_{45}-M_{45+1}}{D_{45}} \times (1+4,5\%)^{-1/2}$

$10.000\,\overline{P}^{\,1}_{45:\overline{1}|} = 10.000\,€ \times \dfrac{M_{45}-M_{46}}{D_{45}} \times (1+4,5\%)^{-1/2}$

Consultamos, agora, apenas os valores relativos a N_{37} e a N_{52}, uma vez que os restantes símbolos de comutação já foram aplicados na hipótese anterior. Vem, então, que

$$120.000 \; _{15}A_{37:28\overline{\neg}} = 120.000 \; € \times \frac{3.491,050 - 2.407,756 + 4.863,363}{361.787,848 - 151.042,187}$$

$$120.000 \; _{15}A_{37:28\overline{\neg}} = 3.386,07 \; €$$

O montante do prémio a pagar em cada um dos primeiros 15 anos de vigência do contrato é de 3.386,07 €.

Nas situações apresentadas, considerámos sempre que o dote puro a receber pelo segurado é igual ao capital garantido a receber pelo beneficiário. Porém, estes montantes podem ser diferentes, surgindo, para o caso de pagamento de prémio único, que o valor actual corresponde a $Z_1 \, A^1_{x:n\overline{\neg}} + Z_2 \, _nE_x$.

5. Prémio natural

Designa-se por ***prémio natural*** a quantia a pagar por um seguro temporário a um ano para uma pessoa de idade x.

Trata-se, então, de um caso particular da possibilidade estudada em 3.1.1; desta feita, notando por $P^1_{x:1\overline{\neg}}$ o valor actual do capital – ou seja, o prémio anual – e tomando a expressão formalizada em [III.19a], surgirá que

$$P^1_{x:1\overline{\neg}} = \frac{M_x - M_{x+1}}{N_x - N_{x+1}}$$

Recorde-se, no entanto, que $N_x - N_{x+1} = D_x$, logo

$$P^1_{x:1\overline{\neg}} = \frac{M_x - M_{x+1}}{D_x} \qquad \text{[III.40a]}$$

Se considerarmos um valor nominal da apólice de Z unidades monetárias, virá

$$Z \, P^1_{x:1\overline{\neg}} = Z \, \frac{M_x - M_{x+1}}{D_x} \qquad \text{[III.40b]}$$

EXEMPLO: Considere um seguro, a subscrever por um indivíduo de 37 anos, que conjuga as seguintes condições:

- Pagamento de 120.000 € aos seus beneficiários em caso de falecimento até atingir a idade de 65 anos;
- Caso atinja essa idade com vida, será o segurado quem receberá esse montante.

De acordo com a TV 73-77, determine:

a) o prémio único a pagar;
b) o prémio a pagar nos primeiros 15 anos de vigência do contrato.

Na hipótese a), estamos em presença de um seguro misto, cujo capital é de 120.000 €, com uma duração de 28 anos e com $x = 37$. Sendo o prémio pago de uma só vez, calculamos o respectivo montante recorrendo a [III.37b], logo

$$120.000 \, A_{37:\overline{28}|} = 120.000 \, € \times \frac{M_{37} - M_{37+28} + D_{37+28}}{D_{37}}$$

$$120.000 \, A_{37:\overline{28}|} = 120.000 \, € \times \frac{M_{37} - M_{65} + D_{65}}{D_{37}}$$

Retiram-se da TV 73-77 os valores relativos aos símbolos de comutação apontados, donde resulta

$$120.000 \, A_{37:\overline{28}|} = 120.000 \, € \times \frac{3.491,050 - 2.407,756 + 4.863,363}{18.994,438}$$

$$120.000 \, A_{37:\overline{28}|} = 37.568,83 \, €$$

O montante do prémio único a pagar é de 37.568,83 €.

Por sua vez, na hipótese b) atendemos à expressão estabelecida em [III.39b]; de acordo com os dados do problema, vem que

$$120.000 \, _{15}A_{37:\overline{28}|} = 120.000 \, € \times \frac{M_{37} - M_{37+28} + D_{37+28}}{N_{37} - N_{37+15}}$$

$$120.000 \, _{15}A_{37:\overline{28}|} = 120.000 \, € \times \frac{M_{37} - M_{65} + D_{65}}{N_{37} - N_{52}}$$

b) *Prémios pagos durante os **n** anos de vigência da apólice*

Sabemos que $P_{x:\overline{n}|}^1 \, \ddot{a}_{x:\overline{n}|} = P_{x:\overline{n}|}^1 \times \dfrac{N_x - N_{x+n}}{D_x}$, logo, no caso vertente, teremos que

$$P_{x:\overline{n}|} \times \frac{N_x - N_{x+n}}{D_x} = \frac{M_x - M_{x+n} + D_{x+n}}{D_x} \quad {}^{14}$$

$$P_{x:\overline{n}|} = \frac{M_x - M_{x+n} + D_{x+n}}{N_x - N_{x+n}} \qquad [\ \text{III.38a}\ ]$$

A expressão assim obtida permite calcular o valor do prémio anual a pagar pelo seguro misto se tanto o capital garantido como o dote puro corresponderem a 1 unidade monetária. Tratando-se de Z unidades monetárias, vem que

$$Z\, P_{x:\overline{n}|} = Z\, \frac{M_x - M_{x+n} + D_{x+n}}{N_x - N_{x+n}} \qquad [\ \text{III.38b}\ ]$$

c) *Prémios pagos durante os **m** primeiros anos de vigência da apólice*

Ocorrendo o pagamento dos prémios nos m primeiros anos referentes à apólice, vem que

$$_m P_{x:\overline{n}|} = \frac{M_x - M_{x+n} + D_{x+n}}{N_x - N_{x+m}} \qquad [\ \text{III.39a}\ ]$$

Já para um capital garantido de Z unidades monetárias, surgirá

$$Z\, _m P_{x:\overline{n}|} = Z\, \frac{M_x - M_{x+n} + D_{x+n}}{N_x - N_{x+m}} \qquad [\ \text{III.39b}\ ]$$

Tomemos um exemplo, o qual ilustra algumas das situações propostas.

---

[14] Designamos por $P_{x:\overline{n}|}$ o prémio anual associado a um seguro dotal pelas mesmas razões que apontámos para $A_{x:\overline{n}|}$, as quais são também válidas para $_m P_{x:\overline{n}|}$.

a) Prémio único

De acordo com o exposto, formaliza-se que

$$A_{x:\overline{n}|} = A^1_{x:\overline{n}|} + {}_nE_x$$

Na expressão anterior, representamos por $A_{x:\overline{n}|}$ o valor actual de seguro dotal a n anos para que se possa diferenciar do valor actual dos restantes seguros temporários.

Atendendo às formalizações concernentes a $A^1_{x:\overline{n}|}$ e a ${}_nE_x$, podemos definir que

$$A_{x:\overline{n}|} = \frac{M_x - M_{x+n}}{D_x} + (1+i)^{-n} \times \frac{l_{x+n}}{l_x}$$

Sucede que $D_x = (1+i)^{-x} l_x$ e, consequentemente, $D_{x+n} = (1+i)^{-(x+n)} l_{x+n}$. Estabelecendo o quociente entre ambas as expressões, virá que

$$\frac{D_{x+n}}{D_x} = \frac{(1+i)^{-(x+n)} l_{x+n}}{(1+i)^{-x} l_x} = (1+i)^{-n} \times \frac{l_{x+n}}{l_x}$$

Significa, então, que, em alternativa, podemos calcular um dote puro do seguinte modo:

$$_nE_x = \frac{D_{x+n}}{D_x}$$

Ao substituirmos na expressão inicial, vem

$$A_{x:\overline{n}|} = \frac{M_x - M_{x+n} + D_{x+n}}{D_x} \qquad [\ \mathbf{III.37a}\ ]$$

Se considerarmos um valor nominal da apólice de Z unidade monetárias, vem que

$$Z\,A_{x:\overline{n}|} = Z\,\frac{M_x - M_{x+n} + D_{x+n}}{D_x} \qquad [\ \mathbf{III.37b}\ ]$$

vigência do contrato. Deste modo, d = 5, n = 5 e m = 5; consequentemente, atendendo a [III.36], virá que

$$_5P^1_{30:\overline{5|}+5} = \frac{50.000\ \text{€}}{(1{,}03)^{30+5+1/2}} \times \frac{M'_{30+5} - M'_{30+5+5}}{N_{30} - N_{30+5}} \Leftrightarrow {_5P^1_{30}} = \frac{50.000\ \text{€}}{(1{,}03)^{30+5+1/2}} \times \frac{M'_{35} - M'_{40}}{N_{30} - N_{35}}$$

Alguns dos símbolos de comutação apontados constam da TD 88-90 inicial – que tem na base uma taxa de 4%; outros provêm da tábua que construímos recorrendo ao coeficiente de actualização i' = 0,97087%. Da respectiva substituição resulta que

$$_5P^1_{30:\overline{5|}+5} = \frac{50.000\ \text{€}}{(1{,}03)^{30+5+1/2}} \times \frac{47.064{,}988 - 46.259{,}625}{618.824{,}814 - 481.164{,}537}$$

$$_5P^1_{30:\overline{5|}+5} = 102{,}43103513$$

O prémio a pagar nos 5 primeiros anos de vigência do contrato é de 102,43 €.

4. Seguro dotal de n anos

Um *seguro dotal de n anos* resulta da combinação de um seguro temporário a n anos e de um dote puro ao fim de n anos. Trata-se, desta feita, de um *seguro misto*, em que o montante correspondente ao valor nominal da apólice será recebido: *i)* pelo beneficiário, caso o segurado venha a falecer durante os n anos posteriores à celebração do contrato de seguro, ou *ii)* pelo próprio segurado, se sobreviver, uma vez decorridos os n anos da apólice.

As duas hipóteses são alternativas, não havendo nunca lugar a duplo recebimento, uma vez que as probabilidades de vida e de morte do segurado são complementares.

O valor actual do seguro resulta da soma entre o valor actual de um seguro temporário e o valor actual do dote puro. Por razões de simplificação, deduzimos apenas as expressões relativas a um seguro temporário de capital constante e de efeito imediato. São, porém, plausíveis outras possibilidades, desde que assegurem o facto de se tratar de um seguro temporário e que salvaguardem o princípio da equivalência actuarial. Algumas dessas possibilidades serão discutidas na secção de Casos Resolvidos do presente Capítulo.

De seguida, apresentam-se as diversas modalidades de pagamento do prémio de seguro.

a) Prémio único

Na eventualidade de o prémio ser pago de uma só vez, atendendo à expressão anterior e à formalização proposta para D'_x, vem que

$$_{d|}(VA \div \div)^1_{x:n\rceil} = \frac{C}{r^{x+d+1/2}} \times \frac{M'_{x+d} - M'_{x+d+n}}{D_x} \qquad [\text{ III.34 }]$$

b) Prémios pagos durante a vida da apólice

Como a apólice compreende um período de tempo igual a d + n anos, temos que $P^1_{x:d+n\rceil} \ddot{a}_{x:d+n\rceil} = P^1_{x:d+n\rceil} \times \frac{N_x - N_{x+d+n}}{D_x}$. Da aplicação do princípio da equivalência actuarial decorre que

$$P^1_{x:d+n\rceil} \times \frac{N_x - N_{x+d+n}}{D_x} = \frac{C}{r^{x+d+1/2}} \times \frac{M'_{x+d} - M'_{x+d+n}}{D_x}$$

$$P^1_{x:d+n\rceil} = \frac{C}{r^{x+d+1/2}} \times \frac{M'_{x+d} - M'_{x+d+n}}{N_x - N_{x+d+n}} \qquad [\text{ III.35 }]$$

c) Prémios pagos durante os m primeiros períodos de vigência da apólice

Independentemente do facto de o seguro ser de efeito diferido, o pagamento dos m prémios tem início imediato, pelo que vem

$$_m P^1_{x:d+n\rceil} = \frac{C}{r^{x+d+1/2}} \times \frac{M'_{x+d} - M'_{x+d+n}}{N_x - N_{x+m}} \qquad [\text{ III.36 }]$$

EXEMPLO: Reconsidere o exemplo proposto na secção anterior. Recalcule o montante dos prémios anuais, no pressuposto de que estes são agora pagos apenas nos primeiros 5 anos, ao mesmo tempo que o contrato só produzirá efeitos nos últimos 5 anos de vigência da apólice.

Trata-se de um seguro temporário a 10 anos, mas com efeito diferido de 5, em que os prémios, por sua vez, são pagos apenas nos primeiros 5 anos de

Os valores relativos a N_{30} e N_{40} decorrem da consulta directa da TD 88-90; por seu turno, os valores correspondentes a M'_{30} e M'_{40} são calculados tendo por base o coeficiente de actualização auxiliar $i' = \dfrac{1+i}{r} - 1 = \dfrac{1,04}{1,03} - 1 = 0,97087\%$.
Ora sucede que este factor de actualização já foi aplicado em exemplo anterior, pelo que a respectiva tábua de comutação se encontra construída e disponibilizada no Anexo VIII. Substituindo pelos valores em questão, obtém-se

$$P^1_{30:\overline{10}|} = \frac{50.000\ \text{€}}{(1,03)^{30+1/2}} \times \frac{47.720,907 - 46.259,625}{618.824,814 - 369.153,823}$$

$$P^1_{30:\overline{10}|} = 118,795667$$

Conclui-se, assim, que o prémio anual a pagar é de 118,80 €.

3.3.2. Com efeito diferido

A expressão que permite, agora, determinar o montante do capital garantido é a seguinte:

$$C_{k+1} = C \times r^{k-d}$$

sendo $k = d, d+1, \ldots, d+n-1$. Assim sendo, o contrato de seguro vigora por um período de tempo correspondente a $d + n$ anos.

Os procedimentos que conduzem à determinação do valor actual do capital, que designamos por ${}_{d|}(VA \div \div)^1_{x:\overline{n}|}$, são idênticos aos já desenvolvidos para os restantes seguros de capital variável em progressão geométrica, ou seja, recorre-se, de novo, a uma taxa de juro auxiliar e à consequente mudança do factor de actualização. Vem, assim, que

$$_{d|}(VA \div \div)^1_{x:\overline{n}|} = \sum_{k=d}^{d+n-1} C \times r^{k-d} \times v^{k+\frac{1}{2}} \times {}_k q_x = C \sum_{k=d}^{d+n-1} r^{k-d} \times v^{k+\frac{1}{2}} \times {}_k q_x =$$

$$= \frac{C}{r^{d+1/2}} \sum_{k=d}^{d+n-1} (rv)^{k+\frac{1}{2}} \times {}_k q_x = \frac{C}{r^{d+1/2}} \sum_{k=d}^{d+n-1} (rv)^{k+\frac{1}{2}} \times {}_k q_x = \frac{C}{r^{d+1/2}} \times \frac{M'_{x+d} - M'_{x+d+n}}{D'_x}$$

b) *Prémios pagos durante a vigência da apólice*

Os prémios vão ser pagos no início de cada um dos n anos do contrato de seguro, pelo que $P^1_{x:\overline{n}|} \ddot{a}_{x:\overline{n}|} = P^1_{x:\overline{n}|} \times \dfrac{N_x - N_{x+n}}{D_x}$. Igualando ao valor actual do capital, vem

$$P^1_{x:\overline{n}|} \times \frac{N_x - N_{x+n}}{D_x} = \frac{C}{r^{x+1/2}} \times \frac{M'_x - M'_{x+n}}{D_x}$$

donde resulta, por fim, que

$$P^1_{x:\overline{n}|} = \frac{C}{r^{x+1/2}} \times \frac{M'_x - M'_{x+n}}{N_x - N_{x+n}} \qquad [\text{ III.32 }]$$

c) *Prémios pagos durante os m primeiros anos de vigência da apólice*

Sendo os prémios pagos apenas durante os m primeiros anos de vigência do contrato de seguro, vem que

$$P^1_{x:\overline{n}|} = \frac{C}{r^{x+1/2}} \times \frac{M'_x - M'_{x+n}}{N_x - N_{x+m}} \qquad [\text{ III.33 }]$$

EXEMPLO: Um certo indivíduo de 30 anos pretende contratar um seguro de vida por 10 anos, sendo o capital garantido de 50.000 € e aumentando em cada ano à taxa de inflação correspondente. Pressupondo, para o período considerado, uma taxa de inflação média anual de 3% e tendo por base a TD 88-90, calcule o montante de prémio anual a pagar.

Trata-se de um seguro temporário, com efeito imedito e de capital variável em progressão geométrica, sendo os prémios pagos ao longo dos 10 anos de vigência do contrato. Em vista disso, a resolução do problema em apreço decorre da aplicação da expressão formalizada em [III.32], sendo r = 1,03, uma vez que o capital garantido cresce a uma taxa de 3% ao ano. Vem, então, que

$$P^1_{30:\overline{10}|} = \frac{50.000\ \text{€}}{(1,03)^{30+1/2}} \times \frac{M'_{30} - M'_{30+10}}{N_{30} - N_{30+10}} \Leftrightarrow P^1_{30:\overline{10}|} = \frac{50.000\ \text{€}}{(1,03)^{30+1/2}} \times \frac{M'_{30} - M'_{40}}{N_{30} - N_{40}}$$

3.3. Seguro temporário de n anos de capital variável em progressão geométrica

3.3.1. Com efeito imediato

O montante de capital garantido em cada momento decorre da expressão

$$C_{k+1} = C \times r^k$$

com $k = 0, 1, \ldots, n-1$, e r a notar a razão da progressão geométrica.

Nestas circunstâncias, o valor actual do capital surge identificado por $(VA \div \div)^1_{x:\overline{n}|}$, donde resulta

$$(VA \div \div)^1_{x:\overline{n}|} = \sum_{k=0}^{n-1} C_{k+1} \times v^{k+\frac{1}{2}} \times {}_kq_x = \sum_{k=0}^{n-1} C \times r^k \times v^{k+\frac{1}{2}} \times {}_kq_x$$

O valor actual do capital pode ser obtido através do expediente de cálculo baseado no recurso a um factor de actualização auxiliar. Assim sendo, vem

$$\sum_{k=0}^{n-1} C \times r^k \times v^{k+\frac{1}{2}} \times {}_kq_x = \frac{1}{r^{1/2}} \sum_{k=0}^{n-1} C \times r^{k+\frac{1}{2}} \times v^{k+\frac{1}{2}} \times {}_kq_x = \frac{1}{r^{1/2}} \sum_{k=0}^{n-1} C \times (v')^{k+\frac{1}{2}} \times {}_kq_x$$

Construindo os novos símbolos de comutação associados a v', podemos estabelecer que

$$(VA \div \div)^1_{x:\overline{n}|} = \frac{C}{r^{1/2}} \times \frac{M'_x - M'_{x+n}}{D'_x}$$

a) Prémio único

Sendo o prémio de seguro pago de uma só vez, este corresponde ao valor actual do capital garantido, pelo que tomamos a expressão anterior. Para além disso, formalizamos D'_x em função de D_x. Sendo $D'_x = r^x \times D_x$, define-se que

$$(VA \div \div)^1_{x:\overline{n}|} = \frac{C}{r^{x+1/2}} \times \frac{M'_x - M'_{x+n}}{D_x} \qquad [\text{ III.31 }]$$

Estamos em presença de um seguro temporário, que cobrirá o risco de morte do segurado enquanto o beneficiário se encontrar a frequentar o ensino superior, de efeito diferido, uma vez que o filho tem 6 anos e o contrato só se tornará efectivo quando ele atingir a idade de 18 anos, e variável em progressão aritmética, já que o capital garantido aumenta ao longo do período de cobertura. Por sua vez, os prémios serão pagos durante os m primeiros anos de vigência do contrato.

Atendendo ao exposto, aplica-se a expressão formalizada em [III.30] aos dados do problema, sendo que $x = 32$ (a idade do segurado), $d = 12$ (o número de períodos de tempo até que o filho ingresse na universidade), $n = 6$ (período de efectividade do contrato) e $m = 10$ (período durante o qual se observa o paga-mento dos prémios). Para além disso, $C = 100.000\ €$ e $h = 2.500\ €$. Vem, assim, que

$$_{10}P^1_{32:\overline{12+6}|} = 100.000\ € \times \frac{M_{32+12} - M_{32+12+6}}{N_{32} - N_{32+10}} + 2.500\ € \times$$

$$\times \frac{R_{32+12+1} - R_{32+12+6} - (6-1) \times M_{32+12+6}}{N_{32} - N_{32+10}}$$

$$_{10}P^1_{32:\overline{12+6}|} = 100.000\ € \times \frac{M_{44} - M_{50}}{N_{32} - N_{42}} + 2.500\ € \times \frac{R_{45} - R_{50} - 5 \times M_{50}}{N_{32} - N_{42}}$$

Retiramos da TV 73-77 os elementos referentes aos símbolos que constam da expressão, donde

$$_{10}P^1_{32:\overline{12+6}|} = 100.000\ € \times \frac{3.307,300 - 3.100,304}{470.723,664 - 274.876,082} + 2.500\ € \times$$

$$\times \frac{94.380,587 - 78.338,816 - 5 \times 3.100,304}{470.723,664 - 274.876,082}$$

$$_{10}P^1_{32:\overline{12+6}|} = 105,69\ € + 6,90\ €$$

$$_{10}P^1_{32:\overline{12+6}|} = 112,59 €$$

O montante de prémio anual a pagar será de 112,59 € (ao longo de 10 anos).

b) Prémios pagos durante a vigência da apólice

Nesta possibilidade, vão ser pagos d + n prémios antecipados, por ser esse o período de vigência da apólice, muito embora a mesma só venha a produzir efeitos após terem decorrido d períodos de tempo. Esses prémios constituem uma renda antecipada de d + n termos, logo, $P^1_{x:\overline{d+n}|} \ddot{a}_{x:\overline{d+n}|} = P^1_{x:\overline{d+n}|} \times \frac{N_x - N_{x+d+n}}{D_x}$.

Igualando o valor actual dos prémios ao valor actual do capital garantido, vem

$$P^1_{x:\overline{d+n}|} \times \frac{N_x - N_{x+d+n}}{D_x} = C \times \frac{M_{x+d} - M_{x+d+n}}{D_x} + h \times \frac{R_{x+d+1} - R_{x+d+n} - (n-1) \times M_{x+d+n}}{D_x}$$

$$P^1_{x:\overline{d+n}|} = C \times \frac{M_{x+d} - M_{x+d+n}}{N_x - N_{x+d+n}} + h \times \frac{R_{x+d+1} - R_{x+d+n} - (n-1) \times M_{x+d+n}}{N_x - N_{x+d+n}} \quad [\ \text{III.29}\ ]$$

c) Prémios pagos durante os m primeiros anos de vigência da apólice

No caso em apreço, vão ser pagos m prémios, sendo que m < d + n; no entanto, pode ocorrer uma das seguintes situações: m < d, m = d, ou m > d. Estes prémios formam uma renda temporária de m termos antecipados, sendo o capital garantido o mesmo que o estabelecido nas duas alíneas anteriores. Deste modo, a expressão formalizada em [III.29] é substituída por

$$_m P^1_{x:\overline{d+n}|} = C \times \frac{M_{x+d} - M_{x+d+n}}{N_x - N_{x+m}} + h \times \frac{R_{x+d+1} - R_{x+d+n} - (n-1) \times M_{x+d+n}}{N_x - N_{x+m}} \quad [\ \text{III.30}\ ]$$

EXEMPLO: Um indivíduo de 32 anos, pretende constituir um seguro de vida a favor do seu filho, que conta com 6 anos, de modo a que este possa receber uma certa quantia na eventualidade de o pai falecer enquanto ele se encontrar a frequentar o ensino superior. Considere os seguintes pressupostos: 1) o filho ingressará na universidade aos 18 anos, indo frequentar um curso com uma duração prevista de 6 anos (licenciatura + mestrado integrado); 2) o pai pretende pagar os prémios devidos ao longo dos próximos 10 anos; 3) o capital garantido no 1.º ano é de 100.000 €, acrescendo 2.500 € em cada um dos anos seguintes; 4) a seguradora junto da qual se tenciona celebrar o contrato recorre à TV 73-77. Em função dos elementos apresentados, determine o prémio anual a pagar.

3.2.2 – Com efeito diferido

Neste caso, os n períodos de vigência do contrato apenas têm início passados d períodos de tempo.

Designando por $_{d|}(VA\div)^1_{x:n\neg}$ o valor actual relativo ao montante de capital contratualmente estabelecido, define-se que

$$_{d|}(VA\div)^1_{x:n\neg} = \sum_{k=d}^{d+n-1} C_k \times v^{k+\frac{1}{2}} \times {}_kq_x$$

Atenda-se a que $C_{k+1} = C + (k-d) \times h$, com $k = d, d+1, ..., d+n-1$, e h a identificar a razão da progressão aritmética. Substituindo na expressão anterior e desenvolvendo, vem

$$\sum_{k=d}^{d+n-1} C_{k+1} \times v^{k+\frac{1}{2}} \times {}_kq_x = \sum_{k=d}^{d+n-1}[C+(k-d)\times h] \times v^{k+\frac{1}{2}} \times {}_kq_x = \sum_{k=d}^{d+n-1} C \times v^{k+\frac{1}{2}} {}_kq_x +$$

$$+ \sum_{k=d}^{d+n-1} (k-d) \times h \times v^{k+\frac{1}{2}} \times {}_kq_x = C\sum_{k=d}^{d+n-1} v^{k+\frac{1}{2}} \times {}_kq_x + h \sum_{k=d}^{d+n-1} (k-d) \times v^{k+\frac{1}{2}} \times {}_kq_x$$

donde decorre, em símbolos de comutação, que

$$_{d|}(VA\div)^1_{x:n\neg} = C \times \frac{M_{x+d} - M_{x+d+n}}{D_x} + h \times \frac{R_{x+d+1} - R_{x+d+n} - (n-1)\times M_{x+d+n}}{D_x}$$

a) Prémio único

O prémio único a pagar equivale ao valor actual do capital garantido, correspondendo o mesmo a $_{d|}(VA\div)^1_{x:n\neg}$. Assim sendo, esse prémio único obtém-se por intermédio da expressão anterior, logo

$$_{d|}(VA\div)^1_{x:n\neg} = C \times \frac{M_{x+d} - M_{x+d+n}}{D_x} + h \times \frac{R_{x+d+1} - R_{x+d+n} - (n-1)\times M_{x+d+n}}{D_x} \quad [\text{ III.28 }]$$

de capital correspondente ao 5.º ano de vigência da apólice, ou seja, C_5. Logo, tomando a expressão relativa ao termo geral de uma progressão aritmética de razão h, teremos que

$$C_{k+1} = C + k \times h$$

logo

$$C_5 = C + 4 \times 1.000 \,€$$

com C a notar o capital garantido no 1.º ano. Uma vez conhecido o montante dos prémios anuais, determinamos C através de [III.26]. Considerando os dados do problema, vem

$$P^1_{47:\overline{20}|} = C \times \frac{M_{47} - M_{47+20}}{N_{47} - N_{47+20}} + 1.000 \times \frac{R_{47+1} - R_{47+20} - (20-1) \times M_{47+20}}{N_{47} - N_{47+20}}$$

$$P^1_{47:\overline{20}|} = C \times \frac{M_{47} - M_{67}}{N_{47} - N_{67}} + 1.000 \times \frac{R_{48} - R_{67} - 19 \times M_{67}}{N_{47} - N_{67}}$$

Da consulta da PM 94 decorrem os valores relativos a M_{47}, M_{67}, N_{47}, N_{67}, R_{47} e R_{48}, que substituímos na expressão anterior. Substitui-se, também, o valor correspondente ao prémio anual e resolve-se em ordem a C. Obtém-se, assim, que

$$750 \,€ = C \times \frac{24.680,838 - 17.430,985}{886.309,726 - 269.348,935} + 1.000 \,€ \times$$

$$\times \frac{643.194,810 - 229.491,685 - 19 \times 17.430,985}{886.309,726 - 269.348,935}$$

$$750 \,€ = 0{,}01175 \, C + 133{,}74 \,€$$

$$C = 52.447{,}66 \,€$$

Este é o capital garantido no 1.º ano. O capital a receber se o segurado falecer com a idade de 52 anos será, então, dado por

$$C_5 = 52.447{,}66 \,€ + 4 \times 1.000 \,€$$

$$C_5 = 56.447{,}66 \,€$$

Simplificando, vem, então, que

$$P^1_{x:\overline{n}|} = C \times \frac{M_x - M_{x+n}}{N_x - N_{x+n}} + h \times \frac{R_{x+1} - R_{x+n} - (n-1) \times M_{x+n}}{N_x - N_{x+n}} \quad [\text{ III.26 }]$$

c) *Prémios pagos durante os* **m** *primeiros anos de vigência da apólice*

No que se refere ao valor actualizado dos prémios, percorrendo um raciocínio idêntico ao desenvolvido na alínea anterior, teremos que

$$_m P^1_{x:\overline{n}|} \ddot{a}_{x:\overline{m}|} = {}_m P^1_{x:\overline{n}|} \frac{N_x - N_{x+m}}{D_x}$$

O valor actual do capital garantido corresponde $(VA \div)^1_{x:\overline{n}|}$, tal como já definimos, logo

$$_m P^1_{x:\overline{n}|} \ddot{a}_{x:\overline{m}|} = (VA \div)^1_{x:\overline{n}|}$$

$$_m P^1_{x:\overline{n}|} \frac{N_x - N_{x+m}}{D_x} = C \times \frac{M_x - M_{x+n}}{D_x} + h \times \frac{R_{x+1} - R_{x+n} - (n-1) \times M_{x+n}}{D_x}$$

resultando, por fim, que

$$_m P^1_{x:\overline{n}|} = C \times \frac{M_x - M_{x+n}}{N_x - N_{x+m}} + h \times \frac{R_{x+1} - R_{x+n} - (n-1) \times M_{x+n}}{N_x - N_{x+m}} \quad [\text{ III.27 }]$$

EXEMPLO: Um indivíduo de 47 anos contrata um seguro de vida, válido para os próximos 20 anos, sendo que o capital garantido aumenta em 1.000 € por cada ano que passa. Sabendo que ao longo desses 20 anos é pago um prémio no montante de 750 €, calcule o capital a receber pelo beneficiário se o indivíduo falecer aos 52 anos. Para o efeito, atenda aos elementos referenciados na PM 94.

Sendo o contrato de seguro estabelecido à idade de 47 anos, até à presumível idade de morte decorrem 5 anos. Desta feita, pretendemos conhecer o montante

Assim sendo, tomando os dois resultados e substituindo na expressão referente a $(VA\div)^1_{x:n\rceil}$, vem que

$$(VA\div)^1_{x:n\rceil} = C \times \frac{M_x - M_{x+n}}{D_x} + h \times \frac{R_{x+1} - R_{x+n} - (n-1)\times M_{x+n}}{D_x}$$

a) Prémio único

Tal como sucedeu em situações anteriores, se o prémio de seguro for pago de uma só vez, a quantia a entregar à entidade gestora coincide com o valor actual do capital, pelo que facilmente se define que

$$(VA\div)^1_{x:n\rceil} = C \times \frac{M_x - M_{x+n}}{D_x} + h \times \frac{R_{x+1} - R_{x+n} - (n-1)\times M_{x+n}}{D_x} \quad [\text{ III.25 }]$$

b) Prémios pagos durante a vigência da apólice

O valor actualizado do total dos prémios a pagar corresponde a uma renda temporária de n termos antecipados que se obtém por intermédio de

$$P^1_{x:n\rceil}\ddot{a}_{x:n\rceil} = P^1_{x:n\rceil} \times \frac{N_x - N_{x+n}}{D_x}$$

Da igualdade entre o valor actual dos prémios e o valor actual do capital garantido decorre que

$$P^1_{x:n\rceil}\ddot{a}_{x:n\rceil} = (VA\div)^1_{x:n\rceil}$$

Substitui-se cada um dos membros pelas expressões respectivas, donde

$$P^1_{x:n\rceil}\frac{N_x - N_{x+n}}{D_x} = C \times \frac{M_x - M_{x+n}}{D_x} + h \times \frac{R_{x+1} - R_{x+n} - (n-1)\times M_{x+n}}{D_x}$$

3.2. Seguro temporário de n anos de capital variável em progressão aritmética

3.2.1. Com efeito imediato

Tratando-se de um seguro temporário a n anos, de capital variável em progressão aritmética e de efeito imediato, o montante de capital garantido em cada período decorre da seguinte expressão:

$$C_{k+1} = C + k \times h$$

com $k = 0, 1, \ldots, n-1$, e h a identificar a razão da respectiva progressão.

Se notarmos por $(VA\div)^1_{x:\overline{n}|}$ o valor actual desse capital, podemos definir que

$$(VA\div)^1_{x:\overline{n}|} = \sum_{k=0}^{n-1} C_{k+1} \times v^{k+\frac{1}{2}} \times {}_k q_x = \sum_{k=0}^{n-1} (C + k \times h) \times v^{k+\frac{1}{2}} \times {}_k q_x$$

Esta expressão pode ser repartida em duas, logo

$$\sum_{k=0}^{n-1} (C + k \times h) \times v^{k+\frac{1}{2}} \times {}_k q_x = \sum_{k=0}^{n-1} C \times v^{k+\frac{1}{2}} \times {}_k q_x + \sum_{k=0}^{n-1} k \times h \times v^{k+\frac{1}{2}} \times {}_k q_x$$

Sendo C e h constantes, vem, ainda, que

$$\sum_{k=0}^{n-1} C \times v^{k+\frac{1}{2}} \times {}_k q_x + \sum_{k=0}^{n-1} k \times h \times v^{k+\frac{1}{2}} \times {}_k q_x = C \sum_{k=0}^{n-1} v^{k+\frac{1}{2}} \times {}_k q_x + h \sum_{k=0}^{n-1} k \times v^{k+\frac{1}{2}} \times {}_k q_x$$

Sabemos que $\sum_{k=0}^{n-1} v^{k+\frac{1}{2}} \times {}_k q_x = \dfrac{M_x - M_{x+n}}{D_x}$.

Por outro lado, por analogia com as expressões estabelecidas no Capítulo II, para o caso das rendas temporárias de termos variáveis em progressão aritmética, asumimos que

$$\sum_{k=0}^{n-1} k \times v^{k+\frac{1}{2}} \times {}_k q_x = \dfrac{R_{x+1} - R_{x+n} - (n-1) \times M_{x+n}}{D_x}$$

Esta expressão permite calcular o montante do prémio anual no caso de o beneficiário vir a receber 1 unidade monetária. Porém, sendo o valor da apólice de Z unidades monetárias, teremos

$$Z \, _mP^1_{x:d+n\rceil\rceil} = Z \, \frac{M_{x+d} - M_{x+d+n}}{N_x - N_{x+m}}$$
[III.24b]

EXEMPLO: Atendendo aos elementos contidos na PEM 80, se determinado indivíduo de 39 anos entregar a uma entidade seguradora, a título de prémio de seguro, a quantia anual de 1.000 €, quanto poderão receber os seus beneficiários, sabendo que o seguro em causa apenas produz efeitos se o falecimento do segurado ocorrer entre as idades de 50 e 60 anos?

Estamos em presença de um seguro temporário, mas com efeito diferido, sendo que d = 11 (o período de tempo que decorre entre a idade do segurado na data de celebração do contrato e a data em que o mesmo começa a produzir efeitos) e n = 10 (período de tempo entre os 50 e os 60 anos). O nosso propósito é o de determinar o valor da apólice, uma vez que é conhecido o montante de prémio anual.

Aplicando [III.23b] aos dados do problema, vem

$$Z \, P^1_{39:11+10\rceil} = Z \times \frac{M_{39+11} - M_{39+11+10}}{N_{39} - N_{39+11+10}}$$

$$1.000 \, € = Z \times \frac{M_{50} - M_{60}}{N_{39} - N_{60}}$$

Da consulta da PEM 80, resulta que $M_{50} = 143.848,414$, $M_6 = 124.208,032$, $N_{39} = 8.617.298,140$ e $N_{60} = 2.798.592,611$. Assim sendo,

$$1.000 \, € = Z \times \frac{143.848,414 - 124.208,032}{8.617.298,140 - 2.798.592,611}$$

$$Z = 296.262,34 \, €$$

Conclui-se, assim, que o capital garantido por este seguro é de 296.262,34 €.

Para uma apólice envolvendo um valor nominal de Z unidades monetárias, vem

$$Z \, P^1_{x:\overline{d+n}|} = Z \, \frac{M_{x+d} - M_{x+d+n}}{N_x - N_{x+d+n}} \qquad [\text{ III.23b }]$$

c) *Prémio pago duramte os **m** primeiros anos de vigência da apólice*

Presumimos que os prémios anuais são pagos nos m primeiros anos de vigência do contrato de seguro, pelo que necessariamente m < d + n, ou seja, o número de prémios é menor que o número de períodos de tempo que decorrem desde a celebração do contrato até ao seu termo. Os prémios a pagar configurarão, de novo, o caso de uma renda temporária, só que, desta feita, com m pagamentos.

Assim sendo, $_m P^1_{x:\overline{d+n}|}$ representa o montante do prémio anual, pelo que o valor actualizado do total dos prémios surge por intermédio de $_m P^1_{x:\overline{d+n}|} \times \ddot{a}_{x:\overline{m}|}$, que explicitamos do seguinte modo:

$$_m P^1_{x:\overline{d+n}|} \times \ddot{a}_{x:\overline{m}|} = \,_m P^1_{x:\overline{d+n}|} \times \frac{N_x - N_{x+m}}{D_x}$$

Relativamente ao valor actual do capital, temos que

$$_{d|}A^1_{x:\overline{n}|} = \frac{M_{x+d} - M_{x+d+n}}{D_x}$$

Mais uma vez, atendendo à equivalência entre ambos os montantes, vem

$$_m P^1_{x:\overline{d+n}|} \times \frac{N_x - N_{x+m}}{D_x} = \frac{M_{x+d} - M_{x+d+n}}{D_x}$$

logo

$$_m P^1_{x:\overline{d+n}|} = \frac{M_{x+d} - M_{x+d+n}}{N_x - N_{x+m}} \qquad [\text{ III.24a }]$$

A expressão anterior é válida para uma apólice de seguro cujo valor nominal é de 1 unidade monetária. Para Z unidades monetárias, vem, então, que

$$Z \, _{d|}A^1_{x:\overline{n}|} = Z \times \frac{M_{x+d} - M_{x+d+n}}{D_x} \qquad [\;III.22b\;]$$

b) *Prémios pagos durante a vigência da apólice*

Muito embora o contrato de seguro só se torne efectivo d períodos de tempo após a sua celebração, consideraremos que os prémios anuais são pagos ao longo de todo o contrato. Assim, em vez de n prémios, tal como sucedia para os contratos de efeito imediato, teremos d + n prémios, ocorrendo o primeiro pagamento no momento x e reportando-se o último ao momento $x + d + n - 1$.

Se designarmos por $P^1_{x:\overline{d+n}|}$ o montante anual do prémio, o valor actualizado do total desses prémios pode ser obtido através de $P^1_{x:\overline{d+n}|} \times \ddot{a}_{x:\overline{d+n}|}$, sendo que

$$P^1_{x:\overline{d+n}|} \times \ddot{a}_{x:\overline{d+n}|} = P^1_{x:\overline{d+n}|} \times \frac{N_x - N_{x+d+n}}{D_x}$$

Por sua vez, $_{d|}A^1_{x:\overline{n}|}$ permite calcular o valor actual do capital a receber, logo

$$P_{\overline{|}} \times \ddot{a}_{x:\overline{d+n}|} = \,_{d|}A^1_{x:\overline{n}|}$$

Desenvolvendo esta igualdade, surge

$$P^1_{x:\overline{d+n}|} \times \frac{N_x - N_{x+d+n}}{D_x} = \frac{M_{x+d} - M_{x+d+n}}{D_x}$$

dando, ainda, lugar a

$$P^1_{x:\overline{d+n}|} = \frac{M_{x+d} - M_{x+d+n}}{N_x - N_{x+d+n}} \qquad [\;III.23a\;]$$

Considerando um valor nominal igual a 1 unidade monetária, este terá um dos vencimentos seguintes:

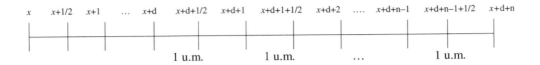

Notando por $_{d|}A^1_{x:n\rceil}$ o valor actual do capital, vem que

$$_{d|}A^1_{x:n\rceil} = \sum_{k=d}^{d+n-1} v^k \times {_k}q^x$$

Por analogia com as expressões já estabelecidas em secções anteriores, resulta que

$$_{d|}A^1_{x:n\rceil} = \sum_{k=d}^{d+n-1} \frac{C_{x+k}}{D_x} = \frac{C_{x+d} + C_{x+d+1} + \ldots + C_{x+d+n-1}}{D_x} =$$

$$= \frac{C_{x+d} + C_{x+d+1} + \ldots + C_\omega}{D_x} - \frac{C_{x+d+n} + C_{x+d+n+1} + \ldots + C_\omega}{D_x} =$$

$$= \frac{M_{x+d} - M_{x+d+n}}{D_x}$$

Uma vez obtido o montante actualizado do capital, vejamos o que sucede relativamente ao pagamento dos prémios.

a) Prémio único

O prémio único a pagar corresponde ao valor actuarial do capital, pelo que se estabelece

$$_{d|}A^1_{x:n\rceil} = \frac{M_{x+d} - M_{x+d+n}}{D_x} \qquad [\text{ III.22a }]$$

Consultamos na TV 88-90 os valores correspondentes a N_{35} e N_{60}, que substituímos na expressão, donde se obtém

$$100.000 \, P^1_{35:\overline{25}|} = 100.000 \, € \times \frac{19.904,104 - 17.711,084}{1.494.820,557 - 536.449,692}$$

$$100.000 \, P^1_{35:\overline{25}|} = 228,83 \, €$$

André deverá pagar, no início de cada um dos 25 anos de vigência do contrato, a quantia de 228,83 €.

iii) Como o pagamento do prémio ocorre apenas durante os 10 primeiros anos, o seu valor obtém-se através da aplicação de [III.21b], donde

$$100.000 \, {}_{10}P^1_{35:\overline{25}|} = 100.000 \, € \times \frac{M_{35} - M_{35+25}}{N_{35} - N_{35+10}}$$

$$100.000 \, {}_{10}P^1_{35:\overline{25}|} = 100.000 \, € \times \frac{M_{35} - M_{60}}{N_{35} - N_{45}}$$

Os dados são idênticos aos do caso anterior, exceptuando N_{45}, que consultamos na TV 88-90, resultando que $N_{45} = 1.047.788,151$.

$$100.000 \, {}_{10}P^1_{35:\overline{25}|} = 100.000 \, € \times \frac{19.904,104 - 17.711,084}{1.494.820,557 - 1.047.788,151}$$

$$100.000 \, {}_{10}P^1_{35:\overline{25}|} = 490,57 \, €$$

Se o prémio for pago apenas nos primeiros 10 anos de vigência do contrato, o seu montante anual será de 490,57 €, necessariamente maior que o obtido na hipótese anterior, já que um número menor de prémios pagos vai garantir o mesmo valor da apólice.

3.1.2. *Com efeito diferido*

Nesta possibilidade, o beneficiário apenas receberá o montante de capital contemplado na apólice se o segurado falecer entre as idades $x + d$ e $x + d + n$, podendo d ser superior, igual ou inferior a n.

EXEMPLO: André, de 35 anos de idade, pretende que Teresa receba a quantia de 100.000 €, caso ele venha a falecer durante os próximos 25 anos e ime-diatamente após a ocorrência da sua morte. Considerando os elementos contidos na TV 88-90, determine o montante a entregar à entidade seguradora em cada uma das seguintes possibilidades: *i)* prémio pago de uma só vez; *ii)* prémio pago anualmente ao longo da vigência do contrato; *iii)* prémio pago apenas nos próximos 10 anos.

i) Estamos em presença de um seguro temporário a 25 anos, de capital constante, cujo valor actual coincide com o montante do prémio único a pagar e que pode ser obtido através da expressão formalizada em [III.19b]. De acordo com os dados do problema, surge

$$100.000 \, A^1_{35:25\rceil} = 100.000 \, € \times \frac{M_{35} - M_{35+25}}{D_{35}}$$

$$100.000 \, A^1_{35:25\rceil} = 100.000 \, € \times \frac{M_{35} - M_{60}}{D_{35}}$$

De acordo com a tábua proposta, $M_{35} = 19.904,104$, $M_{60} = 17.711,084$ e $D_{35} = 49.018,207$, pelo que

$$100.000 \, A^1_{35:25\rceil} = 100.000 \, € \times \frac{19.904,104 - 17.711,084}{49.018,207}$$

$$100.000 \, A^1_{35:25\rceil} = 4.473,89 \, €$$

O montante do prémio único a pagar é de 4.473,89 €.

ii) Sendo os prémios pagos ao longo dos 25 anos de vigência do contrato, determina-se o respectivo montante anual atendendo a [III.20b], donde

$$100.000 \, P^1_{35:25\rceil} = 100.000 \, € \times \frac{M_{35} - M_{35+25}}{N_{35} - N_{35+25}}$$

$$100.000 \, P^1_{35:25\rceil} = 100.000 \, € \times \frac{M_{35} - M_{60}}{N_{35} - N_{60}}$$

donde se retira, ainda, que

$$P^1_{x:\overline{n}|} = \frac{M_x - M_{x+n}}{N_x - N_{x+n}} \qquad [\text{ III.20a }]$$

Se o valor nominal da apólice for de Z unidades monetárias, a expressão anterior dá lugar a

$$Z\, P^1_{x:\overline{n}|} = Z \times \frac{M_x - M_{x+n}}{N_x - N_{x+n}} \qquad [\text{ III.20b }]$$

*c) Prémios pagos durante os **m** primeiros anos de vigência da apólice*

Neste caso, o período para pagamento dos prémios não deverá exceder o período de vigência do contrato, logo m < n. Por analogia com a situação anterior, podemos afirmar que o pagamento do primeiro dos m prémios anuais ocorre no momento x, enquanto o último tem lugar no momento $x + m - 1$. Designamos por $_mP^1_{x:\overline{n}|}$ o montante de cada um desses m prémios anuais, sendo $_mP^1_{x:\overline{n}|}\, \ddot{a}_{x:\overline{m}|}$ a expressão que permite obter o respectivo valor actual. Temos, contudo, que

$$_mP^1_{x:\overline{n}|}\, \ddot{a}_{x:\overline{m}|} = {}_mP^1_{x:\overline{n}|}\, \frac{N_x - N_{x+m}}{D_x}$$

Igualando ao valor actual do capital, vem que

$$_mP^1_{x:\overline{n}|}\, \frac{N_x - N_{x+m}}{D_x} = \frac{M_x - M_{x+n}}{D_x}$$

donde, por fim, resulta que

$$_mP^1_{x:\overline{n}|} = \frac{M_x - M_{x+n}}{N_x - N_{x+m}} \qquad [\text{ III.21a }]$$

Se o valor nominal da apólice for de Z unidades monetárias, o montante do prémio anual obtém-se através de

$$Z\, _mP^1_{x:\overline{n}|} = Z\, \frac{M_x - M_{x+n}}{N_x - N_{x+m}} \qquad [\text{ III.21b }]$$

a) Prémio único

Se o prémio de seguro for pago de uma só vez, este vai coincidir com o valor actual do capital, ou seja, $A^1_{x:\overline{n}|}$. Logo

$$A^1_{x:\overline{n}|} = \frac{M_x - M_{x+n}}{D_x} \qquad [\text{ III.19a }]$$

A expressão assim definida aplica-se ao caso de o capital garantido ser de 1 unidade monetária. Se o montante da apólice não coincidir com a unidade monetária, vem

$$Z\,A^1_{x:\overline{n}|} = Z\,\frac{M_x - M_{x+n}}{D_x} \qquad [\text{ III.19b }]$$

*b) Prémio pago durante os **n** anos de vigência da apólice*

Neste caso, tendo o contrato uma duração de n anos, os prémios serão também pagos por n vezes, a primeira delas no momento actual (o momento *x*) e a última coincidindo com o momento $x + n - 1$. Estamos, assim, em presença de uma renda temporária de n termos antecipados. Recorrendo a $P^1_{x:\overline{n}|}$ para notar o montante de prémio anual a pagar, temos que o valor actual desses prémios se obtém através de $\ddot{a}_{x:\overline{n}|}$. Por seu turno, de acordo com o estabelecido no ponto anterior, $A^1_{x:\overline{n}|}$ dá-nos o valor actual do montante a receber pelo beneficiário.

O valor actual do capital equivale, assim, ao valor actual dos prémios a pagar, logo

$$P^1_{x:\overline{n}|}\,\ddot{a}_{x:\overline{n}|} = A^1_{x:\overline{n}|}$$

que é o mesmo que ter

$$P^1_{x:\overline{n}|}\,\frac{N_x - N_{x+n}}{D_x} = \frac{M_x - M_{x+n}}{D_x}$$

3.1. Seguro temporário de n anos de capital constante

3.1.1. Com efeito imediato

Tratando-se de um contrato de seguro cujo valor nominal é de 1 unidade monetária, constituído quando o segurado conta com a idade de x anos, o valor contemplado na apólice terá um dos seguintes vencimentos:

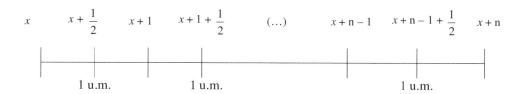

Designando por $A^1_{x:\overline{n}|}$ o respectivo valor actual, podemos definir que

$$A^1_{x:\overline{n}|} = \sum_{k=0}^{n-1} v^{k+1/2} \times {}_k q_x$$

expressão esta que desenvolvemos e traduzimos em símbolos de comutação. Ao verificarmos a sua semelhança relativamente a outras já formalizadas, estabelecemos que

$$A^1_{x:\overline{n}|} = \frac{C_x + C_{x+1} + \ldots + C_{x+n-1}}{D_x}$$

$$A^1_{x:\overline{n}|} = \frac{C_x + C_{x+1} + \ldots + C_\omega}{D_x} - \frac{C_{x+n} + C_{x+n+1} + \ldots + C_\omega}{D_x}$$

ou seja,

$$A^1_{x:\overline{n}|} = \frac{M_x - M_{x+n}}{D_x}$$

Atendemos, de seguida, às diversas possibilidades no que tange ao pagamento dos prémios.

anos de vigência do contrato, e na eventualidade de o segurado pretender, também, que o seguro produza efeitos apenas uma vez decorrido esse período de pagamento dos prémios.

Estamos em presença de um seguro de vida inteira, de capital variável em progressão geométrica, mas com um efeito diferido correspondente a 10 anos, isto é, idêntico ao período de pagamento dos prémios[13]. Aplicando [III.18], virá que

$$_{10}P_{43} = \frac{100.000 \text{ €}}{(1,03)^{43+10+1/2}} \times \frac{M'_{43+10}}{N_{43} - N_{43+10}}$$

$$_{10}P_{43} = \frac{100.000 \text{ €}}{(1,03)^{53+1/2}} \times \frac{M'_{53}}{N_{43} - N_{53}}$$

Retiramos M'_{53} da tábua que construímos com base no coeficiente de actualização auxiliar. Por sua vez, N_{43} e N_{53} resultam da consulta da TD 88-90 na sua formulação inicial, tendo em conta os motivos já aduzidos.

Temos que $M'_{53} = 42.387,475$, $N_{43} = 312.360,720$ e $N_{53} = 168.551,271$, logo

$$_{10}P_{43} = \frac{100.000 \text{ €}}{(1,03)^{53+1/2}} \times \frac{42.387,475}{312.360,720 - 168.551,271} = 6.062,60 \text{ €}$$

O montante do prémio anual a pagar nos primeiros 10 anos de contrato é de 6.062,60 €.

3. Seguro temporário de n anos

Estaremos em presença de um **seguro temporário de n anos** quando a seguradora entrega ao beneficiário o montante correspondente ao valor nominal da apólice apenas no caso de o segurado falecer no período relativo aos n anos posteriores ao estabelecimento do contrato de seguro. Neste caso, a cobertura de risco de morte reporta-se somente ao período mencionado, findo o qual a seguradora cessa as suas responsabilidades. Consequentemente, o montante do capital a receber resultará sempre da aplicação de uma renda temporária.

---

[13] Ou seja, neste caso m = d, muito embora se possa ter m < d ou m > d.

No entanto, por razões de simplificação, explicitamos, de novo, D'_x em função de D_x, pelo que fica

$$_{d|}(VA \div \div)_x = \frac{C}{r^{x+d+1/2}} \times \frac{M'_{x+d}}{D_x} \qquad [\text{ III.16 }]$$

b) *Prémios pagos durante a vigência da apólice*

Muito embora o seguro só produza efeitos a partir do momento $x + d$, não se verifica qualquer diferimento no que concerne aos prémios, que começam a ser pagos no imediato. Assim sendo, teremos, de novo, que $P_x \ddot{a}_x = P_x \frac{N_x}{D_x}$. Tendo em conta o valor actual do capital garantido, vem que

$$P_x \frac{N_x}{D_x} = \frac{C}{r^{x+d+1/2}} \times \frac{M'_{x+d}}{D_x}$$

$$P_x = \frac{C}{r^{x+d+1/2}} \times \frac{M'_{x+d}}{N_x} \qquad [\text{ III.17 }]$$

c) *Prémios pagos durante os **m** primeiros anos de vigência da apólice*

Também neste caso os m prémios vão ser pagos de imediato, logo $_mP_x \, \ddot{a}_{x:m\rceil} = {_mP_x} \frac{N_x - N_{x+m}}{D_x}$. Igualando ao valor actual do capital garantido, surge

$$_mP_x \frac{N_x - N_{x+m}}{D_x} = \frac{C}{r^{x+d+1/2}} \times \frac{M'_{x+d}}{D_x}$$

$$_mP_x = \frac{C}{r^{x+d+1/2}} \times \frac{M'_{x+d}}{N_x - N_{x+m}} \qquad [\text{ III.18 }]$$

EXEMPLO: Reconsidere o exemplo apresentado na secção anterior. Determine, agora, o montante de prémio anual a pagar, mas apenas nos primeiros 10

2.3.2. Com efeito diferido

Como o contrato de seguro apenas passa a produzir efeito uma vez decorridos d períodos de tempo, o termo genérico da progressão geométrica correspondente ao montante de capital garantido em cada período é dado por

$$C_{k+1} = C \times r^{k-d}$$

com $k = d, d + 1, \ldots, \omega - x$. Se designarmos por $_{d|}(VA \div \div)_x$ o valor actual do capital a receber, vem que

$$_{d|}(VA \div \div)_x = \sum_{k=d}^{\omega-x} C \times r^{k-d} \times v^{k+\frac{1}{2}} \times {}_kq_x = \frac{C}{r^{d+1/2}} \sum_{k=d}^{\omega-x} r^{k+\frac{1}{2}} \times v^{k+\frac{1}{2}} \times {}_kq_x =$$

$$= \frac{C}{r^{d+1/2}} \sum_{k=d}^{\omega-x} (r \times v)^{k+\frac{1}{2}} \times {}_kq_x$$

Dada a semelhança existente entre a expressão contemplada no somatório e aquela que desenvolvemos em 2.3.1, vem agora que

$$\frac{C}{r^{d+1/2}} \sum_{k=d}^{\omega-x} (r \times v)^{k+\frac{1}{2}} \times {}_kq_x = \frac{C}{r^{d+1/2}} \times \frac{M'_{x+d}}{D'_x} \quad [12]$$

a) Prémio único

O montante do prémio único a pagar na data de estabelecimento do contrato é igual ao valor actual do capital garantido, logo

$$_{d|}(VA \div \div)_x = \frac{C}{r^{d+1/2}} \times \frac{M'_{x+d}}{D'_x}$$

---

[12] Os símbolos de comutação aqui contemplados obtêm-se, necessariamente, a partir do expediente de mudança de factor de actualização e, logo, tendo por base a taxa de juro auxiliar $i' = \dfrac{1+i}{r}$.

EXEMPLO: Um indivíduo de 43 anos pretende constituir um seguro de vida inteira de modo a que os seus beneficiários possam receber uma quantia crescente em cada ano, acompanhando, desta sorte o efeito da inflação. Sabendo que o capital garantido no primeiro ano é de 100.000 € e que se prevê que o nível de preços cresça a uma taxa média anual de 3%, qual será o montante de prémio anual a pagar? Baseie os seus cálculos da TD 88-90.

A resolução do problema proposto decorre da aplicação da expressão definida em [III.14], sendo, então, que

$$P_{43} = \frac{C}{r^{43+1/2}} \times \frac{M'_{43}}{N_{43}}$$

Como referimos anteriormente, o cálculo de M'_{43} implica a determinação de um factor de actualização auxiliar em que $i' = \frac{1+i}{r} - 1$. Como a TD 88-90 se baseia numa taxa de juro de 4%, teremos que

$$i' = \frac{1+4\%}{1+3\%} - 1 = 0,97087\%$$

Esta é, assim, a taxa subjacente ao novo factor de actualização através do qual determinamos M'_{43}. Tendo por base os elementos da TD 88-90 e recorrendo a uma folha de cálculo, constrói-se a nova tábua de comutação – que consta do Anexo VIII – e donde se retira que $M'_{43} = 45.656,874$. Por sua vez, $N_{43} = 312.360,720$, valor este que é o que consta na tábua de comutação inicial. Na verdade, a inclusão de N_{43} na expressão resulta do facto de os prémios serem pagos anualmente, não se relacionando com a variação do capital garantido. Substituem-se os vários elementos pelos valores respectivos, donde

$$P_{43} = \frac{100.000\,€}{(1,03)^{43+1/2}} \times \frac{45.656,874}{312.360,720} = 4.040,46\,€$$

O prémio anual a pagar é de 4.040,46 €

Tomando a formalização proposta para $(VA \div \div)_x$, estabelece-se a igualdade entre ambas as grandezas, donde resulta

$$P_x \ddot{a}_x = (VA \div \div)_x \Leftrightarrow P_x \frac{N_x}{D_x} = \frac{C}{r^{1/2}} \frac{M'_x}{D'_x} \Leftrightarrow P_x = \frac{C}{r^{1/2}} \frac{M'_x \times D_x}{D'_x \times N_x}$$

No entanto, $D'_x = r^x \times D_x$, tal como definimos anteriormente. Logo

$$P_x = \frac{C}{r^{x+1/2}} \times \frac{M'_x}{N_x} \qquad [\ \text{III.14}\ ]$$

c) *Prémios pagos durante os **m** primeiros anos de vigência da apólice*

No que concerne ao valor actual do montante dos prémios a pagar, temos, de novo, que ${}_mP_x \ddot{a}_{x:\overline{m}|} = {}_mP_x \frac{N_x - N_{x+m}}{D_x}$. Igualando ao valor actual do capital e desenvolvendo a expressão, vem que

$${}_mP_x \ddot{a}_{x:\overline{m}|} = (VA \div \div)_x$$

$${}_mP_x \frac{N_x - N_{x+m}}{D_x} = \frac{C}{r^{1/2}} \frac{M'_x}{D'_x}$$

$${}_mP_x = \frac{C}{r^{1/2}} \frac{M'_x \times D_x}{D'_x (N_x - N_{x+m})}$$

Alegando, de novo, que $\frac{D_x}{D'_x} = \frac{1}{r^x}$, podemos simplificar a expressão anterior, resultando que

$${}_mP_x = \frac{C}{r^{x+1/2}} \times \frac{M'_x}{N_x - N_{x+m}} \qquad [\ \text{III.15}\ ]$$

Recorremos a um exemplo que ilustra uma das modalidades de pagamento dos prémios.

$$(VA \div \div)_x = \frac{C}{r^{1/2}} \frac{M'_x}{D'_x} \qquad [\text{ III.13a }]$$

Recorde-se, porém, a formalização proposta para D_x. Este foi um dos primeiros símbolos de comutação que definimos, sendo que $D_x = v^x l_x$. Consequentemente, vem que $D'_x = (v')^x l_x$. Desenvolvendo esta última igualdade e atendendo à relação que se estabelece entre i e i', vem que

$$(1+i')^{-x} \times l_x = \left(1 + \frac{1+i}{r} - 1\right)^{-x} \times l_x = (1+i)^{-x} \times r^x \times l_x$$

Considerando, agora, a *ratio* entre D_x e D'_x, vem

$$\frac{D_x}{D'_x} = \frac{(1+i)^{-x} \times l_x}{(1+i)^{-x} \times r^x \times l_x} = \frac{1}{r^x}$$

o que permite escrever D'_x em função de D_x, uma vez que

$$D'_x = r^x \times D_x$$

Se substituirmos na expressão estabelecida em [III.13a], obtém-se

$$(VA \div \div)_x = \frac{C}{r^{x+1/2}} \frac{M'_x}{D_x} \qquad [\text{ III.13b }]$$

Esta transformação simplifica o cálculo de $(VA \div \div)_x$, pois torna desnecessária a determinação de D'_x. Raciocínio idêntico poderá se conduzido para as restantes modalidades de pagamento do prémio de seguro, sempre que se recorra ao factor de actualização auxiliar.

b) Prémios pagos durante a vigência da apólice

Uma vez definida a expressão que permite obter o valor actual do capital, vejamos o que sucede relativamente aos prémios, caso estes sejam pagos durante a vida da apólice. Estamos, mais uma vez, em presença de uma renda antecipada de vida inteira, sendo que $P_x \ddot{a}_x = P_x \dfrac{N_x}{D_x}$.

2.3.1. Com efeito imediato

Tratando-se de um seguro de efeito imediato, cujo valor actual identificamos por $(VA \div \div)_x$, vem que

$$(VA \div \div)_x = \sum_{k=0}^{\omega-x} C \times r^k \times v^{k+\frac{1}{2}} \times {}_kq_x = \frac{C}{r^{1/2}} \sum_{k=0}^{\omega-x} r^{k+\frac{1}{2}} \times v^{k+\frac{1}{2}} \times {}_kq_x =$$

$$= \frac{C}{r^{1/2}} \sum_{k=0}^{\omega-x} (r \times v)^{k+\frac{1}{2}} \times {}_kq_x$$

A expressão anterior desenvolve-se por intermédio da substituição de $(r \times v)$ por um novo factor de actualização igual a v', o que implica, necessariamente, o estabelecimento de novos símbolos de comutação. Atenda-se a que $v' = (1 + i')^{-1}$ e também $v' = r \times v$. Recorde-se, ainda, que $v = (1 + i)^{-1}$. Resulta, então, que

$$(1 + i')^{-1} = r \times (1 + i)^{-1}$$

donde se retira que

$$1 + i' = \frac{1+i}{r} \Leftrightarrow i' = \frac{1+i}{r} - 1$$

A taxa de juro i' é, assim, a taxa de juro com base na qual serão calculados os novos símbolos de comutação.

Retomando a expressão que conduz ao valor actual do capital, vem que

$$\frac{C}{r^{1/2}} \sum_{k=0}^{\omega-x} (r \times v)^{k+\frac{1}{2}} \times {}_kq_x = \frac{C}{r^{1/2}} \sum_{k=0}^{\omega-x} (v')^{k+\frac{1}{2}} \times {}_kq_x = \frac{C}{r^{1/2}} \sum_{k=0}^{\omega-x} \frac{C'_{x+k}}{D'_x} =$$

$$= \frac{C}{r^{1/2}} \frac{M'_x}{D'_x}$$

a) Prémio único

O montante do prémio a pagar no momento actual corresponde ao valor actualizado do capital a receber, sendo, por isso, igual a $(VA \div \div)_x$. Assim, de acordo com a expressão anteriormente deduzida, estabelece-se que

$$P_{47} = 100.000\ € \times \frac{42.803,907}{2.531.115,414} + 500\ € \times \frac{744.569,078}{2.531.115,414}$$

$$P_{47} = 1.691,11\ € + 147,08\ €$$

$$P_{47} = 1.838,19\ €$$

O prémio anual a pagar é de 1.838,19 €, também ele menor que o obtido para o caso do seguro ter efeito imediato.

iii) Calculamos o prémio periódico a pagar nos primeiros 20 anos do con-trato tomando a expressão definida por intermédio de [III.12]. Assim sendo, teremos

$$_{20}P_{47} = 100.000\ € \times \frac{R_{47+10+1}}{N_{47} - N_{47+20}} + 500\ € \times \frac{R_{47+10+1}}{N_{47} - N_{47+20}}$$

$$_{20}P_{47} = 100.000\ € \times \frac{M_{57}}{N_{47} - N_{67}} + 500\ € \times \frac{R_{58}}{N_{47} - N_{67}}$$

$$_{20}P_{47} = 100.000\ € \times \frac{42.803,907}{2.531.115,414 - 579.152,232} + 500\ € \times$$

$$\times \frac{744.569,078}{2.531.115,414 - 579.152,232} = 2.192,86\ € + 190,72\ € = 2.383,58\ €$$

O valor do prémio a pagar durante os primeiros 20 anos de vigência do contrato de seguro é de 2.383,58 €, mais elevado que o obtido na alínea anterior; na verdade, o valor actual destes prémios equivale ao valor actual dos prémios pagos durante a vigência do contrato, ambos equivalentes, por sua vez, ao valor actual do capital garantido.

2.3. Seguro de vida inteira de capital variável em progressão geométrica

Neste caso, o capital garantido pelo contrato de seguro varia em progressão geométrica, sendo o respectivo termo genérico dado por

$$C_{k+1} = C \times r^k$$

com $k = 0, 1, ..., \omega - x$[11] e r a notar a razão dessa progressão.

---

[11] Cfr. nota 9 do presente Capítulo.

efeitos se tornam efectivos apenas daqui por 10 anos. Deste modo, atendemos às expressões formalizadas em [III.10], [III.11] e [III.12], para calcular o montante a pagar, respectivamente, em caso de prémio único, de prémio periódico a liquidar ao longo da vida da apólice e de prémio periódico a liquidar nos primeiros 20 anos de vigência do contrato.

i) Para o caso de prémio único, da aplicação de [III.10] aos dados do problema resulta que

$$_{10|}(VA \div)_{47} = 100.000\ \text{€} \times \frac{M_{47+10}}{D_{47}} + 500\ \text{€} \times \frac{R_{47+10+1}}{D_{47}}$$

$$_{10|}(VA \div)_{47} = 100.000\ \text{€} \times \frac{M_{57}}{D_{47}} + 500\ \text{€} \times \frac{R_{58}}{D_{47}}$$

Obtemos na PEM 90 os valores referentes a M_{57}, R_{58} e D_{47} e procedemos à sua substituição na expressão anterior. Surge, então, que

$$_{10|}(VA \div)_{47} = 100.000\ \text{€} \times \frac{42.803,907}{146.322,251} + 500\ \text{€} \times \frac{744.569,078}{146.322,251}$$

$$_{10|}(VA \div)_{47} = 29.253,18\ \text{€} + 2.544,28\ \text{€}$$

$$_{10|}(VA \div)_{47} = 31.797,46\ \text{€}$$

O prémio único a pagar é de 31.797,46 €, necessariamente inferior ao montante pago aquando do seguro de vida inteira com as mesmas características, mas com efeito imediato.

ii) A determinação do montante de prémio anual a pagar resulta da aplicação da expressão formalizada em [III.11], donde resulta que

$$P_{47} = 100.000\ \text{€} \times \frac{M_{47+10}}{N_{47}} + 500\ \text{€} \times \frac{R_{47+10+1}}{N_{47}}$$

$$P_{47} = 100.000\ \text{€} \times \frac{M_{57}}{N_{47}} + 500\ \text{€} \times \frac{R_{58}}{N_{47}}$$

Substituímos os símbolos que constam da expressão pelos valores respectivos mencionados na PEM 90 e aos quais já recorremos em exemplos anteriores.

Como os montantes a entregar e a receber são equivalentes no momento actual, surge que

$$P_x \frac{N_x}{D_x} = C \times \frac{M_{x+d}}{D_x} + h \times \frac{R_{x+d+1}}{D_x}$$

Simplificando a expressão, obtém-se

$$P_x = C \times \frac{M_{x+d}}{N_x} + h \times \frac{R_{x+d+1}}{N_x} \qquad [\ \text{III.11}\ ]$$

c) *Prémios pagos durante os **m** primeiros anos de vigência da apólice*

Nesta possibilidade, teremos que

$$_mP_x\, \ddot{a}_{x:\overline{m}|} = {}_mP_x \frac{N_x - N_{x+m}}{D_x}$$

Sendo o valor actual dos prémios igual ao valor actual do capital a receber, formaliza-se que

$$_mP_x \frac{N_x - N_{x+m}}{D_x} = C \times \frac{M_{x+d}}{N_x} + h \times \frac{R_{x+d+1}}{N_x}$$

donde resulta ainda que

$$_mP_x = C \times \frac{M_{x+d}}{N_x - N_{x+m}} + h \times \frac{R_{x+d+1}}{N_x - N_{x+m}} \qquad [\ \text{III.12}\ ]$$

EXEMPLO: Reconsidere o caso do seguro de vida inteira apresentado na secção 2.2.1. Recalcule o montante dos prémios a pagar na eventualidade de os direitos contemplados na apólice apenas se tornarem efectivos daqui por 10 anos.

Estamos em presença de um seguro de vida inteira, constituído por um indivíduo de 47 anos, de termos variáveis em progressão aritmética de razão igual a 500 €, sendo o primeiro capital garantido no montante de 100.000 €, mas cujos

O termo geral da progressão aritmética que representa o montante de capital garantido é dado por

$$C_{k+1} = C + (k - d) \times h$$

com $k = d, d + 1, \ldots, \omega - x$, com as restantes variáveis a assumir os significados já conhecidos.

Notando por $_{d|}(VA \div)_x$ o valor actual do capital, vem que

$$_{d|}(VA \div)_x = \sum_{k=d}^{\omega-x} [C + (k-d) \times h] \times v^{k+\frac{1}{2}} \times {}_kq_x = \sum_{k=d}^{\omega-x} C \times v^{k+\frac{1}{2}} \times {}_kq_x +$$

$$+ \sum_{k=d}^{\omega-x} (k-d) \times h \times v^{k+\frac{1}{2}} \times {}_kq_x = C \sum_{k=d}^{\omega-x} \times v^{k+\frac{1}{2}} {}_kq_x + h \sum_{k=d}^{\omega-x} (k-d) \times v^{k+\frac{1}{2}} \times {}_kq_x$$

Tomando procedimento idêntico ao desenvolvido para o caso dos contratos com efeito imediato, teremos que

$$_{d|}(VA \div)_x = C \times \frac{M_{x+d}}{D_x} + h \times \frac{R_{x+d+1}}{D_x}$$

a) Prémio único

Sendo o prémio pago de uma só vez, o respectivo montante coincide com o valor actual do capital a receber, pelo que

$$_{d|}(VA \div)_x = C \times \frac{M_{x+d}}{D_x} + h \times \frac{R_{x+d+1}}{D_x} \qquad [\text{ III.10 }]$$

b) Prémios pagos durante a vigência da apólice

Por analogia com as situações já descritas em pontos anteriores, teremos que

$$P_x \ddot{a}_x = P_x \frac{N_x}{D_x}$$

Os valores relativos aos símbolos de comutação M_{47} e R_{48} já foram utilizados na hipótese anterior. Retiramos, agora, da PEM 90 o valor referente a N_{47}, resultando que

$$P_{47} = 100.000 \text{ €} \times \frac{49.941,488}{2.531.115,414} + 500 \text{ €} \times \frac{1.206.922,024}{2.531.115,414}$$

$$P_{47} = 2.211,52 \text{ €}$$

O prémio anual a pagar, durante a vigência do contrato, para subscrever um seguro nas condições descritas é de 2.211,52 €.

iii) Se o prémio for pago apenas durante os 20 primeiros anos de vigência da apólice, teremos, de acordo com [III.9], que

$$_{20}P_{47} = 100.000 \text{ €} \times \frac{M_{47}}{N_{47} - N_{47+20}} + 500 \text{ €} \times \frac{R_{47+1}}{N_{47} - N_{47+20}}$$

$$_{20}P_{47} = 100.000 \text{ €} \times \frac{M_{47}}{N_{47} - N_{67}} + 500 \text{ €} \times \frac{R_{48}}{N_{47} - N_{67}}$$

Consultando, de novo, a PEM 90, verificamos que $N_{67} = 579.152,232$. Em consequência,

$$_{20}P_{47} = 100.000 \text{ €} \times \frac{49.941,488}{2.531.115,414 - 579.152,232} + 500 \text{ €} \times$$

$$\times \frac{1.206.922,024}{2.531.115,414 - 579.152,232} = 2.867,68 \text{ €}$$

O prémio a pagar durante os primeiros 20 anos de vigência do contrato de seguro é de 2.867,68 €.

2.2.2. *Com efeito diferido*

Tratando-se de um seguro de efeito diferido, o valor da apólice só é susceptível de ser recebido uma vez decorridos d períodos após a celebração do contrato, tal como anteriormente descrevemos para os seguros de capital constante.

Apresentamos, de seguida, um exemplo que nos permite ilustrar o caso de um seguro de vida inteira, de efeito imediato e de capital crescente em progressão aritmética, contemplando as várias modalidades previstas no que tange ao pagamento dos prémios.

EXEMPLO: Considere-se um seguro de vida inteira, subscrito por um indivíduo de 47 anos, com efeito imediato, sendo o capital garantido de 100.000 €, o qual acresce 500 € em cada ano decorrido. Tomando como referência a PEM 90, calcule o montante de prémio a pagar em cada uma das seguintes hipóteses: *i)* pagamento único; *ii)* pagamento anual durante a vida da apólice; *iii)* pagamento anual durante os próximos 20 anos.

Atendendo aos dados do problema, estamos em presença de um seguro de vida inteira, de capital variável em progressão aritmética de razão igual a 500 €, sendo o primeiro capital garantido no montante de 100.000 €.

i) Se o prémio for pago de uma só vez, bastará calcular o valor actual do capital garantido. Aplicando a expressão formalizada em [III.7], vem que

$$(VA \div)_{47} = 100.000 \text{ €} \times \frac{M_{47}}{D_{47}} + 500 \text{ €} \times \frac{R_{47+1}}{D_{47}}$$

Consultamos a PEM 90, dela retirando os valores correspondentes a M_{47}, D_{47} e R_{48}, os quais substituímos na expressão anterior. Logo

$$(VA \div)_{47} = 100.000 \text{ €} \times \frac{49.941,488}{146.322,251} + 500 \text{ €} \times \frac{1.206.922,024}{146.322,251}$$

$$(VA \div)_{47} = 38.255,36 \text{ €}$$

O valor actual do capital garantido é igual a 38.255,36 €, que corresponde, assim, ao prémio único a pagar.

ii) O valor actual do capital garantido é comum a todas as possibilidades, independentemente da periodicidade de pagamento do prémio e, no caso presente, igual a 38.255,36 €; por sua vez, o prémio anual a pagar durante a vigência do contrato de seguro obtém-se através da expressão formalizada em [III.8], donde vem

$$P_{47} = 100.000 \text{ €} \times \frac{M_{47}}{N_{47}} + 500 \text{ €} \times \frac{R_{47+1}}{N_{47}}$$

actuarial entre quantias entregues e montantes a receber, estabelecemos a seguinte igualdade:

$$P_x \ddot{a}_x = (VA \div)_x$$

Substituindo pelas expressões respectivas, vem

$$P_x \frac{N_x}{D_x} = C \times \frac{M_x}{D_x} + h \times \frac{R_{x+1}}{D_x}$$

$$P_x = C \times \frac{M_x}{N_x} + h \times \frac{R_{x+1}}{N_x} \qquad [\text{ III.8 }]$$

c) *Prémios pagos durante os **m** primeiros anos de vigência da apólice*

Neste caso, os prémios pagos constituem uma renda temporária de termos antecipados, cujo valor actual pode ser obtido através de $\ddot{a}_{x:\overline{n}|} = \frac{N_x - N_{x+n}}{D_x}$.
Sendo ${}_m P_x$ o montante de prémio anual a pagar nos primeiros m anos de vigência do contrato, vem que

$${}_m P_x \ddot{a}_{x:\overline{m}|} = {}_m P_x \frac{N_x - N_{x+m}}{D_x}$$

Por seu turno, o valor actual do capital a receber é dado por $(VA \div)_x$, logo surge

$${}_m P_x \frac{N_x - N_{x+m}}{D_x} = C \times \frac{M_x}{D_x} + h \times \frac{R_{x+1}}{D_x}$$

$${}_m P_x = C \times \frac{M_x}{N_x - N_{x+m}} + h \times \frac{R_{x+1}}{N_x - N_{x+m}} \qquad [\text{ III.9 }]$$

---

a possibilidade de os termos serem variáveis, recorrendo, para o efeito, a uma renda de termos variáveis, em progressão aritmética ou em progressão geométrica, vitalícia ou temporária, consoante os casos, cuja formalização foi oportunamente discutida no Capítulo II.

Estabelecemos uma nova função de comutação R_x, sendo que

$$R_x = \sum_{k=0}^{\omega-x} M_{x+k}$$

Deste modo, atendendo às formalizações anteriores e ao significado de R_x, temos que o valor actual do capital a receber se determina através da expressão

$$(VA \div)_x = C \times \frac{M_x}{D_x} + h \times \frac{R_{x+1}}{D_x}$$

Vejamos, agora, o que sucede no que se reporta à periodicidade de pagamento dos prémios.

a) Prémio único

À semelhança do que se observava para o caso de o capital garantido assumir um valor constante, o prémio único a pagar no presente equivale ao valor actua-lizado do capital garantido. O prémio único a pagar coincide, assim, com o próprio $(VA \div)_x$, pelo que a expressão anteriormente definida

$$(VA \div)_x = C \times \frac{M_x}{D_x} + h \times \frac{R_{x+1}}{D_x} \qquad [\text{ III.7 }]$$

permite calcular o valor actual de um seguro de vida inteira, com efeito imediato e com capital variável em progressão aritmética.

b) Prémios pagos durante a vigência da apólice

Os prémios anuais pagos ao longo da vida da apólice formam uma renda de vida inteira de termos antecipados, sendo que $\ddot{a}_x = \frac{N_x}{D_x}$. Como P_x representa o montante de prémio anual a pagar[10] e de acordo com o princípio da equivalência

---

[10] Sem prejuízo do estabelecido na nota anterior, no âmbito das expressões apresentadas no presente Capítulo, pressupomos que os prémios periódicos são constantes, ainda que o montante correspondente ao valor garantido pelo seguro possa ser variável. Torna-se fácil, porém, contemplar

2.2.1. Com efeito imediato

Comecemos por estabelecer o termo genérico C_{k+1}, que designa a quantia de capital garantido em cada ano, sendo que k = 0, 1, ..., $\omega - x$.[9] Se considerarmos que C representa o capital garantido no primeiro ano de vigência do seguro, vem que

$$C_{k+1} = C + k \times h$$

com h a notar a razão da progressão aritmética. Por sua vez, se identificarmos o valor actual desse capital garantido por $(VA \div)_x$, formaliza-se que

$$(VA \div)_x = \sum_{k=0}^{\omega-x} (C + k \times h) \times v^{k+\frac{1}{2}} \times {}_kq_x = \sum_{k=0}^{\omega-x} (C + k \times h) \frac{C_{x+k}}{D_x} =$$

$$= C \sum_{k=0}^{\omega-x} \frac{C_{x+k}}{D_x} + h \sum_{k=0}^{\omega-x} k \times \frac{C_{x+k}}{D_x}$$

Desdobrando a expressão, obtém-se que

$$C \times \sum_{k=0}^{\omega-x} \frac{C_{x+k}}{D_x} = C \times \frac{M_x}{D_x}$$

tal como já definimos anteriormente. Por seu turno,

$$h \sum_{k=0}^{\omega-x} k \times \frac{C_{x+k}}{D_x} = \frac{h}{D_x}(C_{x+1} + 2C_{x+2} + 3C_{x+3} + ...) =$$

$$= \frac{h}{D_x}[(C_{x+1} + C_{x+2} + C_{x+3} + ... + C_\omega) + (C_{x+2} + C_{x+3} + ... + C_\omega) + ... + C_\omega] =$$

$$= \frac{h}{D_x}(M_{x+1} + M_{x+2} + ... + M_\omega)$$

---

[9] Com esta formalização salvaguarda-se a eventualidade de o segurado atingir com vida a idade ω. Note-se, porém, que a probabilidade de falecimento de um indivíduo com a idade ω é, necessariamente, igual a um.

EXEMPLO: Determinar o montante a pagar nos próximos 10 anos, por um indivíduo de 40, de modo a que, na ocasião da sua morte, um seu beneficiário possa receber a quantia de 100.000 €, isto caso o falecimento ocorra após esse indivíduo completar 60 anos? Nota: utilizar a PM 94.

O efeito diferido corresponde, neste caso, a 20 anos, sendo ainda que m = 10. Tendo por base a expressão formalizada em [III.6b], resulta que

$$Z\,_{10}P_{40} = Z \times \frac{M_{40+20}}{N_{40} - N_{40+10}}$$

$$100.000\,_{10}P_{40} = 100.000\,€ \times \frac{M_{60}}{N_{40} - N_{50}}$$

De acordo com a PM 94, estes símbolos de comutação assumem os seguintes valores: $M_{60} = 20.915,847$, $N_{40} = 1.174.980,631$ e $N_{50} = 775.382,057$. Consequentemente, vem

$$100.000\,_{10}P_{40} = 100.000\,€ \times \frac{20.915,847}{1.174.980,631 - 775.382,057}$$

$$100.000\,_{10}P_{40} = 5.234,21\,€$$

O pagamento de um prémio de 5.234,21 € em cada um dos próximos 10 anos permite ao beneficiário receber a quantia de 100.000 €, caso a morte do segurado venha a ocorrer uma vez findo o período após o qual o seguro se torna efectivo, no caso presente igual a 20 anos.

Importa, por último, esclarecer, que não existe qualquer requisito quanto à relação de grandeza que se estabelece entre m e d, podendo suceder que m < d, m = d ou m > d. De sublinhar, apenas que, para um certo montante de capital garantido, quanto menor for o número de prémios pagos, maior será, necessariamente, o respectivo valor.

2.2. *Seguro de vida inteira de capital variável em progressão aritmética*

Quando estamos em presença de um seguro de vida inteira de capital variável em progressão aritmética, tal significa que o capital garantido pela apólice se altera, desse modo[8], com o decurso do tempo.

---

[8] O capital garantido pode evoluir de acordo com vários critérios; porém, no presente contexto e por razões de simplificação, consideraremos apenas que essa evolução se opera em *progressão aritmética* ou em *progressão geométrica*.

Consultamos a TV 88-90, sendo que $M_{65} = 16.823,372$ e $N_{50} = 857.633,177$. Substituímos e calculamos o montante Z, donde

$$1.000 \, € = Z \times \frac{16.823,372}{857.633,177}$$

$$Z = 50.978,67 \, €$$

Poderão ser recebidos 50.978,67 €, já que a quantia assim obtida corresponde ao capital garantido pela apólice.

c) *Prémios pagos durante os **m** primeiros anos de vigência da apólice*

Mais uma vez, o valor actual do capital a receber será obtido através de $_{d|}A_x$. Já as entregas correspondentes ao pagamento dos prémios configuram o caso de uma renda temporária de *m* termos antecipados.

Recorde-se que $\ddot{a}_{x:\overline{n}|} = \frac{N_x - N_{x+n}}{D_x}$, tal como se concluiu no capítulo anterior. Estabelecemos a igualdade decorrente do princípio de equivalência actuarial entre o valor actualizado do capital a receber e o valor actualizado dos prémios a pagar, donde

$$_mP_x \, \ddot{a}_{x:\overline{m}|} = \frac{M_{x+d}}{D_x}$$

logo

$$_mP_x \, \frac{N_x - N_{x+m}}{D_x} = \frac{M_{x+d}}{D_x}$$

Da expressão anterior resulta, ainda, que

$$_mP_x = \frac{M_{x+d}}{N_x - N_{x+m}} \qquad\qquad [\text{ III.6a }]$$

Por seu turno, para um valor nominal de Z unidades monetárias, vem

$$Z \, _mP_x = Z \, \frac{M_{x+d}}{N_x - N_{x+m}} \qquad\qquad [\text{ III.6b }]$$

-se, ainda, que o efeito diferido não se observa no que tange ao pagamento dos prémios, sendo que estes começam a ser entregues à entidade seguradora no momento imediato, mesmo antes de o contrato de seguro ter veiculado qualquer tipo de garantia.

Formalizando e desenvolvendo a igualdade proposta, vem que

$$P_x \, \ddot{a}_x = \frac{M_{x+d}}{D_x}$$

$$P_x \, \frac{N_x}{D_x} = \frac{M_{x+d}}{D_x}$$

$$P_x = \frac{M_{x+d}}{N_x} \qquad\qquad [\text{ III.5a }]$$

A expressão anterior permite determinar o prémio anual a pagar no caso de se tratar de um seguro de vida inteira, com um valor nominal igual a uma unidade monetária, sendo esses prémios pagos durante a vigência do contrato.

Caso o valor nominal do capital corresponda a Z unidades monetárias, notamos por $Z \, P_x$ o prémio anual respectivo, sendo que

$$Z \, P_x = Z \, \frac{M_{x+d}}{N_x} \qquad\qquad [\text{ III.5b }]$$

EXEMPLO: Sabendo que um determinado indivíduo de 50 anos começa a pagar hoje prémios anuais de 1.000 €, quanto poderá receber o seu beneficiário na ocasião da morte do segurado, sendo que os benefícios previstos no contrato apenas se tornam efectivos daqui por 15 anos? Sustente a resposta nos elementos da TV 88-90.

No presente caso, pretendemos conhecer o valor nominal da apólice, isto é, calcular o montante correspondente a Z, sendo, no entanto, que $Z \, P_{50}$ é igual a 1.000 €. De acordo com a expressão estabelecida em [III.5b], vem que

$$Z \, P_{50} = Z \times \frac{M_{50+15}}{N_{50}}$$

$$1.000 \, € = Z \times \frac{M_{65}}{N_{50}}$$

Para um valor nominal da apólice correspondente a Z unidades monetárias, o valor do prémio único é dado por

$$Z \,_{d|}A_x = Z \, \frac{M_{x+d}}{D_x} \qquad\qquad [\text{ III.4b }]$$

EXEMPLO: Tomando como referência os elementos da TD 88-90, quanto deverá ser investido hoje por um indivíduo de 50 anos, para que, a partir do momento em que atinja a idade de 60 anos, um certo beneficiário possa receber, na circunstância do seu falecimento, a quantia de 75.000 €?

Trata-se de um seguro com efeito diferido, no qual $d = 10$. Se aplicarmos a expressão formalizada em [III.4b], vem que

$$75.000 \,_{10|}A_{50} = 75.000 \,€ \times \frac{M_{50+10}}{D_{50}}$$

$$75.000 \,_{10|}A_{50} = 75.000 \,€ \times \frac{M_{60}}{D_{50}}$$

De acordo com a TD 88-90, $M_{60} = 3.968,778$ e $D_{50} = 12.773,610$, logo

$$75.000 \,_{10|}A_{50} = 75.000 \,€ \times \frac{3.968,778}{12.773,610}$$

$$75.000 \,_{10|}A_{50} = 23.302,60 \,€$$

O montante do prémio único é de 23.302,60 €.

b) Prémios pagos durante a vigência da apólice

Na eventualidade de os prémios serem pagos durante a vida da apólice, o valor actual desses prémios equivale, no momento do contrato, ao valor actual do capital a receber. Ora decorre do ponto anterior que o valor actualizado do valor nominal previsto na apólice é dado por $_{d|}A_x = \frac{M_{x+d}}{D_x}$.

Por seu turno, a sucessão dos prémios a pagar configura, novamente, o caso de uma renda antecipada de vida inteira, sendo que $\ddot{a}_x = \frac{N_x}{D_x}$. Sublinhe-

$$_{d|}A_x = \sum_{k=d}^{\omega-x} v^{k+\frac{1}{2}} \times {}_kq_x$$

Por sua vez,

$$_{d|}A_x = \sum_{k=d}^{\omega-x} \frac{v^{k+\frac{1}{2}} \times d_{x+k}}{l_x}$$

Multiplicando tanto o numerador como o denominador por v^x, a expressão assim obtida permite traduzir $_{d|}A_x$ em termos de símbolos de comutação.

$$_{d|}A_x = \sum_{k=d}^{\omega-x} \frac{v^{x+k+\frac{1}{2}} \times d_{x+k}}{v^x \times l_x} = \sum_{k=d}^{\omega-x} \frac{C_{x+k}}{D_x} = \frac{M_{x+d}}{D_x}\ {}_7$$

Vejamos, agora, o que sucede para as diversas modalidades de pagamento do prémio.

a) Prémio único

O prémio único a pagar no momento do contrato equivale ao valor actual do capital a receber, ou seja, coincide com $_{d|}A_x$. Assim sendo, estabelece-se simplesmente que

$$_{d|}A_x = \frac{M_{x+d}}{D_x} \qquad [\text{ III.4a }]$$

com $_{d|}A_x$ a representar esse prémio único.

---

na medida que a maioria das entidades seguradoras exige ao segurado a realização de exames médicos, de modo a ponderar o risco específico de morte.

Sublinhe-se, ainda, que a celebração de contratos com efeito diferido é muito comum na prática seguradora.

[7] Na secção de Casos Resolvidos do presente Capítulo demonstraremos que $_{d|}A_x = {}_dE_x \times A_{x+d}$.

Para Z unidades monetárias, vem

$$Z\,_m P_x = Z \frac{M_x}{N_x - N_{x+m}} \qquad [\;\text{III.3b}\;]$$

EXEMPLO: Qual o montante do prémio a pagar, em cada um dos próximos 10 anos, por um indivíduo de 40 anos de idade, sabendo que este pretende constituir, atendendo aos elementos da PM 94, um seguro de vida inteira, cujo valor nominal é de 100.000 €, a serem entregues ao beneficiário imediatamente após a morte do segurado?

Mais uma vez, o nosso objectivo é o de calcular o montante do prémio a pagar durante os próximos 10 anos, ou seja, $Z\,_{10}P_{40}$. Aplicando a expressão anterior, obtém-se que

$$Z\,_{10}P_{40} = 100.000\,\text{€} \times \frac{M_{40}}{N_{40} - N_{40+10}}$$

$$Z\,_{10}P_{40} = 100.000\,\text{€} \times \frac{M_{40}}{N_{40} - N_{50}}$$

Segundo a PM 94, $M_{40} = 25.852{,}700$, $N_{40} = 1.174.980{,}631$ e $N_{50} = 775.382{,}057$, donde decorre que

$$100.000\,_{10}P_{40} = 100.000\,\text{€} \times \frac{25.852{,}700}{1.174.980{,}631 - 775.382{,}057}$$

$$100.000\,_{10}P_{40} = 6.469{,}67\,\text{€}$$

O prémio a pagar em cada um dos próximos 10 anos é de 6.469,67 €.

2.1.2. *Com efeito diferido*

Neste caso, o contrato de seguro só se tornará efectivo uma vez decorridos d períodos após a sua celebração, isto é, quando o segurado atingir a idade $x + d$[6]. Se designarmos por $_{d|}A_x$ o valor actual do capital, podemos estabelecer que

---

[6] Tal restrição visa acautelar a possibilidade de o segurado recorrer a este tipo de investimento perante a perspectiva iminente da sua morte. É certo, porém, que esta questão pode ser contornada,

c) *Prémios pagos durante os **m** primeiros anos de vigência da apólice*

Neste caso, o pagamento dos prémios ocorrerá apenas nos *m* primeiros anos de vigência do contrato de seguro, configurando, assim, o caso de uma renda temporária. Seguindo uma metodologia análoga à proposta no ponto anterior e considerando a expressão formalizada em [II.5a], relativa às rendas antecipadas e temporárias, temos agora que

$$\ddot{a}_{x:\overline{m}|} = \frac{N_x - N_{x+m}}{D_x}$$

Sendo $_mP_x$ o montante de cada um dos *m* prémios anuais, vem

$$_mP_x\,\ddot{a}_{x:\overline{m}|} = {_mP_x}\,\frac{N_x - N_{x+m}}{D_x}$$

expressão esta que permite obter o valor actual dos prémios a pagar durante os *m* anos.

O valor actual do montante a receber pelo beneficiário é, mais uma vez, dado por A_x. Estabelecendo, de novo, a equivalência entre ambos os capitais para o momento presente, vem que

$$_mP_x\,\frac{N_x - N_{x+m}}{D_x} = \frac{M_x}{D_x}$$

logo

$$_mP_x = \frac{M_x/D_x}{N_x - N_{x+m}/D_x}$$

ou ainda

$$_mP_x = \frac{M_x}{N_x - N_{x+m}} \qquad [\ \text{III.3a}\ ]$$

donde, por fim, resulta que

$$P_x = \frac{M_x}{N_x} \qquad [\ \text{III.2a}\ ]$$

Na expressão anterior, P_x reporta-se ao montante dos prémios a pagar em cada ano na eventualidade de a unidade monetária correspondente ao valor da apólice ser reclamada imediatamente após a morte do segurado.

Para além disso, teremos, ainda, que

$$Z P_x = Z \frac{M_x}{N_x} \qquad [\ \text{III.2b}\ ]$$

aplicável nos casos em que o valor contemplado na apólice é de Z unidades monetárias.

EXEMPLO: Determine o montante de prémio anual a pagar por um indivíduo de 30 anos, caso pretenda subscrever um seguro de vida inteira cujo valor nominal é de 250.000 €, a receber imediatamente após o seu falecimento. Sustente os seus cálculos na PEM 90.

O nosso propósito é o de determinar $Z P_x$, que, no caso, se traduz por $Z P_{30}$. Uma vez apreciados os dados do problemas e tomando a expressão formalizada em [III.2b], podemos estabelecer que

$$Z P_{30} = 250.000\ \text{€} \times \frac{M_{30}}{N_{30}} \Leftrightarrow 250.000\ P_{30} = 250.000\ \text{€} \times \frac{M_{30}}{N_{30}}$$

Substituímos M_{30} e N_{30} pelos valores encontrados na PEM 90 e que são, respectivamente, iguais a 58.375,039 e 6.238.764,433. Obtém-se, assim, que

$$250.000\ P_{30} = 250.000\ \text{€} \times \frac{58.375,039}{6.238.764,433}$$

$$250.000\ P_{30} = 2.339,21\ \text{€}$$

O montante do prémio anual a pagar é de 2.339,21 €.

O valor actual dos prémios a pagar deve, então, ser equivalente ao valor actual do montante a receber pelo beneficiário, tendo este último sido estabelecido no ponto anterior por intermédio de A_x.

Porém, enquanto o valor actual do montante a receber pelo beneficiário decorre da probabilidade de morte do segurado, já o valor actual dos prémios a pagar é calculado em função da sua probabilidade de vida, uma vez que só poderá realizar esse investimento na circunstância de sobreviver.

Como referimos de início, os prémios são antecipados, logo pagos no começo de cada ano. A expressão que estabelecemos no capítulo anterior por intermédio de [II.2a] permite determinar o valor de uma renda antecipada de vida inteira, ou seja,

$$\ddot{a}_x = \frac{N_x}{D_x}$$

Considerando o prémio anual P_x, surge

$$P_x \ddot{a}_x = P_x \frac{N_x}{D_x}$$

Por seu turno, o valor actual do montante a receber pelo beneficiário é dado por

$$A_x = \frac{M_x}{D_x}$$

tal como já apontámos. Igualando ambas as expressões, vem

$$P_x \ddot{a}_x = A_x$$

$$P_x = \frac{A_x}{\ddot{a}_x} = \frac{M_x/D_x}{N_x/D_x}$$

---

mormente através da aplicação das expressões formalizadas na secção 6 do capítulo anterior, relativas às rendas sem periodicidade anual.

Se em vez de 1 unidade monetária considerarmos Z unidades monetárias, fica

$$Z\,A_x = Z\,\frac{M_x}{D_x} \qquad [\ \text{III.1b}\ ]$$

Tal como sucedia nas rendas estudadas no Capítulo anterior, $Z\,A_x$ corresponde a uma quantia única, de carácter indiviso, observando-se o mesmo para o caso dos prémios periódicos que trataremos nos pontos seguintes.

EXEMPLO: Calcular o prémio único a pagar por um seguro de vida inteira no montante de 50.000 €, sendo o segurado um indivíduo de 48 anos. Para o efeito, considera-se a TV 73-77 e pressupõe-se que, em caso de morte, o valor da apólice é imediatamente pago ao beneficiário.

Aplicando a expressão formalizada em [III.1b] aos dados do problema, virá que

$$50.000\,A_{48} = 50.000\,\frac{M_{48}}{D_{48}}$$

representando $50.000\,A_{48}$ o prémio único a pagar. De acordo com a TV 73-77, temos que $M_{48} = 3.174{,}540$ e $D_{48} = 11.448{,}771$, pelo que, ao substituirmos, se obtém

$$50.000\,A_{48} = 50.000\,€ \times \frac{3.174{,}540}{11.448{,}771}$$

$$50.000\,A_{48} = 13.864{,}11\,€$$

O pagamento de um prémio único de 13.864,11 € permite ao beneficiário receber a quantia de 50.000 € na ocasião da morte do segurado, independentemente do momento em que esta possa ter lugar.

b) *Prémios pagos durante a vigência da apólice*

Neste caso, o segurado pagará, anualmente, uma certa quantia – que designaremos por P_x – para que o beneficiário possa receber 1 unidade monetária, na circunstância da morte do primeiro[5].

---

[5] Considera-se apenas o caso de o pagamento dos prémios ocorrer com uma periodicidade anual, por ser esta a situação mais comum em termos práticos. Podemos, porém, contemplar outras possibilidades,

e também

$$M_x = C_x + C_{x+1} + C_{x+2} + \ldots + C_\omega$$

Se contemplarmos estes símbolos na expressão que formalizámos para A_x e atendermos, de novo, a que $D_x = v^x l_x$, vem

$$A_x = \frac{C_x + C_{x+1} + \ldots + C_\omega}{D_x}$$

ou, de modo mais simplificado,

$$A_x = \frac{M_x}{D_x} \qquad\qquad [\ \text{III.1a}\ ]$$

Quando consideramos A_x estamos a pressupor que os pagamentos ocorrem a meio de cada ano. Refira-se, aliás, que os símbolos de comutação que apresentamos nas tábuas de comutação em anexo obedecem a este pressuposto.

Porém, se admitirmos que o montante correspondente ao valor nominal da apólice é pago ao beneficiário apenas no final do ano da morte do segurado, na determinação do respectivo valor actual deve ser contemplado o factor da actualização que decorre desde a metade do ano até essa data. Sendo A'_x o valor a investir nestas circunstâncias, observa-se a seguinte relação:

$$A'_x = v^{\frac{1}{2}} \times A_x$$

Como $v^{\frac{1}{2}} = (1+i)^{-\frac{1}{2}}$, conclui-se facilmente que

$$A'_x < A_x$$

pois $(1+i)^{-\frac{1}{2}} < 1$, para qualquer valor que i possa assumir.

Deste modo, verifica-se que, para o mesmo valor nominal, o montante a investir hoje será menor para o caso de esse valor apenas ser recebido no final do ano de falecimento do segurado[4].

---

[4] A quantia que corresponde à eventualidade de o valor nominal ser pago apenas no final do ano da morte do segurado obtém-se com facilidade para todas as expressões que formalizaremos ao longo do presente Capítulo. Para tanto, bastará multiplicar cada um dos M_x por $(1+i)^{-1/2}$.

do segurado. Como desconhecemos, no presente, o momento dessa ocorrência, pressupomos que o falecimento dos l_x indivíduos vivos correspondentes à geração do segurado se repartirá, de modo uniforme, ao longo de cada ano. Em consequência, tomaremos como hipótese que *a quantia correspondente ao valor nominal da apólice é paga a meio do ano de falecimento* do segurado.

Na determinação do montante a entregar à entidade seguradora, atendemos a duas questões centrais: à probabilidade de morte do segurado e, concomitantemente, ao desfasamento temporal entre o momento do contrato e o momento da morte do segurado. Recorde-se, então, tal como anteriormente definido, que $_kq_x = \dfrac{d_{x+k}}{l_x}$ e que $v = (1+i)^{-1}$, com d_{x+k} a representar a diferença entre l_x e l_{x+k}, ou seja, o número de óbitos ocorridos entre as idades x e $x+k$.

Se identificarmos por A_x o *valor actual do valor nominal definido na apólice* de seguro, podemos estabelecer que

$$A_x = \sum_{k=0}^{\omega-x} v^{k+\frac{1}{2}} \times \frac{d_{x+k}}{l_x}$$

com k a designar o número de anos que decorrem até ao início do ano de falecimento do segurado.

Desenvolvemos, de seguida, as várias possibilidades no que concerne ao momento de pagamento dos prémios.

a) Prémio único

No caso de o prémio de seguro ser pago de uma única vez, sê-lo-á, necessariamente, no momento imediato, pelo que o valor actual do capital previsto na apólice coincide com o montante desse pagamento único.

Regressando à expressão formalizada para A_x e multiplicando tanto o numerador como o denominador de $_kq_x$ por v^x, vem

$$A_x = \sum_{k=0}^{\omega-x} \frac{v^{x+k+\frac{1}{2}} \times d_{x+k}}{v^x l_x}$$

Estabelecemos, agora, os seguintes novos símbolos de comutação:

$$C_x = v^{x+\frac{1}{2}} \times d_x$$

Outra modalidade de seguro a merecer o nosso interesse e à qual dedicaremos uma secção, é a dos **seguros dotais** de n anos ou **seguros mistos**; nesta modalidade, uma vez transcorridos os n anos da apólice, se o segurado sobreviver, é ele quem recebe o montante em causa, em vez do beneficiário inicialmente previsto[3].

Apresentam-se, ainda, os aspectos atinentes ao conceito de **prémio natural**, sublinhando-se a sua relevância para o cálculo das reservas matemáticas associadas à actividade seguradora.

Por último, atenderemos às particularidades dos contratos de seguro que visam, em cada momento, garantir o pagamento de um certo capital mutuado, onde teremos ocasião de aplicar muitos dos conceitos avançados ao longo do Capítulo. Estes contratos assumem grande relevância no contexto da prática bancária, principalmente os que visam cobrir o risco de morte dos mutuários de operações de crédito à habitação e de operações de crédito pessoal.

2. Seguro de vida inteira

Estamos em presença de um **seguro de vida inteira** quando a seguradora junto da qual o seguro se constituiu se compromete a devolver ao beneficiário, na circunstância da morte do segurado e independentemente da data em que o óbito possa vir a ocorrer, a quantia correspondente ao valor nominal da apólice. Nesta modalidade, a entidade seguradora terá que, necessariamente, proceder à entrega do capital segurado, desconhecendo, porém, o momento do tempo em que tal irá suceder.

2.1. *Seguro de vida inteira de capital constante*

2.1.1. *Com efeito imediato*

O nosso objectivo é o de calcular a quantia que um dado segurado deve pagar, no momento actual, para que o respectivo beneficiário possa receber 1 unidade monetária aquando da sua morte. Por norma, o valor nominal contemplado na apólice de seguro é entregue ao beneficiário imediatamente após a morte

---

[3] O Decreto-Lei n.º 384/2007, de 19 de Novembro, obriga ao registo, junto do Instituto de Seguros de Portugal, dos beneficiários dos seguros de vida, justamente para salvaguardar a hipótese de o beneficiário e o tomador do seguro não serem a mesma pessoa e de, consequentemente, as quantias em questão poderem nunca vir a ser reclamadas.

Porém, tal como para o caso das rendas vitalícias, também no domínio dos seguros de vida podemos atender a certos critérios de classificação[2], os quais passamos a enumerar.

a) Quanto ao **período de cobertura do risco de morte**, os contratos distinguem-se entre **seguros de vida inteira** e **seguros temporários de n anos**, consoante o pagamento do valor nominal possa ocorrer, respectivamente, em qualquer momento (o momento da morte do segurado) ou apenas durante certo período de tempo referenciado na apólice.

b) No que se refere ao **valor nominal da apólice**, este pode ser **constante** ou **variável**, atendendo ao valor que o capital garantido possa vir a assumir ao longo do tempo.

c) No que concerne à **produção de efeitos**, os seguros de vida podem ser **imediatos**, caso o recebimento do valor da apólice possa ocorrer de imediato, a qualquer momento após a celebração do contrato, ou **diferidos**, quando os direitos contemplados na apólice apenas se tornam efectivos uma vez findo um certo período após a celebração desse contrato.

Nas secções seguintes, apontam-se várias possibilidades que resultam da combinação dos critérios mencionados.

Podemos, ainda, atender a um critério adicional de classificação, resultante da **periodicidade de pagamento dos prémios**. Assim, os prémios de seguro dividem-se em:

- **prémios únicos**, quando são pagos de uma só vez, o que implica, por norma, o dispêndio de uma elevada quantia num só momento, que seja equivalente, em termos actuariais, aos benefícios que irão ser auferidos a prazo;
- **prémios periódicos**, nos quais o preço do seguro se reparte por vários períodos, podendo estes coincidir com a duração do contrato – *prémio periódico vitalício* – ou corresponder apenas aos *m* primeiros desses períodos – *prémio periódico temporário*.

Desta feita, para cada um dos tipos de seguro apresentados, contemplam-se três modalidades de pagamento dos prémios: *i)* de uma só vez, *ii)* durante os n anos de vigência da apólice e *iii)* durante m anos, sendo, necessariamente, m < n.

---

[2] Estes critérios não decorrem das coberturas previstas nos contratos, mas antes de aspectos de natureza financeira e actuarial.

Capítulo III
SEGUROS DE VIDA

1. Conceitos e critérios de classificação

Neste ponto introdutório, dedicaremos a nossa atenção ao estabelecimento de alguns conceitos, essenciais à compreensão da matemática dos seguros de vida.

Desde logo, avançaremos que um **seguro de vida** é uma aplicação financeira realizada por um indivíduo à idade x – o *segurado* –, junto de uma entidade seguradora, no âmbito da qual, mediante o pagamento de determinada importância – o *prémio de seguro* –, esta entidade se compromete a entregar a um outro indivíduo – o *beneficiário* –, por ocasião da morte do primeiro, uma certa quantia – o *valor nominal* –, de acordo com as circunstâncias contempladas no contrato de seguro, que designamos por *apólice*.

Tomando o parágrafo anterior, sublinhamos uma das características fundamentais da matemática dos seguros de vida: esta baseia-se na **probabilidade de morte do segurado**, ao invés do que sucedia na matemática das rendas vitalícias, estudadas no capítulo anterior, que assenta na probabilidade de vida dos indivíduos[1]. Acresce que enquanto nas rendas vitalícias se prevê a existência de uma sequência de pagamentos periódicos, no caso dos seguros de vida o retorno dos prémios pagos ocorre, em regra, de uma só vez, por ocasião da morte do segurado e com um montante correspondente ao valor nominal da apólice. Por tudo isto, as rendas vitalícias surgem, por vezes, identificadas na literatura financeira como *capitais em caso de vida*, enquanto os seguros de vida se denominam por *capitais em caso de morte*, por serem, respectivamente, as circunstâncias da sobrevivência e do falecimento as determinantes do recebimento dos montantes envolvidos.

---

[1] Os seguros que visam cobrir o risco de morte constituem uma importante fonte de rendibilidade para as entidades seguradoras, dado o aumento da esperança de vida e o consequente retardamento no desembolso dos capitais garantidos. Aprofundaremos este assunto ainda no presente Capítulo, por intermédio do Caso Resolvido n.º 2.

[II.26b] $(V\ddot{a}:)_x^{(m)} = (V\ddot{a}:)_x - \dfrac{m-1}{2m}\left(Z + h \times a_x\right)$

[II.27a] $(Va::)_x^{(m)} = Z \times \left[\dfrac{N'_{x+1}}{D'_x}\left(1 + \dfrac{m-1}{2m} \times g\right) + \dfrac{m-1}{2m}\right]$

[II.27b] $(V\ddot{a}::)_x^{(m)} = Z \times \left[\dfrac{1}{1+g} \times \dfrac{N'_x}{D'_x} - \dfrac{m-1}{2m}\left(1 + \dfrac{g}{1+g} \times \dfrac{N'_{x+1}}{D'_x}\right)\right]$

[II.28] $P\, a_{x:\overline{n}|} = P\, \dfrac{N_{x+1} - N_{x+n+1}}{D_x}$

[II.29] $R\,_{n|}a_x = R\, \dfrac{N_{x+n+1}}{D_x}$

[II.30] $P\, \dfrac{N_{x+1} - N_{x+n+1}}{D_x} = R\, \dfrac{N_{x+n+1}}{D_x}$

[II.31] $R\,_{n|}a_{x:\overline{k}|} = R\, \dfrac{N_{x+n+1} - N_{x+n+k+1}}{D_x}$

[II.32] $P\, \dfrac{N_{x+1} - N_{x+n+1}}{D_x} = R\, \dfrac{N_{x+n+1} - N_{x+n+k+1}}{D_x}$

[II.33a] $T_x = Z \times \displaystyle\sum_{t=0}^{\omega-x-1} \dfrac{1}{\displaystyle\prod_{t=0}^{\omega-x-1} p_{x+t}}$

[II.33b] $T_x = Z \times \displaystyle\sum_{t=0}^{\omega-x-1} \dfrac{1}{v^{\omega-x-1}\displaystyle\prod_{t=0}^{\omega-x-1} p_{x+t}}$

[II.34a] $T_{x:\overline{n}|} = Z \times \displaystyle\sum_{t=0}^{n-1} \dfrac{1}{\displaystyle\prod_{t=0}^{n-1} p_{x+t}}$

[II.34b] $T_{x:\overline{n}|} = Z \times \displaystyle\sum_{t=0}^{n-1} \dfrac{1}{v^{n-t}\displaystyle\prod_{t=0}^{n-1} p_{x+t}}$

[II.21a] $\ddot{a}_x^{(m)} = \ddot{a}_x - \dfrac{m-1}{2m}$

[II.21b] $Z\,\ddot{a}_x^{(m)} = Z\left[\ddot{a}_x - \dfrac{m-1}{2m}\right]$

[II. 22a] $_{dl}a_x^{(m)} = {}_{dl}a_x + {}_dE_x \times \dfrac{m-1}{2m}$

[II. 22b] $Z\,{}_{dl}a_x^{(m)} = Z\left[{}_{dl}a_x + {}_dE_x \times \dfrac{m-1}{2m}\right]$

[II. 22c] $_{dl}\ddot{a}_x^{(m)} = {}_{dl}\ddot{a}_x - {}_dE_x \times \dfrac{m-1}{2m}$

[II. 22d] $Z\,{}_{dl}\ddot{a}_x^{(m)} = Z\left[{}_{dl}\ddot{a}_x - {}_dE_x \times \dfrac{m-1}{2m}\right]$

[II.23a] $a_{x:\overline{n}|}^{(m)} = a_{x:\overline{n}|} + \dfrac{m-1}{2m} \times \left(1 - {}_nE_x\right)$

[II.23b] $Z\,a_{x:\overline{n}|}^{(m)} = Z\left[a_{x:\overline{n}|} + \dfrac{m-1}{2m} \times \left(1 - {}_nE_x\right)\right]$

[II.24a] $\ddot{a}_{x:\overline{n}|}^{(m)} = \ddot{a}_{x:\overline{n}|} - \dfrac{m-1}{2m} \times \left(1 - {}_nE_x\right)$

[II.24b] $Z\,\ddot{a}_{x:\overline{n}|}^{(m)} = Z\left[\ddot{a}_{x:\overline{n}|} - \dfrac{m-1}{2m} \times \left(1 - {}_nE_x\right)\right]$

[II.25a] $_{dl}a_{x:\overline{n}|}^{(m)} = {}_{dl}a_{x:\overline{n}|} + \dfrac{m-1}{2m} \times \left({}_dE_x - {}_{d+n}E_x\right)$

[II.25b] $Z\,{}_{dl}a_{x:\overline{n}|}^{(m)} = Z\left[{}_{dl}a_{x:\overline{n}|} + \dfrac{m-1}{2m} \times \left({}_dE_x - {}_{d+n}E_x\right)\right]$

[II.25c] $_{dl}\ddot{a}_{x:\overline{n}|}^{(m)} = \ddot{a}_{x:\overline{n}|} - \dfrac{m-1}{2m} \times \left({}_dE_x - {}_{d+n}E_x\right)$

[II.25d] $Z\,{}_{dl}\ddot{a}_{x:\overline{n}|}^{(m)} = Z\left[{}_{dl}\ddot{a}_{x:\overline{n}|} - \dfrac{m-1}{2m} \times \left({}_dE_x - {}_{d+n}E_x\right)\right]$

[II.26a] $(Va\!:\!)_x^{(m)} = (Va\!:\!)_x + \dfrac{m-1}{2m}\,(Z + h \times a_x)$

[II.13b] $\quad (Ia)_{x:\overline{n}|} = \dfrac{S_{x+1} - S_{x+n+1} - nN_{x+n+1}}{D_x}$

[II.14a] $\quad (V\ddot{a}:)_{x:\overline{n}|} = Z \times \dfrac{N_x - N_{x+n}}{D_x} + h \times \dfrac{S_{x+1} - S_{x+n} - (n-1) \times N_{x+n}}{D_x}$

[II.14b] $\quad (Ia)_{x:\overline{n}|} = \dfrac{S_x - S_{x+n} - nN_{x+n}}{D_x}$

[II.15a] $\quad {}_{d|}(Va:)_{x:\overline{n}|} = Z \times \dfrac{N_{x+d+1} - N_{x+d+n+1}}{D_x} +$

$\quad\quad + h \times \dfrac{S_{x+d+2} - S_{x+d+n+1} - (n-1) \times N_{x+d+n+1}}{D_x}$

[II.15b] $\quad {}_{d|}(V\ddot{a}:)_{x:\overline{n}|} = Z \times \dfrac{N_{x+d+1} - N_{x+d+n+1}}{D_x} +$

$\quad\quad h \times \dfrac{S_{x+d+2} - S_{x+d+n+1} - (n-1) \times N_{x+d+n+1}}{D_x}$

[II.16] $\quad (Va::)_{x:\overline{n}|} = \dfrac{Z}{r} \times \dfrac{N'_{x+1} - N'_{x+n+1}}{D'_x}$

[II.17] $\quad (V\ddot{a}::)_{x:\overline{n}|} = Z \times \dfrac{N'_x - N'_{x+n}}{D'_x}$

[II.18a] $\quad {}_{d|}(Va::)_{x:\overline{n}|} = \dfrac{Z}{r^{d+1}} \times \dfrac{N'_{x+d+1} - N'_{x+d+n+1}}{D'_x}$

[II.18b] $\quad {}_{d|}(V\ddot{a}::)_{x:\overline{n}|} = \dfrac{Z}{r^d} \times \dfrac{N'_{x+d} - N'_{x+d+n}}{D'_x}$

[II.19] $\quad {}_{k+\frac{j}{m}}p_x = \dfrac{l_{x+k+\frac{j}{m}}}{l_x}$

[II.20a] $\quad a_x^{(m)} = a_x + \dfrac{m-1}{2m}$

[II.20b] $\quad Z\,a_x^{(m)} = Z\left(a_x + \dfrac{m-1}{2m}\right)$

[II.6a] $\quad {}_{d|}a_{x:n\rceil} = \dfrac{N_{x+d+1} - N_{x+d+n+1}}{D_x}$

[II.6b] $\quad Z\,{}_{d|}a_{x:n\rceil} = Z\,\dfrac{N_{x+d+1} - N_{x+d+n+1}}{D_x}$

[II.6c] $\quad {}_{d|}\ddot{a}_{x:n\rceil} = \dfrac{N_{x+d} - N_{x+d+n}}{D_x}$

[II.6d] $\quad Z\,{}_{d|}\ddot{a}_{x:n\rceil} = Z\,\dfrac{N_{x+d} - N_{x+d+n}}{D_x}$

[II.7a] $\quad (Va:)_x = Z_1\,\dfrac{N_{x+1}}{D_x} + \dfrac{h}{D_x}\,S_{x+2}$

[II.7b] $\quad (Ia)_x = \dfrac{S_{x+1}}{D_x}$

[II.8a] $\quad (V\ddot{a}:)_x = Z\,\dfrac{N_x}{D_x} + h\,\dfrac{S_{x+1}}{D_x}$

[II.8b] $\quad (I\ddot{a})_x = \dfrac{S_x}{D_x}$

[II.9a] $\quad {}_{d|}(Va:)_x = Z\,\dfrac{N_{x+d+1}}{D_x} + h\,\dfrac{S_{x+d+2}}{D_x}$

[II.9b] $\quad {}_{d|}(V\ddot{a}:)_x = Z\,\dfrac{N_{x+d}}{D_x} + h\,\dfrac{S_{x+d+1}}{D_x}$

[II.10] $\quad (Va::)_x = \dfrac{Z}{r}\,\dfrac{N'_{x+1}}{D'_x}$

[II.11] $\quad (V\ddot{a}::)_x = \sum_{k=1}^{\omega-x} \dfrac{D'_{x+k}}{D'_x} = Z\,\dfrac{N'_x}{D'_x}$

[II.12a] $\quad {}_{d|}(Va::)_x = \dfrac{Z}{r^{d+1}} \times \dfrac{N'_{x+d+1}}{D'_x}$

[II.12b] $\quad {}_{d|}(V\ddot{a}::)_x = \dfrac{Z}{r^d} \times \dfrac{N'_{x+d}}{D'_x}$

[II.13a] $\quad (Va:)_{x:n\rceil} = Z \times \dfrac{N_{x+1}-N_{x+n+1}}{D_x} + h \times \dfrac{S_{x+2}-S_{x+n+1}-(n-1)\times N_{x+n+1}}{D_x}$

O valor obtido refere-se ao prémio anual a pagar. Consequentemente, o prémio mensal será de $\dfrac{5.074,97\ €}{12} = 422,91\ €$.

FORMULÁRIO (II)

[II.1a] $\quad a_x = \dfrac{N_{x+1}}{D_x}$

[II.1b] $\quad Z\, a_x = Z\, \dfrac{N_{x+1}}{D_x}$

[II.2a] $\quad \ddot{a}_x = \dfrac{N_x}{D_x}$

[II.2b] $\quad Z\, \ddot{a}_x = Z\, \dfrac{N_x}{D_x}$

[II.3a] $\quad {}_{d|}a_x = \dfrac{N_{x+d+1}}{D_x}$

[II.3b] $\quad Z\, {}_{d|}a_x = Z\, \dfrac{N_{x+d+1}}{D_x}$

[II.3c] $\quad {}_{d|}\ddot{a}_x = \dfrac{N_{x+d}}{D_x}$

[II.3d] $\quad Z\, {}_{d|}\ddot{a}_x = Z\, \dfrac{N_{x+d}}{D_x}$

[II.4a] $\quad a_{x:\overline{n}|} = \dfrac{N_{x+1} - N_{x+n+1}}{D_x}$

[II.4b] $\quad Z\, a_{x:\overline{n}|} = Z\, \dfrac{N_{x+1} - N_{x+n+1}}{D_x}$

[II.5a] $\quad \ddot{a}_{x:\overline{n}|} = \dfrac{N_x - N_{x+n}}{D_x}$

[II.5b] $\quad Z\, \ddot{a}_{x:\overline{n}|} = Z\, \dfrac{N_x - N_{x+n}}{D_x}$

$$20.000 \;_{10|}a_{50:\overline{3}|}^{(2)} = 20.000 \; \text{€} \times \frac{508.394,485 - 428.455,337}{35.574,538} + 5.000 \; \text{€} \times$$

$$\times \frac{28.055,208 - 25.946,793}{35.574,538} = 44.941,78 \; \text{€} + 296,34 \; \text{€} = 45.238,12 \; \text{€}$$

No que se refere aos prémios, estes têm lugar no final de cada mês, durante 10 anos (entre os 50 e os 60 anos), pelo que configuram uma renda temporária, de efeito imediato de termos constantes e postecipados. Tal significa que, de acordo com [II.23b],

$$P \, a_{50:\overline{10}|}^{(12)} = P \left[a_{50:\overline{10}|} + \frac{12-1}{2 \times 12} \times \left(1 - {}_{10}E_{50}\right) \right]$$

$$P \, a_{50:\overline{10}|}^{(12)} = P \left[\frac{N_{50+1} - N_{50+10+1}}{D_{50}} + \frac{11}{24} \times \left(1 - \frac{D_{50+10}}{D_{50}}\right) \right]$$

$$P \, a_{50:\overline{10}|}^{(12)} = P \left[\frac{N_{51} - N_{61}}{D_{50}} + \frac{11}{24} \times \left(1 - \frac{D_{60}}{D_{50}}\right) \right]$$

Recorde-se, no entanto, que $P \, a_{50:\overline{10}|}^{(12)} = 45.238,12 \; \text{€}$, pelo que fica

$$P \left[\frac{N_{51} - N_{61}}{D_{50}} + \frac{11}{24} \times \left(1 - \frac{D_{60}}{D_{50}}\right) \right] = 45.238,12 \; \text{€}$$

Consultamos o valor relativos a N_{51} e resolvemos a expressão em ordem a P. Vem, assim, que

$$P \left[\frac{822.058,640 - 508.394,485}{35.574,538} + \frac{11}{24} \times \left(1 - \frac{28.055,208}{35.574,538}\right) \right] = 45.238,12 \; \text{€}$$

$P \times (8,817097077 + 0,0968771424) = 45.238,12 \; \text{€}$

$8,913974219 \, P = 45.238,12 \; \text{€}$

$P = 5.074,97 \; \text{€}$

Uma pequena *nota* no que concerne ao presente exercício: trata-se de um problema bastante simples uma vez que o valor de x é próximo do valor de ω; no entanto, para valores menores de x, o cálculo de uma tontina de vida inteira pode revelar-se deveras intricado, apenas possível através do recurso a uma folha de cálculo.

19 – De acordo com a TV 88-90, qual deverá ser a quantia a investir por um indivíduo de 50 anos, no final de cada mês, de modo a poder obter a partir dos 60 anos e no final de cada um dos 6 semestres seguintes, a quantia de 10.000 €?

Resolução:

Estamos em presença de uma renda apólice, em que tanto a sucessão das entregas como a dos recebimentos futuros não obedecem a uma periodicidade anual. Sabemos, porém, que ambos os valores actualizados são equivalentes, sob o ponto de vista actuarial, na data da contratação do investimento.

Como nos é indicado o montante dos recebimentos, começamos por calcular o respectivo valor actual. O mesmo corresponde ao valor de uma renda temporária (a vigorar entre os 60 e os 63 anos do indivíduo, uma vez que os termos se reportam ao final dos 6 semestres seguintes), de termos constantes e postecipados (os recebimentos anuais ascenderão a 20.000 €) e com um efeito diferido de 10 anos (pois o investimento tem início aos 50 anos do indivíduo). Esse valor actual resulta da aplicação de [II.25b], sendo que

$$20.000 \,_{10|}a^{(2)}_{50:\overline{3}|} = 20.000 \, € \times \left[\,_{10|}a_{50:\overline{3}|} + \frac{2-1}{2\times 2} \times \left(\,_{10}E_{50} - \,_{10+3}E_{50} \right) \right]$$

$$20.000 \,_{10|}a^{(2)}_{50:\overline{3}|} = 20.000 \, € \times \left[\frac{N_{50+10+1} - N_{50+10+3+1}}{D_{50}} + \frac{1}{4} \times \left(\frac{D_{50+10}}{D_{50}} - \frac{D_{50+10+3}}{D_{50}} \right) \right]$$

$$20.000 \,_{10|}a^{(2)}_{50:\overline{3}|} = 20.000 \, € \times \left[\frac{N_{61} - N_{64}}{D_{50}} + \frac{1}{4} \times \left(\frac{D_{60}}{D_{50}} - \frac{D_{63}}{D_{50}} \right) \right]$$

Retiramos da TV 88-90 os valores que correspondem aos símbolos de comutação apontados, logo

$$T_x = Z \times \sum_{t=0}^{\omega-x-1} \frac{1}{\prod_{t=0}^{\omega-x-1} p_{x+t}}$$

sendo $x = 94$, $\omega = 100$ e $Z = 10.000$ €, logo

$$T_{94} = 10.000 \, € \times \sum_{t=0}^{100-94-1} \frac{1}{\prod_{t=0}^{100-94-1} p_{94+t}} = 10.000 \, € \times \sum_{t=0}^{5} \frac{1}{\prod_{t=0}^{5} p_{94+t}} =$$

$$= 10.000 \, € \left[\frac{1}{p_{94} \times p_{95} \times p_{96} \times p_{97} \times p_{98} \times p_{99}} + \frac{1}{p_{95} \times p_{96} \times p_{97} \times p_{98} \times p_{99}} + \right.$$

$$\left. + \frac{1}{p_{96} \times p_{97} \times p_{98} \times p_{99}} + \frac{1}{p_{97} \times p_{98} \times p_{99}} + \frac{1}{p_{98} \times p_{99}} + \frac{1}{p_{99}} \right] =$$

$$= 10.000 \, € \left[\frac{1}{0,74788 \times 0,72049 \times 0,69111 \times 0,65832 \times 0,62420 \times 0,58755} + \right.$$

$$+ \frac{1}{0,72049 \times 0,69111 \times 0,65832 \times 0,62420 \times 0,58755} +$$

$$+ \frac{1}{0,69111 \times 0,65832 \times 0,62420 \times 0,58755} + \frac{1}{0,65832 \times 0,62420 \times 0,58755} +$$

$$\left. + \frac{1}{0,62420 \times 0,58755} + \frac{1}{0,58755} \right] = 10.000 \, € \left[\frac{1}{0,089911} + \frac{1}{0,120221} + \right.$$

$$\left. + \frac{1}{0,16686} + \frac{1}{0,241438} + \frac{1}{0,366749} + \frac{1}{0,58755} \right] =$$

$= 10.000 \, € \times (11,12211 + 8,318014 + 5,99304 + 4,14185 + 2,726661 + 1,701983)$

$= 10.000 \, € \times 34,003658 = 340.036,58 \, €$

O montante da tontina será de 340.036,58 €.

18 – De acordo com os elementos apontados na PEF 90, determine o valor a receber pelo último dos sobreviventes de uma tontina constituída hoje, por um grupo de indivíduos de 94 anos, sabendo que as entregas anuais são de 10.000 € e que os juros periódicos são recebidos.

Resolução:

O valor pretendido corresponde a uma tontina de vida inteira, pelo que necessitamos de calcular as probabilidades de sobrevivência dos membros do grupo. Para melhor sistematização, elaboramos um pequeno quadro, onde se evidenciam os vários l_x retirados da tábua e se determinam os valores de cada p_x.

x	l_x	p_x
94	100.544	$p_{94} = \dfrac{l_{95}}{l_{94}} = \dfrac{75.195}{100.544} = 0{,}74788$
95	75.195	$p_{95} = \dfrac{l_{96}}{l_{95}} = \dfrac{54.177}{75.195} = 0{,}72049$
96	54.177	$p_{96} = \dfrac{l_{97}}{l_{96}} = \dfrac{37.442}{54.177} = 0{,}69111$
97	37.422	$p_{97} = \dfrac{l_{98}}{l_{97}} = \dfrac{24.649}{37.442} = 0{,}65832$
98	24.649	$p_{98} = \dfrac{l_{99}}{l_{98}} = \dfrac{15.386}{24.649} = 0{,}62420$
99	15.386	$p_{99} = \dfrac{l_{100}}{l_{99}} = \dfrac{9.040}{15.386} = 0{,}58755$
100	9.040	(a)

(a) Não se torna possível calcular p_{100}, uma vez que $p_{100} = \dfrac{l_{100+1}}{l_{100}}$ e supostamente já não haverá sobreviventes para $x = 101$.

Não havendo acumulação dos juros produzidos, o valor da tontina será obtido através de

17 – Certo indivíduo, aos 30 anos de idade, contrata com uma entidade financeira uma renda com as seguintes características:

- no final de cada ano, recebimento de 1.500 €, a partir dos 60 anos, o qual será garantido nos 10 anos seguintes, se o indivíduo atingir com vida essa idade;
- a partir dos 70 anos, o recebimento será do mesmo montante e ocorrerá apenas se o idivíduo sobreviver.

Tendo por base a PEM 90, determine o montante de investimento a realizar no imediato.

Resolução:

A quantia a investir resulta da soma do valor actual de duas rendas: a primeira compreende 10 termos certos, uma vez que os pagamentos são garantidos entre os 61 e os 70 anos; a segunda é uma renda de vida inteira, de termos postecipados, vecendo o primeiro quando o indivíduo atingir a idade de 71 anos.

Porém, a renda de termos certos, para além de diferida 30 anos, terá lugar apenas se o indivíduo sobreviver ao longo desse tempo. Assim sendo, multiplicamos o valor actual dessa renda por $_{30}E_{30}$, que corresponde, assim, ao factor de actualização actuarial e que traduz, em simultâneo, a probabilidade de sobrevivência e a valorização do capital ao longo desse tempo.

Por sua vez, a renda de vida inteira terá um diferimento de 40 anos.

Tomando as expressões correspondentes a atendendo aos dados do problema, vem que

$$I = 1.500 \text{€} \times \frac{1-(1+4\%)^{-10}}{4\%} \times {}_{30}E_{30} + 1.500 \text{€} \times \frac{N_{30+40+1}}{D_{30}}$$

$$I = 1.500 \text{€} \times \frac{1-(1+4\%)^{-10}}{4\%} \times \frac{D_{60}}{D_{30}} + 1.500 \text{€} \times \frac{N_{71}}{D_{30}}$$

$$I = 1.500 \text{€} \times \frac{1-(1+4\%)^{-10}}{4\%} \times \frac{79.978,973}{297.193,914} + 1.500 \text{€} \times \frac{382.891,080}{297.193,914}$$

$$I = 5.206,66 \text{€}$$

A quantia a investir é de 5.206,66 €

Resolvemos a equação em ordem a Z, pois Z refere-se ao montante anual constante a receber entre os 65 e os 80 anos, sendo também a primeira quantia correspondente à segunda parte dos recebimentos.Os símbolos de comutação relativos ao 2.º membro do braço direito da expressão retiram-se da tábua auxiliar decorrente de $i' = 2{,}97\%$, excepção feita dos referentes a D_x, por se tratarem dos coeficientes de actualização actuarial.

$$8.557{,}61\ \text{\euro} = Z \times \left[\frac{N_{25+40+1} - N_{25+40+15+1}}{D_{25}} - \frac{11}{24} \times \left(\frac{D_{25+40}}{D_{25}} - \frac{D_{25+40+15}}{D_{25}}\right)\right] +$$

$$+ Z \times \left[\frac{1}{1+1\%} \times \frac{N'_{25+55}}{D'_{25+55}} - \frac{12-1}{2\times 12}\left(1 + \frac{1\%}{1+1\%} \times \frac{N'_{25+1}}{D'_{25}}\right)\right] \times \frac{D_{25+55}}{D_{25}}$$

$$8.557{,}61\ \text{\euro} = Z \times \left[\frac{N_{66} - N_{81}}{D_{25}} - \frac{11}{24} \times \left(\frac{D_{65}}{D_{25}} - \frac{D_{80}}{D_{25}}\right)\right] +$$

$$+ Z \times \left[\frac{1}{1+1\%} \times \frac{N'_{80}}{D'_{80}} - \frac{11}{24}\left(1 + \frac{1\%}{1+1\%} \times \frac{N'_{26}}{D'_{25}}\right)\right] \times \frac{D_{80}}{D_{25}}$$

$$8.557{,}61\ \text{\euro} = Z \times \left[\frac{60.468{,}840 - 8.723{,}656}{36.582{,}891} - \frac{11}{24} \times \left(\frac{5.838{,}077 - 1.693{,}767}{36.582{,}891}\right)\right] +$$

$$+ Z \times \left[\frac{1}{1+1\%} \times \frac{24.064{,}556}{3.755{,}467} - \frac{11}{24}\left(1 + \frac{1\%}{1+1\%} \times \frac{1.159.166{,}330}{46.918{,}453}\right)\right] \times \frac{1.693{,}767}{36.582{,}891}$$

$8.557{,}61\ \text{\euro} = Z \times 1{,}36254153843 + Z \times 0{,}2673320241$

$Z = 7.813{,}67\ \text{\euro}$

A quantia mensal a receber entre os 65 e os 80 anos é de cerca de 651,14 €, uma vez que a quantia anual ronda os 7.813,67 €.

b) Os montantes anuais crescem a uma taxa de 1%, logo r = 1,01. Teremos que

$$Z_{86} = Z_{80} \times (1{,}01)^6 = 7.813{,}67\ \text{\euro} \times (1{,}01)^6 = 8.294{,}37\ \text{\euro}.$$

Logo a quantia mensal a receber aos 86 anos será de 691,20 €.

$$(V\ddot{a}::)_{25:40\neg} = (12 \times 25\ €) \times \frac{N'_{25}-N'_{25+40}}{D'_{25}}$$

$$(V\ddot{a}::)_{25:40\neg} = 300\ € \times \frac{N'_{25}-N'_{65}}{D'_{25}}$$

Consultamos os símbolos de comutação na tábua auxiliar que decorre de $i' = 1,4634\%$.

$$(V\ddot{a}::)_{25:40\neg} = 300\ € \times \frac{2.361.093,669 - 404.490,562}{67.822,879}$$

$$(V\ddot{a}::)_{25:40\neg} = 8.654,62\ €$$

Determinamos, de seguida, $(V\ddot{a}::)^{(12)}_{25:40\neg}$, sendo, então, que

$$(V\ddot{a}::)^{(12)}_{25:40\neg} = 8.654,62\ € \times \left(1 - \frac{12-1}{2\times 12} \times \frac{2,5\%}{1+2,5\%}\right) - \frac{12-1}{2\times 12} \times \frac{1}{1+2,5\%} \times$$

$$\times \left(1 - \frac{D'_{65}}{D'_{25}}\right) = 8.654,62\ € \times 0,98882 - 0,44715 \times \left(1 - \frac{29.061,975}{67.822,879}\right) =$$

$$= 8.557,61\ €$$

Retomando a igualdade inicialmente estabelecida, teremos que

$$8.557,61\ € = Z_{\ 40|}\ddot{a}^{(12)}_{25:15\neg} + {}_{55|}(V\ddot{a}::)^{(12)}_{25}$$

ou ainda

$$8.557,61\ € = Z_{\ 40|}\ddot{a}^{(12)}_{25:15\neg} + (V\ddot{a}::)^{(12)}_{25+55} \times {}_{55}E_{25}$$

$$8.557,61\ € = Z\left[{}_{40|}\ddot{a}_{25:15\neg} - \frac{12-1}{2\times 12} \times \left({}_{40}E_{25} - {}_{40+15}E_{25}\right)\right] +$$

$$+ Z \times \left[\frac{1}{1+1\%} \times \frac{N'_{25+55}}{D'_{25+55}} - \frac{12-1}{2\times 12}\left(1 + \frac{1\%}{1+1\%} \times \frac{N'_{25+1}}{D'_{25}}\right)\right] \times \frac{D_{25+55}}{D_{25}}$$

Resolução:

a) O problema em apreço consubstancia o caso de uma renda apólice, com as seguintes características: as entregas realizadas equivalem a uma renda temporária, de termos antecipados, imediatos, fraccionados e variáveis em progressão geométrica; por sua vez, os recebimentos resultam da soma de duas rendas ambas de termos mensais e diferidos, sendo a primeira de termos constantes, com um diferimento de 40 anos, e a segunda de termos variáveis em progressão geométrica, com um diferimento de 55 anos.

Em termos de formalização, vem que

$$(V\ddot{a}::)_{25:\overline{40}|}^{(12)} = Z\,_{40|}\ddot{a}_{25:\overline{15}|}^{(12)} + \,_{55|}(V\ddot{a}::)_{25}^{(12)}$$

Acresce que temos que construir as tábuas auxiliares tendo por base a TD 88-90, isto porque temos duas progressões geométricas com razões diferentes. A primeira tábua tem associado um coeficiente de actualização igual a $i' = \dfrac{1+4\%}{1+2,5\%} - 1 = 1,4634\%$. A segunda decorre de um coeficiente de actualização igual a $i' = \dfrac{1+4\%}{1+1\%} - 1 = 2,97\%$. Ambas as tábuas constam do Anexo VIII.

Começamos por determinar o valor actual das entregas, que corresponde a $(V\ddot{a}::)_{25:\overline{40}|}^{(12)}$. No texto, não procedemos à formalização das expressões relativas às rendas temporárias, de termos variáveis e fraccionados. Demonstra-se[23], porém, que

$$(V\ddot{a}::)_{x:\overline{n}|}^{(m)} = (V\ddot{a}::)_{x:\overline{n}|} \times \left(1 - \frac{m-1}{2m} \times \frac{g}{1+g}\right) - \frac{m-1}{2m} \times \frac{1}{1+g} \times (1 - \,_{n}E'_{x})$$

Assim sendo, começamos por determinar $(V\ddot{a}::)_{x:\overline{n}|}$, ou seja, de acordo com os dados do problema, $(V\ddot{a}::)_{25:\overline{40}|}$.

---

[23] Cfr. R. Moreno Ruiz et al., *Matemática de los seguros de vida*, p. 127. Demonstra-se, também, que

$$(Va::)_{x:\overline{n}|}^{(m)} = (Va::)_{x:\overline{n}|} \times \left(1 + g \times \frac{m-1}{2m}\right) + \frac{m-1}{2m} \times (1 - \,_{n}E'_{x})$$

uma vez que $_dE_x$ representa o coeficiente de actualização actuarial a d períodos. Considerando, agora, os dados do problema, vem que

$$_{24|}(Va∷)_{60}^{(12)} = 1.800\ € × \left[\frac{N'_{60+1}}{D'_{60}}\left(1+\frac{12-1}{2×12}×2\%\right)+\frac{12-1}{2×12}\right] × \frac{D_{60+24}}{D_{60}}$$

$$_{24|}(Va∷)_{60}^{(12)} = 1.800\ € × \left[\frac{N'_{61}}{D'_{60}}\left(1+\frac{11}{24}×2\%\right)+\frac{11}{24}\right] × \frac{D_{84}}{D_{60}}$$

A tábua auxiliar cujo factor de actualização decorre da existência de uma progressão geométrica de razão igual a 1,02 já foi construída anteriormente, podendo ser consultada no Anexo VIII. Dela retiramos os valores referentes a N'_{61} e D'_{60}; enquanto isso, D_{84} e D_{60} resultam da PF 94 inicial. Consequentemente,

$$_{24|}(Va∷)_{60}^{(12)} = 1.800\ € × \left[\frac{996.632,200}{50.825,195}\left(1+\frac{11}{24}×2\%\right)+\frac{11}{24}\right] × \frac{3.527,600}{15.490,690}$$

$$_{24|}(Va∷)_{60}^{(12)} = 8.299,35\ €$$

O investimento a realizar por Aníbal no momento imediato será de 8.299,35 €.

16 – António tem 25 anos e acabou de arranjar o seu primeiro emprego. Está, porém, consciente dos problemas que poderá enfrentar quando atingir a idade de reforma. Assim sendo, dirige-se a uma entidade financeira que lhe propõe a subscrição de uma renda vitalícia nas seguintes condições:

- como espera que os seus rendimentos aumentem ao longo da sua carreira, de modo a acompanhar o nível geral de preços, António entregará no início de cada ano, desde o momento imediato e até atingir a idade da reforma, uma quantia mensal, cujo montante anual que lhe corresponde aumenta à taxa de 2,5% ao ano;
- dos 65 aos 80 anos, caso sobreviva, António receberá, no início de cada mês, uma quantia constante;
- a partir dos 80 anos, essa quantia crescerá em cada ano a uma taxa de 1%.

Supondo que António pretende começar por empregar 25 € por mês, calcule:

a) A quantia mensal constante a receber entre os 65 e os 80 anos.
b) A quantia mensal que receberá ao atingir 86 anos.
Obs.: TD 88-90.

Resolução:

Estamos em presença de uma renda diferida, embora esse prazo de diferimento seja desconhecido.

Começamos, assim, por calcular a esperança de vida à idade de 65 anos, atendendo aos parâmetros da PF 94. Por uma questão de rigor, utilizamos o indicador que permite calcular a *esperança de vida completa* à idade x e que formalizámos no Capítulo I

$$\hat{e}_{65} = 0,5 + \frac{1}{l_{65}} \sum_{t=1}^{106-65-1} l_{65+t}$$

$$\hat{e}_{65} = 0,5 + \frac{1}{87.611} \times 1.589.694$$

$$\hat{e}_{65} = 18,64 \text{ anos}$$

À semelhança de exemplos anteriores, o valor atinente a $\sum_{t=1}^{106-65-1} l_{65+t}$ obteve-se por meio de uma folha de cálculo.

A esperança de vida aos 65 anos é de 18,64 anos, ou seja, é expectável que os indivíduos dessa idade vivam até aos 83,64 anos. De acordo com o próprio enunciado, que nos sugere a consideração de um número de anos inteiros, definiremos que $\hat{e}_{65} \cong 19$ anos. Como Aníbal realiza o seu investimento à idade de 60 anos, $d = 5 + 19 = 24$ anos.

Para além disso, a quantia total referente ao 1.º ano de recebimentos é de 1800 €, ou seja, 12×150 €.

Não formalizámos em texto a expressão que permite calcular o valor actual de uma renda de vida inteira, de termos fraccionados, diferidos e variáveis em progressão geométrica. Porém, se tomarmos a expressão que permite calcular o valor actual de uma renda de vida inteira, de termos imediatos, postecipados, fraccionados e variáveis em progressão geométrica e fixarmos $_{d|}(Va::)_x^{(m)}$ como a sigla que identifica o valor actual de uma renda de vida inteira, de termos postecipados, fraccionados e variáveis em progressão geométrica, mas diferidos d períodos, podemos estabelecer que

$$_{d|}(Va::)_x^{(m)} = Z \times \left[\frac{N'_{x+1}}{D'_x}\left(1 + \frac{m-1}{2m} \times g\right) + \frac{m-1}{2m}\right] \times {_dE_x}$$

$$Z\, a_{30:\overline{35}|}^{(12)} = Z\left[a_{30:\overline{35}|} + \frac{12-1}{2\times 12}\times\left(1 - {}_{35}E_{30}\right)\right]$$

$$83.355,07\ \text{€} = Z\left[\frac{N_{30+1} - N_{30+35+1}}{D_{30}} + \frac{12-1}{2\times 12}\times\left(1 - {}_{35}E_{30}\right)\right]$$

$$83.355,07\ \text{€} = Z\left[\frac{N_{31} - N_{66}}{D_{30}} + \frac{12-1}{2\times 12}\times\left(1 - \frac{D_{65}}{D_{30}}\right)\right]$$

$$83.355,07\ \text{€} = Z\left[\frac{1.701.280,049 - 378.583,263}{54.307,765} + \frac{11}{24}\times\left(1 - \frac{24.562,438}{54.307,765}\right)\right]$$

$$83.355,07\ \text{€} = Z \times 24,60661124$$

$$Z = 3.387,51\ \text{€}$$

O prémio mensal a pagar vai ser de $\dfrac{3.387,51\ \text{€}}{12} = 282,29\ \text{€}$.

15 – Aníbal tem 60 anos e quotiza para o regime geral de Segurança Social, donde espera vir a auferir uma pensão de velhice, uma vez atingida a idade legal. Para além disso, Aníbal conta com o retorno de alguns investimentos que realizou ao longo da sua vida activa. Porém, dados os contínuos acréscimos que se têm feito sentir ao nível da longevidade humana, Aníbal receia que esses investimentos se esgotem a partir de uma certa idade.

Colocado o problema à entidade financeira junto da qual efectuou os seus investimentos, esta informa-o que se encontra em fase de lançamento de um produto financeiro com as seguintes características:

– renda vitalícia, destinada a funcionar como complemento à pensão auferida no âmbito do sistema público;
– essa renda terá um efeito diferido e apenas começará a ser paga se o indivíduo sobreviver após a idade correspondente à esperança média de vida (n.º de anos inteiros) aos 65 anos.

Aníbal concorda, desde que os recebimentos ocorram no final de cada mês, sejam, cada um deles, de 150 € no 1.º ano e cresçam a uma taxa média anual de 2% ao ano.

Tendo por base a PF 94, calcule a quantia a investir no imediato por Aníbal, de modo a subscerever um produto com tais características.

de 35 anos, coincidente com o período das entregas. No texto, formalizámos apenas o caso das rendas vitalícias e imediatas. Podemos, no entanto, tomar a expressão proposta para o caso das rendas imediatas e proceder à sua actualização por d períodos. Se considerarmos que $_{d|}(V\ddot{a}::)_x^{(m)}$ identifica o valor actual de uma renda de vida inteira, de termos antecipados, fraccionados e variáveis em progressão geométrica, podemos estabelecer que

$$_{d|}(V\ddot{a}::)_x^{(m)} = Z \left[\frac{1}{1+g} \times {}^r\ddot{a}_{x+d} - \frac{m-1}{2m}\left(1 + \frac{g}{1+g} \times {}^r a_{x+d}\right) \right] \times {}_dE_x$$

$$_{d|}(V\ddot{a}::)_x^{(m)} = Z \times \left[\frac{1}{1+g} \times \frac{N'_{x+d}}{D'_{x+d}} - \frac{m-1}{2m}\left(1 + \frac{g}{1+g} \times \frac{N'_{x+d+1}}{D'_{x+d}}\right) \right] \times {}_dE_x$$

Trata-se de uma renda vitalícia com início no momento $x + d$ e ${}_dE_x$ traduz o factor de actualização que a reporta para o momento x. Aplicamos a expressão anterior aos elementos em apreço, donde resulta que

$$_{35|}(V\ddot{a}::)_{30}^{(4)} = 10.000 \ \text{€} \times \left[\frac{1}{1+1,5\%} \times \frac{N'_{30+35}}{D'_{30+35}} - \frac{4-1}{2\times 4}\left(1 + \frac{1,5\%}{1+1,5\%} \times \frac{N'_{30+35+1}}{D'_{30+35}}\right) \right]$$

$$\times {}_{35}E_{30} = 10.000 \ \text{€} \times \left[\frac{1}{1+1,5\%} \times \frac{N'_{65}}{D'_{65}} - \frac{4-1}{2\times 4}\left(1 + \frac{1,5\%}{1+1,5\%} \times \frac{N'_{66}}{D'_{65}}\right) \right] \times \frac{D_{65}}{D_{30}}$$

Os valores referentes a N'_{65}, D'_{65}, e N'_{66} decorrem da tábua auxiliar já construída e que consta do Anexo VIII; já D_{65} e D_{30}, sendo meros factores de actualização, retiram-se da TV 88-90 inicial.

$$_{35|}(V\ddot{a}::)_{30}^{(4)} = 10.000 \ \text{€} \times \left[\frac{1}{1,015} \times \frac{1.240.582,496}{64.649,812} - \frac{3}{8}\left(1 + \frac{0,015}{1,015} \times \frac{1.175.932,684}{64.649,812}\right) \right]$$

$$\times \frac{24.562,438}{54.307,765} = 83.355,07 \ \text{€}$$

Queremos, agora, conhecer o montante dos prémios mensais pagos ao longo dos 35 anos, que corresponde a uma renda temporária, imediata, de termos postecipados e mensais, cujo valor actual equivale ao agora calculado. Vem, assim, que

Retiramos da TV 73-77 os valores que correspondem aos símbolos de comutação apontados e determinamos o valor de Z.

$$12.277,75\ € = Z \times \frac{53.378,403 - 8.472,463}{15.129,064} + 100\ € \times$$

$$\times \frac{414.843,410 - 42.337,474 - 14 \times 8.472,463}{15.129,064} + (Z + 1.400\ €) \times \frac{8.472,463}{15.129,064}$$

$12.277,75\ € = Z \times 2,96819 + 16,78\ € + 0,56\ Z + 784,02\ €$

$12.277,75\ € = 3,52819\ Z + 800,80\ €$

$Z = 3.252,93\ €$

Como vimos anteriormente, o valor anual a receber após a idade de 80 anos é de $3.252,93\ € + 1.400\ €$, logo é igual $4.652,93\ €$

b) No momento em que atingir a idade de 75 anos receberá

$Z_{75} = Z_{65} + (k - 1) \times 100\ €$

$Z_{75} = 3.252,93\ € + (10 - 1) \times 100\ €$

$Z_{75} = 4.152,93\ €$

14 – Considere o caso de um indivíduo de 30 anos que pretende realizar entregas constantes, no final de cada mês, até atingir a idade de 65 anos, de modo a que, uma vez atingida essa idade e enquanto sobreviver, possa efectuar levantamentos, no início de cada trimestre, de uma quantia que no 1.º ano perfará 10.000 € e aumentará 1,5% em cada ano decorrido. Tendo por base a TV 88-90, determine o montante das entregas mensais a realizar entre os 30 e os 65 anos.

Resolução:

Começamos por calcular o valor actual dos recebimentos, o qual será equivalente ao valor actual dos prémios; esse valor, permitirá, posteriormente, determinar o montante do prémio mensal.

Os recebimentos configuram o caso de uma renda vitalícia, de termos antecipados, fraccionados e variáveis em progressão geométrica, que crescem, em cada ano, à taxa de 1,5%. Estes recebimentos têm, porém, um diferimento

Resolução:

a) Estamos em presença de uma renda apólice, em que as entregas correspondem a uma renda temporária de termos antecipados, em que Z = 1.500 €, x = 42 e n = 10. Começamos, assim, por calcular o valor actual das entregas, sendo que

$$1.500\ \ddot{a}_{42:\overline{10}|} = 1.500\ € \times \frac{N_{42} - N_{42+10}}{D_{42}}$$

$$1.500\ \ddot{a}_{42:\overline{10}|} = 1.500\ € \times \frac{N_{42} - N_{52}}{D_{42}}$$

Da consulta da TV 73-77 decorre que

$$1.500\ \ddot{a}_{42:\overline{10}|} = 1.500\ € \times \frac{274.876,082 - 151.042,187}{15.129,064}$$

$$1.500\ \ddot{a}_{42:\overline{10}|} = 12.277,75\ €$$

Temos assim determinado o valor actual das entregas, o qual será equivalente ao valor actual dos recebimentos futuros. Este último resulta da soma de duas rendas: a primeira é uma renda temporária com 15 termos anuais (correspondentes ao período entre os 65 e os 80 anos), variáveis em progressão aritmética de razão igual a 100 € e com um efeito diferido de 23 anos (dos 42 aos 65 anos); por sua vez, a segunda é uma renda de vida inteira, de termos constantes e iguais a Z + (15 − 1) × 100 € – que é o último montante variável e concernente à idade de 80 anos – e com um efeito diferido de 38 anos (dos 42 aos 80 anos). Ao formalizarmos, vem que

$$1.500\ \ddot{a}_{42:\overline{10}|} = {}_{23|}(Va:)_{42:\overline{15}|} + [Z + (15-1) \times 100\ €]\ {}_{38|}a_{42}$$

ou seja

$$12.277,75\ € = Z \times \frac{N_{42+23+1} - N_{42+23+15+1}}{D_{42}} + 100\ € \times$$

$$\times \frac{S_{42+23+2} - S_{42+23+15+1} - (15-1) \times N_{42+23+15+1}}{D_{42}} + (Z + 1.400\ €) \frac{N_{42+38+1}}{D_{42}}$$

$$12.277,75\ € = Z \times \frac{N_{66} - N_{81}}{D_{42}} + 100\ € \times \frac{S_{67} - S_{81} - 14 \times N_{81}}{D_{42}} + (Z + 1.400\ €) \frac{N_{81}}{D_{42}}$$

A expressão a aplicar no caso da existência de *improvements* nas condições de mortalidade é exactamente a mesma, ou seja, teremos, de novo, que

$$_{10|}(Va:)_{50:20\overline{\rceil}} = 3.000 \times \frac{N_{61}-N_{81}}{D_{50}} + 200 \times \frac{S_{62}-S_{82}-19 \times N_{81}}{D_{50}}$$

Simplesmente que agora os valores relativos aos símbolos de comutação são retirados da tábua auxiliar que construímos tendo por base os λ apontados e que se inclui no Anexo VIII. Surge, assim, que

$$_{10|}(Va:)_{50:20\overline{\rceil}} = 3.000 \text{ €} \times \frac{578.928,052 - 149.796,514}{35.574,538} + 200 \text{ €} \times$$

$$\times \frac{7.676.362,213 - 1.027.032,372 - 19 \times 149.796,514}{35.574,538}$$

$$_{10|}(Va:)_{50:20\overline{\rceil}} = 36.188,65 \text{ €} + 21.381,56 \text{ €}$$

$$_{10|}(Va:)_{50:20\overline{\rceil}} = 57.570,21 \text{ €}$$

A quantia a entregar é maior na eventualidade de serem considerados *improvements* na mortalidade, pois aumenta a probabilidade de a entidade financeira proceder à entrega efectiva dos valores em questão.

13 – Amadeu tem 42 anos e pretende subscrever um produto financeiro com as seguintes características:

- entrega, no início de cada um dos próximos 10 anos, da quantia de 1.500 €;
- entre os 65 e os 80 anos de idade e no pressuposto de que sobrevive, recebimento, no final de cada ano, de uma certa quantia, que registará um acréscimo anual de 100 €;
- a partir dos 80 anos e, mais uma vez, no pressuposto de que sobrevive, a quantia a receber manter-se-á estável e igual ao montante atingido aos 80 anos.

Tendo por base a TV 73-77, determine:

a) A quantia a receber a partir dos 80 anos;
b) A quantia a receber no preciso momento em que atingir a idade de 75 anos.

O montante anual a receber seria, neste caso, de 1.164,34 €, logo cerca de 97 euros e 3 cêntimos em cada mês. A quantia anual a receber nesta possibilidade é necessariamente menor que a obtida na alínea anterior, sendo, no entanto, maior a respectiva liquidez.

12 – Considere uma renda temporária a 20 anos, de termos postecipados, mas com um efeito diferido de 10 anos, de termos variáveis em progressão aritmética, sendo Z = 3.000 € e h = 200 €. Compare o investimento a realizar por um indivíduo de 50 anos, no caso de a entidade financeira junto da qual se realiza a aplicação sustentar os seus cálculos na TV 88-90 ou, **em alternativa**, atender aos seguintes *improvements*:

$$\begin{cases} \lambda_{x+t} = 0,025000, \text{ para } 50 \leq x+t < 75 \\ \lambda_{x+t} = 0,015000, \text{ para } x+t \geq 75 \end{cases}$$

Teça, ainda, os comentários que entender por adequados.

Resolução:

Começamos por calcular o investimento a realizar no caso de serem tidos em conta os elementos base da TV 88-90. Aplicando [II.15a] aos dados do problema, resulta

$$_{10|}(Va:)_{50:\overline{20}|} = 3.000 \text{ €} \times \frac{N_{50+10+1} - N_{50+10+20+1}}{D_{50}} +$$

$$+ 200 \text{ €} \times \frac{S_{50+10+2} - S_{50+10+20+1} - (20-1) \times N_{50+10+20+1}}{D_{50}}$$

$$_{10|}(Va:)_{50:\overline{20}|} = 3.000 \text{ €} \times \frac{N_{61} - N_{81}}{D_{50}} + 200 \text{ €} \times \frac{S_{62} - S_{82} - 19 \times N_{81}}{D_{50}}$$

$$_{10|}(Va:)_{50:\overline{20}|} = 3.000 \text{ €} \times \frac{508.394,485 - 96.162,223}{35.574,538} + 200 \text{ €} \times$$

$$\times \frac{5.825.127,705 - 469.303,110 - 19 \times 96.162,223}{35.574,538}$$

$$_{10|}(Va:)_{50:\overline{20}|} = 34.763,54 \text{ €} + 19.838,58 \text{ €}$$

$$_{10|}(Va:)_{50:\overline{20}|} = 54.602,12 \text{ €}$$

$$1.200\, a_{52} = 1.200\ \text{€} \times \frac{N_{52+1}}{D_{52}}$$

$$1.200\, a_{52} = 1.200\ \text{€} \times \frac{N_{53}}{D_{52}}$$

Retiramos da TV 73-77 os valores de $N_{53} = 141.581,189$ e $D_{52} = 9.460,998$.

$$1.200\, a_{52} = 1.200\ \text{€} \times \frac{141.581,189}{9.460,998}$$

$1.200\, a_{52} = 17.957,66\ \text{€}$

A aplicação inicial de 17.957,66 € permite a Inês receber a quantia de 1.200 €, no final de cada ano, enquanto sobreviver.

b) Tal como estabelecemos anteriormente, temos, para o caso de os recebimentos futuros ocorrerem mais do que uma vez no ano, a seguinte expressão

$$Z\, a_x^{(m)} = Z \left(a_x + \frac{m-1}{2m} \right)$$

com m a representar a frequência desses recebimentos. No caso em apreço, fica que

$$Z\, a_{52}^{(12)} = Z \left(a_{52} + \frac{12-1}{2 \times 12} \right)$$

A quantia investida é idêntica à da alínea anterior, logo $Z\, a_{52}^{(12)} = 17.957,66\ \text{€}$, sendo ainda que os cálculos referentes a a_{52} já se encontram também efectuados. Deste modo, obtém-se

$$17.957,66\ \text{€} = Z \left(\frac{141.581,189}{9.460,998} + \frac{11}{24} \right)$$

$17.957,66\ \text{€} = Z \times 15,4231$

$Z = 1.164,34\ \text{€}$

Simplificando a expressão anterior, vem

$$\frac{D_x + D_{x+1} + \ldots + D_{x+n-1} - D_{x+1} - D_{x+2} - \ldots - D_{x+n-1} - D_{x+n}}{D_x} = 1 - {}_nE_x$$

$$1 - \frac{D_{x+n}}{D_x} = 1 - {}_nE_x$$

Como $D_x = v^x l_x$ e $v = (1+i)^{-1}$, surge

$$1 - \frac{v^{x+n} l_{x+n}}{v^x l_x} = 1 - {}_nE_x$$

$$1 - (1+i)^{-n} \times \frac{l_{x+n}}{l_x} = 1 - {}_nE_x$$

$$1 - {}_nE_x = 1 - {}_nE_x$$

A título de comentário, refira-se que, em alguns exemplos do presente Capítulo, tivemos ocasião de apontar aquilo que agora se confirma para o caso geral.

11 – Inês, de 52 anos de idade, vai realizar uma aplicação financeira, de modo a que possa vir a receber, no final de cada ano e enquanto for viva, a quantia de 1.200 €.

a) Considerando os elementos contidos na TV 73-77, calcule a quantia a investir que permite realizar os propósitos de Inês.

b) Pressupondo que a quantia investida foi a que apurámos na alínea anterior, determine o montante que seria possível receber no caso de esses recebimentos ocorrerem com uma periodicidade mensal.

Resolução:

a) Para o caso de os recebimentos ocorrerem no final de cada ano, tomamos a expressão formalizada em [II.1b] e nela substituimos os valores correspondentes. Surge, assim, que

No caso proposto, temos que $x = 0$, $d = 18$, $n = 7$ e $Z = 5.000$ €, pelo que surge

$$Z_{18|}a_{0:\overline{7}|} = 5.000 \text{ €} \times \frac{N_{0+18+1} - N_{0+18+7+1}}{D_0}$$

$$Z_{18|}a_{0:\overline{7}|} = 5.000 \text{ €} \times \frac{N_{19} - N_{26}}{D_0}$$

De acordo com a PEM 90, $N_{19} = 10.443.624,621$, $N_{26} = 7.556.157,052$ e $D_0 = 1.000.000,000$.

$$Z_{18|}a_{0:\overline{7}|} = 5.000 \text{ €} \times \frac{10.443.624,621 - 7.556.157,052}{1.000.000,000}$$

$$Z_{18|}a_{0:\overline{7}|} = 14.437,34 \text{ €}$$

ou, de outro modo, $Z_2 = 14.437,34$ €.

Por último, $Z = Z_1 + Z_2 = 9.665,50$ € + $14.437,34$ € = $24.102,84$ €, que corresponde, então, à quantia a depositar pela avó na data do nascimento de Pedro.

10 – Demonstre que $\ddot{a}_{x:\overline{n}|} - a_{x:\overline{n}|} = 1 - {}_nE_x$.

Resolução:

Começamos por substituir $\ddot{a}_{x:\overline{n}|}$ e $a_{x:\overline{n}|}$ pelas expressões estabelecidas, respectivamente, em [II.5a] e [II.4a].

$$\frac{N_x - N_{x+n}}{D_x} - \frac{N_{x+1} - N_{x+n+1}}{D_x} = 1 - {}_nE_x$$

Desenvolvendo cada um dos símbolos de comutação, vem que

$$\frac{D_x + D_{x+1} + ... + D_\omega - D_{x+n} - D_{x+n+1} - ..... - D_\omega}{D_x} +$$

$$+ \frac{D_{x+n+1} + D_{x+n+2} + ... + D_\omega - D_{x+1} - D_{x+2} - ..... - D_\omega}{D_x} = 1 - {}_nE_x$$

18 anos, e da quantia necessária à formação de uma renda temporária e diferida (Z_2), composta por 7 termos de 5.000 €, tal como se ilustra no esquema seguinte.

A expressão que nos permite obter um dote puro é a que formalizámos no capítulo anterior por intermédio de [I.15] e corresponde a

$$Z\,_nE_x = Z\,(1+i)^{-n}\,\frac{l_{x+n}}{l_x}$$

Como o depósito é realizado na data de nascimento de Pedro e o recebimento do dote puro ocorrerá quando ele atingir a maioridade, então $x = 0$ e $n = 18$, pelo que vem

$$Z\,_{18}E_0 = 20.000\,€ \times (1+4\%)^{-18}\,\frac{l_{18}}{l_0}$$

Os símbolos de comutação que apresentamos na PEM 90 são construídos tendo por base uma taxa de juro de 4%, logo consideramos, também, essa taxa no cálculo do valor actual do dote puro. Tem-se, ainda, que $l_0 = 1.000.000$ e $l_{18} = 979.026$, valores que substituímos na expressão anterior.

$$Z\,_{18}E_0 = 20.000\,€ \times (1+4\%)^{-18} \times \frac{979.026}{1.000.000}$$

$$Z\,_{18}E_0 = 9.665{,}50\,€$$

Esta quantia corresponde ao valor actual do dote puro, logo a Z_1.

O valor actual de uma renda diferida e temporária, de termos postecipados, obtém-se atendendo a [II.6b], ou seja,

$$Z\,_{d|}a_{x:n\rceil} = Z\,\frac{N_{x+d+1} - N_{x+d+n+1}}{D_x}$$

Resolução:

Estamos em presença de uma renda temporária, diferida, mas antecipada, uma vez que o primeiro levantamento de 5.000 € ocorrerá quando Sebastião atingir os 55 anos. Por conseguinte, consideraremos na resolução do problema a expressão formalizada por intermédio de [II.6d], sendo o diferimento de 28 anos. Logo

$$Z\,_{28|}\ddot{a}_{27:\overline{5}|} = Z\,\frac{N_{27+28} - N_{27+28+5}}{D_{27}}$$

ou ainda

$$Z\,_{28|}\ddot{a}_{27:\overline{5}|} = Z\,\frac{N_{55} - N_{60}}{D_{27}}$$

Consultamos na TV 88-90 os valores correspondentes a N_{55}, N_{60} e D_{27} e substituimos na expressão anterior, donde se obtém

$$Z\,_{28|}\ddot{a}_{27:\overline{5}|} = 5.000\,€ \times \frac{687.603,238 - 536.449,692}{57.729,088}$$

$$Z\,_{28|}\ddot{a}_{27:\overline{5}|} = 13.091,63\,€$$

O plano de viagens de Sebastião implica o depósito imediato de 13.091,63 €.

9 – Na data do nascimento de Pedro, a sua avó aplicou uma certa quantia de modo a que o neto possa vir a receber, no pressuposto de que este sobrevive:

– 20.000 €, na data em que atingir a maioridade;
– 5.000 €, no final de cada um dos anos seguintes, até que Pedro complete 25 anos.

Tomando os elementos da PEM 90, calcule a quantia aplicada.

Resolução:

A quantia a aplicar (Z) resulta da adição do montante necessário à formação de um dote puro de 20.000 € (Z_1), a receber quando Pedro atingir a idade de

Resolução:

Estamos em presença de duas rendas:

- uma renda *temporária*, correspondente aos recebimentos de 2.000 €, entre os 65 e os 75 anos, mas com um diferimento de 25 anos;
- e outra renda, mas esta de *vida inteira*, a partir dos 75 anos, correspondente aos recebimentos de 2.500 € e com um diferimento de 35 anos.

Designando por Q a quantia a investir, e atendendo às expressões por intermédio de [II.6b] e de [II.3b], podemos estabelecer que

$$Q = 2.000 \,_{25|}a_{40:\overline{10}|} + 2.500 \,_{35|}a_{40}$$

$$Q = 2.000 \,€ \times \frac{N_{40+25+1} - N_{40+25+10+1}}{D_{40}} + 2.500 \,€ \times \frac{N_{40+35+1}}{D_{40}}$$

$$Q = 2.000 \,€ \times \frac{N_{66} - N_{76}}{D_{40}} + 2.500 \,€ \times \frac{N_{76}}{D_{40}}$$

De acordo com a PF 94, $N_{66} = 169.604,545$, $N_{76} = 68.231,459$ e $D_{40} = 29.816,331$. Prosseguindo os cálculos, surge que

$$Q = 2.000 \,€ \times \frac{169.604,545 - 68.231,459}{29.816,331} + 2.500 \,€ \times \frac{68.231,459}{29.816,331}$$

$$Q = 6.799,84 \,€ + 5.720,98 \,€ = 12.520,82 \,€$$

Seria necessário investir a quantia de 12.520,82 €.

8 – Sebastião tem 27 anos e pretende realizar, após atingir a idade de 55 e durante 5 anos, viagens anuais que orçarão em cerca de 5.000 € cada. Para o efeito, pretende investir de imediato uma certa quantia que lhe permita realizar tal pretensão. Tendo por base os elementos contidos na TV 88-90, determine qual a quantia a depositar, no pressuposto que a primeira viagem se realiza exactamente quando Sebastião completar 55 anos.

$$R(0) = T \times \frac{1-(1+i)^{-n}}{i}$$

com T a designar o termo da renda. No caso em apreço, T = 6.000 €, n = 15 e $i = 2\%$[22].

Por sua vez, a partir dos 80 anos, o recebimento dependerá do facto de Filomena sobreviver. Tratar-se-á, então, de uma renda de vida inteira, com um diferimento de 15 anos, correspondentes ao número de termos da renda certa. Do exposto decorre que

$$Q = 6.000\,€ \times \frac{1-(1+2\%)^{-15}}{2\%} + 6.000\,€ \times {}_{15|}a_{65}$$

$$Q = 6.000\,€ \times 12{,}8492635 + 6.000\,€ \times \frac{N_{65+15+1}}{D_{65}}$$

$$Q = 77.095{,}58\,€ + 6.000\,€ \times \frac{N_{81}}{D_{65}}$$

De acordo com a TV 88-90, $N_{81} = 96.162{,}223$ e $D_{65} = 24.562{,}438$, valores estes que substituímos na expressão anterior. Surge, assim, que

$$Q = 77.095{,}58\,€ + 6.000\,€ \times \frac{96.162{,}223}{24.562{,}438}$$

$$Q = 100.585{,}65\,€$$

7 – Aos 40 anos, João pretende garantir o recebimento anual de 2.000 € no final de cada ano e após atingir a idade de 65 anos. No entanto, de modo a sal-vaguardar eventuais efeitos da inflação, pretende que, após a idade de 75 anos e até que sobreviva, esse recebimento anual se altere para 2.500 €. Com base na PF 94, determine a quantia a investir no presente, capaz de garantir a sucessão de pagamentos anteriormente descrita.

---

[22] Consideramos a mesma taxa de juro que a subjacente ao cálculo dos símbolos de comutação que constam da TV 88-90. Tratando-se de uma renda certa, pressupomos, também, que a instituição financeira aplica o montante do investimento, durante o período em apreço, a essa taxa de juro.

o que será o mesmo que ter

$$10.000\ € = Z\ \frac{N_{55} - N_{65}}{D_{40}}$$

Da consulta da TV 88-90, resulta que $N_{55} = 687.603,238$, $N_{65} = 403.145,702$ e $D_{40} = 44.172,214$.

$$10.000\ € = Z \times \frac{687.603,238 - 403.145,702}{44.172,214}$$

$10.000\ € = Z \times 6,439739$

$Z = 1.552,86\ €$

Joana poderá utilizar, em cada ano, a quantia de 1.552,86 €.

6 – Filomena, de 65 anos, pretende receber, enquanto for viva, a quantia anual de 6.000 €, a título de complemento da sua pensão de reforma. Manifestando o seu propósito junto de uma instituição financeira, esta apresentou-lhe a seguinte proposta:

- recebimento garantido dessa quantia, no final de cada ano, até perfazer a idade de 80 anos;
- daí em diante, recebimento dessa quantia anual apenas no caso de sobreviver.

Sabendo que a instituição financeira baseia as suas propostas na TV 88-90, com uma taxa de juro anual de 2%, determine a quantia que deverá ser investida, por forma a garantir essa sucessão de recebimentos.

Resolução:

Designando por Q a quantia a investir, virá que

$Q = R(0) + Z\ _{d|}a_x$

Até aos 80 anos, o pagamento dos 6.000 € anuais é garantido, pelo que estamos em presença de uma renda certa. R(0) representa o valor actual dessa renda de termos certos e postecipados e que se obtém, de modo genérico, através da expressão

$$1.000 \,_{30|}\ddot{a}_{30:\overline{5}|} = \frac{l_{60}}{l_{30}} \times (1 + 2,5\%)^{-30} \times 1.000\,€ + \frac{l_{61}}{l_{30}} \times (1 + 2,5\%)^{-31} \times 1.000\,€ +$$

$$+ \frac{l_{62}}{l_{30}} \times (1 + 2,5\%)^{-32} \times 1.000\,€ + \frac{l_{63}}{l_{30}} \times (1 + 2,5\%)^{-33} \times 1.000\,€ + \frac{l_{64}}{l_{30}} \times$$

$$\times (1 + 2,5\%)^{-34} \times 1.000\,€$$

$$1.000 \,_{30|}\ddot{a}_{30:\overline{5}|} = \frac{81.295}{92.800} \times (1 + 2,5\%)^{-30} \times 1.000\,€ + \frac{79.412}{92.800} \times (1 + 2,5\%)^{-31} \times$$

$$1.000\,€ + \frac{78.301}{92.800} \times (1 + 2,5\%)^{-32} \times 1.000\,€ + \frac{77.683}{92.800} \times (1 + 2,5\%)^{-33} \times$$

$$1.000\,€ + \frac{76.217}{92.800} \times (1 + 2,5\%)^{-34} \times 1.000\,€$$

$$1.000 \,_{30|}\ddot{a}_{30:\overline{5}|} = 417,64\,€ + 398,01\,€ + 382,87\,€ + 370,59\,€ + 354,73\,€$$

$$1.000 \,_{30|}\ddot{a}_{30:\overline{5}|} = 1.923,84\,€$$

5 – Joana, de 40 anos, vai aplicar hoje a quantia de 10.000 €, de modo a poder receber um montante fixo, no início de cada ano, entre os 55 e os 65 anos, montante esse que destinará ao financiamento de uma viagem. Tendo por base a TV 88-90, quanto poderá Joana utilizar em cada ano?

Resolução:

Estamos em presença de uma renda temporária, diferida e antecipada, uma vez que a sucessão de recebimentos ocorrerá apenas durante um número limitado de anos, ou seja, 10 termos entre os 55 e os 65 anos, e terá início apenas daqui por 15 anos. Para além disso, esses termos serão entregues a Joana no início de cada período.

Consequentemente, se recorrermos à expressão formalizada através de [II.6d], podemos escrever

$$Z \,_{15|}\ddot{a}_{40:\overline{10}|} = Z \, \frac{N_{40+15} - N_{40+15+10}}{D_{40}}$$

x	l_x
:	:
30	92.800
:	:
60	81.295
61	79.412
62	78.301
63	77.683
64	76.217
65	75.120
:	:

Resolução:

Trata-se do valor actual de uma renda antecipada, temporária (com 5 termos) e com um diferimento de 30 anos, valor este que facilmente se obteria, aplicando [II.6d], donde

$$1.000\ _{30|}\ddot{a}_{30:\overline{5}|} = 1.000€ \times \frac{N_{30+30} - N_{30+30+5}}{D_{30}} = 1.000\ € \times \frac{N_{60} - N_{65}}{D_{30}}$$

Como não dispomos, porém, dos valores correspondentes aos símbolos de comutação, à semelhança do problema anterior, a solução para o caso em apreço surge por intermédio da aplicação do conceito de dote puro. Observemos o esquema proposto.

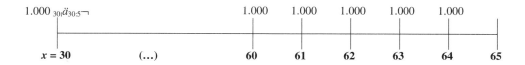

Neste caso, $x = 95$ anos, ou seja, a idade actual do indivíduo, e $\omega = 99$ anos, uma vez que corresponde ao último valor da tabela.

O problema encontra fácil resolução através da expressão formalizada em [II.2b] e recorrendo aos símbolos de comutação presentes nas tábuas de mortalidade. Sucede, porém, que, no caso presente, são-nos facultados parâmetros demográficos específicos, parâmetros estes que não constam em nenhuma das tábuas de mortalidade apresentadas. Assim, determinamos $Z\ddot{a}_x$ recorrendo ao conceito de dote puro, tendo sido, aliás, este procedimento que conduziu à formalização de [II.2a]. Registada esta pequena nota explicativa, observemos, de novo, o esquema anterior. Podemos, então, estabelecer que

$$Z\ddot{a}_x = 1.000\ \text{€} + \frac{l_{96}}{l_{95}} \times (1 + 4,5\%)^{-1} \times 1.000\ \text{€} + \frac{l_{97}}{l_{95}} \times (1 + 4,5\%)^{-2} \times 1.000\ \text{€} +$$

$$+ \frac{l_{98}}{l_{95}} \times (1 + 4,5\%)^{-3} \times 1.000\ \text{€} + \frac{l_{99}}{l_{95}} \times (1 + 4,5\%)^{-4} \times 1.000\ \text{€}$$

Em cada uma das fracções, substituem-se os valores facultados na tabela e efectuam-se os cálculos respectivos. Obtém-se, assim, que

$$Z\ddot{a}_x = 1.000\ \text{€} + \frac{98.309}{146.721} \times (1 + 4,5\%)^{-1} \times 1.000\ \text{€} + \frac{60.504}{146.721} \times (1 + 4,5\%)^{-2} \times$$

$$\times 1.000\ \text{€} + \frac{31.450}{146.721} \times (1 + 4,5\%)^{-3} \times 1.000\ \text{€} + \frac{10.757}{146.721} \times (1 + 4,5\%)^{-4} \times 1.000\ \text{€}$$

$$Z\ddot{a}_x = 1.000\ \text{€} + 641,19\ \text{€} + 377,62\ \text{€} + 187,84\ \text{€} + 61,48\ \text{€} = 2.268,13\ \text{€}$$

O montante a investir será de 2.268,13 €

4 – Atendendo aos elementos que constam da tabela seguinte e considerando uma taxa de juro de 2,5% ao ano, determine $1.000\ _{30|}\ddot{a}_{30:\overline{5}|}$.

$$50.000 \text{ €} = Z \frac{N_{43}}{D_{42}}$$

De acordo com a TV 88-90, $N_{43} = 1.129.820,536$ e $D_{42} = 42.347,256$. Ao substituirmos na expressão anterior, surge

$$50.000 \text{ €} = Z \frac{1.129.820,536}{42.347,256}$$

$Z = 1.874,07$ €

Poderá receber anualmente, enquanto for vivo, a quantia de 1.874,07 €

3 – Quanto deverá investir hoje um indivíduo de 95 anos, de modo a receber anualmente, enquanto for vivo, a quantia de 1.000 €, sendo que o 1.º recebimento ocorre imediatamente? Atenda a que essa quantia se encontra aplicada à taxa anual de 4,5%, bem como aos elementos constantes na tábua de mortalidade seguinte, construída para um grupo inicial de referência de 10.000.000 indivíduos.

x	l_x
95	146.721
96	98.309
97	60.504
98	31.450
99	10.757

Resolução:

O problema proposto consubstancia o caso de uma renda de vida inteira de termos antecipados, tal como ilustramos na figura seguinte.

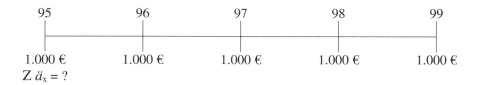

O investimento de 9,91 unidades monetárias, realizado hoje, permite a um indivíduo de 65 anos receber, durante 15 anos, a partir de hoje e no pressuposto de que se encontrará vivo, a quantia anual de uma unidade monetária.

d) Estamos em presença de uma renda temporária, de termos postecipados, mas com um diferimento de 12 anos. A fórmula enunciada em [II.6a] permite calcular

$$_{12|}a_{48:\overline{20}|} = \frac{N_{48+12+1} - N_{48+12+20+1}}{D_{48}}$$

$$_{12|}a_{48:\overline{20}|} = \frac{N_{61} - N_{81}}{D_{48}}$$

Segundo os valores estabelecidos na TV 73-77, temos que $N_{61} = 80.563,006$, $N_{81} = 8.472,463$ e $D_{48} = 11.448,771$. Substituindo na expressão anterior, obtém-se

$$_{12|}a_{48:\overline{20}|} = \frac{80.563,006 - 8.472,463}{11.448,771}$$

$$_{12|}a_{48:\overline{20}|} = 6,30$$

O investimento actual de 6,30 unidades monetárias, realizado por um indivíduo de 48 anos, permitir-lhe-á receber, no final de cada ano, entre os 60 e os 80 anos de idade, no pressuposto de que se encontrará vivo, no final de cada ano, a quantia anual de uma unidade monetária.

2 – Se um indivíduo de 42 anos investir hoje a quantia de 50.000 €, quanto poderá receber anualmente e enquanto for vivo, sabendo que o 1.º recebimento terá lugar daqui por um ano? Para o efeito, utilize a TV 88-90.

Resolução:

Atendendo aos dados do problema, concluímos estar em presença de uma renda imediata de vida inteira, uma vez que vigorará enquanto o indivíduo for vivo, ocorrendo o 1.º recebimento daqui por um ano. Assim sendo, sustentamo-nos na fórmula estabelecida em [II.1b] para a resolução do problema. Como o indivíduo em questão tem 42 anos e correspondendo $Z a_x$ ao montante aplicado, vem que

b) $_{3|}a_{60}$ corresponde ao valor actual de uma renda de vida inteira, de termos postecipados e diferida de 3 anos, constituída à idade de 60 anos. Determinamos o valor respectivo através da expressão estabelecida em [II.3a], donde vem

$$_{3|}a_{60} = \frac{N_{60+3+1}}{D_{60}}$$

$$_{3|}a_{60} = \frac{N_{64}}{D_{60}}$$

Uma vez que, dados os valores da TV 73-77, $N_{64} = 63.381,488$ e $D_{60} = 6.352,278$, surge

$$_{3|}a_{60} = \frac{63.381,488}{6.352,278} = 9,98$$

Se um indivíduo de 60 anos investir hoje 9,98 unidades monetárias, poderá receber, a partir do momento em que completa 64 anos – uma vez que a renda é postecipada e diferida de 3 anos – e enquanto for vivo, a quantia anual de uma unidade monetária.

c) No caso presente, recorremos à expressão estabelecida em [II.5a], uma vez que permite calcular o valor actual de uma renda temporária, de termos antecipados, estabelecida à idade x. Resulta, então, que

$$\ddot{a}_{65:\overline{15}|} = \frac{N_{65} - N_{65+15}}{D_{65}}$$

$$\ddot{a}_{65:\overline{15}|} = \frac{N_{65} - N_{80}}{D_{65}}$$

Segundo a tábua de comutação, temos que $N_{65} = 58.241,765$, $N_{80} = 10.038,347$ e $D_{65} = 4.863,363$, logo

$$\ddot{a}_{65:\overline{15}|} = \frac{58.241,765 - 10.038,347}{4.863,363}$$

$$\ddot{a}_{65:\overline{15}|} = 9,91$$

$$T_{x:\overline{n}|} = 5.000\ \text{€} \times \left[\frac{(1+3\%)^5}{0,1512} + \frac{(1+3\%)^4}{0,168} + \frac{(1+3\%)^3}{0,21} + \frac{(1+3\%)^2}{0,3} + \frac{(1+3\%)}{0,5} \right]$$

$$T_{x:\overline{n}|} = 5.000\ \text{€} \times 25,16641$$

$$T_{x:\overline{n}|} = 125.832,05\ \text{€}$$

O valor da tontina é necessariamente maior na possibilidade de os juros periódicos serem reinvestidos.

CASOS RESOLVIDOS:

1 – Considerando recebimentos anuais de 1 unidade monetária e atendendo aos elementos da TV 73-77, determine:

a) $\ddot{a}_{50}$;
b) $_{3|}a_{60}$;
c) $\ddot{a}_{65:\overline{15}|}$;
d) $_{12|}a_{48:\overline{20}|}$;

Resolução:

a) Trata-se de uma renda de vida inteira, imediata e de termos antecipados, constituída à idade de 50 anos. Aplicando a fórmula definida em [II.2a], resulta que

$$\ddot{a}_{50} = \frac{N_{50}}{D_{50}}$$

Da consulta da TV 73-77 obtém-se que $N_{50} = 171.382,094$ e $D_{50} = 10.412,907$, o que permite escrever

$$\ddot{a}_{50} = \frac{171.382,094}{10.412,907} = 16,46$$

Tal significa que se um indivíduo de 50 anos realizar um investimento no montante de 16,46 unidades monetárias, receberá em cada ano e enquanto for vivo, a quantia de uma unidade monetária, ocorrendo o primeiro recebimento no momento imediato.

$$T_{x:\overline{n}|} = 5.000\ \text{€} \times \sum_{t=0}^{n-1} \frac{1}{\prod_{t=0}^{n-1} p_{x+t}}$$

sendo $n = 5$. Necessitamos, porém, de calcular previamente os valores referentes a p_{x+t}, donde

$p_x = 1 - q_x = 1 - 0,1 = 0,9;$
$p_{x+1} = 1 - q_{x+1} = 1 - 0,2 = 0,8;$
$p_{x+2} = 1 - q_{x+2} = 1 - 0,3 = 0,7;$
$p_{x+3} = 1 - q_{x+3} = 1 - 0,4 = 0,6;$
$p_{x+4} = 1 - q_{x+4} = 1 - 0,5 = 0,5;$

Tendo em conta os dados propostos e desenvolvendo a expressão formalizada para $T_{x:\overline{n}|}$, vem que

$$T_{x:\overline{n}|} = 5.000\ \text{€} \times \left[\frac{1}{0,9 \times 0,8 \times 0,7 \times 0,6 \times 0,5} + \frac{1}{0,8 \times 0,7 \times 0,6 \times 0,5} + \right.$$

$$\left. + \frac{1}{0,7 \times 0,6 \times 0,5} + \frac{1}{0,6 \times 0,5} + \frac{1}{0,5} \right]$$

$$T_{x:\overline{n}|} = 5.000\ \text{€} \times \left[\frac{1}{0,1512} + \frac{1}{0,168} + \frac{1}{0,21} + \frac{1}{0,3} + \frac{1}{0,5} \right]$$

$$T_{x:\overline{n}|} = 5.000\ \text{€} \times 22,66137566$$

$$T_{x:\overline{n}|} = 113.306,88\ \text{€}$$

b) No caso de os juros periódicos serem reinvestidos e acumulados ao capital, o valor da tontina $T_{x:\overline{n}|}$ resulta da aplicação da fórmula estabelecida em [II.34b].

$$T_{x:\overline{n}|} = 5.000\ \text{€} \times \left[\frac{(1+3\%)^5}{0,9 \times 0,8 \times 0,7 \times 0,6 \times 0,5} + \frac{(1+3\%)^4}{0,8 \times 0,7 \times 0,6 \times 0,5} + \right.$$

$$\left. + \frac{(1+3\%)^3}{0,7 \times 0,6 \times 0,5} + \frac{(1+3\%)^2}{0,6 \times 0,5} + \frac{(1+3\%)}{0,5} \right]$$

Capítulo II – Rendas Vitalícias 171

ii) Tontinas temporárias

Começamos por identificar por $T_{x:\overline{n}|}$ o valor de uma tontina tmporária a n anos. Na eventualidade de os juros periódicos serem recebidos, vem que

$$T_{x:\overline{n}|} = Z \times \left[\frac{1}{p_x \times p_{x+1} \times ... \times p_{n-1}} + \frac{1}{p_{x+1} \times p_{x+2} \times ... \times p_{n-1}} + ... + \frac{1}{p_{n-1}} \right]$$

Desenvolvendo raciocínio idêntico ao proposto para o caso das tontinas de vida inteira, surge que

$$T_{x:\overline{n}|} = Z \times \sum_{t=0}^{n-1} \frac{1}{\prod_{t=0}^{n-1} p_{x+t}} \qquad [\ \mathbf{II.34a}\ ]$$

Do mesmo modo, se os juros forem reinvestidos, teremos que

$$T_{x:\overline{n}|} = Z \times \sum_{t=0}^{n-1} \frac{1}{v^{n-t} \prod_{t=0}^{n-1} p_{x+t}} \qquad [\ \mathbf{II.34b}\ ]$$

As expressões são apresentadas de um modo bastante agregado; teremos ocasião de proceder ao seu desenvolvimento no âmbito do exemplo seguinte, bem como no caso resolvido n.º 18, onde discutiremos a problemática inerente às tontinas de vida inteira.

EXEMPLO: Atenda-se a um grupo de indivíduos com a idade x, que, no início de cada um dos próximos 5 anos, contribuem para um fundo colectivo com a quantia de 5.000 €. Sabendo que $q_x = 0,1$, $q_{x+1} = 0,2$, $q_{x+2} = 0,3$, $q_{x+3} = 0,4$ e $q_{x+4} = 0,5$, para uma taxa de juro anual de 3%, quanto poderão receber os sobreviventes ao atingirem a idade $x + 5$, nas seguintes possibilidades: a) os juros periódicos acumulam ao valor do capital; b) os juros períodos são recebidos?

a) Recorremos à expressão formalizada para $T_{x:\overline{n}|}$ por intermédio de [II.34a], uma vez que os juros não são reinvestidos, e calculamos o montante a receber pelos sobreviventes em $x + 5$.

Assim, se os juros periódicos forem pagos e sendo Z o montante anual das entregas, teremos que

$$T_x = Z \times \left[\frac{1}{p_x \times p_{x+1} \times p_{x+2} \times ... \times p_{\omega-2} \times p_{\omega-1}} + \frac{1}{p_{x+1} \times p_{x+2} \times ... \times p_{\omega-2} \times p_{\omega-1}} + \right.$$

$$\left. + \frac{1}{p_{x+2} \times ... \times p_{\omega-2} \times p_{\omega-1}} + ... + \frac{1}{p_{\omega-2} \times p_{\omega-1}} + \frac{1}{p_{\omega-1}} \right]$$

Esta expressão equivale a ter

$$T_x = Z \times \sum_{t=0}^{\omega-x-1} \frac{1}{\prod_{t=0}^{\omega-x-1} p_{x+t}} \qquad [\ \text{II.33a}\ ]$$

Por sua vez, se os juros, em vez de recebidos, forem sendo acumulados ao capital, vem que

$$T_x = Z \times \left[\frac{(1+i)^{\omega-x}}{p_x \times p_{x+1} \times p_{x+2} \times ... \times p_{\omega-2} \times p_{\omega-1}} + \frac{(1+i)^{\omega-x-1}}{p_{x+1} \times p_{x+2} \times ... \times p_{\omega-2} \times p_{\omega-1}} + \right.$$

$$\left. + \frac{(1+i)^{\omega-x-2}}{p_{x+2} \times ... \times p_{\omega-2} \times p_{\omega-1}} + ... + \frac{(1+i)^2}{p_{\omega-2} \times p_{\omega-1}} + \frac{(1+i)}{p_{\omega-1}} \right]$$

logo

$$T_x = Z \times \sum_{t=0}^{\omega-x-1} \frac{1}{v^{\omega-x-t} \prod_{t=0}^{\omega-x-1} p_{x+t}} \qquad [\ \text{II.33b}\ ]$$

Na expressão anterior, $\frac{1}{v^{\omega-x-t}}$ representa o inverso dos coeficientes de actualização, logo permite capitalizar as várias entregas para o momento ω.

Uma **tontina** corresponde a um fundo colectivo, para o qual contribui um determinado número de indivíduos; por norma, esses indivíduos recebem os dividendos do seu investimento, mas o capital nunca é recuperado, cabendo o valor global respectivo ao último dos sobreviventes do grupo.

A primeira tontina conhecida[20] recebeu o nome de *tontina real francesa*, a qual não teve, porém, grande sucesso. Anos mais tarde, esta modalidade viria a ter grande aceitação em França, em Espanha, no Reino Unido e, posteriormente, nos Estados Unidos. Não obstante o facto de terem sido proibidas, devido ao elevado número de homicídios observado entre os seus participantes[21], as tontinas perduraram na clandestinidade.

Em termos de formalização, atenderemos às seguintes possibilidades: *i*) **tontinas de vida inteira**, em que o montante acumulado é integralmente recebido pelo último sobrevivente; *ii*) **tontinas temporárias** a n anos, sendo o valor acumulado repartido pelos membros que se encontrem vivos no respectivo termo.

Em cada uma das hipóteses, refere-se, ainda, o caso de os rendimentos serem recebidos periodicamente ou acumulados ao capital.

Por razões de simplificação, pressuporemos, outrossim, que o montante das entregas é anual, antecipado e de valor constante, sendo também constante a taxa de juro praticada.

i) Tontinas de vida inteira

Designamos por T_x o valor de uma tontina constituída por um grupo de indivíduos à idade x. Esse valor dependerá da probabilidade de sobrevivência dos membros que quotizam para o fundo em cada período decorrido, uma vez que o período de investimento será mais ou menos longo em função da longevidade dos indivíduos. Para além disso, devemos atender à taxa de juro a que o capital se encontra aplicado, caso os rendimentos periódicos acumulem ao fundo.

---

[20] Concebida por Tonti em 1653, tal como se referiu em texto.

[21] Este tipo de situação surge ironicamente retratado num episódio da série americana *Os Simpsons*, no qual Grandpha e Mr. Burns lutam por um tesouro escondido, durante a II Guerra Mundial, pelos membros do pelotão a que ambos pertenciam, tendo, então, sido decidido que o último sobrevivente ficaria com o tesouro. Grandpha e Mr. Burns são, agora, os dois últimos sobreviventes e Mr. Burns tenta, recorrendo aos métodos mais ortodoxos, assassinar Grandpha.

Esta modalidade é também mencionada em algumas das histórias de Agatha Christie.

EXEMPLO: Calcule o montante a aplicar hoje por um indivíduo de 60 anos, sabendo que pretende receber, durante os próximos 10 anos e em quaisquer circunstâncias, a quantia anual de 12.000 €, e posteriormente, enquanto sobreviver, a quantia anual de 15.000 €. Considere, para o efeito, a TV 88-90 a 2%.

O montante do investimento a realizar, que designamos por I, resulta do somatório do valor actual de duas rendas: a primeira, uma renda de amortização, de 10 termos anuais, certos e postecipados, de valor igual a 12.000 €; a segunda, uma renda de vida inteira, de termos anuais e postecipados, constantes e iguais a 15.000 €, mas diferidos de 10 anos, que correspondem, justamente, ao período em que os pagamentos se encontram garantidos. Logo, vem que

$$I = R(0) + Z \,_{d|}a_x$$

com $x = 60$ e $d = 10$. No cálculo de R(0), consideramos $i = 2\%$, uma vez que é essa a taxa subjacente aos símbolos de comutação que constam da TV 88-90. Desenvolvendo a expressão, vem que

$$I = T \times \frac{1-(1+i)^{-n}}{i} + Z \times \frac{N_{x+d+1}}{D_x}$$

$$I = 12.000 \, € \times \frac{1-(1+2\%)^{-10}}{2\%} + 15.000 \, € \times \frac{N_{60+10+1}}{D_{60}}$$

$$I = 12.000 \, € \times \frac{1-(1+2\%)^{-10}}{2\%} + 15.000 \, € \times \frac{N_{71}}{D_{60}}$$

$$I = 12.000 \, € \times 8{,}982585 + 15.000 \, € \times \frac{266.086{,}250}{28.055{,}208}$$

$$I = 250.056{,}72 \, €$$

O montante a aplicar é de 250.056,72 €.

8.2. Tontinas

Trata-se de uma modalidade concebida pelo banqueiro napolitano Lorenzo Tonti, em 1653, quando se encontrava em França, com o intuito de facilitar ao Cardeal Mazarino a obtenção de empréstimos.

entregas como aos recebimentos futuros – de as rendas serem postecipadas, com periodicidade anual e de termos constantes.

Os problemas relativos a rendas antecipadas ou diferidas, de termos variáveis ou fraccionados, encontram resolução análoga, contemplando as necessárias adaptações das fórmulas. Assim sendo, apresentam-se vários exemplos na secção de Casos Resolvidos do presente Capítulo.

8. Dois casos particulares

As modalidades de rendas que temos vindo a descrever pressupõem que o indivíduo que realiza o investimento e o beneficiário desse investimento são a mesma pessoa, logo é condição necessária esse indivíduo sobreviver para que possa aceder ao resultado do investimento por si realizado. Este é, justamente, um dos pontos em que as rendas vitalícias se distinguem dos seguros – que estudaremos no Capítulo seguinte –, cujo capital é recebido pelo beneficiário após a morte do segurado.

Em termos práticos, a linha de distinção entre rendas vitalícias e seguros de vida nem sempre é tão rígida. Neste ponto, discutiremos os aspectos relacionados com dois tipos de esquemas de poupança a longo prazo, que poderemos classificar como *esquemas híbridos*, já que neles coexistem aspectos inerentes às rendas vitalícias e, ao mesmo tempo, características referentes aos seguros. Referimo-nos, em concreto, às **rendas com pagamento garantido** e às **tontinas**.

8.1. *Rendas com pagamento garantido*

As rendas com pagamento garantido têm como principal finalidade a de obviar a possibilidade de um indivíduo vir a falecer imediatamente após ter efectuado as entregas necessárias ao surgimento de uma renda sem que contudo tenha ocorrido qualquer recebimento.

Por conseguinte, neste tipo de rendas as entidades gestoras garantem o pagamento durante um determinado número de períodos de tempo, ainda que o beneficiário já tenha falecido.

Logo, o conjunto de pagamentos garantidos configura o caso de uma renda certa, uma vez que não dependem da sobrevivência do indivíduo.

Já no que concerne aos termos aleatórios, também aqui se pode tratar de uma renda de vida inteira ou de uma renda temporária, de acordo com as modalidades que descrevemos nas secções anteriores. Assim sendo, dispensa-se qualquer formalização, devendo ser empregues, conforme o caso em apreço, as expressões previamente definidas.

$$P\, a_{43:\overline{12}|} = P\, \frac{N_{43+1} - N_{43+12+1}}{D_{43}}$$

$$P\, a_{43:\overline{12}|} = P\, \frac{N_{44} - N_{56}}{D_{43}}$$

Pelos elementos contidos na TV 88-90, temos que $N_{44} = 1.088.365,073$, $N_{56} = 655.899,490$ e $D_{43} = 41.455,463$. Ao subsituirmos, resulta que

$$P\, a_{43:\overline{12}|} = 2.000\, € \times \frac{1.088.365,073 - 655.899,490}{41.455,463}$$

$$P\, a_{43:\overline{12}|} = 20.864,11\, €$$

No que concerne aos recebimentos, virá que

$$R\, _{12|}a_{43:\overline{10}|} = R\, \frac{N_{43+12+1} - N_{43+12+10+1}}{D_{43}}$$

Simplificando e igualando ao valor actual das entregas, surge

$$R\, \frac{N_{56} - N_{66}}{D_{43}} = 20.864,11\, €$$

Como $N_{66} = 378.583,263$, obtém-se

$$R \times \frac{655.899,490 - 378.583,263}{41.455,463} = 20.864,11\, €$$

$$R = 3.118,94\, €$$

Tal significa que a realização de um investimento anual de 2.000 €, desde os 43 até aos 55 anos, permitirá a este indivíduo receber, no final de cada um dos 10 anos seguintes a ter completado essa idade e enquanto sobreviver, a quantia anual de 3.118.94 €.

Neste contexto, somos confrontados com múltiplas possibilidades, decorrentes das eventuais combinações entre os diversos tipos de rendas. Porém, na presente secção, avaliámos apenas a possibilidade – tanto no que concerne às

Consultam-se na PEM 90 os valores relativos aos símbolos de comutação apontados, donde, $N_{61} = 978.015,063$, $N_{76} = 205.668,801$ e $D_{30} = 297.193,914$. Substituindo, vem

$$R\;_{30|}a_{30:15\rceil} = 6.000\;€ \times \frac{978.015,063 - 205.668,801}{297.193,914}$$

$$R\;_{30|}a_{30:15\rceil} = 15.592,77\;€$$

que corresponde, assim, ao valor actual dos recebimentos e que, por isso mesmo, igualamos ao valor actual das entregas. Logo $P\,a_{30:30\rceil} = 15.592,77\;€$; uma vez atendendo a [II.28], formaliza-se que

$$P\,a_{30:30\rceil} = P\,\frac{N_{30+1} - N_{30+30+1}}{D_{30}}$$

$$P\,\frac{N_{30+1} - N_{30+30+1}}{D_{30}} = 15.592,77\;€$$

$$P\,\frac{N_{31} - N_{61}}{D_{30}} = 15.592,77\;€$$

De acordo com a PEM 90, vem, ainda, que $N_{31} = 5.941.570,519$. Por fim, obtém-se

$$P \times \frac{5.941.570,519 - 978.015,063}{297.193,914} = 15.592,77\;€$$

$$P = 933,62\;€$$

Esta é a quantia a depositar anualmente por este indivíduo de modo a poder receber 6.000 € anuais entre os 61 e os 75 anos.

EXEMPLO (II): Quanto poderá receber um indvíduo de 43 anos, durante 10 anos e após completar 55, sabendo que, doravante, irá proceder, no final de cada ano, ao depósito de 2.000 €? Tome por base a TV 88-90.

Neste caso, tomamos primeiramente a expressão formalizada em [II.28], que nos conduz ao valor actual das entregas. De acordo com os dados do problema, surge

mas diferida de n períodos. Formalizámos aa expressões que permitem o valor actual de uma renda com as características apontadas através de [II.6a] e de [II.6b], consoante o valor dos termos corresponda a uma ou a Z unidades monetárias. Contemplando as devidas adaptações, definimos que

$$R\,_{n|}a_{x:k\rceil} = R\,\frac{N_{x+n+1} - N_{x+n+k+1}}{D_x}$$ [II.31]

Como o valor actual de ambas as rendas é equivalente no momento correspondente à idade x, surge

$$P\,a_{x:n\rceil} = R\,_{n|}a_{x:k\rceil}$$

ou ainda

$$P\,\frac{N_{x+1} - N_{x+n+1}}{D_x} = R\,\frac{N_{x+n+1} - N_{x+n+k+1}}{D_x}$$ [II.32]

permitindo esta expressão determinar o montante das entregas uma vez conhecido o montante a receber ou o inverso. Também aqui se apresentam dois exemplos, o primeiro relativo ao cálculo do montante das entregas, o segundo referente ao apuramento das quantias a receber.

EXEMPLO (I): Quanto deverá depositar, no final de cada ano, um indivíduo de 30 anos, sabendo que pretende efectuar 15 levantamentos no montante de 6.000 €, também no final de cada ano, coincidindo o primeiro desses levantamentos com o momento em que completa 61 anos? Utilize os elementos contidos na PEM 90.

O indivíduo em questão pretende receber a quantia anual de 6.000 € até à idade de 75 anos. Como o primeiro levantamento ocorre no momento $x + n + 1$, teremos, no caso presente, que $x = 30$, $n = 30$ e $k = 15$. Por conseguinte, de acordo com [II.31], podemos formalizar que

$$R\,_{30|}a_{30:15\rceil} = R\,\frac{N_{30+30+1} - N_{30+30+15+1}}{D_{30}}$$

$$R\,_{30|}a_{30:15\rceil} = R\,\frac{N_{61} - N_{76}}{D_{30}}$$

$$R \frac{N_{50+10+1}}{D_{50}} = 44.085,49 \, €$$

$$R \frac{N_{61}}{D_{50}} = 44.085,49 \, €$$

Os valores correspondentes a N_{61} e a D_{50} já são nossos conhecidos, pelo que os substituímos na expressão anterior e resolvemos em ordem a R.

$$R \times \frac{508.394,485}{35.574,538} = 44.085,49 \, €$$

$$R = 3.084,85 \, €$$

O investimento anual de 5.000 € durante 10 anos permitirá que Sandra receba no final de cada ano, após ter atingido a idade de 60 e enquanto for viva, a quantia de 3.084,85 €.

Na figura que segue, contemplamos a possibilidade de a sucessão de recebimentos ocorrer apenas durante um determinado número de períodos de tempo, ou seja, na eventualidade de se tratar, também, de uma renda temporária.

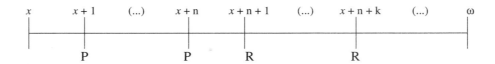

De acordo com o esquema, estaremos em presença de uma renda apólice que engloba n entregas e k recebimentos.

Tomando o momento x como aquele em que se processa a equivalência entre ambas as rendas, podemos estabelecer que o valor actual correspondente às n entregas é idêntico ao que obtivémos no caso anterior e decorre da expressão que formalizámos em [II.28], ou, relembrando,

$$P \, a_{x:\overline{n}|} = P \, \frac{N_{x+1} - N_{x+n+1}}{D_x}$$

No que se refere aos recebimentos e considerando o mesmo momento x, estaremos em presença de uma renda postecipada e temporária (com k termos),

Substituímos N_{41}, N_{66} e D_{40} pelos valores definidos na tábua e apuramos o montante das entregas resolvendo em ordem a P.

$$P \times \frac{290.713{,}759 - 53.378{,}403}{16.577{,}193} = 3.219{,}99 \ \euro$$

$$P = 224{,}91 \ \euro$$

O investimento anual de 224,91 €, entre os 40 e os 65 anos, permitirá a Alexandre receber, em cada ano, após a idade de 65 anos e enquanto for vivo, a quantia de 1.000 €.

EXEMPLO (II): Sandra, de 50 anos, vai depositar, junto de uma instituição financeira, a quantia anual de 5.000 €. Quanto poderá receber, no final de cada ano e enquanto for viva, sabendo que a sucessão de recebimentos se inicia após ter completado 60 anos? Considere que a instituição financeira em questão toma como referência a TV 88-90.

Ao invés do que sucedia no exemplo anterior, começamos por calcular o valor actual das entregas, já que pretendemos conhecer o montante dos recebimentos anuais que essas entregas irão permitir. As expressões utilizadas são as mesmas que no caso anterior, uma vez contempladas as alterações decorrentes dos dados do problema. Logo, no que se refere à entregas, vem

$$P \, a_{50:\overline{10}|} = P \, \frac{N_{50+1} - N_{50+10+1}}{D_{50}}$$

$$P \, a_{50:\overline{10}|} = P \, \frac{N_{51} - N_{61}}{D_{50}}$$

Ao consultarmos a TV 88-90 verificamos que $N_{51} = 822.058{,}640$, $N_{61} = 508.394{,}485$ e $D_{50} = 353574{,}538$. Sendo as entregas anuais no montante de 5.000 €, surge

$$P \, a_{50:\overline{10}|} = 5.000 \ \euro \times \frac{822.058{,}640 - 508.394{,}485}{35.574{,}538}$$

$$P \, a_{50:\overline{10}|} = 44.085{,}49 \ \euro$$

Calculamos, de seguida, o montante dos recebimentos, tendo em consideração o valor actual das entregas, ou seja, 44.085,49 €. Vem, assim, que

EXEMPLO (I): Considerando a TV 73-77, determine qual a importância que Alexandre, de 40 anos, deve depositar no final de cada ano, de modo a poder receber, enquanto for vivo e após completar 65 anos, a quantia de 1.000 €, no final de cada ano.

Neste caso, pretendemos determinar o montante das entregas, ou seja P, pelo que principiamos por calcular o valor actual da renda referente aos recebimentos. Adaptando a expressão estabelecida em [II.29] aos dados do problema, obtém-se

$$R \,_{25|}a_{40} = R \, \frac{N_{40+25+1}}{D_{40}}$$

$$R \,_{25|}a_{40} = R \, \frac{N_{66}}{D_{40}}$$

Da consulta da tábua proposta decorre que $N_{66} = 53.378,403$ e que $D_{40} = 16.577,193$. Por sua vez, ascendendo os recebimentos ao montante de 1.000 €, fica

$$R \,_{25|}a_{40} = 1.000 \, € \times \frac{53.378,403}{16.577,193}$$

$$R \,_{25|}a_{40} = 3.219,99 \, €$$

valor este que corresponde ao valor actual dos recebimentos. No que concerne às entregas realizadas, obtemos o respectivo valor actual através de [II.28], sendo que

$$P \, a_{40:\overline{25}|} = P \, \frac{N_{40+1} - N_{40+25+1}}{D_{40}}$$

$$P \, a_{40:\overline{25}|} = P \, \frac{N_{41} - N_{66}}{D_{40}}$$

De acordo com [II.30], igualamos o valor actual de ambas as rendas por serem equivalentes à data da realização do investimento, donde resulta

$$P \, \frac{N_{41} - N_{66}}{D_{40}} = 3.219,99 \, €$$

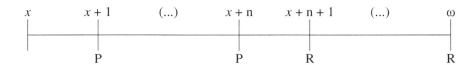

Determinamos os elementos referentes a este tipo de rendas reportando tanto o conjunto de entregas como o conjunto de recebimentos para o momento x, uma vez que é nessa data que o esquema de entregas e recebimentos é negociado com a entidade gestora. Em consequência – e de acordo com o esquema apresentado –, teremos, para o caso da sucessão de entregas, uma renda imediata, postecipada e temporária de n termos. Tomando a expressão anteriormente formalizada referente a este tipo de rendas, vem

$$P\, a_{x:\overline{n}|} = P\, \frac{N_{x+1} - N_{x+n+1}}{D_x} \qquad [\ \text{II.28}\ ]$$

Por sua vez, no que concerne aos recebimentos, estaremos em presença de uma renda de vida inteira, mas diferida de n períodos, justamente aqueles em que se efectuam as entregas. Tomando a expressão definida em [II.3b], virá que

$$R\,_{n|}a_x = R\, \frac{N_{x+n+1}}{D_x} \qquad [\ \text{II.29}\ ]$$

Igualando o valor actual de ambas as rendas virá que

$$P\, \frac{N_{x+1} - N_{x+n+1}}{D_x} = R\, \frac{N_{x+n+1}}{D_x} \qquad [\ \text{II.30}\ ]$$

expressão esta que permite determinar o montante as entregas a efectuar, conhecido o montante dos recebimentos, ou o contrário. Ilustramos ambas as situações recorrendo aos exemplos seguintes[19].

---

[19] Os casos apresentados diferem daquele em que a equivalência de capitais ocorre no momento $x + n$. No momento $x + n$, a renda referente às entregas não é uma renda probabilística, mas antes uma renda certa, por não considerar a probabilidade de sobrevivência do indivíduo entre as idades x e $x + n$, período no qual se realizam as entregas. Assim sendo, o valor desta renda é determinado *a posteriori*, dependendo das condições de capitalização entretanto observadas.

Atenda-se a que, em exercício anterior, já construímos a tábua auxiliar que tem por base os parâmetros demográficos da PF 94 e um coeficiente de actualização igual a 0,9804%, resultante do crescimento dos termos a uma taxa de 2%. A referida tábua consta do Anexo VIII e dela retiramos os valores atinentes a N'_{61} e D'_{60}.

Prosseguindo, vem que

$$(Va::)_{60}^{(4)} = 1.500\ € \times \left[\frac{1}{1,02} \times \frac{996.632,200}{50.825,195}\left(1+\frac{3}{8}\times 0,02\right)+\frac{3}{8}\right]$$

$$(Va::)_{60}^{(4)} = 1.500\ € \times 19,7437121141$$

$$(Va::)_{60}^{(4)} = 29.615,57\ €$$

Em jeito de síntese, sublinhamos, de novo, que as expressões formalizadas nesta secção foram estabelecidas no pressuposto de que a mortalidade se distribui de modo linear e uniforme ao longo de cada ano. Não obstante, constituem um expediente de cálculo muito eficaz, por permitirem determinar, com grande aproximação, os valores pretendidos.

7. Rendas apólice

Uma **renda apólice** resulta da combinação de duas rendas diferentes, em que a primeira corresponde ao conjunto de entregas periódicas efectuadas junto de uma entidade financeira, tendo em vista a acumulação de certo montante, em determinado momento futuro, e a segunda compreende a sucessão de recebimentos permitidos pelo investimento anteriormente realizado Enquanto a primeira renda, referente às entregas, se traduz sempre numa renda periódica, por englobar um número finito de termos, já a segunda poderá tratar-se de uma renda temporária ou de vida inteira, consoante o número de recebimentos contemplados. Estaremos sempre, porém, em presença de uma renda diferida, sendo o diferimento, no mínimo, o equivalente ao período da realização do investimento.

Começamos por ilustrar, na figura seguinte, a possibilidade de a sucessão de recebimentos configurar o caso de uma renda de vida inteira, onde designamos por P o montante das entregas e por R o montante dos recebimentos.

com k = 0, 1, 2, ..., ω − x, tal como definimos anteriormente. Porém, se essa quantia se repartir de modo aritmético e uniforme m vezes ao longo do ano e se notarmos por $(V\ddot{a}::)_x^{(m)}$ o respectivo valor actual, estabelece-se que

$$(V\ddot{a}::)_x^{(m)} = \sum_{k=0}^{\omega-x-1} \sum_{j=0}^{m} \frac{Z \times r^k}{m} \times {}_{k+\frac{j}{m}}E_x = Z \times \sum_{k=0}^{\omega-x-1} \sum_{j=0}^{m} \frac{r^k}{m} \times {}_{k+\frac{j}{m}}E_x = Z \times {}^r\ddot{a}_x^{(m)}$$

sendo ${}^r\ddot{a}_x = \frac{1}{r} \times \frac{N'_x}{D'_x}$.

Recorrendo a um expediente idêntico ao proposto para o caso dos termos postecipados, concluíremos que

$${}^r\ddot{a}_x^{(m)} = {}^r\ddot{a}_x - \frac{m-1}{2m} (1 + g \times {}^r a_x)$$

Atendendo aos significados de ${}^r\ddot{a}_x$ e de ${}^r a_x$, estabelecemos, por fim, que

$$(V\ddot{a}::)_x^{(m)} = Z \times \left[\frac{1}{1+g} \times \frac{N'_x}{D'_x} - \frac{m-1}{2m}\left(1 + \frac{g}{1+g} \times \frac{N'_{x+1}}{D'_x}\right) \right] \qquad [\ \text{II.27b}\ ]$$

EXEMPLO: Qual deverá ser o montante do investimento a realizar no imediato, por um indivíduo de 60 anos, de modo a que possa receber doravante e enquanto sobreviver, no final de cada trimestre, uma certa quantia cujo montante anual que lhe corresponde é de 1.500 € no primeiro ano, mas que aumenta à taxa anual de 2%? Para o efeito, considere a PF 94.

O exemplo proposto confronta-nos com uma renda de vida inteira, imediata, de termos postecipados, trimestrais e que acrescem, em cada ano, em progressão geométrica de razão igual a 1,02. O montante do investimento a realizar no imediato obtém-se através de [II.27a], pelo que, ao substituirmos pelos dados do problema, vem

$$(Va::)_{60}^{(4)} = 1.500\ \text{€} \times \left[\frac{1}{1,02} \times \frac{N'_{60+1}}{D'_{60}}\left(1 + \frac{4-1}{2\times 4} \times 0,02\right) + \frac{4-1}{2\times 4} \right]$$

$$(Va::)_{60}^{(4)} = 1.500\ \text{€} \times \left[\frac{1}{1,02} \times \frac{N'_{61}}{D'_{60}}\left(1 + \frac{3}{8} \times 0,02\right) + \frac{3}{8} \right]$$

$$^r a_x = 1 \times a_x + g \times {}_{1|}a_x + g(1+g) \times {}_{2|}a_x + g(1+g)^2 \times {}_{3|}a_x + g(1+g)^3 \times {}_{4|}a_x +$$

$$+ \ldots = a_x + \sum_{k=1}^{\omega-x} g(1+g)^{k-1} \times {}_{k|}a_x$$

Para o caso das rendas fraccionárias, vem que

$$^r a_x^{(m)} = a_x^{(m)} + g \times {}_{1|}a_x^{(m)} + g(1+g) \times {}_{2|}a_x^{(m)} + g(1+g)^2 \times {}_{3|}a_x^{(m)} + \ldots$$

Tendo em atenção os valores aproximados em função das rendas anuais, vem que

$$^r a_x^{(m)} = \left(a_x + \frac{m-1}{2m}\right) + g\left({}_{1|}a_x + {}_1E_x \times \frac{m-1}{2m}\right) + g(1+g)\left({}_{2|}a_x + {}_2E_x \times \frac{m-1}{2m}\right) +$$

$$+ g(1+g)^2 \left({}_{3|}a_x + {}_3E_x \times \frac{m-1}{2m}\right) + \ldots$$

Rearranjando os termos da expressão anterior, vem

$$^r a_x^{(m)} = [a_x + g \times {}_{1|}a_x + g(1+g) {}_{2|}a_x + \ldots] + \frac{m-1}{2m} \times$$

$$\times [1 + g \times {}_1E_x + g(1+g) \times {}_2E_x + \ldots] = {}^r a_x + \frac{m-1}{2m}\left[1 + g\sum_{k=1}^{\omega-x}(1+g)^{k-1} {}_kE_x\right]$$

$$= {}^r a_n + \frac{m-1}{2m} \times (1 + g \times {}^r a_x) = {}^r a_x \left(1 + \frac{m-1}{2m} \times g\right) + \frac{m-1}{2m}$$

Consequentemente, vem que

$$(Va::)_x^{(m)} = Z \times \left[\frac{1}{r} \times \frac{N'_{x+1}}{D'_x}\left(1 + \frac{m-1}{2m} \times g\right) + \frac{m-1}{2m}\right] \qquad [\text{ II.27a }]$$

ii) Termos antecipados

Se estivermos em presença de uma renda vitalícia, imediata, de termos antecipados e variáveis em progressão geométrica, o respectivo termo anual será dado por

$$Z_k = Z \times r^k$$

6.3.2. *Termos variáveis em progressão geométrica*

i) Termos postecipados

Genericamente, o termo anual desta renda será dado por

$$Z_k = Z \times r^{k-1}$$

em que k = 1, 2, ..., ω – *x*, e com r a notar a razão da progressão geométrica. Por seu turno, *g* corresponde à taxa de crescimento anual dos termos da renda, pelo que temos ainda que r = 1 + *g*.

Adaptando a simbologia anterior, se desinarmos por $(Va::)_x^{(m)}$ o valor actual de uma renda vitalícia, imediata, de termos postecipados, variáveis em progressão geométrica e vencíveis m vezes ao longo do ano, podemos definir que

$$(Va::)_x^{(m)} = \sum_{k=1}^{\omega-x-1} \sum_{j=1}^{m} \frac{Z \times r^{k-1}}{m} \times {}_{k-1+\frac{j}{m}}E_x$$

Esta expressão é equivalente a ter

$$(Va::)_x^{(m)} = \sum_{k=0}^{\omega-x-1} \sum_{j=1}^{m} \frac{Z \times r^{k}}{m} \times {}_{k+\frac{j}{m}}E_x$$

Colocando Z em evidência e identificando por ${}^r a_x^{(m)}$ o valor actual de uma renda com as características em apreço, mas para a qual Z = 1, podemos escrever

$$(Va::)_x^{(m)} = Z \sum_{k=0}^{\omega-x-1} \sum_{j=1}^{m} \frac{r^{k}}{m} \times {}_{k+\frac{j}{m}}E_x = Z \times {}^r a_x^{(m)}$$

Observemos, agora, a composição de ${}^r a_x^{(m)}$. Começamos por apontar os crescimentos que se observarão ao nível dos montantes anuais da renda relativamente ao valor unitário inicial: esse crescimento será de *g* no 2.º ano, de *g* (1 + *g*) no 3.º ano, de *g* (1 + *g*)^2 no 4.º ano e assim por diante. Desta feita, podemos escrever que[18]

---

[18] Note-se que ${}^r a_x$ assume o mesmo significado que $\frac{1}{r} \times \frac{N'_{x+1}}{D'_x}$.

Substituímos, por sua vez, a expressão correspondente a $(V\ddot{a}:)_{65}$, donde

$$(V\ddot{a}:)_{65}^{(2)} = 5.000 \,€ \times \frac{N_{65}}{D_{65}} + 500 \,€ \times \frac{S_{65+1}}{D_{65}} - \frac{2-1}{2\times 2} \times \left(5.000 \,€ + 500 \,€ \times \frac{N_{66}}{D_{65}}\right)$$

$$(V\ddot{a}:)_{65}^{(2)} = 5.000 \,€ \times \frac{N_{65}}{D_{65}} + 500 \,€ \times \frac{S_{66}}{D_{65}} - \frac{1}{4} \times \left(5.000 \,€ + 500 \,€ \times \frac{N_{66}}{D_{65}}\right)$$

$$(V\ddot{a}:)_{65}^{(2)} = 5.000 \,€ \times \frac{697.398,664}{60.877,031} + 500 \,€ \times \frac{5.412.139,263}{60.877,031} - \frac{1}{4} \times$$

$$\times \left(5.000 \,€ + 500 \,€ \times \frac{636.521,633}{60.877,031}\right) = 57.279,29 \,€ + 44.451,41 \,€ - 2.556,98 \,€$$

$$(V\ddot{a}:)_{65}^{(2)} = 99.173,72 \,€$$

ii) Recorremos ao mesmo tipo de procedimentos que na alínea anterior, pelo que

$$(Va:)_{65}^{(2)} = (Va:)_{65} + \frac{2-1}{2\times 2} \left(5.000 \,€ + 500 \,€ \times \frac{N_{65+1}}{D_{65}}\right)$$

$$(Va:)_{65}^{(2)} = 5.000 \,€ \times \frac{N_{66}}{D_{65}} + \frac{500 \,€}{D_{65}} \times S_{67} + \frac{1}{4} \times \left(5.000 \,€ + 500 \,€ \times \frac{N_{66}}{D_{65}}\right)$$

$$(Va:)_{65}^{(2)} = 5.000 \,€ \times \frac{636.521,633}{60.877,031} + \frac{500 \,€}{60.877,031} \times 4.775.617,631 + \frac{1}{4} \times$$

$$\times \left(5.000 \,€ + 500 \,€ \times \frac{636.521,633}{60.877,031}\right) = 52.279,29 \,€ + 39.223,48 \,€ + 2.556,98 \,€$$

$$(Va:)_{65}^{(2)} = 94.059,75 \,€$$

Para as rendas de termos anuais, tínhamos que

$$(V\ddot{a}:)_x = Z\,\ddot{a}_x + h \sum_{k=1}^{\omega-x} {}_{k|}\ddot{a}_x$$

igualdade esta que permance, mais uma vez, válida para o caso das rendas fraccionárias. Consequentemente,

$$(V\ddot{a}:)_x^{(m)} = Z\,\ddot{a}_x^{(m)} + h \sum_{k=1}^{\omega-x} {}_{k|}\ddot{a}_x^{(m)}$$

Dada a analogia existente entre o caso em apreço e a solução avançada para o caso das rendas de termos postecipados, atendendo ainda às expressão anteriormente proposta para as rendas fraccionárias de termos antecipados, definimos, assim, que

$$(V\ddot{a}:)_x^{(m)} = (V\ddot{a}:)_x - \frac{m-1}{2m}(Z + h \times a_x) \qquad [\ \text{II.26b}\ ]$$

EXEMPLO: Um indivíduo de 65 anos pretende vir a receber, desde que sobreviva, uma certa quantia fraccionada em semestralidades, que ascende a 5.000 € no 1.º ano e aumentando 500 € em cada ano decorrido. De acordo com a PEM 90, calcule o montante de investimento a realizar no imediato, sendo que: *i)* os recebimentos ocorrem no início do período a que se reportam; *ii)* os recebimentos ocorrem no fim do período a que se reportam.

Estamos, em ambos os casos, em presença de uma renda de vida inteira, imediata, de termos fraccionados e crescentes em progressão aritmética. Só que enquanto em *i)* os termos da renda são antecipados, já em *ii)* são postecipados, pelo que aplicamos, respectivamente, [II.26b] e [II.26a]. Por conseguinte, vem que:

i) Temos $x = 65$, $m = 2$, por se tratar de semestralidades, $Z = 5.000\ €$ e $h = 500\ €$, logo

$$(V\ddot{a}:)_{65}^{(2)} = (V\ddot{a}:)_{65} - \frac{2-1}{2\times 2}\left(5.000\ € + 500\ € \times \frac{N_{66}}{D_{65}}\right)$$

Ao substituirmos, obtém-se

$$(Va:)_x^{(m)} = Z\left(a_x + \frac{m-1}{2m}\right) + h\left[\frac{D_{x+1}}{D_x}\left(\frac{N_{x+2}}{D_{x+1}} + \frac{m-1}{2m}\right) + \frac{D_{x+2}}{D_x}\left(\frac{N_{x+3}}{D_{x+2}} + \frac{m-1}{2m}\right) + \cdots\right]$$

$$= Z \times \frac{N_{x+1}}{D_x} + \frac{m-1}{2m}\left[Z + h\left(\frac{D_{x+1}}{D_x} + \frac{D_{x+2}}{D_x} + \cdots\right)\right] + h\left(\frac{N_{x+2}}{D_x} + \frac{N_{x+3}}{D_x} + \cdots\right) =$$

$$= Z \times \frac{N_{x+1}}{D_x} + h \times \frac{S_{x+2}}{D_x} + \frac{m-1}{2m}\left(Z + h\frac{N_{x+1}}{D_x}\right) = (Va:)_x + \frac{m-1}{2m}(Z + h \times a_x)$$

Assim sendo, podemos estabelecer que

$$(Va:)_x^{(m)} = (Va:)_x + \frac{m-1}{2m}(Z + h \times a_x) \qquad [\text{ II.26a }]$$

expressão esta que permite calcular o valor actual de uma renda fraccionária, de termos postecipados e variáveis em progressão aritmética.

ii) Termos antecipados

O termo geral da renda é, agora, dado por

$$Z_k = Z + k \times h$$

com $k = 0, 1, 2, \ldots, \omega - x$.

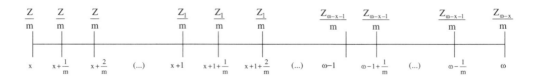

Designando por $(V\ddot{a}:)_x^{(m)}$ o respectivo valor actual, este poderá ser obtido através da expressão

$$(V\ddot{a}:)_x^{(m)} = \sum_{k=0}^{\omega-x-1} \sum_{j=0}^{m} \frac{Z + k \times h}{m} \times {}_{k+\frac{j}{m}}E_x$$

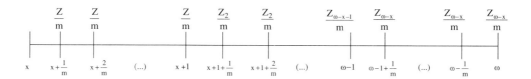

Se designarmos por $(Va:)_x^{(m)}$ o valor actual da renda, este poderá obter-se através da seguinte formalização:

$$(Va:)_x^{(m)} = \sum_{k=1}^{\omega-x-1} \sum_{j=1}^{m} \frac{Z+(k-1)\times h}{m} \times {}_{k-1+\frac{j}{m}}E_x$$

o que equivale a ter

$$(Va:)_x^{(m)} = \sum_{k=0}^{\omega-x-1} \sum_{j=1}^{m} \frac{Z+k\times h}{m} \times {}_{k+\frac{j}{m}}E_x$$

Recorde-se que, para o caso das rendas anuais, obtivémos:

$$(Va:)_x = Z\, a_x + h \sum_{k=1}^{\omega-x} {}_{k|}a_x$$

Esta relação será válida também para o caso das rendas fraccionárias, logo

$$(Va:)_x^{(m)} = Z\, a_x^{(m)} + h \sum_{k=1}^{\omega-x} {}_{k|}a_x^{(m)}$$

Anteriormente, estabelecemos, porém, que

$$a_x^{(m)} = a_x + \frac{m-1}{2m}$$

e, ainda, que

$${}_{k|}a_x^{(m)} = {}_kE_x \left(a_{x+k} + \frac{m-1}{2m} \right) = \frac{D_{x+k}}{D_x}\left(\frac{N_{x+k+1}}{D_x} + \frac{m-1}{2m} \right)$$

$$12.894,08 \; € = Z \left[\frac{N_{18} - N_{23}}{D_{13}} - \frac{4-1}{2 \times 4} \times \left(\frac{D_{18}}{D_{13}} - \frac{D_{23}}{D_{13}} \right) \right]$$

$$12.894,08 \; € = Z \left[\frac{2.501.129,456 - 2.168.317,765}{76.592,836} - \frac{3}{8} \times 0,0871 \right]$$

$12.894,08 \; € = Z \times 4,312545$

$Z = 2.989,90 \; €$

Esta é a quantia anual a receber; logo o recebimento que ocorrerá no início de cada trimestre será de $2.989,91 \; € / 4 = 747,48 \; €$.

Concluímos, assim, que um investimento de 12.894,08 € permitirá a Mateus, que actualmente tem 13 anos, receber, entre os 18 e os 23 anos, 250 € no final de cada mês, ou, **em alternativa**, 747,48 € no início de cada trimestre.

6.3. Rendas de termos variáveis

No âmbito das rendas fraccionárias de termos variáveis, por razões de simplificação, contemplaremos apenas o caso das rendas vitalícias e imediatas, de termos postecipados e antecipados, na eventualidade de variarem tanto em progressão aritmética como em progressão geométrica.

6.3.1. Termos variáveis em progressão aritmética

i) Termos postecipados

O termo anual de uma renda postecipada variável em progressão aritmética, à semelhança do que já foi referido em ponto anterior, será dado por

$$Z_k = Z + (k - 1) \times h$$

com $k = 1, 2, \ldots, \omega - x$, designando Z e h, respectivamente, ao primeiro termo e à razão da progressão. Porém, cada uma das quantias fraccionárias envolvidas corresponderá a $\frac{Z_k}{m}$, as quais se distribuem ao longo do tempo de acordo com o esquema proposto.

$$3.000 \; _{5|}a^{(12)}_{13:5\overline{|}} = 3.000 \; \text{€} \left[\frac{N_{19} - N_{24}}{D_{13}} + \frac{12-1}{2 \times 12} \times \left(\frac{D_{18}}{D_{13}} - \frac{D_{23}}{D_{13}} \right) \right]$$

$$3.000 \; _{5|}a^{(12)}_{13:5\overline{|}} = 3.000 \; \text{€} \times \frac{N_{19} - N_{24}}{D_{13}} + 3.000 \; \text{€} \times \frac{12-1}{2 \times 12} \times \left(\frac{D_{18}}{D_{13}} - \frac{D_{23}}{D_{13}} \right)$$

Resta consultar os valores dos símbolos de comutação em apreço e efectuar os cálculos necessários.

$$3.000 \; _{5|}a^{(12)}_{13:5\overline{|}} = 3.000 \; \text{€} \times \frac{2.431.845,185 - 2.105.705,014}{76.592,836} + 3.000 \; \text{€} \times \frac{11}{24} \times$$

$$\times \left(\frac{69.284,271}{76.592,836} - \frac{62.612,750}{76.592,836} \right)$$

$$3.000 \; _{5|}a^{(12)}_{13:5\overline{|}} = 12.774,31 \; \text{€} + 119,77 \; \text{€} = 12.894,08 \; \text{€}$$

A quantia a investir será de 12.894,08 €

b) Pretendemos, agora, conhecer qual a quantia que o montante investido na alínea anterior permite receber, no início de cada trimestre, durante o período apontado. Sendo esses recebimentos antecipados, aplicamos a expressão formalizada em [II.25d], com $Z \; _{d|}\ddot{a}^{(m)}_{x:n\overline{|}}$ a corresponder a 12.894,08 €. Por sua vez, Z é a quantia anual recebida, sendo, necessariamente, o recebimento trimestral igual a $\frac{Z}{4}$. Logo

$$Z \; _{5|}\ddot{a}^{(4)}_{13:5\overline{|}} = Z \left[_{5|}\ddot{a}_{13:5\overline{|}} - \frac{4-1}{2 \times 4} \times \left(_{5}E_{13} - _{5+5}E_{13} \right) \right]$$

ou ainda

$$12.894,08 \; \text{€} = Z \left[\frac{N_{13+5} - N_{13+5+5}}{D_{13}} - \frac{4-1}{2 \times 4} \times \left(\frac{D_{13+5}}{D_{13}} - \frac{D_{13+5+5}}{D_{13}} \right) \right]$$

Capítulo II – Rendas Vitalícias

A expressão desenvolve-se do mesmo modo que o apontado nesta mesma secção para o caso dos termos serem postecipados. Esse desenvolvimento permite concluir que

$$_{d|}\ddot{a}^{(m)}_{x:\overline{n}|} = {}_{d|}\ddot{a}_{x:\overline{n}|} - \frac{m-1}{2m} \times ({}_{d}E_x - {}_{d+n}E_x) \qquad [\text{ II.25c }]$$

Por sua vez, para um investimento de Z unidades monetárias, surge

$$Z \,{}_{d|}\ddot{a}^{(m)}_{x:\overline{n}|} = Z \left[{}_{d|}\ddot{a}_{x:\overline{n}|} - \frac{m-1}{2m} \times \left({}_{d}E_x - {}_{d+n}E_x\right) \right] \qquad [\text{ II.25d }]$$

EXEMPLO: O avô do Mateus pretende investir uma certa quantia junto de uma entidade financeira, destinada a co-financiar as despesas com a formação do seu neto. Sabendo que:
– à data, Mateus tem 13 anos;
– presume-se que frequentará o ensino superior entre os 18 e os 23 anos;

a) Determine a quantia que o avô deverá investir para que o neto possa receber, durante esse período, 250 € no final de cada mês;

b) Qual o montante que esse investimento permitirá levantar no início de cada trimestre, caso Mateus opte por esta modalidade?

Recorra à TV 88-90 em ambas as alíneas; pressupõe-se, ainda, que as quantias em questão só serão recebidas na hipótese de Mateus sobreviver.

a) Nesta alínea, estamos em presença de uma renda temporária de termos diferidos e de periodicidade mensal, pelo que o montante do investimento a realizar se determina por intermédio de [II.25b]; considerando os dados do problema, temos que Z, ou seja, a quantia anual a receber, é igual a $12 \times 250 \, € = 3.000 \, €$, $x = 13$ (idade actual de Mateus), $d = 5$ (número de anos até que a sucessão de recebimentos mensais tenha início) e $n = 5$ (número de anos em que esses recebimentos ocorrem). Substituindo na expressão, vem que

$$3.000 \,{}_{5|}a^{(12)}_{13:\overline{5}|} = 3.000 \, € \left[{}_{5|}a_{13:\overline{5}|} + \frac{12-1}{2 \times 12} \times \left({}_{5}E_{13} - {}_{5+5}E_{13}\right) \right]$$

$$3.000 \,{}_{5|}a^{(12)}_{13:\overline{5}|} = 3.000 \, € \left[\frac{N_{13+5+1} - N_{13+5+5+1}}{D_{13}} + \frac{12-1}{2 \times 12} \times \left(\frac{D_{13+5}}{D_{13}} - \frac{D_{13+5+5}}{D_{13}}\right) \right]$$

6.2.3. De termos diferidos

No caso de uma renda temporária, fraccionária, de termos postecipados e diferidos de d períodos, tal significa que o primeiro dos m × n termos que compõem essa renda vence no momento $x + d + \frac{1}{m}$ e o último no momento $x + d + n$. Se identificarmos por ${}_{d|}a^{(m)}_{x:n}\rceil$ o respectivo valor actual, verificaremos que este é igual ao valor actual de uma renda temporária, imediata, fraccionária e de termos postecipados, com vencimento do primeiro termo no momento $x + d + \frac{1}{m}$, actualizado por d períodos, sendo ${}_{d}E_x$ o factor de actualização correspondente.

Passando à formalização, vem que

$${}_{d|}a^{(m)}_{x:n}\rceil = a^{(m)}_{x+d:n}\rceil \times {}_{d}E_x$$

Substitui-se $a^{(m)}_{x+d:n}\rceil$, logo

$${}_{d|}a^{(m)}_{x:n}\rceil = \left(a_{x+d:n}\rceil + \frac{m-1}{2m}\left(1 - {}_nE_{x+d}\right) \right) \times {}_{d}E_x$$

Por fim, resulta que

$${}_{d|}a^{(m)}_{x:n}\rceil = {}_{d|}a_{x:n}\rceil + \frac{m-1}{2m} \times \left({}_{d}E_x - {}_{d+n}E_x\right) \qquad [\ \mathbf{II.25a}\ ]$$

Para Z unidades monetárias, teremos

$$Z\ {}_{d|}a^{(m)}_{x:n}\rceil = Z\left[{}_{d|}a_{x:n}\rceil + \frac{m-1}{2m} \times \left({}_{d}E_x - {}_{d+n}E_x\right) \right] \qquad [\ \mathbf{II.25b}\ ]$$

Trazendo à discussão a eventualidade de os termos serem antecipados, o primeiro vence no momento $x + d$, enquanto o último vence no momento $x + d + n - \frac{1}{m}$. Sendo ${}_{d|}\ddot{a}^{(m)}_{x:n}\rceil$ o valor actual correspondente, vem que

$${}_{d|}\ddot{a}^{(m)}_{x:n}\rceil = \ddot{a}^{(m)}_{x+d:n}\rceil \times {}_{d}E_x$$

investir através da aplicação de [II.24b]. De acordo com os dados do problema, vem que

$$10.000\ \ddot{a}^{(4)}_{18:\overline{7}|} = 10.000\ \text{€} \times \left[\ddot{a}_{18:\overline{7}|} - \frac{4-1}{2\times 4}\times\left(1 - {_7}E_{18}\right)\right]$$

Mais uma vez, desenvolvemos a expresão anterior considerando as formalizações de $\ddot{a}_{18:\overline{7}|}$ e de ${_7}E_{18}$, bem como o valor dos símbolos de comutação respectivos. Deste modo, vem que

$$10.000\ \ddot{a}^{(4)}_{18:\overline{7}|} = 10.000\ \text{€}\left[\frac{N_{18} - N_{18+7}}{D_{18}} - \frac{4-1}{2\times 4}\times\left(1 - \frac{D_{18+7}}{D_{18}}\right)\right]$$

$$10.000\ \ddot{a}^{(4)}_{18:\overline{7}|} = 10.000\ \text{€}\left[\frac{N_{18} - N_{25}}{D_{18}} - \frac{4-1}{2\times 4}\times\left(1 - \frac{D_{25}}{D_{18}}\right)\right]$$

$$10.000\ \ddot{a}^{(4)}_{18:\overline{7}|} = 10.000\ \text{€} \times \left[\frac{10.926.899{,}385 - 7.920.304{,}313}{483.274{,}765} - \frac{4-1}{2\times 4}\times\right.$$

$$\left.\times\left(1 - \frac{364.147{,}262}{483.274{,}765}\right)\right]$$

$$10.000\ \ddot{a}^{(4)}_{18:\overline{7}|} = 10.000\ \text{€} \times 6{,}1288576869$$

$$10.000\ \ddot{a}^{(4)}_{18:\overline{7}|} = 61.288{,}58\ \text{€}$$

O valor do investimento a realizar no caso de termos antecipados é maior que o requerido para a hipótese de a sucessão de termos se reportar ao fim dos períodos respectivos. Tratando-se de uma renda temporária, essa diferença resulta do confronto entre os valores actuais correspondentes aos momentos x e $x + n$, isto porque o primeiro dos termos antecipados se reporta ao momento x e o último ao momento $x + n - \frac{1}{m}$; enquanto isso, o primeiro e o último dos termos da renda postecipada vencem, respectivamente, nos momentos $x + \frac{1}{m}$ e $x + n$.

6.2.2. De termos antecipados

Estando em presença de uma renda temporária, imediata, fraccionária e antecipada, o primeiro dos termos vence no próprio momento actual, enquanto o último se reporta ao momento $x + n - \dfrac{1}{m}$.

Notamos por $\ddot{a}^{(m)}_{x:\overline{n}|}$ o valor actual da renda em apreço, sendo que

$$\ddot{a}^{(m)}_{x:\overline{n}|} = \frac{1}{m} \sum_{k=0}^{n-1} \sum_{j=0}^{m-1} {}_{k+\frac{j}{m}}E_x$$

Não obstante, se aplicarmos idêntico raciocínio ao proposto para o caso anterior, podemos estabelecer que

$$\ddot{a}^{(m)}_{x:\overline{n}|} = \ddot{a}^{(m)}_x - {}_{n|}\ddot{a}^{(m)}_x$$

Consequentemente,

$$\ddot{a}^{(m)}_{x:\overline{n}|} = \left(\ddot{a}_x - \frac{m-1}{2m}\right) - \left({}_{n|}\ddot{a}_x + {}_nE_x \times \frac{m-1}{2m}\right)$$

donde resulta, por fim, que

$$\ddot{a}^{(m)}_{x:\overline{n}|} = \ddot{a}_{x:\overline{n}|} - \frac{m-1}{2m} \times (1 - {}_nE_x) \qquad [\ \text{II.24a}\ ]$$

Por seu turno, para Z unidades monetárias, vem que

$$Z\ \ddot{a}^{(m)}_{x:\overline{n}|} = Z\left[\ddot{a}_{x:\overline{n}|} - \frac{m-1}{2m} \times (1 - {}_nE_x)\right] \qquad [\ \text{II.24b}\ ]$$

EXEMPLO: Atendendo, de novo, ao caso apresentado na secção anterior, calcule agora o montante a investir na eventualidade de o primeiro recebimento ocorrer imediatamente.

Se o primeiro recebimento tiver lugar no momento imediato, tal significa que os termos da renda são antecipados, pelo que determinamos o montante a

EXEMPLO: Qual a quantia a investir no imediato para que A, de 18 anos, possa receber até completar a idade de 25 anos, no pressuposto de que sobrevive, a quantia de 2.500 € no final de cada trimestre? Obs.: PEM 90.

Tratando-se de uma renda temporária, de termos postecipados e com periodicidade trimestral, a solução para o problema proposto decorre da aplicação da expressão formalizada em [II.23b]. O nosso intuito é o de determinar Z $a_{x:n}^{(m)}$, no caso, 10.000 $a_{18:7}^{(4)}$, uma vez que a quantia a receber em cada ano corresponde a $4 \times 2.500 € = 10.000 €$. Atendendo aos restantes dados do problema, vem, assim, que

$$10.000 \, a_{18:7}^{(4)} = 10.000 \, € \left[a_{18:7} + \frac{4-1}{2 \times 4} \times \left(1 - {}_7E_{18}\right) \right]$$

Substituímos $a_{18:7}^{(4)}$ e ${}_7E_{18}$ pelas expressões respectivas e nestas os símbolos de comutação pelos valores constantes da PEM 90, donde

$$10.000 \, a_{18:7}^{(4)} = 10.000 \, € \left[\frac{N_{18+1} - N_{18+7+1}}{D_{18}} + \frac{4-1}{2 \times 4} \times \left(1 - \frac{D_{18+7}}{D_{18}}\right) \right]$$

$$10.000 \, a_{18:7}^{(4)} = 10.000 \, € \left[\frac{N_{19} - N_{26}}{D_{18}} + \frac{4-1}{2 \times 4} \times \left(1 - \frac{D_{25}}{D_{18}}\right) \right]$$

$$10.000 \, a_{18:7}^{(4)} = 10.000 \, € \times \left[\frac{10.443.624,621 - 7.556.157,052}{483.274,765} + \frac{4-1}{2 \times 4} \times \right.$$

$$\left. \times \left(1 - \frac{364.147,262}{483.274,765}\right) \right]$$

$$10.000 \, a_{18:7}^{(4)} = 10.000 \, € \times 6{,}067232545$$

$$10.000 \, a_{18:7}^{(4)} = 60.672{,}33 \, €$$

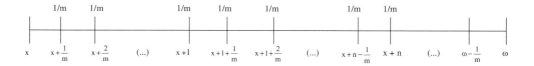

Designaremos por $a_{x:n}^{(m)}\rceil$ o valor actual desta renda e que pode ser obtido do seguinte modo:

$$a_{x:n}^{(m)}\rceil = \frac{1}{m} \sum_{k=0}^{n-1} \sum_{j=1}^{m} {}_{k+\frac{j}{m}}E_x = \frac{1}{m} \sum_{k=0}^{n-1} \sum_{j=1}^{m} \frac{D_{x+k+\frac{j}{m}}}{D_x}$$

Da observação do esquema anterior decorre, no entanto, que $a_{x:n}^{(m)}\rceil$ equivale à diferença entre o valor actual de uma renda de vida inteira, imediata de termos fraccionados e postecipados, e o valor actual de uma renda de vida inteira, de termos fraccionados e postecipados, mas com um diferimento correspondente a n períodos. Desta sorte, tomamos as expressões formalizadas em [II.20a] e [II.22a], contemplando as adaptações que sejam pertinentes. Vem, então que

$$a_{x:n}^{(m)}\rceil = a_x^{(m)} - {}_{n|}a_x^{(m)}$$

Por sua vez,

$$a_{x:n}^{(m)}\rceil = \left(a_x + \frac{m-1}{2m}\right) - \left({}_{n|}a_x + {}_nE_x \times \frac{m-1}{2m}\right)$$

Atendendo a que $a_x - {}_{n|}a_x = a_{x:n}\rceil$, estabelece-se que

$$a_{x:n}^{(m)}\rceil = a_{x:n}\rceil + \frac{m-1}{2m} \times (1 - {}_nE_x) \qquad [\ \mathbf{II.23a}\ ]$$

Ao generalizarmos para Z unidades monetárias, surge

$$Z\, a_{x:n}^{(m)}\rceil = Z\left[a_{x:n}\rceil + \frac{m-1}{2m} \times \left(1 - {}_nE_x\right)\right] \qquad [\ \mathbf{II.23b}\ ]$$

A uma quantia anual de 6.096,81 € corresponderá uma quantia mensal de cerca de 508,07 €.

Já em *ii*), os recebimentos ocorrem no início de cada mês, pelo que recorremos à expressão estabelecida por meio de [II.22d]. Logo, vem que

$$Z \,_{17|}\ddot{a}_{48}^{(12)} = Z \left[_{17|}\ddot{a}_{48} - _{17}E_{48} \times \frac{12-1}{2 \times 12} \right]$$

Desenvolvendo a expressão e efectuando as substituições necessárias, surge

$$50.000 \,\text{€} = Z \left[\frac{N_{48+17}}{D_{48}} - \frac{D_{48+17}}{D_{48}} \times \frac{12-1}{2 \times 12} \right]$$

$$50.000 \,\text{€} = Z \left[\frac{N_{65}}{D_{48}} - \frac{D_{65}}{D_{48}} \times \frac{12-1}{2 \times 12} \right]$$

$$50.000 \,\text{€} = Z \left[\frac{316.113,543}{36.971,022} - \frac{23.840,625}{36.971,022} \times \frac{12-1}{2 \times 12} \right]$$

$$Z = 6.057,12 \,\text{€}$$

Na eventualidade de os recebimentos serem antecipados, o investidor poderá auferir uma quantia anual de 6.057,12 €, logo uma quantia mensal de 504,76 €.

Atenda-se a que esta quantia é ligeiramente menor do que a obtida na possibilidade anterior, resultado que era expectável, uma vez que o mesmo montante de investimento permitirá a existência de mais um recebimento mensal.

6.2. Rendas temporárias de termos constantes

6.2.1. *De termos postecipados*

Estando em presença de uma renda temporária de termos postecipados, estes reportam-se, necessariamente, ao fim de cada um dos períodos respectivos, cessando a partir do momento $x + n$, tal como se representa no esquema seguinte.

e também

$$Z \,_{d|}\ddot{a}_x^{(m)} = Z \left[_{d|}\ddot{a}_x - _dE_x \times \frac{m-1}{2m} \right] \qquad [\text{ II. 22d }]$$

EXEMPLO: Um indivíduo de 48 anos investe hoje a quantia de 50.000 €, de modo a poder vir a receber uma certa quantia mensal após perfazer a idade de 65 anos. Atendendo à PM 94, calcule essa quantia mensal, considerando a possibilidade de: *i)* os recebimentos ocorrerem no final de cada mês, ou de *ii)* os recebimentos ocorrerem no início de cada mês.

Trata-se, em ambos os casos, de uma renda de vida inteira, com periodicidade mensal e um efeito diferido de $65 - 48 = 17$ anos. No entanto, em *i)* temos uma sucessão de termos posteciados, pelo que aplicando [II.22b] aos dados do problema, resultará

$$Z \,_{17|}a_{48}^{(12)} = Z \left[_{17|}a_{48} + _{17}E_{48} \times \frac{12-1}{2\times 12} \right]$$

O nosso objectivo é o de conhecer o recebimento mensal, pelo que determinando Z – a quantia a receber em cada ano – poderemos, facilmente, calcular os recebimentos mensais. Por sua vez, $Z \,_{17|}a_{48}^{(12)}$ corresponde ao montante do investimento inicial, isto é, aos 50.000 €. Se retomarmos as formalizações propostas para $_{d|}a_x$ e para $_dE_x$, teremos, respectivamente, que

$$_{17|}a_{48} = \frac{N_{48+17+1}}{D_{48}} = \frac{N_{66}}{D_{48}} = \frac{292.272{,}918}{36.971{,}022} = 7{,}9054595$$

e que

$$_dE_x = \frac{D_{48+17}}{D_{48}} = \frac{D_{65}}{D_{48}} = \frac{23.840{,}625}{36.971{,}022} = 0{,}644846$$

Substituindo na expressão inicial, vem que

$$50.000 \,€ = Z \left[7{,}9054595 + 0{,}644846 \times \frac{12-1}{2\times 12} \right]$$

$$Z = 6.096{,}81 \,€$$

Não conhecemos, por agora, a formalização correspondente a $a_{x:d}^{(m)}\overline{}$. No entanto, o valor actual de uma renda de vida inteira, com início no momento x, mas diferida de d períodos, equivale ao valor actual de uma renda também ela de vida inteira, com início no momento $x+d$ e actualizada de d períodos, com ${}_dE_x$ a representar o factor de equivalência actuarial. O esquema seguinte permite ilustrar, de modo mais evidente, aquilo que se enunciou.

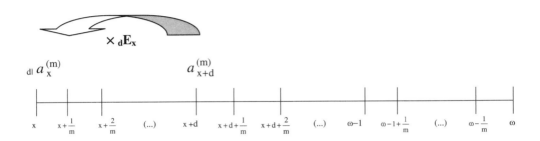

Ao formalizarmos, surge que

$$_{d|}a_x^{(m)} = {}_dE_x \times a_{x+d}^{(m)} = {}_dE_x \left(a_{x+d} + \frac{m-1}{2m} \right)$$

o que conduz, ainda, a

$$_{d|}a_x^{(m)} = {}_{d|}a_x + {}_dE_x \frac{m-1}{2m} \qquad [\text{ II.22a }]$$

Para Z unidades monetárias, vem que

$$Z \,_{d|}a_x^{(m)} = Z \left[{}_{d|}a_x + {}_dE_x \times \frac{m-1}{2m} \right] \qquad [\text{ II.22b }]$$

Se os termos forem antecipados, impõe-se a mesma lógica de dedução, pelo que as duas expressões anteriores darão, respectivamente, lugar às seguintes:

$$_{d|}\ddot{a}_x^{(m)} = {}_{d|}\ddot{a}_x - {}_dE_x \times \frac{m-1}{2m} \qquad [\text{ II.22c }]$$

Resolvemos a equação assim obtida em ordem a m, donde

$$10,27899167 = 10,65399 - \frac{m-1}{2m}$$

$$0,37499833 = \frac{m-1}{2m}$$

$$0,74999666 \times m = m - 1$$

$$0,25000334 \times m = 1$$

$$m = 3,9999 \cong 4$$

O que permite concluir que os recebimentos vão ocorrer 4 vezes em cada ano, logo com uma periodicidade trimestral, e sendo cada um deles igual a 1.500 € (ou seja, $\frac{Z}{m} = \frac{6.000 €}{4}$).

6.1.3. *De termos diferidos*

Se os termos da renda forem diferidos, à semelhança do que sucedia no caso das rendas de termos anuais, os recebimentos apenas têm início uma vez decorridos d períodos após a idade *x*.

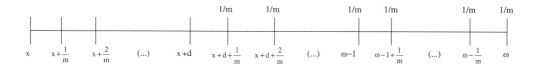

Tal como decorre da figura, o valor actual de uma renda de vida inteira, fraccionária e de termos diferidos, que notamos por $_{d|}a_x^{(m)}$, pode ser obtido através da diferença entre o valor actual de uma renda de vida inteira e o valor actual de uma renda temporária, correspondendo a duração desta última ao diferimento da renda cujo valor actual se pretende determinar.

$$_{d|}a_x^{(m)} = a_x^{(m)} - a_{x:\overline{d}|}^{(m)} \quad ^{17}$$

---

[17] Assume-se, no texto, que a renda em apreço é de termos postecipados. Se se tratar de uma renda antecipada, o seu valor actual será identificado por $_{d|}\ddot{a}_x^{(m)}$, como teremos ocasião de observar adiante.

Substituindo a_x por $\ddot{a}_x - 1$, temos

$$\ddot{a}_x^{(m)} = \ddot{a}_x - 1 + \frac{m-1}{2m} + \frac{1}{m} = \ddot{a}_x - \frac{m-1}{2m} \qquad [\ \text{II.21a}\ ]$$

Para Z unidades monetárias, vem que

$$Z\ddot{a}_x^{(m)} = Z\left[\ddot{a}_x - \frac{m-1}{2m}\right] \qquad [\ \text{II.21b}\ ]$$

EXEMPLO: Um indivíduo de 60 anos investiu a quantia de 61.673,95 €, o que permitirá auferir a quantia anual de 6.000 €, até que se encontre vivo. Sabendo que o primeiro recebimento coincidiu com o momento do investimento e que a entidade financeira junto da qual se realizou a aplicação sustenta os seus cálculos na TV 73-77, determine a periodicidade com que ocorreram os referidos recebimentos, bem como o respectivo montante.

A solução para o problema proposto decorre da aplicação da fórmula que estabelecemos através de [II.21b], pois configura o caso de uma renda de vida inteira, de termos fraccionados e antecipados, em que $Z\ \ddot{a}_x^{(m)}$ corresponde a 6.000 $\ddot{a}_{60}^{(m)}$, sendo, ainda igual ao montante do investimento inicialmente realizado, isto é, a 61.673,95 €. O nosso propósito é o de determinar m, ou, de outro modo, o número de vezes com que os recebimentos fraccionados irão ocorrer, no futuro, durante cada ano. Sabemos, desde logo, que

$$\ddot{a}_x = \ddot{a}_{60} \Leftrightarrow \frac{N_x}{D_x} = \frac{N_{60}}{D_{60}}$$

De acordo com os valores que constam da TV 73-77, obtém-se que

$$\frac{N_{60}}{D_{60}} = \frac{33.357,083}{3.130,947}$$

Se substituirmos os valores respectivos na expressão formalizada em [II.21b], vem

$$61.673,95\ € = 6.000\ € \times \left[\frac{33.357,083}{3.130,947} - \frac{m-1}{2m}\right]$$

Se os recebimentos tiverem uma periodicidade trimestral, cada um deles corresponderá a $\frac{1}{m} \times 1.000$ €, logo a 250 €.

De acordo com a expressão formalizada em [II.20a], vem que

$$a^{(4)}_{58} = a_{58} + \frac{4-1}{2\times 4}$$

$$a^{(4)}_{58} = \frac{36.718,589}{3.604,146} + \frac{4-1}{2\times 4}$$

$$a^{(4)}_{58} = 10,187875 + 0,375 = 10,562875$$

Deste modo, Z $a^{(4)}_{58}$, ou 1.000 $a^{(4)}_{58}$, vai ser igual a 10.562,88 €.

Conclui-se que a quantia a investir no caso de se tratar de recebimentos trimestrais é superior, na mesma razão pela qual se aplicarmos durante um ano quantias de 250 € com um vencimento trimestral obteremos uma quantia maior que 1.000 €.

6.1.2. *De termos antecipados*

Quando os termos são antecipados, estes reportam-se aos vários momentos do tempo do modo que se ilustra no esquema subsequente.

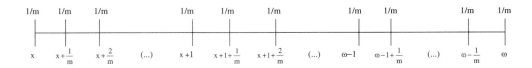

À semelhança do que sucedia no caso das rendas anuais, temos, agora, que

$$\ddot{a}^{(m)}_x = \ddot{a}^{(m)}_x + \frac{1}{m}$$

Por isso mesmo, vem que

$$\ddot{a}^{(m)}_x = a_x + \frac{m-1}{2m} + \frac{1}{m}$$

permite calcular o valor actual de uma renda de vida inteira, de termos postecipados, constantes e iguais à unidade e fraccionados em m períodos durante o ano. Este valor corresponderá sempre a uma aproximação, pelas razões apontadas de início; é porém, maior que a_x, uma vez que $\frac{m-1}{2m} > 0$.

No caso genérico de o termo anual assumir um valor correspondente a Z unidades monetárias, vem que

$$Z\, a_x^{(m)} = Z \left(a_x + \frac{m-1}{2m} \right) \qquad \text{[II.20b]}$$

EXEMPLO: Marta, de 58 anos, pretende receber enquanto for viva a quantia de 1.000 € por ano. Tendo por base a TD 73-77, determine o montante a investir, considerando as seguintes possibilidades: *i)* os recebimentos ocorrem no final de cada ano; *ii)* os recebimentos ocorrem no final de cada trimestre. Interprete os resultados obtidos.

Quando os recebimentos têm periodicidade anual, estaremos em presença de uma renda postecipada de vida inteira, pelo que o montante a investir resulta da aplicação da fórmula estabelecida através de [II.1b]. Assim sendo, vem

$$1.000\, a_{58} = 1.000\, € \times \frac{N_{58+1}}{D_{58}}$$

$$1.000\, a_{58} = 1.000\, € \times \frac{N_{59}}{D_{58}}$$

De acordo com a TD 73-77, temos que $N_{59} = 36.718{,}589$ e $D_{58} = 3.604{,}146$. Ao substutirmos, surge

$$1.000\, a_{58} = 1.000\, € \times \frac{36.718{,}589}{3.604{,}146}$$

$$1.000\, a_{58} = 10.187{,}86\, €$$

Logo o recebimento de uma renda de vida inteira de 1.000 € anuais implica o investimento, no momento presente, de 10.187,86 €.

Rearranjando os termos da expressão anterior, vem que

$$\sum_{j=1}^{m} D_{x+k+\frac{j}{m}} = m \times D_{x+k} + \left(\frac{1}{m} + \frac{2}{m} + \ldots + \frac{m-1}{m} + \frac{m}{m}\right) \times (D_{x+k+1} - D_{x+k}) =$$

$$= m \times D_{x+k} + \frac{\frac{1}{m}+1}{2} \times m \times (D_{x+k+1} - D_{x+k}) = m \times D_{x+k} + \frac{1+m}{2} \times (D_{x+k+1} - D_{x+k})$$

Considerando, de novo, a expressão que permite calcular o valor actual da renda, vem que

$$a_x^{(m)} = \frac{1}{m \times D_x} \sum_{k=0}^{\omega-x-1} \sum_{j=1}^{m} D = \frac{1}{m \times D_x} \sum_{k=0}^{\omega-x-1} \left[m \times D_{x+k} + \frac{1+m}{2}(D_{x+k+1} - D_{x+k})\right]$$

$$= \sum_{k=0}^{\omega-x-1} \frac{D_{x+k}}{D_x} + \frac{1+m}{2m} \sum_{k=0}^{\omega-x-1} \frac{D_{x+k+1}}{D_x} - \frac{1+m}{2m} \sum_{k=0}^{\omega-x-1} \frac{D_{x+k}}{D_x}$$

Recordando os símbolos de comutação e a simbologia que estabelecemos, no início do Capítulo, para o caso das rendas anuais, virá que

$$a_x^{(m)} = \frac{N_x}{D_x} + \frac{1+m}{2m}\left[\frac{N_{x+1}}{D_x} - \frac{N_x}{D_x}\right] = \ddot{a}_x + \frac{1+m}{2m}(a_x - \ddot{a}_x)$$

Recorde-se, ainda, que $\ddot{a}_x = a_x + 1$, logo

$$a_x^{(m)} = a_x + 1 + \frac{1+m}{2m}(a_x - a_x - 1) = a_x + 1 - \frac{1+m}{2m} = a_x + \frac{2m-1-m}{2m} =$$

$$= a_x + \frac{m-1}{2m}$$

Do exposto, resulta que a expressão

$$a_x^{(m)} = a_x + \frac{m-1}{2m} \qquad\qquad [\text{ II.20a }]$$

Por seu turno, atendendo ao significado de $_{k+j/m}E_x$, podemos, ainda estabelecer que

$$a_x^{(m)} = \frac{1}{m} \sum_{k=0}^{\omega-x-1} \sum_{j=1}^{m} \frac{v^{k+\frac{j}{m}} \times l_{x+k+\frac{j}{m}}}{l_x} = \frac{1}{m} \sum_{k=0}^{\omega-x-1} \sum_{j=1}^{m} \frac{v^{x+k+\frac{j}{m}} \times l_{x+k+\frac{j}{m}}}{v^x \times l_x} =$$

$$= \frac{1}{m} \sum_{k=0}^{\omega-x-1} \sum_{j=1}^{m} \frac{D_{x+k+\frac{j}{m}}}{D_x}$$

O valor correspondente a $D_{x+k+\frac{j}{m}}$ deve ser obtido também por interpolação linear, a merecer, porém, idênticos reparos aos já mencionados aquando da determinação dos $l_{x+k+\frac{j}{m}}$. Em todo o caso, surge que

$$D_{x+k+\frac{j}{m}} \cong D_{x+k} - \frac{j}{m} \times (D_{x+k} - D_{x+k+1}) = D_{x+k} + \frac{j}{m} \times (D_{x+k+1} - D_{x+k})$$

Considere-se, no entanto, que

$$\sum_{j=1}^{m} D_{x+k+\frac{j}{m}} = D_{x+k+\frac{1}{m}} + D_{x+k+\frac{2}{m}} + \ldots + D_{x+k+\frac{m-1}{m}} + D_{x+k+1}$$

Substituindo pela expressão formalizada para $D_{x+k+\frac{j}{m}}$, obtém-se

$$\sum_{j=1}^{m} D_{x+k+\frac{j}{m}} = \left[D_{x+k} + \frac{1}{m} \times (D_{x+k+1} - D_{x+k}) \right] + \left[D_{x+k} + \frac{2}{m} \times (D_{x+k+1} - D_{x+k}) \right] +$$

$$+ \ldots + \left[D_{x+k} + \frac{m-1}{m} \times (D_{x+k+1} - D_{x+k}) \right] + \left[D_{x+k} + \frac{m}{m} \times (D_{x+k+1} - D_{x+k}) \right]$$

de simplificação, que permitirá obter **valores aproximados** aos efectivamente observados.

Contemplaremos, de seguida, alguns tipos de rendas de termos fraccionados, atendendo aos critérios de classificação já descritos; deste modo, incluem-se as rendas de vida inteira e as rendas temporárias, de termos postecipados, antecipados ou diferidos, e ainda as rendas de termos variáveis em progressão aritmética e em progressão geométrica, postecipadas e antecipadas.

6.1. Rendas de vida inteira de termos constantes

6.1.1. De termos postecipados

Em termos esquemáticos, os termos de uma renda fraccionária de vida inteira, de termos constantes e postecipados, reportam-se aos vários momentos do tempo tal como se ilustra de seguida.

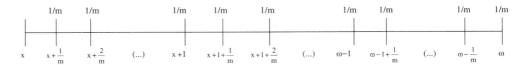

Para efeitos de simplificação, considerámos um termo anual igual a uma unidade monetária e, consequentemente, um termo periódico igual a $\frac{1}{m}$ unidades monetárias. A seu tempo, formalizaremos o caso geral, com o valor do termo anual a corresponder a Z unidades monetárias.

Se designarmos por $a_x^{(m)}$ o valor actual desta renda, podemos definir que

$$a_x^{(m)} = \frac{1}{m} [(1+i)^{-1/m} \,_{1/m}p_x + (1+i)^{-2/m} \,_{2/m}p_x + \ldots + (1+i)^{-1} \,p_x +$$

$$+ (1+i)^{-(1+1/m)} \,_{1+1/m}p_x + \ldots + (1+i)^{-(\omega-x-1+1/m)} \,_{\omega-x-1+1/m}p_x +$$

$$+ \ldots + (1+i)^{-(\omega-x-1/m)} \,_{\omega-x-1/m}p_x + (1+i)^{-(\omega-x)} \,_{\omega-x}p_x =$$

$$= \frac{1}{m} \sum_{k=0}^{\omega-x-1} \sum_{j=1}^{m} (1+i)^{-(k+j/m)} \,_{k+j/m}p_x = \frac{1}{m} \sum_{k=0}^{\omega-x-1} \sum_{j=1}^{m} \,_{k+j/m}E_x$$

---

[16] Consideramos $\omega - x - 1$ como limite superior do 1.º somatório, pois se $k = \omega - x - 1$ e $j = m$, o último termo reportar-se-á à idade ω.

nos m períodos requeridos. Tal procedimento permitirá conhecer o número de óbitos verificados em cada um dos períodos intermédios para cada idade x e, bem assim, construir os símbolos de comutação respectivos.

De modo a obviar a questão, assumiremos, no contexto do nosso estudo, **dois pressupostos fundamentais**. Por um lado, consideraremos que os termos vencem m vezes durante um ano; daí que, partindo de uma renda de periodicidade anual, *o valor de cada um dos seus termos corresponderá a $\dfrac{1}{m}$ desse montante anual*. Assim sendo, para o caso de uma renda cujo valor anual é de 1 unidade monetária, o valor de cada um dos termos, vencíveis em cada um dos *m*-ésismos períodos, será de $\dfrac{1}{m}$ unidades monetárias[14]. Para além disso, estimaremos que as probabilidades de sobrevivência referentes a períodos parcelares do ano resultam da expressão

$$_{k+\frac{j}{m}}p_x = \frac{l_{x+k+\frac{j}{m}}}{l_x} \qquad [\text{ II.19 }]$$

com j a corresponder a cada um dos m períodos.

Os valores de $l_{x+k+\frac{j}{m}}$ podem ser obtidos através de interpolação linear, o que implica assumir que *o número de óbitos de distribui de modo uniforme e proporcional ao tempo*. Uma vez que o número de óbitos registados entre as idades $x+k$ e $x+k+1$ é igual à diferença entre l_{x+k} e l_{x+k+1}, virá que

$$l_{x+k+\frac{j}{m}} = l_{x+k} - \frac{j}{m} \times (l_{x+k} - l_{x+k+1}) = \frac{m-j}{m} \times l_{x+k} + \frac{j}{m} l_{x+k+1}{}^{15}$$

Com esta função, propomos, assim, um fraccionamento da mortalidade aritmético e uniforme ao longo do ano. Trata-se, na verdade, de um expediente

---

[14] Poder-se-ia contemplar a possibilidade de esse valor não ser constante ao longo de cada ano, o que tornaria, contudo, mais complexos os cálculos associados à determinação do valor actual da renda.

Por sua vez, sendo o termo anual constante e igual a Z unidades monetárias, facilmente se obtém que o termo que se reporta ao *e*-mésimo período vai ser igual a $\dfrac{Z}{m}$.

[15] Sendo j < m, uma vez que se j = m, virá $l_{x+k+\frac{j}{m}} = l_{x+k+1}$.

$$50.000 \text{ €} = \frac{Z}{1,12649} \times 15,879$$

$$Z = 3.547,08 \text{ €}$$

O primeiro recebimento será no montante de 3.547,08 €.

Considerámos, no caso vertente, a possibilidade de se tratar de uma renda de termos postecipados. Para termos antecipados, surge que

$$_{d|}(V\ddot{a}::)_{x:n\rceil} = \frac{Z}{r^d} \times \frac{N'_{x+d} - N'_{x+d+n}}{D'_x} \qquad [\text{ II.18b }]$$

Mais uma vez se conclui que $_{d-1|}(Va::)_{x:n\rceil}$ equivale a $_{d|}(V\ddot{a}::)_{x:n\rceil}$, tal como se pode comprovar pela expressão seguinte:

$$_{d-1|}(Va::)_{x:n\rceil} = {}_{d|}(V\ddot{a}::)_{x:n\rceil} \Leftrightarrow \frac{Z}{r^{(d-1)+1}} \times \frac{N'_{x+(d-1)+1} - N'_{x+(d-1)+n+1}}{D'_x} =$$

$$= \frac{Z}{r^d} \times \frac{N'_{x+d} - N'_{x+d+n}}{D'_x}$$

6. Rendas sem periodicidade anual

Nesta secção, dedicamos o nosso interesse aos casos em que a periodicidade dos pagamentos – ou dos recebimentos – não coincide com o ano. Trata-se, além do mais, de uma situação bastante corrente em termos práticos, aquela em que o vencimento dos termos não obedece a uma periodicidade anual, ocorrendo, por norma, em períodos inferiores ao ano.

No caso em apreço, relevam, porém, dois pontos essenciais: por um lado, a capitalização processa-se mais do que uma vez ao longo do ano, o que tem implicações ao nível da taxa efectiva praticada; por outro lado, importa conhecer o modo como a mortalidade se distribui ao longo do ano.

Certo é que as tábuas de mortalidade se encontram construídas numa base anual, não facultando, assim, tal tipo de informação.

No que concerne à questão demográfica, uma possibilidade de resolução do problema poderá surgir dividindo o período decorrente entre cada l_x e l_{x+1}

Capítulo II – Rendas Vitalícias

A expressão anterior poderá ser traduzida em termos de símbolos de comutação, donde resulta que

$$_{d|}(Va::)_{x:n\rceil} = \frac{Z}{r^{d+1}} \times \frac{N'_{x+d+1} - N'_{x+d+n+1}}{D'_x} \qquad [\text{ II.18a }]$$

EXEMPLO: A quantia de 50.000 € foi aplicada por um indivíduo de 53 anos nas seguintes condições: a partir dos 60 e até aos 80 anos, receberá, no final de cada ano, uma certa quantia que cresce à taxa anual de 1,5%. Tomando os elementos contidos na TV 88-90, calcule o montante do primeiro recebimento.

Estamos em presença de uma renda de termos temporários, postecipados e diferidos, uma vez que a sucessão de recebimentos só tem início d períodos após a realização do investimento. No caso, d = 7 e n = 20. Esses termos crescem, ainda em progressão geométrica de razão igual a 1,015. Tomando a expressão que estabelecemos em [II.18a], vem que

$$_{7|}(Va::)_{53:20\rceil} = \frac{Z}{(1,015)^{7+1}} \times \frac{N'_{53+7+1} - N'_{53+7+20+1}}{D'_{53}}$$

e ainda

$$_{7|}(Va::)_{53:20\rceil} = \frac{Z}{(1,015)^8} \times \frac{N'_{61} - N'_{81}}{D'_{53}}$$

O nosso objectivo é o de conhecer Z, uma vez que $_{7|}(Va::)_{53:20\rceil} = 50.000$ €. Atenda-se, porém, a que os símbolos de comutação são os que decorrem da taxa auxiliar $i' = \frac{1+i}{r} - 1 = \frac{1+2\%}{1,015} - 1 = 0,4926\%$, pois 2% é a taxa de juro subjacente à construção da TV 88-90. Determinamos os novos símbolos de comutação para a taxa $i' = 0,4926\%$, cuja tábua apresentamos no Anexo VIII.

Retomando a expressão, substituímos os valores respectivos e resolvemos em ordem a Z.

$$50.000 \text{ €} = \frac{Z}{(1,015)^8} \times \frac{1.507.390,320 - 346.076,962}{73.134,655}$$

A quantia a investir determina-se aplicando a expressão formalizada através de [II.17]; atendendo aos dados do problema, vem que

$$(V\ddot{a}::)_{55:\overline{15}|} = 1.000 \text{ €} \times \frac{N'_{55} - N'_{55+15}}{D'_{55}}$$

$$(V\ddot{a}::)_{55:\overline{15}|} = 1.000 \text{ €} \times \frac{N'_{55} - N'_{70}}{D'_{55}}$$

Os símbolos de comutação são calculados tendo por base o factor de actualização que decorre da taxa auxiliar

$$i' = \frac{1+i}{r} - 1 = \frac{1+4,5\%}{1+2,5\%} - 1 = 1,9512\%$$

Sucede que, anteriormente, já construímos a tábua de comutação que se baseia na taxa apontada, constando a mesma do Anexo VIII, como foi oportunamente referido.

Da consulta dos valores respectivos e da consequente substituição, resulta que

$$(V\ddot{a}::)_{55:\overline{15}|} = 1.000 \text{ €} \times \frac{641.913,154 - 245.059,332}{31.779,543}$$

$$(V\ddot{a}::)_{55:\overline{15}|} = 12.487,71 \text{ €}$$

5.2.3. Rendas diferidas

Sendo que

$$Z_k = Z \times r^{k-d-1}$$

com $k = d + 1, d + 2, \ldots\ldots, d + n$, o valor actual de uma renda temporária, de termos diferidos e variáveis em progressão geométrica, que notaremos por $_{d|}(Va::)_{x:\overline{n}|}$, pode ser determinado através da seguinte expressão:

$$_{d|}(Va::)_{x:\overline{n}|} = \sum_{k=d+1}^{d+n} Z_k \times {}_kE_x = \sum_{k=d+1}^{d+n} Z \times r^{k-d-1} {}_kE_x = \frac{Z}{r^{d+1}} \sum_{k=d+1}^{d+n} r^k \times v^k \times {}_kp_x =$$

$$= \frac{Z}{r^{d+1}} \sum_{k=d+1}^{d+n} (r\,v)^k \times {}_kp_x = \frac{Z}{r^{d+1}} \sum_{k=d+1}^{d+n} (v')^k \times {}_kp_x$$

$$(V\ddot{a}::)_{30:\overline{10}|} = \frac{300\ €}{1,02} \times \frac{N'_{31}-N'_{41}}{D'_{30}}$$

Temos, de acordo com a nova tábua, que $N'_{31} = 2.849.683,831$, $N'_{41} = 2.158.233,987$ e $D'_{30} = 73.256,893$. Ao substituirmos, surge

$$(V\ddot{a}::)_{30:\overline{10}|} = \frac{300\ €}{1,02} \times \frac{2.849.683,831 - 2.158.233,987}{73.256,893}$$

$$(V\ddot{a}::)_{30:\overline{10}|} = 2.776,09\ €$$

5.2.2. Rendas antecipadas

O termo genérico de uma renda de temporária de termos antecipados é idêntico ao que se propôs para o caso das rendas de vida inteira, isto é,

$$Z_k = Z \times r^k$$

Porém, no caso presente, $k = 0, 1, 2, \ldots, n-1$. Os procedimentos associados à determinação do valor actual desta renda, que notamos por $(V\ddot{a}::)_{x:\overline{n}|}$, são idênticos aos propostos para as restantes rendas de termos variáveis em progressão geométrica. Assim sendo, surge

$$(V\ddot{a}::)_{x:\overline{n}|} = \sum_{k=0}^{n-1} Z_k \times {}_kE_x = \sum_{k=0}^{n-1} Z \times r^k\ {}_kE_x = Z \sum_{k=0}^{n-1} r^k \times v^k \times {}_kp_x =$$

$$= Z \sum_{k=0}^{n-1} (r\ v)^k \times {}_kp_x = Z \sum_{k=0}^{n-1} (v')^k \times {}_kp_x$$

Em símbolos de comutação, virá que

$$(V\ddot{a}::)_{x:\overline{n}|} = Z\ \frac{N'_x - N'_{x+n}}{D'_x} \qquad [\ \text{II.17}\ ]$$

EXEMPLO: De acordo com a TV 73-77, quanto deverá investir hoje um indivíduo de 55 anos, de modo a receber, durante os próximos 15 anos, uma quantia que aumenta 2,5% em cada ano, sabendo que o primeiro recebimento é de 1.000 € e ocorre imediatamente?

Recorremos, mais uma vez, à taxa de juro auxiliar i' que suporta o cálculo do factor de actualização v', logo

$$(Va::)_{x:n\rceil} = \frac{Z}{r} \sum_{k=1}^{n} (v')^k \times {}_k p_x$$

Por sua vez, em termos de símbolos de comutação vem que

$$(Va::)_{x:n\rceil} = \frac{Z}{r} \times \frac{N'_{x+1} - N'_{x+n+1}}{D'_x} \qquad [\ \text{II.16}\ ]$$

Os símbolos de comutação que constam da expressão anterior obtêm-se pelo modo discutido na secção 4.2.1 do presente Capítulo.

EXEMPLO: Qual o montante a investir hoje por um indivíduo de 30 anos sabendo que pretende receber no final de cada um dos próximos 10 anos uma quantia que cresce, anualmente, à taxa de 2%, sendo, ainda o primeiro recebimento no montante de 300 €? Para o efeito, considere a informação constante na PF 94.

Estamos em presença de uma renda temporária, de 10 termos postecipados e variáveis em progressão geométrica de razão igual a 1,02, constituída por um indivíduo de 30 anos. Quer isto dizer que pretendemos conhecer o valor de $(Va::)_{30:10\rceil}$, pelo que aplicamos a expressão formalizada em [II.16]. Sucede que os símbolos de comutação que constam da PF 94 foram construídos com base numa taxa de 3%. Determinamos, assim, novos símbolos de comutação, considerando, para o efeito, uma taxa i', que se apura do seguinte modo:

$$i' = \frac{1+i}{r} - 1 = \frac{1+3\%}{1+2\%} - 1 = 0,9804\%$$

Refazemos, então, a PF 94, associada a uma nova taxa de juro e que incluímos no Anexo VIII, à semelhança de outras tábuas que sustentam a resolução de problemas em que se recorre a um factor de actualização diferente do inicialmente previsto.

Regressando à expressão, teremos que

$$(Va::)_{30:10\rceil} = \frac{300\ \text{€}}{1,02} \times \frac{N'_{30+1} - N'_{30+10+1}}{D'_{30}}$$

A expressão anterior reporta-se ao caso de os termos da renda serem postecipados. Na eventualidade de os termos serem antecipados, teremos que

$$_{d|}(V\ddot{a}:)_{x:\overline{n}|} = Z \times \frac{N_{x+d}-N_{x+d+n}}{D_x} + h \times \frac{S_{x+d+1}-S_{x+d+n}-(n-1)\times N_{x+d+n}}{D_x} \quad [\text{II.15b}]$$

Escusamo-nos, aqui, de proceder à apresentação de qualquer exemplo. Porém, à semelhança do que já sucedeu em casos anteriores, podemos estabelecer que, *para a mesma idade x e para o mesmo número de termos n, uma renda temporária, de termos variáveis em progressão aritmética, de termos antecipados e diferidos d períodos equivale a ter uma renda temporária, de termos variáveis em progressão aritmética, de termos postecipados e diferidos d − 1 períodos*. A expressão seguinte permite evidenciar o que se afirmou.

$$_{d|}(V\ddot{a}:)_{x:\overline{n}|} = {}_{d-1|}(Va:)_{x:\overline{n}|} \Leftrightarrow Z \times \frac{N_{x+d}-N_{x+d+n}}{D_x} + h \times \frac{S_{x+d+1}-S_{x+d+n}-(n-1)\times N_{x+d+n}}{D_x} =$$

$$= Z \times \frac{N_{x+(d-1)+1}-N_{x+(d-1)+n+1}}{D_x} + h \times \frac{S_{x+(d-1)+2}-S_{x+(d-1)+n+1}-(n-1)\times N_{x+(d-1)+n+1}}{D_x}$$

5.2. Termos variáveis em progressão geométrica

5.2.1. Rendas postecipadas

Neste caso, o termo genérico da renda, tal como sucedia nas rendas postecipadas de vida inteira, corresponde a

$$Z_k = Z \times r^{k-1}$$

No entanto, k = 1, 2, ..., n, uma vez que a sucessão de termos cessará no momento n. Sendo $(Va::)_{x:\overline{n}|}$ o valor actual da renda, podemos estabelecer que

$$(Va::)_{x:\overline{n}|} = \sum_{k=1}^{n} Z_k \times {}_kE_x$$

ou então,

$$(Va::)_{x:\overline{n}|} = \sum_{k=1}^{n} Z \times r^{k-1} {}_kE_x = Z \sum_{k=1}^{n} r^{k-1} \times v^k \times {}_kp_x = \frac{Z}{r} \sum_{k=1}^{n} (r\,v)^k \times {}_kp_x$$

A expressão que permite determinar o valor actual da renda $_{d|}(Va:)_x$ é a seguinte:

$$_{d|}(Va:)_{x:n\rceil} = \sum_{k=d+1}^{d+n} Z_k \times {}_kE_x = \sum_{k=d+1}^{d+n} (Z + k \times h) \times {}_kE_x$$

$$_{d|}(Va:)_{x:n\rceil} = Z \times \frac{N_{x+d+1}-N_{x+d+n+1}}{D_x} + h \times \frac{S_{x+d+2}-S_{x+d+n+1}-(n-1)\times N_{x+d+n+1}}{D_x} \quad [\text{ II.15a }]$$

EXEMPLO: De acordo com os elementos contidos na TD 88-90, quanto deve investir hoje um indivíduo de 24 anos, para que possa receber, a partir dos 30 e até aos 40 anos, no final de cada ano e enquanto se encontrar vivo, a quantia de 15.000 € no primeiro ano, acrescendo em 250 € em cada um dos anos seguintes?

Trata-se de uma renda de termos postecipados e variáveis em progressão aritmética, temporária (n = 10) e diferida (d = 6). Tomando a expressão estabelecida em [II.15a], vem que

$$_{6|}(Va:)_{24:10\rceil} = 15.000\ € \times \frac{N_{24+6+1}-N_{24+6+10+1}}{D_{24}} +$$

$$+ 250\ € \times \frac{S_{24+6+2}-S_{24+6+10+1}-(10-1)\times N_{24+6+10+1}}{D_{24}}$$

$$_{6|}(Va:)_{24:10\rceil} = 15.000\ € \times \frac{N_{31}-N_{41}}{D_{24}} + 250\ € \times \frac{S_{32}-S_{41}-9\times N_{41}}{D_{24}}$$

Atendendo à TD 88-90, vem que

$$_{6|}(Va:)_{24:10\rceil} = 15.000\ € \times \frac{588.992,208 - 349.419,269}{38.105,895} +$$

$$+ 250\ € \times \frac{9.219.283,310 - 5.077.916,821 - 9\times 349.419,269}{38.105,895}$$

$$_{6|}(Va:)_{24:10\rceil} = 94.305,46\ € + 6.538,31\ €$$

$$_{6|}(Va:)_{24:10\rceil} = 100.843,77\ €$$

Por sua vez, no caso particular de uma renda *increasing* de termos antecipados, cujo valor actual designamos por $(I\ddot{a})_{x:n\rceil}$, podemos estabelecer que

$$(I\ddot{a})_{x:n\rceil} = \frac{S_x - S_{x+n} - nN_{x+n}}{D_x}$$ [**II.14b**]

EXEMPLO: Para um indivíduo de 18 anos e de acordo com a PM 94, determine o valor actual de uma renda de 10 termos antecipados, em que Z = h = 1 €.

Estamos em presença de uma renda *increasing* de termos antecipados; assim sendo, da aplicação da expressão formalizada através de [II.14b], resulta que

$$(I\ddot{a})_{18:10\rceil} = \frac{S_{18} - S_{18+10} - 10 \times N_{18+10}}{D_{18}}$$

$$(I\ddot{a})_{18:10\rceil} = \frac{S_{18} - S_{28} - 10 \times N_{28}}{D_{18}}$$

Tomando os símbolos constantes na PM 94, vem

$$(I\ddot{a})_{18:10\rceil} = \frac{60.108.630,533 - 39.001.856,583 - 10 \times 1.777.748,292}{67.879,928}$$

$$(I\ddot{a})_{18:10\rceil} = 49,05 \text{ €}$$

5.1.3. Rendas diferidas

Mais uma vez, o termo genérico da progressão é idêntico ao que já definimos para o caso das rendas de vida inteira, ou seja,

$$Z_k = Z + (k - d - 1) \times h$$

sendo, porém, k = d + 1, d + 2, ..., d + n.

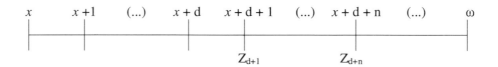

Notando por $(V\ddot{a}:)_{x:\overline{n}|}$ o valor actual de uma renda temporária, de termos antecipados e variáveis em progressão aritmética, de acordo com a formalização do termo genérico e com o esquema proposto, resulta que

$$(V\ddot{a}:)_{x:\overline{n}|} = \sum_{k=0}^{n-1} Z_k \times {}_k E_x = \sum_{k=0}^{n-1} (Z + k \times h) \times {}_k E_x$$

Por analogia com a expressão formalizada para o caso da renda de termos postecipados, avançamos que

$$(V\ddot{a}:)_{x:\overline{n}|} = Z \times \frac{N_x - N_{x+n}}{D_x} + h \times \frac{S_{x+1} - S_{x+n} - (n-1) \times N_{x+n}}{D_x} \quad [\ \text{II.14a}\ ]$$

EXEMPLO: Atendendo à PEF 90, quanto deverá investir hoje um indivíduo de 70 anos para poder receber durante os próximos 5, uma quantia que aumenta 20 € em cada ano, sendo que o primeiro recebimento é de 800 € e ocorre imediatamente?

Trata-se de uma renda temporária, constituída por 5 termos antecipados e variáveis em progressão aritmética. Recorremos, então, a [II.14a], de modo a determinarmos o respectivo valor actual. De acordo com os dados do problema, vem que

$$(V\ddot{a}:)_{70:\overline{5}|} = 800\ \text{€} \times \frac{N_{70} - N_{70+5}}{D_{70}} + 20\ \text{€} \times \frac{S_{70+1} - S_{70+5} - (5-1) \times N_{70+5}}{D_{70}}$$

$$(V\ddot{a}:)_{70:\overline{5}|} = 800\ \text{€} \times \frac{N_{70} - N_{75}}{D_{70}} + 20\ \text{€} \times \frac{S_{71} - S_{75} - 4 \times N_{75}}{D_{70}}$$

Substituímos os símbolos de comutação pelos valores respectivos, donde

$$(V\ddot{a}:)_{70:\overline{5}|} = 800\ \text{€} \times \frac{2.833.696{,}080 - 1.842.081{,}358}{213.761{,}609} +$$

$$+ 20\ \text{€} \times \frac{23.206.978{,}414 - 13.933.359{,}373 - 4 \times 1.842.081{,}358}{213.761{,}609}$$

$$(V\ddot{a}:)_{70:\overline{5}|} = 3.711{,}11\ \text{€}\ +\ 178{,}26\ \text{€}$$

$$(V\ddot{a}:)_{70:\overline{5}|} = 3.889{,}37\ \text{€}$$

$$(Ia)_{x:\overline{n}|} = \frac{S_{x+1}-S_{x+n+1}-nN_{x+n+1}}{D_x}$$ [**II.13b**]

EXEMPLO: Qual o valor actual de uma renda de 10 termos postecipados, constituída por um indivíduo de 64 anos, sendo o primeiro desses termos igual a 1 unidade monetária e acrescendo os restantes em 1 unidade monetária em cada ano? Para o efeito, considere a PEM 80.

Trata-se de uma renda *increasing*, com $x = 64$ e $n = 10$. Tomando [II.13b], vem que

$$(Ia)_{64:\overline{10}|} = \frac{S_{64+1}-S_{64+10+1}-10N_{64+10+1}}{D_{64}}$$

$$(Ia)_{64:\overline{10}|} = \frac{S_{65}-S_{75}-10N_{75}}{D_{64}}$$

Consultamos na PEM 80 os valores concernentes aos símbolos de comutação pretendidos e substituímo-los na expressão indicada.

$$(Ia)_{64:\overline{10}|} = \frac{17.551.503,722 - 4.487.039,116 - 10 \times 691.116,587}{161.906,676}$$

$$(Ia)_{64:\overline{10}|} = 38,01 \,€$$

5.1.2. Rendas antecipadas

Neste caso, o termo genérico da renda decorre da expressão

$$Z_k = Z + k \times h$$

com $k = 0, 1, 2, \ldots, n-1$, e sendo $Z_0 = Z$. A sucessão de termos vai, então, cessar no momento $x + n - 1$, tal como se observa no esquema.

ω − x − 1 vezes. Atendendo aos significados já estabelecidos para N_x e S_x, reunindo as expressões anteriormente obtidas e rearranjando os termos que se encontram dentro do parêntesis recto, pode obter-se

$$(Va:)_{x:\overline{n}|} = Z \times \frac{N_{x+1} - N_{x+n+1}}{D_x} + h \times \frac{S_{x+2} - S_{x+n+1} - (n-1) \times N_{x+n+1}}{D_x} \quad [\text{ II.13a }]$$

EXEMPLO: Quanto deverá ser investido hoje por um indivíduo de 57 anos, sabendo que pretende vir a receber, no final de cada um dos próximos 10 anos, uma quantia que acresce 100 € em cada um desses anos e sendo, ainda, que o primeiro recebimento será de 675 €? Sustente os seus cálculos nos elementos contidos na PF 94.

Temos uma sucessão de 10 recebimentos variáveis em progressão aritmética de razão igual a 100 €, ocorrendo o primeiro recebimento quando o indivíduo em questão tiver 58 anos. Aplicando [II.13a], virá que

$$(Va:)_{57:\overline{10}|} = 675\ \text{€} \times \frac{N_{57+1} - N_{57+10+1}}{D_{57}} + 100\ \text{€} \times \frac{S_{57+2} - S_{57+10+1} - (10-1) \times N_{57+10+1}}{D_{57}}$$

$$(Va:)_{57:\overline{10}|} = 675\ \text{€} \times \frac{N_{58} - N_{68}}{D_{57}} + 100\ \text{€} \times \frac{S_{59} - S_{68} - 9 \times N_{68}}{D_{57}}$$

Da consulta da PF 94 resultam os seguintes valores: $N_{58} = 287.093,521$, $N_{68} = 145.485,204$, $S_{59} = 3.258.924,123$, $S_{68} = 1.356.377,253$ e $D_{57} = 17.212,166$. Ao substituirmos na expressão anterior, obtém-se

$$(Va:)_{57:\overline{10}|} = 675\ \text{€} \times \frac{287.093,521 - 145.485,204}{17.212,166} +$$

$$+ 100\ \text{€} \times \frac{3.258.924,123 - 1.356.377,253 - 9 \times 145.485,204}{17.212,166}$$

$$(Va:)_{57:\overline{10}|} = 5.553,38\ \text{€} + 3.446,28\ \text{€}$$

$$(Va:)_{57:\overline{10}|} = 8.999,66\ \text{€}$$

Considerando, de novo, uma renda temporária de termos variáveis em progressão aritmética igual à unidade, sendo também o primeiro termo igual à unidade, demonstra-se que

Se estabelecermos que $(Va:)_{x:n\rceil}$ representa o valor actual da renda com as características apontadas, teremos que

$$(Va:)_{x:n\rceil} = \sum_{k=1}^{n} Z_k \times {}_k E_x$$

Substituindo pela expressão concernente ao termo genérico, obtém-se

$$\sum_{k=1}^{n} [Z + (k-1) \times h] \, {}_k E_x = Z \sum_{k=1}^{n} {}_k E_x + h \sum_{k=1}^{n} (k-1) \times {}_k E_x$$

Verificamos que $Z \sum_{k=1}^{n} {}_k E_x = Z \dfrac{N_{x+1} - N_{x+n+1}}{D_x}$, tal como estabelecemos anteriormente. Temos, ainda, que

$$h \sum_{k=1}^{n} (k-1) \times {}_k E_x = h \left[\sum_{k=1}^{\omega-x} (k-1) \times {}_k E_x - \sum_{k=n+1}^{\omega-x} (k-1) \times {}_k E_x \right]$$

Tal significa que o valor actual de uma renda temporária corresponde à diferença entre uma renda de vida inteira postecipada e uma renda de vida inteira diferida de n períodos. Retomando a expressão, vem que

$$h \left[\sum_{k=1}^{\omega-x} (k-1) \times {}_k E_x - \sum_{k=n+1}^{\omega-x} (k-1) \times {}_k E_x \right] = h \left[\dfrac{S_{x+2}}{D_x} - \sum_{k=n+1}^{\omega-x} (k-1) \times {}_k E_x \right] =$$

$$= h \left[\dfrac{S_{x+2}}{D_x} - n \, {}_{n+1} E_x - (n+1) \, {}_{n+2} E_x - (n+2) \, {}_{n+3} E_x - \ldots - (\omega - x - 1) \, {}_{\omega-x} E_x \right] =$$

$$= h \left\{ \dfrac{S_{x+2}}{D_x} - \left[\left({}_{n+1} E_x + {}_{n+2} E_x + \ldots + {}_{\omega-x} E_x \right) + \left({}_{n+2} E_x + \ldots + {}_{\omega-x} E_x \right) + \ldots + {}_{\omega-x} E_x \right] \right\}$$

Cada uma das esperanças matemáticas que se encontra dentro dos parêntesis curvos corresponde, em termos genéricos, a $\dfrac{D_{x+k}}{D_x} \cdot \dfrac{D_{x+n+1}}{D_x}$ surgirá na expressão n vezes, $\dfrac{D_{x+n+2}}{D_x}$ surgirá n + 1 vezes; enquanto isso, $\dfrac{D_\omega}{D_x}$ surgirá

Na eventualidade de os termos da renda serem *antecipados*, surge que

$$_{d|}(V\ddot{a}::)_x = \frac{Z}{r^d} \times \frac{N'_{x+d}}{D'_x} \qquad [\ \text{II.12b}\ ]$$

Contudo, tal como sucedia para as rendas de termos diferidos e variáveis em progressão aritmética, também no caso presente poderemos estabelecer que, *para a mesma idade x, uma renda de termos antecipados e diferidos de d períodos equivale a uma renda de termos postecipados e diferidos de d − 1 períodos*. Desta feita, em termos de formalização, vem que

$$_{d-1|}(Va::)_x = \frac{Z}{r^{(d-1)+1}} \times \frac{N'_{x+(d-1)+1}}{D'_x} \Leftrightarrow {}_{d|}(V\ddot{a}::)_x = \frac{Z}{r^d} \times \frac{N'_{x+d}}{D'_x}$$

Deste modo, a resolução apontada para o exemplo anterior equivale a considerar uma renda antecipada, embora com um diferimento igual a 5 anos.

5. Rendas temporárias de termos variáveis

5.1. Termos variáveis em progressão aritmética

5.1.1. Rendas postecipadas

À semelhança do que sucedia para as rendas de vida inteira, o termo genérico de uma renda temporária de termos variáveis em progressão aritmética obtém-se através da expressão

$$Z_k = Z_1 + (k-1) \times h$$

sendo agora k = 1, 2, ..., n.

O somatório que nos permite calcular o valor actual desta renda surge, então, limitado superiormente, uma vez que o primeiro termo vence no momento *x* + 1 e o último no momento *x* + n, tal como decorre do esquema exposto.

O procedimento a reter é, mais uma vez, similar ao desenvolvido em ambas as secções anteriores, pelo que omitiremos outros esclarecimentos além da formalização. Assim sendo, vem

$$_{d|}(Va::)_x = \sum_{k=d+1}^{\omega-x} Z \times r^{k-d-1} \times {}_kE_x = \frac{Z}{r^{d+1}} \sum_{k=d+1}^{\omega-x} r^k \times v^k \times {}_kp_x = \frac{Z}{r^{d+1}} \sum_{k=d+1}^{\omega-x} (rv)^k \times {}_kp_x$$

Por conseguinte, a expressão que nos permite calcular o valor actual de uma renda de vida inteira, de termos diferidos, postecipados e variáveis em progressão geométrica, é a que se aponta de seguida:

$$_{d|}(Va::)_x = \frac{Z}{r^{d+1}} \times \frac{N'_{x+d+1}}{D'_x}$$
[**II.12a**]

EXEMPLO: Retome o exemplo proposto para o caso do investimento realizado por Teresa. Refaça os cálculos, considerando que o primeiro recebimento será no montante de 5.000 €, mas que irá ter lugar quando Teresa completar 60 anos.

De acordo com os dados do problema, o primeiro recebimento ocorrerá quando Teresa completar 60 anos e ela conta agora com 55 anos; considerando que se trata de uma *renda postecipada*, teremos um diferimento de 4 anos. Deste modo, antendendo a [II.12a], vem que

$$_{4|}(Va::)_{55} = \frac{5.000\,€}{(1,025)^{4+1}} \times \frac{N'_{55+4+1}}{D'_5}$$

$$_{4|}(Va::)_{55} = \frac{5.000\,€}{(1,025)^{4+1}} \times \frac{N'_{60}}{D'_{55}}$$

Da consulta da tábua auxiliar incluída no Anexo VIII é N'$_{60}$ = 490.746,645, logo

$$_{4|}(Va::)_{55} = \frac{5.000\,€}{(1,025)^{4+1}} \times \frac{490.746,645}{31.779,543}$$

$$_{4|}(Va::)_{55} = 68.243,35\,€$$

O montante a aplicar seria de 68.243,35 €.

EXEMPLO: Reconsidere o exemplo proposto na secção anterior. Determine a quantia a investir na eventualidade de Teresa pretender que a primeira quantia a receber seja de 7.500 € e que esse recebimento ocorra no momento actual.

Estamos em presença de uma renda antecipada, uma vez que o momento da ocorrência do primeiro recebimento coincide com a data de realização do investimento. Recorremos à expressão formalizada em [II.11], pelo que, de acordo com os dados do exemplo, virá

$$(V\ddot{a}::)_{55} = 7.500 \text{ €} \times \frac{N'_{55}}{D'_{55}}$$

A taxa de crescimento dos termos aqui observada é a mesma que no problema anterior, pelo que recorremos aos símbolos de comutação já calculados e que constam da tábua incluída no Anexo VIII..

Para além de D'_{55}, consultamos, então, o valor referente a N'_{55}. Resulta que

$$(V\ddot{a}::)_{55} = 7.500 \text{ €} \times \frac{641.913,154}{31.779,543}$$

$$(V\ddot{a}::)_{55} = 151.492,07 \text{ €}$$

A quantia a aplicar seria, neste caso, de 151.492,07 €.

4.2.3. Rendas diferidas

Nesta possibilidade, o termo genérico da renda será dado por

$$Z_k = Z \times r^{k-d-1}$$

sendo agora k = d + 1, d + 2, ..., ω – x, com o primeiro termo da progressão igual a Z e a vencer no momento $x + d + 1$[13].

Identificando o valor actual da renda com o símbolo $_{d|}(Va::)_x$, podemos estabelecer que

$$_{d|}(Va::)_x = \sum_{k=d+1}^{\omega-x} Z_k \,_k E_x$$

---

[13] No presuposto de que se trata de uma renda de termos postecipados.

$$(Va::)_{55} = \frac{5.000\ €}{1,025} \times \frac{N'_{55+1}}{D'_{55}} = \frac{5.000\ €}{1,025} \times \frac{N'_{56}}{D'_{55}}$$

Consultando a tabela que construímos, vem que $N'_{56} = 610.133,611$ e que $D'_{55} = 31.779,543$. Da substituição resulta

$$(Va::)_{55} = \frac{5.000\ €}{1,025} \times \frac{610.133,611}{31.779,543}$$

$(Va::)_{55} = 93.653,38\ €$

O plano de recebimentos pretendido por Teresa implica a realização de um investimento no montante de 93.653,38 €.

4.2.2. Rendas antecipadas

O termo genérico de uma renda de vida inteira, de termos antecipados e variáveis em progressão geométrica, será dado por

$$Z_k = Z \times r^k$$

com $k = 0, 1, 2, \ldots, \omega - x$ e sendo $Z_0 = Z$.

O valor actual da renda, que notaremos por $(V\ddot{a}::)_x$, pode ser obtido através de procedimento idêntico ao apresentado na secção precedente. Deste modo,

$$(V\ddot{a}::)_x = \sum_{k=0}^{\omega-x} Z_k \,_k E_x$$

Tomando as expressões formalizadas para Z_k e para $_kE_x$, vem

$$(V\ddot{a}::)_x = \sum_{k=0}^{\omega-x} Z \times r^k \times \,_k E_x = Z \sum_{k=0}^{\omega-x} r^k \times v^k \times \,_k p_x = Z \sum_{k=0}^{\omega-x} (r\,v)^k \times \,_k p_x$$

Por analogia com o caso anterior, considerando, de novo, uma taxa de juro auxiliar correspondente a $i' = \dfrac{1+i}{r} - 1$, virá que

$$(V\ddot{a}::)_x = Z \sum_{k=1}^{\omega-x} \frac{D'_{x+k}}{D'_x} = Z \frac{N'_x}{D'_x} \qquad [\ \text{II.11}\ ]$$

Recorde-se que $v = (1 + i)^{-1}$. Consequentemente, $rv = \dfrac{r}{1+i}$. Se designarmos por i' a taxa de juro auxiliar subjacente ao coeficiente de actualização v', temos, ainda, que $v' = (1 + i')^{-1}$. Ao igualarmos, surge que

$$v' = rv \Leftrightarrow (1 + i')^{-1} = \frac{r}{1+i} \Leftrightarrow 1 + i' = \frac{1+i}{r} \Leftrightarrow i' = \frac{1+i}{r} - 1$$

i' representa, assim, a taxa de juro auxiliar que permite obter os símbolos de comutação associados a este tipo de rendas. Se retomarmos a expressão correspondente a $(Va::)_x$, podemos definir que

$$(Va::)_x = \frac{Z}{r} \sum_{k=1}^{\omega-x} \frac{D'_{x+k}}{D'_x} = \frac{Z}{r} \frac{N'_{x+1}}{D'_x} \qquad [\text{ II.10 }]$$

D'_{x+k}, D'_x e N'_{x+1} são os símbolos de comutação calculados com base na taxa auxiliar $i' = \dfrac{1+i}{r} - 1$. A obtenção destes valores implica o recurso a uma folha de cálculo.

EXEMPLO: Tomando como referência a TV 73/77, a 4,5%, calcule quanto deverá aplicar hoje Teresa, de 55 anos, para que possa receber, no final de cada ano e enquanto sobreviver, uma quantia crescente à taxa de 2,5%, sendo que o primeiro desses recebimentos será no montante de 5.000 €.

O primeiro procedimento a reter será o de calcular a taxa de juro auxiliar i', partindo da taxa de juro $i = 4,5\%$ e sendo a razão da progressão geométrica igual a 1,025, uma vez que os termos crescem 2,5% em cada ano. Assim sendo, vem que

$$i' = \frac{1+4,5\%}{1+2,5\%} - 1 \cong 1,9512\%$$

De seguida, tomando os dados contidos na TV 73/77 e recorrendo a uma folha de cálculo, determinam-se os símbolos de comutação que correspondem à taxa de 1,9512%. Essa nova tábua é apresentada no Anexo VIII, em conjunto com outras tábuas nas quais foram introduzidas alterações relativamente à sua versão inicial. Tendo presente a expressão estabelecida em [II.10] e atendendo aos dados do problema, virá que

4.2. Termos variáveis em progressão geométrica

4.2.1. Rendas postecipadas

Quando os termos de uma renda de vida inteira variam em progressão geométrica, o termo genérico surge

$$Z_k = Z \times r^{k-1}$$

sendo k = 1, 2, ..., $\omega - x$ e com r a notar a razão dessa progressão. De acordo com a expressão proposta, tem-se, ainda, que o primeiro termo é igual a Z. Por seu turno os restantes termos reportam-se aos vários momentos de acordo com o esquema que segue.

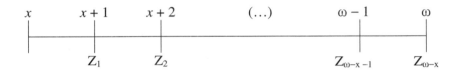

Considerando que $(Va::)_x$ designa o valor actual de uma renda de vida inteira, de termos postecipados e variáveis em progressão geométrica, sucede que:

$$(Va::)_x = \sum_{k=1}^{\omega-x} Z_k \,_kE_x$$

Substituindo o termo genérico na expressão anterior e tomando, ainda, a formalização proposta para $_kE_x$, obtém-se

$$(Va::)_x = \sum_{k=1}^{\omega-x} Z \times r^{k-1} \times\,_kE_x = Z\sum_{k=1}^{\omega-x} r^{k-1} \times v^k \times\,_kp_x = \frac{Z}{r} \sum_{k=1}^{\omega-x} (r\,v)^k \times\,_kp_x$$

Para efeitos de facilidade de cálculo, estabelecemos que rv equivale a um coeficiente de actualização auxiliar, que notamos por v', donde decorre que

$$(Va::)_x = \frac{Z}{r} \sum_{k=1}^{\omega-x} (v')^k \times\,_kp_x$$

Da aplicação directa da expressão estabelecida em [II.9b], vem que

$$_{10|}(V\ddot{a}:)_{50} = 6.000 \text{ €} \times \frac{N_{50+10}}{D_{50}} + 250 \text{ €} \times \frac{S_{50+10+1}}{D_{50}}$$

$$_{10|}(V\ddot{a}:)_{50} = 6.000 \text{ €} \times \frac{N_{60}}{D_{50}} + 250 \text{ €} \times \frac{S_{61}}{D_{50}}$$

Substituindo pelos valores constantes na PEM 90, obtém-se

$$_{10|}(V\ddot{a}:)_{50} = 6.000 \text{ €} \times \frac{1.057.994,036}{128.311,753} + 250 \text{ €} \times \frac{9.581.588,838}{128.311,753} = 68.141,55 \text{ €}$$

Atenda-se, porém, à similitude existente entre o caso ora proposto e o caso anterior. A única diferença reside no momento em que o primeiro recebimento ocorre. Se tomarmos, de novo, a expressão formalizada em [II.9a], mas considerarmos um diferimento de 9 (d – 1) períodos, resulta que

$$_{9|}(Va:)_{50} = 6.000 \text{ €} \times \frac{N_{50+9+1}}{D_{50}} + 250 \text{ €} \times \frac{S_{50+9+2}}{D_{50}}$$

$$_{9|}(Va:)_{50} = 6.000 \text{ €} \times \frac{N_{60}}{D_{50}} + 250 \text{ €} \times \frac{S_{61}}{D_{50}}$$

Esta expressão conduzirá, necessariamente, ao mesmo valor que o obtido para o caso da renda de termos diferidos e antecipados. Quer isto dizer que, *para a mesma idade x, uma renda de termos antecipados e diferidos de d períodos equivale a uma renda de termos postecipados e diferidos de d – 1 períodos*. O que, em termos genéricos, se traduz por

$$_{d-1|}(Va:)_x = Z \frac{N_{x+(d-1)+1}}{D_x} + h \frac{S_{x+(d-1)+2}}{D_x} \Leftrightarrow {}_{d|}(V\ddot{a}:)_x = Z \frac{N_{x+d}}{D_x} + h \frac{S_{x+d+1}}{D_x}$$

$$_{10|}(Va:)_{50} = 6.000 \ \text{€} \times \frac{N_{50+10+1}}{D_{50}} + 250 \ \text{€} \times \frac{S_{50+10+2}}{D_{50}}$$

$$_{10|}(Va:)_{50} = 6.000 \ \text{€} \times \frac{N_{61}}{D_{50}} + 250 \ \text{€} \times \frac{S_{62}}{D_{50}}$$

Consultamos os símbolos de comutação correspondentes a N_{61}, D_{50} e S_{62} e substituímos na expressão anterior.

$$_{10|}(Va:)_{50} = 6.000 \ \text{€} \times \frac{978.015,063}{128.311,753} + 250 \ \text{€} \times \frac{8.603.573,775}{128.311,753}$$

$$_{10|}(Va:)_{50} = 45.733,07 \ \text{€} + 16.763,03 \ \text{€}$$

$$_{10|}(Va:)_{50} = 62.496,10 \ \text{€}$$

O montante do investimento a realizar é de 62.496,10 €.

Apresentámos a possibilidade de se tratar de uma renda postecipada. Na eventualidade de os termos da renda serem antecipados, poderemos considerar um prazo de diferimento igual a d – 1 períodos. Atenda-se, porém, ao termo genérico da progressão, sendo que

$$Z_k = Z + (k - d) \times h, \text{ com } k = d, \ d + 1, \ \ldots, \ \omega - x$$

Consequentemente, surge

$$_{d|}(V\ddot{a}:)_x = Z \frac{N_{x+d}}{D_x} + h \frac{S_{x+d+1}}{D_x} \qquad [\ \text{II.9b}\ ]$$

EXEMPLO: Quanto deverá investir hoje um indivíduo de 50 anos de idade, sabendo que pretende vir a receber, a partir dos 60 anos *inclusive* e até que se encontre vivo, uma quantia anual crescente, nos seguintes moldes: no primeiro ano, o montante a receber será de 6.000 €, crescendo 250 € em cada ano. Os cálculos devem basear-se na PEM 90.

com $Z_{d+1} = Z$ e d a corresponder ao número de períodos de diferimento, tendo as restantes variáveis o significado já anteriormente definido. Tratando-se de uma renda postecipada, o primeiro dos termos reporta-se ao momento $x + d + 1$, tal como se observa no esquema seguinte.

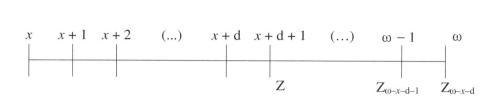

Sendo $_{d|}(Va)_x$ o valor actual de uma renda de vida inteira, postecipada, de termos variáveis em progressão aritmética e diferida de d períodos, podemos estabelecer que

$$_{d|}(Va:)_x = \sum_{k=d+1}^{\omega-x} Z_k \times {}_kE_x = \sum_{k=d+1}^{\omega-x} [Z + (k - d - 1) \times h] \, {}_kE_x =$$

$$= Z \sum_{k=d+1}^{\omega-x} {}_kE_x + h \sum_{k=d+1}^{\omega-x} {}_kE_x$$

Atendendo à similitude existente entre a expressão proposta e a apurada através de [II.7a], podemos concluir que

$$_{d|}(Va:)_x = Z \frac{N_{x+d+1}}{D_x} + h \frac{S_{x+d+2}}{D_x} \qquad [\text{ II.9a }]$$

EXEMPLO: Quanto deverá investir hoje um indivíduo de 50 anos de idade, sabendo que pretende vir a receber, a partir dos 60 anos, no final de cada ano e até que se encontre vivo, uma quantia anual crescente, nos seguintes moldes: no primeiro ano, o montante a receber será de 6.000 €, crescendo 250 € em cada ano. Os cálculos devem basear-se na PEM 90.

Estamos em presença de uma renda de vida inteira de termos postecipados variáveis em progressão aritmética, mas com um diferimento de 10 anos, uma vez que o primeiro levantamento ocorrerá quando o indivíduo tiver 61 anos. Aplicando [II.9a], vem que

O primeiro recebimento será de 309,33 €, aumentando 200 € em cada ano.

Atendendo, agora, ao caso específico da renda em que Z_0 e h são ambos iguais à unidade, se $(I\ddot{a})_x$ corresponder ao valor actual respectivo, virá que

$$(I\ddot{a})_x = \frac{N_x}{D_x} + \frac{S_{x+1}}{D_x}$$

donde, de acordo com a formalização proposta para os símbolos de comutação, resulta, ainda, que

$$(I\ddot{a})_x = \frac{S_x}{D_x} \qquad [\ \text{II.8b}\ ]$$

EXEMPLO: Tomando como referência os elementos da TV 73-77, se um indivíduo de 42 anos pretender vir a receber, a partir de hoje e até que sobreviva, uma quantia anual de 1 u.m., quantia esta que aumentará 1 u.m. em cada ano, quanto deverá ser o montante do investimento a realizar nomomento actual?

De acordo com [II.8b], estabelece-se que

$$(I\ddot{a})_{42} = \frac{S_{42}}{D_{42}}$$

S_{42} e D_{42} correspondem a 4.011.819,978 e 15.129,064, respectivamente. Do quociente entre os dois valores resulta que

$$(I\ddot{a})_{42} = \frac{4.011.819,978}{15.129,064} = 265,17 \text{ unidades monetárias}$$

4.1.3. Rendas diferidas

Quando estamos em presença de uma renda de vida inteira de termos diferidos e variáveis em progressão aritmética, o termo genérico dessa progressão é dado por

$$Z_k = Z + (k - d - 1) \times h, \text{ com } k = d + 1, d + 2, \ldots\ldots, \omega - x,$$

da primeira renda no momento 1, o primeiro termo da segunda renda no momento 2, e assim sucessivamente. Donde se conclui que

$$h \sum_{k=1}^{\omega-x} {}_k E_x + h \sum_{k=2}^{\omega-x} {}_k E_x + \ldots + h \, {}_{\omega-x} E_x = h \frac{N_{x+1}}{D_x} + h \frac{N_{x+2}}{D_x} + \ldots + h \frac{N_\omega}{D_x}$$

Se formalizarmos em termos de símbolos de comutação, vem que

$$h \frac{N_{x+1}}{D_x} + h \frac{N_{x+2}}{D_x} + \ldots + h \frac{N_\omega}{D_x} = h \frac{S_{x+1}}{D_x}$$

As expressões precedentes permitem, assim, estabelecer que

$$(V\ddot{a}:)_x = Z \frac{N_x}{D_x} + h \frac{S_{x+1}}{D_x} \qquad [\ \text{II.8a}\ ]$$

EXEMPLO: Um indivíduo, com 52 anos de idade, aplicou 60.000 €, de modo a poder obter, até que sobreviva, uma certa quantia anual, que acresce 200 € em cada ano. Tendo por base a PM 94, calcule o montante do primeiro recebimento, sabendo que este ocorreu no momento imediato.

Estamos em presença de uma renda de vida inteira, de termos antecipados e variáveis em progressão aritmética de razão igual a 200 € e cujo valor actual é de 60.000 €. O nosso objectivo é o de determinar Z, isto é, o montante do primeiro recebimento. De acordo com [II.8a], virá que

$$60.000\ \text{€} = Z \frac{N_{52}}{D_{52}} + 200\ \text{€} \times \frac{S_{53}}{D_{52}}$$

Consultando a tábua indicada, temos que N_{52} =705.506,947, D_{52} = 33.726,724 e S_{53} = 9.026.832,138. Substituindo, vem

$$60.000\ \text{€} = Z \frac{705.506{,}947}{33.726{,}724} + 200\ \text{€} \times \frac{9.026.832{,}138}{33.726{,}724}$$

60.000 € = 20,918336 Z + 53.529,26 €

6.470,74 = 20,918336 Z

Z = 309,33 €

Sendo $S_{73} = 1.125.676,617$ e $D_{72} = 16.987,220$, teremos que

$$(Ia)_{72} = \frac{1.125.676,617}{16.987,220}$$

$(Ia)_{72} = 66,27$ unidades monetárias

4.1.2. Rendas antecipadas

Tratando-se de uma renda de vida inteira, de termos antecipados e variáveis em progressão aritmética, o termo genérico dessa progressão será dado por

$$Z_k = Z + k \times h$$

com Z a representar o primeiro termo ($Z = Z_0$), com $k = 0, 1, 2, ..., \omega - x$, e h a corresponder à razão desta progressão.

Em termos esquemáticos, teremos:

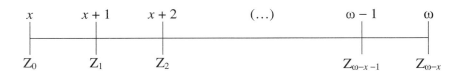

No caso vertente, designamos por $(V\ddot{a}:)_x$ o valor actual da renda de vida inteira, de termos antecipados e variáveis em progressão aritmética. Ao formalizarmos, resulta que

$$(V\ddot{a}:)_x = \sum_{k=0}^{\omega-x}(Z+k\times h)\,_kE_x = Z\sum_{k=0}^{\omega-x}{}_kE_x + h\sum_{k=1}^{\omega-x}{}_kE_x + h\sum_{k=2}^{\omega-x}{}_kE_x + ...+ h\,_{\omega-x}E_x$$

Recordando a expressão formalizada através de [II.2a], verificaremos que

$$Z\sum_{k=0}^{\omega-x}{}_kE_x = Z\,\ddot{a}_x = Z\,\frac{N_x}{D_x}$$

Por sua vez, os restantes termos da expressão atinente ao valor actual configuram um somatório de rendas de vida inteira, vencendo o primeiro termo

($Z_1 = 1$). Designando por $(Ia)_x$ o valor actual da renda[12], este deverá corresponder ao somatório do valor actual de $\omega - x$ dotes puros. Ao formalizarmos, surge

$$(Ia)_x = \frac{l_{x+1}}{l_x} \times (1+i)^{-1} + \frac{l_{x+2}}{l_x} \times (1+i)^{-2} \times 2 + \ldots + \frac{l_\omega}{l_x} \times (1+i)^{-(\omega-x)} \times (\omega - x)$$

Esta expressão pode, porém, ser substituída, no sentido em que se trata de um somatório de $\omega - x$ rendas de termos constantes e iguais a 1, em que a primeira configura o caso de uma renda imediata e postecipada, a segunda o de uma renda diferida de 1 período, a terceira o de uma renda diferida de dois períodos, e assim por diante. Logo, vem

$$(Ia)_x = \sum_{t=0}^{\omega-x} {}_{t|}a_x = \sum_{t=0}^{\omega-x} \frac{N_{x+t+1}}{D_x}$$

Ao substituirmos surgirá, necessariamente, que

$$(Ia)_x = \frac{S_{x+1}}{D_x} \qquad [\text{ II.7b }]$$

EXEMPLO: Quanto deverá ser depositado hoje por um indivíduo de 72 anos para que possa receber, no final de cada ano e enquanto sobreviver, uma quantia anual que será de 1 unidade monetária no 1.º ano, com um acréscimo de 1 unidade monetária em cada um dos anos futuros? Para o efeito, tome em consideração os elementos contidos na PM 94.

O probema proposto resolve-se facilmente aplicando, de modo directo, a expressão anterior, pelo que

$$(Ia)_{72} = \frac{S_{72+1}}{D_{72}}$$

logo

$$(Ia)_{72} = \frac{S_{73}}{D_{72}}$$

---

[12] Utilizamos esta simbologia por se tratar de uma renda de termos crescentes, em que I significa *increasing*. Se os termos fossem decrescentes, notaríamos o valor actual da renda por $(Da)_x$ (*decreasing*).

ou ainda, se assumirmos que $Z_1 = Z$,

$$(Va:)_x = Z \frac{N_{x+1}}{D_x} + \frac{h}{D_x} S_{x+2} \qquad [\text{ II.7a }]$$

EXEMPLO: José, de 48 anos, investiu, na totalidade, a quantia resultante de um prémio de jogo e que lhe vai permitir receber, no final de cada ano e até que viva, um determinado montante, que começará por ser de 15.000 € e que aumentará 500 € em cada ano. Sabendo que a entidade financeira junto da qual se realizou o investimento sustenta os seus cálculos na PF 94 a 3%, qual foi o montante do prémio recebido por José?

O montante do prémio recebido por José corresponde ao valor actual de uma renda de vida inteira cujos termos variam em progressão aritmética de razão igual a 500 €, ascendendo o primeiro deles a 15.000 €. Substituindo na expressão proposta através de [II.7a] e atendendo a que José conta com 48 anos, virá que

$$(Va:)_{48} = 15.000 \text{ €} \times \frac{N_{48+1}}{D_{48}} + \frac{500€}{D_{48}} \times S_{48+2}$$

$$(Va:)_{48} = 15.000 \text{ €} \times \frac{N_{49}}{D_{48}} + \frac{500€}{D_{48}} \times S_{50}$$

De acordo com a PF 94, teremos que $N_{49} = 464.946,664$, $D_{48} = 23.174,773$ e $S_{50} = 6.514.821,344$, donde se obtém

$$(Va:)_{48} = 15.000 \text{ €} \times \frac{464.946,664}{23.174,773} + \frac{500€}{23.174,773} \times 6.514.821,344$$

$$(Va:)_{48} = 300.939,30 \text{ €} + 140.558,47 \text{ €}$$

$$(Va:)_{48} = 441.497,77 \text{ €}$$

O prémio recebido por José terá sido no montante de 441.497,77 €, pois é este o valor actual da renda que corresponde à sucessão de termos pretendidos.

Tomemos, agora, o caso particular em que os termos da renda crescem à razão de 1 unidade (h = 1), sendo o primeiro termo também igual a 1 unidade

No que se refere à expressão $h \times \sum_{k=1}^{\omega-x} (k-1) \times {}_k E_x$, esta pode ser transformada do seguinte modo:

$$h \times \sum_{k=1}^{\omega-x} (k-1) \times {}_k E_x = h \times \sum_{k=1}^{\omega-x} (k-1) \times \frac{D_{x+k}}{D_x} =$$

$$= h \left[\frac{D_{x+2}}{D_x} + 2\frac{D_{x+3}}{D_x} + 3\frac{D_{x+4}}{D_x} + \ldots + (\omega-x-1)\frac{D_\omega}{D_x} \right] =$$

$$= \frac{h}{D_x} \left[(D_{x+2} + D_{x+3} + \ldots + D_\omega) + (D_{x+3} + \ldots + D_\omega) + \ldots + D_\omega \right]$$

Considerando os símbolos de comutação anteriormente propostos, surge que

$$\frac{h}{D_x} \left[(D_{x+2} + D_{x+3} + \ldots + D_\omega) + (D_{x+3} + \ldots + D_\omega) + \ldots + D_\omega \right] =$$

$$= \frac{h}{D_x} \left(N_{x+2} + N_{x+3} + \ldots + N_\omega \right)$$

Estabelecemos um novo símbolo de comutação, S_x, que definimos do seguinte modo:

$$S_x = \sum_{t=0}^{\omega-x} N_{x+t}$$

Virá, então, que

$$\frac{h}{D_x} \left(N_{x+2} + N_{x+3} + \ldots + N_\omega \right) = \frac{h}{D_x} S_{x+2}$$

Substituindo ambas as expressões naquela que inicialmente formulámos, obtém-se

$$(Va:)_x = Z_1 \frac{N_{x+1}}{D_x} + \frac{h}{D_x} S_{x+2}$$

4.1. Termos variáveis em progressão aritmética

4.1.1. Rendas postecipadas

O termo genérico de uma renda de vida inteira de termos variáveis em progressão aritmética é dado por

$$Z_k = Z_1 + (k-1) \times h$$

com $k = 1, 2, \ldots, \omega - x$ e sendo h a razão dessa progressão[11].

Os termos de uma renda de vida inteira, postecipados e variáveis em progressão aritmética, reportam-se aos vários momentos do tempo de acordo com o esquema proposto.

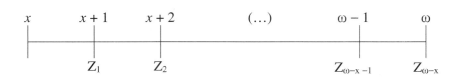

Tendo em atenção a formalização proposta para o termo genérico, o valor actual desta renda, que notaremos por $(Va:)_x$, será dado por

$$(Va:)_x = \sum_{k=1}^{\omega-x} Z_k \times {}_kE_x = \sum_{k=1}^{\omega-x} [Z_1 + (k-1) \times h] \times {}_kE_x$$

Por sua vez, podemos desenvolver esta expressão, atendendo a que

$$(Va:)_x = Z_1 \sum_{k=1}^{\omega-x} {}_kE_x + h \times \sum_{k=1}^{\omega-x} (k-1) \times {}_kE_x$$

Observe-se, no entanto, que

$$Z_1 \sum_{k=1}^{\omega-x} {}_kE_x = Z_1 \times a_x = Z_1 \times \frac{N_{x+1}}{D_x}$$

---

[11] Consideramos h > 0, pois caso fosse negativo, poder-se-ia ter $Z_1 < (k-1) \times h$; tal implicaria a existência de termos negativos, o que não faz sentido numa perspectiva financeira.

Mais uma vez, o montante obtido excede o que seria necessário para auferir de uma sucessão de recebimentos postecipados. Essa diferença é de 0,21 unidades monetárias e corresponde à diferença entre o valor actual dos dotes puros referentes aos momentos $x + d$ e $x + d + n$, ou seja, entre os dotes puros relativos aos momentos em que o beneficiário conta com 60 e 70 anos (respectivamente, 0,85 unidades monetárias e 0,64 unidades monetárias).

EXEMPLO: Tomando, de novo, o caso de Ernesto, refazemos os cálculos no pressuposto de que os recebimentos são agora antecipados.

De acordo com [II.6d], vem que

$$6.000 \;_{23|}\ddot{a}_{27:\overline{20}|} = 6.000 \; \text{€} \times \frac{N_{27+23} - N_{27+23+20}}{D_{27}}$$

$$6.000 \;_{23|}\ddot{a}_{27:\overline{20}|} = 6.000 \; \text{€} \times \frac{N_{50} - N_{70}}{D_{27}}$$

Substituímos os símbolos de comutação da expressão anterior pelos valores que constam na tábua proposta, sendo que $N_{50} = 775.382,057$ e $N_{70} = 206.541,207$. Por sua vez, o valor para D_{27} já foi apontado no exemplo precedente.

$$6.000 \;_{23|}\ddot{a}_{27:\overline{20}|} = 6.000 \; \text{€} \times \frac{775.382,057 - 206.541,207}{57.026,847}$$

$$6.000 \;_{23|}\ddot{a}_{27:\overline{20}|} = 6.000 \; \text{€} \times 9,9749658$$

$$6.000 \;_{23|}\ddot{a}_{27:\overline{20}|} = 59.849,79 \; \text{€}$$

Verificamos, de novo, a existência de uma diferença relativamente ao montante investido no caso de os recebimentos terem início um ano mais tarde. Essa quantia (59.849,79 € – 58.126,22 € = 1.723,57 €) equivale à diferença entre os dotes puros referentes aos momentos em que Ernesto conta com 50 e 70 anos.

4. Rendas de vida inteira de termos variáveis

Trazemos, agora, à colação a possibilidade de os termos de uma renda de vida inteira assumirem um valor variável.

Contemplamos os casos em que essa variação ocorre em *progressão aritmética* e em *progressão geométrica*, por serem as duas situações mais plausíveis em termos práticos e também as mais expeditas em termos de cálculo.

Notando por $_{d|}\ddot{a}_{x:n\neg}$ a quantia a investir hoje para que um certo indivíduo, com a idade x, possa vir a receber, durante n anos e com início em $x + d$, a quantia de 1 unidade monetária, virá que

$$_{d|}\ddot{a}_{x:n\neg} = \frac{N_{x+d} - N_{x+d+n}}{D_x}$$ [**II.6c**]

Se o objectivo for o de vir a receber, em cada ano, Z unidades monetárias, então teremos

$$Z \;_{d|}\ddot{a}_{x:n\neg} = Z \frac{N_{x+d} - N_{x+d+n}}{D_x}$$ [**II.6d**]

Atendemos, de seguida, a dois exemplos, que decorrem dos anteriormente apresentados para o caso das rendas postecipadas e que procuram ilustrar as situações formalizadas por intermédio de [II.6c] e de [II.6d].

EXEMPLO: Reconsidere os elementos apresentados para o indivíduo de 53 anos, que pretende receber, a partir dos 60 e durante 10 anos, a quantia de 1 unidade monetária. Calcule, de novo, o montante a depositar, no pressuposto de que os 10 levantamentos futuros irão ocorrer no início de cada ano.

Neste caso, o primeiro levantamento terá lugar quando o indivíduo atingir a idade de 60 anos, pelo que, atendendo a [II.6c], teremos que

$$_{7|}\ddot{a}_{53:10\neg} = \frac{N_{53+7} - N_{53+7+10}}{D_{53}}$$

$$_{7|}\ddot{a}_{53:10\neg} = \frac{N_{60} - N_{70}}{D_{53}}$$

Da consulta da PEF 90 resulta que $N_{60} = 5.368.592,851$ e $N_{70} = 2.833.696,080$, sendo D_{53} já nosso conhecido do exemplo anterior. Logo vem que

$$_{7|}\ddot{a}_{53:10\neg} = \frac{5.368.592,851 - 2.833.696,080}{335.612,974}$$

$$_{7|}\ddot{a}_{53:10\neg} = 7,55 \text{ unidades monetárias}$$

$$Z \,_{d|}a_{x:n}\rceil = Z \frac{N_{x+d+1} - N_{x+d+n+1}}{D_x}$$ [**II.6b**]

EXEMPLO: Ernesto tem 27 anos e pretende vir a receber, entre os 50 e os 70 anos, no final de cada ano, a quantia de 6.000 €. Considerando os elementos referenciados na PM 94, determine a quantia a depositar no momento actual, de modo a garantir a sucessão de recebimentos pretendida por Ernesto.

Estamos em presença de uma renda periódica com 20 termos postecipados (entre os 50 e os 70 anos), mas diferida de 23 períodos, que é o tempo que irá decorrer entre o momento presente e o momento a que se reporta o início dos recebimentos. Por conseguinte, aplicando a expressão formalizada em [II.6b], vem que

$$6.000 \,_{23|}a_{27:20}\rceil = 6.000 \text{ €} \times \frac{N_{27+23+1} - N_{27+23+20+1}}{D_{27}}$$

$$6.000 \,_{23|}a_{27:20}\rceil = 6.000 \text{ €} \times \frac{N_{51} - N_{71}}{D_{27}}$$

Da consulta da PM 94 resulta que $N_{51} = 740.039,178$, $N_{71} = 187.579,944$ e $D_{27} = 57.026,847$, pelo que, substituindo, surge

$$6.000 \,_{23|}a_{27:20}\rceil = 6.000 \text{ €} \times \frac{740.039,178 - 187.579,944}{57.026,847}$$

$$6.000 \,_{23|}a_{27:20}\rceil = 6.000 \text{ €} \times 9,687704$$

$$6.000 \,_{23|}a_{27:20}\rceil = 58.126,22 \text{ €}$$

que corresponde, assim, ao montante a depositar no presente e que equivale à sucessão de recebimentos pretendida por Ernesto.

Se a sucessão de recebimentos futuros for antecipada, reportando-se o primeiro ao momento $x + d$, a expressão que permite calcular o montante a investir surge de modo quase imediato, por analogia às já estabelecidas por intermédio de [II.6a] e de [II.6b].

forme decorre da fórmula anteriormente estabelecida em [II.4a]. Simplificando, vem ainda que

$$_{d|}a_{x:n} = \frac{N_{x+1} - N_{x+d+n+1} - N_{x+1} + N_{x+d+1}}{D_x}$$

e, por último,

$$_{d|}a_{x:\overline{n}|} = \frac{N_{x+d+1} - N_{x+d+n+1}}{D_x} \qquad [\ \text{II.6a}\ ]$$

EXEMPLO: Tomando como referência a PEF 90, quanto deverá ser depositado hoje, de modo a que um indivíduo de 53 anos possa receber, a partir dos 60 e durante 10 anos, a quantia de 1 unidade monetária, no final de cada ano?

Estamos em presença de uma renda temporária, com 10 termos, mas diferida de 7 anos. Logo $x = 53$, $n = 10$ e $d = 7$. Deste modo, aplicando a expressão formalizada em [II.6a], teremos que

$$_{7|}a_{53:\overline{10}|} = \frac{N_{53+7+1} - N_{53+7+10+1}}{D_{53}}$$

$$_{7|}a_{53:\overline{10}|} = \frac{N_{61} - N_{71}}{D_{53}}$$

De acordo com a PEF 90, $N_{61} = 5.083.302,325$, $N_{71} = 2.619.934,472$ e $D_{53} = 335.612,974$; por conseguinte, surge

$$_{7|}a_{53:\overline{10}|} = \frac{5.083.302,325 - 2.619.934,472}{335.612,974}$$

$$_{7|}a_{53:\overline{10}|} = 7,34 \text{ unidades monetárias}$$

que representa, assim, a quantia a depositar hoje para que um indivíduo de 53 anos, possa receber anualmente, a partir dos 60 e durante 10 anos, o montante anual de 1 unidade monetária.

Por sua vez, a expressão sequente permite determinar o montante a investir quando o beneficiário pretender receber no futuro Z unidades monetárias em cada um dos períodos considerados.

cálculo uma taxa de juro de 2%[10], por ser a taxa de juro subjacente à determinação dos símbolos de comutação utilizados.

3.3. Rendas diferidas

No caso de se tratar de uma renda temporária diferida significa que a sucessão de n recebimentos terá início apenas daqui por d períodos.

Na presunção de que os recebimentos são postecipados, o primeiro vencerá no momento $x + d + 1$ e o último no momento $x + d + n$, tal como se ilustra no esquema seguinte.

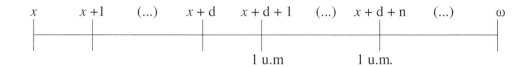

Usando o mesmo tipo de raciocínio que nos casos anteriores, e tendo em consideração o esquema proposto, verificamos que o valor de uma renda temporária, com n termos, mas diferida de d períodos, vai corresponder à diferença entre uma renda temporária imediata com d + n termos e uma renda temporária imediata com d termos. Denotando por $_{d|}a_{x:n}$ o valor a investir equivalente à sucessão de recebimentos futuros que obedeçam a esta tipologia, vem que

$$_{d|}a_{x:n} = \frac{N_{x+1} - N_{x+d+n+1}}{D_x} - \frac{N_{x+1} - N_{x+d+1}}{D_x}$$

com $\dfrac{N_{x+1} - N_{x+d+n+1}}{D_x}$ a designar a renda temporária imediata de d + n termos

e $\dfrac{N_{x+1} - N_{x+d+1}}{D_x}$ a designar a renda temporária e imediata de d termos, con-

---

[10] Mais uma vez, a título de curiosidade, calculamos o valor actual do dote puro relativo a $x + n$.

Logo, $7500 \, _{10}E_{48} = \dfrac{l_{48+10}}{l_{48}} \times (1+i)^{-10} \times 7.500 \, € = \dfrac{l_{58}}{l_{48}} \times (1+i)^{-10} \times 7.500 \, € = \dfrac{93.014}{96.218} \times (1 + 2\%)^{-10} \times$

$\times 7.500 \, € = 5.947,73 \, €$. Note-se que $7.500 \, € - 5.947,73 \, € = 1.552,27€$, valor que coincide com a diferença do montante a investir em ambas as hipóteses ($67.855,34 \, € - 66.303,07 \, € = 1.552,27 \, €$).

Para recebimentos periódicos de Z unidades monetárias, vem que

$$Z \ \ddot{a}_{x:n\rceil} = Z \ \frac{N_x - N_{x+n}}{D_x} \qquad [\ \text{II.5b} \ ]$$

EXEMPLO: Mais uma vez, consideramos o exemplo já apresentado na secção anterior, relativamente às rendas imediatas e postecipadas. Deste modo, tomando como referência os elementos da TV 88-90, calculamos o montante a investir que permite o recebimento da quantia anual de 7.500 €, a um indivíduo que tem hoje 48 anos, no início de cada um dos próximos 10 anos.

Vamos, então, calcular $7.500 \ \ddot{a}_{48:10\rceil}$, pelo que surge

$$7.500 \ \ddot{a}_{48:10\rceil} = 7.500 \ € \times \frac{N_{48} - N_{48+10}}{D_{48}}$$

$$7.500 \ \ddot{a}_{48:10\rceil} = 7.500 \ € \times \frac{N_{48} - N_{58}}{D_{48}}$$

D_{48} já é nosso conhecido e igual a 37.191,876. Da consulta da TV 88-90, resulta ainda que $N_{48} = 931.203,169$ e $N_{58} = 594.714,207$, logo

$$7.500 \ \ddot{a}_{48:10\rceil} = 7.500 \ € \times \frac{931.203,169 - 594.714,207}{37.191,876}$$

$$7.500 \ \ddot{a}_{48:10\rceil} = 7.500 \ € \times 9,047378$$

$$7.500 \ \ddot{a}_{48:10\rceil} = 67.855,34 \ €$$

Obtém-se, de novo, uma quantia superior àquela que seria necessário investir na eventualidade os recebimentos serem postecipados. Tal desigualdade resulta da diferença entre o valor actual do dote puro para o momento x – 7.500 €, tal como tínhamos 1 unidade monetária no exemplo precedente – e o valor actual do dote puro referente ao momento $x + n$, isto é, 58 anos, considerando nesse

$$\ddot{a}_{x:n\rceil} = \frac{N_x - N_{x+n}}{D_x} \qquad [\text{ II.5a }]$$

com $\ddot{a}_{x:n\rceil}$ a representar o valor actual de uma renda temporária, com n termos antecipados, constantes e iguais à unidade.

EXEMPLO: Vamos atender à mesma situação que apresentámos para ilustrar o caso das rendas temporárias postecipadas, mas considerando agora a hipótese de os recebimentos ocorrerem no início de cada ano. Assim, de acordo com a TV 73-77, qual a quantia que é necessário investir para que um indivíduo de 40 anos possa receber 1 unidade monetária no início de cada um dos próximos 10 anos?

Atendendo à fórmula definida em [II.5a], teremos que

$$\ddot{a}_{40:10\rceil} = \frac{N_{40} - N_{40+10}}{D_{40}}$$

$$\ddot{a}_{40:10\rceil} = \frac{N_{40} - N_{50}}{D_{40}}$$

Sendo que, de acordo com a TV 73-77, $N_{40} = 307.290,952$, $N_{50} = 171.382,094$ e $D_{40} = 16.577,193$, vem que

$$\ddot{a}_{40:10\rceil} = \frac{307.290,952 - 171.382,094}{16.577,193}$$

$$\ddot{a}_{40:10\rceil} = 8,20 \text{ unidades monetárias}$$

Resulta assim, no caso presente, um valor superior em 0,37 unidades monetárias ao que obtivémos quando os recebimentos tinham lugar no final de cada ano. Tal quantia corresponde à diferença existente entre o valor actual do dote puro relativo ao período x, e que necessariamente coincide com o próprio dote puro – 1 unidade monetária –, e o valor actual do dote puro referente ao período $x + n$ e que é igual a 0,63 unidades monetárias[9].

---

[9] O valor actual do dote puro referente ao período $x + n$ é dado por $_{10}E_{40} = \dfrac{l_{40+10}}{l_{40}} \times (1+i)^{-10}$

$= \dfrac{l_{50}}{l_{40}} \times (1+i)^{-10} = \dfrac{94.056}{96.419} \times (1+4,5\%)^{-10} = 0,63.$

$$7.500\, a_{48:\overline{10}|} = 7.500\, € \times \frac{894.011{,}293 - 565.219{,}889}{37.191{,}876}$$

$$7.500\, a_{48:\overline{10}|} = 7.500\, € \times 8{,}840409 = 66.303{,}07\, €$$

Será necessário investir a quantia de 66.303,07 € de modo a garantir a sucessão de recebimentos pretendida.

3.2. Rendas antecipadas

Estamos em presença de uma renda temporária e antecipada quando o vencimento do primeiro dos n termos que a compõem coincidir com o momento do contrato. Deste modo, se o contrato ocorrer no momento x, o último dos n termos vencerá no momento $x + n - 1$, tal como se dá conta no esquema seguinte[8].

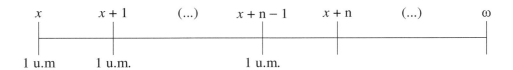

O esquema proposto permite evidenciar algumas similitudes relativamente ao caso das rendas temporárias e postecipadas. Desta feita, recorrendo a um expediente análogo, define-se que o valor da renda temporária e antecipada é igual à diferença entre o valor de uma renda antecipada de vida inteira e de uma renda de vida inteira diferida de n períodos e antecipada. Se notarmos por $\ddot{a}_{x:\overline{n}|}$ o valor da renda temporária antecipada, podemos estabelecer que

$$\ddot{a}_{x:\overline{n}|} = \ddot{a}_x - {}_{n|}\ddot{a}_x$$

Tomando as expressões estabelecidas por intermédio de [II.2a] e [II.3c] e substituindo na expressão anterior, surge

---

[8] Recorde-se que no caso das rendas antecipdas de vida inteira surgem $\omega - x + 1$ termos, isto é, mais um termo que na renda postecipada, o que não sucede no caso das rendas temporárias. Tal decorre do próprio conceito de renda de vida inteira, em que a sucessão de recebimentos se observa até ao momento do falecimento do indivíduo. Na data de realização do investimento, a quantia inicial é definida em função da probabilidade de ele poder viver até à idade ω, quer os recebimentos venham a ser postecipados ou antecipados.

$$a_{40:\overline{10}|} = \frac{N_{40+1} - N_{40+10+1}}{D_{40}}$$

$$a_{40:\overline{10}|} = \frac{N_{41} - N_{51}}{D_{40}}$$

Consultando a TV 73-77, obtém-se a informação atinente aos símbolos de comutação; vem que $N_{41} = 290.713,759$, $N_{51} = 160.969,187$ e $D_{40} = 16.577,193$, valores estes que se substituem na expressão proposta.

$$a_{40:\overline{10}|} = \frac{290.713,759 - 160.969,187}{16.577,193}$$

$a_{40:\overline{10}|} = 7,83$ unidades monetárias

Por sua vez, a expressão seguinte permite determinar o valor actual de uma renda temporária, imediata e de termos postecipados, quando se pretendem receber Z unidades monetárias em cada período.

$$Z\, a_{x:\overline{n}|} = Z\, \frac{N_{x+1} - N_{x+n+1}}{D_x} \qquad [\ \text{II.4b}\ ]$$

EXEMPLO: Tomando como referência a TV 88-90, calcular o montante a investir no momento actual, que permite o recebimento da quantia anual de 7.500 €, a um indivíduo de 48 anos, no final de cada um dos próximos 10 anos.

Pretendemos conhecer $7.500\, a_{48:\overline{10}|}$, cujo valor se obtém através da aplicação directa da expressão estabelecida em [II.4b]. Resulta, assim, que

$$7.500\, a_{48:\overline{10}|} = 7.500\ € \times \frac{N_{48+1} - N_{48+10+1}}{D_{48}}$$

$$7.500\, a_{48:\overline{10}|} = 7.500\ € \times \frac{N_{49} - N_{59}}{D_{48}}$$

Na TV 88-90, encontramos os valores correspondentes a N_{49}, N_{59}, e D_{48}, que substituímos na expressão precedente, logo

Considerando, de novo, $v = (1 + i)^{-1}$ e multiplicando tanto o numerador como o denominador deste quociente por v^x, vem

$$a_{x:\overline{n}|} = \frac{v^{x+1}l_{x+1} + v^{x+2}l_{x+2} + ... + v^{x+n}l_{x+n}}{v^x l_x}$$

Recorrendo, ainda, aos símbolos de comutação que estabelecemos na secção precedente, resulta que

$$a_{x:\overline{n}|} = \frac{D_{x+1} + D_{x+2} + ... + D_{x+n}}{D_x}$$

Cada um dos D_x considerados deverá ser substituído pelo valor respectivo apontado nas tábuas, o que poderá colocar alguns problemas de cálculo, principalmente se n for muito elevado.

Em alternativa, se atendermos, de novo, à recta do tempo através da qual ilustrámos a situação em apreço, conclui-se facilmente que

$$a_{x:\overline{n}|} = a_x - {}_{n|}a_x$$

Tomando os significados de a_x e de ${}_{n|}a_x$, que formalizámos, respectivamente, por intermédio de [II.1a] e [II.3a], obtém-se que

$$a_{x:\overline{n}|} = \frac{N_{x+1} - N_{x+n+1}}{D_x} \qquad [\ \text{II.4a}\ ]$$

A expressão assim encontrada permite calcular, de modo simplificado, o valor actual de uma renda temporária, imediata e postecipada, de termos constantes e iguais à unidade.

EXEMPLO: De acordo com a TV 73-77, qual a quantia que é necessário investir para que um indivíduo de 40 anos possa receber 1 unidade monetária no fim de cada um dos próximos 10 anos?

Trata-se de determinar $a_{40:\overline{10}|}$, pelo que, aplicando directamente a fórmula anterior, virá

3. Rendas temporárias de termos constantes

Para além das rendas de vida inteira, examinamos também, no âmbito do nosso estudo, as denominadas **rendas temporárias**, ou seja, aquelas em que os recebimentos ocorrem apenas durante um certo número de períodos de tempo. Esta sucessão de recebimentos não deixa, porém, de constituir uma renda incerta, dada a necessidade de o beneficiário se encontrar vivo para receber as quantias respectivas.

Tal como sucedeu para o caso das rendas de vida inteira, também aqui contemplamos as possibilidades de essa sucessão de recebimentos ser *postecipada*, *antecipada* ou *diferida*.

3.1. Rendas postecipadas

Uma renda temporária e postecipada é composta por um conjunto de n termos, vencendo o primeiro desses termos um período após a realização do investimento. No esquema seguinte, ilustra-se a possibilidade de o promotor do investimento pretender vir a receber uma unidade monetária, mas apenas durante n períodos de tempo, até atingir a idade de $x + n$ anos.

Se designarmos por $a_{x:\overline{n}|}$ a quantia a entregar no presente para garantir essa sucessão de n recebimentos futuros, surge que

$$a_{x:\overline{n}|} = E_x + {}_2E_x + \ldots + {}_nE_x$$

Cada uma das parcelas que compõe o 2.º membro da expressão anterior corresponde ao valor actual de um dote puro. Mais uma vez, tomando a fórmula estabelecida por intermédio de [I.14], podemos escrever que

$$a_{x:\overline{n}|} = \frac{l_{x+1}}{l_x} \times (1+i)^{-1} + \frac{l_{x+2}}{l_x} \times (1+i)^{-2} + \ldots + \frac{l_{x+n}}{l_x} \times (1+i)^{-n}$$

$$a_{x:\overline{n}|} = \frac{l_{x+1}(1+i)^{-1} + l_{x+2}(1+i)^{-2} + \ldots + l_{x+n}(1+i)^{-n}}{l_x}$$

À semelhança do que sucedia no exemplo anterior, esta quantia é, por conseguinte, maior do que a que permite receber 7.500 €, em cada ano, após os 50 anos de idade e enquanto Maurício for vivo, caso esses recebimentos sejam postecipados. Se atendermos à diferença que existe entre o montante de investimento a realizar nas duas hipóteses (22.839,83 € – 21.167,72 € = 1.672,11 €), verificaremos que **essa diferença corresponde ao valor actual do dote puro de 7.500 € que vencerá daqui por 25 anos**, à taxa anual de 6%, uma vez que é esta a taxa utilizada no cálculo dos símbolos de comutação subjacentes à determinação de $Z_{25|}a_{25}$ e de $Z_{25|}\ddot{a}_{25}$. Recordando a expressão anteriormente estabelecida por intermédio de [I.15], virá

$$Z_{25} E_{25} = \frac{l_{50}}{l_{25}} \times (1 + 6\%)^{-25} \times 7.500 \text{ €}$$

Da consulta da PF 60/64 decorre que $l_{25} = 9.690.520$ e $l_{50} = 9.272.529$, pelo que substituindo se obtém

$$Z_{25} E_{25} = \frac{9.272.529}{9.690.520} \times (1 + 6\%)^{-25} \times 7.500 \text{ €} = 0,956866 \times 0,232999 \times 7.500 \text{ €}$$

$$= 1.672,11 \text{ €}$$

Esta particularidade é **válida apenas para o caso das rendas diferidas**. Em contraponto, tratando-se de uma renda de vida inteira, mas sem qualquer diferimento, tem-se que

$$\ddot{a}_x = 1 + a_x$$

ou ainda

$$Z \ddot{a}_x = Z + Z a_x$$

Tal significa que, como o primeiro recebimento tem lugar no próprio momento actual, *o valor actual do dote puro e o valor desse dote puro coincidem*.

Podemos, assim concluir que, ***quando se trata de uma renda de vida inteira diferida de termos antecipados, o montante a investir será superior àquele que se observa no caso de a renda ser de vida inteira diferida mas postecipada***, uma vez que irá ocorrer mais um recebimento. A diferença entre ambos os montantes é igual ao valor actual do dote puro correspondente ao período x + d.

No caso de o beneficiário desejar receber, em cada período, a quantia Z, a expressão toma a seguinte forma

$$Z \,_{d|}\ddot{a}_x = Z \, \frac{N_{x+d}}{D_x} \qquad [\ \text{II.3d}\ ]$$

EXEMPLO: Retomemos o caso de Maurício de 25 anos, que pretende receber anualmente, enquanto for vivo e a partir dos 50 anos, a quantia de 7.500 €. Suponha agora que os recebimentos ocorrem no início de cada período. Tendo ainda por base os dados contidos na PF 60/64, determine a quantia a investir hoje que torna possível esse fluxo de rendimentos futuros.

Neste caso, estaremos em presença de mais um recebimento que ocorre logo quando Maurício completar 50 anos. Como se trata de uma renda de vida inteira diferida e antecipada, aplicamos a fórmula encontrada em [II.3d]. Consequentemente, surge

$$Z \,_{25|}\ddot{a}_{25} = 7.500\ \text{€} \times \frac{N_{50}}{D_{25}}$$

D_{25} é já nosso conhecido; enquanto isso, $N_{50} = 6.875.939{,}439$. Efectuamos, de seguida, a substituição na expressão anterior.

$$Z \,_{25|}\ddot{a}_{25} = 7.500\ \text{€} \times \frac{6.875.939{,}439}{2.257.877{,}889}$$

$$Z \,_{25|}\ddot{a}_{25} = 7.500\ \text{€} \times 3{,}04531$$

$$Z \,_{25|}\ddot{a}_{25} = 22.839{,}83\ \text{€}$$

Aplicando hoje 22.839,83 €, Maurício poderá vir a receber, a partir do momento em que completar 50 anos, no início de cada ano e enquanto for vivo, o montante de 7.500 €.

$$_{d|}\ddot{a}_x = \frac{N_{x+d}}{D_x} \qquad\qquad [\ \text{II.3c}\ ]$$

EXEMPLO: Reconsideramos o caso de José, de 27 anos, que pretende receber, a partir dos 60 anos e enquanto for vivo, a quantia anual de 1 unidade monetária. Tendo, ainda, por base a PF 94, determinamos, agora, o investimento a realizar no presente, no pressuposto de que os recebimentos irão ocorrer no início de cada ano.

O primeiro recebimento terá lugar no momento em que José completa 60 anos. Estando perante uma renda de vida inteira diferida e antecipada, aplicamos a fórmula estabelecida em [II.3c], pelo que se obtém

$$_{33|}\ddot{a}_{27} = \frac{N_{27+33}}{D_{27}}$$

$$_{33|}\ddot{a}_{27} = \frac{N_{60}}{D_{27}}$$

D_{27} é já nosso conhecido, sendo ainda que $N_{60} = 254.412,123$. Ao substituirmos, vem que

$$_{33|}\ddot{a}_{27} = \frac{254.412,123}{44.278,795}$$

$$_{33|}\ddot{a}_{27} = 5,75 \text{ unidades monetárias}$$

Se os recebimentos ocorrerem no início de cada ano, a quantia a investir será de 5,75 unidades monetárias, mais 0,35 do que o necessário para o caso de os recebimentos serem postecipados. Esta diferença corresponde ao valor actual do dote puro de 1 unidade monetária, a receber daqui por 33 anos, considerando uma taxa de juro anual de 3%, já que esta é a taxa de juro subjacente ao cálculo dos símbolos de comutação constantes na PF 94. Deste modo, teremos que

$$1 \text{ u.m.} \times (1 + 3\%)^{-33} \times \frac{l_{60}}{l_{27}} = (1 + 3\%)^{-33} \times \frac{91.265}{98.356} = 0,35 \text{ u.m.}$$

Como os recebimentos ocorrem no final de cada ano, significa que o primeiro recebimento terá lugar quando Maurício completar 51 anos, isto é, $x + d + 1 = 51$. No exemplo proposto, procuramos determinar $Z_{25|}a_{25}$ que, aplicando a fórmula definida em [II.3b], será igual a

$$Z_{25|}a_{25} = 7.500\ \text{€} \times \frac{N_{51}}{D_{25}}$$

A consulta da PF 60/64 permite concluir que $N_{51} = 6.372.549,029$ e que $D_{25} = 2.257.877,889$. Substituindo na expressão relativa a $Z_{25|}a_{25}$, obtém-se

$$Z_{25|}a_{25} = 7.500\ \text{€} \times \frac{6.372.549,029}{2.257.877,889}$$

$$Z_{25|}a_{25} = 7.500\ \text{€} \times 2,822362$$

$$Z_{25|}a_{25} = 21.167,72\ \text{€}$$

Aplicando hoje 21.167,72 €, Maurício poderá vir a receber, após completar 50 anos, no final de cada ano e enquanto sobreviver, a quantia de 7.500 €.

Tratando-se de uma **renda diferida e antecipada**, o primeiro recebimento ocorrerá quando o beneficiário atingir a idade $x + d$, tal como se observa no esquema seguinte.

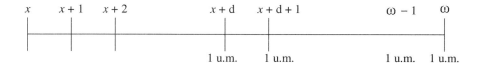

Neste caso, se designarmos por $_{d|}\ddot{a}_x$ a quantia a entregar no presente, vem que

$$_{d|}\ddot{a}_x = {}_d E_x + {}_{d+1} E_x + {}_{d+2} E_x + \ldots + {}_{(\omega - x)} E_x$$

Em vez de $\omega - x - d$ dotes puros, como sucedia no caso das rendas diferidas e postecipadas, temos agora que o montante do investimento a realizar corresponde ao somatório do valor actual de $\omega - x - d + 1$ dotes puros. Retomando a expressão proposta, podemos concluir que

EXEMPLO: Se José, de 27 anos, quiser receber, no final de cada ano e enquanto sobreviver, com início daqui por 33 anos, a quantia de 1 unidade monetária, quanto deverá aplicar hoje? Para o efeito, utilize os elementos da PF 94.

No caso presente, $x = 27$, uma vez que se trata da idade de José, e d = 33, por ser o número de anos a decorrer até que a sucessão de recebimentos tenha início. Como esses recebimentos irão ocorrer no final de cada ano, utiliza-se a expressão formalizada em [II.3a], atinente às rendas de vida inteira, diferidas e postecipadas. Consequentemente, surge

$$_{33|}a_{27} = \frac{N_{27+33+1}}{D_{27}}$$

$$_{33|}a_{27} = \frac{N_{61}}{D_{27}}$$

Ao consultarmos a PF 94, obtemos que $N_{61} = 238.921,433$ e $D_{27} = 44.278,795$. Substituímos estes valores na expressão anterior, pelo que

$$_{33|}a_{27} = \frac{238.921,433}{44.278,795}$$

$$_{33|}a_{27} = 5,40 \text{ unidades monetárias}$$

O investimento de 5,40 unidades monetárias permitirá a José receber, a partir dos 60 anos, no final de cada ano e durante toda a sua vida, a quantia de 1 unidade monetária.

Se em vez de 1 unidade monetária o beneficiário pretender receber, em cada período, a quantia Z, teremos que

$$Z \,_{d|}a_x = Z \frac{N_{x+d+1}}{D_x} \qquad [\text{ II.3b }]$$

Tomemos um exemplo que ilustra a situação apontada.

EXEMPLO: Maurício conta hoje com 25 anos e pretende receber, a partir dos 50 anos e enquanto for vivo, a quantia de 7.500 € por ano. Tendo em consideração os elementos da PF 60/64, determine o montante do investimento a realizar no presente, no pressuposto de que os recebimentos ocorrerão no final de cada ano.

2.3. Rendas diferidas

Se estivermos em presença de uma renda diferida, a sucessão de pagamentos a favor do beneficiário terá início d períodos após a celebração do contrato.

Tratando-se de uma **renda diferida e postecipada**, o primeiro recebimento terá lugar quando o beneficiário atingir $x + d + 1$ anos, tal como decorre do esquema que segue.

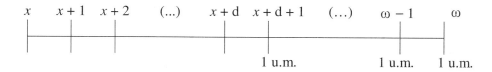

Se designarmos por $_{d|}a_x$ o montante a entregar no momento presente, vem que

$$_{d|}a_x = {}_{d+1}E_x + {}_{d+2}E_x + ... + {}_{(\omega-x)}E_x$$

$$_{d|}a_x = \frac{l_{x+d+1}}{l_x}(1+i)^{-(d+1)} + \frac{l_{x+d+2}}{l_x}(1+i)^{-(d+2)} + ... + \frac{l_\omega}{l_x}(1+i)^{-(\omega-x)}$$

$$_{d|}a_x = \frac{v^{d+1}l_{x+d+1} + v^{d+2}l_{x+d+2} + ... + v^{(\omega-x)}l_\omega}{l_x}$$

Multiplicando tanto o numerador como o denominador da expressão anterior por v^x e recorrendo, de novo, aos símbolos de comutação já estabelecidos, vem que

$$_{d|}a_x = \frac{D_{x+d+1} + D_{x+d+2} + ... + D_\omega}{v^x l_x}$$

ou, de modo mais simples,

$$_{d|}a_x = \frac{N_{x+d+1}}{D_x} \qquad \text{[II.3a]}$$

Através desta expressão calculamos o valor actual de uma renda de vida inteira, de termos postecipados, constantes e iguais à unidade, mas com um diferimento de d anos, pelo que o primeiro recebimento se reportará ao momento $x + d + 1$.

$$\ddot{a}_{40} = \frac{3.750.174,905}{196.905,632}$$

$\ddot{a}_{40} = 19,0455$ unidades monetárias

Significa que o investimento, no momento presente, de cerca de 19,05 unidades monetárias possibilita o recebimento anual, até ao final da vida de António, de 1 unidade monetária, ocorrendo o primeiro desses recebimentos no momento imediato.

Se em vez do recebimento de 1 unidade monetária se tratar do recebimento, em cada momento, da importância Z, surge que

$$Z\,\ddot{a}_x = Z\,\frac{N_x}{D_x} \qquad\qquad [\text{ II.2b }]$$

EXEMPLO: Quanto será permitido receber a Alzira, de 50 anos de idade, em cada ano e até que sobreviva, sabendo que realiza hoje uma aplicação de 40.000 €? Tome por base os elementos da TV 88-90 e considere que o primeiro recebimento coincide com o momento do contrato.

$Z\,\ddot{a}_x$ corresponde ao investimento inicialmente realizado, logo, no caso em apreço, aos 40.000 €. Atendendo à fórmula estabelecida em [II.2b], a nossa incógnita será Z, pelo que podemos escrever

$$40.000\,\text{€} = Z \times \frac{N_{50}}{D_{50}}$$

Os valores concernentes a N_{50} e D_{50} encontram-se referenciados na TV 88-90, sendo, respectivamente, iguais a 857.633,177 e a 35.574,538. Substituem-se na expressão anterior, resolvendo-se depois em ordem a Z.

$$40.000\,\text{€} = Z \times \frac{857.633,177}{35.574,538}$$

$Z = 1.659,20\,\text{€}$

O recebimento anual será de 1.659,20 €, coincidindo o primeiro desses recebimentos com o momento actual.

Como estamos em presença de uma ***renda antecipada de vida inteira***, a sucessão de recebimentos vigora desde o momento actual até ao momento da morte do indivíduo; em termos genéricos, em vez de $(\omega - x)$ recebimentos, teremos $\omega - x + 1$ recebimentos. Designando por $\ddot{a}_x$ o montante a entregar no momento actual, podemos escrever

$$\ddot{a}_x = 1 + a_x$$

Atendendo à expressão formalizada na secção anterior para a_x, vem que

$$\ddot{a}_x = 1 + \frac{N_{x+1}}{D_x}$$

$$\ddot{a}_x = 1 + \frac{D_{x+1} + D_{x+2} + \ldots + D_\omega}{D_x}$$

$$\ddot{a}_x = \frac{D_x + D_{x+1} + D_{x+2} + \ldots + D_\omega}{D_x}$$

Recordamos que a soma indicada no numerador equivale a N_x, pelo que definimos

$$\ddot{a}_x = \frac{N_x}{D_x} \qquad \qquad [\ \text{II.2a}\ ]$$

A expressão formalizada em [II.2a] permite, então, determinar o valor actual de uma renda de vida inteira, imediata, de termos antecipados, constantes e iguais à unidade.

EXEMPLO: Quanto deverá ser aplicado hoje, de modo a que António, de 40 anos, possa receber, em cada ano e enquanto for vivo, a quantia de 1 unidade monetária? Considere a PEM 90 e que o 1.º recebimento coincide com a data do contrato.

Como o 1.º recebimento tem lugar na data do contrato, estamos em presença de uma renda antecipada de vida inteira. Iremos, assim, aplicar a expressão formalizada em [II.2a]. António tem 40 anos, pelo que

$$\ddot{a}_{40} = \frac{N_{40}}{D_{40}}$$

Da consulta da PEM 90 decorre que $N_{40} = 3.750.174,905$ e $D_{40} = 196.905,632$, valores estes que substituímos na expressão anterior.

EXEMPLO: Tomando como referência os valores inscritos na TV 88-90, que importância deve ser aplicada hoje por uma pessoa de 47 anos, para que possa receber em cada ano, enquanto sobreviver e com início daqui por um ano, a quantia de 5.000 €?

Pretendemos conhecer $5.000\ a_{47}$, que se obtém aplicando a expressão estabelecida por intermédio de [II.1b]. Logo surge

$$5.000\ a_{47} = 5.000\ € \times \frac{N_{48}}{D_{47}}$$

De acordo com a TV 88-90, $N_{48} = 931.203,169$ e $D_{47} = 38.016,932$, pelo que substituindo se obtém

$$5.000\ a_{47} = 5.000\ € \times \frac{931.203,169}{38.016,932} = 5.000\ € \times 24,49443235 = 122.472,16\ €$$

Será necessário aplicar a quantia de 122.472,16 €[7] para que um indivíduo de 47 anos possa receber, enquanto for vivo e com início daqui por um ano, a quantia anual de 5.000 €.

2.2. Rendas antecipadas

Neste caso, o primeiro recebimento coincide com o próprio momento do contrato, conforme se ilustra no esquema seguinte. Segundo alguns autores, trata-se de uma hipótese pouco lógica e sem grande aderência à realidade, uma vez que o beneficiário desta aplicação recuperaria imediatamente parte do investimento realizado.

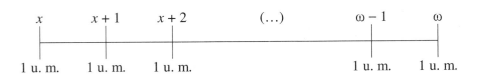

---

[7] Tal como no exemplo anterior, pressupomos que esta quantia será aplicada à taxa de 2%, já que foi esta a taxa considerada no cálculo dos símbolos de comutação constantes na tábua de mortalidade utilizada.

que, numa perspectiva financeira e actuarial, equivale à sucessão de benefícios futuros.

N_x e D_x são símbolos de comutação que se encontram nas tabelas de comutação associadas às várias tábuas de mortalidade. Estes símbolos são determinadas de acordo com uma taxa de juro específica, razão pela qual são válidos apenas para essa taxa. Daí que, em termos práticos, certos probelmas possam requerer o uso de um computador, caso as taxas de juro em presença difiram das subjacentes às tábuas de mortalidade.

EXEMPLO: Recorrendo aos elementos contidos na TV 73-77, quanto deverá investir hoje um indivíduo de 35 anos, caso pretenda receber todos os anos, enquanto viver e com início daqui por um ano, a quantia de 1 unidade monetária?

Essa quantia corresponde a a_{35}, que decorre da aplicação directa da expressão formalizada em [II.1a]. Assim sendo, obtém-se

$$a_{35} = \frac{N_{36}}{D_{35}}$$

Da consulta à TV 73-77, retiramos que $N_{36} = 381.659,588$ e que $D_{35} = 20.788,037$. Substituindo, vem

$$a_{35} = \frac{381.659,588}{20.788,037} \cong 18,359578$$

Conclui-se, assim, que um indivíduo com 35 anos deverá aplicar a quantia de 18,36 € para poder receber, em cada ano, enquanto sobreviver e com início daqui por um ano, a quantia de 1 unidade monetária[6].

Generalizando para o caso de o beneficiário pretender receber, em cada período, Z unidades monetárias, a expressão que estabelecemos em [II.1a] modifica-se, surgindo agora

$$Z\, a_x = Z\, \frac{N_{x+1}}{D_x} \qquad [\text{ II.1b }]$$

com $Z\, a_x$ a designar o montante a entregar no momento actual.

---

[6] Presumimos que essa quantia será aplicada à taxa média anual de 4,5%, já que é essa a taxa subjacente ao cálculo dos símbolos de comutação utilizados.

a um procedimento mais expedito, que se concretiza através do estabelecimento de ***símbolos de comutação***, disponibilizados nas tabelas de comutação incluídas nas tábuas de mortalidade e aos quais já aludimos em momento anterior.

Retomemos a expressão tal como foi inicialmente formulada.

$$a_x = \frac{l_{x+1}(1+i)^{-1} + l_{x+2}(1+i)^{-2} + \ldots + l_\omega(1+i)^{-(\omega-x)}}{l_x}$$

Se fixarmos que $v = (1+i)^{-1}$ e multiplicarmos tanto o numerador como o denominador do 2.º membro por v^x, vem que

$$a_x = \frac{v^{x+1}l_{x+1} + v^{x+2}l_{x+2} + \ldots + v^\omega l_\omega}{v^x l_x}$$

Para efeitos de simplificação dos cálculos, define-se, por agora, que

$$D_x = v^x l_x$$

e também que

$$N_x = D_x + D_{x+1} + D_{x+2} + \ldots + D_\omega$$

Se substituirmos estes símbolos na expressão que estabelecemos anteriormente, surge

$$a_x = \frac{D_{x+1} + D_{x+2} + \ldots + D_\omega}{D_x}$$

ou ainda

$$a_x = \frac{N_{x+1}}{D_x} \qquad [\text{ II.1a }]$$

Esta expressão permite, assim, obter o valor actual de uma renda de vida inteira, imediata, postecipada, de termos constantes e iguais à unidade; ou, de outro modo, permite calcular ***o montante de investimento a realizar no presente***

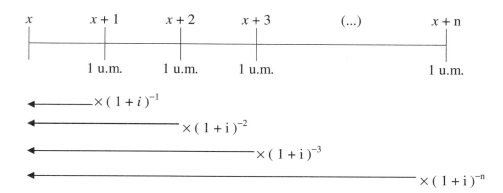

O valor de n é, contudo, incerto, uma vez que cada recebimento só ocorrerá se o indivíduo se encontrar vivo. Se designarmos por a_x a quantia a pagar no presente, vem que

$$a_x = \frac{l_{x+1}}{l_x}(1+i)^{-1} + \frac{l_{x+2}}{l_x}(1+i)^{-2} + \ldots + \frac{l_\omega}{l_x}(1+i)^{-(\omega-x)}$$

com ω a corresponder à idade a partir da qual não é possível sobreviver, ou, de outro modo, à última idade prevista nas tábuas de mortalidade. Esta expressão equivale ao somatório de $\omega - x$ dotes puros[5], pelo que podemos escrever

$$a_x = E_x + {}_2E_x + {}_3E_x + \ldots + {}_{\omega-x}E_x$$

$$a_x = \sum_{k=1}^{\omega-x}(1+i)^{-t} \times \frac{l_{x+t}}{l_x} = \sum_{k=1}^{\omega-x}(1+i)^{-t} \times {}_tp_x$$

com t a representar o número de anos que decorre entre as idades x e ω.

Esta expressão coloca, porém, alguns problemas de cálculo, principalmente se for muito elevado o número de anos que decorrem entre a idade x e a idade máxima contemplada nas tabelas. Necessitamos, então, de recorrer

---

[5] Em alguns livros de texto, pressupõe-se que nenhum indivíduo atingirá a idade ω, pelo que a_x surge definido como a soma de $(\omega - x - 1)$ dotes puros. Atenda-se, porém, que a inclusão do dote puro correspondente à idade ω praticamente não altera o valor final, uma vez que $\frac{l_\omega}{l_x}$ representa um valor quase nulo. Cfr., por todos, R. MORENO RUIZ et al., *Matemática de los seguros de vida*.

Acresce que, em algumas tábuas de mortalidade, o escalão correspondente à idade ω ainda comporta indivíduos vivos, pelo que se revela prudente a sua inclusão nos cálculos; de reter, ainda, que a probabilidade de sobrevivência de um indivíduo, uma vez atingida a idade ω, é necessariamente nula.

d) Quanto à **mensurabilidade dos períodos de tempo**, as rendas vitalícias podem ser **discretas**, no caso de ser possível aferir a amplitude dos períodos de tempo respectivos, ou **contínuas**, se esses períodos de tempo forem de carácter infinitesimal. As rendas discretas subdividem-se, ainda, em rendas **anuais** ou rendas **fraccionárias** (ou de termos fraccionados), sendo que, nestas últimas, os termos se vencem em períodos de tempo correspondentes a parcelas do ano.

Neste capítulo, procuraremos discutir as particularidades financeiras e actuariais atinentes a certas combinações dos tipos de rendas agora apontados.

Para além disso, atenderemos ao caso das **rendas apólice** e, bem assim, a duas situações particulares, a saber, às **rendas vitalícias com pagamento garantido** e às **tontinas**; estas últimas, embora não sendo utilizadas em termos práticos, ganham interesse pelas suas peculiaridades.

2. Rendas de vida inteira de termos constantes

Neste ponto do nosso estudo, consideramos as chamadas **rendas de vida inteira**, ou seja, quando o pagamento de uma determinada quantia no momento presente dá lugar a uma sucessão de recebimentos futuros, com uma frequência determinada, assumindo que o beneficiário se encontra vivo para os poder receber.

Contemplamos, seguidamente, as possibilidades de essa sucessão de recebimentos ser *postecipada*, *antecipada* ou *diferida*.

2.1. Rendas postecipadas

O valor a pagar quando o indivíduo conta com a idade x, para que possa receber 1 unidade monetária, em cada ano de vida e a partir da idade $x + 1$, corresponde ao somatório do valor actual dessa sucessão de recebimentos futuros, ou seja,

$$\frac{1}{1+i} + \frac{1}{(1+i)^2} + \frac{1}{(1+i)^3} + \ldots + \frac{1}{(1+i)^n}$$

O esquema seguinte ajuda a compreender a expressão formalizada.

No presente Capítulo, iremos, assim, dedicar o nosso interesse às denominadas **rendas vitalícias**, rendas estas de carácter aleatório, uma vez que o vencimento dos seus termos depende da circunstância de o seu beneficiário se encontrar vivo. Por essa razão, estas rendas são, por vezes, designadas por **rendas de sobrevivência**, ou ainda, de modo mais genérico, por **rendas actuariais**. Por seu turno, no contexto do mercado financeiro e atendendo, sobretudo, a uma perspectiva comercial, estas rendas qualificam-se como **seguros de capitalização**.

Desde logo, os montantes a receber no futuro decorrem não apenas da valorização de que o dinheiro é alvo ao longo do tempo – logo de uma certa taxa de juro – mas também da probabilidade de sobrevivência do indivíduo. Sublinhe-se, ainda, o considerável hiato de tempo que pode ocorrer entre o momento da realização do investimento e o início do pagamento dos benefícios.

Dado o elenco diversificado de hipóteses que caem no seu âmbito, as rendas vitalícias podem ser classificadas atendendo a vários critérios, os quais passamos a descrever.

a) Quanto à **duração**, as rendas vitalícias podem ser de **vida inteira**, nas quais o vencimento dos termos cessa com a morte do respectivo beneficiário, ou **temporárias**, quando o vencimento dos termos ocorre apenas durante um certo número de períodos de tempo[3].

b) No que concerne ao **valor dos termos**, à semelhança do que sucede no caso das rendas certas, estes podem ter um **valor constante** ou um **valor variável**, ocorrendo essa variação, para um número significativo de situações, em progressão aritmética ou em progressão geométrica.

c) No que se refere ao **momento de vencimento dos seus termos**, as rendas vitalícias podem ser **imediatas**, caso o primeiro termo vença no momento imediatamente seguinte ao da realização do investimento, ou **diferidas**, quando o vencimento do primeiro termo ocorre apenas k períodos adiante. Dentro de cada possibilidade, as rendas podem, ainda, ser **antecipadas**, se os termos vencerem no início do período de tempo a que se reportam, ou **postecipadas**, quando os termos vencem no final do período de tempo respectivo[4].

---

[3] Saliente-se, porém, que mesmo as rendas temporárias são de natureza aleatória, uma vez que o indivíduo pode não sobreviver durante o número previsto de períodos de tempo.

[4] No corpo de texto, apresentamos na mesma secção as **rendas diferidas antecipadas** e **rendas diferidas postecipadas**; para cada situação serão tecidos os comentários considerados oportunos, particularmente no que concerne aos montantes a investir em ambos os casos.

Capítulo II

RENDAS VITALÍCIAS

1. Conceito e classificação

Na sequência da crise generalizada que se tem observado, no passado recente, ao nível dos sistemas públicos de Segurança Social dos países ocidentais, ganha relevo o recurso crescente aos denominados esquemas privados de previdência, os quais visam, *grosso modo,* proporcionar níveis de rendimento idênticos aos obtidos durante a vida activa[1]. De entre esses esquemas, são de reter os produtos financeiros que permitem ao seu detentor auferir de uma sucessão de benefícios futuros, desde que este se encontre vivo para os poder receber. Esta sucessão de benefícios configura o caso de uma renda, incerta porém, por ser desconhecido o número de termos envolvidos, dependente da longevidade dos beneficiários[2].

---

[1] Atenda-se, neste contexto, ao conceito de **taxa de substituição** (*replacement rate*), a qual resulta da *ratio* entre o nível da primeira pensão e o nível do último salário auferido. Trata-se de um indicador frequentemente utilizado quando se pretende avaliar o impacto da introdução de certas medidas de reforma sobre o rendimento dos pensionistas, particularmente no domínio das pensões de velhice. Só uma taxa de substituição igual à unidade permitirá uma perfeita manutenção dos rendimentos auferidos na vida activa, o que na realidade não acontece. Em Portugal, este indicador varia entre 46% e 70%, consoante a metodologia de cálculo utilizada. Daí que, tal como se refere em texto, o recurso a esquemas privados de previdência tenha, muitas vezes, como objectivo a obtenção de um complemento à pensão de reforma recebida ao nível do sistema público. Cfr., a este título, A. P. Quelhas e M. Ruivo, *Statistical Measures on Pension Reform*, p. 8. Voltaremos a este tópico no Capítulo V, aquando da discussão dos planos de pensões.

[2] Estas rendas podem ser entendidas como um complemento ou um reforço das prestações de velhice auferidas nos sistemas públicos. Veja-se, a este título, o trabalho de J. A.Turner, *Longevity Insurance: Strengthening Social Security at Advanced Ages*, e cuja proposta é alvo de formalização no presente Capítulo. Veja-se, também, o caso n.º 15 da secção de Casos Resolvidos, que ilustra uma situação desta natureza.

[I.5] $_np_x = \dfrac{l_{x+n}}{l_x}$

[I.6] $_np_x = \prod\limits_{t=0}^{n-1} p_{x+t}$

[I.7] $_nq_x = \dfrac{l_x - l_{x+n}}{l_x}$

[I.8] $e_x = \dfrac{1}{l_x} \sum\limits_{t=1}^{\omega-x-1} l_{x+t}$

[I.9] $e_x = \sum\limits_{t=1}^{\omega-x-1} {}_tp_x$

[I.10] $\hat{e}_x = 0{,}5 + \dfrac{1}{l_x} \sum\limits_{t=1}^{\omega-x-1} l_{x+t}$

[I.11] $\hat{e}_x = 0{,}5 + \sum\limits_{t=1}^{\omega-x-1} {}_tp_x$

[I.12] $e_{x|n} = \sum\limits_{k=1}^{n} \dfrac{l_{x+k}}{l_x}$

[I.13] $e_{x|n} = \sum\limits_{k=1}^{n} {}_kp_x$

[I.14] $_nE_x = (1+i)^{-n} \dfrac{l_{x+n}}{l_x}$

[I.15] $Z \, _nE_x = Z(1+i)^{-n} \dfrac{l_{x+n}}{l_x}$

20 – Determine o dote puro a receber daqui por 18 anos, que corresponde a um investimento presente no montante de 50.000 € a favor de um recém-nascido, considerando uma rendibilidade média de 2,5%. Para o efeito, atenda aos elementos referenciados na PEF 90.

Resolução:

Sabemos que o valor actual do dote puro é de 50.000 €, isto é, $Z\,_{18}E_0 = 50.000$ €. O dote puro resultará da expressão

$$Z\,_{18}E_0 = Z\,(1 + i)^{-18}\,\frac{l_{0+18}}{l_0}$$

$$50.000\,€ = Z\,(1 + i)^{-18}\,\frac{l_{18}}{l_0}$$

Retiram-se da PEF 90 os valores relativos a l_0 e a l_{18}, sendo que $l_0 = 1.000.000$ e $l_{18} = 987.479$. Consequentemente, surge que

$$50.000\,€ = Z \times (1 + 2,5\%)^{-18} \times \frac{987.479}{1.000.000}$$

$$Z = 78.791,74\,€$$

O dote puro a receber daqui por 18 anos é de 78.791,74 €.

FORMULÁRIO (I)

[**I.1**] $\quad F(x) + S(x) = 1$

[**I.2**] $\quad q_{x+t,\text{ ano de nascimento}} = q_{x+t,\text{ ano base}} \times e^{-\lambda_{x+t} \times t}$

[**I.3**] $\quad p_x = \dfrac{l_{x+1}}{l_x}$

[**I.4**] $\quad q_x = \dfrac{d_x}{l_x}$

$$5.000 \text{ €} = Z_7 \times (1 + 3\%)^{-7} \times \frac{968.796}{975.777}$$

Calculando Z_7, vem

$$5.000 \text{ €} = Z_7 \times 0,8072744119$$

$$Z_7 = 6.193,68 \text{ €}$$

Este montante corresponde ao valor actual do dote puro final e que estará aplicado durante 13 anos à taxa de 2,25%. Se designarmos o dote puro final por Z_{20}, surge

$$6.193,68 \text{ €} = Z_{20} \times (1 + 2,25\%)^{-13} \times \frac{l_{47+13}}{l_{47}}$$

$$6.193,68 \text{ €} = Z_{20} \times (1 + 2,25\%)^{-13} \times \frac{l_{60}}{l_{47}}$$

Da consulta da tábua de mortalidade, resulta que $l_{60} = 936.047$; substituímos na expressão anterior e resolvemos em ordem a Z_{20}.

$$6.193,68 \text{ €} = Z_{20} \times (1 + 2,25\%)^{-13} \times \frac{936.047}{968.796}$$

$$6.193,68 \text{ €} = Z_{20} \times 0,7235061$$

$$Z_{20} = 8.560,65 \text{ €}$$

Em alternativa, uma vez que $Z_7 = Z_{20} \times (1 + 2,25\%)^{-13} \times \frac{l_{60}}{l_{47}}$, poder-se-ia considerar apenas uma expressão e formalizar

$$5.000 \text{ €} = Z_{20} \times (1 + 3\%)^{-7} \times \frac{l_{40+7}}{l_{40}} \times (1 + 2,25\%)^{-13} \times \frac{l_{47+13}}{l_{47}}$$

$$5.000 \text{ €} = Z \times (1 + 3\%)^{-7} \times \frac{l_{47}}{l_{40}} \times (1 + 2,25\%)^{-13} \times \frac{l_{60}}{l_{47}}$$

o que, necessariamente, conduziria ao mesmo resultado.

4) PEF 90:

$$7.500 \,€ = Z \times (1 + 1{,}75\%)^{-22} \times \frac{967.455}{983.928} \Leftrightarrow Z = 11.172{,}52 \,€$$

Verificamos que se obtêm resultados diferentes consoante os parâmetros de mortalidade considerados, mormente as tábuas de mortalidade mais recentes conduzem a valores menores para o dote puro a receber. Na verdade, as entidades financeiras contornam o risco da maior probabilidade de sobrevivência dos seus aderentes garantindo, a prazo, pagamentos mais reduzidos.

19 – Quando tinha 40 anos, um indivíduo aplicou 5.000 €, para vir a receber, no pressuposto de estar vivo, uma certa quantia, ao atingir a idade de 60 anos. Quanto receberá, sabendo que nos 7 primeiros anos a entidade gestora desta aplicação financeira praticou uma taxa anual de 3%, taxa esta que desceu, nos anos seguintes, para 2,25%? Considere a tábua PEF 90.

Resolução:

Queremos conhecer o dote puro, uma vez que o valor actual desse dote puro corresponde aos 5.000 € do investimento. Como sabemos, esse dote puro pode ser obtido através da expressão

$$Z \,_{n}E_{x} = Z\,(1+i)^{-n}\, \frac{l_{x+n}}{l_{x}}$$

Porém, devemos atender ao facto de se observar uma mudança na taxa praticada ao longo do período da operação. Podemos, então, começar por calcular qual o dote puro daqui por 7 anos, que designaremos por Z_7, resultante da aplicação dos 5.000 €, à taxa de 3%, pelo que se obtém

$$5.000 \,€ = Z_{7} \times (1+3\%)^{-7} \times \frac{l_{40+7}}{l_{40}}$$

$$5.000 \,€ = Z_{7} \times (1+3\%)^{-7} \times \frac{l_{47}}{l_{40}}$$

Da consulta da tábua PEF 90 resulta que $l_{40} = 975.777$ e $l_{47} = 968.796$, valores estes que substituímos na expressão anterior.

18 – Compare o dote puro que um indivíduo de 26 anos de idade poderá obter ao completar 48, sabendo que investe, no momento actual, a quantia de 7.500 €, considerando uma taxa média anual de 1,75% e na eventualidade de serem considerados os parâmetros demográficos contidos em cada uma das seguintes tábuas de mortalidade: 1) PF 60/64; 2) PF 94; 3) PEF 80; e 4) PEF 90. Comente devidamente os resultados obtidos.

Resolução:

O dote puro obtém-se através da expressão formalizada em [I.15], donde resulta, no caso em apreço, que

$$Z\,_{22}E_{26} = Z \times (1 + 1,75\%)^{-22} \times \frac{l_{26+22}}{l_{26}}$$

Pretendemos, então, calcular Z, já que $Z\,_{22}E_{26}$ corresponde ao valor actual do dote puro, logo ao investimento realizado no momento presente. Deste modo, vem

$$7.500\ \text{€} = Z \times (1 + 1,75\%)^{-22} \times \frac{l_{48}}{l_{26}}$$

De seguida, verificamos, para cada uma das tábuas propostas, os valores referentes a l_{48} e l_{26}.

1) <u>PF 60/64</u>:

$$7.500\ \text{€} = Z \times (1 + 1,75\%)^{-22} \times \frac{9.339.232}{9.682.951} \Leftrightarrow Z = 11.389,77\ \text{€}$$

2) <u>PF 94</u>:

$$7.500\ \text{€} = Z \times (1 + 1,75\%)^{-22} \times \frac{95.764}{98.416} \Leftrightarrow Z = 11.289,69\ \text{€}$$

3) <u>PEF 80</u>:

$$7.500\ \text{€} = Z \times (1 + 1,75\%)^{-22} \times \frac{959.595}{980.872} \Leftrightarrow Z = 11.229,04\ \text{€}$$

pelo depósito a prazo. Note-se que esta taxa é menor que a utilizada no cálculo do valor actual do dote puro, o que se deve às razões apontadas no final do ponto 6 do presente Capítulo.

17 – Ana, de 38 anos, vai investir hoje a quantia de 25.000 € junto de uma instituição financeira. Quanto receberá, de uma só vez, quando atingir 70 anos, no pressuposto de que sobrevive e de que a entidade financeira em questão pratica uma taxa de 1,5% ao ano? Tome como referência a tábua de mortalidade TV 88-90.

Resolução:

Pretendemos conhecer o *dote puro*, uma vez que os 25.000 € correspondem ao valor actual do dote puro da presente aplicação. Se considerarmos a expressão formalizada em [I.15]

$$Z \,_n E_x = Z (1 + i)^{-n} \frac{l_{x+n}}{l_x}$$

nela substituímos $Z \,_n E_x$, o valor actual do dote puro, e determinamos a quantia Z[45]. Uma vez que até à idade de 70 anos decorrem 32 anos, surge

$$25.000 \,\euro = Z \times (1 + 1,5\%)^{-32} \times \frac{l_{38+32}}{l_{38}}$$

$$25.000 \,\euro = Z \times (1 + 1,5\%)^{-32} \times \frac{l_{70}}{l_{38}}$$

Da consulta da tábua TV 88-90, resulta que $l_{38} = 97.753$ e $l_{70} = 84.440$. Assim sendo, obtém-se

$$25.000 \,\euro = Z \times (1 + 1,5\%)^{-32} \times \frac{84.440}{97.753}$$

$$25.000 \,\euro = Z \times 0,536419773$$

$$Z = 46.605,29 \,\euro$$

Ao atingir a idade de 70 anos, Ana irá receber a quantia de 46.605,29 €.

---

[45] Entenda-se que $Z \,_n E_x$ representa uma quantia única, não devendo, por isso, ser considerada como Z vezes $_n E_x$.

$$C_n = C_0 \prod_{k=1}^{n}(1+i_k)^n$$

e aplicando ao caso presente, teremos que

$C_n = 15.000\ € \ (1 + 2\%)^3\ (1 + 2,5\%)^2\ (1 + 3\%)^2\ (1 + 3,5\%)^2\ (1 + 4\%)$
$C_n = 15.000\ € \times 1,31776125546$
$C_n = 19.766,42\ €$

O montante proporcionado pelo depósito a prazo seria de 19.766,42 €, logo inferior ao garantido pela entidade financeira.

c) Recorrendo à expressão que permite calcular o dote puro, formalizada em [I.15], determinamos a taxa que garantiria o montante proporcionado pelo depósito a prazo, ou seja, Z é igual aos 19.766,42 €, enquanto $Z_{10}E_{50}$ continua a representar o valor actual do dote puro, no caso, os 15.000 €. Assim sendo, obtém-se

$$15.000\ € = 19.766,42\ € \times (1 + i)^{-10} \times \frac{l_{50+10}}{l_{10}}$$

Substituímos l_{60} e l_{50} pelos valores que indicámos na alínea a) e resolvemos a expressão em ordem a *i*.

$$15.000\ € = 19.766,42\ € \times (1 + i)^{-10} \times \frac{91.265}{95.350}$$

$$0,758862758 = (1 + i)^{-10} \times 0,957157839$$

$$(1 + i)^{10} = \frac{0,957157839}{0,758862758}$$

$$i = \sqrt[10]{\frac{0,957157839}{0,758862758}} - 1$$

$$i = 1,023486296 - 1$$

$$i \cong 2,35\%$$

Praticando uma taxa anual de cerca de 2,35%, a entidade financeira conseguia garantir, ao fim dos 10 anos, o mesmo montante que o proporcionado

Resolução:

a) A quantia a receber por Bartolomeu corresponde ao dote puro, sendo que se pretende conhecer o valor actual desse dote puro, ou seja, a quantia investida há 10 anos atrás. Deste modo, se substituirmos os valores respectivos na expressão estabelecida em [I.15], vem

$$Z_{10}E_{50} = 22.106,05 \text{ €} \times (1 + 3,5\%)^{-10} \times \frac{l_{50+10}}{l_{50}}$$

$$Z_{10}E_{50} = 22.106,05 \text{ €} \times (1 + 3,5\%)^{-10} \times \frac{l_{60}}{l_{50}}$$

Como, de acordo com os elementos contidos na tábua referenciada, $l_{60} = 91.265$ e $l_{50} = 95.350$, podemos, então, calcular o valor actual do dote puro.

$$Z_{10}E_{50} = 22.106,05 \text{ €} \times (1 + 3,5\%)^{-10} \times \frac{91.265}{95.350}$$

$$Z_{10}E_{50} = 15.000 \text{ €}$$

Há 10 anos atrás, foi aplicada a quantia de 15.000 €.

b) Comparamos ambas as possibilidades de investimento calculando qual o montante que o depósito a prazo permitiria obter se se tivessem aplicado os 15.000 €. De modo a compreendermos melhor a estrutura das taxas de juro praticadas, ilustramos a situação recorrendo a um esquema simples.

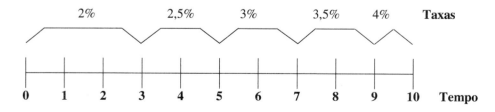

Tomando a expressão que permite calcular o montante acumulado resultante de um processo de capitalização em regime de juro composto com taxas periódicas variáveis[44]

---

[44] Cfr. A. P. QUELHAS e F. CORREIA, *Manual de Matemática Financeira*, p. 32.

b) Os valores solicitados calculam-se exactamente do mesmo modo como se de uma tábua estática se tratasse, tendo, todavia, agora por base os elementos que se reportam na tábua anterior. Logo:

$$i)\ p_{60} = \frac{l_{60+1}}{l_{60}} = \frac{l_{61}}{l_{60}} = \frac{99.427}{100.000} = 0,99427 \cong 99\%$$

$$ii)\ {}_{10}p_{60} = \frac{l_{60+10}}{l_{60}} = \frac{l_{70}}{l_{60}} = \frac{92.698}{100.000} = 0,92698 \cong 93\%$$

$$iii)\ {}_{20}p_{60} \times {}_{10}q_{80} = \frac{l_{60+20}}{l_{60}} \times \frac{l_{80} - l_{80+10}}{l_{80}} = \frac{l_{80} - l_{90}}{l_{60}} = \frac{77.685 - 43.499}{100.000} =$$

$$= 0,34186 \cong 34\%$$

Por sua vez, recorrendo aos elementos contidos na TV 88-90, vem que:

$i)\ p_{60} = \ \cong 99\%$

$ii)\ {}_{10}p_{60} \cong 92\%$

$iii)\ {}_{20}p_{60} \times {}_{10}q_{80} \cong 44\%$

Podemos, assim, observar que, se tomarmos os dados iniciais da TV 88--90, as probabilidades de sobrevivência são ligeiramente menores que as apuradas após a introdução dos *improvements*. Concomitantemente e tal como expectável, a probabilidade de falecimento entre os 80 e os 90 anos é menor na segunda possibilidade.

16 – Aos 50 anos, Bartolomeu aplicou uma certa quantia junto de uma entidade financeira, que lhe garantiu o pagamento, passados 10 anos, de 22.106,05 €, no pressuposto de Bartolomeu se encontrar vivo nessa data. Sabendo que a entidade financeira em questão sustentou esta proposta na PF 94, com uma taxa de juro fixa de 3,5% ao ano, e que Bartolomeu acabou de completar 60 anos, pretende-se que:

a) Calcule a quantia aplicada;

b) Em alternativa, Bartolomeu poderia ter aplicado esta quantia num depósito a prazo, nas seguintes condições: 2% nos três primeiros anos, com acréscimo de 0,5% em cada biénio. Discuta, justificando, qual a melhor das hipóteses.

c) Qual a taxa que deveria ser praticada pela primeira entidade de modo a que ambas as hipóteses fossem equivalentes sob o ponto de vista financeiro?

(cont.)

x + t	(1) $l_{x,\,base}$	(2) $q_{x,\,base}$	(3) t	(4) λ_{x+t}	(5) q_{x+t}	(6) $l_{x+t\,(*)}$	(7) $d_{x+t\,(*)}$
84	50.825	0,085981308	24	0,021	0,051942	67.058	3.483
85	46.455	0,09310085	25	0,02	0,056469	63.575	3.590
86	42.130	0,104248754	26	0,019	0,063611	59.985	3.816
87	37.738	0,116540357	27	0,018	0,071682	56.169	4.026
88	33.340	0,130773845	28	0,017	0,081245	52.143	4.236
89	28.980	0,146342305	29	0,016	0,092015	47.907	4.408
90	24.739	0,163102793	30	0,015	0,103999	43.499	4.524
91	20.704	0,180882921	31	0,015	0,113619	38.975	4.428
92	16.959	0,199245239	32	0,0135	0,129352	34.546	4.469
93	13.580	0,216789396	33	0,012	0,145901	30.078	4.388
94	10.636	0,236743137	34	0,0105	0,165666	25.689	4.256
95	8.118	0,253880266	35	0,009	0,185279	21.434	3.971
96	6.057	0,277199934	36	0,0075	0,211609	17.462	3.695
97	4.378	0,292827775	37	0,006	0,23453	13.767	3.229
98	3.096	0,294573643	38	0,0045	0,248273	10.538	2.616
99	2.184	0,322802198	39	0,003	0,28716	7.922	2.275
100	1.479	0,350236646	40	0,0015	0,32984	5.647	1.863
101	961	0,376690947	41	0,000	0,376691	3.784	1.426
102	599	0,402337229	42	0,000	0,402337	2.359	949
103	358	0,427374302	43	0,000	0,427374	1.410	603
104	205	0,448780488	44	0,000	0,44878	807	362
105	113	0,477876106	45	0,000	0,477876	445	213
106	59	0,491525424	46	0,000	0,491525	232	114
107	30	0,533333333	47	0,000	0,533333	118	63
108	14	0,571428571	48	0,000	0,571429	55	32
109	6	0,666666667	49	0,000	0,666667	24	16

(*) Valores arredondados às unidades.

pois iremos aplicar essa expressão a indivíduos que, no presente, têm 60 anos de idade. Logo $q_{x+t} = q_{x+t} \times e^{-\lambda_{x+t} \times t}$;

VI) Os valores relativos às colunas (6) e (7) determinam-se de acordo com as expressões respectivas, considerando, para um efeito, um grupo fictício de $l_{60} = 100.000$ indivíduos.

Do exposto, resulta a tábua seguinte:

$x + t$	(1) $l_{x,\,base}$	(2) $q_{x,\,base}$	(3) t	(4) λ_{x+t}	(5) q_{x+t}	(6) $l_{x+t\,(*)}$	(7) $d_{x+t\,(*)}$
60	92.050	0,005725149	0	0,025	0,005725	100.000	573
61	91.523	0,006217016	1	0,025	0,006064	99.427	603
62	90.954	0,006717681	2	0,025	0,00639	98.825	631
63	90.343	0,00504743	3	0,025	0,004683	98.193	460
64	89.887	0,010112697	4	0,025	0,00915	97.733	894
65	88.978	0,008451527	5	0,025	0,007458	96.839	722
66	88.226	0,009260309	6	0,025	0,00797	96.117	766
67	87.409	0,010250661	7	0,025	0,008605	95.351	820
68	86.513	0,011454926	8	0,025	0,009379	94.530	887
69	85.522	0,012651715	9	0,025	0,010103	93.644	946
70	84.440	0,014081004	10	0,025	0,010966	92.698	1.017
71	83.251	0,015795606	11	0,025	0,011998	91.681	1.100
72	81.936	0,017721148	12	0,025	0,013128	90.581	1.189
73	80.484	0,019929427	13	0,025	0,0144	89.392	1.287
74	78.880	0,022515213	14	0,025	0,015866	88.105	1.398
75	77.104	0,025523968	15	0,025	0,017542	86.707	1.521
76	75.136	0,029080601	16	0,025	0,019493	85.186	1.661
77	72.951	0,032268235	17	0,025	0,021096	83.525	1.762
78	70.597	0,037466181	18	0,025	0,023889	81.763	1.953
79	67.952	0,04280963	19	0,025	0,026623	79.810	2.125
80	65.043	0,049059853	20	0,025	0,029756	77.685	2.312
81	61.852	0,056150165	21	0,024	0,033921	75.373	2.57
82	58.379	0,064492369	22	0,023	0,038883	72.817	2.831
83	54.614	0,069377815	23	0,022	0,041828	69.985	2.927

Capítulo I – Noções Fundamentais 67

$x+t$	λ_{x+t}	$x+t$	λ_{x+t}	$x+t$	λ_{x+t}	$x+t$	λ_{x+t}	$x+t$	λ_{x+t}
60	0,025000	70	0,025000	80	0,025000	90	0,015000	100	0,001500
61	0,025000	71	0,025000	81	0,024000	91	0,015000	101	0,000000
62	0,025000	72	0,025000	82	0,023000	92	0,013500	102	0,000000
63	0,025000	73	0,025000	83	0,022000	93	0,012000	103	0,000000
64	0,025000	74	0,025000	84	0,021000	94	0,010500	104	0,000000
65	0,025000	75	0,025000	85	0,020000	95	0,009000	105	0,000000
66	0,025000	76	0,025000	86	0,019000	96	0,007500	106	0,000000
67	0,025000	77	0,025000	87	0,018000	97	0,006000	107	0,000000
68	0,025000	78	0,025000	88	0,017000	98	0,004500	108	0,000000
69	0,025000	79	0,025000	89	0,016000	99	0,003000	109	0,000000

b) Atendendo aos elementos obtidos na alínea anterior, calcule a probabilidade que esses indivíduos (de 60 anos) têm de: *i*) viver por mais um ano; *ii*) atingir com vida a idade de 70 anos; *iii*) atingir com vida a idade de 80 anos, mas falecerem antes de cumprir 90 anos. Compare estes resultados com os que decorreriam do recurso aos elementos contidos na tábua base.

Resolução:

a) Construímos a nova tábua recorrendo a uma folha de cálculo e percorrendo os seguintes passos:

I) Os valores que se apontam na coluna (1) são os correspondentes aos l_x da tábua base;

II) Calculam-se os q_x respectivos, constando os mesmos da coluna (2), sendo que $q_{x,base} = \dfrac{l_{x,base} - l_{x+1,base}}{l_{x,base}}$ ou $q_{x,base} = \dfrac{d_{x,base}}{l_{x,base}}$;

III) Na coluna (3), referem-se os valores de t, com t = 0, 1, 2, ..., $\omega - x - 1$;

IV) Os *improvements* mencionados da coluna (4) decorrem do enunciado;

V) Os valores que constam da coluna (5) resultam da aplicação da expressão formalizada em [I.2], omitindo o ano de nascimento,

Recorrendo a uma folha de cálculo – cuja apresentação omitimos – determinamos o parâmetro q_x associado a cada uma das idades, apurando, de seguida, p_x. Neste caso, de acordo com os dados propostos, temos que $\omega = 107$, logo

$$e_0 = \sum_{t=1}^{106} {}_tp_0 = 101{,}72 \text{ anos}$$

Trata-se de um valor manifestamente elevado, o que nos pode levar a concluir que os parâmetros utilizados não são os mais pertinentes.

b) Repetimos o procedimento descrito na alínea anterior, isto é, recalculamos e_0, ou seja, teremos, de novo, que $e_0 = \sum_{t=1}^{106} {}_tp_0$, só que agora considerando –0,00006. Neste caso, vem

$$e_0 = \sum_{t=1}^{106} {}_tp_0 = 100{,}67 \text{ anos}$$

Obtém-se, ainda, um valor elevado, embora mais baixo que na alínea anterior, o que nos faz concluir que a utilização de outros parâmetros que não os apresentados pode permitir obter valores que correspondam aos níveis de mortalidade observada e, consequentemente, calcular a esperança de vida com base em elementos mais adequados[43].

15 – Tendo por base a TV 88-90:

a) Construa a tábua de mortalidade para um grupo fictício de 100.000 indivíduos com a idade de 60 anos, considerando os *improvements* que constam da tabela seguinte:

---

[43] Se, por exemplo, em vez de –0,00005 e de 1,092, considerássemos, –0,00007 e 1,1, respectivamente, obter-se-ia que $e_0 = \sum_{t=1}^{106} {}_tp_0 = 94{,}29$ anos, o que vem corroborar o que se referiu em texto.

$$Z = 50.000 \; € \times (1+2,5\%)^{40} \times \frac{961.965}{759.322}$$

$$Z = 170.081,83 \; €$$

b) A esperança de vida temporária obtém-se por intermédio de [I.12]; no caso em apreço virá que

$$e_{70|5} = \sum_{k=1}^{5} \frac{l_{70+k}}{l_{70}}$$

logo

$$e_{70|5} = \frac{l_{71} + l_{72} + l_{73} + l_{74} + l_{75}}{l_{70}}$$

$$e_{70|5} = \frac{520.116 + 491.703 + 462.435 + 432.446 + 401.899}{547.562}$$

$$e_{70|5} \cong 4,216 \; \text{anos}$$

14 – Os elementos relativos a uma dada tábua de mortalidade são dados por

$$q_x = \begin{cases} 1 - e^{-0,00005 \; (1,092)^x}, & x = 0, 1, \ldots, 106 \\ 1, & x = 107. \end{cases}$$

a) Determine a esperança de vida à nascença.
b) Qual o impacto que teria sobre o valor apurado na alínea anterior se o parâmetro –0,00005 fosse alterado para –0,00006?

Resolução:

a) Considerando o indicador sintético de esperança de vida, para o caso da esperança de vida à nascença virá que

$$e_0 = \sum_{t=1}^{\omega-1} {}_t p_0$$

13 – De uma certa tábua de mortalidade retiraram-se os seguintes elementos:

x	l_x
:	:
20	961.965
:	:
40	922.562
:	:
60	759.322
:	:
70	547.562
71	520.116
72	491.703
73	462.435
74	432.446
75	401.899

Para uma taxa de 2,5%, calcule:

a) O dote puro a receber daqui por 40 anos, por um indivíduo de 20, sabendo que aplica hoje a quantia de 50.000 €;

b) A esperança de vida temporária a 5 anos de um indivíduo com 70 anos de idade.

Resolução:

a) O valor actual do dote puro é de 50.000 €, ou seja $Z \,_{40}E_{20} = 50.000$ €; da aplicação de [I.15], resulta que

$$50.000 \text{ €} = Z (1 + 2,5\%)^{-40} \frac{l_{40+20}}{l_{20}}$$

$$50.000 \text{ €} = Z (1 + 2,5\%)^{-40} \frac{l_{60}}{l_{20}}$$

$$50.000 \text{ €} = Z (1 + 2,5\%)^{-40} \times \frac{759.322}{961.965}$$

Capítulo I – Noções Fundamentais

Resolução:

A esperança de vida na idade x é igual à esperança de vida temporária na idade x a n anos acrescida da esperança de vida à idade $(x + n)$ ponderada pela probabilidade de os indivíduos com a idade x atingirem a idade $(x + n)$. Ao formalizarmos, vem que

$$e_x = e_{x|n} + {}_n p_x \times e_{x+n}$$

Tomando as expressões referentes a $e_{x|n}$, ${}_n p_x$ e e_{x+n}, que estabelecemos, respectivamente, através de [I.12], [I.5] e [I.8], e substituirmos na expressão anterior, vem

$$e_x = \sum_{k=1}^{n} \frac{l_{x+k}}{l_x} + \frac{l_{x+n}}{l_x} \times \sum_{k=1}^{\omega-x-1} \frac{l_{x+n+k}}{l_{x+n}}$$

$$e_x = \sum_{k=1}^{n} \frac{l_{x+k}}{l_x} + \sum_{k=1}^{\omega-x-1} \frac{l_{x+n+k}}{l_x}$$

donde resulta que

$$e_x = \sum_{k=1}^{\omega-x-1} \frac{l_{x+k}}{l_x}$$

expressão esta que representa a esperança de vida na idade x, tal como estabelecemos através de [I.8]. De acordo com a formalização proposta e atendendo aos dados do presente caso, vem que

$$e_{40} = e_{40|10} + {}_{10} p_{40} \times e_{50}$$
$$e_{40} = 9{,}7 + 0{,}92 \times 21{,}3$$
$$e_{40} = 29{,}296$$

Logo a esperança de vida de um indivíduo com a idade de 40 anos é de cerca de 29 anos e 3 meses.

Porém, atestamos a veracidade da expressão anterior de um modo quase intuitivo, uma vez que para um indivíduo de x anos atingir a idade de $x+k+n$ anos (cuja probabilidade decorre de $_{n+k}p_x$), ele tem, primeiramente, que completar a idade de $x+n$ anos (o que se afere por intermédio de $_np_x$) e, depois, viver por mais k anos (sendo esta última probabilidade obtida através de $_kp_{x+n}$).

11 – Demonstre que $e_x = p_x(1 + e_{x+1})$.

Resolução:

De acordo com a expressão estabelecida em [I.8], vem que

$$e_x = \frac{l_{x+1}}{l_x} + \frac{l_{x+2}}{l_x} + \frac{l_{x+3}}{l_x} + \ldots\ldots + \frac{l_{x+(\omega-x-1)}}{l_{x+1}}$$

Pondo em evidência $\frac{l_{x+1}}{l_x}$, surge

$$e_x = \frac{l_{x+1}}{l_x}\left[1 + \left(\frac{l_{x+2}}{l_{x+1}} + \frac{l_{x+3}}{l_{x+1}} + \ldots + \frac{l_{x+(\omega-x-1)}}{l_{x+1}}\right)\right]$$

Sabendo que $\frac{l_{x+1}}{l_x} = p_x$, verificamos também – mais uma vez atendendo a [I.8] – que a expressão que se encontra dentro do parêntesis curvo corresponde à formalização de e_{x+1}. Consequentemente, vem que

$$e_x = p_x(1 + e_{x+1})$$

tal como queríamos demonstrar.

12 – Sendo que $e_{40|10} = 9{,}7$, $_{10}p_{40} = 0{,}92$ e $e_{50} = 21{,}3$, determine e_{40}.

d) A esperança de vida de um indivíduo com 90 anos de idade obtém-se do seguinte modo:

$$\hat{e}_{90} = 0,5 + \frac{1}{l_{90}} \sum_{t=1}^{106-90-1} l_{90+t}$$

$$\hat{e}_{90} = 0,5 + \frac{1}{l_{90}} \sum_{t=1}^{15} l_{90+t}$$

De acordo com a TD 88-90, $l_{90} = 9.389$ e o somatório dos termos de l_{91} a l_{105} corresponde a 27.565. Resulta, então, que

$$\hat{e}_{90} = 0,5 + \frac{1}{9.389} \times 27.565$$

$$\hat{e}_{90} = 3,43588$$

A esperança de vida de um indivíduo de 90 anos de idade é de, aproximadamente, 3 anos e 5 meses.

Em **jeito de conclusão**, ocorre tecer o seguinte comentário: atendendo aos resultados obtidos nas alíneas anteriores, da soma da idade obervada, em cada uma das hipóteses, com a respectiva esperança de vida, não resulta um valor constante; o que significa que a probabilidade de viver menor ou maior número de anos varia ao longo da vida do indivíduo, de acordo com os padrões de mortalidade associados a cada nível etário.

10 – Demonstre que $_{n+k}p_x = {}_n p_x \times {}_k p_{x+n}$.

Resolução:

Se atendermos à expressão estabelecida por intermédio de [I.4] e substituirmos, em cada um dos casos, pelos valores correspondentes, torna-se bastante simples comprovar a identidade proposta, uma vez que

$$_{n+k}p_x = {}_n p_x \times {}_k p_{x+n} \Leftrightarrow \frac{l_{x+n+k}}{l_x} = \frac{l_{x+n}}{l_x} \times \frac{l_{x+n+k}}{l_{x+n}} \Leftrightarrow \frac{l_{x+n+k}}{l_x} = \frac{l_{x+n+k}}{l_x}$$

b) A esperança de vida de um indivíduo com 18 anos é dada por

$$\hat{e}_{18} = 0,5 + \frac{1}{l_{18}} \sum_{t=1}^{106-18-1} l_{18+t}$$

$$\hat{e}_{18} = 0,5 + \frac{1}{l_{18}} \sum_{t=1}^{87} l_{18+t}$$

Tendo em consideração os elementos da TD 88-90, vem que $l_{18} = 98.520$, sendo ainda que o somatório dos termos l_{19} a l_{105} é igual a 5.422.383.

$$\hat{e}_{18} = 0,5 + \frac{1}{98.520} \times 5.422.383$$
$$\hat{e}_{18} = 55,538$$

A esperança de vida de um indivíduo com 18 anos corresponde a cerca de 55 anos e meio.

c) A esperança de vida de um indivíduo com 65 anos de idade obtém-se através da seguinte expressão:

$$\hat{e}_{65} = 0,5 + \frac{1}{l_{65}} \sum_{t=1}^{106-65-1} l_{65+t}$$

$$\hat{e}_{65} = 0,5 + \frac{1}{l_{65}} \sum_{t=1}^{40} l_{65+t}$$

Tomando os valores contidos na TD 88-90, verifica-se que $l_{65} = 74.720$ e também que $\sum_{t=1}^{40} l_{65+t} = 1.112.726$. Logo, vem que

$$\hat{e}_{65} = 0,5 + \frac{1}{74.720} \times 1.112.726$$
$$\hat{e}_{65} = 15,3919$$

A esperança de vida de um indivíduo com 65 anos de idade é de, aproximadamente, 15 anos e 4 meses.

9 – Considerando o indicador completo de esperança de vida e tomando como referência os elementos da TD 88-90, calcule:

a) a esperança de vida à nascença;
b) a esperança de vida de um indivíduo com 18 anos de idade;
c) a esperança de vida de um indivíduo com 65 anos de idade;
d) a esperança de vida de um indivíduo com 90 anos de idade.

Resolução:

Como já referimos no caso anterior, o cálculo do somatório dos l_{x+t} requer o uso de um computador. Em cada uma das alínea seguintes essa menção será omitida, sendo ainda que, para todas elas, a solução surge através da aplicação da fórmula estabelecida em [I.10].

a) A esperança de vida à nascença será dada por

$$\hat{e}_0 = 0,5 + \frac{1}{l_0} \sum_{t=1}^{106-0-1} l_{0+t}$$

$$\hat{e}_0 = 0,5 + \frac{1}{l_0} \sum_{t=1}^{105} l_t$$

Da consulta da TD 88-90 resulta que $l_0 = 100.000$, ao mesmo tempo que os cálculos efectuados na folha de Excel permitem concluir que $\sum_{t=1}^{105} l_t = 7.201.516$. Assim sendo, surge que

$$\hat{e}_0 = 0,5 + \frac{1}{100.000} \times 7.201.516 = 72,51516$$

Significa que, de acordo com a TD 88-90, a expectativa de vida de um indivíduo, à nascença, é de cerca de 72 anos e meio.

Após a consulta da TD 88-90, substituímos os valores correspondentes na expressão anterior, pelo que surge

$$P = \frac{84.211 - 76.295}{84.211} \times \frac{95.463 - 93.868}{95.463} \times \frac{96.071}{97.070}$$

$$P = 0{,}094 \times 0{,}0167 \times 0{,}9897 = 0{,}00155363$$

Significa que Sara tem uma probabilidade de cerca de 0,155% de receber os bens dentro de 6 anos.

b) Roberto receberá a herança aquando da morte de Quintino. Determinamos, então, a esperança de vida de Quintino aos 58 anos, recorrendo ao indicador completo de esperança de vida. Assim sendo, vem

$$\hat{e}_{58} = 0{,}5 + \frac{1}{l_{58}} \sum_{t=1}^{106-58-1} l_{58+t}$$

$$\hat{e}_{58} = 0{,}5 + \frac{1}{l_{58}} \sum_{t=1}^{47} l_{58+t}$$

A soma dos l_{58+t} termos calcula-se recorrendo a uma folha de Excel. No caso presente, o 1.º termo corresponde a l_{59} e o último a l_{105}, sendo que $\sum_{t=1}^{47} l_{58+t} = 1.666.360$. Temos, ainda, que $l_{58} = 84.211$, conforme vimos na alínea anterior. Assim sendo, a esperança de vida de Quintino, à idade de 58 anos, vai ser igual a

$$\hat{e}_{58} = 0{,}5 + \frac{1}{84.211} \times 1.666.360$$

$$\hat{e}_{58} \cong 20{,}2879$$

Provavelmente, Quintino viverá mais cerca de 20 anos. Daqui por 20 anos, data em que receberá a herança, no pressuposto de que sobrevive[42], Roberto terá 57 anos.

---

[42] Podemos calcular a probabilidade de Roberto se encontrar vivo daqui por 20 anos, isto é, $_{20}p_{37}$, que não é, contudo, relevante para a resolução do presente problema.

b) Nesta tábua de mortalidade, os óbitos repartem-se de modo proporcional por todos os escalões etários considerados, uma vez que $l_x = 100 - x$ e $\omega = 100$. Assim, para cada ano, num grupo de 100 indivíduos, observar-se-á 1 óbito. Em termos concretos, verificamos, porém, que o número de mortes é particularmente notório em certas coortes, mormente nos primeiros anos de vida e nas idades mais avançadas. Deste modo, a tábua assim construída não traduz uma perspectiva real da mortalidade.

8 – Em testamento, Paulino definiu que a sua herança, constituída por bens imóveis, deve ser recebida por Quintino, estabelecendo, porém, algumas reservas:

– se Quintino morrer, a herança deverá ser transferida para Roberto;
– em caso de óbito de Roberto, a herança deverá ser transferida para Sara.

À data da morte de Paulino, Quintino, Roberto e Sara têm, respectivamente, 58, 37 e 28 anos.

a) Tendo por base os elementos da TD 88-90, determine a probabilidade de Sara vir a receber os bens em causa dentro de 6 anos.

b) Com quantos anos irá, provavelmente, Roberto receber a herança em questão?

Resolução:

a) Sara receberá os imóveis que compõem a herança se Quintino falecer durante os próximos 6 anos, se Roberto falecer também nesse período e se ela própria sobreviver. Significa, assim, que a probabilidade que pretendemos calcular depende do efeito conjugado destas três probabilidades, pelo que podemos calcular

$$P = {}_6q_{58} \times {}_6q_{37} \times {}_6p_{28}$$

Adaptando ao caso em apreço as expressões formalizadas através de [I.7] e de [I.5], vem que

$$P = \frac{l_{58} - l_{58+6}}{l_{58}} \times \frac{l_{37} - l_{37+6}}{l_{37}} \times \frac{l_{28+6}}{l_{28}}$$

$$P = \frac{l_{58} - l_{64}}{l_{58}} \times \frac{l_{37} - l_{43}}{l_{37}} \times \frac{l_{34}}{l_{28}}$$

c) A probabilidade de um indivíduo de 55 anos atingir a idade de 60 traduz-se por $_5p_{55}$, logo

$$_5p_{55} = \frac{l_{55+5}}{l_{55}} = \frac{l_{60}}{l_{55}} = \frac{23.310}{25.000} = 0,9324 = 93,24\%$$

A probabilidade de um indivíduo de 55 anos completar 60 anos é de 93,24%.

7 – Relativamente a uma certa tábua de mortalidade, sabe-se que $l_x = 100 - x$, com $x \in \{0, 1, 2, ..., 100\}$.

a) Formalize as expressões que permitem determinar $_np_x$, $_nq_x$ e a probabilidade de um indivíduo de x anos vir a falecer entre as idades de $x + n$ e $x + n + k$ anos.

b) Que comentários lhe sugere a tábua de mortalidade assim definida? Será que traduz uma perspectiva real da mortalidade? Justifique a sua resposta.

Resolução:

a) Formalizamos as expressões solicitadas atendendo às expressões de carácter genérico que fomos definindo ao longo do Capítulo I. Consequentemente, vem:

i) $_np_x = \dfrac{l_{x+n}}{l_x} = \dfrac{100-(x+n)}{100-x} = 1 - \dfrac{n}{100-x}$

ii) $_nq_x = \dfrac{l_x - l_{x+n}}{l_x} = \dfrac{(100-x)-[100-(x+n)]}{100-x} = \dfrac{100-x-100+x+n}{100-x} = \dfrac{n}{100-x}$

iii) $_np_x \times {_kq_{x+n}} = \dfrac{l_{x+n}}{l_x} \times \dfrac{l_{x+n} - l_{x+n+k}}{l_{x+n}} = \dfrac{l_{x+n} - l_{x+n+k}}{l_x} =$

$= \dfrac{[100-(x+n)]-[100-(x+n+k)]}{100-x} = \dfrac{100-x-n-100+x+n+k}{100-x} = \dfrac{k}{100-x}$

Atendendo aos dados propostos, surge

$l_{56} = (1 - q_{55}) \times l_{55} = (1 - 0,012) \times 25.000 = 24.700$

$l_{57} = (1 - q_{56}) \times l_{56} = (1 - 0,013) \times 24.700 = 24.379$

$l_{58} = (1 - q_{57}) \times l_{57} = (1 - 0,014) \times 24.379 = 24.038$

$l_{59} = (1 - q_{58}) \times l_{58} = (1 - 0,015) \times 24.038 = 23.677$

$l_{60} = (1 - q_{59}) \times l_{59} = (1 - 0,0155) \times 23.677 = 23.310$

b) A probabilidade que pretendemos conhecer (designada por P) resulta da multiplicação da probabilidade de o indivíduo de 57 anos atingir a idade de 59 (que notamos por $_2p_{57}$) pela probabilidade de o indivíduo, uma vez alcançados os 59 anos, vir a falecer antes de completar 61 (que notamos por $_2q_{59}$), probabilidades estas que calculamos de imediato, atendendo aos valores obtidos na alínea anterior.

$$_2p_{57} = \frac{l_{57+2}}{l_{57}} = \frac{l_{59}}{l_{57}} = \frac{23.677}{24.379} = 0,9712$$

$$_2q_{59} = \frac{l_{59} - l_{59+2}}{l_{59}} = \frac{l_{59} - l_{61}}{l_{59}}$$

l_{61} determina-se facilmente recorrendo ao mesmo procedimento que na alínea anterior, isto é,

$l_{61} = (1 - q_{60}) \times l_{60} = (1 - 0,016) \times 23.310 = 22.937$

Retomando $_2q_{59}$, vem

$$_2q_{59} = \frac{23.677 - 22.937}{23.677} = 0,031254$$

Por último, surge

$P = {_2p_{57}} \times {_2q_{59}} = 0,9712 \times 0,031254 = 0,030353884 \cong 3\%$

Logo a probabilidade de um indivíduo de 57 anos vir a falecer entre os 59 e os 61 anos é de, aproximadamente, 3%.

Sucede, também, que $q_{39} = 1 - p_{39} = 1 - 0{,}99811973 = 0{,}00188027$

Considerando, de novo, $d_x = q_x \times l_x$, temos que

$d_{39} = q_{39} \times l_{39} = 0{,}00188027 \times 953{.}245 = 1{.}792$

Por fim, relativamente à 40.ª linha, vem que

$l_{40} = l_{39} - d_{39} = 953{.}245 - 1{.}792 = 951{.}453$

$d_{40} = q_{40} \times l_{40} = 0{,}00224438 \times 951{.}453 = 2{.}135$

$p_{40} = 1 - q_{40} = 1 - 0{,}00224438 = 0{,}99775562$

Apresentamos, de novo, a tabela, preenchendo a itálico os valores calculados.

x	l_x	d_x	p_x	q_x
36	957.998	*1.312*	0,99863048	*0,00136952*
37	956.686	1.703	0,9982199	0,0017801
38	954.983	1.738	0,99817987	0,00182013
39	*953.245*	*1.792*	0,99811973	*0,00188027*
40	*951.453*	*2.135*	*0,99775562*	0,00224438

6 – Sabendo que $q_{55} = 0{,}012$, $q_{56} = 0{,}013$, $q_{57} = 0{,}014$, $q_{58} = 0{,}015$, $q_{59} = 0{,}0155$ e $q_{60} = 0{,}016$, determine:

a) l_x com $x \in \{56, \ldots, 60\}$, tomando $l_{55} = 25{.}000$;
b) a probabilidade de um indivíduo de 57 anos falecer entre os 59 e os 61 anos;
c) a probabilidade de um indivíduo de 55 anos atingir a idade de 60 anos.

Resolução:

a) Aplicamos a mesma expressão no cálculo de cada um dos l_x. De acordo com [I.4], vem que $d_x = q_x \times l_x$. Temos, ainda, que $l_{x+1} = l_x - d_x$; ao substituirmos, virá

$l_{x+1} = (1 - q_x) \times l_x$

$$l_{36} = d_{36} + l_{37} \quad (1)$$

e ainda que

$$l_{37} = d_{37} + l_{38} \quad (2)$$

Substituindo em (2) os valores correspondentes, vem

$l_{37} = 1.703 + 954.983 = 956.686$

Por sua vez, substituindo em (1), vem que

$957.998 = d_{36} + 956.686 \Leftrightarrow d_{36} = 1.312$

Consequentemente,

$$p_{36} = \frac{l_{37}}{l_{36}} = \frac{956.686}{957.998} = 0,99863048$$

e ainda

$q_{36} = 1 - p_{36} = 0,00136952$

Do mesmo modo, vem que

$$p_{37} = \frac{l_{38}}{l_{37}} = \frac{954.983}{956.686} = 0,9982199 \text{ e também } q_{37} = 1 - p_{37} = 0,0017801$$

Como $d_x = q_x \times l_x$, temos, no que se refere à 38.ª linha, que

$d_{38} = q_{38} \times l_{38} = 0,00182013 \times 954.983 = 1.738$

Por sua vez, $p_{38} = 1 - q_{38} = 1 - 0,00182013 = 0,99817987$

Tomando a expressão $p_{38} = \dfrac{l_{39}}{l_{38}}$, podemos calcular l_{39}, pelo que se obtém

$l_{39} = p_{38} \times l_{38} = 954.983 \times 0,99817987 = 953.245$

Concluímos que existe cerca de 6% de probabilidade de um indivíduo de 25 anos vir a falecer entre os 35 e os 40 anos. Enquanto os 87,65% indicam a probabilidade de o indivíduo de 25 anos atingir a idade de 35, os 7,04% traduzem a probabilidade de ele falecer antes de completar 40 anos.

f) Neste caso, o indivíduo deverá sobreviver até aos 62 anos, mas não deverá atingir os 63, logo a probabilidade que é solicitada corresponde a

$$_7p_{55} \times q_{62} = \frac{l_{55+7}}{l_{55}} \times \frac{l_{62} - l_{63}}{l_{62}} = \frac{l_{62}}{l_{55}} \times \frac{d_{62}}{l_{62}} = \frac{d_{62}}{l_{55}}$$

Como já vimos, d_x é constante, logo $d_{62} = 943$, pelo que basta calcular l_{55} e substituir na expressão anterior.

$$l_{55} = 100.000 \left(1 - \frac{55}{106}\right) = 48.113 \text{ indivíduos}$$

$$_7p_{55} \times q_{62} = \frac{943}{48.113} = 0,0196$$

De acordo com os cálculos efectuados, existe 1,96% de probabilidade de um indivíduo de 55 anos vir a falecer com 62 anos.

5 – Calcule os valores omissos na tábua seguinte:

x	l_x	d_x	p_x	q_x
36	957.998			
37		1.703		
38	954.983			0,00182013
39			0,99811973	
40				0,00224438

Resolução:

Perante os valores disponíveis, vejamos que outros elementos permitem obter. Sabendo que $l_{x+1} + d_x = l_x$, podemos estabelecer

Consequentemente, vem que

$$_{15}q_{30} = \frac{71.698 - 57.547}{71.698} = 0,19737$$

Pelo que, de acordo com a função proposta, a probabilidade de um indivíduo de 30 anos falecer antes de atingir a idade de 45 anos é de cerca de 20%.

e) A probabilidade de um indivíduo de 25 anos vir a falecer entre os 35 e os 40 anos resulta do efeito conjugado de duas condições: do facto de ele atingir os 35 anos (que formalizaremos $_{10}p_{25}$) e do facto de, uma vez atingidos os 35 anos, falecer antes de completar 40 (que notaremos por $_5q_{35}$). Estabelecemos, então, que

$$_{10}p_{25} \times {}_5q_{35} = \frac{l_{25+10}}{l_{25}} \times \frac{l_{35} - l_{35+5}}{l_{35}} = \frac{l_{35}}{l_{25}} \times \frac{l_{35} - l_{40}}{l_{35}}$$

Dado que

$$l_{25} = 100.000 \left(1 - \frac{25}{106}\right) = 76.415 \text{ indivíduos}$$

$$l_{35} = 100.000 \left(1 - \frac{35}{106}\right) = 66.981 \text{ indivíduos}$$

$$l_{40} = 100.000 \left(1 - \frac{40}{106}\right) = 62.264 \text{ indivíduos}$$

ao substituirmos, obtém-se

$$_{10}p_{25} \times {}_5q_{35} = \frac{66.981}{76.415} \times \frac{66.981 - 62.264}{66.981} = 0,8765 \times 0,0704 = 0,0617056$$

$l_{30} - l_{45} = 14.151$, devendo-se esta diferença de 6 indivíduos aos sucessivos arredondamentos para números inteiros; de acordo com a expressão proposta, $\frac{x}{106}$ corresponde a q_x, sendo qualquer d_x, antes de arredondamentos, igual a 943,396.

c) $_{50}p_{20}$ representa a probabilidade de um indivíduo de 20 anos viver por mais 50 e obtém-se através da expressão

$$_{50}p_{20} = \frac{l_{20+50}}{l_{20}} = \frac{l_{70}}{l_{20}}$$

Calculamos, então, l_{20} e l_{70}.

$$l_{20} = 100.000 \left(1 - \frac{20}{106}\right) = 81.132 \text{ indivíduos}$$

$$l_{70} = 100.000 \left(1 - \frac{70}{106}\right) = 33.962 \text{ indivíduos}$$

Consequentemente, vem que

$$_{50}p_{20} = \frac{33.962}{81.132} = 0,4186$$

A probabilidade de um indivíduo de 20 anos sobreviver até aos 70 anos é de 41,86%.

d) $_{15}q_{30}$ representa a probabilidade de um indivíduo de 30 anos vir a falecer durante os próximos 15 anos e calcula-se aplicando a expressão formalizada em [I.7]. No caso presente, surge que

$$_{15}q_{30} = \frac{l_{30} - l_{30+15}}{l_{30}} = \frac{l_{30} - l_{45}}{l_{30}}$$

Tal como nas alíneas anteriores, determina-se l_{30} e l_{45}.

$$l_{30} = 100.000 \left(1 - \frac{30}{106}\right) = 71.698 \text{ indivíduos}$$

$$l_{45} = 100.000 \left(1 - \frac{45}{106}\right) = 57.547 \text{ indivíduos}[41]$$

---

[41] Se assumirmos que d_x é constante e igual a 943, o número de indivíduos falecidos ao longo dos 15 anos, decorridos entre as idades de 30 e 45 anos, é dado por $15 \times 943 = 14.145$. Ora

$$l_{30} = 100.000 \left(1 - \frac{30}{106}\right) = 71.698 \text{ indivíduos}$$

b) q_{50} representa a probabilidade de um indivíduo vir a falecer entre os 50 e os 51 anos e obtém-se através da fórmula estabelecida em [I.4], donde resulta que

$$q_{50} = \frac{d_{50}}{l_{50}}$$

Como vimos de início, d_x é constante e igual a 943 indivíduos; calculamos l_{50} através de substituição directa na expressão inicial, logo

$$l_{50} = 100.000 \left(1 - \frac{50}{106}\right) = 52.830 \text{ indivíduos}$$

Surge, assim, que

$$q_{50} = \frac{943}{52.830} = 0,01785$$

Em alternativa, podemos estabelecer que

$$q_{50} = \frac{l_{50} - l_{51}}{l_{50}}$$

Calculamos l_{51} de acordo com o procedimento já descrito. Assim sendo, vem

$$l_{51} = 100.000 \left(1 - \frac{51}{106}\right) = 51.887 \text{ indivíduos}$$

Por último, vem que

$$q_{50} = \frac{52.830 - 51.887}{52.830} = 0,01785$$

obtendo-se, necessariamente, o mesmo resultado. Logo a probabilidade de um indivíduo falecer entre os 50 e os 51 anos é de 1,785%.

- $_{25}p_{37} \times 10$ indica-nos o número de sobreviventes, daqui por 25 anos, entre os indivíduos que, no início, tinham 37 anos;
- $_{25}p_{40} \times 15$ indica-nos o número de sobreviventes, daqui por 25 anos, entre os indivíduos que, no início, tinham 40 anos.

Deste modo, a estrutura etária dos 82 eventuais participantes será a seguinte: 22 indivíduos de 50 anos, 12 indivíduos de 52 anos, 8 indivíduos de 54 anos, 10 indivíduos de 55 anos, 7 indivíduos de 59 anos, 9 indivíduos de 62 anos e 14 indivíduos de 65 anos.

4 – Considerando que o número de indivíduos vivos em cada idade x é dado por

$$l_x = 100.000 \left(1 - \frac{x}{106}\right), \text{ com } x \leq 106$$

determine:

a) l_{30};
b) q_{50};
c) $_{50}p_{20}$;
d) $_{15}q_{30}$;
e) a probabilidade de um indivíduo de 25 anos vir a falecer entre os 35 e os 40 anos;
f) a probabilidade de um indivíduo de 55 anos vir a falecer com a idade de 62 anos.

Resolução:

Principiemos por interpretar o significado da expressão que nos é facultada. O número de indivíduos em cada idade x decresce linearmente, correspondendo esse decréscimo a $\frac{1}{106}$. Assim sendo, d_x é constante e igual a $100.000 \times \frac{1}{106} = 943$. Por sua vez, 106 representa o último ano da tábua de mortalidade respectiva.

a) Obtemos l_{30} substituindo directamente na expressão, isto é,

N.º participantes = $_{25}p_{25} \times 23 + {}_{25}p_{27} \times 12 + {}_{25}p_{29} \times 8 + {}_{25}p_{30} \times 10 +$

$+ {}_{25}p_{34} \times 7 + {}_{25}p_{37} \times 10 + {}_{25}p_{40} \times 15 = \dfrac{l_{25+25}}{l_{25}} \times 23 + \dfrac{l_{27+25}}{l_{27}} \times 12 + \dfrac{l_{29+25}}{l_{29}} \times$

$\times 8 + \dfrac{l_{30+25}}{l_{30}} \times 10 + \dfrac{l_{34+25}}{l_{34}} \times 7 + \dfrac{l_{37+25}}{l_{37}} \times 10 + \dfrac{l_{40+25}}{l_{40}} \times 15 = \dfrac{l_{50}}{l_{25}} \times 23 + \dfrac{l_{52}}{l_{27}} \times$

$\times 12 + \dfrac{l_{54}}{l_{29}} \times 8 + \dfrac{l_{55}}{l_{30}} \times 10 + \dfrac{l_{59}}{l_{34}} \times 7 + \dfrac{l_{62}}{l_{37}} \times 10 + \dfrac{l_{65}}{l_{40}} \times 15$

Consultando na tábua os valores em questão, temos que $l_{25} = 98.640$, $l_{27} = 98.537$, $l_{29} = 98.428$, $l_{30} = 98.371$, $l_{34} = 98.111$, $l_{37} = 97.851$, $l_{40} = 97.534$, $l_{50} = 95.752$, $l_{52} = 95.202$, $l_{54} = 94.560$, $l_{55} = 94.215$, $l_{59} = 92.545$, $l_{62} = 90.954$ e $l_{65} = 88.978$. Ao substituirmos na expressão anterior, surge

N.º participantes = $\dfrac{95.752}{98.640} \times 23 + \dfrac{95.202}{98.537} \times 12 + \dfrac{94.560}{98.428} \times 8 + \dfrac{94.215}{98.371} \times$

$\times 10 + \dfrac{92.545}{98.111} \times 7 + \dfrac{90.954}{97.851} \times 10 + \dfrac{88.978}{97.534} \times 15 = 22 + 12 + 8 + 10$

$+ 7 + 9 + 14 = 82$ indivíduos

Poderão estar presentes 82 dos 85 trabalhadores iniciais da empresa, que são os que vão sobreviver daqui por 25 anos.

b) Se atendermos à expressão que utilizámos na alínea anterior, verificaremos que:

- $_{25}p_{25} \times 23$ indica-nos o número de sobreviventes, daqui por 25 anos, entre os indivíduos que, no início, tinham 25 anos;
- $_{25}p_{27} \times 12$ indica-nos o número de sobreviventes, daqui por 25 anos, entre os indivíduos que, no início, tinham 27 anos;
- $_{25}p_{29} \times 8$ indica-nos o número de sobreviventes, daqui por 25 anos, entre os indivíduos que, no início, tinham 29 anos;
- $_{25}p_{30} \times 10$ indica-nos o número de sobreviventes, daqui por 25 anos, entre os indivíduos que, no início, tinham 30 anos;
- $_{25}p_{34} \times 7$ indica-nos o número de sobreviventes, daqui por 25 anos, entre os indivíduos que, no início, tinham 34 anos;

Resolução:

A solução resulta do efeito conjugado de duas condições, isto é, da probabilidade de o indivíduo atingir os 40 anos de idade e da probabilidade de, uma vez atingidos os 40 anos, vir a falecer antes de completar 50. Se multiplicarmos as duas probabilidades, vem que

$$_{13}p_{27} \times {}_{10}q_{40} = \frac{l_{40}}{l_{27}} \times \frac{l_{40} - l_{40+10}}{l_{40}} = \frac{l_{40}}{l_{27}} \times \frac{l_{40} - l_{50}}{l_{40}}$$

Basta, agora, consultar três valores na tábua de mortalidade em questão, a saber, $l_{27} = 98.356$, $l_{40} = 97.262$ e $l_{50} = 95.350$. Substituindo na expressão anterior, obtém-se

$$_{13}p_{27} \times {}_{10}q_{40} = \frac{97.262}{98.356} \times \frac{97.262 - 95.350}{97.262} = 0,988877 \times 0,019658 =$$

$$\cong 0,019439584$$

A probabilidade de um indivíduo que tem hoje 27 anos vir a falecer entre os 40 e os 50 anos é, assim, cerca de 1,94%. Na expressão anterior, enquanto os 98,8877% representam a probabilidade de um indivíduo de 27 atingir a idade de 40 anos, os 1,9658% correspondem à probabilidade de um indivíduo de 40 falecer antes de completar 50 anos.

3 – O grupo de 85 trabalhadores contratados por uma empresa na data da sua fundação é composto por 23 indivíduos de 25 anos, 12 indivíduos de 27 anos, 8 indivíduos de 29 anos, 10 indivíduos de 30 anos, 7 indivíduos de 34 anos, 10 indivíduos de 37 anos e 15 indivíduos de 40 anos.

a) Pressupondo que todos eles se mantêm ao serviço, quantos destes trabalhadores poderão participar na celebração do 25.º aniversário da empresa?

b) Como será a composição etária desse grupo de eventuais participantes?
Nota: Para o efeito, recorra à tábua TV 88-90.

Resolução:

a) O número de eventuais participantes depende da probabilidade de vida dos elementos do grupo. Assim sendo, vamos determinar quantos indivíduos, de cada uma das idades indicadas, estarão vivos daqui por 25 anos. Vem, então, que:

puro. Tal vem confirmar o que anteriormente estabelecemos: perante idênticos montantes e idênticas taxas, a quantia acumulada num depósito a prazo, ao fim de um certo período, é menor que o dote puro que lhe corresponde. Desta feita, só uma taxa de aplicação maior permitirá, findo esse tempo, igualar ambas as importâncias.

CASOS RESOLVIDOS:

1 – Qual a probabilidade de um indivíduo, do sexo masculino, com 35 anos, sobreviver, pelo menos, por mais 28 anos?
Nota: Consulte a TD 88-90.

Resolução:

Como vimos anteriormente, as tábuas de mortalidade com as quais trabalhamos no presente contexto não distinguem o género, pelo que é irrelevante o indivíduo ser do sexo masculino ou do sexo feminino. O valor que pretendemos conhecer é-nos dado por $_{28}p_{35}$, pelo que vamos recorrer à expressão formalizada em [I.5]. Logo, surge

$$_{28}p_{35} = \frac{l_{35+28}}{l_{35}} = \frac{l_{63}}{l_{35}}$$

De acordo com a TD 88-90, verificamos que $l_{35} = 95.878$ e $l_{63} = 77.807$, donde vem

$$_{28}p_{35} = \frac{77.807}{95.878} \cong 0,81152$$

A probabilidade de um indivíduo, do sexo masculino, de 35 anos, sobreviver por mais 28 anos, é de cerca de 81%; significa, ainda, que, daqui por 28 anos, estarão vivos 81% dos indivíduos que hoje têm 35 anos.

2 – Qual a probabilidade de um indivíduo que tem hoje 27 anos vir a falecer entre os 40 e os 50 anos? Para o efeito, utilize a tábua PF 94.

EXEMPLO: João acabou de completar o seu 37.º aniversário e pretende receber, daqui por 10 anos, o dote puro de 50.000 €. Considerando uma taxa de juro de 3% e os elementos referentes à tábua de mortalidade PF 94, determine a taxa de juro anual que deve ser praticada num depósito a prazo que permita a João aplicar e receber exactamente as mesmas quantias, nos mesmos momentos no tempo.

Primeiramente, calculamos a esperança matemática correspondente ao dote puro de 50.000 € e que será a quantia a aplicar no presente. Aplicando [I.15] ao caso em apreço, vem

$$Z\,_{10}E_{37} = 50.000\,€\,(1 + 3\%)^{-10} \times \frac{l_{37+10}}{l_{37}}$$

De acordo com os valores da tábua PF 94, $l_{47} = 95.961$ e $l_{37} = 97.589$, pelo que se obtém que

$$Z\,_{10}E_{37} = 50.000\,€\,(1 + 3\%)^{-10} \times \frac{95.961}{97.589}$$

$$Z\,_{10}E_{37} = 36.584{,}04\,€$$

O valor actual do dote puro é de 36.584,04 €, que corresponde à quantia a aplicar por João. De seguida, calculamos qual a taxa que permitiria, uma vez aplicado esse montante e pelo mesmo período de tempo, obter os 50.000 € pretendidos. Recorde-se que

$$C_n = C_0\,(1 + i)^n$$

Substituímos pelos valores respectivos e resolvemos em ordem a *i*, donde se obtém

$$50.000\,€ = 36.584{,}04\,€\,(1 + i)^{10}$$
$$i = \sqrt[10]{1{,}366716196} - 1$$
$$i = 1{,}031734 - 1$$
$$i = 3{,}1734\%$$

Tratando-se de um depósito a prazo, a quantia de 36.584,04 € devia ser aplicada a uma taxa de 3,1734% ao ano, logo superior à praticada no dote

Na verdade, perante circunstâncias idênticas, isto é, para a mesma taxa de juro praticada e igual período de tempo, será sempre preferível recorrer à aplicação dos capitais junto da entidade seguradora, o que facilmente se conclui em termos gerais. Considerando a expressão

$$Z\,_nE_x = Z\,(1+i)^{-n}\,\frac{l_{x+n}}{l_x}$$

sabemos que Z corresponde ao montante do dote puro – o montante a receber no futuro, de uma só vez, logo comparável a C_n – enquanto $Z\,_nE_x$ corresponde ao valor actual desse dote puro – a quantia a aplicar no presente, deste modo, equivalente a C_0. Rearranjando os termos da expressão anterior, vem que

$$Z\,_nE_x\,(1+i)^n \times \frac{1}{\frac{l_{x+n}}{l_x}} = Z$$

Ora $l_{x+n} < l_x$, pelo que $\dfrac{1}{\frac{l_{x+n}}{l_x}} > 1$; resulta, então, que, à mesma taxa de juro

i e pelo mesmo número de períodos de tempo, o montante necessário para perfazer a mesma quantia final é menor no caso da entidade seguradora.

Esta conclusão deve ser, porém, acautelada, pelo facto de as entidades seguradoras recorrerem a taxas de juro relativamente baixas, o que pode tornar os seus produtos pouco atractivos, principalmente em períodos de inflação elevada.

Concomitantemente, enquanto num depósito bancário a liquidez poderá ser superior, na circunstância de se poder reaver o montante acumulado em qualquer momento, nas aplicações realizadas junto de entidades seguradoras é, por norma, necessário esperar até ao termo do contrato. Acresce que, nestas últimas, o montante em questão poderá ser recebido apenas na eventualidade de o indivíduo sobreviver.

Sublinhe-se, outrossim, que em certos casos, as aplicações junto de entidades bancárias ficam sujeitas ao risco de variação da taxa de juro, sendo que nas seguradoras a taxa de juro é previamente definida[40].

Consideremos, de seguida, um outro exemplo, que nos permitirá corroborar algumas das considerações avançadas.

---

[40] É comum às entidades seguradoras estabelecerem um *plafond* mínimo garantido, acima do qual se situará o retorno efectivo.

Na possibilidade de o montante de 10.000 € ser aplicado junto da entidade seguradora, tomamos a expressão formalizada em [I.15] e calculamos o dote puro que corresponde ao valor actual de 10.000 €.

$$Z\,_{12}E_{48} = Z\,(1 + 4\%)^{-12}\,\frac{l_{48+12}}{l_{48}}$$

No caso presente, $Z\,_{12}E_{48} = 10.000$ € e a nossa incógnita será Z, a quantia a receber quando Mário completar 60 anos.

$$10.000\,\text{€} = Z\,(1 + 4\%)^{-12}\,\frac{l_{60}}{l_{48}}$$

Da consulta da TV 88-90, resulta que $l_{60} = 92.050$ e $l_{48} = 96.218$, pelo que vem

$$10.000\,\text{€} = Z\,(1 + 4\%)^{-12} \times \frac{92.050}{96.218}$$

$10.000\,\text{€} = Z \times 0,624597 \times 0,9566817$

$Z = 16.735,27$ €

O montante que, em alternativa, resultaria da aplicação dos 10.000 € no depósito a prazo, obtém-se através da expressão que permite calcular o capital acumulado num processo de capitalização em regime de juro composto[39] e que é

$$C_n = C_0\,(1 + i)^n$$

Substituindo pelos valores respectivos, vem

$C_n = 10.000\,\text{€}\,(1 + 4\%)^{12}$
$C_n = 10.000\,\text{€} \times 1,6010322$
$C_n = 16.010,32$ €

Conclui-se, assim, que seria preferível para Mário aplicar os 10.000 € junto da entidade seguradora, uma vez que obteria, na maturidade, um montante superior.

---

[39] Para maiores desenvolvimentos no que concerne aos regimes de capitalização, cfr. A. P. QUELHAS e F. CORREIA, *Manual de Matemática Financeira*, essencialmente Capítulo I.

donde resulta

$$_nE_x = (1 + i)^{-n} \frac{l_{x+n}}{l_x}$$

expressão esta idêntica à já formalizada em [I.14].

Dada a similitude existente entre o presente caso e o já discutido em a), escusamo-nos de recorrer a exemplos ilustrativos.

d) Se considerarmos o mesmo grupo de l_x indivíduos, mas para um dote puro de Z unidades monetárias, vem que o valor a receber no final dos n anos será de $l_{x+n} \times Z$. Tal como no caso anterior, surge

$$l_x \times Z \times {_nE_x} (1 + i)^n = l_{x+n} \times Z$$

pelo que se obtém

$$Z \, _nE_x = Z \, (1 + i)^{-n} \frac{l_{x+n}}{l_x}$$

expressão que coincide com a que estabelecemos por intermédio de [I.15]. Também aqui não apresentaremos qualquer exemplo.

Neste tipo de aplicações, que envolvem tanto o desfasamento temporal entre as idades x e $x + n$ como a probabilidade de sobrevivência de quem as constitui, tornar-se-á interessante compará-las com outras alternativas, nomeadamente com a possibilidade de constituição de depósitos a prazo junto de instituições bancárias. Para o efeito, tomamos o exemplo seguinte.

EXEMPLO: No dia do seu 48.º aniversário, Mário aplicou junto de uma entidade seguradora a quantia de 10.000 €, pretendendo receber, de uma só vez e ao completar 60 anos, o resultado desse investimento.

No pressuposto de que Mário sobrevive, qual o montante que a entidade seguradora lhe poderá garantir, sabendo que esta baseia as suas operações nos parâmetros demográficos contidos na TV 88-90 e pratica uma taxa anual de 4%?

Compare com a eventualidade de Mário aplicar os mesmos 10.000 €, pelo mesmo período de tempo, junto de um banco, num depósito a prazo, remunerado à mesma taxa efectiva anual de 4%.

ou ainda, atendendo à formalização para $_n p_x$, será o mesmo que ter

$$Z \,_n E_x = Z (1 + i)^{-n} \frac{l_{x+n}}{l_x} \qquad [\text{ I.15 }]$$

EXEMPLO: Considerando uma taxa de juro de 4%, quanto deverá aplicar hoje um indivíduo que conta com 50 anos, para que possa receber, no caso de sobreviver e ao atingir a idade de 65 anos, o dote puro de 10.000 €? Utilize os elementos da TV 73-77.

Substituindo os dados do problema na fórmula estabelecida em [I.15], surge

$$Z \,_{15} E_{50} = 10.000 \,€ \times (1 + 4\%)^{-15} \times \frac{l_{50+15}}{l_{50}} = 10.000 \,€ \times (1 + 4\%)^{-15} \times \frac{l_{65}}{l_{50}}$$

Considerámos n = 15, uma vez que entre os 50 e os 65 anos decorrem 15 anos; se consultarmos a tábua sugerida, verificamos que l_{50} = 94.056 e l_{65} = 85.015.
Consequentemente, obtém-se

$$Z \,_{15} E_{50} = 10.000 \,€ \times 0{,}5552645 \times \frac{85.015}{94.056} = 5.018{,}90 \,€$$

A quantia a entregar por este indivíduo de 50 anos, para receber 10.000 € quando atingir a idade de 65 anos, é de 5.018,90 €; enquanto a quantia de 10.000 € é o dote puro, os 5.018,90 € correspondem à esperança matemática desse dote puro.

c) Se generalizarmos a um grupo de l_x indivíduos para um dote puro de uma unidade monetária, teremos que esse dote puro será de $l_{x+n} \times 1$, pois só os que sobreviverem até à idade de *x* + *n* anos o poderão vir a receber; enquanto isso, $l_x \times \,_n E_x$ corresponde ao valor actual desse dote puro. Se investirmos esse valor actual à taxa de juro *i*, durante n anos, obteremos o dote puro. Vem, então, que

$$l_x \times \,_n E_x (1 + i)^n = l_{x+n}$$

$$_nE_x = (1+i)^{-n} \times \frac{l_{x+n}}{l_x} \qquad [\text{ I.14 }]$$

Recorde-se que, sem atendermos à contingência de o indivíduo sobreviver ou não, a quantia A, a aplicar à taxa i, para que daqui por n anos se possa receber 1 unidade monetária, obtém-se, muito simplesmente, através de $A = (1+i)^{-n}$, a corresponder ao coeficiente de actualização respectivo.

EXEMPLO: Considerando os elementos contidos na tábua TV 88-90, quanto deverá aplicar uma pessoa que hoje tem 40 anos para daqui a 25 anos vir a receber 1 €, no pressuposto de que sobrevive, sendo que a entidade gestora dessa quantia pratica uma taxa de juro de 3,5%?

A solução do problema anterior decorre da aplicação directa da expressão formalizada em [I.14]. Deste modo, podemos estabelecer que

$$_{25}E_{40} = (1+3,5\%)^{-25} \times \frac{l_{40+25}}{l_{40}} = 0,423146989 \times \frac{l_{65}}{l_{40}}$$

Substituindo pelos valores que constam da TV 88-90, $l_{65} = 88.978$ e $l_{40} = 97.534$, surge

$$_{25}E_{40} = 0,423146989 \times \frac{88.978}{97.534} \cong 0,386$$

Será necessário aplicar 39 cêntimos.

b) Se considerarmos um indivíduo que pretende receber, aos $x + n$ anos, um dote puro de Z unidades monetárias, notando por $Z\ _nE_x$ a *esperança matemática* desse dote puro[38], teremos que

$$Z\ _nE_x =\ _np_x \times Z \times (1+i)^{-n}$$

---

[38] $Z\ _nE_x$ é uma notação única, que indica a quantia correspondente à esperança matemática do dote puro.

$$e_{0|5} = \frac{98.832 + 98.736 + 98.677 + 98.631 + 98.593}{100.000} = \frac{493.469}{100.000} =$$

$$= 4{,}93469 \text{ anos}$$

De acordo com as condições de mortalidade presentes, até completar 5 anos de idade, um recém-nascido viverá, em média, 4,93469 anos.

O uso deste indicador revela-se particularmente adequado quando se pretender aferir o impacto de políticas direccionadas para grupos etários específicos. Neste caso, devemos comparar a esperança de vida temporária para o grupo em apreço, tomando dois momentos distintos no tempo: um anterior à adopção das políticas e outro posterior ao da sua execução.

6. Dote puro e esperança matemática

O *dote puro* é o pagamento único a efectuar por uma entidade financeira a um certo indivíduo, num momento futuro, desde que esse indivíduo se encontre vivo para o poder receber.

Por sua vez, o valor actual do montante a investir para, no futuro, ter o direito a receber essa quantia, denomina-se *esperança matemática* desse dote puro.

Estas quantias – dote puro e esperança matemática –, estando reportadas a momentos diferentes no tempo – n + k e n, respectivamente –, tornam-se equivalentes no momento n, considerando, para o efeito, uma dada taxa de juro *i*. Deste modo, para além de atendermos à probabilidade de o indivíduo atingir a idade de $x + n$ anos, torna-se relevante a taxa de juro subjacente à operação de actualização.

Contemplamos, de seguida, várias possibilidades, no que concerne ao número de pessoas e às quantias envolvidas.

a) Se considerarmos um indivíduo que pretende receber, ao completar $x + n$ anos, um dote puro de uma unidade monetária, vem que

$$_n E_x = {_n p_x} \times 1 \text{ u.m.} \times (1 + i)^{-n}$$

com $_n E_x$ a notar a *esperança matemática* desse dote puro. Substituindo pela expressão proposta para $_n p_x$, vem que

Deste modo, a esperança de vida é um indicador estático, mais adequado para avaliar o estado de uma certa população num dado momento, que propriamente um meio para efectuar pevisões. Esta é, justamente, uma das lacunas que o recurso a tábuas dinâmicas pretende colmatar.

5.3. *Esperança de vida temporária*

Uma outra medida que pode ser calculada na sequência dos conceitos de esperança de vida já avançados é a de ***esperança de vida temporária a n anos***, que permite conhecer o número de anos que, em média, os indivíduos com x anos de idade podem esperar viver até completarem a idade de $x + n$ anos, considerando, mais uma vez, que se mantêm os perfis de mortalidade para esse grupo etário.

A esperança de vida temporária a n anos, que notaremos por $e_{x|n}$, poderá ser obtida através da expressão

$$e_{x|n} = \sum_{k=1}^{n} \frac{l_{x+k}}{l_x} \qquad [\ \text{I.12}\ ]$$

ou também

$$e_{x|n} = \sum_{k=1}^{n} {}_k p_x \qquad [\ \text{I.13}\ ]$$

EXEMPLO: Tomando os valores da TV 73-77, calcule a esperança de vida temporária a 5 anos de um recém-nascido.

A esperança de vida temporária a 5 anos de um recém-nascido corresponde a $e_{0|5}$, pelo que, considerando [I.12], virá

$$e_{0|5} = \sum_{k=1}^{5} \frac{l_{x+k}}{l_x}$$

$$e_{0|5} = \frac{l_1}{l_0} + \frac{l_2}{l_0} + \frac{l_3}{l_0} + \frac{l_4}{l_0} + \frac{l_5}{l_0}$$

Os vários l_k obtêm-se consultando a TV 73-77. Deste modo, $l_0 = 100.000$, $l_1 = 98.832$, $l_2 = 98.736$, $l_3 = 98.677$, $l_4 = 98.631$ e $l_5 = 98.593$. Logo, vem

bem como

$$\hat{e}_x = 0{,}5 + \sum_{t=1}^{\omega-x-1} {}_t p_x \qquad [\ \text{I.11}\ ]$$

com $\hat{e}_x$ a denotar o *indicador completo da esperança de vida*.

EXEMPLO: Recorrendo à PEF 90, calcule o indicador completo de esperança de vida para um indivíduo de 40 anos de idade.

De acordo com a PEF 90, $l_{40} = 975.777$ e $\omega = 100$. Aplicando a expressão formalizada por intermédio de [I.10] aos valores propostos, vem que

$$\hat{e}_{40} = 0{,}5 + \frac{1}{l_{40}} \times \sum_{t=1}^{100-40-1} l_{40+t} \Leftrightarrow \hat{e}_{40} = 0{,}5 + \frac{1}{975.777} \times \sum_{t=1}^{59} l_{40+t}$$

Recorremos, também aqui, ao computador para calcular o número de indivíduos vivos entre os 41 e os 99 anos, obtendo-se que $\sum_{t=1}^{59} l_{40+t} = 40.769.648$.

$$\hat{e}_{40} = 0{,}5 + \frac{1}{975.777} \times 40.769.648 = 42{,}2817$$

De acordo com o indicador completo de esperança de vida, um indivíduo de 40 anos pode esperar viver mais cerca de 42 anos, 3 meses e 11 dias.

Em termos práticos, ambos os indicadores são utilizados de modo indiferenciado e identificados apenas por *esperança de vida*. Todavia, no presente texto, procederemos à distinção entre os dois conceitos.

O cálculo da esperança de vida de acordo com os procedimentos descritos não contempla eventuais alterações dos perfis de longevidade das gerações, baseando-se apenas nos dados históricos referenciados nas tábuas de mortalidade. Quando determinamos a esperança de vida de um certo indivíduo de idade x pressupomos que as taxas de mortalidade se manterão estáveis, o que se revela pouco provável, dados os progressos observados nas biotecnologias em geral.

b) O mesmo tipo de raciocínio se pode aplicar ao caso da PF 94, sendo que agora $l_{65} = 87.611$ e $\omega = 106$. Neste caso, surge que

$$e_{65} = \frac{1}{l_{65}} \times \sum_{t=1}^{106-65-1} l_{65+t} \Leftrightarrow e_{65} = \frac{1}{87.611} \times \sum_{t=1}^{40} l_{65+t}$$

Tomando procedimento idêntico ao anterior, recorrendo a uma folha de cálculo, vem que $\sum_{t=1}^{40} l_{65+t} = 1.589.694$. Logo resulta que

$$e_{65} = \frac{1}{87.611} \times 1.589.694 = 18,1449$$

Tal significa que um indivíduo que tem hoje 65 anos pode esperar viver, mais 18 anos, 1 mês e 22 dias.

Verificamos, assim, que se obtêm valores diferentes para o mesmo indicador consoante as tábuas de mortalidade consideradas, por serem também diferentes os parâmetros de mortalidade associados a cada uma delas.

5.2. Indicador completo de esperança de vida

Em ambas as expressões formalizadas na secção anterior, considerámos períodos inteiros de longevidade, isto é, ignorámos a fracção de tempo que os indivíduos vivem durante o ano do seu falecimento.

Sucede, porém, que os falecimentos ocorrem ao longo de todo o ano; por isso mesmo, de modo a obtermos uma informação mais realista, pressupomos que os indivíduos viverão, em média, durante mais meio ano que o obtido através do indicador sintético da esperança de vida. Consequentemente, as expressões formalizadas em [I.8] e [I.9] dão, respectivamente, lugar às seguintes

$$\hat{e}_x = 0,5 + \frac{1}{l_x} \sum_{t=1}^{\omega-x-1} l_{x+t} \qquad [\ \mathbf{I.10}\ ]$$

$$e_x = \sum_{t=1}^{\omega-x-1} {}_t p_x \qquad [\ I.9\ ]$$

EXEMPLO: Considerando as seguintes tábuas de mortalidade:

a) PEF 80;
b) PF 94;

determine o indicador sintético de esperança de vida para um indivíduo do sexo masculino com 65 anos de idade.

Tal como sublinhámos em nota, as tábuas a que recorremos no presente contexto não divulgam os vários parâmetros por género, sendo, por isso, uma variável irrelevante para a resolução do problema. Aplicamos a expressão estabelecida por intermédio de [I.8] aos dados que recolhemos em ambas as tábuas. Assim:

a) Da consulta da tábua PEF 80, vem que $l_{65} = 880.645$ e que $= 102$. A expressão que nos permite calcular a esperança de vida de um indivíduo com 65 anos é a seguinte:

$$e_{65} = \frac{1}{l_{65}} \times \sum_{t=1}^{102-65-1} l_{65+t} \Leftrightarrow e_{65} = \frac{1}{880.645} \times \sum_{t=1}^{36} l_{65+t}$$

O cálculo do somatório obriga à adição dos 36 valores de l_{66} a l_{101}, pelo que se revela indicado recorrer a um computador[37]. Obtém-se 15.512.273, logo

$$e_{65} = \frac{1}{880.645} \times 15.512.273 = 17,61467$$

o que corresponde a cerca de 17 anos, 7 meses e 11 dias.

---

[37] Nomeadamente a uma folha de Excel, onde se encontrem referenciados os valores em questão.

por mais 2 anos, donde decorre um acréscimo de longevidade de 2 anos para esses elementos do grupo. Podemos prosseguir este raciocínio até à idade $\omega - 1$, tendo os $l_{\omega-1}$ indivíduos vivido durante $\omega - x - 1$ anos[35].

Da soma destes valores resulta a longevidade total associada aos indivíduos pertencentes a l_x e que denominaremos por *indicador sintético de esperança de vida* associado à idade x, ou, muito simplesmente, *esperança de vida* à idade x. Se dividirmos por l_x, obteremos, em média, o número de anos que cada um dos indivíduos desse grupo pode esperar viver. Se notarmos por e_x o *indicador sintético de esperança de vida* a uma certa idade x, podemos estabelecer que

$$e_x = \frac{l_{x+1} + l_{x+2} + l_{x+3} + \ldots + l_{x+(\omega-x-1)}}{l_x}$$

ou, de outra forma,

$$e_x = \frac{1}{l_x} \sum_{t=1}^{\omega-x-1} l_{x+t} \qquad [\ \mathbf{I.8}\ ]$$

A expressão que conduziu a [I.8] equivale a ter

$$e_x = \frac{l_{x+1}}{l_x} + \frac{l_{x+2}}{l_x} + \frac{l_{x+3}}{l_x} + \ldots + \frac{l_{x+(\omega-x-1)}}{l_x}$$

o que, por sua vez, corresponde ainda a

$$e_x = p_x + {}_2 p_x + {}_3 p_x + \ldots + {}_{\omega-1-x} p_x$$

Assim sendo, *em alternativa*, a esperança de vida pode ser obtida através do somatório das probabilidades de o indivíduo sobreviver em cada um dos anos, até ao penúltimo ano previsto nas tábuas de mortalidade[36]. Logo será

---

[35] Nesta dedução, assume-se que $l_\omega = 0$. Mesmo nas tábuas em que tal não sucede, terá sempre um valor residual.

[36] Um modo simples de calcular a esperança de vida consiste em estabelecer que

$$e_x = \int_0^\infty 1 - \frac{t}{\omega - x} = \frac{1}{2}(\omega - x).$$

Neste caso, um indivíduo de idade x pode esperar viver metade dos anos que decorrem até atingir a idade ω.

$$_n q_x = \frac{l_x - l_{x+n}}{l_x} \qquad [\ \mathbf{I.7}\ ]$$

com l_x e l_{x+n} a assumirem os significados já descritos.

EXEMPLO: Tomando os dados constantes na tábua de mortalidade TV 88/90, qual a probabilidade de um indivíduo à idade de 15 anos vir a falecer antes de atingir a idade de 65 anos?

Como, no caso presente, n = 65 – 15 = 50, vamos, então, determinar, de acordo com a expressão formalizada em [I.7], $_{50}q_{15} = \dfrac{l_{15} - l_{65}}{l_{15}}$.

Ao consultarmos a respectiva tábua de mortalidade, observamos que l_{15} = 99.041 e que l_{65} = 88.978. Por conseguinte, resulta que

$$_{50}q_{15} = \frac{99.041 - 88.978}{99.041} = \frac{10.063}{99.041} = 0{,}101604386$$

A probabilidade de um indivíduo que conta hoje com 15 anos vir a falecer antes dos 65 anos é de cerca de 10,16%; pelo que podemos concluir que, daqui por 50 anos, estarão vivos apenas cerca de 89,84% dos indivíduos actualmente com 15 anos.

5. Esperança de vida

A *esperança de vida* corresponde ao número de anos que, em termos médios, um determinado indivíduo – ou grupo de indivíduos – pode esperar viver, desde o nascimento ou após uma certa idade x, pressupondo que se verificam as condições de mortalidade observadas na data considerada.

5.1. *Indicador sintético de esperança de vida*

A esperança de vida de um certo grupo de indivíduos de idade x pode ser obtida recorrendo directamente aos valores referenciados nas tábuas de mortalidade. Dos l_x indivíduos que compõem o grupo em apreço, l_{x+1} sobreviverão por mais 1 ano, contribuindo, assim, para um acréscimo da duração da vida do grupo em 1 ano; por sua vez, l_{x+2} desses indivíduos sobreviverão

EXEMPLO: Considerando os dados inscritos na TV 73/77, calcule a probabilidade de um indivíduo de 45 anos viver até aos 75 anos e interprete o resultado obtido.

Neste caso, n = 75 – 45, pelo que iremos calcular $_{30}p_{45} = \dfrac{l_{75}}{l_{45}}$. Consultando a referida tábua, vem que $l_{45} = 95.485$ e que $l_{75} = 68.502$. Obtém-se, assim, que

$$_{30}p_{45} = \frac{68.502}{95.485} = 0{,}7174111$$

A probabilidade de um indivíduo que tem hoje 45 anos viver por mais 30 anos é de cerca de 71,74%; o que significa, ainda, que 71,74% dos indivíduos que contam hoje com 45 anos atingirão a idade de 75 anos.

Uma *outra possibilidade* consiste em estabelecer a probabilidade de um indivíduo de x anos viver por mais n anos como a probabilidade de esse indivíduo sobreviver por mais um ano em cada um dos anos que decorrem até atingir a idade de $x + n$ anos. Formalizando, teremos

$$_{n}p_{x} = p_{x} \times p_{x+1} \times p_{x+2} \times \ldots \times p_{x+n-2} \times p_{x+n-1}$$

O último factor corresponde à probabilidade de um indivíduo com $x + n - 1$ anos viver por mais um ano, logo atingir a idade de $x + n$ anos. Desenvolvendo a expressão anterior, vem

$$_{n}p_{x} = \frac{l_{x+1}}{l_{x}} \times \frac{l_{x+2}}{l_{x+1}} \times \frac{l_{x+3}}{l_{x+2}} \times \ldots \times \frac{l_{x+n-1}}{l_{x+n-2}} \times \frac{l_{x+n}}{l_{x+n-1}}$$

Esta expressão é idêntica à formalizada em [I.5] e equivale, ainda, a ter

$$_{n}p_{x} = \prod_{t=0}^{n-1} p_{x+t} \qquad [\text{ I.6 }]$$

Por sua vez, a *probabilidade de um indivíduo que conta hoje com x anos vir a falecer antes de completar mais n anos* é dada por $_{n}q_{x}$. À semelhança do que sucedia para q_{x}, podemos estabelecer que $_{n}q_{x} = 1 - _{n}p_{x}$, donde resulta

EXEMPLO: Recorrendo, de novo, à tábua PM 60/64, calcule a probabilidade de um indivíduo de 59 anos vir a falecer durante o próximo ano.

Da aplicação directa da fórmula estabelecida em [I.4], vem que $q_{59} = \dfrac{d_{59}}{l_{59}}$.

O valor de l_{59} já é nosso conhecido do exemplo anterior. Embora d_x não se encontre tabelado neste caso, sabemos que $d_x = l_x - l_{x+1}$, logo 7.743.139 – 7.593.224 = 149.915 indivíduos, o que é o mesmo que ter que, no próximo ano, falecerão 149.915 indivíduos de 59 anos, entre cada grupo de 10.000.000 pessoas inicialmente consideradas. Surge, assim, que

$$q_{59} = \frac{149.915}{7.743.139} = 0,019361$$

ou seja, cerca de 1,94% dos indivíduos que hoje contam com 59 anos falecerão durante o próximo ano.

Se recordarmos o resultado do exercício anterior, temos que p_x = 98,06%, valor complementar ao agora obtido. Assim sendo, *em alternativa*, a probabilidade de morte poderá ser calculada atendendo à diferença relativamente à probabilidade de vida, sendo que $q_{59} = 1 - 0,9806 = 0,0194$.

Ao generalizarmos, teremos que $_n p_x$ representa a probabilidade de um indivíduo que hoje tem x anos viver por mais n anos.

Por seu turno, $_n q_x$ representa a probabilidade desse indivíduo vir a morrer uma vez transcorridos esses n anos[34].

A *probabilidade de uma pessoa com a idade de x anos viver por mais n anos* é, assim, dada por

$$_n p_x = \frac{l_{x+n}}{l_x} \qquad [\ \mathbf{I.5}\ ]$$

em que l_{x+n} representa o número de pessoas vivas com $x + n$ anos e l_x o número de pessoas vivas com x anos.

---

[34] Partindo do caso geral, teremos que $_1 p_x = p_x$ e, consequentemente, que $_1 q_x = q_x$.

$$p_x = \frac{l_{x+1}}{l_x}$$ [I.3]

expressão esta que corresponde também à percentagem de indivíduos de x anos que estarão vivos no ano seguinte.

EXEMPLO: Recorrendo à tábua PM 60/64, qual a probabilidade de um indivíduo que conta com 59 anos viver por mais um ano?

Aplicando a expressão anterior, essa probabilidade será dada por $p_{59} = \frac{l_{60}}{l_{59}}$. Ora consultando os valores constantes na tábua de mortalidade em questão, verificamos que $l_{60} = 7.593.224$ e que $l_{59} = 7.743.139$. Ao substituirmos, surge

$$p_{59} = \frac{7.593.224}{7.743.139} = 0{,}9806389889$$

Donde se conclui que a probabilidade de um indivíduo que conta hoje com 59 anos viver por mais um ano é de, aproximadamente, 98,06%. Podemos, de outro modo, afirmar que, daqui por um ano, estarão vivos cerca de 98,06% dos indivíduos que hoje têm 59 anos.

Por sua vez, a **probabilidade de um indivíduo que conta com x anos vir a falecer antes de completar mais um ano** será dada por q_x.
Sendo que $q_x = 1 - p_x$, podemos estabelecer

$$1 - p_x = 1 - \frac{l_{x+1}}{l_x} = \frac{l_x - l_{x+1}}{l_x}$$

ou, ainda,

$$q_x = \frac{d_x}{l_x}$$ [I.4]

grandezas envolvidas. A norma n.º 6/2002, de 13 de Março, emitida pelo Instituto de Seguros de Portugal, estebelece, por intermédio do seu número 14, que «O actuário responsável deve utilizar metodologias, parâmetros e hipóteses que entenda estarem ajustados às características e perspectivas sobre a situação actual e a evolução provável da empresa de seguros, dos mercados e do espaço económico em que esta se encontra inserida, devendo ainda analisar a razoabilidade das estimativas obtidas». Logo de seguida, no número 16, refere-se que «As análises de sensibilidade a efectuar pelo actuário devem ter em consideração diferentes hipóteses e/ou classes de modelos de avaliação, contemplando diferentes cenários futuros que reflictam não apenas as evoluções mais prováveis, mas também as evoluções mais extremas e adversas para a situação financeira da empresa de seguros e que possam realisticamente vir a ocorrer».

Assim sendo, compete ao actuário responsável adequar os parâmetros escolhidos à natureza dos riscos em presença.

No contexto do presente trabalho, incluem-se as tábuas de mortalidade PF 60/64, PF 60/64 e TV 73/77, com símbolos de comutação calculados às taxas de 6%, 4% e 4,5%, respectivamente. Para as restantes tábuas foram consideradas taxas de juro de modo perfeitamente aleatório, pretendendo apenas ilustrar um elenco diversificado de possibilidades.

Os valores disponibilizados nas tábuas de mortalidade sustentam a resolução de um vasto leque de problemas, que iremos aprofundando ao longo do texto. A elaboração de projecções da população é um dos usos mais frequentes que é dado às tábuas de mortalidade. No ponto seguinte, começamos por atender à situação mais simples, que se consubstancia no cálculo das probabilidades de vida e de morte.

4. Probabilidade de vida e probabilidade de morte

Como referimos na secção 1 do presente Capítulo, p representa uma probabilidade de sucesso, enquanto q representa uma probabilidade de insucesso.

No âmbito do nosso estudo, p_x representa a probabilidade de um indivíduo que se encontra vivo aos x anos completar mais um ano de vida, ao passo que q_x traduz a probabilidade de o indivíduo atingir a idade x, mas vir a falecer antes de atingir a idade $x+1$.

Atendendo às tábuas de mortalidade, a ***probabilidade de um indivíduo com a idade de x anos viver por mais um ano*** é dada por

Em vários países existe legislação que pretende acautelar situações dessa natureza. Em Espanha, por exemplo, não é permitido o uso de tábuas de mortalidade que contem com mais de vinte anos desde a sua elaboração.

Já no que se refere à situação vigente no âmbito do sector financeiro, entre nós, a norma n.º 16/1995–R, de 12 de Setembro, emitida pelo Instituto de Seguros de Portugal, estabelece, no número 3, que as empresas de seguros a operar em território nacional têm 8 dias úteis, após o início da comercialização de um determinado produto, para indicar ao Instituto qual a tábua de mortalidade utilizada no cálculo dos prémios (alínea *f*) e ainda a tábua de mortalidade que sustenta o cálculo das provisões matemáticas (alínea *g*). No número 24 da mesma norma, refere-se que «em relação aos compromissos assumidos numa determinada data, as empresas de seguros devem adoptar, para cada classe de risco, uma mesma tábua de mortalidade para todos os novos contratos».

Por sua vez, no âmbito dos fundos de pensões, para efeitos de determinação do valor mínimo dos fundos, a norma n.º 298/1991, de 13 de Novembro, emanada pelo Instituto de Seguros de Portugal, recomendava o uso da PF 60/64, com símbolos de comutação calculados à taxa de 6%[31].

Esta norma foi, porém, alterada, pela norma n.º 21/96, de 5 de Dezembro, também emitida pelo Instituto de Seguros de Portugal, onde se refere a TV 73/77, com símbolos de comutação calculados à taxa de 4,5%, como base de determinação do valor mínimo dos fundos de pensões[32]. Esta alteração encontra-se fundamentada logo no preâmbulo da norma, onde se aponta «a evolução favorável das taxas de mortalidade»[33] e «a tendência verificada e a evolução previsível das taxas de juro de mercado».

De sublinhar, contudo, que estamos em presença de *recomendações*, sendo que a própria legislação confere aos actuários responsáveis, cujas funções foram definidas por intermédio do Decreto-Lei n.º 8-C/2002, de 11 de Janeiro, razoável grau de liberdade no que concerne à escolha da tábua de mortalidade a utilizar, bem como à da taxa de juro subjacente ao cálculo das

---

[31] Esta norma surgiu na seqência do Decreto-Lei n.º 451/91, de 25 de Outubro, que alterou as disposições de constituição e de funcionamento dos fundos de pensões. Voltaremos a este assunto no Capítulo V.

[32] Tratando-se, muito embora, de tábuas francesas, considerou-se serem representativas dos padrões demográficos portugueses.

[33] Para maior aprofundamento no que concerne às transformações demográficas ocorridas no passado recente, cfr. A. P. QUELHAS, *A refundação do papel do Estado nas políticas sociais – a alternativa do movimento mutualista*, Capítulo 3.

ceiras. Como já foi referido na secção 2.1, as tábuas de mortalidade decorrem de indicadores estatísticos e que não contemplam quaisquer possibilidades de avaliar o aumento da esperança de vida. Perante o persistente envelhecimento das populações, o uso de tábuas de mortalidade estáticas poderá consubstanciar--se em perdas significativas para as entidades gestoras dos produtos que se enquadram no âmbito das rendas incertas, dada a exposição a riscos adicionais no longo prazo.

Entre nós, esta questão deve, ainda assim, ser avaliada numa dupla vertente: desde logo, há que atender às tábuas de mortalidade que facultam os indicadores de natureza demográfica, construídas e divulgadas pelo Instituto Nacional de Estatística (doravante designado por INE); para além disso, são de considerar as tábuas de mortalidade utilizadas no âmbito do sector financeiro.

No que concerne às primeiras, desde 1945 – embora com alguma irregularidade e normalmente a coincidir com os censos à população – que o INE disponibiliza as tábuas de mortalidade referentes à população portuguesa. Essa divulgação passou a ocorrer anualmente desde 1990.

Em documento datado de Outubro de 2007, intitulado *Tábuas Completas de Mortalidade para Portugal – Metodologia*, o Departamento de Estatísticas Demográficas e Sociais, do INE, aponta alguns receios no que tange ao recurso a este tipo de tábuas de mortalidade, principalmente por se tratarem de tábuas abreviadas; o que coloca algumas dificuldades ao nível do cálculo da esperança de vida, por não ser possível determinar tal indicador para as idades intermédias aos intervalos quinquenais considerados. Para além disso, a idade de fecho das tábuas (85 anos) é demasiado baixa, atendendo a que um número crescente de pessoas sobrevive a esse limite.

Assim sendo, no mesmo documento traçam-se as linhas de alteração das metodologias de cálculo e assume-se o propósito de, a partir de 2008, o INE proceder à divulgação da esperança de vida calculada com base em tábuas de mortalidade completas, elaboradas pelo próprio Instituto, com ω a corresponder a 100 anos, e que serão, doravante, as tábuas de mortalidade oficiais para Portugal[30].

Na senda desse propósito, desde Junho de 2008 que se encontra disponível no *site* do INE, a *Tábua Completa de Mortalidade para Portugal, 2005--2007*, que apresentamos no Anexo VII.

---

[30] Cfr. DEPARTAMENTO DE ESTATÍSTICAS DEMOGRÁFICAS E SOCIAIS, *Tábuas Completas de Mortalidade para Portugal*, p. 3.

3.2. Tabelas de comutação

Conjuntamente com os elementos relativos às tábuas de mortalidade podem surgir, no mesmo quadro, colunas referentes aos denominados símbolos de comutação D_x, N_x, S_x, C_x, M_x e R_x[28] e que compõem uma *tabela de comutação*. Os símbolos de comutação resultam da conjugação entre os elementos contidos na tábua de mortalidade e o valor actual de uma unidade de capital, considerando, para o efeito, uma taxa de juro específica. As taxas de juro a que recorremos nas tabelas apresentadas decorrem, em certos casos, de recomendações emanadas pelas respectivas entidades reguladoras; tal é o caso da TV 73/77 a 4,5%, como teremos ocasião de explicitar na secção seguinte.

As taxas apontadas podem, contudo, ser facilmente substituídas por outras, se tal procedimento se revelar adequado à natureza dos riscos em presença. O recurso ao computador, mormente a uma folha de cálculo, facilita, de modo considerável, o expediente anterior.

É de sublinhar que enquanto l_x e d_x se reportam a dados estatísticos, os símbolos de comutação, embora resultantes de um processo de cálculo determinado, dependem da taxa de juro considerada. Os símbolos de comutação que compõem as tábuas de mortalidade apresentadas no presente trabalho decorrem, assim, da taxa de juro estabelecida para cada caso[29].

O recurso aos símbolos de comutação revela-se absolutamente essencial, quando se pretende calcular os vários parâmetros associados aos produtos financeiros cujo valor depende da duração da vida humana, dado o desfasamento, por vezes significativo, entre o momento da realização do investimento e o momento do respectivo retorno, bem como o número de capitais envolvidos. Neste trabalho, centraremos a nossa atenção nas rendas vitalícias, nos seguros de vida e nos fundos de pensões, que trataremos nos capítulos seguintes.

3.3. Caso português

Em presença de várias tábuas de mortalidade, que resultam, necessariamente, de pressupostos diferentes, coloca-se a questão de saber qual, de entre as apontadas, deve ser tomada como base de trabalho das instituições finan-

---

[28] Esclareceremos os respectivos significados ao longo do texto, à medida que tal se revele oportuno.

[29] Os símbolos de comutação assumem, assim, valores diferentes dos apontados, se tomarmos outras taxas de juro. Os cálculos necessários tornam-se simples recorrendo a uma folha de Excel.

$$q_{x+t,\ ano\ de\ nascimento} = q_{x+t,\ ano\ base} \times e^{-\lambda_{x+t} \times t} \qquad [\ \mathbf{I.2}\ ]$$

em que:

x corresponde à idade do indivíduo;
$t = 0, 1, 2, ..., \omega - x - 1$;
λ_{x+t} é o *improvement* correspondente à idade $x + t$;
$q_{x+t,\ ano\ base}$ designa a probabilidade que decorre da tábua «base».

Desta sorte, de acordo com a função proposta, quanto maior for o valor de λ_{x+t} menor será a probabilidade de falecimento.

A construção das tábuas de mortalidade ocorre no pressuposto de que as populações são homogéneas no que concerne à mortalidade, já que todos os indivíduos de um dado escalão etário apresentam a mesma probabilidade de morte, independentemente dos condicionalismos particulares que os possam envolver. De outro modo, a idade surge como único factor explicativo da mortalidade, sem atender a outros aspectos relevantes, tais como o género, a ocupação profissional, as condições socio-económicas ou eventuais comportamentos de risco.

As tábuas de mortalidade podem, também, ser apresentadas **sob a forma de função**, em que o número de óbitos observados em cada momento se obtém por intermédio da taxa instantânea de mortalidade.

Na secção de Casos Resolvidos do presente Capítulo, apontaremos alguns exemplos de tábuas de mortalidade expressas através de uma função linear, sendo que, nestes casos, o número de óbitos ocorridos, em cada uma das idades consideradas, assume um valor constante.

---

um dos mais aplicados pelos actuários, tendo em vista a obtenção de níveis de longevidade mais realistas. Neste método, $\ln(m_{x,t}) = a_x + b_x \times k_t + \varepsilon_{x,t}$, com $x = 1, ..., X$, e $t = 1, ...,T$. Na expressão anterior, $m_{x,t}$ representa a taxa de mortalidade para uma certa idade x, num dado ano t. Já a_x, b_x e k_t constituem os parâmetros do modelo, sendo que a_x expressa o perfil de mortalidade associado à idade x; k_t traduz as tendências observadas ao nível da mortalidade em geral e b_x o modo como essas tendências se repercutem ao nível da geração em apreço. Por sua vez, $\varepsilon_{x,t}$ corresponde ao termo de erro.

Neste contexto, atenda-se, ainda, a E. COELHO, *The Lee-Carter Method for Forecasting Mortality – The Portuguese Experience*, onde se procedeu, pela primeira vez, à aplicação do modelo de Lee--Carter ao caso nacional. Este estudo permitiu confrontar as projecções elaboradas pelo INE, relativas à esperança de vida à nascença, e as decorrentes da aplicação do método de Lee-Carter. Neste último obteve-se um valor menor que o projectado pelo INE, resultado este que é justificado no próprio estudo como sendo devido a discrepâncias ao nível das bases de dados utilizadas em ambos os casos.

Todas estas tábuas de mortalidade são tábuas transversais e completas. Para além disso, foram construídas tendo por base a informação estatística referente a vários anos, pelo que se designam por *tábuas plurianuais*. Na verdade, a consideração de tábuas de mortalidade baseadas apenas nos indicadores de um só ano pode dar azo a anomalias, muito principalmente se nesse ano tiverem ocorrido acontecimentos atípicos com reflexo nos níveis de mortalidade[25].

As tábuas de mortalidade que temos vindo a descrever são ainda *tábuas estáticas*, uma vez que as probabilidades de morte apontadas para cada idade se mantêm constantes ao longo do tempo, ou seja, são independentes do momento da sua determinação. Deste modo, a probabilidade de um indivíduo de 60 anos viver por mais um ano calculada hoje é a mesma que a que teria sido obtida há dez anos atrás. Logo, a probabilidade de um indivíduo de 60 anos viver por mais um ano será igual para os nascidos tanto em 1940 como em 1950.

Ao invés, as *tábuas dinâmicas* têm como propósito reconhecer e antecipar os acréscimos de longevidade que se têm observado ao longo do tempo. Assim, a probabilidade de um indivíduo de 60 anos de idade viver por mais um ano dependerá do respectivo ano de nascimento[26], razão pela qual estas tábuas são também designadas por *tábuas geracionais*, na medida em que tangem, de modo específico, aos elementos referentes a uma certa geração.

Tendo por base os valores contidos nas tábuas estáticas, as tábuas dinâmicas recorrem a «factores de melhoria» ou «factores de incremento», denominados *improvements* e que pretendem traduzir os progressos registados ao nível da redução da mortalidade[27]. Assim, q_{x+t} passa a designar-se por $q_{x+t, \text{ano de nascimento}}$, sendo que

---

[25] Incluem-se, no Anexo VII, tábuas de mortalidade anuais, para a população portuguesa e referentes aos anos de 1990/91, 2001/02 e 2002/03, e que visam funcionar apenas como elemento de consulta. Estas tábuas permitem observar a evolução conjuntural das taxas de mortalidade e, consideradas individualmente, enfermam das desvantagens já apontadas em texto.

[26] No presente trabalho, presumimos que estamos em presença de tábuas estáticas, salvo nos casos em que haja menção expressa em sentido contrário. O mesmo sucede na maioria das referências da especialidade.

[27] Veja-se, a este propósito, o trabalho de B. L. CHAN, F. L. SILVA e G. A. MARTINS, *Previdência Complementar Frente ao Aumento da Expectativa de Vida*, p. 9, onde se desenvolvem alguns dos métodos que permitem calcular os referidos *improvements*, a saber: *i)* o método logarítmico; *ii)* o método logit; *iii)* o método de Lee-Carter; *iv)* o método CMI Projection Basis e *v)* o método GAD Projection Basis.

Refira-se que o método de Lee-Carter (cfr. R. LEE e L. CARTER, «Modeling and Forecsating U.S. Mortality») tem sido, no passado recente, um dos mais referenciados na literatura, bem como

Para além disso, incluem-se, em anexo, algumas das tábuas de mortalidade mais utilizadas no sector financeiro[22], tanto em termos nacionais como internacionais, a saber: PF 60/64 e PM 60/64 (Anexo I); TV 73/77 e TD 73/77 (Anexo II); TV 88/90 e TD 88/90 (Anexo III); PEF 80 e PEM 80 (Anexo IV); PEF 90 e PEM 90 (Anexo V); PF 94 e PM 94 (Anexo VI).

As tábuas TV 73/77, TD 73/77, TV 88/90 e TD 88/90 foram elaboradas tendo por base os dados da população francesa; enquanto isso, as tábuas PEF 80, PEM 80, PEF 90 e PEM 90 foram construídas de acordo com os parâmetros demográficos de Espanha; por seu turno, as tábuas PF 60/64, PM 60/64, PF 94 e PM 94 exibem os indicadores concernentes à população portuguesa[23,24].

---

[22] São diversas as fontes que atribuem a Edmund Halley, astrónomo inglês (1656-1742), a construção da primeira tábua de mortalidade. Com o intuito de dinamizar a revista da Royal Society, Halley publicou, em 1692, um trabalho que tinha por base o número de óbitos observados por escalões etários, na cidade de Breslaw, capital da província alemã da Silésia, entre 1687 e 1691.

Merece também referência a tábua surgida em 1783, elaborada por Price, por ter sido a primeira a ser utilizada por entidades financeiras. Esta tábua evidenciava os dados referentes à mortalidade em duas paróquias da cidade de Northampton.

Foi, porém, em 1815, que Joshua Milne divulgou aquela que ficaria conhecida como a tábua de Carlisle, em virtude de se basear nos registos de mortalidade de duas paróquias da cidade com o mesmo nome. Considera-se que esta tábua de mortalidade foi a primeira a ser elaborada de acordo com critérios científicos, uma vez que atendia também aos elementos recolhidos nos censos à população e utilizava apenas um número restrito de indivíduos, ou seja, uma amostra. Esta tábua provou, ao longo do tempo, tratar-se de um bom instrumento de trabalho no que concerne à determinação dos parâmetros associados à rendas incertas e é, ainda hoje, utilizada em certos casos.

Para o caso nacional, as primeiras tábuas de mortalidade conhecidas remontam ao período de 1929-1932 e surgem compiladas em J. M. NAZARETH, *Tábuas Abreviadas de Mortalidade Globais e Regionais, 1929-1932, 1939-1942 e 1949-1952*.

[23] As tábuas de mortalidade que apontamos não distinguem entre indivíduos de sexo masculino e do sexo feminino, tal como sucede, por exemplo, no caso de algumas tábuas americanas, em que os vários parâmetros são evidenciados para ambos os géneros.

Não obstante, tendo sido construídas com base em pressupostos diferentes, algumas dessas tábuas podem estar mais adequadas aos perfis de mortalidade do sexo masculino, enquanto outras se revelam mais indicadas para calcular as probabilidades de vida e de morte associadas ao sexo feminino.

[24] Entre nós, a Lei n.º 14/2008, de 12 de Março, *proíbe e sanciona a discriminação em função do sexo no acesso a bens e serviços e seu fornecimento*. No artigo 6.º, número 1, pode ler-se: «A consideração do sexo como factor de cálculo dos prémios e prestações se seguros e de outros serviços financeiros não pode resultar em diferenciações nos prémios e prestações». Porém, logo no número 2 do mesmo artigo estabelece-se que: «Sem prejuízo do número anterior, são todavia admitidas diferenciações nos prémios e prestações individuais de seguros e outros serviços financeiros desde que proporcionadas e decorrentes de uma avaliação do risco baseada em dados actuariais e estatísticos relevantes e rigorosos». O mesmo artigo define, ainda, que a apreciação da relevância e do rigor desses dados é da responsabilidade do Instituto de Seguros de Portugal.

As tábuas de mortalidade podem, ainda, ser *completas* ou *abreviadas*, consoante a amplitude de informação que proporcionam. Assim sendo, enquanto nas tábuas *completas* se reporta informação para cada um dos anos individualmente considerados, até ao limite ω, nas tábuas *abreviadas* são facultados os mesmos elementos que nas tábuas completas, mas agregados para um certo intervalo de tempo, normalmente o quinquénio ou o decénio. A título de exemplo, apresentamos, de seguida, uma tábua de mortalidade abreviada, referente à população portuguesa, para os anos de 2002/03.

TABELA 1 – Tábua abreviada de mortalidade, ambos os sexos, Portugal, 2002/03

IDADES	q_x	p_x	d_x	l_x
0	0,00457	0,9954	457	100.000
1	0,00135	0,9986	135	99.543
5	0,00099	0,9990	98	99.408
10	0,00115	0,9989	114	99.310
15	0,00252	0,9975	250	99.196
20	0,00375	0,9963	371	98.946
25	0,00473	0,9953	466	98.575
30	0,00631	0,9937	619	98.109
35	0,00844	0,9916	823	97.489
40	0,01197	0,9880	1.157	96.666
45	0,01701	0,9830	1.624	95.509
50	0,02243	0,9776	2.106	93.885
55	0,03186	0,9681	2.924	91.779
60	0,04811	0,9519	4.275	88.855
65	0,07590	0,9241	6.420	84.581
70	0,12528	0,8747	9.792	78.161
75	0,21584	0,7842	14.757	68.369
80	0,34967	0,6503	18.746	53.612
+ de 85	1,00000		34.886	34.866

Fonte: CARRILHO, Maria José e PATRÍCIO, Lurdes (2004), «Tábuas de Mortalidade em Portugal», *Revista de Estudos Demográficos*, n.º 36, p. 60.

num grupo de países ou numa região, ou ainda referir-se a grupos de indivíduos nascidos em certo ano ou período de tempo (normalmente designados por coortes)[19]. As tábuas de mortalidade mais comuns são aquelas que dizem respeito à população residente num dado território nacional e contemplam várias colunas com as notações x, q_x, l_x e d_x, cujos significados passamos a descrever:

x – indica a idade dos indivíduos, tanto homens como mulheres;

q_x – indica a percentagem de pessoas que morreram entre a idade x e a idade $x+1$, tomando como referência um grupo inicial normalmente composto por 100.000 ou 1.000.000 indivíduos;

l_x – indica o número de pessoas vivas para cada idade x, para esse grupo inicial de indivíduos;

d_x – indica o número de pessoas que morreram entre a idade x e a idade $x+1$, no âmbito do grupo de indivíduos inicialmente considerado.

Enquanto q_x se traduz sob a forma de percentagem, l_x e d_x correspondem a números inteiros não negativos.

Estes elementos surgem referenciados até ao momento ω, que constitui, como se observou anteriormente, a idade máxima contemplada na tábua e para além da qual não será possível sobreviver[20].

As tábuas de mortalidade podem ser *tábuas transversais* ou *de momento*, onde se reportam as taxas de mortalidade observadas, ao momento ou num certo período de tempo, para cada uma das idades consideradas. Tal implica que, na mesma tábua, se registem elementos referentes a várias gerações. Por este facto, o grupo de 100.000 ou 1.000.000 de indivíduos de que se partiu designa-se por *geração fictícia*.

Ao invés, os valores apontados nas *tábuas longitudinais* reportam-se sempre à mesma geração, ou seja, aos indivíduos nascidos num certo ano. A construção de uma tábua de mortalidade longitudinal implica o acompanhamento dessa geração em concreto, o que torna morosa a sua concretização. Ainda assim, alguns autores advertem que os estudos longitudinais têm ganho relevância nos anos mais recentes[21].

---

[19] Como teremos ocasião de aprofundar adiante, principalmente no Capítulo V, aquando do estudo dos fundos de pensões, podem existir tábuas de mortalidade que indicam as condições de mortalidade observadas no âmbito de grupos muito específicos, nomeadamente de certas profissões ou entidades.

[20] Algumas tábuas de mortalidade incluem, ainda, duas colunas, referentes a L_x e a T_x, que indicam, respectivamente, o número de anos completos vividos pelos l_x sobreviventes da geração inicial entre as idades x e $x+1$ e o número total de anos completos vividos pelos l_x sobreviventes após a idade x.

[21] Cfr. M. J. CARRILHO e L. PATRÍCIO, «Tábuas de mortalidade em Portugal», p. 45.

mais jovens[14]. Trata-se, em certa medida, de um resultado paradoxal e que constitui um sério desafio às teorias da mortalidade, a requerer explicação mais aprofundada.

No que concerne à evolução futura da longevidade humana, ponderam, entre os demógrafos, duas perspectivas distintas: por um lado, autores como Vaupel, Tuljapurkar e Oeppen apontam que não existe nenhum limite natural à duração da vida humana[15]; enquanto isso, Olshansky, Mizuno e Loladze consideram que a esperança de vida tenderá a estabilizar, ou mesmo a reduzir, em consequência dos malefícios decorrentes do actual estilo de vida[16-17].

Atenda-se, porém, aos trabalhos recentemente conduzidos por Blake, Dowd e Cairns, ao reconhecerem que, nos últimos anos, a esperança de vida não só tem aumentado, como esse acréscimo tem ocorrido a um ritmo superior ao anteriormente esperado, o que conduziu à formalização do conceito de *risco de longevidade*. Estes autores têm ainda pugnado pelo desenvolvimento de produtos financeiros destinados à cobertura desse risco, temática que retomaremos oportunamente.

3. Tábuas de mortalidade

3.1. *Conceito e estrutura*

As *tábuas de mortalidade*[18] têm como principal objectivo mostrar o modo como a mortalidade afecta cada um dos escalões etários de uma dada população. Esta população pode integrar os residentes num determinado país,

---

[14] Cfr., por todos, L. A. GRAVILOV e N. S. GRAVILOVA (2006), «Reliability Theory of Aging and Longevity», pp. 16 e segs.

[15] Matusalém, figura bíblica, é reiteradamente referenciado por estes autores, por se tratar do homem que, desde sempre, terá vivido por um período de tempo mais longo. A título de curiosidade, incluímos a passagem do Livro do Génesis 5:27: «Ao todo, Matusalém viveu novecentos e sessenta e nove anos. E morreu».

[16] Cfr. K. DOWD, D. BLAKE e A. J. G. CAIRNS, *The Myth of Methuselah and the Uncertainty of Death: The Mortality Fan Charts*, p. 3.

[17] O *Relatório de Primavera 2009*, elaborado pelo Observatório Português dos Sistemas de Saúde, faculta uma série de elementos estatísticos relativos à saúde da população idosa em Portugal e alerta para alguns pontos preocupantes, nomeadamente o aumento do consumo de álcool e da obesidade, no âmbito desta faixa etária.

[18] As tábuas de mortalidade são também designadas por *tábuas actuariais* ou *tábuas de sobrevivência*. Na língua inglesa, utiliza-se *mortality tables* ou *life tables*, o que consubstancia, aliás, um curioso exemplo, uma vez que palavras contrárias pretendem identificar exactamente a mesma realidade.

2.4. Outros contributos

Mais recentemente, alguns dos estudos realizados no domínio da mortalidade têm sido levados a efeito por autores provenientes das áreas da medicina, da epidemiologia e da saúde pública. Entre eles, apontam-se os trabalhos desenvolvidos por Gardner e Donnan, durante os anos 70 do século XX, os quais advertem para a utilidade do estudo da mortalidade por áreas geográficas, de modo a evidenciar as inequalidades existentes em termos de condições económicas, sociais e ambientais[11-12].

Também Raleigh e Kiri consideram que o estudo adequado do fenómeno da mortalidade requer a partição das estatísticas referentes a este fenómeno – normalmente produzidas numa base nacional ou regional – por áreas geográficas correspondentes ao domínio de actuação das autoridades de saúde. Tal partição, segundo os autores, permite evidenciar a existência de fortes disparidades no contexto das várias áreas, tal como sucede no caso do Reino Unido, em que a diferença entre as áreas com maior e menor esperança de vida atinge os 6, 7 anos para o sexo masculino e os 4,7 anos para o sexo feminino. Raleigh e Kiri alertam, ainda, para o facto de os ganhos de longevidade não se distribuírem de modo uniforme entre a população de um certo país; *a contrario*, esses ganhos são particularmente visíveis nas populações com maiores níveis de rendimento e com melhor acesso aos cuidados de saúde[13].

Já os trabalhos empíricos conduzidos por Gravilov e Gravilova levaram ao estabelecimento da denominada ***lei de compensação da mortalidade*** (ou de convergência da mortalidade nas idades mais avançadas), segundo a qual as eventuais diferenças que se possam observar nos padrões de mortalidade de diversas populações, pertencentes à mesma espécie biológica, tendem a ser compensadas para os níveis etários mais altos. Destarte, o ritmo de crescimento da mortalidade ao longo do tempo é menor nas populações que apresentarem taxas de crescimento da mortalidade mais acentuadas para os escalões etários

---

[11] As investigações levadas a efeito por Gardner e Donnan centraram-se sobre o caso do Reino Unido, tendo permitido apurar que os habitantes das áreas rurais têm vidas mais longas, comparativamente com os residentes em áreas urbanas e industriais. Neste sentido, cfr. M. J. GARDNER e S. P. DONNAN, «Life expectancy: variations among regional health authorities».

[12] Já William Farr, autor da primeira tábua de mortalidade inglesa, havia sublinhado o interesse de tal exercício, bem como o da avaliação da mortalidade por grupos profissionais.

[13] Cfr. V. S. RALEIGH e V. A. KIRI, «Life expectancy in England: variations and trends by gender, health authority, and level of deprivation».

A função de Gompertz tem sido alvo de algumas críticas por não traduzir, de modo adequado, a mortalidade que se observa para os escalões etários muito jovens e muito idosos. Na verdade, verifica-se que mortalidade decresce nos primeiros anos de vida, voltando a registar novo decréscimo entre os 25 e os 30 anos. Por seu turno, para as idades mais avançadas, é, por vezes, difícil prever padrões de mortalidade, principalmente quando se atingem escalões etários em que a probabilidade de sobrevivência dos indivíduos é bastante baixa.

Sucede, contudo, que a formalização de Gompertz constitui o ponto de partida para muitos dos trabalhos ulteriormente desenvolvidos neste domínio. Logo de seguida, em 1832, Thomas Edmonds[8] sublinhou que a mortalidade varia em progressão geométrica, tal como Gompertz propusera, embora de modo diferenciado nas três fases da vida humana: infância, idade adulta e velhice.

2.3. O contributo de Makeham

Tomando como referência a expressão desenvolvida por Gompertz, William Makeham, actuário britânico, acrescentou-lhe uma constante, de modo a introduzir um termo independente, que incorpore as causas de morte que não resultem exclusivamente da idade dos indivíduos[9]. Assim sendo, a expressão assume agora a seguinte forma

$$\mu(t) = A + B \times c^t$$

com simbologia idêntica à proposta por Gompertz e com $A > 0$, a traduzir as causas de morte não decorrentes da idade.

Este constitui, justamente, o ponto onde o contributo de Makeham se distingue dos anteriormente apontados, ao identificar a existência de causas de morte independentes, de carácter acidental e não directamente correlacionadas com a idade dos indivíduos.

À semelhança do sucedido com Gompertz, também o trabalho de Makeham inspirou investigações posteriores e que conduziram ao desenvolvimento de dois modelos alternativos do estudo da mortalidade: o *Inverse-Makeham Model* e o *Modified-Makeham Select Model*[10].

---

[8] Cfr. T. R. EDMONDS, *Life tables founded upon the discovery of a numerical law regulating the existence of every human being*, pp. vi e segs.

[9] Cfr. W. MAKEHAM, «On the law of mortality and the construction of annuity tables», pp. 325--358.

[10] Para maior desenvolvimento, cfr. M. R. MUMPAR-VICTORIA, A. Y. HERMOSILLA e R. M. MIRANDILLA, *Makeham-Type Mortality Models*, 22 pp.

a tábua de mortalidade construída por Halley[5], De Moivre verificou que, para certos escalões etários, o número de indivíduos vivos decresce, em termos genéricos, de modo uniforme. Essa observação permitiu estabelecer que

$$\mu_x = \frac{1}{\omega - x}, \text{ com } x \leq \omega$$

donde resulta que a propensão à mortalidade cresce com a idade do indivíduo[6]. Em consequência, De Moivre definiu uma função de sobrevivência, que decresce em progressão aritmética de razão $\frac{1}{\omega}$.

Entre o seu legado, inclui-se, ainda, o famoso Teorema de De Moivre, estabelecido em 1722, segundo o qual

$$(cos \phi + i\, sin\, \phi)^n = cos\, n\, \phi + i\, sin\, n\, \phi$$

Em 1730, surge uma terceira obra intitulada *Miscellanea Analytica*, que integra as três áreas de interesse de De Moivre anteriormente referenciadas.

2.2. O contributo de Gompertz

Em 1825, Benjamin Gompertz (1779-1865)[7], matemático britânico, no seu tabalho *On the Nature of the Function Expressive of the Law of Human Mortality, and on a New Model of Determining the Value of Life Contingencies*, formulou uma lei de mortalidade, de acordo com a qual o número de óbitos observados para cada nível etário **aumenta a uma taxa proporcional à própria idade dos indivíduos**, ou seja, de modo exponencial. Assim sendo, vem que

$$\mu(t) = B \times c^t$$

com $B > 0$, $c > 1$ e t a notar a idade dos indivíduos.

---

[5] Este tópico será desenvolvido na secção seguinte.

[6] Calculando a 1.ª e a 2.ª derivadas da expressão proposta por De Moivre, teremos que $\mu'_x = -\frac{1}{(\omega-x)^2}(-1) > 0$ e $\mu''_x = (-2)\frac{1}{(\omega-x)^3}(-1) > 0$, de modo que a força da mortalidade cresce com a idade do indivíduo, sendo os acréscimos observados sucessivamente maiores.

[7] Benjamin Gompertz foi um autodidacta, embora a sua entrada na Universidade tenha sido recusada pelo facto de ser judeu. Ainda assim, obteve uma sólida preparação matemática, que lhe permitiu tornar-se membro da Royal Society em 1819. Para além da actividade científica, Gompertz destacou-se enquanto actuário, função que desempenhou durante largos anos.

Ao longo do tempo, vários foram os autores que se dedicaram ao estudo do fenómeno da mortalidade, tendo em vista o estabelecimento de princípios gerais, susceptíveis de aplicação a populações com características diferentes, e a definição de metodologias que permitam aferir qual e como se distribui o número de óbitos observados.

Nos pontos seguintes, elencam-se alguns dos contributos mais significativos neste domínio, entre os quais se encontram os modelos que procuram aferir a **taxa instantânea de mortalidade para cada idade x** ou **força de mortalidade para a idade x**. Esta medida, que notaremos por μ_x, traduz a propensão do indivíduo à mortalidade em função da idade correspondente, a qual constitui, assim, o único factor explicativo do número de óbitos observados para cada escalão etário.

Para além disso, percorrem-se outras possibilidades, nomeadamente alguns contributos mais recentes e que visam integrar elementos explicativos da mortalidade humana que não se relacionam directamente com a idade dos indivíduos – os denominados *non-aging effects*.

2.1. O contributo de De Moivre

Um dos percursores na análise do fenómeno da mortalidade foi Abraham de Moivre (1667-1754)[4], matemático francês, contemporâneo de Newton e de Halley. De Moivre é sobretudo reconhecido pelo seu trabalho no âmbito da teoria das probabilidades, da álgebra e da trigonometria.

Em 1718, publicou *The Doctrine of Changes: or a Method of Calculating the Probability of Events in Play*, obra que viria a ser republicada em 1738 e em 1758.

Em 1725, surge *A Treatise of Annuities upon Lives*, onde De Moivre examina as estatísticas de mortalidade disponíveis à época. Tomando como base

---

[4] Algumas curiosidades a respeito de De Moivre: 1) Viveu parte sinificativa da sua vida em Inglaterra, pelo facto de ser protestante e de a legislação que permitia a liberdade relgiosa em França ter sido revogada. Embora sendo um matemático eminente, nunca conseguiu um lugar para ensinar na Universidade, em grande medida, por ser de nacionalidade francesa. Sobrevivia à custa das aulas de Matemática que leccionava ao domicílio e dos conselhos que, baseado na teoria das probabilidades, prestava nas *coffee houses* londrinas aos ricos burgueses que pretendiam ganhar dinheiro ao jogo. 2) Extraordinariamente, De Moivre previu o dia exacto da sua morte: tendo verificado que, à medida que o tempo passava, dormia cada vez mais, concluiu que iria falecer no dia em que dormisse 24 horas. Morreu no dia 27 de Novembro de 1754, tal como ele próprio havia avançado.

traduzindo o número de vezes que um dado fenómeno se verifica em 100 possibilidades, resulta que p e q são complementares, ou, de outro modo, $p + q = 1$.

No caso vertente, a aleatoriedade decorre da dificuldade em definirmos, com exactidão, qual o momento do tempo em que um dado indivíduo poderá falecer. Considerando que F(x) representa a probabilidade desse indivíduo falecer com a idade x, teremos que F(x) $\geq$ 0,$\forall$ $x \geq 0$, F(0) = 0 e F(ω) = 1, com ω a notar uma certa idade limite, a partir da qual não será possível sobreviver.

Do mesmo modo, S(x) representa a possibilidade do indivíduo atingir com vida a idade x, sendo, por isso mesmo, designada por *função de sobrevivência*. Neste caso, teremos S(x) $\geq$ 0,$\forall$ $x \geq 0$, S(0) = 1 e S(ω) = 0.

Tal como sucedia para o caso geral, formalizado por intermédio de p e q, ambas as funções apresentadas são complementares, logo

$$F(x) + S(x) = 1 \qquad [\text{ I.1 }]$$

F(x) e S(x) são, ainda, ***funções contínuas***, assumindo x um qualquer valor real. No contexto do nosso estudo, privilegiaremos, porém, o ***caso discreto***, em que o cálculo das probabilidades de vida e de morte se reporta a um número de anos completos, com x a corresponder a um número inteiro entre 0 e ω.

2. Leis de mortalidade

O conhecimento adequado da mortalidade humana constitui, necessariamente, um elemento essencial no cálculo dos capitais que compõem os produtos financeiros que discutiremos no âmbito do presente texto[3].

---

de 1 para 6. Do mesmo modo, quando lançamos uma moeda ao ar, a probabilidade de sair cara ou coroa é de 1 para 2, respectivamente. Por seu turno, a probabilidade estatística baseia-se na análise do registo de acontecimentos cíclicos, tais como condições climatéricas, cotações bolsistas, entre outros.

[3] Para além dos problemas decorrentes do aumento da longevidade humana, que sublinharemos amiudadamente ao longo dos vários Capítulos, destaque-se que as entidades financeiras estabelecem, normalmente, uma idade limite para a subscrição dos seus produtos, bem como uma idade limite para a permanência nos contratos. Esses limites são casuísticos e dependem, essencialmente, do tipo de coberturas propostas. Porém, dado o crescente envelhecimento demográfico, algumas companhias de seguros têm vindo a desenvolver soluções específicas, exclusivamente destinadas ao segmento sénior da população.

Capítulo I
NOÇÕES FUNDAMENTAIS

1. Rendas incertas

Uma *renda* é um conjunto de capitais com vencimentos em momentos equidistantes no tempo, assumindo, cada um deles, a designação de *termo* da renda.

Muitos são os produtos financeiros que, de acordo com as características dos capitais envolvidos, cumprem tal requisito. Por conseguinte, pelo elenco alargado de possibilidades que integram, as rendas podem ser classificadas atendendo a vários critérios, a saber: *i)* duração; *ii)* dependência de factores aleatórios; *iii)* vencimento dos termos; *iv)* valor dos termos; *v)* diferimento; *vi)* período; e *vii)* finalidade.

Na senda dos objectivos que norteiam o presente trabalho, elegeremos, o critério atinente à dependência de factores aleatórios, que nos permite distinguir entre *rendas certas* e *rendas incertas*. Nas primeiras, todos os parâmetros são previamente conhecidos; enquanto isso, nas segundas, as magnitudes em apreço encontram-se condicionadas pela observação de determinadas ocorrências[1]. O nosso interesse recairá, inequivocamente, sobre as rendas incertas e, de modo particular, sobre aquelas cujo valor depende da duração da vida humana.

Em termos genéricos, podemos estabelecer que uma *renda incerta* é afectada por uma probabilidade de sucesso p ou por uma probabilidade de insucesso q. Como as probabilidades se exprimem em termos percentuais[2],

---

[1] Para maiores desenvolvimentos em torno do conceito e da classificação dos vários tipos de rendas, cfr. A. P. Quelhas e F. Correia, *Manual de Matemática Financeira*, Capítulo V.

[2] Uma questão fundamental é a de saber como se quantifica determinada probabilidade. Desde logo, podemos avançar que essa quantificação se efectua atendendo às *probabilidades matemáticas* ou às *probabilidades estatísticas*, de acordo com as circunstâncias. No primeiro caso, aferimos a probabilidade de um certo acontecimento ocorrer atendendo a um universo fechado de hipóteses: ao lançarmos um dado, sabemos, previamente, que a probabilidade de sair cada um dos seus lados é

CAPÍTULO V – **Fundos de pensões** 369
1 – Fundos e planos de pensões 369
2 – Fundos e planos de pensões em Portugal 371
3 – Critérios de classificação dos fundos e dos planos de pensões 374
4 – Planos de pensões de contribuição definida 377
    4.1 – Entregas anuais de termos constantes 379
    4.2 – Entregas anuais de termos variáveis 383
    4.3 – Entregas fraccionadas de termos constantes 388
    4.4 – Entregas fraccionadas de termos variáveis 391
5 – Planos de pensões de benefício definido 399
    5.1 – Base técnica 400
    5.2 – Estabelecimento de hipóteses 401
        5.2.1 – Condicionantes demográficas 401
        5.2.2 – Condicionantes económicas 407
        5.2.3 – Condicionantes financeiras 412
    5.3 – Prestações previstas 414
    5.4 – Custos associados aos planos de benefício definido 418
        5.4.1 – Custo normal 418
        5.4.2 – Custo suplementar 418
        5.4.3 – Custo anual 419
    5.5 – Provisões matemáticas 419
    5.6 – Ganho actuarial 421
6 – Métodos de valorização de planos de pensões de benefício definido 421
    6.1 – Métodos actuariais de prestações acumuladas 423
        6.1.1 – Método do crédito unitário tradicional 423
        6.1.2 – Método do crédito unitário projectado 429
    6.2 – Métodos actuariais de prestações projectadas 431
        6.2.1 – Método da idade normal de entrada 431
        6.2.2 – Método da idade normal alcançada 446
        6.2.3 – Método do prémio constante individual 448

CASOS RESOLVIDOS 453

FORMULÁRIO (V) 479

ANEXO I – Tábuas de mortalidade e de comutação PF 60/64 e PM 60/64 489

ANEXO II – Tábuas de mortalidade e de comutação TV 73-77 e TD 73-77 ... 503

ANEXO III – Tábuas de mortalidade e de comutação PEF 80 e PEM 80 517

ANEXO IV – Tábuas de mortalidade e de comutação TV 88-90 e TD 88-90 531

ANEXO V – Tábuas de mortalidade e de comutação PEF 90 e PEM 90 545

ANEXO VI – Tábuas de mortalidade e de comutação PF 94 e PM 94 559

ANEXO VII – Tábua completa de mortalidade para Portugal 2005-07 573

ANEXO VIII – Tábuas auxiliares 585

REFERÊNCIAS 615

		2.2.1 – Com efeito imediato	224
		2.2.2 – Com efeito diferido	228
	2.3	– Seguro de vida inteira de capital variável em progressão geométrica	232
		2.3.1 – Com efeito imediato	233
		2.3.2 – Com efeito diferido	237
3 –	Seguro temporário de n anos		239
	3.1	– Seguro temporário de n anos de capital constante	240
		3.1.1 – Com efeito imediato	240
		3.1.2 – Com efeito diferido	244
	3.2	– Seguro temporário de n anos de capital variável em progressão aritmética	249
		3.2.1 – Com efeito imediato	249
		3.2.2 – Com efeito diferido	253
	3.3	– Seguro temporário de n anos de capital variável em progressão geométrica	256
		3.3.1 – Com efeito imediato	256
		3.3.2 – Com efeito diferido	258
4 –	Seguro dotal de n anos		260
5 –	Prémio natural		264
6 –	Um aprofundamento: seguro para amortização de empréstimos		267
	6.1 – Amortização única de capital		267
	6.2 – Amortização periódica através de quotas constantes de capital		269
	6.3 – Amortização periódica através de prestações constantes		271

CASOS RESOLVIDOS ... 274

FORMULÁRIO (III) ... 294

Capítulo IV – Prémios, reservas e gestão do risco ... 301

1 –	Prémios	301
	1.1 – Prémio puro	302
	1.2 – Prémio de inventário	305
	1.3 – Prémio comercial	308
	1.4 – Prémio Zillmer	311
2 –	Reservas ou provisões matemáticas	314
	2.1 – Método prospectivo	316
	2.2 – Método retrospectivo	320
3 –	Constituição de reservas com outros encargos	324
	3.1 – Constituição de reservas com prémio de inventário	325
	3.2 – Constituição de reservas com prémio comercial	329
	3.3 – Constituição de reservas com prémio Zillmer	334
4 –	Riscos associados aos produtos financeiros do ramo «Vida»	337

CASOS RESOLVIDOS ... 339

FORMULÁRIO (IV) ... 366

4.1.2 – Rendas antecipadas	109
4.1.3 – Rendas diferidas	111
4.2 – Termos variáveis em progressão geométrica	115
4.2.1 – Rendas postecipadas	115
4.2.2 – Rendas antecipadas	117
4.2.3 – Rendas diferidas	118
5 – Rendas temporárias de termos variáveis	120
5.1 – Termos variáveis em progressão aritmética	120
5.1.1 – Rendas postecipadas	120
5.1.2 – Rendas antecipadas	123
5.1.3 – Rendas diferidas	125
5.2 – Termos variáveis em progressão geométrica	127
5.2.1 – Rendas postecipadas	127
5.2.2 – Rendas antecipadas	129
5.2.3 – Rendas diferidas	130
6 – Rendas sem periodicidade anual	132
6.1 – Rendas de vida inteira de termos constantes	134
6.1.1 – De termos postecipados	134
6.1.2 – De termos antecipados	138
6.1.3 – De termos diferidos	140
6.2 – Rendas temporárias de termos constantes	143
6.2.1 – De termos postecipados	143
6.2.2 – De termos antecipados	146
6.2.3 – De termos diferidos	148
6.3 – Rendas de termos variáveis	151
6.3.1 – Termos variáveis em progressão aritmética	151
6.3.2 – Termos variáveis em progressão geométrica	156
7 – Rendas apólice	159
8 – Dois casos particulares	167
8.1 – Rendas com pagamento garantido	167
8.2 – Tontinas	168
CASOS RESOLVIDOS	173
FORMULÁRIO (II)	204
Capítulo III – Seguros de vida	209
1 – Conceitos e critérios de classificação	209
2 – Seguro de vida inteira	211
2.1 – Seguro de vida inteira de capital constante	211
2.1.1 – Com efeito imediato	211
2.1.2 – Com efeito diferido	218
2.2 – Seguro de vida inteira de capital variável em progressão aritmética.	223

ÍNDICE

Capítulo I – Noções fundamentais 13
1 – Rendas incertas 13
2 – Leis de mortalidade 14
    2.1 – O contributo de De Moivre 15
    2.2 – O contributo de Gompertz 16
    2.3 – O contributo de Makeham 17
    2.4 – Outros contributos 18
3 – Tábuas de mortalidade 19
    3.1 – Conceito e estrutura 19
    3.2 – Tabelas de comutação 25
    3.3 – Caso português 25
4 – Probabilidade de vida e probabilidade de morte 28
5 – Esperança de vida 32
    5.1 – Indicador sintético de esperança de vida 32
    5.2 – Indicador completo de esperança de vida 35
    5.3 – Esperança de vida temporária 37
6 – Dote puro e esperança matemática 38

CASOS RESOLVIDOS 45
FORMULÁRIO (I) 77

Capítulo II – Rendas vitalícias 79
1 – Conceito e classificação 79
2 – Rendas de vida inteira de termos constantes 81
    2.1 – Rendas postecipadas 81
    2.2 – Rendas antecipadas 85
    2.3 – Rendas diferidas 88
3 – Rendas temporárias de termos constantes 94
    3.1 – Rendas postecipadas 94
    3.2 – Rendas antecipadas 97
    3.3 – Rendas diferidas 100
4 – Rendas de vida inteira de termos variáveis 104
    4.1 – Termos variáveis em progressão aritmética 105
        4.1.1 – Rendas postecipadas 105

exemplos e casos resolvidos discutidos no decurso dos cinco Capítulos. De seguida, no Anexo VII, disponibiliza-se a tábua completa de mortalidade para Portugal, construída pelo Instituto Nacional de Estatística e que se reporta ao período de 2005-07. Por último, no Anexo VIII, coligem-se as tábuas auxiliares que se revelaram necessárias, quando a resolução dos problemas em apreço exigiu o recurso a um factor de actualização diferente do considerado nas tábuas base.

Sem prejuízo de maiores aprofundamentos em trabalhos futuros, cremos, com este trabalho, ter contribuído para a divulgação das particularidades inerentes aos produtos financeiros do ramo «Vida». O leitor ajuizará se os objectivos propostos foram cumpridos.

Ana Paula Santos Quelhas
Abril de 2010